中国古典名著译注丛书

白话 左传

杨伯峻　徐　提译

中华书局

图书在版编目（CIP）数据

白话左传/杨伯峻,徐提译. —北京:中华书局,2016.4
(2025.4 重印)
（中国古典名著译注丛书）
ISBN 978-7-101-11533-8

Ⅰ.白… Ⅱ.①杨…②徐… Ⅲ.①中国历史-春秋时代-编
年体②《左传》-译文 Ⅳ.K225.04

中国版本图书馆 CIP 数据核字（2016）第 025478 号

书　　名	白话左传	
译　　者	杨伯峻　徐　提	
丛 书 名	中国古典名著译注丛书	
责任编辑	徐真真	
封面设计	许丽娟	
责任印制	管　斌	
出版发行	中华书局	
	（北京市丰台区太平桥西里 38 号　100073）	
	http://www.zhbc.com.cn	
	E-mail:zhbc@zhbc.com.cn	
印　　刷	三河市宏盛印务有限公司	
版　　次	2016 年 4 月第 1 版	
	2025 年 4 月第 9 次印刷	
规　　格	开本/880×1230 毫米　1/32	
	印张 18⅜　插页 2　字数 440 千字	
印　　数	18001-19500 册	
国际书号	ISBN 978-7-101-11533-8	
定　　价	73.00 元	

目　录

卷一　隐　公

卷二　桓　公

卷三　庄　公

卷四　闵　公

卷五　僖　公

卷六　文　公

卷九　襄　公

卷十　昭　公

卷十一　定　公

卷十二　哀　公

导　言

　　白话《左传》，是把《左传》译成白话而已。可是汉语古今语言相距几千年，未免隔阂较大，我则试图缩小它们之间的距离，因之虽说"白话"，不一定是完全纯粹的口语，难免夹杂一些文言辞句。一则借此使读者略窥文言白话的近似，以此逐渐提高阅读古书的能力；二则使读者比较文言白话的近似，不要视文言为畏途。这点能做到多少，究竟读者有什么印象，还得请读者细心体会，提出意见。

　　还有，白话《左传》不仅文字语句不同，内容也可能有出入。古代许多东西，在今天变成专家的学问，如天文历法，未必是一般人都能明了。这就连内容也得灵活地改写一些，使读者比较容易读懂。因此，白话《左传》不仅是把《左传》本文译成白话就算了，有些曲折过程，读者可能一看便知；或许有小部分要用较深入的思考。

　　这部白话《左传》出版在各地都竞把古书译成白话的今天。可是仅仅译"文"为"白"，不能算很好地完成任务，至少有两点必须考虑：一是搞清文、白的异同，借以提高读者接近文言的兴趣，培养阅读文言文的能力；二是使白话接近文言辞语，至少不要差距太大。

　　《左传》的文字语言写于先秦，白话从先秦到今天已经过三千多年的因袭和变化，不可能没有差异。这部白话《左传》是否能大部分反映出来，只能请教于读者了。

杨伯峻

1991 年 12 月 17 日病榻命笔

卷一 隐 公

隐公元年

鲁惠公第一次所娶正夫人叫做孟子。孟子去世后,续娶个姬妾叫做声子,生了隐公。

宋武公生女公子仲子。仲子生下来就有字在手掌上,字是"鲁夫人"。意思是她将做鲁国的正室夫人。所以仲子嫁给我国,生了桓公。不久惠公逝世,因此隐公摄政,却奉戴桓公为鲁君。

1·1　元年春季,周王朝历法的正月,《春秋》没有记载隐公即位,这是由于他只是代理国政。

1·2　三月,隐公和邾仪父在蔑会见,邾仪父就是邾子克。由于邾仪父还没有受周朝正式册封,所以《春秋》没有记载他的爵位;称他为"仪父",是尊重他。隐公代行国政而想要和邾国友好,所以在蔑地举行了盟会。

1·3　夏季四月,费伯率领军队在郎地筑城。《春秋》没有记载,因为不是奉隐公的命令。

1·4　当初,郑武公在申国娶妻,名叫武姜,生了庄公和共叔段两个儿子。庄公降生时是脚先出头后出的,这是难产,使姜氏很惊讶,因此给他取名叫寤生,并且很讨厌他。姜氏喜爱共叔段,想立他为太子,屡次向武公请求,武公不肯答应。等到庄公继位为郑国国君,姜氏请求将制地作为共叔段的封邑,庄公说:"制地是形势险峻的地方,虢叔曾经死在那里。其他地方都可以听命。"姜氏又改请求封京城,让共叔段住在那里,就称他为京城太叔。祭仲说:"凡属国都,城墙周围的长度超过三百丈,就给国家带来祸害。先王制定的制度:大的地方的城墙,不超过国都的三分之一;中等的,不超过五分之一;小的,不超过九分之一。现在京城的城墙不合制度,这不是该有的,您会忍受不了。"庄公说:"姜氏要这样,哪里能避免祸害呢?"祭仲回答说:"姜氏怎么会得到满足? 不如及早作安排,不要让她滋生事端,一旦蔓延就难得对付了。蔓延的野草尚且不能铲除掉,何况是您宠爱的弟弟呢?"庄公说:"多作不合情理的事,必然自己垮台。您暂且等着吧!"

不久,太叔命令西部和北部边境既听庄公的命令,又听自己的命令。公子吕说:"国家不能忍受这种两面听命的情况,您打算怎么办? 您要把君位让给太叔,下臣就去事奉他;如果不给,那就请除掉他,不要让老百姓产生其他想法。"庄公说:"用不着,他会自食其果的。"

太叔又收取原来两属的地方作为自己的封邑,并扩大到廪延地方。子封(即公子吕)说:"可以动手了。势力一大,将会争得民心。"庄公说:"没有正义就不能号召人,势力虽大,反而会崩溃。"

太叔修理城郭,储备粮草,补充武器装备,充实步兵车兵,准备袭击郑国都城,姜氏则打算作为内应打开城门。庄公听到太叔起兵的日期,说:"可以了。"就命令子封率领二百辆战车进攻京城。京城的人反对太叔。太叔逃到鄢地。庄公又赶到鄢地进攻他。五月二十三日,太叔又逃到共国。

《春秋》说:"郑伯克段于鄢。"太叔所作所为不像兄弟,所以不说"弟"字;兄弟相争,好像两个国君打仗一样,所以用个"克"字;把庄公称为"郑伯",是讥刺他没有尽教诲之责;《春秋》这样记载就表明了庄公的本来的意思。不说"出奔",是因为史官下笔有困难。

郑庄公就把姜氏安置在城颍地方,发誓说:"不到黄泉不再相见。"不久以后又后悔起来。

当时颍考叔在颍谷做边疆护卫长官,听到这件事,就献给庄公一些东西。庄公赏赐他食物。在吃的时候,他把肉留下不吃。庄公问他为什么,他说:"我有母亲,我孝敬她的食物都已尝过了,就是没有尝过您的肉汤,请求让我带给她吃。"庄公说:"你有母亲可送,咳!我却没有!"颍考叔说:"请问这是什么意思?"庄公就对他说明了原因,并且告诉他自己很后悔。颍考叔回答说:"您有什么可忧虑的呢?如果挖地见到了泉水,开一条隧道在里面相见,谁又会说不对呢?"

郑庄公听了颍考叔的意见。庄公进了隧道,赋诗说:"在大隧中相见,多么快乐啊!"姜氏走出隧道,赋诗说:"走出大隧外,多么舒畅啊。"于是作为母子像从前一样。

君子说:"颍考叔可算是真正的孝子,爱他的母亲,扩大影响到庄公。《诗》说:'孝子的孝心没有穷尽,永远可以影响给你的同类。'说的就是这样的事情吧!"

1·5 秋季,七月,周平王派遣宰咺来赠送鲁惠公和仲子的吊丧礼品。惠公已经下葬,这是迟了,而仲子还没有死,所以《春秋》直接写了宰咺的名字。

天子死了七个月后才下葬,诸侯都来参加葬礼;诸侯五个月后下葬,同盟的诸侯参加葬礼;大夫三个月后下葬,官位相同的来参加葬礼;士一个月以后下葬,亲戚参加葬礼。向死者赠送东西没有赶上下葬,向生者吊丧没有赶上举哀的时间,预先赠送有关丧事的东西,这都不合于礼。

1·6 八月,纪国人讨伐夷国。夷国没有前来报告鲁国,所以《春秋》不加记载。

1·7　发现螽盘虫。没有造成灾害,《春秋》也不加记载。

1·8　鲁惠公的晚年,在黄地打败了宋国。鲁隐公即位,要求和宋人讲和。九月,和宋人在宿地结盟,两国开始友好起来。

1·9　冬季,十月十四日,改葬鲁惠公。隐公不敢以丧主的身份到场哭泣,所以《春秋》不加记载。惠公死的时候,正好遇上和宋国打仗,太子又年幼,葬礼不完备,所以改葬。

1·10　卫桓公来鲁国参加葬礼,没有见到隐公,《春秋》也不加记载。

1·11　郑国共叔段叛乱,段的儿子公孙滑逃到卫国。卫国人替他进攻郑国,占领了廪延。郑国人率领周天子的军队、虢国的军队进攻卫国南部边境,同时又请求邾国出兵。邾子派人私下和公子豫商量,公子豫请求出兵援救,隐公不允许,公子豫就自己走了,和邾国、郑国在翼地会盟。《春秋》不加记载,因为不是出于隐公的命令。

1·12　新建南门,《春秋》不加记载,也由于不是出于隐公的命令。

1·13　十二月,祭伯来,并不是奉了周王的命令。

1·14　众父去世,隐公没有参加以衣衾加于死者之身的小敛,所以《春秋》不记载死亡的日子。

隐公二年

2·1　二年春季,鲁隐公在潜地与戎人会见,再一次加强惠公时期的友好关系,戎人请求结盟,隐公婉言拒绝了。

2·2　莒子在向国娶了妻子,向姜在莒国不安心而回到向国。夏季,莒子领兵进入向国,带着向姜回国。

2·3　司空无骇带兵进入极国,派费庈父灭亡了极国。

2·4　戎人请求结盟。秋季,在唐地结盟,这是为了再次加强和戎人的友好关系。

2·5　九月,纪国的裂繻来迎接隐公的女儿,这是卿为了国君而来迎娶的。

2·6　冬季,纪子帛和莒子在密地结盟,这是为了调解鲁国和莒国间的不和睦。

2·7　郑国人进攻卫国,讨伐公孙滑的叛乱。

隐公三年

3·1　三年春季,周王朝历法的三月二十四日,周平王逝世。讣告上写的是庚戌日,所以《春秋》也记载死日为庚戌,即十二日。

3·2　夏季,君氏死。君氏就是声子,没有发讣告给诸侯,安葬后没有回到祖庙哭祭,没有把神主放在婆婆神主的旁边,所以《春秋》不称“薨”。又由于没有称她为“夫人”,所以不记载下葬的情况,也没有记载她的姓氏。只是因为她是隐公的生母的缘故,所以才称她为“君氏”。

3·3　郑武公、郑庄公先后担任周平王的卿士,平王暗中又将朝政分托给虢公,郑庄公埋怨周平王,平王说:“没有这回事。”所以周、郑交换人质。王子狐在郑国作为人质,郑国的公子忽在周朝作为人质。平王死后,周王室的人想把政权交给虢公。四月,郑国的祭足带兵割取了温地的麦子。秋天,又割取了成周的谷子。周朝和郑国彼此怀恨。

君子说:“诚意不发自内心,即使交换人质也没有益处。设身处地将心比心来办事，又用礼仪加以约束，虽然没有人质，又有谁能离间他们？假如确有诚意，即使是山沟、池塘里生长的野草，蘋、蘩、蕴、藻这一类的野菜，一般的竹器和金属器皿，大小道上的积水，都可以献给鬼神，进给王公，何况君子建立了两国的信约，按照礼仪办事，又哪里还用得着人质？《国风》有《采蘩》、《采蘋》，《大雅》有《行苇》、《泂酌》这些诗篇，就是为了表明忠信的。"

3·4　武氏的儿子来鲁国求取办丧事的财物，这是由于周平王还没有举行葬礼。

3·5　宋穆公病重了，召见大司马孔父而把殇公嘱托给他，说："先君抛弃了他的儿子与夷而立我为国君，我不敢忘记。如果托大夫的福，我能得以保全脑袋，先君如果问起与夷，将用什么话回答呢？请您事奉与夷来主持国家事务，我虽然死去，也不后悔什么了。"孔父回答说："群臣愿意事奉您的儿子冯啊！"穆公说："不行，先君认为我有德行，才让我主持国家事务。如果丢掉道德而不让位，这就是废弃了先君的提拔，哪里还能说有什么德行？发扬光大先君的美德，难道能不急于办理吗？您不要废弃先君的功业！"于是命令公子冯到郑国去住。八月初五，宋穆公死，殇公即位。

　　君子说："宋宣公可以说是能了解人了。立了兄弟穆公，他的儿子却仍然享受了君位，这是他的遗命出于道义。《诗经·商颂》说：'殷王传授天命都合于道义，所以承受了各种福禄'，就是这种情况。"

3·6　冬季，齐国和郑国在石门会盟，这是为了重温在庐地结盟的友好关系。冬季某一天，郑伯在济水翻了车。

3·7　卫庄公娶了齐国太子得臣的妹妹，称为庄姜。庄姜漂亮却没有生孩子，卫国人因此为她创作了《硕人》这篇诗。卫庄公又在陈国娶了一个妻子，名叫厉妫，生了孝伯，很早就死了。跟厉妫陪嫁来的妹妹戴妫，生了卫桓公，庄姜就把他作为自己的儿子。

公子州吁，是卫庄公宠妾的儿子，得到庄公的宠爱，州吁喜欢军器，庄公不加禁止。庄姜很讨厌他。石碏规劝庄公说："我听说喜欢自己的儿子，应当以道义去教育他，不要使他走上邪路。骄傲、奢侈、放荡、逸乐，这是走上邪路的开始。这四种恶习之所以发生，是由于宠爱和赐予太过分。如果准备立州吁做太子，那就应该定下来；如果还不定下来，会逐渐酿成祸乱。那种受宠而不骄傲，骄傲而能安于地位下降，地位下降而不怨恨，怨恨而能克制的人，是很少见的。而且低贱的妨害尊贵的，年少的驾凌年长的，疏远的离间亲近的，新的离间旧的，弱小的欺侮强大的，淫欲的破坏道义的，这就是六种反常现象。国君行事得宜，臣子服从命令，父亲慈爱，儿子孝顺，兄爱弟、弟敬兄，这就是六种正常现象。去掉正常而效法反常，这就会很快地招致祸害。作为君主，应该尽力去掉祸害，现在却加速它的到来，恐怕不可以吧！"庄公不听。石碏的儿子石厚和州吁交游，石碏禁止他，石厚不听。卫桓公即位，石碏就告老回家了。

隐公四年

4·1　四年春季，卫国的州吁杀了卫桓公而自立为国君。

4·2　鲁隐公和宋殇公会见，打算重温在宿地所建立的友好。还没有到预定的日子，卫国人来报告发生了叛乱。夏季，隐公和宋殇公在清地会见。

4·3　当宋殇公即位的时候，公子冯逃到了郑国。郑国人想送他回国。等到州吁立为国君，准备向郑国报复前代国君结下的怨恨，以此对诸侯讨好，安定国内人心。他派人告诉宋国说："君王如果进攻郑国,除去君王的祸害,以君王为主,敝邑出兵出物,和陈、蔡两国一道作为属军,这就是卫国的愿望。"宋国答应了。这时候陈国、蔡国正和卫国友好,所以宋殇公、陈桓公、蔡国人、卫国人联合进攻郑国,包围了国都的东门,五天以后才回去。

鲁隐公向众仲询问说:"卫国的州吁能成功吗?"众仲回答说:"我只听说用德行安定百姓,没有听说用祸乱的。用祸乱,如同要理出乱丝的头绪,反而弄得更加纷乱。州吁这个人,仗恃武力而安于残忍。仗恃武力就没有群众,安于残忍就没有亲附的人。大家背叛,亲近离开,难以成功。军事,就像火一样,不去制止,将会焚烧自己。州吁杀了他的国君,又暴虐地使用百姓,不致力于建立美德,反而想通过祸乱来取得成功,就一定不能免于祸患了。"

4·4 秋季,诸侯再次进攻郑国。宋殇公派人前来请求出兵相救,隐公推辞了。羽父请求出兵相会合,隐公不同意。羽父坚决请求以后便前去。所以《春秋》记载说:"翚帅师",这是表示讨厌他不听命令。诸侯的军队打败了郑国的步兵,割取了那里的谷子便回来。

4·5 州吁不能安定他的百姓。石厚向石碏询问安定君位的办法。石碏说:"朝觐周天子就可以取得合法地位。"石厚说:"如何才能去朝觐呢?"石碏说:"陈桓公正在受到天子的宠信。现在陈、卫两国正互相和睦,如果朝见陈桓公,让他代为请求,就一定可以成功。"于是石厚就跟随州吁到了陈国。石碏派人告诉陈国说:"卫国地方狭小,我老头子年纪已七十多了,不能做什么事了,这两个人,确实杀死了我国君主,请您趁此机会搞掉他们。"陈国人把这两个人抓住,而请卫国派人来陈国处理。九月,卫国人派右宰丑在陈国的濮地杀了州吁,石碏派他的管家獳羊肩在陈国杀了石厚。

君子说:"石碏真是个忠臣。讨厌州吁,同时加上儿子石厚。'大义灭亲'就是这样的情况吧!"

4·6 卫国人到邢国迎接公子晋。冬季,十二月,卫宣公即位。

《春秋》记载说"卫人立晋",这是说出于大众的意思。

隐公五年

5·1　五年春季,鲁隐公准备到棠地观看捕鱼。臧僖伯劝阻说:"凡是一种东西不能用到讲习祭祀和兵戎的大事上,它的材料不能制作礼器和兵器,国君对它就不会采取行动。国君是要把百姓引入正'轨'、善于取材的人。所以演习大事以端正法度叫做'轨',选取材料以制作重要器物叫做'物'。事情不合于'轨'、'物',叫做乱政。乱政屡次执行,国家将由此败亡。所以春蒐、夏苗、秋狝、冬狩这四种打猎的举动,都是在农业空闲时讲习。每三年大演习一次,进入国都整顿军队,回来祭祖告宗庙,宴请臣下,犒赏随员,以计算俘获的东西。要车服文采鲜明,贵贱有别,辨别等级,少长有序,这是讲习威仪。鸟兽的肉不摆上宗庙的祭器里,它的皮革、牙齿、骨角、毛羽不用到礼器上,国君就不去射它,这是古代的规定。至于山林河泽的产品,一般器物的材料,这是下等人的事情,有关官吏的职责,不是国君所应涉及的。"隐公说:"我是打算视察边境呀!"于是隐公就动身前往棠邑,让捕鱼者摆出捕鱼场面来观看。臧僖伯推说有病,没有跟随前去。《春秋》说:"公矢鱼于棠",隐公在棠地陈列渔具,这是由于隐公的行为不合于礼制,而且暗示棠地离国都较远。

5·2　曲沃庄伯带领郑军、邢军进攻翼地,周桓王派尹氏、武氏帮助他。在翼地的晋鄂侯逃到随地。

5·3　夏季,安葬卫桓公。由于卫国发生动乱,所以迟缓了。

5·4　四月,郑国人入侵卫国郊外,来报复去年东门这一战役。卫国人带领南燕军队进攻郑国,郑国的祭足、原繁、泄驾带领三军进攻燕军的前面,派曼伯和子元偷偷率领制地的军队袭击燕军的后面。燕国人害怕郑国的三军,而没有防备从制地来的军队。六月,郑国的两个公子曼伯和子元在虎牢关击败了燕军。

　　君子说:"不防备意外,就不可以带兵作战。"

5·5　曲沃背叛周桓王。秋季,周桓王命令虢公进攻曲沃,而在翼地立哀侯为晋君。

5·6　当卫国动乱的时候,郕国人入侵卫国,所以卫国的军队进入郕国。

5·7　九月,祭仲子庙,又准备在庙里献演万舞。隐公向众仲询问执羽舞的人数。众仲回答说:"天子用八行,诸侯用六行,大夫四行,士二行。舞,用来调节八种材料所制乐器的乐音而传播八方之风,所以人数在八行以下。"隐公听从了。从此以后献演六羽乐舞,开始使用六行舞人。

5·8　宋国人掠取邾国的土地,邾国人告诉郑国说:"请君王攻打宋国,报仇雪恨,敝邑愿意做向导。"郑国人带领周天子的军队和邾军会合,进攻宋国,进入了外城,以报复去年东门这一战役。宋国人派人前来用国君的名义告急请救。隐公听说军队已经进入外城,打算出兵救援宋国,询问使者说:"军队到了什么地方?"使者欺骗他说:"还没有到国都。"隐公发怒,不去救援。他辞谢使者说:"君王命令我一起为宋国的危难忧虑,现在询问使者,回答说'军队还没有到国都',这就不是我所敢知道的了。"

5·9　冬季,十二月二十九日,臧僖伯死了。隐公说:"叔父对我有怨恨,我不敢忘记他的忠诚。"于是按照原等级加一级的葬仪安葬他。

5·10　宋国人进攻郑国,包围长葛,以报复攻进外城这一战役。

隐公六年

6·1　六年春季,郑国人来鲁国要求弃怨结好,为的是重新和好。

6·2　晋国翼都的九宗五正顷父的儿子嘉父到随邑迎接晋侯,让他居住在鄂地,晋国人称他为鄂侯。

6·3　夏季,在艾地结盟,开始和齐国结好。

6·4　五月十一日,郑庄公入侵陈国,得到全胜。往年,郑庄公请求与陈国讲和,陈桓公不答应。五父劝谏说:"亲近仁义而和邻国友好,这是国家可宝贵的措施,您还是答应郑国的请求吧!"陈侯说:"宋国和卫国才是真正的祸患,郑国能做什么?"于是就没有答应。

君子说:"善不可丢失,恶不可滋长,这说的就是陈桓公吧!滋长了恶而不悔改,马上就得自取祸害。纵是挽救,何能办得到!《商书》说:'恶的蔓延,如同遍地大火,不可以靠拢,难道还能扑灭?'周任有话说:'治理国和家的人,见到恶,就要像农夫急于除杂草一样,锄掉它聚积起来肥田,挖掉它的老根,不要使它再生长,那么善的事物就能发展了。'"

6·5　秋季,宋人占领长葛。

6·6　冬季,京城派人来报告饥荒,隐公就代为向宋、卫、齐、郑诸国请求购买谷物,这是合于礼的。

6·7　郑庄公去周都,第一次朝见周桓王。周桓王不加礼遇。周公对周桓王说:"我们周室东迁,依靠的就是晋国和郑国。友好地对待郑国,用以鼓励后来的人,还恐怕人家不来,何况不以礼接待呢?郑国不会来了。"

隐公七年

7·1　七年春季,滕侯逝世,《春秋》没有记载滕侯的名字,是由于没有和鲁国同盟的缘故。凡是诸侯各国缔结过同盟,就彼此把国名向神明报告,所以当国君死后则在讣告上也写上名字,这是为了向同盟国报告国君逝世和继承的人,以便继续过去的友好关系,并以此安定人民,这是礼的大法。

7·2　夏季,在中丘筑城。《春秋》加以记载,由于妨碍了农时。

7·3　齐僖公派夷仲年前来聘问,这是为了巩固艾地的盟会。

7·4　秋季,宋国和郑国讲和。七月十七日,在宿地结盟。隐公进攻邾国,这是为宋国而去进攻的。

7·5　当初,戎人朝觐周王,向公卿送了财币,唯有凡伯不以宾礼款待。冬季,周天子派凡伯来鲁国聘问。在回去的路上,戎人在楚丘对他加以截击,俘虏他回去。

7·6　陈国与郑国讲和。十二月,陈国的五父到郑国参与结盟。初二,和郑庄公盟誓,歃血的时候心不在焉。泄伯说:"五父一定不免于祸,因为他不认为结盟是国家的利益。"

郑国的良佐到陈国参加结盟,十一日,和陈侯结盟,看出了陈国将要发生骚乱。

7·7　郑国的公子忽在周桓王那里,所以陈桓公请求把女儿嫁给他。郑庄公同意,于是就订了婚。

隐公八年

8·1　八年春季,齐僖公准备要宋、卫两国和郑国讲和,已经有了结盟的日期。宋殇公用财币向卫国请求,希望先行见面。卫宣公同意,所以在犬丘举行非正式会见的仪式。

8·2　郑庄公请求免除对泰山的祭祀而祭祀周公,用泰山旁边的祊地交换鲁国在许地的土田。三月,郑庄公派遣宛来致送祊地,表示不再祭祀泰山了。

8·3　夏季,虢公忌父开始在成周做卿士。

8·4　四月初六日,郑公子忽到陈国迎娶妻子妫氏。十三日,带着妫氏回来。十六日,进入郑国,陈𬭚子送妫氏到郑国。他们先结婚而后告祭祖庙。𬭚子说:"这不能算夫妇,欺骗了他的祖先,这不合于礼,怎么能够使子孙繁衍兴旺呢?"

8·5　齐国人终于让宋、卫两国和郑国讲和。秋季,在温地会见,在瓦屋结盟,丢弃东门这一役的旧怨,这是合于礼的。

8·6　八月某一天,郑庄公带着齐国人朝觐周桓王,这是合于礼的。

8·7　隐公和莒子在浮来结盟,以达成对纪国的友好。

8·8　冬季,齐僖公派人来报告宋、卫、郑三国讲和的事。隐公派众仲回答说:"君王使三国舍弃相互仇敌的图谋,安定他们的百姓,这都是君王的恩惠。寡君听到了,岂敢不承受君王的高明的好行动!"

8·9　无骇去世,羽父为他请求谥号和族氏。隐公向众仲询问关于族氏的事。众仲回答说:"天子建立有德之人以做诸侯,根据他的生地而赐姓,分封土地而又赐给他族氏。诸侯以字作为谥号,他的后人又以这作为族氏。先代做官而世代有功绩,就可以用官名作为族氏。也有以封邑为族氏的。"隐公命令以无骇的字作为族氏,就是展氏。

隐公九年

9·1　九年春季,周王朝历法的三月初十日,天久下大雨而且打雷闪电,《春秋》记载了开始的日期。十七日,又久下大雨雪,《春秋》也只记开始的日期。所以记载,是由于天时不正常的缘故。凡是下雨,连续下三天以上就叫"霖"。平地雪深一尺就叫"大雪"。

9·2　夏季,在郎地筑城。《春秋》记载这件事,由于妨碍农时。

9·3　宋殇公不去朝见周桓王。这时郑庄公正担任周桓王的卿士,于是用天子的名义讨伐他。郑国进攻宋国。宋国由于被攻外城那次战役对隐公不满,不来报告。隐公发怒,就断绝与宋国的往来。

9·4　秋季,郑国人用天子的名义前来报告进攻宋国。

9·5　冬季,隐公和齐僖公在防地会面,策划进攻宋国。

9·6　北戎人侵略郑国。郑庄公率兵抵御他们,又忧心戎军力量强大,说:"他们是步兵,我们用战车,我很担心他们从后边突然绕到我军之前袭击我们。"公子突说:"派遣一些勇敢而不刚毅的兵士,和敌人一接触就赶紧退走,君王就设下三批伏兵等待他们。戎人轻率而不整肃,贪婪而不团结,打赢了各不相让,打败了各不相救。走到前面的见到有财物俘虏,必然一意前进,前进而遭遇伏兵,必然赶快奔逃。走在后面的人不去救援,敌兵就没有后继者了。这样,我们就可以得胜。"郑庄公听从了公子突的意见。

　　戎人的前锋部队遇到了伏兵就奔逃,祝聃追逐他们,把戎军从中截断,前后夹攻,将戎军全部歼灭。戎军后继部队拼命奔逃。十一月二十六日,郑人把戎军打得大败而逃。

隐公十年

10·1　十年春季,周王朝历法的正月,鲁隐公在中丘会见齐僖公、郑庄公。二月二十五日,在邓地结盟,决定出兵日期。

10·2　夏季五月,羽父事先会合齐僖公、郑庄公,进攻宋国。

10·3　六月某一天,隐公在老桃会见齐僖公、郑庄公。初七日,隐公在菅地打败宋军。十五日,郑国军队开进郜地。十六日,郑国把郜地归属于我国。二十五日,郑国军队又开进防地。二十六日,郑国把防地归属于我国。

　　君子说:"郑庄公这样做,可以说合于正道了。用天子的命令讨伐不来朝觐的诸侯,自己不贪求土地,而以犒赏受天子的爵位的鲁国,这是得到治理政事的本体了。"

10·4　蔡国人、卫国人、郕国人没有按照天子的命令会师讨伐宋国。

　　秋季,七月初五日,郑国的军队进入本国的远郊,仍然停留在那里。宋军、卫军趁此攻进郑国。蔡军跟在后面进攻戴地。八月初八日,郑庄公包围戴地。初九日,攻克戴地,俘虏了三国军队。

　　宋军、卫军已经攻入郑国,而又为了攻打戴地才联合蔡军,蔡国人发怒。由于三支军队不合作而失败。

10·5　九月的一天,郑庄公率军攻入宋国。

10·6　冬季,齐军、郑军攻入郕国,这是讨伐郕国违背天子的命令。

隐公十一年

11·1　十一年春季,滕侯和薛侯前来朝见鲁君,两人争执行礼的先后。薛侯说:"我先受封。"滕侯说:"我是成周的卜正官,薛国是外姓,我不能落后于他。"鲁隐公派羽父向薛侯商量说:"承君王和滕侯问候寡君,成周的俗话说:'山上有树木,工匠就加以量测;宾客有礼貌,主人就加以选择。'成周的会盟,异姓在后面。寡人如果到薛国朝见,就不敢和任姓诸国并列。如果承君王加惠于我,那就希望君王同意滕侯的请求。"薛侯同意,就让滕侯先行朝礼。

11·2　夏季,隐公和郑庄公在郲地会见,策划进攻许国。郑庄公准备进攻许国时,五月二十四日,在太祖庙内颁发武器。公孙阏(子都)和颍考叔争夺兵车,颍考叔挟起车辕奔跑,子都拔出戟追上去。追到大路上,没有追上,子都很愤怒。

11·3　秋季,七月,隐公会合齐僖公、郑庄公进攻许国。初一日,军队汇合攻打许城。颍考叔拿着郑庄公的旗帜"蝥弧"争先登上城墙,子都从下面用箭射他,颍考叔摔下来死了。瑕叔盈又举着"蝥弧"冲上城,向四周挥动旗帜,大喊说:"国君登城了!"于是郑国的军队全部登上了城墙。初三日,便占领了许国。许庄公逃亡到卫国。

许庄公把许国让给隐公。隐公说:"君王说许国不交纳贡品,所以寡人才跟随君王讨伐它。许国既然已经认罪了,虽然君王有这样的好意,我也不敢参与这件事。"于是就把许领土送给了郑庄公。

　　郑庄公让许国大夫百里事奉许叔住在许都的东部边邑,说:"上天降祸于许国,鬼神确实对许君不满意,而借我的手惩罚他。我这儿连一两个父老兄弟都不能和睦共处,难道敢把讨伐许国作为自己的功劳?我有个兄弟,不能和和气气共同过日子,而使他四方求食,我难道还能长久占有许国?您应当事奉许叔来安抚这里的百姓,我准备让公孙获来帮助您。假如我得以善终,上天可能又依礼而撤回加于许国的祸害,让许公再来治理他的国家。那时候只要我郑国对许国有所请求,可能还是会像对待老亲戚一样,降格而同意的。不要让别国逼近我们住的这里,来同我郑国争夺这块土地。我的子孙挽救危亡还来不及,难道还能替许国敬祭祖先吗?我让您留在这里,不仅为了许国,也是姑且巩固我的边疆。"于是就让公孙获住在许城的西部边境,对他说:"凡是你的器用财货,不要放在许国。我死后就赶紧离开这里。我祖先在这里新建城邑,眼看到周王室已经逐渐衰微,我们这些周朝的子孙一天天丢掉自己的事业。而许国,是四岳的后代,上天既然已经厌弃了成周,我哪里还能和许国竞争呢?"

　　君子说:"郑庄公在这件事情上合乎礼。礼,是治理国家、安定社稷、使百姓有秩序、使后代有利的大法。许国违背法度而庄公讨伐他们,服罪了就宽恕他们,揣度自己德行而决定事情,衡量自己的力量而办理事务,看准了时机而行动,不要让忧虑连累后人,可以说是懂得礼了。"

11·4　郑庄公让一百名士兵拿出一头公猪,二十五人拿出一条狗和一只鸡,来诅咒射死颍考叔的凶手。君子说:"郑庄公失掉了政和刑。政用来治理百姓,刑用来纠正邪恶。既缺乏清明的政治,又没有威严的刑法,所以才发生邪恶。已经发生邪恶而加以诅咒,有什么好处!"

11·5　周天子在郑国取得邬、刘、苪、邘的土田,却给了郑国人原来属于苏忿生的土田：温、原、絺、樊、隰郕、攒茅、向、盟、州、陉、隤、怀。君子因此而知道桓王会失去郑国了，认为"按照恕道办事，是德的准则，礼的常规。自己不能保有，就拿来送给别人。别人不再来朝见，不也应该吗？"

11·6　郑国和息国之间言论上有了冲突，息侯就进攻郑国。郑庄公和息侯在国境内作战，息国的军队大败而回。君子因此而知道息国将要灭亡了，认为"不衡量德行，不考虑力量，不亲近亲邻，不分辨是非，不查察有罪，息国犯了这五种错误，而还去讨伐别人，他的丧失军队，不也是活该！"

11·7　冬季十月，郑庄公带着虢国的军队攻打宋国。十四日，把宋国的军队打得大败，以报复宋国攻入郑国的那次战役。宋国没有前来报告这件事，所以《春秋》没有记载。凡是诸侯发生大事，前来报告就记载，不然就不记载。出兵顺利或者不顺利，也是一样。即使国家被灭亡，被灭的不报告战败，胜利的不报告战胜，也不记载在简册上。

11·8　鲁国大夫羽父请求杀掉桓公，想借此求得宰相的官职。隐公说："从前由于他年轻的缘故，所以我代为摄政，现在我打算把国君的位子交还给他。已经派人在菟裘建筑房屋，我已经打算退休养老了。"羽父害怕了，反而在鲁桓公那里诬陷鲁隐公而请求桓公杀死隐公。

　　隐公还是公子的时候，曾率兵同郑国人在狐壤打仗，被俘获。郑国人把他囚禁在尹氏那里。隐公贿赂尹氏，并在尹氏所祭神主钟巫之前祷告，于是就和尹氏一起回国而在鲁国立了钟巫的神主。十一月，隐公将要祭祀钟巫，在社圃斋戒，住在㝢氏那里。十五日，羽父让坏人在㝢家刺杀隐公，立桓公为国君，并且讨伐㝢氏，㝢氏有人被杀害。《春秋》不记载安葬隐公，是由于没有按国君的规格正式为隐公举行丧礼。

卷二 桓 公

桓公元年

1·1　元年春季,鲁桓公即位,对郑国恢复友好。郑人请求重新祭祀周公、完成祊田的交换。桓公答应了。三月,郑庄公用璧玉来作许田的交易,这是为了请求祭祀周公和以祊交换许田的缘故。

1·2　夏季,四月初二日,鲁桓公和郑庄公在越地结盟,这是为了祊田的交换表示友好。誓辞说:"如果违背盟约,就不能享有国家。"

1·3　秋季,发大水,凡是平原上被水淹了叫做大水。

1·4　冬季,郑庄公前来拜谢结盟。

1·5　宋国的华父督在路上见到孔父的妻子,他目迎她从对面走过来,又回头从后面盯着她走过去,说:"既美丽,又光彩动人。"

桓公二年

2·1　二年春季,宋卿华父督攻打孔氏,杀死了孔父而占有他的妻子。宋殇公发怒,华父督恐惧,就把殇公也杀死了。君子认为华父督心里早已没有国君,然后才产生这种罪恶行动,所以《春秋》先记载"弑其君"。

鲁桓公和齐僖公、陈桓公、郑庄公在稷地会见,商讨平定宋国的内乱。由于接受了贿赂的缘故,便建立华氏政权。

宋殇公即位以后,十年之中发生了十一次战争,百姓不能忍受。孔父嘉做司马,华父督做太宰。华父督由于百姓不能忍受,先就宣传说:"这都是司马所造成的。"不久就杀了孔父和殇公,把庄公从郑国召回而立他为国君,以此亲近郑国。同时又把郜国的大鼎送给桓公,对齐、陈、郑诸国也都馈送财礼,所以华父督就当了宋公的宰相。

2·2　夏季,四月,桓公从宋国取来了郜国的大鼎。初九日,把大鼎安放在太庙里。这件事不符合礼制。臧哀伯劝阻说:"作为百姓的君主,要发扬道德而阻塞邪恶,以为百官的表率,即使这样,仍然担心有所失误,所以显扬美德以示范于子孙。因此太庙用茅草盖屋顶,祭天之车用蒲草席铺垫,肉汁不加调料,主食不吃舂过两次的米,这是为了表示节俭。礼服、礼帽、蔽膝、大圭、腰带、裙子、绑腿、鞋子、横簪、瑱绳、冠系、冠布,都各有规定,用来表示衣冠制度。玉垫、佩巾、刀鞘、鞘饰、革带、带饰、飘带、马鞍,各级多少不同,用来表示各个等级规定的数量。画火、画龙、绣黼、绣黻,这都是为了表示文饰。五种颜色绘出各种形象,这都是为了表示色彩。锡铃、鸾铃、衡铃、旗铃,这都是为了表示声音。画有日、月、星的旌旗,这是为了表示明亮。行为的准则应当节俭而有制度,增减也有一定的数量,用文饰、色彩来记录它,用声音、明亮来发扬它,以此向文武百官作明显的表示。百官才有警戒和畏惧,不敢违反纪律。现在废除道德而树立邪恶,把人家贿赂来的器物放在太庙里,公然展示给百官看,百官也模仿这种行为,还能惩罚谁呢?国家的衰败,由于官吏的邪恶。官吏的失德,由于受宠又公开贿赂。郜鼎放在太庙里,彰明较著地受纳贿赂,还有更甚的吗?周武王打败商朝,把九鼎运到洛邑,当时的义士还有人认为他不对,更何况把显然违法叛乱的贿赂器物放在太庙里,这又该如何办?"桓公不听。

周朝的内使听说了这件事,说:"臧孙达的后代在鲁国可能长享禄位吧!国君违背礼制,他没有忘记以道德来劝阻。"

2·3 秋季,七月,杞侯来鲁国朝见,态度不够恭敬。杞侯回国,桓公就策划讨伐他。

2·4 蔡桓侯、郑庄公在邓地会见,从这时起两国开始惧怕楚国。

2·5 九月,攻入杞国,这是由于讨伐杞侯的不恭敬。

2·6 桓公和戎在唐地结盟,这是为了重修过去的友好邦交。

2·7 冬季,桓公从唐地回来,《春秋》所以记载,是由于回来后祭告了宗庙。

凡是国君出国之前,要祭告宗庙。回来,也要祭告宗庙,还要宴请臣下,互相劝酒、把功劳记载在档案里,这是合于礼的。两国国君单独相会见,来回都只记载会见的地点,这是互相谦让谁为会首的会见。会见的国君在三个以上,那就在去他国时记载会见的地点,他国国君前来就不记载会见地点而仅仅记载会见,这是盟主已在会前决定,只是完成会见手续罢了。

2·8 当初,晋穆侯的夫人姜氏在条地战役的时候生了太子,取名叫仇。仇的兄弟是在千亩战役时生的,因此取名叫成师。师服说:"奇怪呀,国君替儿子取这样的名字!取名表示一定的意义,意义产生礼仪,礼仪是政事的骨干,政事端正百姓,所以政事没有失误百姓就服从;相反就发生动乱。相爱的夫妻叫妃,相怨的夫妻叫仇,这是古代人所命名的方法。现在国君给太子取名叫仇,他的兄弟叫成师,这就开始预示祸乱了。做哥哥的恐怕要被废黜了吧!"

鲁惠公二十四年,晋国开始发生动乱,所以把桓叔封在曲沃,靖侯的孙子栾叔做他的宰相。师服说:"我听说国家的建立,根本大而枝节小,这样才能稳固。所以天子封建诸侯国,诸侯建立卿大夫的采邑,卿设置同宗兄弟为侧室官,大夫又有宗室子弟为贰宗官,士有仆隶子弟,庶人、工、商各有亲疏,都有大小不同的等级。所以百姓才肯事奉长上,身居下位的人也没有什么非分的念头。现在晋国是王畿之内的甸服侯国,而又另外建立侯国,它的根本既已衰弱,还能够长久吗?"

　　鲁惠公三十年,晋国的潘父杀了昭侯而接纳桓叔,没有成功。晋国人立了孝侯。鲁惠公四十五年,曲沃庄伯攻打翼城,杀了孝侯,翼城人立他的兄弟鄂侯。鄂侯生了哀侯。哀侯侵占陉庭地方的田土。陉庭南部边境的人引导曲沃攻打翼城。

桓公三年

3·1　三年春季,曲沃武公进攻翼城,军队驻扎在陉庭。韩万为武公驾车,梁弘作为车右。在汾水边的低洼地追赶晋哀侯,由于骖马被绊住才停下来。夜里,俘获了晋哀侯和栾共叔。

3·2　桓公和齐僖公在嬴地会见,这是由于和齐女订婚。

3·3　夏季,齐僖公、卫宣公在蒲地只是会谈,没有结盟。

3·4　桓公和杞侯在郕地会见,这是由于杞国要求议和。

3·5　秋季,公子翬到齐国迎接齐女,因为是重修前代国君的友好关系,所以《春秋》称翬为"公子"。

3·6　齐僖公护送姜氏出嫁,到了讙地,这是不合于礼的。凡是本国的公室女子出嫁到同等国家,如果是国君的姐妹,就由上卿护送她,以表示对前代国君的尊敬。如果是国君的女儿,就由下卿护送她。出嫁到大国,即便是国君的女儿,也由上卿护送她。嫁给天

子,就由各位大臣都去护送,国君不亲自护送。出嫁到小国,就由
上大夫护送她。

3·7 冬季,齐仲年前来聘问,这是为了把姜氏护送到鲁都。

3·8 芮伯万的母亲芮姜嫌恶芮伯的宠姬太多,因此把他赶走,让
他住到魏城。

桓公四年

4·1 四年春季,正月,鲁桓公在郎地打猎。《春秋》记载这件事,
是由于这正是(夏历十一月)狩猎之时,合于礼。

4·2 夏季,周朝的宰官渠伯纠来鲁国聘问。由于他的父亲还活
着,所以《春秋》写出他的名字。

4·3 秋季,秦国的军队袭击芮国,秦军战败,由于小看了敌人的
缘故。

4·4 冬季,周桓王的军队和秦国军队联合包围芮国,俘虏了芮伯
回来。

桓公五年

5·1 五年春季,正月,去年十二月二十一日,今年正月初六,陈侯
鲍逝世。《春秋》所以记载两个日子,是由于发了两次讣告而日期
不同。当时陈国发生动乱,文公的儿子佗杀了太子免而取代他。
陈侯病危的时候动乱发生,国内臣民纷纷离散,因此发了两次

讣告。

5·2　夏季,齐僖公、郑庄公去纪国访问,想要乘机袭击纪国。纪国人发觉了。

5·3　周桓王夺去了郑庄公的政权,郑庄公不再朝觐。秋季,周桓王带领诸侯讨伐郑国,郑庄公出兵抵御。周桓王率领中军;虢公林父率领右军,蔡军、卫军隶属于右军;周公黑肩率左军,陈军隶属于左军。

　　郑国的子元建议用左方阵来对付蔡军和卫军,用右方阵来对付陈军,说:"陈国动乱,百姓都缺乏战斗意志,如果先攻击陈军,他们必定奔逃。周天子的军队看到这种情形,又一定会发生混乱。蔡国和卫国的军队支撑不住,也一定会争先奔逃。这时我们可集中兵力对付周天子的中军,我们就可以获得成功。"郑庄公听从了。曼伯担任右方阵的指挥,祭仲足担任左方阵的指挥,原繁、高渠弥带领中军护卫郑庄公,摆开了叫做鱼丽的阵势,前有偏,后有伍,伍弥补偏的空隙。

　　在繻葛双方交战。郑庄公命令左右两边方阵说:"大旗一挥,就击鼓进军。"郑国的军队发起进攻,蔡、卫、陈军一起奔逃,周军因此混乱。郑国的军队从两边合拢来进攻,周军终于大败。祝聃射中周桓王的肩膀,桓王还能指挥军队。祝聃请求前去追赶。郑庄公说:"君子不希望欺人太甚,哪里敢欺凌天子呢? 只要能挽救自己,国家免于危亡,这就足够了。"

　　夜间,郑庄公派遣祭仲足去慰问周桓王,同时也问候他的左右随从。

5·4　仍叔的儿子前来聘问。《春秋》所以记为"仍叔之子"而不记他的名字,是由于他年轻。

5·5　秋季,为求雨而举行大雩祭。《春秋》记载这件事,是由于这不是按时的祭祀。凡是祭祀,昆虫惊动举行郊祭,苍龙角亢二宿出现举行雩祭,秋天寒气降临举行尝祭,昆虫蛰伏举行烝祭。如果过了规定的时间举行祭礼,就要记载。

5·6　冬季,淳于公到曹国。自己估计他的国家将发生危难,因此没有再回国了。

桓公六年

6·1　六年春季,(淳于公)从曹国前来朝见。《春秋》记载作"实来",是由于他真正不再回国了。

6·2　楚武王入侵随国,先派薳章去求和,把军队驻在瑕地以等待结果。随国人派少师主持和谈。

　　鬪伯比对楚武王说:"我国在汉水东边不能达到目的,是我们自己造成的。我们扩大军队,整顿装备,用武力逼迫别国,他们害怕因而共同来对付我们,所以就难于离间了。在汉水东边的国家中,随国最大。随国要是自高自大,就必然抛弃小国。小国离心,对楚国有利。少师这个人很骄傲,请君王隐藏我军的精锐,而让他看到疲弱的士卒,助长他的骄傲。"熊率且比说:"有季梁在,这样做有什么好处?"鬪伯比说:"这是为以后打算,因为少师可以得到他们国君的信任。"楚武王故意把军容弄得疲疲塌塌来接待少师。

　　少师回去,请求追逐楚军。随侯将要答应,季梁劝阻说:"上天正在帮助楚国,楚国军队显得疲塌的样子,是引诱我们。君王何必急于从事?下臣听说小国之所以能够抵抗大国,是小国有道,而大国君主沉溺于私欲。所谓道,就是忠于百姓而取信于神明。上边的人想到对百姓有利,这是忠;祝史真实不欺地祝祷,这是信。现在百姓饥饿而国君放纵个人享乐,祝史浮夸功德来祭祀,下臣不知怎样行得通?"随侯说:"我祭祀用的牲口都既无杂色,又很肥大,黍稷也都丰盛完备,为什么不能取信于神明?"季梁回答说:"百姓,是神明的主人。因此圣王先团结百姓,而后才致力于神明,所以在奉献牺牲的时候祝告说:'牲口又大又肥。'这是说百姓的财力普遍富足,牲畜肥大而繁殖生长,并没有得病而瘦弱,又有各种优良品种。在奉献黍稷的时候祷告说:'洁净的粮食盛得满满的。'这是说春、夏、秋三季没有天灾,百姓和睦而收成很好。在奉献甜酒的时候祝告说:'又好又清的美酒。'这是说上上下下都有美德而没有坏心眼。所谓的祭品芳香,就是人心没有邪念。因为春、夏、秋三季都努力于农耕,修明五教,敦睦九族,用这些行为来致祭神明,百姓便和睦,神灵也降福,所以做任何事情都能成功。现在百姓各有各的想法,鬼神没有依靠,君王一个人祭祀丰富,又能求得什么福气呢?君王姑且修明政治,亲近兄弟国家,看能否免于祸难。"随侯害怕了,从而修明政治,楚国就没有敢来攻打。

6·3　夏季,鲁桓公和纪侯在成地相会。这是由于纪侯前来商谈如何对付齐国灭纪的企图。

6·4　北戎进攻齐国,齐国派人到郑国求援。郑国的太子忽率领军队救援齐国。六月,大败戎军,俘虏了它的两个主帅大良、少良,砍了带甲戎军三百人的脑袋,献给齐国。当时,诸侯的大夫在齐国防守边境,齐国人馈送他们食物,让鲁国来确定致送各国军队的先后次序。鲁国因依照周王朝所定的次序,把郑国排在后面。郑太子忽认为自己有功劳,很恼怒,所以四年之后就有郎地的战役。

　桓公在没有向齐国求婚以前,齐僖公想把文姜嫁给太子忽。太子忽辞谢,别人问为什么,太子忽说:"人人都有合适的配偶,齐国强大,不是我的配偶。《诗》说:'求于自己,多受福德。'靠我自己就是了,要大国干什么?"君子说:"太子忽善于为自己打算。"等到他打败了戎军,齐僖公又请求把别的女子嫁给他。太子忽坚决辞谢,别人问为什么,太子忽说:"我为齐国没有做什么事情,尚且不敢娶他们的女子。现在由于国君的命令急忙地到齐国解救危急,反而娶了妻子回国,这是利用战争而成婚,百姓将会对我有什么议论呢?"于是就用郑庄公的名义辞谢了。

6·5　秋季,举行盛大的阅兵仪式,这是检阅战车和马匹。

6·6　九月二十四日,儿子同出生,举行太子出生的礼仪:父亲接见儿子时用牛、羊、豕各一的太宰,用占卜选择士人背他,用占卜选择士人的妻子给他喂奶,桓公和文姜、同宗妇人为他取名字。

　　桓公向申繻询问取名字的事。申繻回答说:"取名有五种方式,有信,有义,有像,有假,有类。用出生的某一种情况来命名是信,用祥瑞的字眼来命名是义,用相类似的字眼来命名是像,假借某种事物的名称来命名是假,借用和父亲有关的字眼来命名是类。命名不用国名,不用官名,不用山川名,不用疾病名,不用牲畜名,不用器物礼品名。周朝人用避讳来奉事神明,名,在死了以后就要避讳。所以用国名命名,就会废除人名,用官名命名就会改变官称,用山川命名就会改变山川的神名,用牲畜命名就会废除祭祀,用器物礼品命名就会废除礼仪。晋国因为僖公而废除司徒之官,宋国因为武公而废除司空之官名,我国因为先君献公、武公而废除具山、敖山二山之名,所以大的事物不可以用来命名。"桓公说:"这孩子的出生,和我在同一个干支,把他命名叫做同。"

6·7　冬季,纪侯前来朝见,请求鲁国代纪国取得周天子的命令去向齐国求和。桓公告诉他说自己做不到。

桓公七年

7·1　七年春季,穀伯绥、邓侯吾离来鲁国朝见。《春秋》记载他们的名字,是由于轻视他们。

7·2 夏季,盟邑、向邑向郑国求和,不久又背叛郑国。

7·3 秋季,郑军、齐军、卫军攻打盟邑、向邑。周桓王把盟邑、向邑的百姓迁到郏地。

7·4 冬季,曲沃伯诱骗晋国小子侯,把他杀死了。

桓公八年

8·1 八年春季,曲沃伯灭亡了翼邑。

8·2 随国少师受到宠信。楚国的鬬伯比说:"可以了,敌国内部有了裂痕,不可以失掉机会。"

夏季,楚武王在沈鹿会合诸侯的军队。黄、随两国不参加会见。楚武王派薳章去责备黄国,然后亲自讨伐随国,军队驻扎在汉水、淮水之间。

季梁建议向楚人表示投降,说:"等他们不肯,然后作战,这样就可以激怒我军而使敌军懈息。"少师对随侯说:"必须速战,不这样,就会丢失战胜楚军的机会。"随侯率军抵御楚军。远望楚国的军队,季梁说:"楚人以左为尊,国君一定在左军之中,不要和楚王正面作战,姑且攻击他的右军。右军没有好指挥官,必然失败。他们的偏军一败,大众就离散了。"少师说:"不与楚王正面作战,这就表示我们和他不能对等。"随侯又没有听从季梁的话。在速杞交战,随军大败。随侯逃走,鬬丹俘获了随侯的战车和车右少师。

秋季,随国要同楚国讲和。楚武王本拟不同意。鬬伯比说:"上天已经铲除他们讨厌的少师了,但随国还不可能战胜。"于是订立了盟约而回国。

8·3 冬季,周桓王命令虢仲立了晋哀侯的兄弟缗为晋侯。

8·4 祭公到鲁国来,然后到纪国迎接王后,这是合于礼的。

桓公九年

9·1 九年春季,纪国的季姜出嫁到京师。凡是诸侯的女儿出嫁,只有出嫁做王后才加以记载。

9·2 巴子派遣韩服向楚国报告,请求和邓国友好。楚武王派遣道朔带领巴国的使者到邓国聘问。邓国南部边境的鄾地人攻击他们,并掠夺财礼,杀死了道朔和巴国的使者。楚武王派遣薳章责备邓国,邓国人拒不接受。

夏季,楚国派遣鬬廉率领楚军和巴军包围鄾地。邓国的养甥、聃甥率领邓军救援鄾地。邓军三次向巴军发起冲锋,不能得胜。鬬廉率军在巴军之中列为横阵,当与邓军交战时,假装败逃。邓军追逐楚军,巴军就处于他们背后。楚、巴两军夹攻邓军,邓军大败。鄾地人黄昏后就溃散了。

9·3 秋季,虢仲、芮伯、梁伯、荀侯、贾伯,共同出兵讨伐曲沃。

9·4 冬季,曹国的太子来鲁国朝见。用上卿之礼接待他,这是合于礼的。设享礼招待曹太子。首先献酒,接着奏乐,曹太子就叹气。施父说:"曹太子恐怕会有什么忧心事吧?因为这里不是叹息的地方。"

桓公十年

10·1　十年春季,曹桓公逝世。

10·2　虢仲在周桓王那里进谗言诬陷大夫詹父。詹父有理,带领周天子的军队进攻虢国。夏季,虢公逃亡到虞国。

10·3　秋季,秦国人把芮伯万送回芮国。

10·4　当初,虞公的兄弟虞叔藏有宝玉,虞公向他索求玉。虞叔没有进献,不久又后悔这件事,说:“周朝的谚语说:‘百姓没有罪,怀藏玉璧就有了罪。’我哪用得着美玉,难道要用它买来祸害?”于是就把玉璧献给了虞公。虞公又向虞叔索求宝剑。虞叔说:“这是没有满足了。满足不了,祸害会连累到我身上。”于是就攻打虞公,所以虞公逃亡到共池。

10·5　冬季,齐国、卫国、郑国联军前来和我军在郎地作战,我国是有理的。

当初,北戎多次骚扰齐国,使它困疲,诸侯救援齐国,郑国的公子忽有功劳。齐国人给诸侯的军队馈送食物,让鲁国确定馈送的次序。鲁国按周室封爵的次序把郑国排在后面。郑国人发怒,请求齐国出兵。齐国人率领卫国军队帮助郑国,所以《春秋》不称这次战争为“侵伐”。先记载齐国和卫国,是按照周室封爵的次序。

桓公十一年

11·1　十一年春季,齐国、卫国、郑国、宋国在恶曹举行会盟。

11·2　楚国的屈瑕打算和贰、轸两国结盟。郧国人的军队驻扎在蒲骚,准备和随、绞、州、蓼四国一起进攻楚国军队。莫敖担心这件事。鬪廉说:"郧国的军队驻扎在他们的郊区,一定缺乏警戒,并且天天盼望四国军队的来到。您驻在郊郢来抵御这四个国家,我们用精锐部队夜里进攻郧国。郧国一心盼望四国军队,而且又依仗城郭坚固,没有人再有战斗意志。如果打败郧军,四国一定离散。"莫敖说:"何不向君王请求增兵?"鬪廉回答说:"军队能够获胜,在于团结一致,不在于人多。商朝敌不过周朝,这是您所知道的。整顿军队而出兵,又增什么兵呢?"莫敖说:"占卜一下?"鬪廉回答说:"占卜是为了决断疑惑,没有疑惑,为什么占卜?"于是就在蒲骚打败郧国军队,终于和贰、轸两国订立了盟约回国。

11·3　郑昭公打败北戎的时候,齐侯打算把女儿嫁给他,昭公辞谢了。祭仲说:"您一定要娶她。国君姬妾很多,您如果没有有力的外援,将不能继承君位。其他三位公子都可能做国君的。"昭公不同意。

夏季,郑庄公死。

当初,祭地封人仲足受到郑庄公的宠信,庄公任命他做卿。祭仲为庄公娶了邓曼,生了昭公。所以祭仲立他为国君。宋国的雍氏把女儿嫁给郑庄公,名叫雍姞,生了厉公。雍氏为人所尊重,受到宋庄公的宠爱,所以就诱骗祭仲而把他抓起来,说:"不立突为国君,就没有你的命。"雍氏还抓了厉公索取财货。祭仲和宋国人结盟,让厉公归国而立他为国君。

秋季,九月十三日,郑昭公逃亡到卫国。二十五日,郑厉公立为国君。

桓公十二年

12·1　十二年,夏季,鲁桓公和杞侯、莒子在曲池会盟,这是让杞国和莒国讲和。

12·2　桓公想和宋国、郑国讲和。秋季,桓公和宋庄公在句渎之丘会盟。由于不知道宋国对议和有无诚意,所以又在虚地会见;冬季,又在龟地会见。宋公拒绝议和,所以桓公和郑厉公在武父结盟,盟后就率领军队进攻宋国。发生这场战争,是因为宋国不讲信用。

君子说:"如果一再不讲信用,结盟也没有好处。《诗经》说:‘君子多次结盟,反而使动乱滋长。’就是由于没有信用。"

12·3　楚国进攻绞国,军队驻扎在南门。莫敖屈瑕说:"绞国地小而人轻浮,轻浮就缺少主意。请对砍柴的人不设保卫,用这引诱他们。"楚王听从了屈瑕的意见。绞军俘获了三十个砍柴人。第二天,绞军争着出城,把楚国的砍柴人赶到山里。楚军坐等在北门,同时在山下设伏兵,大败绞军,强迫绞国订立城下之盟而回国。

12·4　在进攻绞国的这次战役中,楚军分兵渡过彭水。罗国准备攻打楚军,派遣伯嘉去侦探,三次遍数了楚军的人数。

桓公十三年

13·1　十三年春季,楚国的屈瑕进攻罗国,鬭伯比为他送行。回来时,对他的御者说:"莫敖一定失败。走路把脚抬得很高,表明他的心神不稳定了。"于是进见楚武王,说:"一定要增派军队!"楚武王拒绝了,回宫告诉夫人邓曼。邓曼说:"大夫鬭伯比的意思不在人数的多少,而是说君王要以诚信来镇抚百姓,以德义来训诫官员,而以刑法来使莫敖畏惧。莫敖已经满足于蒲骚这一次战功,他会自以为是,必然轻视罗国。君王如果不加控制,不是等于不设防范吗!鬭伯比所说的请君王训诫百姓而好好地安抚督察他们,召集官员们而勉之以美德,见到莫敖而告诉他上天对他的过错是不会宽恕的。不是这样,屈瑕大夫难道不知道楚国军队已经全部出发了?"楚王派赖国人追赶屈瑕,没有追上。

　　莫敖派人在军中通告:"敢于进谏的人要受刑罚!"到达鄢水,楚军由于渡河而次序大乱。全军乱七八糟毫无秩序,而且又不设防。到达罗国,罗国和卢戎的军队从两边夹攻楚军,把楚军打得大败。莫敖吊死在荒谷,其他将领们被囚禁在冶父,等待处罚。楚武王说:"这是我的罪过。"把将领们都赦免了。

13·2　宋国多次向郑国索取财货,郑国实在不能忍受,所以率领纪、鲁两国的军队和齐、宋、卫、燕四国的军队交战。《春秋》没有记载战争的地点,是由于桓公迟到了。

13·3　郑国派人来鲁国,请求重修旧好。

桓公十四年

14·1　十四年春季,鲁桓公和郑厉公在曹国会见。曹国人送来食物,这是合于礼的。

14·2　夏季,郑国的子人前来重温过去盟会的友好,并且也是重温在曹国的会见。

14·3　秋季,八月十五日,储藏祭祀谷物的仓库发生火灾。十八日,举行尝祭。《春秋》所以记载这件事,是表示火灾尚不足为害。

14·4　冬季,宋国人联合诸侯进攻郑国,这是为了报复在宋国的那次战争。诸侯联军焚烧了郑国都城的渠门,进了城到了大街上,攻打东郊,占取牛首,把郑国太庙的椽子拿回去做宋国卢门的椽子。

桓公十五年

15·1　十五年春季,周桓王派大夫家父来鲁国索取车辆,这是不合于礼的。诸侯不进贡车辆、礼服,天子不求取个人财物。

15·2　祭仲专权,郑厉公对他很担心,派祭仲的女婿雍纠去杀他。雍纠准备在郊外宴请祭仲。雍姬知道了,对她母亲说:"父亲与丈夫哪一个更亲近?"她母亲说:"任何男子,都可能成为一个女人的丈夫,父亲却只有一个,怎么能够相比呢?"于是雍姬就告诉祭仲说:"雍氏不在他家里而在郊外宴请您,我怀疑这件事,所以告诉您。"祭仲就杀了雍纠,把尸体摆在周氏的池塘边。郑厉公装载了尸体逃离郑国,说:"大事和妇女商量,死得活该。"夏季,郑厉公逃亡到蔡国。

15·3 六月二十二日,郑昭公进入郑国。

15·4 许叔进入许国都城。

15·5 桓公和齐襄公在艾地会见,目的是为了谋划安定许国。

15·6 秋季,郑厉公凭借栎地的人杀了檀伯,因而就居住在栎地。

15·7 冬季,鲁桓公与宋庄公、卫惠公、陈庄公在袲地会见,策划进攻郑国,以便护送厉公回国。可是战争失败了,军队各自回国。

桓公十六年

16·1 十六年春季,正月,鲁桓公和宋庄公、蔡桓侯、卫惠公在曹国会见,又策划进攻郑国

16·2 夏季,进攻郑国。

16·3 秋季七月,桓公进攻郑国回到国内,举行了祭告宗庙、大宴臣下的礼仪。

16·4 冬季,在向地筑城。《春秋》所以记载这件事,是由于不妨碍农时。

16·5 当初,卫宣公和父亲的姬妾夷姜私通,生了急子。卫宣公把急子托给右公子抚养,又为他在齐国娶妻,这个女人很美,卫宣公就自己娶了她,生了寿和朔,把寿嘱托给左公子。夷姜自己吊死了。宣姜和公子朔诬陷急子。卫宣公派急子出使到齐国,指使坏人在莘地等着,打算杀死他。寿子把这件事告诉急子,让他逃走。急子不同意说:"丢掉父亲的命令,哪里还用得着儿子!如果世界

上有没有父亲的国家就可以逃到那里去了。"等到临走,寿子用酒把急子灌醉。寿子车上插着太子的旗帜走在前面,坏人就杀了寿子。急子赶到,说:"他们要杀的是我。他有什么罪?请杀死我吧!"坏人又杀了急子。左、右两公子因此怨恨惠公。十一月,左公子泄、右公子职立公子黔牟为国君。卫惠公逃亡到齐国。

桓公十七年

17·1　十七年春季,鲁桓公和齐襄公、纪侯在黄地结盟,目的是为了促成齐、纪的和议,同时商量对付卫国。

17·2　桓公和邾仪父在趡地结盟,这是由于重申蔑地的盟约。

17·3　夏季,鲁军与齐国军队在奚地发生战争,这是边境局部冲突。当时齐国人入侵鲁国的边境,边境官吏前来报告。桓公说:"边境上的事情,谨慎地防守自己一边而且防备发生意外。暂且尽力防备就是了。发生了事情就迎战,又何必先行请示报告呢?"

17·4　蔡桓侯去世了,蔡国人把蔡季从陈国召回来。

17·5　秋季,蔡季从陈国回到蔡国,被立为国君,因为蔡国人都拥护他。

17·6　进攻邾国,这是宋国的意愿。

17·7　冬季,十月初一,日蚀。《春秋》没有记载日子,这是史官的漏记。天子有日官,诸侯有日御。日官居于卿的地位,以推算历象,这是合于礼的。日御详细记载每月大小和干支,无所遗漏,在朝廷上通告百官。

17·8　当初,郑庄公准备任命高渠弥做卿,昭公讨厌他,坚决劝阻,庄公不听从。昭公即位后,高渠弥畏惧昭公会杀掉自己,就在十月二十二日,杀死昭公而立公子亹。

君子认为"昭公了解他所讨厌的人"。公子达说:"高伯恐怕要被诛杀的吧!因为他报仇报得太过分了。"

桓公十八年

18·1　十八年春季,鲁桓公准备外出旅行,便和姜氏到齐国去。申繻劝阻说:"女人有夫家,男人有妻室,不可以互相轻慢,这就叫有礼。违反这一点必然坏事。"桓公和齐襄公在泺地会见,然后就和文姜到了齐同。齐襄公和文姜通奸。桓公责怪文姜,文姜把这件事告诉了齐襄公。

夏季,四月初十日,齐襄公设宴招待鲁桓公。宴后齐襄公派公子彭生帮助桓公登车,桓公死在车中。

鲁国人告诉齐襄公说:"我们国君畏惧您的威严,不敢苟安,来到贵国重修旧好,礼仪完成后却没有回国。我国不知道该归罪于谁,在诸侯中造成了恶劣影响。请求用彭生来清除这种影响。"齐国人杀死了彭生。

18·2　秋季,齐襄公率领军队驻扎在首止。子亹前去会见,高渠弥作为首席随员。七月初三日,齐国人杀死了子亹而把高渠弥五马分尸。祭仲到陈国迎接郑子而立他为国君。

这次会见,祭仲事先预料到情况,所以假称有病而没有去。有人说:"祭仲由于有先见之明,所以才免祸。"祭仲说:"那是对的。"

18·3　周公打算杀死周庄王而立王子克。辛伯报告庄王,就帮着庄王杀了周公黑肩。王子克逃亡到燕国。

当初,子仪受到桓王的宠信,桓王把他嘱托给周公。辛伯曾劝谏周公说:"妾媵并同于王后,庶子相等于嫡子,权臣和卿士互争权力,大城和国都一样,这都是祸乱的根本。"周公不听,所以招致杀身之祸。

卷三 庄 公

庄公元年

1·1　元年春季,《春秋》没有记载鲁庄公即位,这是由于文姜外出没有回国的缘故。

1·2　三月,鲁桓公夫人到了齐国。《春秋》不称姜氏而称夫人,是由于断绝了母子关系,这是合于礼的。

1·3　秋季,在城外建造王姬的行馆。因为王姬不是鲁国的女子,而是周天子的女儿,这是合于礼的。

庄公二年

2·1　二年冬季,夫人姜氏和齐襄公在禚地相会。《春秋》记载这件事,是为揭露他们的奸情。

庄公三年

3·1　三年春季,公子溺会合齐国军队攻打卫国,《春秋》单称他的名字溺,不称公子,是表示对他的贬斥。

3·2　夏季五月,安葬周桓王。这在丧礼的时间上太迟缓了。

3·3　秋季,纪季把酅地割让给齐国,纪国从这时候开始分裂。

3·4　冬季,鲁庄公带领护卫军屯驻在滑地多夜,打算会见郑伯,策划纪国的事务。郑伯用国内不安定为理由加以推脱。

　　凡是军队在外,住一夜叫做舍,两夜叫做信,两夜以上叫做次。

庄公四年

4·1　四年春季,周王朝历法的三月,楚武王运用名叫荆尸的军阵,把戟颁发给士兵,要去攻打随国。准备斋戒,进宫告诉夫人邓曼说:“我心神动荡不安。”邓曼叹气说:“君王的福禄尽了。满了就会动荡,这是自然的道理。先君大概知道了,所以面临作战,将要发布征伐命令而使君王心跳。如果军队没有什么损失,而君王死在行军途中,这就是国家之福了。”楚武王于是出征,死在樠树下面。令尹斗祁、莫敖屈重秘不发丧,开通新路,并在溠水筑桥,在随国境外建筑营垒。随国人恐惧,向楚军求和。莫敖屈重以楚王的名义进入随国,和随侯结盟,而且邀请随侯在汉水转弯处会见,然后退兵。渡过了汉水以后公布丧事。

4·2　纪侯不能屈从齐国,把国家政权让给了纪季。夏季,纪侯永远离开了他的国家,以避免齐国对他所加的祸害。

庄公五年

5·1　五年秋季,郳犁来到鲁国朝见。《春秋》只记载他的名字,是因为他还没有得到周天子的封爵。

5·2　冬季,鲁庄公联合齐、宋、陈、蔡四国攻打卫国,目的是为了护送卫惠公回国。

庄公六年

6·1　六年春季,周庄王的属官叫子突的率军救援卫国。

夏季,卫惠公回国,放逐公子黔牟到成周,放逐宁跪到秦国,杀了左公子泄、右公子职,这才即位。

君子认为左、右二公子扶立黔牟为国君,"是一种很欠考虑始终的行为。对能够巩固自己地位的人,必须考虑他的各方面,然后用适当的方式立他为国君。不了解他的根本,就是缺乏谋略;了解到虽有根本却没有枝叶,就不要勉强树立他。《诗》说:'有本有枝,繁衍百世。'"

6·2　冬季,齐国人前来归还卫国的宝器,这是由于文姜的请求。

6·3　楚文王进攻申国,路过邓国。邓祁侯说:"他是我的外甥。"把他留下而设宴招待他。骓甥、聃甥、养甥请求杀掉楚文王。邓侯不允许。这三甥都说:"灭亡邓国的,必定是这个人。如果不早打主意,君王后悔便来不及了。现在下手还来得及!下手吧,现在正是时候!"邓侯说:"如果这样做,人们会唾弃我而不吃我剩下的东西的。"三位外甥回答说:"如果不听我们三个人的话,土地和五谷的神明就得不到祭享,君王到哪里去取得祭神的剩馀?"邓祁侯还是不答应。攻打申国回国的那一年,楚王进攻邓国。庄公十六年,楚国再次攻打邓国,终于灭亡了邓国。

庄公七年

7·1 七年春季,文姜和齐襄公在防地相会,这是出于齐襄公的主意。

7·2 夏季,看不到常见的星星,这是由于夜空明亮的缘故。流星坠落而且带着雨点,这是和雨一起落下来的。

7·3 秋季,麦子不收,小苗不长,但没有影响黍稷的收成。

庄公八年

8·1 八年春季,鲁庄公在太庙把武器发给军队,这是合于礼的。

8·2 夏季,鲁军和齐军包围郕国。郕国向齐军投降。仲庆父请求进攻齐军。庄公说:"不行,我实在缺乏德行,齐军有什么罪?罪是由我引起的。《夏书》说:'皋陶勉力培育德行,德行具备,别人就会降服。'我们姑且致力于修养德行,以等待时机吧!"

秋季,军队回国。君子因此而赞美鲁庄公。

8·3　齐襄公派连称、管至父驻守葵丘,瓜熟的时节前去,说:"到明年瓜熟的时候派人替代你们。"驻守了一周年,齐襄公的命令并没有下来。连称、管至父请求派人替代,齐襄公不同意,因此就策划叛乱。

齐僖公的同母兄弟叫夷仲年,生了公孙无知,受到僖公的宠信,衣服礼仪等种种待遇都和嫡子一样。齐襄公降低了公孙无知的待遇。连称、管至父两个人就利用公孙无知而发动叛变。连称有个堂妹在齐襄公的后宫,不得宠,就让她去侦察襄公的情况。公孙无知说:"事情成功,我把你立为君夫人。"

冬季,十二月,齐襄公在姑棼游玩,就在贝丘打猎。看到一头大野猪,随从说:"这是公子彭生啊!"齐襄公发怒说:"彭生敢来见我!"就用箭射它。野猪像人一样站起身啼叫。齐襄公害怕,从车上摔下来,伤了脚,丢了鞋。回去以后,责令徒人费去找鞋,费找不着,齐襄公就鞭打他,打得皮开血出。费走出去,在宫门口遇到叛贼。叛贼把他劫走并捆起来。费说:"我哪里会抵抗你们啊!"解开衣服让他们看自己的背后。叛贼相信了。费表示愿意和他们一起行动,请求先进宫去。进去以后把齐襄公隐藏起来,然后出宫同其他宦官和叛贼格斗,死在宫门里,石之纷如死在台阶下。叛贼就进入宫中,在床上杀了孟阳,说:"不是国君,样子不像。"一眼看到齐襄公的脚露出在门下边,就把他杀死了,而拥立无知为国君。

当初,齐襄公即位,施政没有准则,使人不知所措。鲍叔牙说:"国君放纵,百姓懈怠,祸乱将要发生了。"就事奉公子小白避乱到莒国。叛乱发生,管夷吾、召忽事奉公子纠逃避到鲁国来。

8·4　当初,公孙无知对待雍廪很暴虐。

庄公九年

9·1　九年春季,雍廪杀死公孙无知。

9·2　鲁庄公和齐国的大夫在蔇地结盟,这是由于当时齐国没有国君。

9·3　夏季,庄公进攻齐国,护送公子纠回国即位。齐桓公从莒国抢先回到齐国。

9·4　秋季,我军和齐军在乾时作战,我军大败。庄公丧失战车,乘坐轻车逃了回来。秦子、梁子打着庄公的旗号躲在小道上作掩护,都被齐军俘虏了。

9·5　鲍叔率领军队代表齐桓公来鲁国说:"子纠,是我齐君的亲人,请君王代我齐国讨伐。管仲、召忽,是我齐君的仇人,请把他们交给我齐国才能甘心。"于是就在生窦把公子纠杀死,召忽也自杀了。管仲请求把他押送回齐国,鲍叔接受请求,到了齐境堂阜就把他释放了。回国后,鲍叔报告齐桓公说:"管仲治国的才能比高傒都强,可以让他辅助君主。"齐桓公听从了这个意见。

庄公十年

10·1　十年春季,齐国的军队攻打我鲁国。庄公准备迎战。曹刿请求接见。他的同乡人说:"那些每天都吃肉的人在那里谋划,你又去参与什么!"曹刿说:"吃肉的人鄙陋不灵活,不能作长远考

虑。"于是入宫进见庄公。曹刿问庄公:"凭什么来作战?"庄公说:
"有吃有穿,不敢独自享受,一定分给别人。"曹刿回答说:"小恩小
惠不能周遍,百姓不会服从的。"庄公说:"祭祀用的牛羊玉帛,不敢
擅自增加,祝史的祷告一定反映真实情况。"曹刿回答说:"一点诚
心也不能代表一切,神明不会降福的。"庄公说:"大大小小的案件,
虽然不能完全探明底细,但必定合情合理去办。"曹刿回答说:"这
是为百姓尽力的一种表现,凭这个可以打一下。打起来,请让我跟
着去。"

庄公和曹刿同乘一辆兵车,与齐军在长勺展开战斗,庄公准备
击鼓。曹刿说:"还不行。"齐国人打了三通鼓。曹刿说:"可以了。"
齐军大败,庄公准备追上去。曹刿说:"还不行。"下车,细看齐军的
车辙,然后登上车前横木远望,说:"行了。"就追击齐军。

战胜以后,庄公问曹刿取胜的缘故。曹刿回答说:"作战全凭
勇气。第一通鼓振奋勇气,第二通鼓勇气就少了一些,第三通鼓勇
气就没有了。他们的勇气没有了,而我们的勇气刚刚振奋,所以战
胜了他们。大国的情况难于捉摸,还恐怕有埋伏。我细看他们的
车辙已经乱了,远望他们的旗子已经倒下,所以才追逐他们。"

10·2　夏季,六月,齐国和宋国的军队驻扎在郎地。公子偃说:
"宋军的军容不整齐,可以打败他。宋军败了,齐军必然回国。请
您攻击宋军。"庄公不同意。公子偃从雩门私自出击,把马蒙上老
虎皮先攻宋军,庄公领兵跟着进击,在乘丘把宋军打得大败。齐军
也就回国了。

10·3　蔡哀侯在陈国娶妻,息侯也在陈国娶妻。息妫出嫁时路过
蔡国。蔡侯说:"她是我妻子的姊妹。"留下来见面,不很礼貌。息
侯听到这件事,发怒,派人对楚文王说:"请您假装进攻我国,我向
蔡国求援,您就可以攻打它。"楚文王同意。秋季九月,楚国在莘地
击败蔡军,俘虏了蔡侯献舞回国。

10·4　齐侯逃亡在外的时候,经过谭国,谭国人对他很不礼貌。等到他回国,诸侯都去祝贺,谭国又没有人去。冬季,齐军就灭亡了谭国,这是由于谭国没有礼貌。谭子逃亡到莒国,这是因为两国同盟的缘故。

庄公十一年

11·1　十一年夏季,宋国为了乘丘那次战役的缘故而入侵我国。庄公出兵迎战。宋国的军队还没有摆开阵势,我军就逼近压过去,在鄑地打败宋军。

　　凡是作战,敌方没有摆开阵势叫做"败某师",都摆开了阵势叫做"战",大崩溃叫做"败绩",俘虏敌方的勇士叫做"克",伏兵而击败敌军叫做"取某师",周天子的军队被打败叫做"王师败绩于某"。

11·2　秋季,宋国发大水。庄公派使者去慰问,说:"上天降下大雨,危害了庄稼,为什么不慰问呢?"宋闵公回答说:"我对于上天不诚敬,上天降灾,还使贵国国君担忧,承蒙关注,实不敢当。"臧文仲说:"宋国恐怕要兴盛了吧! 禹、汤责罚自己,他们勃然兴起;桀、纣责罚别人,他们马上灭亡。而且别国发生灾荒,国君称孤,这是合于礼的。言语有所戒惧而名称合于礼制,这就差不多了吧!"不久,又听说上面那番话是公子御说所说的,臧孙达说:"这个人适合当国君,因为他有体恤百姓的心思。"

11·3　冬季,齐桓公来鲁国迎娶共姬。

11·4　在乘丘战役中,庄公用叫金仆姑的箭射中南宫长万,庄公的车右歂孙活捉了长万。宋国人请求把南宫长万释放回国。长万是力气极大的人,宋闵公开玩笑说:"原来我尊敬你,如今你成了鲁国的囚犯,所以我便不敬重你了。"南宫长万因此而怀恨他。

庄公十二年

12·1　十二年秋季,宋国的南宫长万在蒙泽杀死了宋闵公。他在城门口遇到仇牧,反手便打死了他。在东宫的西面遇到太宰华督,又杀了他。拥立子游为国君。公子们都逃亡到萧邑,而公子御说逃亡到亳地,南宫牛、猛获率领军队包围了亳地。

冬季,十月,萧叔大心和宋戴公、武公、宣公、穆公、庄公的族人借调曹国的军队付伐南宫牛和猛获。在阵前杀死了南宫牛,在宋国都城杀死了子游,拥立宋桓公为国君。猛获逃亡到卫国,南宫长万逃亡到陈国,长万自己驾车拉着他母亲,一天就到达了。

宋国人到卫国请求归还猛获。卫国人想不给他们。石祁子说:"不行。普天下的邪恶都是一样可恶的,在宋国作恶而在我国受到保护,保护了他有什么好处?得到一个人而失去一个国家,结交邪恶的人而丢掉友好的国家,这不是好主意。"卫国人把猛获归还给了宋国。宋国又到陈国请求归还南宫长万,并且施以贿赂。陈国人让女人劝南宫长万饮酒,灌醉了他就用犀牛皮把他包了起来。等到达宋国时,南宫长万的手脚都露出来了。宋国人把猛获和南宫长万剁成了肉酱。

庄公十三年

13·1 十三年春季,鲁庄公和齐、宋、陈、蔡、邾各国国君在北杏会见,是为了平定宋国的动乱。遂国人没有来。夏季,齐国人灭亡遂国并派人戍守。

13·2 冬季,宋桓公和齐桓公在柯地结盟,开始和齐国讲和。

13·3 宋国人违背了北杏的盟约。

庄公十四年

14·1 十四年春季,齐国、陈国、曹国联军进攻宋国。齐国请求成周出兵。夏季,单伯带兵同诸侯相会。同宋国讲和后回国。

14·2 郑厉公从栎地带兵入侵郑国国都,到达大陵,俘虏了傅瑕。傅瑕说:“如果放了我,我可以使君王回国再登君位。”郑厉公和他盟誓,便把他释放了。六月二十日,傅瑕杀死郑子子仪和他的两个儿子,接纳厉公回国。

当初,在郑国国都的南门下面,一条在门里的蛇和一条在门外的蛇相斗,门里的蛇被咬死。过了六年而郑厉公回国。鲁庄公听说这件事,向申繻询问说:“厉公的回国难道与妖蛇有关系吗?”申繻回答说:“一个人是否会遇到他所顾忌的事,是由于他自己的气焰所招致的。妖孽是由于人才起来的。人没有毛病,妖孽自己不能起来。人丢弃正道,妖孽就自己来了,所以才有妖孽。”

郑厉公回国,就杀死了傅瑕。派人对原繁说:"傅瑕对国君有二心,周朝定有惩处这类奸臣的刑罚,现在傅瑕已经得到惩处了。帮助我回国而没有二心的人,我都答应给他上大夫的职位,我愿意跟伯父一起商量。而且我离开国家在外,伯父没有告诉我国内的情况。回国以后,又并不亲附我,我对此感到遗憾。"原繁回答说:"先君桓公命令我的先人管理宗庙列祖列宗的主位,国家有君主而自己的心却在国外,还有比这更大的二心吗? 如果主持国家,国内的百姓,又谁不是他的臣下呢? 臣下不应该有二心,这是上天的规定。子仪居于君位,十四年了,现在策划召请君王回国的,难道不是二心吗? 庄公的儿子还有八个人,如果都用官爵做贿赂以劝说别人三心二意而又可能成功,君王又怎么办? 下臣知道君王的意思了。"原繁说完,就上吊死了。

14·3　蔡哀侯由于莘地战役被俘,在楚文王面前赞美息妫。楚文王到息国,设宴招待息侯而加以袭杀,就灭亡了息国。他把息妫带回楚国,生了堵敖和成王。息妫没有主动说过话,楚文王问她,她回答说:"我一个女人,伺候两个丈夫,即使不能死,又能说什么?"楚文王由于蔡侯的缘故才灭亡了息国,于是再进攻蔡国。秋季,七月,楚军进入蔡国。

君子说:"《商书》所说的'恶的蔓延,如同大火在草原上燃烧,不可以接近,难道还可以扑灭?'恐怕就像蔡哀侯吧!"

14·4　冬季,单伯和齐桓公、宋桓公、卫惠公、郑厉公在鄄地会见,这是由于宋国顺服的缘故。

庄公十五年

15·1　十五年春季,齐桓公、宋桓公、陈宣公、卫惠公,郑厉公再次在鄄地会见,齐国开始称霸。

15·2　秋季,各诸侯为宋国而共同攻打郳国。郑国人便乘机入侵宋国。

庄公十六年

16·1　十六年夏季,各诸侯联军进攻郑国,这是由于郑国入侵宋国的缘故。

16·2　郑厉公从栎地回到国都,没有及时通知楚国。秋季,楚国进攻郑国,到达栎地,这是为了报复郑厉公对楚国不恭敬没有及时通知的缘故。

16·3　郑厉公惩罚参与雍纠之乱的人。九月,杀死了公子阏,砍去强鉏的两脚。公父定叔逃亡到卫国。过了三年,郑厉公又让他回国了,说:"不能让共叔在郑国的后代没有禄位。"让他在十月回到国内,说:"这是好月份,十月是个满数呢。"

　　君子认为,"强鉏不能保住他的两脚"。

16·4　冬季,鲁庄公和齐桓公、宋桓公、陈宣公、卫惠公、郑厉公、许穆公、滑伯、滕子在幽地一起结盟,这是为了对郑国讲和。

16·5　周僖王派虢公命令曲沃伯建立一军,做晋国国君。

16·6　当初,晋武公进攻夷地,俘虏了夷诡诸。芮国为他请求因而释放了他。后来夷诡诸并不报答,所以子国(即芮国)作乱,对晋国人说:"和我一起进攻夷地而夺取它的土地。"就带着晋国军队进攻夷地,杀死了夷诡诸。周公忌父逃亡到虢国。到周惠王时便又立他为君而恢复夷地。

庄公十七年

17·1　十七年春季,齐国人抓住郑詹,这是由于郑国不去朝见齐国。

17·2　夏季,遂国的因氏、颌氏、工娄氏、须遂氏用酒食招待在遂国戍守的齐军,灌醉以后杀了他们。齐国戍守者被因氏四族全部杀尽。

庄公十八年

18·1　十八年春季,虢公、晋献公朝觐周惠王。周惠王用甜酒招待,又允许他们向自己敬酒。同时各赐给他们玉五对,马四匹。这是不合于礼的。周天子对诸侯有所策命,封爵地位不一样,礼仪的等级也不一样,不能把礼仪随便给人。

18·2　虢公、晋献公、郑厉公派原庄公去陈国迎接王后。陈妫嫁到京城,就是惠后。

18·3　夏季,庄公在济水的西边追逐戎人。《春秋》没有记载戎人来攻,这是由于避讳提起这件事。

18·4　秋季,有蜮虫,《春秋》所以记载,是由于造成了灾害。

18·5　当初,楚武王攻克权国,派鬭缗做这里的长官,鬭缗据有权地而叛变楚国。楚国包围权地而杀掉了鬭缗,又把权地的百姓迁到那处,改派阎敖治理这个地方。等到文王即位,和巴国人一起进

攻申国,楚军使巴军受到惊恐。巴国人背叛楚国而进攻那处,加以
占领,于是又攻打楚国都城的城门。阎敖在涌水里游泳逃走,楚文
王杀了阎敖,他的族人作乱。冬季,巴国人因此进攻楚国。

庄公十九年

19·1　十九年春季,楚文王发兵抵御巴军,在津地被巴军打得大
败。回国,鬻拳不开城门接纳,楚文王就转而进攻黄国,在踖陵打
败了黄国的军队。楚文王回国,到达湫地时得了病。夏季,六月十
五日,楚文王死去。鬻拳把他安葬在夕室,然后自己也自杀身亡,
死后被安葬在地下宫殿的前院里。

　　当初,鬻拳坚决劝阻楚文王,楚文王不听从。鬻拳拿起武器对
准楚文王,楚文王害怕而被迫听从。鬻拳说:"我用武器威胁国君,
没有比这再大的罪过了。"于是就自己砍去两脚。楚国人让他担任卫
戍楚都城门的官职,称之为太伯,并且让他的后代执掌这个官职。

　　君子说:"鬻拳可以说是爱护国君了,由于劝阻而自己使自己
受刑,受了刑还不忘记使国君归于正道。"

19·2　当初,王姚受到周庄王的宠爱,生了子颓。子颓也受到宠
爱,芬国做他的师傅。等惠王继承王位,夺取了芬国的菜园来畜养
野兽。边伯的房子,近在王宫的旁边,惠王也占取了。惠王又夺取
了子禽祝跪和詹父的田地,收回了膳夫石速的俸禄。所以芬国、边
伯、石速、詹父、子禽祝跪发动叛乱,依靠苏氏。秋季,五位大夫拥
戴子颓攻打惠王,没有得胜,逃亡到温地。苏子拥着子颓逃亡到卫
国。卫国、燕国的军队进攻成周。冬季,立王子颓为周天子。

庄公二十年

20·1　二十年春季,郑厉公调解周惠王和子颓之间的纠纷,没有成功。逮捕了燕仲父。夏季,郑厉公就带了周惠王回国。惠王住在栎地。秋季,惠王和郑厉公到了邬地,于是就进入成周,取得了成周的宝器而回。

冬季,王子颓设享礼招待五位大夫,奏乐及于各个时代所有的舞蹈。郑厉公听到这件事,见到虢叔说:"我听说,悲哀或者高兴,若不是时候,灾祸一定会到来。现在王子颓观赏歌舞而不知疲倦,这是以祸患为高兴。司寇杀人,国君为此而减膳撤乐,何况敢以祸患而高兴呢?篡夺天子的职位,祸患还有比这更大的吗?面临祸患而忘记忧愁,忧愁一定到来。何不让天子复位呢?"虢公说:"这是我的愿望。"

庄公二十一年

21·1　二十一年春季,郑厉公和虢公在弭地会谈。夏季,一起进攻王城。郑厉公拥着惠王从圉门入城,虢叔从北门入城。杀了王子颓和五个大夫。郑厉公在宫门口西阙设宴招待惠王,全套乐舞齐备。惠王赐给他郑武公时代从虎牢以东的土地。原伯说:"郑伯学了做坏事,恐怕也会招来灾祸。"五月,郑厉公去世。

周惠王巡视虢公防守的土地,虢公为惠王在玤地建造了行宫,惠王就把酒泉赐给他。

以前当郑厉公设宴招待惠王的时候,惠王把王后的鞶鉴赐给他。虢公也请求赏赐器物,惠王把青铜酒杯赐给他。由于鞶鉴没有青铜酒杯贵重,郑厉公从此怨恨周惠王。

冬季,周惠王从虢国回到成周。

庄公二十二年

22·1　二十二年春季,陈国人杀了他们的太子御寇。陈国的敬仲和颛孙逃亡到齐国。颛孙又从齐国逃亡到鲁国来。

齐桓公想任命敬仲做卿,他辞谢说:"寄居在外的小臣如果有幸获得宽恕,能在宽厚的政治之下,赦免我的缺乏教训,而得以免除罪过,放下恐惧,这是君王的恩惠。我所得的已经很多了,哪里敢接受这样的高位而很快地招来官员们的指责? 谨昧死上告。《诗》说:'高高的车子,招呼我用的是弓。难道我不想前去? 怕的是我的友朋。'"齐桓公就让他担任了工正官。

敬仲招待齐桓公饮酒,桓公很高兴。天晚了,桓公说:"点上烛继续喝酒。"敬仲辞谢说:"臣只知道白天招待君主,不知道晚上陪饮。不敢遵命。"君子说:"酒用来完成礼仪,不能没有节制,这是义;由于和国君饮酒完成了礼仪,不使他过度,这是仁。"

当初,懿氏要把女儿嫁给敬仲而占卜吉凶。他的妻子占卜,说:"吉利。这叫做'凤凰飞翔,唱和的声音嘹亮。妫氏的后代,养育于齐姜。第五代就要昌盛,官位和正卿一样。第八代以后,没有人可以和他争强。'"

陈厉公是蔡国女人所生,所以蔡国人杀了五父而立他为君,生了敬仲。在敬仲年幼的时候,有一个成周的太史用《周易》去见陈厉公,陈厉公让他占筮,占得的《观》卦䷓变成《否》卦䷋。周太史说:"这就叫做'出聘观光,利于作上宾于君王'。这个人恐怕要代替陈而享有国家了吧!但不在这里,而在别国,不在这个人身上,而在他的子孙。光,是从另外地方照耀而来的。《坤》是土,《巽》是风,《乾》是天。风起于天而行于土上,这就是山。有了山上的物产,又有天光照射,这就居于地土上,所以说'出聘观光,利于作上宾于君王'。庭中陈列的礼物上百件,另外进奉束帛玉璧,天上地下美好的东西都具备了,所以说'利于作上宾于君王'。还有等着观看,所以说他的昌盛在于后代吧!风行走最后落在土地上,所以说他的昌盛在于别国吧!如果在别国,必定是姜姓之国。姜是太岳的后代。山岳高大可以与天相配。但事物不可能两者一样大,陈国衰亡,这个氏族就要昌盛吧!"

等到陈国第一次灭亡,陈桓子才在齐国有强大的势力,后来楚国再次灭亡陈国,陈成子取得了齐国政权。

庄公二十三年

23·1　二十三年夏季,鲁庄公到齐国去观看祭祀社神,这是不合于礼的。曹刿劝谏说:"不行。礼,是用来整饬百姓的。所以会见是用以训示上下之间的法则,制订节用财赋的标准;朝觐是用以排列爵位的仪式,遵循老少的次序;征伐是用以攻打对上的不尊敬。诸侯朝聘天子,天子视察四方,以熟悉会见和朝觐的制度。如果不是这样,国君是不会有举动的。国君的举动史官一定要加以记载。记载而不合于法度,后代子孙看到的是什么?"

23·2　晋国桓叔、庄伯的家族势力强盛而威逼公族,晋献公担心这种情况。士蒍说:"去掉富子,对公子们就好办了。"晋献公说:"你试着办这件事。"士蒍就在公子们中间讲富子的坏话,然后和公子们设法去掉了富子。

23·3　秋季,在桓公庙的梁柱上涂上红漆。

庄公二十四年

24·1　二十四年春季,又在桓公庙的椽子上雕花,这件事与去年庙柱上涂红漆都是不合礼制的。御孙劝阻说:"下臣听说:'节俭,是善行中的大德;奢侈,是邪恶中的大恶。'先君具有大德,而君王却把它放到大恶里去,恐怕不可以吧?"

24·2　秋季,哀姜来到鲁国,庄公让同姓大夫的夫人相见,相见时用玉帛作为见面礼,这是不合于礼的。御孙说:"男人相见的礼物,大的是玉帛,小的是禽鸟,用东西来表明等级。女人相见的礼物,不超过榛子、栗子、枣子、干肉,以表示诚敬而已。现在男女用相同的相见礼,这是没有区别了。男女的区别,是国家的大法,由于夫人而搞乱了,恐怕不可以吧!"

24·3　晋国的士蒍又和公子们策划,让他们杀了游氏的两个儿子。士蒍告诉晋献公说:"行了。不超过两年,君王就不必担心了。"

庄公二十五年

25·1　二十五年春季,陈国的女叔来鲁国聘问,这是开始和陈国友好。《春秋》赞美这件事,所以不记载女叔的名字。

25·2　夏季六月初一日,发生了日食。击鼓,用牺牲祭祀土地神庙,这是不合于常礼的。只有夏历四月的初一,阴气没有发作,如果发生日食,才用玉帛祭祀土地之神,在朝廷之上击鼓。

25·3　秋季,有大水,击鼓,用牺牲祭祀土地神庙和城门门神,也不合于常礼。凡是天灾,祭祀时只能用玉帛而不用牺牲。不是日食、月食,不击鼓。

25·4　晋国的士蒍让公子们杀尽了游氏家族,于是在聚地筑城而让公子们去住。冬季,晋献公包围了聚城,把公子们全部杀光。

庄公二十六年

26·1　二十六年春季,晋国的士蒍做了大司空。

26·2　夏季,士蒍加高并加大绛都城垣,同时也加高宫墙。

26·3　秋季,虢国人入侵晋国。冬季,虢国人又入侵晋国。

庄公二十七年

27·1　二十七年春季,鲁庄公和杞伯姬在洮地会见,与国家大事无关。天子不是为了宣扬德义不出去视察,诸侯不是为了百姓的事情不能出行,卿没有国君的命令不能越过国境。

27·2　夏季,鲁庄公和齐桓公、宋桓公、陈宣公、郑文公在幽地一起结盟,由于陈国和郑国都顺服了。

27·3　秋季,公子友到陈国安葬原仲,这不合于礼。原仲,只是季友私人的老朋友。

27·4　冬季,杞伯姬来,这是回娘家。凡是诸侯的女儿,回娘家叫做"来",被夫家休弃叫做"来归",本国国君的夫人回娘家叫做"如某",被休弃叫做"归于某"。

27·5　晋献公准备进攻虢国。士蒍说:"不行。虢公骄傲,如果突然和我国交战而得胜,就必定会丢弃他的百姓。他失去群众然后我们再去进攻,即使要抗拒,有谁会跟他呢? 礼、乐、慈、爱,这是作战所应当事先具备的。百姓谦让、和协、对亲属爱护、对丧事哀痛,这才可以使用。现在虢国不具备这些,多次对外作战,百姓会气馁的。"

27·6　周惠王派遣召伯廖赐命齐桓公,并要求他进攻卫国,因为卫国曾拥立子颓做周天子。

庄公二十八年

28·1　二十八年春季,齐桓公讨伐卫国,作战,打败了卫军,用周天子的名义责备卫国,取得了财货回国。

28·2　晋献公从贾国娶了妻子,没生儿子。他和齐姜私通,生了秦穆夫人和太子申生。又在戎娶了两个女人,大戎狐姬生了重耳,小戎子生了夷吾。晋国攻打骊戎,骊戎男把骊姬献给晋献公,回国后生了奚齐,她的妹妹生了卓子。

骊姬受到宠爱,想立自己的儿子为太子,贿赂男宠梁五和东关嬖五,让他们对晋献公说:"曲沃是君王的宗邑,蒲地和二屈是君王的边疆,不可以没有强大的地方官。宗邑缺乏有力的主管,百姓就不会畏惧;边疆没有有力的主管,就会勾引戎狄侵犯的念头。戎狄有侵犯的念头,百姓就会轻视政令,这是国家的祸患。如果让太子主管曲沃,又让重耳、夷吾主管蒲地和二屈,就可以使百姓畏惧、戎狄害怕,而且可以表彰君王的功绩。"又让这两个人一起对晋献公说:"狄人广漠的土地,如果归属晋国,可以在那里开疆辟土。晋国开疆辟土,不也恰当吗?"晋侯很高兴。夏季,让太子住在曲沃,重耳住在蒲地,夷吾住在屈地。别的公子也都住在边境上,只有骊姬和她妹妹的儿子在绛城。两个五梁五和东关嬖五最终和骊姬诬陷了公子们而立了奚齐为太子,晋国人称他们为"两个名叫五的狼狈朋比"。

28·3　楚国的令尹子元想诱惑文王夫人,在她的宫旁造了房舍,在里边摇铃铎跳万舞。夫人听到了,哭着说:"先君让人跳这个舞蹈,是用来演习战备的。现在令尹不用于仇敌而用于一个寡妇的旁边,不也是奇怪吗?"侍者告诉了子元。子元说:"女人不忘记袭击仇敌,我反倒忘了。"

秋季,子元带领六百辆战车进攻郑国,进入桔柣之门。子元、鬬御彊、鬬梧、耿之不比率领前军,鬬班、王孙游、王孙喜在后面。车队从纯门进去,到达大路上的市场。内城的闸门没有放下。楚国人用楚国方言说了一阵就退出去了。子元说:"郑国有人才。"诸侯救援郑国,楚军就夜里溜走了。郑国人已经准备逃往桐丘,间谍报告说:"楚国的帐篷上有乌鸦。"于是就停止逃跑。

28·4　冬季,发生饥荒。鲁国的大夫臧孙辰向齐国购买粮食,这是合于礼的。

28·5　鲁国筑郿邑,因为郿不是都市。凡是城邑,有宗庙和先君神主的叫做"都",没有的叫做"邑"。建造邑叫做"筑",建造都叫做"城"。

庄公二十九年

29·1　二十九年春季,新造延厩。《春秋》所以记载这件事,是由于不合时令。凡是马,春分时节放牧,秋分时节入马圈。

29·2　夏季,郑国人入侵许国。凡是出兵,有钟鼓之声叫做"伐",没有叫做"侵",轻装部队快速突击叫做"袭"。

29·3　秋季,发现蜚盘虫,成了灾。凡是事物不成灾,《春秋》就不加记载。

29·4　冬季十二月,在诸地和防地筑城。《春秋》记载这件事,是因为合于时令。凡是土木工程,苍龙星出现,此时农事完毕,就要做准备了;大火星出现,就要把用具放到工场上,黄昏,营室星在南方出现,就要筑墙立板,冬至以后不再施工。

29·5　周大夫樊皮背叛周惠王。

庄公三十年

30·1　三十年春季,周惠王命令虢公讨伐樊皮。夏季,四月十四日,虢公进入樊国,俘虏了樊皮,带到京城。

30·2　楚国的公子元攻打郑国回来,住在王宫里。鬭射师劝阻,就把他抓起来带上手铐。秋季,申公鬭班杀死子元。鬭縠於菟做令尹,自己捐献家财,来缓和楚国的危难。

30·3　冬季,鲁庄公和齐桓公在鲁国济水非正式会见,策划攻打山戎,因为山戎危害燕国的缘故。

庄公三十一年

31·1　三十一年夏季,六月,齐桓公来鲁国奉献讨伐山戎的战利品,这是不合于礼的。凡是诸侯讨伐四方夷狄有功,就要奉献给周天子,周天子用来警戒四方夷狄;在中原作战就不这样。诸侯之间不能互相赠送俘虏。

庄公三十二年

32·1　三十二年春季,齐国在小穀筑了一座城,这是为管仲而筑的。

32·2　齐桓公由于楚国进攻郑国的缘故,请求和诸侯会见。宋桓公请求和齐桓公先行会见。夏季,在梁丘非正式会见。

32·3　秋季,七月,有神明在莘地下降。周惠王向内史过询问说:"这是什么原因?"内史过回答说:"国家将要兴起,神明下降,观察它的德行;将要灭亡,神明也会下降,观察它的邪恶。所以有的得到神明而兴起,也有的得到神明而灭亡,虞、夏、商、周都有过这种情况。"周惠王说:"怎么办呢?"内史过回答说:"用相应的物品来祭祀。他来到的日子,按规定,这个日子的祭祀该是什么,也就是他的祭品。"周惠王听从了。内史过前去祭祀,听到虢国请求神明赐予,回来说:"虢国必定要灭亡了,暴虐而听命于神明。"

　　神明在莘地住了六个月,虢公派遣祝应、宗区、史嚚去祭祀。神明答应赐给他疆土田地。史嚚说:"虢国恐怕要灭亡了吧!我听说:'国家将要兴起,听百姓的;将要灭亡,听神明的。'神明,是聪明正直而一心一意的,按照不同的人而行事。虢国多的是恶德坏事,又有什么土地能够得到?"

32·4　当初,庄公建造高台,可以看到党家。在台上望见党氏的女儿孟任,就跟着她走。孟任闭门拒绝。庄公答应立她为夫人。她答应了,割破手臂和庄公盟誓,后来就生了子般。一次正当零祭,事先在梁家演习,庄公的女公子观看演习,圉人荦从墙外对她调戏。子般发怒,让人鞭打荦。庄公说:"不如杀掉他,这个人不能鞭打。他很有力气,可以举起稷门的城门,能将门扇远远地扔出去。"

庄公得了重病,向叔牙询问继承人的事。叔牙回答说:"庆父有才能。"向季友询问,季友回答说:"臣用死来事奉子般。"庄公说:"刚才叔牙说'庆父有才能'。"季友就派人用国君的名义让僖叔(叔牙)等待在鍼巫家里,让鍼巫用毒酒毒死叔牙,说:"喝了这个,你的后代在鲁国还可以享有禄位;不这样,你死了,后代还没有禄位。"叔牙喝了毒酒,回去,到达逵泉就死去了。鲁国立他的后人为叔孙氏。

32·5 八月初五日,鲁庄公死在正寝里。子般即位,住在党氏家里。冬季,十月初二日,共仲派圉人荦在党家刺死了子般。成季逃亡到陈国。立闵公为国君。

卷四　闵　公

闵公元年

1·1　元年春季，《春秋》没有记载即位，是由于动乱不能举行即位仪式。

1·2　狄人进攻邢国。管仲对齐桓公说："戎狄好像豺狼，是不会满足的；中原各国互相亲近，是不能抛弃的。安逸等于毒药，是不能怀恋的。《诗》说：'难道不想着回去，怕的是这个竹简上的军事文字。'竹简上的军事文字，就是同仇敌忾而忧患与共的意思，所以请按照简书而救援邢国。"于是齐国人出兵救援邢国。

1·3　夏季，六月，安葬庄公。由于发生动乱，所以推迟了，过了十一个月才安葬。

1·4　秋季，八月，闵公和齐桓公在落姑结盟，请求齐桓公帮助季友回国。齐桓公同意，派人从陈国召回季友，闵公住在郎地等候他。《春秋》记载说"季子来归"，这是赞美季友。

1·5　冬季，齐国的仲孙湫前来对祸难表示慰问，《春秋》称之为"仲孙"，也是赞美他。仲孙回国说："不除掉庆父，鲁国的祸难没完没了了。"齐桓公说："怎么样才能除掉他？"仲孙回答说："祸难不止，将会自取灭亡，您就等着吧！"齐桓公说："鲁国可以取得吗？"仲孙说："不行。他们还遵行周礼。周礼，是立国的根本。下臣听说:'国家将要灭亡,如同大树,躯干必然先行仆倒,然后枝叶随着落下。'鲁国不抛弃周礼,是不能动它的。您应当从事于安定鲁国的祸难并且亲近它。亲近有礼仪的国家,依靠稳定坚固的国家,离间内部涣散的国家,灭亡昏暗动乱的国家,这是称霸称王的方法。"

1·6 晋献公建立两个军,自己率领上军,太子申生率领下军。赵夙为晋献公驾御战车,毕万作为车右。出兵灭掉耿国、灭掉霍国、灭掉魏国。回国来,晋献公为太子在曲沃建造城墙,把耿地赐给赵夙,把魏地赐给毕万,派他们做大夫。

士苪说:"太子不能做继承者了,把都城分给他,而给他以卿的地位,先让他达到顶点,又哪里能够立为国君? 与其得到罪过,不如逃走,不要让罪过到来。做一个吴太伯,不也是可以的吗? 这样还可以保有好名声。而且俗话说:'心里如果没有毛病,又何必担心没有家?'上天如果保佑您,您就不要在晋国了吧!"

卜偃说:"毕万的后代必定昌大。万,是满数;魏,是巍巍高大的名称。开始赏赐就这样,上天已经启示了。天子统治兆民,所以称为'兆民',诸侯统治万民,所以称为'万民'。现在名称的高大跟着满数,他就必然会得到群众。"

当初,毕万占卜在晋国做官的吉凶,得到《屯》卦䷂变成《比》卦䷇。辛廖预测说:"吉利。《屯》坚固,《比》进入,还有比这更大的吉利吗? 所以他必定蕃衍昌盛。《震》卦变成了土,车跟随着马,两脚踏在这里,哥哥抚育他,母亲保护他,群众归附他,这六条不变,集合而能坚固,安定而有威武,这是公侯的卦象。公侯的子孙,必定能回复到他开始的地位。"

闵公二年

2·1　二年春季,虢公在渭水入河的地方打败犬戎。舟之侨说:"没有德行受到宠禄,这是灾祸。灾祸将要来到了。"就逃亡到晋国。

2·2　夏季,为庄公举行大祭。未免太快了。

2·3　当初,闵公的保傅夺取卜齮的田地,闵公不加禁止。秋季,八月二十四日,共仲指使卜齮在武闱杀害闵公。成季带着僖公跑到邾国。共仲逃亡到莒国,季友和僖公就回到鲁国,拥立僖公为国君。用财货到莒国求取共仲,莒国人把他送了回来。共仲到达密地,让公子鱼请求赦免。没有得到同意,公子鱼哭着回去。共仲说:"这是公子鱼的哭声啊!"于是上吊死了。

闵公是哀姜的妹妹叔姜的儿子,所以齐人立他为国君。共仲和哀姜私通,哀姜想立他为国君。闵公的被害,哀姜事先知道内情,所以逃到邾国。齐人向邾人索取哀姜,在夷地杀了她,把她的尸首带回去,僖公请求归还尸首安葬。

2·4　成季将要出生的时候,鲁桓公让掌卜官楚丘的父亲占卜。他说:"是男孩子。他名叫友,是您的右手;处于周社和亳社之间,作为公室的辅助。季氏灭亡,鲁国不能盛昌。"又占筮,得到《大有》☰变成《乾》☰,说:"尊贵如同父亲,敬重如同国君。"等到生下来,在手掌心有个"友"字,就以友命名。

2·5　冬季,十二月,狄人进攻卫国。卫懿公喜欢鹤,鹤有坐车子的。将要作战时,接受甲胄的人们都说:"让鹤去,鹤实际上享有官禄官位,我们哪里能打仗!"懿公把玉佩给了石祁子,把箭给了甯庄子,让他们防守,说:"用这个来赞助国家,选择有利的去做。"把绣衣给了夫人,说:"听他们二人的!"渠孔为卫懿公驾御战车,子伯作为车右;黄夷打冲锋,孔婴齐指挥后军。和狄人在荥泽作战,卫军大败,狄人就灭亡了卫国。卫侯不肯去掉自己的旗帜,所以惨败。狄人囚禁了史官华龙滑和礼孔以追赶卫国人。这两个人说:"我们,是太史之官,执掌祭祀。如果不先回去,你们是不能得到国都的。"于是就让他们先回去。他们到达,就告诉守卫的人说:"不能抵御了。"夜里和国都的人一起退走。狄人进入卫国国都,跟着追上去,又在黄河边上打败了卫国人。

当初,卫惠公即位的时候还很年轻,齐人让昭伯和宣姜私通,昭伯不同意,就逼迫他干。生了齐子、戴公、文公、宋桓夫人、许穆夫人。文公由于卫国祸患太多,先到了齐国。等到卫国这次大败,宋桓公在黄河边上迎接,夜里渡河。卫国的遗民男女共计七百三十人,加上共地、滕地的百姓共五千人。立戴公为国君。暂时寄居在曹邑,许穆夫人作了《载驰》这首诗。齐桓公派遣公子无亏率领战车三百辆、披甲战士三千人守卫曹邑,赠送给戴公驾车的马匹,祭服五套,牛、羊、猪、鸡、狗都是三百头,还有做门户的木材。赠送给夫人用鱼皮装饰的车子,上等的绸缎三十匹。

2·6 郑国人讨厌高克,派他率领军队住在黄河边,很久也不召他回来,军队溃散逃回,高克逃亡到陈国。郑国人为高克作了《清人》这首诗。

2·7 晋献公派遣太子申生进攻东山的皋落氏。里克进谏说:"太子,是奉事宗庙祭祀、社稷大祭和早晚照看国君饮食的人,所以叫做冢子。国君外出就守护国家,如果有别人守护就跟随国君。跟随在外叫做抚军,守护在内叫做监国,这是古代的制度。说到带兵一事,对各种策略作出决断,对军队发号施令,这是国君和正卿所应该策划的,不是太子的事情。率领大军在于控制命令,太子领兵，如果遇事都要请示就失去威严，擅自发令而不请示就是不孝，所以国君的大儿子不能带领军队。国君失去了任命职官的准则，太子统率军队也没有威严，何必如此呢？而且下臣听说皋落氏准备出兵迎战，君王还是不要太子去为好。"晋献公说："我有好几个儿子，还不知道立谁为嗣君呢！"里克不回答，退了下去。里克进见太子。太子说："我恐怕要被废了吧！"里克回答说："命令您在曲沃治理百姓，教导您熟悉军事，害怕的是不能完成任务，为什么会废立呢？而且做儿子的应该害怕不孝，不应该害怕不能立为嗣君。修养自己而不要去责备别人，就可以免于祸难。"

太子申生带领军队，晋献公让他穿左右两色的衣服，佩带有缺口的青铜环形佩器。狐突驾御战车，先友作为车右。梁馀子养为罕夷驾御战车，先丹木作为车右。羊舌大夫作为军尉。先友说："穿着国君衣服的一半，掌握着军事的机要，成败全在这一回了，您要自己勉励啊！分出一半衣服没有恶意，兵权在手可以远离灾祸，与国君亲近又远离灾祸，又担心什么！"狐突叹息说："时令，是事情的象征，衣服，是身份的标识，佩饰，是心志的旗帜。所以如果看重这件事，就应该在春、夏季发布命令；赐予衣服，就不要用杂色；使人衷心为自己所用，就要让他佩带合于礼度的装饰品。如今在年终发布命令，那是要让事情不能顺利进行；赐给他穿杂色衣服，那是要使他疏远；让他佩带缺口青铜环佩器，那是表示出丢弃太子的内心。现在是用衣服疏远他，用时令使他不能顺利进行；杂色，意味凉薄；冬天，意味肃杀；金，意味寒冷；玦，意味决绝，这怎么可以依靠呢？虽然要勉力而为，狄人难道可以消灭得一人不剩吗？"梁馀子养说："领兵的人，在太庙里接受命令，在祭祀土神的地方接受祭肉，还应该有一定的服饰。现在得不到规定的服饰而得到杂色衣服，命令不怀好意可想而知。死了以后还要落个不孝的罪名，不如逃了吧！"罕夷说："杂色的奇装异服不合规定，青铜环形佩器表示不再回来。这样,即使是回来还有什么用? 国君已经有别的心思了。"先丹木说:"这样的衣服,狂人也不会去穿的。国君说:'将敌人消灭光了再回来',敌人难道可以消灭得一干二净吗? 即使把敌人消灭干净了,还有内部谗言,不如离开这里。"狐突要走,羊舌大大说:"不行。违背命令是不孝,抛弃责任是不忠。虽然已经感到了国君的心里冷酷,不孝不忠这样的邪恶是不可取的。您还是为此而死吧!"

太子准备作战,狐突劝阻说:"不行。从前辛伯劝阻周桓公说:'妾媵并同于王后,宠臣相等于正卿,庶子和嫡子同等,大城和国都相同,这就是祸乱的根本。'周桓公不听,所以遭到祸难。现在祸乱的根本已经形成,您还能肯定会立您为嗣君吗? 您就考虑一下吧!与其危害自身而加快罪过的到来,何如尽孝道而安定百姓!"

2·8　成风听到成季出生时占卜的卦辞,就和他结交,并且把僖公嘱托给他,所以成季立僖公为国君。

2·9　僖公元年,齐桓公把邢国迁到夷仪。二年,把卫国封在楚丘。邢国迁居,好像回到原来的国土;卫国重建,却忘记了亡国之痛。

2·10　卫文公穿着粗布衣服,戴着粗帛帽子,努力生产,教导农耕,便利商贩,加惠各种手工业,重视教化,奖励求学,向臣下传授为官之道,任用有能力的人。头一年,战车只有三十辆,到末年,就有了三百辆。

卷五 僖 公

僖公元年

1·1　元年春季,《春秋》没有记载即位,这是由于僖公出奔在外的缘故。僖公出奔而又回到国内,《春秋》不加记载,这是由于避讳。不记国家的坏事,这是合于礼的。

1·2　齐桓公、宋桓公、曹昭公率领军队驻扎在聂北,诸侯联军救援邢国。邢军已经溃散,逃到诸侯的军队里。军队便赶走了狄人,装载了邢国的器物财货而让邢军搬走,各国军队没有私自占有。

1·3　夏季,邢国把都城迁到夷仪,诸侯替它筑城,为的是救援患难。凡是诸侯领袖,救援患难、分担灾害、讨伐罪人,都是合于礼的。

1·4　秋季,楚国人进攻郑国,这是由于郑国亲近齐国的缘故。鲁僖公和齐桓公、宋桓公、郑文公、邾子在荦地结盟,策划救援郑国。

1·5　九月,僖公在偃地打败了邾国的军队,这支队伍是戍守在虚丘将要回国的军队。

1·6　冬季,莒国人来求取财货,公子友在郦地打败了他们,俘虏了莒子的弟弟挐。挐并不是卿,《春秋》这样记载,是为了称赞公子友俘获的功劳。僖公把汶阳的田地和费地赐给季友。

1·7　鲁庄公夫人姜氏的尸体从齐国运来。君子认为齐国人杀死哀姜是太过分了,妇女,本来应该听从丈夫的。

僖公二年

2·1　二年春季,诸侯在楚丘筑城,而将由周天子封给卫国。《春秋》没有记载诸侯会见,是由于僖公到会晚了。

2·2　晋国的荀息请求用屈地出产的马和垂棘出产的璧玉向虞国借路来进攻虢国。晋献公说:"这是我的宝物啊!"荀息回答说:"如果向虞国借到了路,东西放在虞国,就像放在宫外的库房里一样。"晋献公说:"宫之奇还在那里。"荀息回答说:"宫之奇的为人,懦弱而不能坚决进谏,而且从小就和虞君在宫里一起长大,虞君对他亲昵,虽然进谏,虞君不会听从的。"于是晋献公就派荀息到虞国去借路,说:"冀国无道,从颠𫐐入侵,围攻虞国郇邑的三面城门。敝国伐冀而使冀国受到损失,也是为了君王的缘故。现在虢国无道,在客舍里筑起堡垒,来攻打敝国的南部边境。谨大胆地请求贵国借路,以便到虢国去问罪。"虞公答应了,而且自己请求先去进攻虢国。宫之奇劝阻,虞公不听,就带兵进攻虢国。夏季,晋国的里克、荀息领兵会合虞军,进攻虢国,灭亡了下阳。《春秋》把虞国写在前面,因为虞国接受了贿赂。

2·3　秋季,齐桓公、宋桓公、江、黄两地的头目在贯地结盟,这是为了江、黄两国归服于齐。

2·4　齐国的寺人貂开始在多鱼地方泄漏了军事机密。

2·5　虢公在桑田打败了戎人。晋国的卜偃说:"虢国必将被灭亡。被灭掉了下阳不知戒惧,反而又建立了武功,这是上天夺去了虢国的镜子,而加重它的作恶啊!虢国必定轻视晋国又不爱抚百姓,过不了五年,必然灭亡。"

2·6　冬季,楚国人进攻郑国,鬬章囚禁了郑国的聃伯。

僖公三年

3·1　三年春季,不下雨,到六月才下雨。从去年十月不下雨一直到五月,《春秋》没有记载说旱,因为没有造成灾害。

3·2　秋季,齐桓公、宋桓公、江人、黄人在阳榖会见,这是由于预谋进攻楚国。

3·3　齐桓公为了阳榖的盟会而来重温旧好。冬季,公子友到齐国参加盟会。

3·4　楚军进攻郑国,郑文公想求和。孔叔不同意,说:"齐国正为我国忙着,丢弃他们的恩德而向楚国讲和,不会有好结果。"

3·5　齐桓公和蔡姬在园子里坐船游览,蔡姬故意摇动游船,使齐桓公摇来晃去。齐桓公害怕,脸色都变了,叫她别摇,蔡姬不听。齐桓公很生气,把她送回蔡国,但并不是断绝婚姻关系。蔡国人却把蔡姬改嫁了。

僖公四年

4·1　四年春季,齐桓公率领鲁僖公、宋桓公、陈宣公、卫文公、郑文公、许穆公、曹昭公各诸侯的联军入侵蔡国。蔡军溃败,齐桓公就接着进攻楚国。楚成王派遣使者来到军中,说:"君王住在北方,我住在南方,即使是牛马发情狂奔彼此也不会相关。没有想到君王竟不顾路远来到我国的土地上,这是什么缘故?"管仲回答说:"以前召康公命令我们的先君太公说:'五侯九伯,你都可以征伐他们,以便辅助王室。'赐给我们的先君征伐的范围,东边到大海,西边到黄河,南边到穆陵,北边到无棣。你不进贡王室的包茅,使天子的祭祀缺乏应有的物资,不能漉酒请神,我为此而来问罪。昭王南征到楚国而没有回去,我为此而来责问。"使者回答说:"贡品没有送来,这确是我君的罪过,今后岂敢不供给? 至于昭王没有回去,君王还是问水边上的人吧!"诸侯的军队前进,驻扎在陉地。

夏季,楚成王派遣屈完带兵到诸侯军队驻地。诸侯军队撤退,驻扎在召陵。

齐桓公把所率领的军队列成战阵,和屈完坐一辆战车检阅队伍。齐桓公说:"我们出兵,难道是为了我一个人吗? 为的是继续先君建立的友好关系。我们两国共同友好怎么样?"屈完回答说:"君王惠临敝国求福,承蒙君王安抚我君,这正是我君的愿望!"齐桓公说:"用这样的军队来作战,谁能够抵御他们? 用这样的军队来攻城,哪个城不被攻破?"屈完回答说:"君王如果用德行安抚诸侯,谁敢不服? 君王如果用武力,楚国有方城山作为城墙,汉水作为护城河,君王的军队即使很多,也没有什么用处。"

屈完与各诸侯订立了盟约。

4·2　陈国的辕涛涂对郑国的申侯说:"军队取道陈国和郑国之间,两国供应必然发生困难。如果向东走,向东夷炫耀武力,沿着海道回国,这就很好了。"申侯说:"好。"辕涛涂就把这个意见告诉齐桓公,齐桓公同意了。申侯进见齐桓公说:"军队在外头久了,如果往东走而遇到敌人,恐怕是不能打硬仗了。如果取道陈国和郑国之间,由两国供给军队的粮食、军鞋,这就可以了。"齐桓公很高兴,将虎牢赏给他,而把辕涛涂抓了起来。

4·3　秋季,齐国和江国、黄国进攻陈国,这是为了讨伐陈国对齐国的不忠。

4·4　许穆公死在军中,用安葬侯的制度安葬他,这是合于礼的。凡是诸侯在朝会时死去,葬礼加一等;为天子作战而死的,加二等。在这种情况下才可以用天子的礼服入殓。

4·5　冬季,叔孙戴伯带兵会合诸侯的军队侵犯陈国。陈国求和,便把辕涛涂放回去了。

4·6　当初,晋献公想立骊姬做夫人,用龟来占卜,不吉利;用草占卜,吉利。献公说:“听从蓍草所占卜的结果。”占卜的人说:“蓍草之数短而龟象却长,不如按照龟卜。而且它的繇辞说:‘专宠会使人心生不良,将要偷走您的公羊。香草和臭草放在一起,十年以后还会有臭气。’一定不可以。”晋献公不听,立了骊姬。骊姬生了奚齐,她的妹妹生了卓子。

等到打算立奚齐做太子,骊姬已经和中大夫定了计谋。骊姬对太子说:“国君梦见你母亲齐姜,你一定要赶快祭祀她。”太子到曲沃祭祀,把祭酒祭肉带回来给献公吃。献公刚好出外打猎,骊姬把酒肉放在宫里过了六天。献公回来,骊姬在酒肉里下毒药而献上去。献公以酒祭地,地土突起像坟堆。把肉给狗吃,狗就死掉;给宦官吃,宦官也死了。骊姬哭着说:“阴谋来自太子那里。”太子逃亡到新城,献公杀了他的保傅杜原款。

有人对太子说:“您如果声辩,国君是必定能弄清楚的。”太子说:“国君没有骊姬,居不安,食不饱。我如果声辩,骊姬必定有罪。国君年纪老了,骊姬有罪会使国君不高兴,我也会忧郁不乐的。”说:“那么您逃走吧!”太子说:“国君还没有查清我的罪过,带着这个名义出去,别人谁会接纳我?”

十二月二十七日,太子吊死在新城。骊姬就诬陷两位公子说:“太子的阴谋他们都参预了。”于是重耳逃亡到蒲城,夷吾逃亡到屈地。

僖公五年

5·1　五年春季,周王朝历法的正月初一日,冬至。鲁僖公在太庙听政以后,就登上观台望云物,加以记载,这是合于礼的。凡是春分秋分、夏至冬至、立春立夏、立秋立冬,必定要记载云物,这是由于要为灾荒作准备的缘故。

5·2　晋献公派遣使者来报告杀害太子申生的原因。

　　当初,晋献公派士蒍为两位公子在蒲地和屈地筑城,不小心,城墙里放进了木柴。夷吾告诉晋献公。晋献公派人责备士蒍。士蒍叩头回答说:"臣听说:'没有丧事而悲伤,忧愁必然跟着来到;没有兵患而筑城,国内的敌人必然据作守卫之用。'敌人既然可以占据,哪里用得着谨慎? 担任官职而不接受命令,这是不敬;巩固敌人可以占据的地方,这是不忠。没有忠和敬,怎么能奉事国君?《诗》说:'心存德行就是安宁,宗室子弟就是城池。'君王只要修养德行而使同宗子弟的地位巩固,哪个城池能比得上? 三年以后就要用兵,哪里用得着谨慎?"退出去赋诗说:"狐皮袍子蓬蓬松松,一个国家有了三个主人翁,究竟是谁我该一心跟从?"等到发生祸难,晋献公派遣寺人披攻打蒲城。重耳说:"国君和父亲的命令不能违抗。"并通告说:"抵抗的就是我的敌人。"重耳越墙逃走,寺人披砍掉了他的袖口,最后他逃亡到翟国。

5·3　夏季,公孙兹到牟国,在那里娶了亲。

5·4　鲁僖公和齐桓公、宋桓公、陈宣公、卫文公、郑文公、许僖公、曹昭公在首止相会,会见周王的太子郑,为的是安定成周。

5·5　陈国的辕宣仲（涛涂）怨恨郑国的申侯在召陵出卖了他，所以故意劝申侯在所赐的封邑筑城，说："把城筑得美观，名声就大些，子孙不会忘记。我帮助您请求。"就为申侯向诸侯请求而筑起城墙，筑得很美观。辕宣仲就在郑文公面前进谗言说："把所赐封邑的城墙筑得那么美观，是准备将来用这城墙叛乱的。"申侯因此而获罪。

5·6　秋季，诸侯会盟。周惠王派周公召见郑文公，说："我安抚你去跟随楚国，又让晋国辅助你，这就可以稍稍安定了。"郑文公对周惠王的命令感到高兴，又对没有朝见齐国感到惧怕，所以打算逃走回国而不参加盟誓。孔叔不让他走，说："国君举动不能轻率，轻率就失掉了能亲近的人。失掉了能亲近的人，祸患必然来到。国家困难而去乞求结盟，所失掉的东西就多了。您一定会后悔。"郑文公不听，离开了军队潜逃回国。

5·7　楚国的鬬縠於菟灭亡弦国，弦子逃亡到黄国。这时江、黄、道、柏四国和齐国友好，这些国家都和弦国有婚姻关系。弦子仗着这些关系而不去事奉楚国，又不设置防备，所以被灭亡。

5·8　晋献公再次向虞国借路进攻虢国。宫之奇劝阻说："虢国是虞国的外围，虢国灭亡，虞国必定跟着完蛋。晋国的野心不能让他打开，引进外国军队不能忽视。一次已经够了，难道还可以来第二次吗？俗话说的'大车的板和车子互相依存，嘴唇缺了，牙齿便受冷寒'，这说的就是虞国和虢国的关系。"虞公说："晋国是我的宗族，难道会害我吗？"宫之奇回答说："太伯、虞仲，是太王的儿子。太伯没有随侍在侧，所以没有继位。虢仲、虢叔，是王季的儿子，做过文王卿士，功勋在于王室，受勋的记录还藏在盟府。晋国准备灭掉虢国，对虞国又有什么可爱惜的？况且虞国能比晋国的桓叔、庄伯更加亲近吗？如果他们爱惜桓叔、庄伯，这两个家族有什么罪过，但是却被杀戮，不就是因为使他们感到受到威胁吗？亲近的人由于受宠就威胁公室，尚且被无辜杀害，何况对一个国家呢？"虞公说:"我祭祀的祭品丰盛又清洁,神明必定保佑我。"宫之奇回答说:"下臣听说,鬼神并不是亲近哪一个人,而只是依从有德行的人,所以《周书》说:'上天没有私亲,只对有德行的才加以辅助。'又说:'祭祀的黍稷不芳香,美德才芳香。'又说:'百姓不能变更祭祀的物品,只有德行才可以充当祭祀的物品。'这样看来,那么不是道德,百姓就不和,神明也就不来享用祭物了。神明所凭依的,就在于德行了。如果晋国占取了虞国,发扬美德作为芳香的祭品奉献于神明,神明难道会吐出来吗?"虞公不听,答应了晋国使者的要求。宫之奇带领了他的族人出走,说:"虞国过不了今年的腊祭了。就是这一次,晋国不必再次出兵了。"

八月某一天,晋献公包围上阳。问卜偃说:"我能够成功吗?"卜偃回答说:"能攻下。"晋献公说:"什么时候?"卜偃回答说:"童谣说:'丙子日的清早,龙尾星为日光所照;军服威武美好,夺取虢国的旗号。鹑火星像只大鸟,天策星没有光耀,鹑火星下整理军队,虢公将要逃跑。'这日子恐怕在九月底十月初吧!丙子日的清晨,日在尾星之上,月在天策星之上,鹑火星在日月的中间,一定是这个时候。"

冬季,十二月初一日,晋国灭掉了虢国。虢公丑逃亡到京城。晋军回国,住在虞国,乘机袭击虞国,灭亡了它。晋国人抓住了虞公和他的大夫井伯,把井伯作为秦穆姬的陪嫁随员,但并不废弃虞国的祭祀,而且把虞国的赋税归于周王。

所以《春秋》记载说"晋人执虞公",这是归罪于虞国,而且说事情进行得太容易。

僖公六年

6·1　六年春季,晋献公派遣贾华率军进攻屈地。夷吾守不住,和屈人订立盟约然后出走。准备逃亡到狄。郤芮说:"在重耳之后离开而且同样逃到狄,这就表明你有同谋的罪过。不如去梁国。梁国接近秦国而又得到它的信任。"于是夷吾就到了梁国。

6·2　夏季,诸侯进攻郑国,因为郑国逃避首止那次结盟的缘故。诸侯军包围了新密,这就是郑国在不宜动土筑城的时令而筑城的缘故。

6·3　秋季,楚成王出兵包围许国来救援郑国。诸侯出兵救援许国,楚军于是回国。

6·4　冬季,蔡穆侯带领许僖公到武城去见楚成王。许男两手反绑,嘴里衔着璧玉,大夫穿着孝服,士抬着棺材。楚成王询问逢伯。逢伯回答说:"从前武王打胜殷朝,微子启就是这样做的。武王亲自解开他的捆绑,接受他的璧玉而举行扫除凶恶之礼,烧掉他的棺材,给以礼遇而命令他,让他回到原地原位去。"楚成王接受了逢伯的建议。

僖公七年

7·1　七年春季,齐国人进攻郑国。孔叔对郑文公说:"俗语有这样的话:'心志假若不坚强,怎么能又怕屈辱?'既然不能强硬,又不能软弱,因此只有死路一条。国家危险了,请您向齐国屈服以挽救国家。"郑文公说:"我知道他们是为什么来的了,姑且稍稍等我一下。"孔叔问答说:"情况危急,早晨到不了晚上,怎么等待君王呢?"

7·2　夏季,郑文公杀死申侯以讨好齐国,同时也是由于陈国辕涛涂的诬陷。

　　当初,因为申侯是申氏所生,受到楚文王的宠信。文王将要死的时候,把璧玉给他,让他走,说:"只有我了解你,你垄断财货而永不满足,从我这里取,从我这里求,我不加罪于你。后来的人将会向你索取大量财货,你必然不免于罪。我死,你一定要赶快走,不要到小国去,他们不会容纳你的。"安葬楚文王后,申侯逃到郑国,又受到厉公的宠信。子文听到他的死讯,说:"古人有这样的话说:'了解臣子没有像国君那样清楚的。'这句话是不能改变的啊!"

7·3　秋季,鲁僖公和齐桓公、宋桓公、陈国的世子款、郑国的世子华在甯母结盟,策划进攻郑国。

　　管仲对齐桓公说:"臣听说:招抚有二心的国家,用礼;怀念疏远的国家,用德。凡事不违背德和礼,没有人不归附的。"齐桓公就以礼对待诸侯,诸侯的官员接受了齐国赏的土特产。

　　郑文公派遣太子华接受会议的命令,对齐桓公说:"泄氏、孔氏、子人氏三族,违背您的命令。您如果除掉他们而和敝国讲和,我国作为您的内臣,这对您也没有什么不利。"齐桓公准备答应他。管仲说:"君王用礼和信会合诸侯,而用邪恶来结束,未免不行吧。儿子和父亲不相违背叫做礼,见机行事完成君命叫做信。违背这两点,没有比这再大的邪恶了。"齐桓公说:"诸侯进攻郑国,没有得胜;现在幸而有机可乘,利用这点,不也行吗?"管仲回答说:"君王如果用德来安抚,加上教训,他们不接受,然后率领诸侯讨伐郑国;郑国挽救危亡还来不及,哪敢不害怕?如果领着他的罪人以兵进攻郑国,郑国就有理了,还害怕什么?而且会合诸侯,这是为了尊崇德行。会合而让奸邪之人列于国君,怎么能向后代交代? 诸侯的会见,他们的德行、刑罚、礼仪、道义,没有一个国家不加以记载。如果记载了让邪恶的人居于君位,君王的盟约就要废弃了。事情做了而不能见于记载,这就不是崇高的道德。君王还是不同意为好! 郑国一定会接受盟约的。子华既然做了太子,而要求凭借大国来削弱他的国家,也一定不能免于祸患。郑国有叔詹、堵叔、师叔三个贤明的人执政,还不能去钻它的空子。"齐桓公于是向子华辞谢。子华因此得罪了郑国。

7·4　冬季,郑文公派遣使者到齐国请求订立盟约。

7·5　闰十二月,周惠王去世。襄王担心太叔王子带作乱,又害怕不能立为国君,所以不发布丧事的消息,却把将要发生内乱的事向齐国报告。

僖公八年

8·1　八年春季,鲁僖公和周王室的使者、齐桓公、宋桓公、卫文公、许僖公、曹共公、郑世子款在洮地会盟,商谈安定王室。郑文公请求参加盟会,表示顺服。襄王的君位安定后,才举行丧礼。

8·2　晋国的里克率领军队,梁由靡驾御战车,虢射作为车右,在采桑打败了狄人。梁由靡说:"狄人不以逃走为耻,如果追击,必然大胜。"里克说:"吓唬一下就行了,不要因为追击招来更多的狄人。"虢射说:"只要一年,狄人必然再来,不去追击,就是向他们示弱了。"

夏季,狄人进攻晋国,这是为了报复采桑这一战役,应验了虢射所说一年的预言。

8·3　秋季,举行宗庙合祭,把哀姜的神主放在太庙里,这是不合于礼的。凡是夫人，如果不死在正房里，不在祖庙里停棺，不向同盟国家发讣告，不陪祀祖姑，就不能把神主放进太庙里去。

8·4　冬季，周王室的使者来鲁国讣告丧事，由于发生祸难，所以讣告迟了。

8·5　宋桓公得了重病，太子兹父再三请求说："目夷年长而且仁爱，君王应该立他为国君。"宋桓公就下令要目夷继位。目夷推辞说："能够把国家辞让给别人，还有比这更大的仁爱吗？下臣不如他！而且又不符合立君的顺序。"于是就退了出去。

僖公九年

9·1　九年春季，宋桓公去世。还没有下葬，宋襄公就会见诸侯，所以《春秋》称他为"子"。凡是在丧事期间，天子称为"小童"，公侯称为"子"。

9·2　夏季，鲁僖公和宰周公、齐桓公、宋桓公、卫文公、郑文公、许僖公、曹共公在葵丘会见，重温过去的盟约，同时发展友好关系，这是合于礼的。

　　周襄王派宰孔把祭肉赐给齐桓公，说："周天子祭祀文王、武王，派遣我把祭肉赐给伯舅。"齐桓公准备下阶拜谢。宰孔说："还有以后的命令，天子派我说：'因为伯舅年纪大了，加上功劳，奖赐一级，不用下阶拜谢。'"齐桓公回答说："天子的威严就在前面，小白我岂敢受天子的命令而不下阶拜谢？不下拜，我惟恐在诸侯位上摔下来，给天子留下羞辱。岂敢不下阶拜谢？"齐桓公下阶拜谢，登上台阶接受祭肉。

9·3　秋季，齐桓公和诸侯在葵丘会盟，说："凡是我们一起结盟的人,既已盟誓之后,就回复到过去那样友好。"

　　宰孔先行回国,遇到晋献公,说:"可以不去参加会盟了。齐桓公不致力于德行,而忙于远征,所以向北边攻打山戎,向南边攻打楚国,在西边就举行了这次会盟,向东边是否要有所举动,还不知道,攻打西边是不可能的。晋国恐怕会有祸乱吧! 君王应该从事于安定国内的祸乱,不要急于前去。"晋献公听了这话,就回国了。

9·4　九月,晋献公去世。里克、丕郑想要接纳文公为国君,所以就发动三位公子的党羽起来作乱。

　　当初,晋献公曾让荀息辅助奚齐。当献公重病时,召见荀息说:"把这个弱小的孤儿付托给您,怎么样?"荀息叩头说:"下臣愿意竭尽力量,再加上忠贞。事情成功,那是君主在天的威灵;不成功,我就继之以死。"献公说:"什么叫忠贞?"荀息回答说:"国家的利益,知道了没有不做的,这是忠;送走过去的,奉事活着的,两方面都互不猜疑,这是贞。"等到里克将要杀掉奚齐,先期告诉荀息说:"三方面的怨恨都要发作了,秦国和晋国帮助他们,您打算怎么办?"荀息说:"打算死。"里克说:"没有好处!"荀息说:"我和先君说过了,不能改变。难道既想要实践诺言而又要爱惜己身吗? 虽然没有好处,又能躲到哪里去呢? 而且人们要求上进,谁不像我一样? 我不想改变诺言,难道能够对别人说不要这样做吗?"

　　冬季,十月,里克在居丧的茅屋里杀了奚齐。《春秋》记载说:"杀其君之子。"称奚齐为"君之子",是由于晋献公还没有下葬。荀息准备自杀,有人说:"不如立卓子为国君而辅助他。"荀息立了公子卓为国君而安葬了献公。十一月,里克又在朝廷上杀了公子卓。荀息就自杀了。

　　君子说:"《诗》所说的'白玉圭上的斑点,还可以磨掉;说话有了毛病,就不可以追回了。'荀息就是这样的啊!"

9·5　齐桓公带领诸侯的军队进攻晋国,到达高梁就回国。这是

为了讨伐晋国发生的祸乱。命令没有到达鲁国，所以《春秋》没有
记载。

9·6　晋国的郤芮要夷吾给秦国馈送重礼，以请求秦国帮助他回
国，并对夷吾说："真要使别人占据了国家，我们有什么可爱惜的？
回国而得到百姓，土地有什么了不起？"夷吾听从了。

　　齐国的隰朋率领军队会合秦军而使晋惠公回国即位。

　　秦穆公对郤芮说："公子依靠谁？"郤芮回答说："臣听说逃亡在
外的人没有党羽，有了党羽必定就有仇敌。夷吾小时候不喜欢玩
耍，能够争斗而不过分，年纪大了也不改变，其他我就不知道了。"
秦穆公对公孙枝说："夷吾可以安定国家吗？"公孙枝说："臣听说：
只有行为合乎准则，才能安定国家。《诗》说：'无知无识，顺应了上
帝的法则。'文王就是这样的。又说：'不弄假，不伤残，很少不能做
典范。'没有爱好，也没有厌恶，这就是说既不猜忌也不好强。现在
他的话里边既猜忌又好强，要夷吾安定晋国，难呀！"秦穆公说："猜
忌就多怨恨，又哪里能够取胜？ 这是我国的利益啊。"

9·7　宋襄公做了国君，认为公子目夷仁爱，让他做左师来处理政
事，宋国由此安定太平。所以目夷的后人鱼氏世世代代承袭左师
的官。

僖公十年

10·1　十年春季，狄人灭亡温国，这是由于苏子不讲信义。苏子
背叛周襄王而投奔狄人，又和狄人处不来，狄人进攻他，周襄王不
去救援。因此灭亡。苏子逃亡到卫国。

10·2　夏季，四月，周公忌父、王子党会合齐国的隰朋立了晋惠

公。晋惠公杀死里克表示讨好。将要杀掉里克以前,晋惠公派人对他说:"如果没有您,我就做不了晋君。尽管如此,您杀了两个国君一个大夫,做您国君的人,不也太难了吗?"里克回答说:"没有奚齐、卓子的被废,君王怎么能兴起? 要给人加上罪名,还怕没有话说吗? 下臣知道国君的意思了。"说完,用剑自杀而死。当时丕郑正在秦国聘问,也是为了推迟割让国土而去致歉,所以没有碰上这场灾祸。

10·3　晋惠公改葬恭太子。

秋季,狐突到陪都曲沃去,遇到太子申生。太子让他登车作为驾车的人,告诉他说:"公子夷吾无礼,我已经请求上帝并且得到同意,准备把晋国给予秦国,秦国将会祭祀我。"狐突回答说:"臣听说,神明不享受别的族的祭品,百姓也不祭祀别的族,您的祭祀恐怕会断绝了吧? 而且百姓有什么罪? 处罚不当而又祭祀断绝,请您考虑一下!"太子申生说:"好,我打算重新请求。过七天,新城西边将要有一个巫人表达我的意见。"狐突同意去见巫人,申生就一下子不见了。到时候前去,巫人告诉他说:"天帝允许我惩罚有罪的人,他将在韩地大败。"

丕郑去秦国的时候,对秦伯说:"吕甥、郤称、冀芮是不同意给秦国土地的。如果用重礼对他们表示问候而后召请他们,下臣赶走晋国国君,国王让重耳回国即位,这就没有不成功的。"

冬季,秦穆公派遣泠至到晋国回聘,并且召请吕甥、郤称、冀芮三人。郤芮说:"财礼重而说话好听,这是在引诱我们。"就杀了丕郑、祁举和七个舆大夫:左行共华、右行贾华、叔坚、骓歂、累虎、特宫、山祁,都是里克、丕郑的党羽。

丕豹逃亡到秦国,对秦穆公说:"晋侯背叛大主而忌恨小怨,百姓不拥护他。如果进攻,百姓一定赶走他。"秦穆公说:"如果夷吾失去群众,哪里还能杀掉大臣? 百姓都要逃难,谁能赶走国君?"

僖公十一年

11·1　十一年春季,晋惠公派遣使者报告丕郑发动的叛乱。

11·2　周襄王派遣召武公、内史过以荣宠赐给晋惠公。晋惠公接受瑞玉的时候精神不振作。内史过回去,向周襄王报告说:"晋侯的后代恐怕不能享有禄位了吧! 天子以荣宠赐给他,他反而懒散地接受瑞玉,这就是先自暴自弃了,他还会有什么继承人? 礼,是国家的躯干;敬,是载礼的车箱。不恭敬,礼就不能实施;礼不能实施,上下就昏乱,如何能长久?"

11·3　夏季,扬、拒、泉、皋和伊洛的戎人一起进攻京城,进了王城,烧了东门,这是王子带召引来的。秦军、晋军攻打戎军来救援周朝。秋季,晋惠公让戎人和周襄王讲和。

11·4　黄国人不向楚国进贡品。冬季,楚国人进攻黄国。

僖公十二年

12·1　十二年春季,诸侯在卫国的楚丘建筑外城,这是因为担心狄人来犯。

12·2　黄人依靠诸侯和齐国和睦,不向楚国进贡,说:"从郢都到我国有九百里,楚国哪能危害我国?"夏季,楚国就灭亡了黄国。

12·3　周襄王由于戎人骚扰的缘故,讨伐王子带。秋季,王子带逃亡到齐国。

12·4　冬季,齐桓公派遣管仲让戎人和周襄王讲和,派隰朋让戎人和晋国讲和。

　　周襄王以上卿的礼节设宴招待管仲。管仲辞谢说:"陪臣是低贱的官员。现在有天子所任命的国氏、高氏在那里,如果他们按春秋两季接受天子的命令,又用什么礼节来待他们呢? 陪臣谨请辞谢。"天子说:"舅父,我赞美你的功勋,接受你的美德,这可以说是深厚而不能忘记的。去执行你的职务吧,不要违抗我的命令!"管仲最终还是接受了下卿的礼节而回国。

　　君子说:"管氏世世代代受到祭祀是多么恰当啊! 谦让而不忘记爵位比他高的上卿。《诗》说:'和蔼平易的君子,就是神明所保佑的了。'"

僖公十三年

13·1　十三年春季,齐桓公派遣仲孙湫到成周聘问,同时要他说起王子带的事情。聘问完了,仲孙湫不和周襄王谈起王子带。回国,向齐桓公汇报说:"还不行。周襄王的怒气没有消除,恐怕要等十年了。不到十年周王是不会召他回去的。"

13·2　夏季,鲁僖公和齐桓公、宋襄公、陈穆公、卫文公、郑文公、许僖公、曹共公在咸地会见,一则由于淮夷让杞国感到担心,同时也由于商量使周王朝安定。

13·3　秋季,为了戎人造成的祸难,诸侯派兵防守成周。齐国的仲孙湫也带领军队前去。

13·4　冬季,晋国再次发生饥荒,派人到秦国请求购买粮食。秦穆公对子桑说:"给他们吗?"子桑回答说:"再一次给他们恩惠而报答我们,君王还要求什么? 再一次给他们恩惠而不报答我们,他们的老百姓必然离心;离心以后再去讨伐,他没有群众就必然失败。"秦穆公对百里说:"给他们吗?"百里回答说:"天灾流行,总会在各国交替发生的。救援灾荒,周济邻国,这是正道。按正道办事会有福禄。"丕郑的儿子豹在秦国,请求进攻晋国。秦穆公说:"厌恶他们的国君,百姓有什么罪?"秦国就这样把粟米运送到晋国,船队从雍城到绛城接连不断,人们把这次运粮称为"泛舟之役"。

僖公十四年

14·1　十四年春季,诸侯在缘陵筑城而把杞都迁去。《春秋》没有记载筑城的是哪些国家,是由于文字有缺。

14·2　鄫季姬回鲁国娘家,僖公发怒,留住她不准回去,这是因为鄫子不来朝见的缘故。夏季,鄫季姬和鄫子在防地见面,要鄫子前来朝见。

14·3　秋季,八月初五日,沙鹿山崩塌。晋国的卜偃说:"一周年将会有大灾难,几乎要亡国。"

14·4　冬季,秦国发生饥荒,派人到晋国请求购买粮食。晋国人不给。庆郑说:"背弃恩惠就没有亲人,幸灾乐祸就是不仁,贪图所爱惜的东西就是不祥,使邻国愤怒就是不义。这四种道德都丢掉了,用什么来保卫国家?"虢射说:"皮已经不存在,毛又依附在哪里?"庆郑说:"丢弃信用,背弃邻国,患难谁来周济? 没有信用就会发生患难,失掉了救援,必定灭亡。这就是那样的。"虢射说:"即使给粮食,对怨恨不会有所减少,反而使敌人增加实力,不如不给。"庆郑说:"背弃恩惠,幸灾乐祸,是百姓所唾弃的。亲近的人还会因此结仇,何况是敌人呢?"晋惠公不听。庆郑退下来说:"国君要后悔的!"

僖公十五年

15·1　十五年春季,楚国人进攻徐国,由于徐国依靠中原诸侯的缘故。三月,鲁僖公和齐桓公、宋襄公、陈穆公、卫文公、郑文公、许僖公、曹共公在牡丘结盟,重温葵丘的盟约,同时为了救援徐国。孟穆伯率领鲁军和诸侯的军队救援徐国,诸侯住在匡地等待他。

15·2　夏季,五月,发生日食。《春秋》没有记载朔日和日期,由于史官的漏记。

15·3　秋季,进攻厉国,以此来救援徐国。

15·4　晋惠公回国继承君位的时候,秦穆姬把贾君嘱托给他,而且说:"把公子们都接回国内。"晋惠公和贾君通奸,又不接纳公子们回国,由此穆姬就怨恨他。晋惠公曾经答应给中大夫送礼,后来也都不给了。还答应给秦穆公黄河以西和以南的五座城,东边到虢略镇,南边到华山,还有黄河之内的解梁城,后来都不兑现。晋国有饥荒,秦国给它运送粟米;秦国有饥荒,晋国却拒绝秦国买粮,所以秦穆公攻打晋国。

卜徒父用筮草占卜,吉利:"渡过黄河,毁坏侯的车子。"秦穆公仔细追问,卜徒父回答说:"这是大吉大利。晋军连败三次,晋国国君必然被俘获。这一卦得到《蛊》☶,繇辞说:'三次驱除一千辆兵车,三次驱除之余,获得了那条雄狐。'雄狐指的一定是他们的国君。《蛊》的内卦是风,外卦是山。时令到了秋天了,我们的风吹过他们山上,吹落了他们的果实,还取得他们的木材,所以能战胜。

果实落地而木材丢失,不打败仗还等待什么?"

晋军三次战败,退到韩地。晋惠公对庆郑说:"敌人深入了,怎么办?"庆郑回答说:"君王让他们深入的,能够怎么办?"晋惠公说:"答话放肆无礼!"占卜车右的人选,庆郑得吉卦。但是晋惠公不用他,让步扬驾御战车,家仆徒作为车右。以小驷马驾车,是从郑国来的。庆郑说:"古代发生战争,一定要用本国的马驾车。出生在自己的水土上,知道主人的心意;安于受主人的调教,熟悉这里的道路;随你放在哪里,没有不如意的。现在用外国出产的马来驾车,从事战斗,等到一害怕而失去正常状态,就会不听指挥了。鼻子里乱喷粗气表示狡猾和愤怒,血液在全身奔流,使血管扩张突起,外表强壮而内部枯竭。进也不能,退也不是,旋转也不能,君王必然要后悔。"晋惠公不听。

九月,晋惠公将要迎战秦军,派韩简视察军队。韩简回来说:"军队比我们少,能奋力作战的人却倍于我们。"晋惠公说:"什么原因?"韩简回答说:"君王逃离晋国是由于他的资助,回国是由于他的宠信,有了饥荒吃他的粟米,三次给我们恩惠而没有报答,由于这样他们才来的。现在又将迎击他们,我方懈怠,秦国奋发,斗志岂止相差一倍啊!"晋惠公说:"一个人还不能轻侮,何况是国家呢?"于是就派韩简去约战,说:"寡人不才,能集合我的部下而不能让他们离散。君王如果不回去,我们将没有地方逃避命令。"秦穆公派公孙枝回答说:"晋君没有回国,我为他忧惧;回国后没有安定位置,还是我所担心的。如果君位已定,寡人敢不接受作战的命令?"韩简退下去说:"我如果能被俘囚禁就是幸运的。"

十四日,秦、晋两军在韩原作战。晋惠公的小驷马陷在烂泥中盘旋不出。晋惠公向庆郑呼喊求救。庆郑说:"不听劝谏,违抗占卜,本来就是自取失败,为什么又要逃走呢?"于是就离开了。梁由靡驾韩简的战车，虢射作为车右，迎战秦穆公的战车，将要俘虏他。庆郑因为叫他们救援晋惠公而耽误，就使秦穆公走脱了。秦国俘虏了晋惠公。晋国的大夫披头散发，拔出帐篷，跟随晋惠公。秦穆公派使者辞谢说："你们几位为什么那样忧愁啊！寡人跟随晋国国君往西去，只不过实现晋国的妖梦罢了，难道敢做得太过分吗？"晋国的大夫三拜叩头说："君王踩着后土，而顶着皇天，皇天后土都听到了您的话，下臣们谨在下边听候吩咐。"

秦穆姬听说晋惠公将要来到，领着太子罃、儿子弘和女儿简璧登上高台，踩着柴草。她派遣使者捧着遭丧所着丧服前去迎接秦穆公，说："上天降下灾祸，让我两国国君不是用礼品相见而是兴动甲兵。如果晋国国君早晨进入国都，那么我就晚上自焚；晚上进入，那么我就早晨自焚。请君王裁夺。"于是秦穆公把晋惠公拘留在灵台。

大夫请求把晋惠公带回国都。秦穆公说："俘获晋侯，本来是带着丰厚的收获回来的，但一回来就要发生丧事，这有什么用？大夫又能得到什么呢？而且晋国人用忧愁来感动我，用天地来约束我，如果不考虑晋国人的忧愁，就会加深他们对秦国的愤怒。我如果不履行自己的诺言，就是违背天地，加深愤怒会使我担当不起，违背天地会不吉利，一定要放晋君回国。"公子絷说："不如杀了他，不要积聚邪恶。"子桑说："放他回国而用他的太子作为人质，必然会得到很有利的讲和条件。晋国还不会灭亡，而杀掉它的国君，只能造成很坏的后果。而且史佚有话说：'不要发动祸患，不要依靠动乱，不要增加愤怒。'增加愤怒会使人难于担当，欺凌别人会不吉利。"于是就允许晋国讲和。

晋惠公派遣郤乞告诉瑕吕饴甥，同时召他前来，饴甥教郤乞该怎么说话，说："把都城里的人都召到宫门前而用国君的名义给予赏赐。而且告诉他们说：'我虽然回国了，但已经给国家带来了耻辱,还是占卜一个吉日,让我的继承人圉就国君之位吧。'"郤乞回去照办,大家一齐号哭。晋国就在这时开始改易田制,开阡陌重新规定田界。吕饴甥说:"国君不为自己在外而担忧,反而为群臣担忧,这是最大的恩惠了,我们准备怎样对待国君?"大家说:"怎么办才行呢?"吕饴甥回答说:"征收赋税,修理装备武器,以辅助继承人。诸侯听到我国失去了国君,又有新的国君,群臣和睦,装备武器比以前更多。喜欢我们的就会勉励我们,讨厌我们的就会有所害怕,也许会有好处吧!"大家很高兴,晋国因为这样而开始兵制改革。

当初,晋献公为嫁伯姬给秦国而占筮,得到《归妹》☳变成《睽》卦☲。史苏预测说:"不吉利。卦辞说:'男人宰羊,不见血浆;女人拿筐,白忙一场。西邻责备,不可补偿。《归妹》变《睽》,没人相帮。'《震》卦变成《离》卦,也就是《离》卦变成《震》卦。'又是雷,又是火,胜者姓嬴,败者姓姬。车子脱离车轴,大火烧掉军旗,不利于出师,在宗丘打得大败。《归妹》嫁女,《睽》离单孤,敌人的木弓将要张舒。侄子跟着姑姑,六年之后,逃回自己所居,抛弃了他的家,明年死在高梁的废墟。'"等到惠公在秦国,说:"先君如果听从了史苏的占卜,我不会到这个地步!"韩简随侍在侧,说:"龟甲,是形象;筮草,是数字。事物生长以后才有形象,有形象以后才能滋长,滋长以后才有数字。先君败坏的道德,难道可以数得完吗?史苏的占卜,即使听从了,又有什么好处?《诗》说:'百姓的灾祸,不是从天下降。当面附和,背后毁谤,主要都由于人的无状。'"

15·5　雷击夷伯的庙宇,这是降罪于他,由于可以看到展氏有别人不知道的隐恶。

15·6　冬季,宋国人进攻曹国,为了报复以前结下的怨恨。

15·7　楚国在娄林打败徐国,徐国所以失败,是由于专靠别国去救援。

15·8　十月,晋国的阴饴甥会见秦穆公,在王城订立盟约。

秦穆公说:"晋国和睦吗?"阴饴甥回答悦:"不和睦。小人以失掉国君为耻辱,而哀悼失去了的亲属,不怕筹集资金,重整军队而立圉为国君,说:'一定报仇,宁可因此而事奉戎狄。'君子爱护国君而知道他的罪过,不怕筹集资金,重整军队来等待秦国的命令,说:'一定要报答恩德,有必死之志而无二心。'因为这样才不和睦。"秦穆公说:"全国认为国君的前途会怎么样?"阴饴甥回答说:"小人忧愁,认为他不会被赦免;君子宽恕,以为他一定会回来。小人说:'我们得罪了秦国,秦国怎么能让国君回来?'君子说:'我们已经认罪了,秦国一定让国君回来。有三心二意,就抓起来;服了罪,就释放他。德行没有比这再宽厚的了,刑罚没有比这再威严的了。服罪的怀念德行,有三心二意的害怕刑罚,这一战役,秦国可以称霸诸侯。让他回国而不使之安定,甚至废掉他而不立他为国君,使恩惠变为怨恨,秦国不会这样做的吧!'"秦穆公说:"我正是这样想的。"于是改变对晋惠公的待遇,让他住在宾馆里,馈送了七副牛、羊、猪等食用物品。

蛾析对庆郑说:"何不逃走呢?"庆郑回答说:"使国君陷于失败,失败了不死反而逃亡,又让国君失去刑罚,这就不是做臣下的样子。臣下而不合于臣道,又能逃到哪里去?"十一月,晋惠公回国。二十九日,杀了庆郑,然后进入国都。

这一年,晋国又发生饥荒,秦穆公赠送给他们粟米,说:"我怨恨他们的国君,而怜悯他们的百姓。而且我听说唐叔受封的时候,箕子说:'他的后代一定昌大。'晋国是可以图谋的吗!我们姑且树立恩惠,来等待有才能的人。"于是,秦国就开始在晋国黄河东部征收赋税,设置官员。

僖公十六年

16·1　十六年春季,在宋国上空坠落五块石头,这是坠落的星星。六只鹢鸟后退着飞,经过宋国国都,这是由于风太大的缘故。成周的内史叔兴在宋国聘问,宋襄公询问这两件事,说:"这是什么预兆? 吉凶在于哪里?"叔兴回答说:"今年鲁国多有大的丧事,明年齐国有动乱,君王将会得到诸侯拥护却不能保持到最后。"退下来告诉别人说:"国君询问得不恰当,这是有关阴阳的事情,人事吉凶与此无关。吉凶由人的行为所决定。我这样回答是由于不敢违背国君的缘故。"

16·2　夏季,齐国进攻厉国,没有得胜,救援了徐国而后回国。

16·3　秋季,狄人攻打晋国,占取了狐、厨、受铎,渡过汾水,到达昆都,因为晋国战败了。

16·4　周襄王把戎人造成的祸难告诉齐国。齐国调集诸侯的军队到成周去防守。

16·5　冬季,十一月十二日,郑国杀了子华。

16·6　十二月,鲁僖公和齐桓公、宋襄公、陈穆公、卫文公、郑文公、许僖公、邢侯、曹共公在淮地会见,是为了商量救援鄫国免被淮夷所侵。并且商量向东方用兵。替鄫国筑城,服劳役的人困乏,有人夜里登上小山头喊叫说:"齐国发生动乱!"诸侯没有等到筑完城就各自回国了。

僖公十七年

17·1　十七年春季,齐国人为徐国攻打英氏,以报复前二年楚击败徐于娄林那一次战役。

17·2　夏季,晋国的太子圉在秦国作人质,秦国把河东土地归还晋国并把女儿嫁给圉。晋惠公在梁国的时候,梁伯把女儿嫁给他。梁嬴怀孕,过了预产期。卜招父和他的儿子占卜,他的儿子说:"将要生一男一女。"卜招父说:"对。男的做别人的奴仆,女的做别人的奴婢。"所以把男的叫做圉,女的取名叫做妾。等到子圉到西方作人质,妾就在秦国作了侍女。

17·3　鲁国军队灭亡项国。在淮地的会见,僖公正有和各国诸侯相会的大事,没有回国,鲁军就占取了项国。齐国人认为这是由僖公下令进攻,因此把僖公拘留,不让他回国。

17·4　秋季,声姜由于僖公的缘故,在卞地会见齐桓公。九月,僖公到达。《春秋》记载说"至自会",这是由于国家大事还没有处理完,而且不愿说出被拘留这件事。

17·5　齐桓公的三位夫人,王姬、徐嬴、蔡姬,都没有儿子。齐桓公喜欢女色,宠爱的姬妾不少,宫内受宠的女人待遇如同夫人一样的有六人:大卫姬,生了武孟;小卫姬,生了惠公;郑姬,生了孝公;葛嬴,生了昭公;密姬,生了懿公;宋华子,生了公子雍。桓公和管仲把孝公托付给宋襄公,以他为太子。雍巫受到卫共姬的宠信,由于寺人貂的关系把美味的食品进献给齐桓公,又受到齐桓公的宠信。齐桓公答应他们立武孟为继承人。管仲死,五个公子都谋求立为嗣君。

冬季,十月初七日,齐桓公死。易牙进宫,和寺人貂依靠那些内宠的权贵而杀死一批官吏,立公子无亏为国君。孝公逃亡到宋国。十二月初八日,发出讣告。十四日夜间,将桓公尸体大殓入棺。

僖公十八年

18·1 十八年春季,宋襄公率领曹共公等攻打齐国。三月,齐国人杀了无亏。

18·2 郑文公开始到楚国朝见。楚成王把铜赐给他,不久又后悔,和他盟誓说:"不要拿来铸造武器。"所以郑文公用它铸造了三座钟。

18·3 齐国人准备立孝公为国君,挡不住四公子一伙的反对,孝公逃亡到宋国,四公子一伙就和宋军作战。夏季,五月,宋国在甗地打败了齐国,立了孝公,然后回国。

秋季,八月,安葬齐桓公。

18·4 冬季,邢人、狄人进攻卫国,包围了菟圃。卫文公把国君的地位推让给父兄子弟和朝廷上的其他人,说:"谁如果能治理国家,我就跟从他。"大家不同意,而后在訾娄摆开阵势。狄军就退回去了。

18·5 梁伯扩充了疆土,筑了很多城邑,却不能把百姓迁往那里,把那地方命名为新里,但被秦国占取了。

僖公十九年

19·1　十九年春季,秦国人就筑了城而移民居住在新里。

19·2　宋人抓住了滕宣公。

19·3　夏季,宋襄公让邾文公杀死鄫子来祭祀次睢的土地神,想因此使东夷来降附。司马子鱼说:"古时候六种畜牲不能相互用来祭祀,小的祭祀不杀大牲口,何况敢于用人作牺牲呢?祭祀是为了人。百姓,是神的主人。杀人祭祀,有什么神来享用?齐桓公恢复了三个被灭亡的国家以使诸侯归附,义士还说他薄德,现在一次会盟而侵害两个国家的国君,又用来祭祀邪恶昏乱的鬼神,要拿这个来求取霸业,不也是很难吗?得以善终就算幸运了。"

19·4　秋季,卫军进攻邢国,以报复菟圃这一役。这时卫国大旱,为祭祀山川而占卜,不吉利。甯庄子说:"从前周室发生饥荒,打败了商朝就丰收。现在正当邢国无道,诸侯没有领袖,上天或者是要让卫国进攻邢国吧!"听从了他的话,征集军队就下了雨。

19·5　宋军包围曹国,为了讨伐曹国的不肯顺服。子鱼对宋公说:"文王听到崇国德行昏乱而去攻打,打了三十天,崇国不投降。退兵回国,修明教化,再去攻打,文王就驻扎在过去所筑的营垒里,崇国就投降了。《诗》说:'在嫡妻面前作出示范,由此而作为兄弟们的表率,以此来治理一家一国。'现在君王的德行恐怕还有所欠缺,而以此攻打曹国,能把它怎么办?何不姑且退回去自己检查一下德行,等到没有欠缺了再采取行动。"

19·6　陈穆公请求在诸侯间重新建立友好关系,表示不忘齐桓公的德行。冬季,在齐国会盟,重新建立齐桓公时代的友好关系。

19·7　梁国灭亡了,《春秋》没有记载灭亡梁国的是谁,是因为祸害是梁国自己找取的。当初,梁伯喜好大兴土木,屡次筑城而无人居住,百姓疲倦得不能忍受,就说:"某某敌人要来了。"于是在国君的宫室外挖沟,说:"秦国将要袭击我国。"百姓害怕而溃散,秦国就趁机占取了梁国。

僖公二十年

20·1　二十年春季,重新建造南门。《春秋》记载这件事,是由于妨碍农时。凡是修筑城门和制作门闩,应该不妨碍农时。

20·2　滑国人背叛郑国而顺服于卫国。夏季,郑国的公子士、泄堵寇率领军队攻入滑国。

20·3　秋季,齐国和狄人在邢国相会并订立盟约,为邢国策划对付卫国的侵袭。这时候卫国才担心邢国。

20·4　随国依靠汉水东边各诸侯的力量背叛楚国。冬季,楚国的鬭穀於菟率领军队进攻随国,讲和以后回国。

　　君子说:"随国被攻打,是由于不估量自己的国力。估量自己的力量然后动作,祸害就少了。成败在于自己,难道在于别人?《诗》说:'难道不想早晚奔波,无奈路上露水太多。'"

20·5　宋襄公想要会合诸侯。臧文仲听到了,说:"拿自己的愿望服从别人就可以,要使别人服从自己的愿望就很少有成功的。"

僖公二十一年

21·1　二十一年春季,宋国和齐国人、楚国人在鹿上举行了会盟,便向楚国要求当时归附楚国的中原诸侯奉自己为盟主,楚国人答应了。公子目夷说:"小国争当盟主,这是灾祸。宋国或许会被灭亡吧! 失败得晚一点,就算运气了。"

21·2　夏季,很久没有下雨,干旱得很。僖公要烧死巫人和仰面朝天的怪人。臧文仲说:"这不是解决旱灾的办法。修理城墙、节用饮食、节省开支、致力农事、劝人施舍,这是应该做的。巫人、仰面朝天的怪人能做什么? 上天要杀他们,就应当不生他们;如果他们能造成旱灾,烧死他们会更厉害。"僖公听从了。这一年,虽有饥荒,却没有伤害百姓。

21·3　秋季,楚成王、陈穆公、蔡庄公、郑文公、许僖公、曹共公在盂地会见宋襄公。子鱼说:"祸根子就在这里吧! 国君的欲望太过分,那怎能忍受得了?"在会上楚国抓住了宋襄公来攻打宋国。

　　　冬季,诸侯在薄地会盟,释放了宋襄公。子鱼说:"祸殃还没有完,这点够不上惩罚国君。"

21·4　任国、宿国、须句、颛臾,都姓风,主管太皞和济水神的祭祀,而服从中原各国。邾国人灭亡了须句,须句君逃亡到鲁国来,这是由于须句是成风的娘家。成风对僖公说:"尊崇明祀,保护弱小,这是周的礼仪;蛮夷扰乱中原,这是周的祸患。如果封了须句国的爵位,这是尊崇太皞、济水神而修明祭祀和缓解祸患啊。"

僖公二十二年

22·1　二十二年春季,鲁国讨伐邾国,占领须句,护送须句的国君回国,这是符合礼的。

22·2　三月,郑文公到楚国去。

22·3　夏季,宋襄公进攻郑国。子鱼说:"所说的祸乱就在这里了。"

22·4　当初,周平王向东迁都洛阳的时候,辛有到了伊川,见到披着头发在野外祭祀的人,说:"不到一百年,这里就要变成戎人居住的地方了! 它的礼仪先就消失了。"秋季,秦国和晋国把陆浑之戎迁到伊川。

22·5　晋国的太子圉在秦国作人质,准备逃回晋国,对嬴氏说:"跟你一起回去么?"嬴氏说:"你是晋国的太子而屈居在秦国。你想回去,不也很应该吗? 我国君主让婢子侍候你,为你捧着手巾梳子,是为了使你安心,跟你回去,就丢弃了国君的命令。我不敢跟从,也不敢泄露。"太子圉就逃回晋国。

22·6　富辰对周襄王说:"请您把太叔召回来。《诗》说:'和他的邻居融洽,姻亲才能友好。'我国兄弟都不融洽,哪里能埋怨诸侯的不顺服?"周襄王听了很高兴。王子带从齐国回到京师,这是周襄王把他召回来的。

22·7　邾人由于鲁国帮助须句的缘故出兵攻打鲁国。僖公轻视邾国,不作准备便去抵御。臧文仲说:"国家无所谓弱小,不能轻视。没有准备,人虽然众多,还是不足依靠的。《诗》说:'战战兢兢,如同面向深渊,如同踩着薄冰。'又说:'谨慎又谨慎,上天光明普照,得到上天保佑不容易啊!'以先王的美德,还没有不困难、没有不戒惧的,何况我们小国呢?君王不要认为邾国弱小,黄蜂、蝎子都有毒,何况一个国家呢?"僖公不听。

八月初八日,僖公率军与邾军在升陉作战,我军大败。邾军获得僖公的头盔,挂在鱼门上。

22·8 楚人进攻宋国以救援郑国。宋襄公准备应战,大司马固劝阻说:"上天丢弃我们商朝后代已经很久了,您想复兴它,这是违背上天而不能被赦免的。"宋襄公不听。

冬季,十一月初一日,宋襄公与楚国人在泓水边上作战。宋军已经排成队列,楚军还没有全部渡过河。司马说:"他们兵多,我们兵少,趁他们没有全部渡过河的时候,请君王下令攻击他们。"宋襄公说:"不行。"楚军渡过河以后还没有排开阵势,司马又把刚才的情况报告宋襄公。宋襄公说:"还不行。"等楚军摆开阵势然后才攻击他们,宋军被打得大败,宋襄公大腿后受箭伤,跟随宋襄公的卿大夫子弟任护卫的被歼灭。都城里的人都责怪宋襄公。宋襄公说:"君子不两次伤害敌人,不擒捉头发花白的敌人。古代的作战,不靠关塞险阻取胜。寡人虽然是殷商亡国的后裔,不攻击没有摆开阵势的敌人。"子鱼说:"国君不懂战争。强大的敌人,由于地形狭隘而没有摆开阵势,这是上天在帮助我,把他们拦截而攻击,不也是可以的吗?可是还害怕不能取胜。现在强大的国家,都是我们的敌人,虽然是老头子,捉了也不能放,管什么头发花白不花白。说明国家耻辱是什么,以此教导士兵作战,目的就是为了多杀敌人。敌人受伤而没有死,为什么不可以再次打击他一次?如果爱惜敌人伤员而不再打击,就应该一开始就不伤害他;爱惜那些头发花白的人,就不如向他们投降。军队,由于有利才加以使用;战鼓雷鸣,是用声音来激励士气。有利而使用,在狭路攻击是可以的;鼓声大作鼓舞了士气,攻击没有摆开阵势的敌人也是可以的。"

22·9　十一月初八日早晨，郑文公夫人芈氏、姜氏在柯泽慰劳楚成王。楚成王派师缙把俘虏和被杀死的敌人的左耳给他们看。君子说："这是不合于礼的。女人送迎不出房门，和兄弟相见不出门槛，打仗时不接近女人的用具。"

初九日，楚成王进入郑国接受享礼，主人敬酒九次，庭院里陈列的礼品有一百件，另外再加笾豆礼品六件。宴请完毕，夜里出来，文芈送他到军营里。楚成王带了郑国的两个侍妾回去。叔詹说："楚成王恐怕不得寿终正寝吧！执行礼节而最后至于男女混杂。男女混杂不能认为合于礼，他将怎么能得到好死？"所以诸侯知道楚成王不能完成霸业。

僖公二十三年

23·1　二十三年春季，齐孝公发兵进攻宋国，包围缗地，讨伐宋国不到齐国参加会盟。

23·2　夏季，五月，宋襄公死，这是由于在泓地战役中受伤的缘故。

23·3　秋季，楚国的成得臣领兵进攻陈国，讨伐陈国倾向宋国。于是占领了焦、夷两地，在顿地筑城后回国。子文把这些作为他的功劳，让他做令尹。叔伯说："您打算把国家怎么办？"子文回答说："我是用这个来安定国家的。有了大功而不居高位，这样的人能够安定国家的有几个？"

23·4　九月，晋惠公死了。怀公即位，命令臣民不准跟随逃亡在外的人。规定了期限，不回来的不赦免。狐突的儿子毛和偃跟随重耳在秦国，不肯召他们回国。冬季，怀公抓住狐突，说："儿子回来就赦免。"狐突回答说："当儿子能够做官,父亲教他懂得忠诚的道理,这是古代的制度。名字写在简策上,给主子送了进见的礼物,如果三心二意就是罪过。现在下臣的儿子,名字在重耳那里已经有年头了,如果又召他回来,这是教他三心二意。父亲教儿子三心二意,用什么来事奉国君?刑罚的不滥用,这是君主的贤明,下臣的愿望。滥用刑罚以图快意,谁能没有罪?下臣知道您的意思了。"晋怀公于是杀了狐突。

卜偃推说有病不出门,说:"《周书》上有这样的话:'君主伟大贤明,臣民然后顺服。'自己如果不贤明,反而杀人以图快意,不也很难办事吗?百姓看不到德行,反而只听到杀戮,哪里还能有什么后代?"

23·5　十一月,杞成公去世。《春秋》记载称"子",因为杞是夷人。不记载名字,是由于没有和鲁国结过盟的缘故。凡是同盟的诸侯,死后就在讣告上写上名字,这是合于礼的。讣告上写上名字,《春秋》就加以记载,否则就不记载,这是为了避免弄不清楚而误记。

23·6　晋公子重耳遭到祸难的时候,晋献公的军队在蒲城攻打他。蒲城人想要迎战,重耳不肯,说:"仰仗着国君父亲的恩宠而享有奉养自己的俸禄,因此才得到百姓的拥护。有百姓的拥护而反抗,没有比这再大的罪过了。我还是逃亡吧。"于是就逃亡到狄人那里,跟随的有狐偃、赵衰、颠颉、魏武子、司空季子。狄人攻打廧咎如,俘虏了他两个女儿叔隗、季隗,送给公子。公子娶了季隗,生了伯鯈、叔刘。把叔隗嫁给赵衰,生了盾。公子要到齐国去,对季隗说:"等我二十五年,不回来再改嫁。"季隗回答说:"我已经二十五岁了,又再过二十五年改嫁,就要进棺材了。我等您。"

公子在狄一共住了十二年,然后离开。经过卫国,卫文公不以礼来待他。经过五鹿时,向乡下人要饭。乡下人给他一块泥土。公子发怒,要鞭打他。子犯说:"这是上天赐与的啊!"公子叩着头接受，把泥土装上车子。

　　重耳到达齐国，齐桓公也给他娶妻，有马八十匹。公子安于齐国的生活。跟随的人认为这样不行，准备离去，在桑树下商量。养蚕的侍妾正好在树上听到，把这事告诉姜氏。姜氏杀了她，告诉公子说："您有远大的志向，听到的人，我已经杀了。"公子说："没有这回事。"姜氏说："走吧！留恋妻子和贪图安逸，实在会有损前途。"公子不肯。姜氏和子犯商量，灌醉了公子，然后打发他走。公子酒醒，拿起长戈追逐子犯。

　　重耳到达曹国，曹共公听说他的肋骨排比很密，似乎并成一整块，想从他裸体中看个真相。乘重耳洗澡，他就在帘子外观看。僖负羁的妻子对负羁说："我看晋公子的随从人员，都足以辅助国家。如果用他们作辅助，晋公子必定能回晋国做国君。回到晋国，肯定在诸侯中称霸。在诸侯中称霸而惩罚对他无礼的国家，曹国就是第一个。您何不早一点向他表示好感呢！"僖负羁于是就向晋公子馈送一盘食品，里边藏着璧玉。公子接受食品，退回璧玉。

　　重耳到达宋国，宋襄公把马八十匹送给他。到达郑国，郑文公也不加礼遇。叔詹劝谏说："臣听说上天所赞助的人，别人就赶不上了。晋公子具有三条，上天或者将要立他为国君吧，您最好还是以礼相待。父母同姓，子孙不能昌盛。晋公子是姬姓女子生的，所以能活到今天，这是一。经受逃亡在外的忧患，而上天使晋国不安定，大概是将要赞助他了，这是二。有三个人足以居于别人之上，却一直跟随着他，这是三。晋国和郑国地位平等，他们的子弟路过还应当以礼相待，何况是上天所赞助的呢？"郑文公没有听叔詹的劝谏。

　　重耳到达楚国，楚成王设宴会招待他，说："公子如果回到晋国，用什么报答我？"公子回答说："子、女、玉、帛都是君王所拥有的，鸟羽、皮毛、象牙、犀革都是君王土地上所生长的。那些波及晋

国的,已经是君王剩馀的了,我能用什么来报答君王呢?"楚成王
说:"尽管这样,究竟用什么报答我?"公子回答说:"如果托君王的
福,能够回到晋国,一旦晋、楚两国演习军事,在中原相遇,那就后
退九十里。如果还得不到君王的宽大,那就左手执鞭执弓,右边挂
着弓袋箭袋,跟君王较量一下。"子玉请求楚王杀掉他。楚成王说:
"晋公子志向远大而生活俭约,文辞华美而合乎礼仪。他的随从严
肃而宽大,忠诚又有能力。晋侯没有亲近的人,国内国外都讨厌
他。我听说姬姓是唐叔后代,将会最后衰亡,这恐怕是从晋公子为
君以后的缘故吧!上天将要使他兴起,谁能够废掉他? 违背上天,
必然有大灾。"于是就把他送回秦国。

　　秦穆公送给重耳五个女子,怀嬴也在内。怀嬴捧着盛水的器
皿伺候重耳洗脸,他洗了手不用手巾擦手,而挥挥手把手上的水甩
干。怀嬴很生气,说:"秦、晋两国地位平等,为什么轻视我?"公子
害怕,脱去上衣自囚表示谢罪。有一天,秦穆公设宴席招待重耳,
子犯说:"我不如赵衰那样有文采,请您让赵衰跟随赴宴。"公子在
宴会上赋《河水》这首诗,秦穆公赋《六月》这首诗。赵衰说:"重耳
拜谢恩赐!"公子退到阶下,拜,叩头,秦穆公走下一级台阶辞谢。
赵衰说:"君王把所以辅助天子的事命令重耳,重耳岂敢不拜?"

僖公二十四年

24·1　二十四年春季,周王朝历法的正月,秦穆公把公子重耳送
回晋国。《春秋》没有记载这件事,因为晋国没有向鲁国报告重耳
回晋国的事。

　　到达黄河岸边,子犯把玉璧还给公子,说:"下臣背着马笼头马

缰绳跟随您在天下巡行，下臣的罪过很多，下臣自己尚且知道，何况您呢？请您让我从这里走开吧。"公子说："如果不和舅父同一条心，有河神作证。"把他的璧玉扔到了黄河里。

重耳等一行渡过黄河，包围了令狐，进入桑泉，占取了臼衰。二月的一天，晋国的军队驻扎在庐柳。秦穆公派遣公子絷到晋国军队里去交涉。晋军退走，驻扎在郇地。又一天，狐偃和秦国、晋国的大夫在郇地结盟。又一天，公子重耳到达晋国军队里。又一天，重耳进入曲沃。又一天，重耳在晋武公的庙宇中朝见群臣。又一天，重耳派人在高梁杀死了晋怀公。《春秋》没有记载这件事，也是由于晋国没有来鲁国报告的缘故。

吕、郤两家害怕祸难逼近，准备焚烧宫室而杀死晋文公。寺人披请求进见。晋文公派人责备他，而且拒绝接见，说："蒲城那一次战役，国君命令你一个晚上到达，你马上就来了。后来我跟随狄君在渭水边上打猎，你为惠公来杀我，惠公命令你过三个晚上再来，你过两个晚上就来了。虽然有国君的命令，为什么那么快呢？那只被割断的袖子还在，你还是走开吧！"寺人披回答说："小臣原来认为国君回国以后，已经了解情况了。如果还没有，就会又一次遇到祸难。执行国君的命令只有一心一意，这是古代的制度。除去国君所厌恶的人，只看自己有多大力量。蒲人、狄人，对我来说算什么呢？现在您即位做国君，也会同我心目中一样没有蒲、狄吧！齐桓公把射钩的事放在一边，而让管仲辅助他。君王如果改变这种做法，我会自己走的，哪里需要君王的命令呢？离开的人很多，岂独是我受过宫刑的小臣？"晋文公接见了寺人披，寺人披就把祸乱告诉了晋文公。三月，晋文公秘密地和秦穆公在王城会见。三十日，文公的宫殿起火。瑕甥、郤芮找不到晋文公，于是就到黄河边上去找，秦穆公把他们诱去杀死了。晋文公迎接夫人嬴氏回国。秦穆公赠送给晋国卫士三千人，都是一些得力的臣仆。

当初，晋文公有个侍臣名叫头须，是专门管理财物的。当晋文公在国外的时候，头须偷盗了财物潜逃，把这些财物都用来设法让晋文公回国。没有成功，只好留在国内。等到晋文公回来，头须请求进见。晋文公推托说正在洗头。头须对仆人说："洗头的时候心就倒过来，心倒了意图就反过来，无怪我不能被接见了。留在国内的人是国家的守卫者，跟随在外的是背着马笼头马缰绳的仆人，这也都是可以的，何必要怪罪留在国内的人？身为国君而仇视普通人，害怕的人就多了。"仆人把这些话告诉晋文公，晋文公立即接见了他。

狄人把季隗送回到晋国，而请求留下她的两个儿子。晋文公把女儿嫁给赵衰，生了原同、屏括、楼婴。赵姬请求迎接盾和他的母亲。赵衰辞谢不肯。赵姬说："得到新宠而忘记旧好，以后还怎样使用别人？一定要把他们接回来。"坚决请求，赵衰同意了。叔隗和赵盾回来以后，赵姬认为赵盾有才，坚决向赵衰请求，把赵盾作为嫡子，而让她自己生的三个儿子居于赵盾之下，让叔隗作为正妻，而自己居于她之下。

晋文公赏赐跟随他逃亡的人，介之推没有提及禄位，禄位也没有赐到他身上。介之推说："献公的儿子有九个，只有公子在世了。惠公、怀公没有亲近的人，国内国外都抛弃了他们。上天不使晋国绝后，必定会有君主。主持晋国祭祀的人，不是公子又会是谁？这实在是上天立他为君，而他们这些人却以为是自己的力量，这不是欺骗吗？偷别人的财物，尚且叫做盗，何况贪上天的功劳以为自己的力量呢？下面的人把贪功的罪过当成合理，上面的人对欺骗加以赏赐，上下相互欺骗，这就难和他们相处了。"介之推的母亲说："为什么不也去求赏？这样的死，又能怨谁？"介之推回答说："明知错误而去效法，罪就更大了。而且我口出怨言，不能吃他的俸禄。"他母亲说："也让他知道一下，怎么样？"介之推回答说："说话，是身体的文饰。身体将要隐藏,哪里用得着文饰?这只不过是去求显露罢了。"他母亲说:"你能够这样吗?我和你一起隐居起来。"于是就隐居而死。晋文公派人寻找介之推,找不到,就把绵上的田封给他,说:"用这来记载我的过失,来表扬好人。"

24·2　郑军进入滑国的时候,滑人听从命令。军队回去,滑国又亲附卫国。郑国的公子士、泄堵俞弥带兵进攻滑国。周襄王派伯服、游孙伯到郑国请求不要进攻滑国。郑文公怨恨周惠王回到成周而不给厉公饮酒礼器杯子,又怨恨周襄王偏袒卫、滑两国,所以不听周襄王的命令而逮捕了伯服和游孙伯。周襄王发怒,准备领着狄人进攻郑国。富辰劝谏说:"不行。下臣听说,最高的人用德行来安抚百姓,其次的亲近亲属,由近到远。从前周公叹息管叔、蔡叔不得善终,所以把土地分封给亲戚作为周朝的屏障。管、蔡、郕、霍、鲁、卫、毛、聃、郜、雍、曹、滕、毕、原、酆、郇各国,是文王的儿子。邘、晋、应、韩各国,是武王的儿子。凡、蒋、邢、茅、胙、祭各国,是周公的后代。召穆公忧虑周德衰微,所以集合了宗族在成周而做诗,说:'小叶杨的花儿,花朵是那样漂亮艳丽,现在的人们,总不能亲近得像兄弟。'诗的第四章说:'兄弟们在墙里争吵,一到墙外就共同对敌。'像这样,那么兄弟之间虽然有小不和睦,也不能废弃好亲属。现在您不忍耐小怨而丢弃郑国这门亲属,又能把它怎么办?酬答勋劳,亲近亲属,接近近臣,尊敬贤人,这是德行中的大德。靠拢耳背的人,跟从昏暗的人,赞成固陋的人,使用奸诈的人,这是邪恶中的大恶;抛弃德行,崇尚邪恶,这是祸患中的大祸。郑国有过辅助平王、惠王的勋劳,又有厉王、宣王的亲属关系,郑国国君舍弃宠臣而任用三个好人,在姬姓诸姓中属于近亲,四种德行都具备了。耳朵不能听到五声的唱和是耳聋,眼睛不能辨别五色的文饰是昏暗,心里不学德义的准则是顽固,嘴里不说忠信的话是奸诈。狄人效法这些,四种邪恶都具备了。周室具有美德的时候,尚且说‘总不能亲近得像兄弟’，所以分封建制。当它笼络天下的时候，尚且害怕有外界的侵犯；抵御外界侵犯的措施，没有比亲近亲属再好的了，所以用亲属作为周室的屏障。召穆公也是这样说的。现在周室的德行已经衰败，而这时又改变周公、召公的措施以跟从各种邪恶，恐怕不可以吧！百姓没有忘记祸乱，君王又把它挑起来，怎么来对待文王、武王呢？”周襄王不听，派遣颓叔、桃子出动狄军。

夏季，狄军进攻郑国，占领了栎地。

周襄王感谢狄人，准备把狄君的女儿做王后。富辰劝阻说：“不行。臣听说：‘报答的人已经厌倦了，施恩的人还没有满足。’狄人本来贪婪，而您又启发他们。女子的行为没有准则，妇人的怨恨没有终结，狄人必然成为祸患。”周襄王又不听。

当初，甘昭公受到惠后的宠爱，惠后打算立他为嗣君，没有来得及惠后就死去了。昭公逃亡到齐国，周天子让他回来，他又和隗氏私通。周天子废了隗氏。颓叔、桃子说：“狄人这样，是我们指使的，狄人可能会怨恨我们。”就奉事太叔攻打周天子，周王的侍卫人员准备抵御，周王说：“如果杀死太叔，先王后将会说我什么？宁可让诸侯来商量一下。”周王于是就离开成周，到达坎欿，都城里的人又把周王接回都城。秋季，颓叔、桃子奉事太叔领了狄人的军队进攻成周，把周军打得大败，俘虏了周公忌父、原伯、毛伯、富辰。周襄王离开成周去郑国，住在氾地。太叔和隗氏住在温地。

24·3　郑国子华的兄弟子臧逃亡到宋国，喜欢收集鹬毛帽子。郑文公听说后很讨厌他，指使杀手骗他出来。八月，杀手将子臧杀死在陈国和宋国交界的地方。

君子说：“衣服的不合适，这是身体的灾祸。《诗》说：‘那一个人啊，和他的服饰不能相称。’子臧的服饰，就是不相称啊！《诗》说：‘自己给自己找来祸害。’子臧就是这样。《夏书》说：‘大地平静,上天成全。'这就是上下相称了。"

24·4　宋国和楚国讲和,宋成公到楚国。回国时,进入郑国。郑文公准备设宴招待他,向皇武子询问礼仪。皇武子回答说:"宋国是先朝的后代,在周朝来说是客人。周天子祭祀宗庙,要送给他祭肉;有了丧事,宋国国君来吊唁,周天子是要答拜的。丰盛地招待他是可以的。"郑文公听从皇武子的话,设享礼招待宋公,比常礼有所增加。这是合于礼的。

24·5　冬季,周襄王的使者前来报告发生的祸难,说:"不穀缺乏德行,得罪了母亲所宠爱的儿子带,现在僻处在郑国的氾地,谨敢将这件事情报告叔父。"臧文仲回答说:"天子在外边蒙受尘土,岂敢不赶紧去问候左右。"周襄王派简师父向晋国报告,派左鄢父到秦国报告。天子无所谓出国,《春秋》记载说"天王出居于郑",意思是由于躲避兄弟所造成的祸难。天子穿着素服,自称"不穀",这是合于礼的。

24·6　郑文公和孔将鉏、石甲父、侯宣多到氾地问候天子的官员和检查供应天子的用品,然后听取关于郑国的政事,这是合于礼的。

24·7　卫国人准备攻打邢国,卫大夫礼至说:"不和他们的大官接近,是难以得到他们的国家的。我请求让我的兄弟去邢国做官。"他们就前去邢国,并做了官。

僖公二十五年

25·1　二十五年春季,卫军进攻邢国,礼氏两兄弟跟随邢国大官国子在城上巡察,两人左右挟持国子把他扔到城外,使他摔死。正月二十日,卫侯燬灭亡邢国。由于卫国和邢国同姓,所以记载卫侯的名字。礼至在铜器上作铭文说:"我挟持杀死国子,没有人敢来阻止我。"

25·2　秦穆公把军队驻扎在黄河边上,准备送周襄王回朝。狐偃对晋文公说:"求得诸侯的拥护,没有像为天子的事情尽力这样有效。可以得到诸侯信任,而且合于大义。继续文侯的事业,同时信用宣扬在诸侯之中,现在是机会了。"

让卜偃占卜,说:"大吉。得到黄帝在阪泉作战的预兆。"晋文公说:"我当不起啊。"卜偃回答说:"周室的礼制没有改变,现在的王,就是古代的帝。"晋文公说:"占筮!"又占筮,得到《大有》☲☰变成《睽》☲☱,说:"吉利。得到'公被天子设享礼招待'这个卦,战胜以后天子设享礼招待,还有比这更大的吉利吗?而且这一卦,天变成水泽来承受太阳的照耀,象征天子自己降格来迎接您,不也是可以吗?《大有》变成《睽》而又回到《大有》,天子也就回到他的处所。"

晋文公辞退秦军,顺流而下。三月十九日,军队驻扎在阳樊,右翼部队包围温地,左翼部队迎接周襄王。夏季四月初三日,襄王进入王城。在温地抓了太叔,把他杀死在隰城。初四日,晋文公朝觐周襄王。周襄王用甜酒招待晋文公,又让晋文公向自己回敬酒。晋文公请求死后能用隧道葬他,周襄王没有允许,说:"这是王室的规章。还没有取代周室的行为而有两个天子,这也是叔父所厌恶的。"赐给晋文公阳樊、温、原、櫕茅的田地。晋国在这时候才开辟了南阳的疆土。

阳樊人不服,晋国军队包围了阳樊。仓葛大喊说:"德行用来安抚中原国家,刑罚用来威慑四方夷狄,你们这样干,无怪我们不敢降服了。这里谁不是天子的亲戚,难道能俘虏他们吗?"于是就放百姓出城了。

25·3　秋季,秦国和晋国进攻都国。楚国的鬬克、屈御寇带领申、息两地的军队戍守商密。秦军经过析地,绕道丹江水湾子,同时捆绑着自己的士兵假装俘虏,以包围商密,黄昏的时候逼近城下。夜里,掘地歃血,把盟书放在上面,假装和闚克、御寇盟誓的样子。商密的人害怕,说:"秦军已经占领析地了!戍守的人背叛了!"于是就向秦军投降。秦国军队囚禁了申公闚克、息公屈御寇而回国。楚国的令尹子玉追赶秦军,没有赶上。楚军就包围陈国,把顿子送回顿国。

25·4　冬季,晋文公率军包围原国,命令携带三天的粮食。到了三天原国不投降,就下令离开。间谍从城里出来,说:"原国准备投降了。"军官说:"请等待一下。"晋文公说:"信用,是国家的宝贝,百姓靠它庇护。得到原国而失去信用,用什么庇护百姓? 所损失的东西更多。"退兵三十里,原国投降。晋文公把原伯贯迁到冀地。任命赵衰作为原地的地方官,狐溱作为温地的地方官。

25·5　卫国人调停莒国和我国的关系。十二月,鲁僖公和卫成公、莒庆在洮地结盟,重温卫文公时代的旧好,同时和莒国讲和。

25·6　晋文公向寺人勃鞮询问镇守原地的人选。勃鞮回答说:"以前赵衰用壶盛饮料并携带了食物跟随您,他一个人走在小道上,饿了也不去吃它。"所以晋文公让赵衰作为原地的地方官。

僖公二十六年

26·1　二十六年春季,周王朝历法的正月,鲁僖公会见莒兹丕公、甯庄子,在向地结盟。重温洮地盟会的旧好。

26·2　齐国军队进攻我国西部边境,表示对洮、向两次会盟的不满。

26·3　　夏季,齐孝公进攻我国北部边境,卫军便攻打齐国,这是卫国履行洮地的盟约。

　　僖公派遣展喜犒劳军队,派他向展禽请教如何措辞。齐孝公尚未进入我国国境,展喜出境见他,说:"我的君主听说君王亲自出动大驾,将要光临敝邑,所以派遣下臣来慰劳您的左右侍从。"齐孝公说:"鲁国人害怕吗?"展喜回答说:"小人害怕了,君子不怕。"齐孝公说:"房屋中像挂起的磬一样的空,四野里连青草都没有,靠什么不害怕?"展喜回答说:"靠着先王的命令。从前周公、太公辅助周王朝,在左右协助成王。成王慰劳他们,赐给他们盟约,说:'世世代代的子孙不要互相侵犯。'这个盟约藏在盟府之中,由太史掌管。桓公因此联合诸侯,而商讨解决他们之间的纠纷,弥补他们的过失,而救援他们的灾难,这都是显扬过去的职责。等君王即位,各国诸侯盼望说:'他会继续桓公的功业吧!'我敝邑因此不敢保护城郭纠聚民众,说:'难道他即位九年,就背弃王命、废弃职责?他怎么对得住先君?他一定不会这样做的。'靠着这个,所以不害怕。"齐孝公就收兵回国了。

26·4　　东门襄仲、臧文仲到楚国请求出兵。臧孙进见楚国的大臣子玉而引导他攻打齐、宋两国,因为齐、宋两国不肯尊事楚国。

26·5　　夔君不祭祀祝融和鬻熊,楚国人责备他。夔君回答说:"我们的先王熊挚有病,鬼神不肯赦免他,使他死去,所以自己流窜到夔,我国因此失去楚国的救助,又祭祀什么?"秋季,楚国的成得臣、闘宜申领兵灭亡夔国,抓了夔君回国。

26·6　　宋国因为他们曾经对晋侯表示友善,所以背叛楚国而靠拢晋国。冬季,楚国的令尹子玉、司马子西领兵攻打宋国,包围缗地。

　　僖公指挥楚国军队攻打齐国,占领了穀地。凡是出兵,能够随意指挥别国军队叫做"以"。把齐桓公的儿子雍安置在穀地,易牙奉事他作为鲁国的后援。齐桓公的儿子有七个人,都在楚国做了大夫。

僖公二十七年

27·1　二十七年春季,杞桓公来鲁国朝见。因为他用的是夷人的礼节,所以《春秋》称他为"子"。僖公看不起杞子,由于他认为杞子不恭敬。

27·2　夏季,齐孝公去世。鲁国虽然对齐国有怨恨,但是仍然没有废弃对邻国君主的吊唁,这是合于礼的。

27·3　秋季,公子遂领兵攻入杞国,这是为了责备杞桓公的无礼。

27·4　楚成王准备包围宋国,派遣子文在睽地演习作战,一早上就完事,没有杀一个人。子玉又在蒍地演习作战,一天才完事,鞭打七个人,用箭穿三个人的耳朵。元老们都祝贺子文。子文招待他们喝酒。蒍贾年纪还小,迟到了,不祝贺。子文问他,回答说:"不知道要祝贺什么。您把政权传给子玉,说'为了安定国家',安定于内而失败于外,所得到的有多少?子玉的对外作战失败,是由于您的推举。推举而使国家失败,有什么可贺的呢?子玉刚愎无礼,不能让他治理军民,率领的兵车超过三百辆,恐怕就不能回来了。如果回来,再祝贺,有什么晚呢?"

冬季,楚成王和诸侯包围宋国。宋国的公孙固到晋国报告紧急情况。先轸说:"报答施舍,救援患难,取得威望,成就霸业,就在这里了。"狐偃说:"楚国刚刚得到曹国,又新近和卫国结为婚姻之国,如果攻打曹、卫两国,楚国必定救援,那么齐国和宋国就可以免于被攻了。"晋国因此而在被庐阅兵,建立三个军,商量元帅的人选。赵衰说:"郤縠可以。我屡次听到他的话,喜爱礼乐而重视

《诗》、《书》。《诗》、《书》,是道义的府库;礼乐,是道德的表率;道德礼义,是利益的基础。《夏书》说:'有益的话全部采纳,考察效果加以试验,如果成功,用车马衣服作为酬劳。'您不妨试一下!"于是晋国派郤縠率领中军,郤溱辅助他。派狐偃率领上军,狐偃让给狐毛而自己辅助他。任命赵衰为卿,赵衰让给栾枝、先轸。命栾枝率领下军,先轸辅助他。荀林父驾御战车,魏犨作为车右。

　　晋文公一回国,就训练百姓,过了两年,就想使用他们。子犯说:"百姓还不知道道义,还没能各安其位。"晋文公就离开晋国去安定周襄王的君位,回国后致力于便利百姓,百姓就各安于他们的生活了。又打算使用他们,子犯说:"百姓还不知道信用,还不能十分明白信用的作用。"就攻打原国来让百姓看到信用,百姓做买卖不求暴利,明码实价,各无贪心。晋文公说:"行了吗?"子犯说:"百姓还不知道礼仪,没有产生他们的恭敬。"由此举行盛大阅兵来让百姓看到礼仪,建立执秩的官职来规定主管官员的职责。等到百姓看到事情就能明辨是非,然后才使用他们。赶走穀地的驻军,解除宋国的包围,一次战争就称霸诸侯,这都是文公的教化。

僖公二十八年

28·1　　二十八年春季,晋文公准备攻打曹国,向卫国借路。卫国不答应。回来,从南河渡过黄河,入侵曹国,攻打卫国。正月初九日,占取了五鹿。二月,郤縠死。原轸率领中军,胥臣辅助下军,把原轸提升,是为了重视才德。晋文公和齐昭公在敛盂结盟。卫成公请求参加盟约,晋国人不答应。卫成公想亲附楚国,国内的人们不愿意,所以赶走了他们的国君,来讨好晋国。卫成公离开国都住在襄牛。

28·2　公子买驻守在卫国,楚国人救援卫国,没有得胜。鲁僖公害怕晋国,杀了公子买来讨好晋国。骗楚国人说:"他驻守没到期就想回来,所以杀了他。"

28·3　晋文公发兵包围曹国,攻城,战死的人很多。曹军把晋军的尸体陈列在城上,晋文公很担心。听了士兵们的主意,声称"在曹国人的墓地宿营"。军队转移。曹国人恐惧,把他们得到的晋军的尸体装进棺材运出来,晋军由于曹军恐惧而攻城。三月初八日,进入曹国,责备曹国不任用僖负羁,做官坐车的反倒有三百人,并且说当年观看自己洗澡,现在罪有应得。下令不许进入僖负羁的家里,同时赦免他的族人,这是为了报答恩惠。魏犨、颠颉发怒说:"不替有功劳或者苦劳的人着想,还报答个什么恩惠?"放火烧了僖负羁的家。魏犨胸部受伤,晋文公想杀死他,但又爱惜他的才能,派人去慰问,同时观察病情。如果伤势很重,就准备杀了他。魏犨捆紧胸膛出见使者,说:"由于国君的威灵,难道我敢图安逸吗!"说着就向上跳了很多次,又向前跳了很多次。晋文公于是就饶恕了他,而杀死颠颉通报全军,立舟之侨作为车右。

宋国派门尹般到晋军中报告危急情况。晋文公说:"宋国来报告危急情况,不去救他就断绝了交往,请求楚国解围,他们又不答应。我们想作战,齐国和秦国又不同意。怎么办?"先轸说:"让宋国丢开我国而去给齐国、秦国赠送财礼。假借他们两国去请求楚国。我们逮住曹国国君,把曹国、卫国的田地分给宋国。楚国喜欢曹国、卫国,一定不答应齐国和秦国的请求。齐国和秦国对宋国的财礼喜欢,而对楚国的固执很生气,能够不打仗吗?"晋文公很高兴,拘捕了曹共公,把曹国和卫国的田地分给了宋国人。

楚成王进入申城并住下来,让申叔离开穀地,让子玉离开宋国,说:"不要去追逐晋国军队!晋文公在外边,十九年了,而果然得到了晋国。险阻艰难，都尝过了；民情真假，也都知道了。上天给予他年寿，同时除去了他的祸害，上天所设置的，难道可以废除吗？《军志》说：'适可而止。'又说：'知难而退。'又说：'有德的人不能抵挡。'这三条记载，适用于晋国。"子玉派遣伯棼向成王请战，说："不敢说一定有功劳，愿意借此堵塞奸邪小人的口。"楚成王发怒，少给他军队，只有西广、东宫和若敖的一百八十辆战车跟去。

子玉派宛春到晋军中报告说："请恢复卫侯的君位，同时把土地退还曹国，我也解除对宋国的包围。"子犯说："子玉无礼啊！给君王的，只是解除对宋国的包围一项，而要求君王给出的，却是复卫封曹两项。这次打仗的机会不可失掉了。"先轸说："君王应该答应他的请求。安定别人叫做礼，楚国人一句话安定三国，我们一句话而使它们灭亡。我们就无礼，拿什么来作战呢？不答应楚国的请求，这是抛弃宋国；救援了又抛弃他，将对诸侯说什么？楚国有三项恩惠，我们有三项怨仇，怨仇已经太多了，准备拿什么作战？不如私下里答应恢复曹国和卫国来离间他们，逮了宛春来激怒楚国，等打起仗再说。"晋文公很高兴。于是把宛春囚禁在卫国，同时私下里允诺恢复曹、卫。曹、卫就与楚国断绝邦交。

子玉发怒，追逐晋军。晋军撤退。军吏说："以国君而躲避臣下，这是耻辱；而且楚军已经疲劳不堪，为什么退走？"子犯说："出兵作战，有理就气壮，无理就气衰，哪里在于在外边时间的长短呢？如果没有楚国的恩惠，我们到不了这里。退三舍躲避他们，就是作为报答。背弃恩惠而说话不算数，要用这个来蔽护他们的敌人，我们缺理而楚国有理，加上他们的士气一向饱满，不能认为是衰疲。我们退走而楚军回去，我们还要求什么？如果他们不回去，国君退走，而臣下进犯，他们就缺理了。"晋军退走三舍。楚国骑士要停下来，子玉不同意。

夏季，四月初一日，晋文公、宋成公、齐国的国归父、崔夭、秦国的小子懃驻在城濮。楚军背靠着险要的地方扎营,晋文公担心这件事。听到士兵念诵说:"休耕田里的绿草繁茂,丢开旧草而对新的加以犁锄。"晋文公很疑惑。子犯说:"出战吧!战而得胜,一定得到诸侯;如果不胜,我国外有大河,内有高山,一定没有什么害处。"晋文公说:"对楚国的恩惠怎么办?"栾枝说:"汉水以北的姬姓诸国,楚国都把它们吞并完了。想着小恩惠,而忘记大耻大辱,不如出战。"晋文公梦中和楚王搏斗,楚王伏在自己身上咀嚼自己的脑浆,因而害怕。子犯说:"吉利。我得到上天,楚国伏罪,而且我们已经安抚他们了。"

子玉派遣鬪勃向晋国挑战,说:"请和君王的斗士作一次角力游戏,君王靠在车横板上观看,得臣可以陪同君王一起观看了。"晋文公派遣栾枝回答说:"我们国君知道您的意思了。楚君的恩惠,没有敢忘记,所以待在这里。我们以为大夫已经退兵了,臣下难道敢抵挡国君吗?既然大夫不肯退兵,那就烦大夫对贵部将士们说:'准备好你们的战车,忠于你们的国事,明天早晨将再见面。'"晋国战车七百辆,装备齐全。晋文公登上有莘的废城观看军容,说:"年少的和年长的,排列有序,合于礼,可以使用了。"就命令砍伐山上的树木,以增加武器。

初二日,晋军在莘北摆开阵势,胥臣让下军分别抵挡陈、蔡军队。子玉用若敖的一百八十乘率领中军,说:"今天一定灭掉晋国了。"子西率领左军,子上率领右军。胥臣把马蒙上老虎皮,先攻陈、蔡两军。陈、蔡两军奔逃,楚军的右翼部队溃散。狐毛派出前军两队击退楚军的溃兵。栾枝让车子拖着木柴假装逃走,楚军追击,原轸、郤溱率领中军的公族拦腰袭击。狐毛、狐偃率领上军夹攻子西,楚国的左翼部队溃散。楚军大败。子玉及时下令收兵,得以不败。

晋军休整三天,吃楚军留下的粮食,到初六日起程回国。二十七日,到达衡雍,为天子在践土建造了一座王宫。

　　这一战役之前的三个月,郑文公派军队到楚国助战,因为楚军已经失败而害怕了,派遣子人九和晋国讲和。晋国的栾枝进入郑国和郑文公订立盟约。五月初九日,晋文公和郑文公在衡雍结盟。

　　初十,把楚国的战俘献给周襄王:驷马披甲的战车一百辆,步兵一千人。郑文公作为相礼,用的是周平王时的礼仪。十二日,周襄王设享礼用甜酒招待晋文公,又允许他向自己回敬酒。周襄王命令尹氏和王子虎、内史叔兴父用策书任命晋文公为诸侯的领袖,赐给他大辂车、戎辂车以及相应的服装仪仗,红色的弓一把、红色的箭一百枝,黑色的弓十把和箭一千枝,黑黍加香草酿造的酒一卣,勇士三百人,说:"天子对叔父说:'恭敬地服从天子的命令,以安抚四方诸侯,惩治王朝的邪恶。'"晋文公辞谢三次,然后接受命令,说:"重耳谨再拜叩头,接受和宣扬天子的重大赏赐和命令。"接受了策书就离开成周。从进入成周到离开,三次朝见周王。

　　卫成公听说楚军失败,害怕,逃亡到楚国,又到了陈国,派遣元咺奉事叔武去接受盟约。二十六日,王子虎和诸侯在天子的庭院里盟誓,约定说:"全部辅助王室,不要互相伤害! 谁要违背盟约,就要受到神的诛杀,使他军队颠覆,不能享有国家,直到你的玄孙,不论老小。"君子认为这次结盟是守信用的,认为晋国在这次战役中能够用道德来进攻。

28 · 4　当初,楚国的子玉自己制作了镶玉的马冠马鞅,还没有使用。作战之前,梦见黄河河神对他说:"送给我,我赐给你孟诸的水草地。"子玉没有送去。他儿子大心和子西派荣黄劝谏,子玉不听。荣黄说:"死而有利于国家,尚且还要去做,何况是美玉呢? 和国家比起来这不过是粪土罢了。如果可以使军队成功,有什么可惜的?"子玉仍然不肯。荣黄出来告诉两个人说:"不是神明让令尹失败,令尹不以百姓的事情为重,实在是自取失败啊。"子玉失败之后,楚成王派使臣对子玉说:"申、息的子弟大多伤亡了,大夫如果回来,怎么向申、息两地的父老交代呢?"子西、大心对使臣说:"子玉本来要自杀的,我们两个阻拦他说:'不要自杀,国君还准备杀你呢。'"到达连穀,子玉就自杀了。

晋文公听说子玉自杀的消息以后,喜形于色,说:"没有人再来为害于我了。蒍吕臣做令尹,不过是维护自己罢了,并不是为了百姓。"

28·5　有人在卫成公面前毁谤元咺说:"他已立了叔武做国君了。"元咺的儿子角跟随卫成公,卫成公派人杀了他。元咺并没有因此而废弃卫成公的命令,还是奉事叔武回国摄政。

六月,晋国人听任卫侯回国。甯武子和卫国官吏、大族等在宛濮结盟,说:"上天降祸卫国,君臣不和谐,所以才遭到这样的忧患。现在天意保佑我国,让大家放弃成见而互相听从。没有留下的人,谁来守卫国家?没有跟随君王的人,谁去保卫那些牧牛养马的人?由于不和协,因此乞求在大神面前明白宣誓,以求天意保佑。从今天订立盟约之后,在外的人不要仗恃自己的功劳,留下的人不要害怕有罪。谁要违背盟约,祸害就降临到他头上。神明和先君在上,加以惩罚诛杀。"国内的人们知道了这盟约,才没有二心。

卫成公比约定的日期先进入卫国,甯武子在卫成公之前,长牂把守城门,以为他是国君的使者,和他同乘一辆车进入。公子歂犬、华仲作为前驱,叔武正要洗发,听说国君来到,很高兴,用手抓着头发跑出来,前驱却把他射死了。卫成公知道他没有罪,把头枕在尸体的大腿上而哭他。歂犬逃跑,卫成公派人把他杀死了。元咺逃亡到晋国。

28·6　在城濮的战役中,晋军的中军在沼泽地遇到大风,丢掉了前军左边的大旗。祁瞒犯了军令,司马把他杀了,并通报诸侯,派茅茷代替他。军队回来,六月十六日,渡过黄河,舟之侨擅自先行回国,士会代理车右。秋季,七月某一天,胜利归来,高唱凯歌进入晋国,在太庙报告俘获和杀死敌人的数字,饮酒犒赏,召集诸侯会盟和攻打有二心的国家。杀舟之侨并通报全国,百姓因此而大为顺服。君子认为:"晋文公能够严明刑罚,杀了颠颉、祁瞒、舟之侨三个罪人而百姓顺服。《诗》说:'施惠于中原国家,安定四方的诸侯。'说的就是没有失去公正的赏赐和刑罚。"

28·7　冬季,僖公和晋文公、齐昭公、宋成公、蔡庄公、郑文公、陈子、莒子、邾子、秦国人在温地会见,商量出兵攻打不顺服的国家。

28·8　卫成公和元咺争讼,甯武子作为卫成公的诉讼人,鍼庄子作为卫成公的代理人,士荣作为卫成公的答辩人。卫成公没有胜诉。作为诸侯领袖的晋国杀了士荣,砍了鍼庄子的脚,认为甯武子忠诚而赦免了他。逮捕卫成公,把他送到京师,关在牢房里。甯武子负责给卫成公送衣食。元咺回到卫国,立公子瑕为国君。

28·9　这次温地的会盟,晋文公召请周襄王前来,并且带领诸侯朝见他,又让周襄王打猎。孔子说:"以臣下而召请君主,是不能作为榜样的。"所以《春秋》记载说"天王狩于河阳",天下本都是周王朝的地方,而这里却不是周襄王的地方了,而且是为了表明晋国的功德而避讳的说法。

28·10　十月初七日,僖公到周襄王的住处朝觐。

28·11　十月十二日,诸侯包围许国。

28·12　晋文公有重病,曹共公的侍从侯獳贿赂晋文公的筮史,让他把得病的原因说成是由于灭了曹国。他就对晋文公说:"齐桓公主持会盟而封异姓的国家,现在君王主持会盟而灭同姓的国家。曹国的叔振铎,是文王的儿子;先君唐叔,是武王的儿子。而且会合诸侯而灭掉兄弟之国,这是不符合礼仪的;曹国和卫国一样得到君王的诺言,但是不能一同复国,这是不讲信用的;罪过相同而惩罚不同,这是不符合刑律的。礼仪用来推动道义,信用用来保护礼仪,刑律用来纠正邪恶。丢开了这三项,君王准备怎么办?"晋文公很高兴,恢复了曹共公的君位,曹共公就在许国和诸侯会盟。

28·13 晋文公建立三个步兵师来抵抗狄人,荀林父将领中行,屠击将领右行,先蔑将领左行。

僖公二十九年

29·1 二十九年春季,介葛卢前来朝见,让他住在昌衍山上。当时鲁僖公正在参加许国翟泉的会见,赠送给他草料、粮食等物,这是合于礼的。

29·2 夏季,僖公和王子虎、晋国狐偃、宋国公孙固、齐国国归父、陈国辕涛涂、秦国小子憖在翟泉结盟,重温践土的盟约,同时策划进攻郑国。参加结盟的卿没有记载,这是表示谴责他们。按照礼制,诸侯的卿不能参加公、侯的会见,参加伯、子、男的会见是可以的。

29·3 秋季,有大雨和雹子,成了灾害,《春秋》才加以记载。

29·4 冬季,介葛卢前来,由于前次没有见到僖公,再次来朝。对他加以礼遇,再加上燕礼和赠送上等财礼。

介葛卢听到牛叫,说:"这头牛生了三头小牛,都用来祭祀了,所以它的声音如此。"加以询问,果然这样。

僖公三十年

30·1 三十年春季,晋国人入侵郑国,以此来试探郑国是否可以攻打。狄人钻了晋国侵犯郑国这个空子,夏季,狄人入侵齐国。

30·2　晋文公派了医生衍毒死卫成公。甯俞贿赂医生,让他少放点毒药,所以卫成公没有被毒死。僖公为卫成公请求,把玉献给周襄王和晋文公,都是十对。周襄王允许了。秋季,卫成公被释放了。

卫成公派人贿赂周歂、冶廑说:"如果能接纳我当国君,我让你们当卿。"周、冶两人杀了元咺和子适、子仪。卫成公回国,在太庙祭祀先君,周、冶两人已经穿好卿的礼服,准备接受任命,周歂先进太庙,到门口,发病而死。冶廑骇怕了,便辞去卿位。

30·3　九月初十日,晋文公、秦穆公包围郑国,因为郑国对晋国无礼,而且心向着楚国。晋军驻扎在函陵,秦军驻扎在汜南。

佚之狐对郑文公说:"国家危急了。假若派遣烛之武去进见秦君,军队必然退走。"郑文公采纳了这个建议,便请烛之武去进见秦君,烛之武推辞说:"下臣年壮的时候,尚且不如别人;现在老了,无能为力了。"郑文公说:"我没有能及早任用您,现在形势危急而来求您,这是我的过错。然而郑国被灭亡,您也不好啊。"烛之武答应了,夜里用绳子把自己从城上吊到城外,进见秦穆公,说:"秦、晋两国包围郑国,郑国已经知道自己要灭亡了。如果灭亡郑国而对君王有好处,那是值得劳动君王左右随从的。越过别国而以远方的土地作为边邑,君王知道是不容易的,哪里用得着灭亡郑国来增加邻国的土地?邻国实力加强,就是君王的削弱。如果赦免郑国,让他做东路上的主人,使者的往来,供应他所缺少的一切东西,对君王也没有害处。而且君王曾经把好处赐给晋国国君了,他答应给君王焦、瑕两地,早晨过河回国,晚上就设版筑城,这是君王所知道的。晋国哪有满足的时候,已经在东边向郑国开拓土地,又要肆意扩大它西边的土地。如果不损害秦国,还能到哪里去取得土地呢?损害秦国来有利于晋国的事,请君王考虑。"秦穆公很高兴,和郑国人结盟,派遣杞子、逢孙、杨孙在郑国戍守,就撤退了。

　　子犯请求追击秦军。晋文公说:"不行。如果没有他们的力量,我们不会有今天这个地位。靠了别人的力量,反而损害他,这是不讲仁德;失掉了同盟国家,这是不明智;用动乱代替整齐,这是不勇敢。我还是回去吧。"晋文公也就撤军回国。

　　当初,郑国的公子兰逃亡到晋国,跟随晋文公攻打郑国,请求不要参加对郑都的包围。晋文公答应了,让他在东部边境等候命令。郑国的石甲父、侯宣多把他接回来做太子,向晋国讲和,晋国允许了。

30·4　冬季,周襄王派遣周公阅来鲁国聘问,宴请他的食物有昌蒲菹、白米糕、黑黍糕和虎形块盐。周公阅推辞说:"国家的君主,文治足以显扬四方,武功可以使人畏惧,就备有各种物品宴请,以象征他的德行;进五味的调和,献美好的粮食,有虎形的盐,以象征他的功业。我怎么当得起这个?"

30·5　东门襄仲将要到成周聘问,就顺路到晋国作初次聘问。

僖公三十一年

31·1　三十一年春季,取得济水以西的田土,这本是分割给曹国的土地。派臧文仲前去,住在重地的宾馆里。重地宾馆里的人告诉他说:"晋国新近得到许多诸侯国家为盟邦,必定亲近恭顺他的人,你不快点走,怕会赶不上。"臧文仲听从了。分割曹国的土地,从洮水以南,东边挨着济水,都是曹国的土地。

31·2　襄仲到晋国去,拜谢取得曹国的田地。

31·3　夏季,四月,四次占卜郊祭,都不吉利,就不举行郊祭,不杀牛,这是不合于礼的。仍旧祭祀名山大川泰山、淮水、东海三处,这也是不合于礼的。按礼制,不占卜常规的祭祀,而只是占卜使用的牺牲和日期。牛,在占卜到好日子以后就改称牲,已经成为牲而还要占卜郊祭的吉凶,这是在上者侮慢大典、亵渎龟甲。望祭,是郊祭的细节,不举行郊祭,更不必举行对山川的望祭。

31·4　秋季,晋国在清原检阅军队,建立五个军来抵抗狄人。赵衰被任命为卿。

31·5　冬季,狄人包围卫国,卫国迁移到帝丘,占卜的结果是立国三百年。

卫成公梦见康叔说:"相夺走了我的祭献。"成公命令祭祀相。甯武子不同意,说:"不是同族人的祭祀,鬼神就不享用那种祭品。杞国和鄫国为什么不祭祀?相在杞国和卫国没有受到祭献很久了,这不是卫国的罪过,不能违反成王、周公所规定的祭祀,请求您改变祭祀相的命令。"

31·6　郑国的泄驾讨厌公子瑕,郑文公也很讨厌他,所以公子瑕逃亡到楚国。

僖公三十二年

32·1　三十二年春季,楚国的鬬章到晋国请求讲和,晋国的阳处父到楚国回聘,晋国和楚国从此开始正式交往。

32·2　夏季,狄人发生动乱,卫军侵袭狄人,狄人请求讲和。秋季,卫国和狄结盟。

32·3　冬季,晋文公死。十二月初十日,准备把棺材送在曲沃停放。离开绛城,棺材里有声音像牛叫。卜偃请大夫跪拜,说:"国君发布军事命令:将要有西边的军队过境袭击我国,如果攻击他们,必定大胜。"

杞子从郑国派人告诉秦国说:"郑国人让我掌管他们北门的钥匙,如果偷偷地把兵开来,可以占领他们的国都。"秦穆公去问蹇叔。蹇叔说:"使军队疲劳而去侵袭相距遥远的地方,我没有听说过。军队疲劳,力量衰竭,远地的国家有防备,恐怕不行吧! 我们军队的行动,郑国一定知道,费了力气不讨好,士兵一定有抵触情绪。而且行军走一千里,谁会不知道?"秦穆公不接受他的意见。召见孟明、西乞、白乙,让他们在东门外出兵。蹇叔哭着送他们说:"孟子,我看到军队出去而看不到回来了!"秦穆公派人对他说:"你知道什么? 如果你六七十岁死了,你坟上的树木已经合抱了。"蹇叔的儿子在军队里,蹇叔哭着送他,说:"晋国人必定在殽山抵御我军,殽山有两座山陵。它的南陵,是夏后皋的坟墓;它的北陵,是文王在那里避过风雨的地方。你必定死在两座山陵之间,我去那里收你的尸骨吧!"秦国军队就向东进发。

僖公三十三年

33·1　三十三年春季,秦国军队经过成周王城的北门,战车上除御者以外,车左、车右都脱去头盔下车致敬,随即跳上车去的有三百辆战车的将士。王孙满年纪还小,看到了,对周襄王说:"秦国军队不庄重又无礼貌,一定失败。不庄重就缺少计谋,无礼貌就不严肃。进入险地而满不在乎,又不能出主意,能够不打败仗吗?"

秦军到达滑国,郑国的商人弦高准备到成周做买卖,碰到秦军,先送秦军四张熟牛皮作引礼,再送十二头牛犒劳军队,说:"寡君听说您准备行军经过敝邑，谨来犒赏您的随从。敝邑贫乏，为了您的随从在这里停留，住下就预备一天的供应，离开就准备一夜的保卫。"弦高同时又派传车紧急地向郑国报告。

郑穆公派人去探看杞子等人的馆舍，发现他们已经装束完毕、磨利武器、喂饱马匹了。派皇武子辞谢他们，说："大夫们久住在这里，敝邑的干肉、粮食、牲口都竭尽了。为了大夫们将要离开，郑国的有原圃，就如同秦国的有具圃，大夫们自己猎取麋鹿，使敝邑得有闲空，怎么样？"于是杞子逃到齐国，逢孙、杨孙逃到宋国。孟明说："郑国有准备了，不能存有希望了。攻打郑国不能取胜，包围它又没有后援，我还是回去吧。"灭亡了滑国就回去。

33·2　齐国的国庄子前来聘问，从郊外迎接一直到赠礼送行，礼节周到，仪容又好。臧文仲对僖公说："国子执政，齐国还是有礼的，君王去朝见吧！下臣听说：对有礼之邦顺服，这是国家的保障。"

33·3　晋国的先轸说："秦君违背蹇叔的话，由于贪婪而劳动百姓，这是上天给予我们的机会。给予的不能丢失，敌人不能放走。放走敌人，就会发生祸患；违背天意，就不吉利。一定要进攻秦国军队。"栾枝说："没有报答秦国的恩惠而进攻它的军队，心目中还有死去的国君吗？"先轸说："我们有丧事秦国不悲伤，反而攻打我们的同姓国家，他们就是无礼，还讲什么恩惠？我听说：'一天放走敌人，这是几代的祸患。'为子孙后代打算，这可以有话对死去的国君说了吧！"于是就发布起兵的命令，立即动员姜戎的军队。晋襄公把丧服染成黑色，梁弘驾御战车，莱驹作为车右。

夏季，四月十三日，在殽山把秦国军队打得一个人不留，并且俘虏了三个指挥官百里孟明视、西乞术、白乙丙而回去。于是就穿着黑色的丧服来安葬晋文公。晋国从此开始使用黑色丧服。

文嬴请求把三位指挥官释放回国，说："他们挑拨我们两国国君,寡君如果抓到他们,吃他们的肉还不能满足,何必劳君王去讨伐呢? 让他们回到秦国受诛杀,以使寡君快意,怎么样?"晋襄公答应了。先轸上朝,问起秦国的囚犯,晋襄公说:"母亲代他们提出请求,我就放走他们了。"先轸生气地说:"武人花力气在战场上逮住他们,女人说几句谎话就把他们在国内放了,毁弃了战果而长了敌人的志气,晋国快要灭亡了!"先轸不顾襄公在面前就在地上吐唾沫。晋襄公派阳处父追赶放走的三个人,追到黄河边上,他们已经上船了。阳处父解下车左边的骖马,用晋襄公的名义赠送给他们。孟明叩头说:"承蒙君王的恩惠,不用被囚之臣来祭鼓,让我们回到秦国去受诛戮,寡君如果杀了我们,死了以后名声不朽,如果依从君王的恩惠而赦免了我们,三年之后将要拜谢君王恩赐。"

秦穆公穿着素服住在郊外,对着被释放回来的将士号哭,说:"我没有听蹇叔的话,使你们几位受到侮辱,这是我的罪过。不撤回孟明的驻军,这也是我的过错,你们三位有什么罪? 而且我不能用一次的过错来掩盖大德。"

33·4　狄人入侵齐国,因为晋国有丧事,不能顾及派兵支援齐国。

33·5　僖公进攻邾国,占取了訾娄,以报复升陉这一战役。邾国没有设防。秋季,襄仲再一次攻打邾国。

33·6　狄军攻打晋国,到达箕地。八月二十二日,晋襄公在箕地打败狄军。郤缺俘虏了白狄子。先轸说:"一个普通人在国君面前放肆而没有受惩罚,哪里敢不自己惩罚自己?"先轸脱下头盔冲入狄军中,死在战阵上。狄人送回他的脑袋,面色像活着一样。

当初,臼季出使,经过冀国,看到冀缺在锄田除草,他妻子给他送饭,很恭敬,彼此像待客人一样。臼季和冀缺一起回到国都,对文公说:"恭敬,是德行的集中表现。能够恭敬,就必定有德行。德行用来治理百姓,请君王任用他。臣听说:'出门好像会见宾客,承担事情好像参加祭祀,这是仁爱的准则。'"晋文公说:"他的父亲冀芮有罪,可以吗?"臼季回答:"舜惩办罪人,流放了鲧,他举拔人材却起用鲧的儿子禹。管敬仲是桓公的敌人,任命他为相而得到成功。《康诰》说:'父亲不慈爱,儿子不诚敬,哥哥不友爱,弟弟不恭敬,这是与别人无关的。'《诗》说:'采蔓菁,采萝卜,不要把它下部当废料。'您挑用他的好的地方就可以了。"晋文公让冀缺担任下军大夫。从箕地回来,晋襄公用诸侯大臣中的最高级别命令先且居率领中军,用次等级别命令把先茅的县赏给胥臣,说:"推举郤缺,是你的功劳。"用三等级别命令郤缺做卿,再给他冀地,但是没有军职。

33·7 冬季,僖公到齐国朝见,同时对狄人进攻这件事表示慰问。回国,死在休息室里,是因为贪图安逸的缘故。

33·8 晋国、陈国、郑国进攻许国,惩罚它倾向楚国。

33·9 楚国令尹子上攻打陈国、蔡国。陈国、蔡国和楚国讲和,又进攻郑国,准备把公子瑕送回去做国君。在桔柣之门攻城,公子瑕的战车翻倒在周氏的池塘中,外边的仆人髡屯抓住了他献给郑文公。文公夫人为他殡敛而安葬在邺城下。

33·10 晋国的阳处父入侵蔡国,楚国的子上前去救援,和晋军夹着派水对峙。阳处父担心,派人对子上说:"我听说:'文的不能触犯顺理的人,武的不能躲避仇敌之辈。'您如果想打,那么我就后退三十里,您渡河再摆开阵势,早打晚打听您的。不这样,让我缓口气,军士劳累,费钱财,也没有什么好处。"于是就驾上马车等着他。子上想要渡河,大孙伯说:"不行。晋国人不讲信用,如果乘我们渡过一半而迫击我们,那时战败而后悔,哪里还来得及? 不如让他们缓口气。"于是就后退三十里。阳子宣布说:"楚国军队逃走了。"就回国去了。楚国军队也就回国。太子商臣诬告子上说:"子上接受了晋国的贿赂而躲避他们,这是楚国的耻辱。罪没有比这再大的了。"楚成王杀死了子上。

33·11　安葬僖公,没有及时制作神主牌位,这是不合于礼的。凡国君死去,安葬后十多天停止了不定时的号哭,就把死者的神主附祭于祖庙,附祭就要制作神主牌位,单独向新死者的神主祭祀,烝祭、尝祭、禘祭就在祖庙中连同其他祖先一起祭祀。

卷六　文　公

文公元年

1·1　元年春季,周襄王派遣内史叔服来鲁国参加僖公的葬礼。公孙敖听说叔服能给人看相,便引出自己两个儿子穀和难来见他。叔服说:"穀可以祭祀供养您,难可以安葬您。穀的下颌丰满,后代在鲁国必然昌大。"

1·2　今年闰三月,这是不合传统习惯的。先王端正时令,年历的推算以冬至作为开始,测定春分、秋分、夏至、冬至的月份作为四季的中月,把剩馀的日子归在一年的末尾。年历的推算以冬至作为开始,四季的次序就不会错乱;以正朔的月份作为标准,百姓就不会迷惑;把剩馀的月份归总在一年的终了置闰月,事情就不会差误。

1·3　夏季,四月二十六日,安葬僖公。

1·4　周襄王派遣毛伯卫来鲁国赐给鲁文公写在竹简上的奖状。叔孙得臣到成周答谢。

1·5　晋文公的晚年,诸侯朝见晋国,卫成公不去朝见,反而派遣孔达侵袭郑国,攻打绵、訾和匡地。晋襄公在举行小祥祭祀以后,派人通告诸侯而讨伐卫国,到达南阳。先且居说:"学坏样子,这是祸害。请您朝觐周天子,下臣跟随军队。"晋襄公在温地朝觐了周襄王。先且居、胥臣进攻卫国。五月初一日,晋军包围戚地。六月初八日,占取戚地,俘虏了孙昭子。

卫国人派人报告陈国。陈共公说:"转过去进攻他们。我去对他们说。"卫国的孔达就率兵进攻晋国。君子认为,这样做属于过于粗心。粗心,指的是让别国给自己出主意。

1·6 秋季,晋襄公划定戚地田土的疆界,所以公孙敖参加了。

1·7 当初,楚成王打算立商臣为太子,征求令尹子上的意见。子上说:"君王的年纪还不算大,而且内宠又多,立了商臣再加以废黜,就会有祸乱。楚国立太子,常常选择年轻的。而且商臣这个人,眼睛像胡蜂,声音像豺狼,是一个残忍的人,不能立为太子。"楚成王没有听从。立了商臣以后,又想立王子职而废掉太子商臣。商臣听到消息但还没有弄准确,告诉他老师潘崇说:"怎么样能弄准确?"潘崇说:"你设宴招待江芈而故意表示不尊敬。"商臣这样做了。江芈发怒说:"啊!贱东西!难怪君王要杀掉你而立职做太子。"商臣告诉潘崇说:"事情确实了。"潘崇说:"你能事奉公子职吗?"商臣说:"不能。"潘崇说:"能逃亡出国吗?"商臣说:"不能。"潘崇说:"能够办大事吗?"商臣说:"能。"

冬季,十月,商臣率领宫中的警卫军包围楚成王,并且逼成王自杀。成王请求吃了熊掌以后去死,商臣不答应。十八日,楚成王上吊而死。给他上谥号称为"灵",尸体不闭眼睛;谥为"成",才闭上眼睛。

楚穆王即位,把他做太子时的房屋财物给了潘崇,让潘崇做太师,而且作为掌管宫中警卫军的长官。

1·8 穆伯到齐国去,开始聘问,这是合于礼的。凡是国君即位,卿出国普遍聘问,继续重温过去的友好,团结外援,善待邻国,来保卫国家,这是合于忠、信、卑让的。忠,意味政治道德的纯正;信,意味政治道德的巩固;卑让,意味政治道德有基础。

1·9　殽地这次战役,晋国放回了秦国的主将,秦国的大夫和左右侍臣都对秦穆公说:"这次战败,是孟明的罪过,一定要杀死他。"秦穆公说:"这是我的罪过。周朝芮良夫的诗说:'大风迅猛把一切摧毁,贪婪的人把善良败坏。听到不相干的就喜欢插嘴,听到《诗》、《书》就打瞌睡,不能任用有才能的人,反而使我和道义相背。'这是由于贪婪的缘故,说的就是我啊。我由于贪婪而使孟明受祸,孟明有什么罪?"重新让孟明执政。

文公二年

2·1　二年春季,秦国的孟明视领兵攻打晋国,以报复殽地这次战役。二月,晋襄公抵抗秦军,先且居率领中军,赵衰辅助他。王官无地为先且居驾御战车,狐鞫居作为车右。二月七日,和秦军在彭衙作战,秦军大败。晋国人说这是秦国"拜谢恩赐的战役"。

　　在殽地作战的时候,晋国的梁弘为晋襄公驾御战车,莱驹作为车右。作战的第二天,晋襄公捆绑了秦国的俘虏,派莱驹用戈去杀他们,俘虏大声喊叫,莱驹把戈掉在地上,狼瞫拿起戈砍了俘虏的头,抓起莱驹追上了晋襄公的战车,晋襄公就让他作为车右。箕地这一战役,先轸废掉了狼瞫,而以续简伯作为车右。狼瞫发怒。他的朋友说:"为什么不去死?"狼瞫说:"我没有找到死的地方。"他的朋友说:"我跟你一起发难杀死先轸。"狼瞫说:"《周志》有这样的话:'勇敢如果杀害在上的人,死后不能进入明堂。'死而不合于道义,这不是勇敢。为国家所用叫做勇敢,我用勇敢得到了车右,没有勇敢而被废黜,也是合适的。如果说上面的人不了解我,废黜得得当,就是了解我了。您姑且等着吧!"

到达彭衙,摆开阵势以后,狼瞫率领部下冲进秦军的队伍,死在阵地上。晋军跟着上去,把秦军打得大败。君子认为:"狼瞫由于这样可以算得君子了。《诗》说:'君子如果发怒,动乱就可以很快阻止。'又说:'文王勃然大怒,于是就整顿军队。'发怒不去作乱,反而上去打仗,可以说是君子了。"

秦穆公还是任用孟明。孟明进一步修明政事,给百姓以优厚的待遇。赵成子对大夫们说:"秦军如果再一次前来,必定要避开它。由于畏惧而进一步修明了德行,那是不能抵挡的。《诗》说:'怀念着你的祖先,修明你的德行。'孟明想到这两句诗了。想到德行而努力不懈,难道可以抵挡吗?"

2·2　二十日,制作僖公的神主牌位。《春秋》之所以记载,是由于制作不及时。

2·3　晋国人由于鲁文公不去朝见而前来讨伐。文公去了晋国。夏季,四月十三日,晋国派阳处父和文公结盟来羞辱他。《春秋》记载说"及晋处父盟",这是表示厌恶的意思。到晋国去而不加记载,这是出于隐讳。

2·4　鲁文公没有到达鲁国,六月,穆伯在垂陇和诸侯以及晋国司空士縠结盟,这是由于晋国攻打卫国的缘故。《春秋》记载称为"士縠",是由于认为他能够胜任。陈共公为卫国向晋国求和,拘捕了孔达以向晋国解说。

2·5　秋季,八月十三日,在太庙祭祀,升僖公的神位在闵公之上,这是不按顺序的祭祀。当时夏父弗忌担任宗伯,尊崇僖公,而且宣布他所见到的说:"我见到新鬼大,旧鬼小,先大后小,这是顺序。使圣上升位,这是明智。明智、顺序,这是合于礼的。"

君子认为,这样做是失礼。礼没有不合顺序的。祭祀是国家的大事,不按顺序,难道能说合于礼吗?儿子虽然聪明圣哲,不能在父亲之前享受祭品,由来已久。所以禹不能在鲧之前,汤不能在契之前,文王、武王不能在不窋之前。宋国以帝乙为祖宗,郑国以厉王为祖宗,这还是对祖宗的尊崇。所以《鲁颂》说:"一年四季的祭祀不懈怠,没有差错,致祭于上帝,又致祭于伟大的祖先后稷。"君子说这合于礼,说的是后稷虽然亲近,然而却先称上帝。《诗》说:"问候我的姑母们,再问候到各位姐姐。"君子说这合于礼,说的是姐姐虽然亲近,然而却先称姑姑。

　　孔子说:"臧文仲,他不仁爱的事情有三件,不聪明的事情有三件。使展禽居于下位,设立六个关口,小老婆织席贩卖,这是三件不仁爱的事情。养一个大乌龟、迷信卜卦,纵容不合顺序的祭祀,祭祀海鸟爰居,这是三件不聪明的事情。"

2·6　冬季,晋国先且居、宋国公子成、陈国辕选、郑国公子归生攻打秦国,占取了汪地和彭衙,然后回国,以报复上次彭衙的战役。卿的名字不加记载,这是为了穆公的缘故。尊重秦国,叫做尊重德行。

2·7　襄仲到齐国致送玉帛财礼,这是合于礼的。凡是国君即位,加强舅甥国家间的友好,办理婚姻的事,娶元配夫人来主持祭祀,这是孝道。孝道,是礼的开始。

文公三年

3·1　三年春季,庄叔会合诸侯的军队攻打沈国,因为沈国向楚国顺服,沈国百姓溃散。凡是百姓逃避他们上级叫做"溃",上级逃走叫做"逃"。

3·2　卫成公到陈国去,这是为了拜谢陈国促成的卫、晋和议。

3·3　夏季,四月二十四日,王叔文公死,发来讣告,像对同盟国一样去吊唁,这是合于礼仪的。

3·4　秦穆公攻打晋国,渡过黄河,烧掉渡船,占取了王官和郊地。晋军不出战。秦军就从茅津渡黄河,在殽地为死亡的将士筑一个大坟墓,然后回国。秦穆公就此称霸于西方少数民族诸国,这是由于任用了孟明。

　　君子因此知道,秦穆公作为国君,提拔人才考虑全面,任用人才专一无二;孟明作为臣子,努力不懈,能够因为畏惧而思考;子桑忠诚,他了解别人,能够推举好人。《诗》说:"在哪里去采蒿子? 在池塘里、在小洲上。在哪里使用它? 在公侯的祭祀典礼上。"秦穆公就是这样的。"早晚努力不懈,以事奉在最上层的一个人",孟明就是这样的。"把谋略留给子孙,以安定和辅佐他们",子桑就是这样的。

3·5　秋季,在宋国有大批鷁斯像雨点一样落下来,这是死了以后掉下来的。

3·6　楚国的军队包围江国,晋国的先仆攻打楚国去救援江国。

　　冬季,晋国把江国的事情报告周襄王,王叔桓公、晋国的阳处父攻打楚国以救援江国。攻打方城山关口,并看到了楚国的息公子朱才回国。

3·7　晋国人为曾经对鲁文公的失礼而感到恐惧,请求改订盟约。文公到了晋国,和晋襄公结盟。晋襄公设享礼招待文公,赋《菁菁者莪》这首诗。庄叔让文公降阶下拜,说:"小国在大国接受命令,岂敢对礼仪有所不谨慎? 君王赐我们以重大典礼,还有什么比这再高兴的呢? 小国的高兴,是大国的恩赐。"晋襄公走下台阶辞谢,再登上台阶,完成拜礼。文公赋《嘉乐》这首诗。

文公四年

4·1　四年春季,晋国人释放孔达回到卫国,这是由于把他作为卫国的好人才,所以赦免了他。

4·2　夏季,卫成公到晋国拜谢释放孔达。

4·3　曹共公到晋国商谈纳贡的事情。

4·4　在齐国迎接姜氏,鲁国的卿没有去迎接,这是不合于礼的。君子因此知道出姜在鲁国不会有好结果,说:"用尊贵的礼节行聘而用低贱的礼节迎接她,身份是国家的第一夫人而轻待她,立为第一夫人而废弃她,丢掉信用而损害妇女之首的身份,这样的事情发生在国家中必然使国家动乱,在家族中必然使家族灭亡。没有好下场是应该的了。《诗》说:'畏惧上天的威灵,因此就能保有福禄。'这就是说要看重妇女之首这样的身份。"

4·5　秋季,晋襄公攻打秦国,包围祁地、新城,以报复王官那次战役。

4·6　楚国人灭亡了江国,秦穆公为这件事穿上素服,出居别室,减膳撤乐,超过了应有的礼数。大夫劝谏。秦穆公说:"同盟的国家被灭,虽然没有救援,岂敢不哀怜呢? 我是自己警惕呀。"君子说:"《诗》说:'他们两个国家,政事不合法度;四方的国家,只好设法自谋。'秦穆公就是这样的。"

4·7　卫国的甯武子来鲁国聘问,文公设宴招待他,为他赋《湛露》和《彤弓》两首诗。甯武子没有辞谢,又不赋诗回答。文公派使者私下探问。甯武子回答说:"下臣以为是在练习演奏的。从前诸侯正月去京师向天子朝贺,天子设宴奏乐,在这个时候赋《湛露》这首诗,那就表示天子对着太阳,诸侯听候命令。诸侯把天子所痛恨的人作为敌人,而且献上自己的功劳。天子因为这样而赐给他们红色的弓一把、红色的箭一百枝、黑色的弓十把和箭一千枝,以表彰功劳而用宴乐来报答。现在陪臣前来继续过去的友好,承君王赐宴,哪里敢触犯大礼来自取罪过?"

4·8 冬季,成风去世。

文公五年

5·1 五年春季,周襄王派遣荣叔前来致送含在死者口中的玉和丧仪,召昭公来参加葬礼,这是符合礼仪的。

5·2 当初,鄀国背叛楚国亲近秦国,后来又倾向楚国。夏季,秦国进入鄀国。

5·3 六国人背叛楚国亲近东夷。秋季,楚国的成大心、仲归带兵灭亡了六国。

5·4 冬季,楚国的公子燮灭亡蓼国。臧文仲听到六国和蓼国灭亡,说:"皋陶、庭坚没有人祭祀了。德行不建立,百姓没有人救援,可悲啊!"

5·5 晋国的阳处父到卫国聘问,回国时路过甯地,甯嬴愿意跟着他。甯嬴到达温地又回来了,他妻子问他,甯嬴说:"太刚强了。《商书》说:'深沉的人要用刚强来克服,爽朗的人要用柔弱来克服。'那个人只具备其中之一,恐怕不得善终吧!上天纯阳,属于刚强的德行,尚且不触犯寒暑四时运行的次序,何况人呢?而且华而不实,就会聚集怨恨。触犯别人而聚集怨恨,不能够安定自身。我是害怕不能得到利益反而遭到祸害,因此才离开他。"

晋国的赵成子、栾贞子、霍伯、臼季都已经去世了。

文公六年

6·1　六年春季,晋国在夷地检阅军队,撤去两个军。让狐射姑率领中军,赵盾辅助他。阳处父从温地来,改在董地检阅军队,调换了中军主将。阳子,原是成季(赵衰)的下属,所以偏向赵氏,而且认为赵盾富有才能,说:"任用能干的人,这是国家的利益。"所以使赵盾居于上位。赵宣子从这时开始掌握国家的政权,制定章程,修订法令,清理诉讼,督察逃亡,使用契约,清除政治上的污垢,恢复被破坏的次序,重建已经废弃的官职,提拔被压抑的贤能。政令法规完成以后,交给太傅阳子和太师贾佗,使之在晋国推行,作为经常的法则。

6·2　臧文仲由于陈、卫两国和睦,想要讨好陈国。夏季,季文子到陈国聘问,同时娶了家室。

6·3　秦穆公任好死了,用子车氏的三个儿子奄息、仲行、鍼虎殉葬,这三个人都是秦国的杰出人物。国都的人哀悼他们,为他们赋了《黄鸟》这首诗。

　　君子说:"秦穆公没有当上盟主,活该!死了以后还抛弃百姓。以前的国君离世,还留下了法度,而何况夺百姓的好人呢?《诗》说:'贤人的死亡,国家就困乏损伤。'这就是说没有好人。为什么还去夺走好人呢?古代身居王位的人知道寿命不能长久,因此就普遍选出贤能,给他们树立风气教化,分给他们旗帜服装,把对他们有益的话记录在典册上,为他们制订法度,对他们公布准则,设立表率来引导他们,给予规章让他们使用,告诉他们先王遗留下来的训导,教育他们防止谋求私利,委任他们一定的职务,开导他们使之合于礼仪,让他们不要违背了因地制宜,让大家都信赖他们,然后到死为止。这样的做法,圣人和先王都是相同的。现在即使没有法则留给后代,反而将杰出人物作为殉葬,这就难于处在上面了。"君子因此而知道秦国再也无法向东征伐了。

6·4　秋季,季文子准备到晋国聘问,让人代他请求如果遭到丧事以后应得的礼仪然后才动身。随行的人说:"准备了做什么用?"文子说:"预备好意外的事,这是古代的好教训。临时去请求而没有得到,这会遇到困难。所得虽然一时用不着,有什么害处?"

6·5　八月十四日,晋襄公死了。晋灵公年幼,晋国人由于发生祸难的缘故,要立年长的国君。赵孟说:"立公子雍为君。他乐于行善而且年长,先君宠爱他,而且为秦国所亲近。秦国,是老朋友了。能安排好人就巩固,立年长的人就名正言顺,立先君所爱就合于孝道,结交老朋友就安定。因为祸难的缘故,所以要立年长的国君。有了这四项德行的人,祸难就必定可以缓和了。"贾季说:"不如立公子乐。辰嬴受到两位国君的宠爱,立她的儿子,百姓必然安定。"赵孟说:"辰嬴低贱,位次第九,她的儿子有什么威严呢? 而且为两位国君所宠幸,这是淫荡。作为先君的儿子,不能求得大国而出居小国,这是鄙陋。母亲淫荡,儿子鄙陋,就没有威严;陈国小而且远,有事不能救援,怎么能安定呢? 杜祁由于国君的缘故,让位给偪姞而使她在上;由于狄人的缘故,让位给季隗而自己居她之下,所以位次第四。先君因此喜欢她的儿子,让他在秦国做官,做到亚卿。秦国大而且近,有事足以救援;母亲具有道义,儿子受到喜欢,足以威临百姓。立公子雍,不也可以吗?"派先蔑、士会到秦国迎接公子雍。贾季也派人到陈国召回公子乐。赵孟派人在郫地杀了公子乐。

6·6　贾季怨恨阳子改变他的地位,又知道他在晋国没有人援助。

九月,贾季派续鞠居杀死阳处父。《春秋》记载说"晋杀其大夫",这是由于阳处父侵夺了官职的缘故。

6·7 冬季十月,襄仲到晋国参加晋襄公的葬礼。

6·8 十一月某一天,晋国杀了续简伯。贾季逃亡到狄。宣子派臾骈把他的妻子儿女送到他那里去。在夷地阅兵的时候,贾季曾经侮辱过臾骈。臾骈手下的人因此要杀尽贾氏来图报复。臾骈说:"不行。我听说《前志》上有这样的话:'有惠于人或有怨于人,和他的后代无关,这合于忠诚之道。'他老人家对贾季表示礼貌,我因为受到他的宠信而报复自己的私怨,恐怕不可以吧!因为别人的宠信而去报复,这不是勇敢。消减怨气而增加仇恨,这不是明智。以私害公,这不是忠诚。舍弃了这三条,用什么去事奉他老人家?"所以就把贾季的妻儿以及他们的器用财货准备齐全,亲自领头保卫,把他们送到边境上。

6·9 闰月不举行告朔的仪式,这是不合于礼仪的。闰用来补正四时,根据四时来安排农事,农事合于时令可以使百姓富裕,养活百姓的方法就在于此了。不举行闰月告朔仪式,这是放弃了施政的时令,怎么能治理百姓?

文公七年

7·1 七年春季,鲁文公发兵攻打邾国,这是鲁国利用晋国内乱的空子。

7·2 三月十七日,占取须句,让邾文公的儿子当守官,这是不合于礼仪的。

7·3 夏季,四月,宋成公死了。这时候公子成做右师,公孙友做左师,乐豫做司马,鳞瞿做司徒,公子荡做司城,华御事做司寇。

宋昭公准备杀死公子们。乐豫说:"不行。公族,是公室的枝叶,如果去掉它,那么树干树根就没有遮盖了。葛藟还能遮蔽它的躯干和根子,所以君子以它作为比喻,何况是国君呢?这就是俗话所说'树阴遮蔽,偏偏使用斧子',一定不可以。君王要考虑一下。如果用德行去亲近他们,那就都是左右辅弼的臣子,谁敢有二心?怎么要杀他们呢?"宋昭公不听。穆公、襄公的族人率领国内的人们攻打昭公,在宫里杀了公孙固和公孙郑。六卿和公室讲和,乐豫放弃了司马的官职来让给公子卬。昭公即位后安葬被杀的人。《春秋》记载说:"宋人杀其大夫",不记载名字,这是由于人多而且他们没有罪。

7・4　秦康公送公子雍到晋国,说:"晋文公回国的时候没有卫士,所以有吕、郤发动的祸难。"于是就多给他步兵卫士。

穆嬴每天抱着太子在朝廷上啼哭,说:"先君有什么罪?他的合法继承人有什么罪?丢开嫡子不立,反而到外边去求国君,你们准备怎样安置这个孩子?"出了朝廷,就抱着孩子到赵氏家去,向赵盾叩头,说:"先君捧着这个孩子嘱托给您,说:'这个孩子如果成材,我就是受了您的赐予;如果不成材,我就要怨您。'现在国君虽然去世,话音还在耳边,现在反而丢掉它,怎么办?"赵盾和大夫们都怕穆嬴,而且害怕威逼,就背弃了先蔑而立灵公为君,并且发兵抵御秦国军队。箕郑留守。赵盾率领中军,先克辅助他;荀林父辅助上军;先蔑率领下军,先都辅助他。步招为赵盾驾御战车,戎津作为车右。到达堇阴。赵盾说:"我们如果接受秦国送公子雍回来,他们就是客人;不接受,他们就是敌人。已经不接受了,而又慢慢地出兵,秦国将会动别的念头。争取主动而有夺取敌人的决心,这是作战的好谋略。驱逐敌人好像追赶逃亡者,这是作战的好战术。"于是就训练士兵,磨砺武器,把马喂饱,让部队吃饱,隐蔽行动,夜里出兵。四月初一日,在令狐打败秦军,一直追到刳首。初二日,先蔑逃亡到秦国,士会跟着他。

先蔑出使秦国的时候,荀林父劝阻他,说:"夫人和太子还在,反而到外边去求国君,这一定是行不通的。您以生病作借口,行吗? 不这样,祸患将会惹到您身上。派一个代理卿前去就可以了,为什么一定要您去? 在一起做官就是'寮',我曾经和您同寮,岂敢不尽我的心意呢?"先蔑没有听从。荀林父为他赋《板》这首诗的第三章,又没有听从。等到逃亡出国,荀林父把他的妻子儿女和财货全部送到秦国,说:"这是为了同寮的缘故。"

士会在秦国三年,没有和先蔑见面。随行的人说:"能和别人一起逃亡到这个国家,而不能在这里见面,那有什么用处?"士会说:"我和他罪过相同,并不是认为他有道义才跟他来的,见面干什么?"一直到回国,没有见过面。

7·5　狄人侵袭我国西部边境,鲁文公派使者向晋国报告。赵宣子派贾季去问酆舒,同时责备他。酆舒问贾季说:"赵衰、赵盾哪一个贤明?"贾季回答说:"赵衰,是冬天的太阳;赵盾,是夏天的太阳。"

7·6　秋季,八月,齐昭公、宋昭公、卫成公、陈共公、郑穆公、许昭公、曹共公和晋国的赵盾在扈地结盟,这是由于晋灵公即位的缘故。鲁文公晚到,所以《春秋》没有记载他参加会议。凡是和诸侯会盟,如果不记载参加会的国家,就是因为晚到的缘故。晚到,不记载这些国家,这是为了避免弄不清而误记。

7·7　穆伯在莒国娶妻,名叫戴己,生了文伯;她的妹妹声己,生了惠叔。戴己死,穆伯又到莒国行聘,莒国人由于有声己而辞谢,所以就为襄仲行聘。

冬季,徐国攻打莒国,莒国人前来请求结盟,穆伯到莒国参加盟会,同时为襄仲迎接莒女。到达鄢陵,登上城见到莒女,很美丽,

就自己娶了她。襄仲请求攻打穆伯,文公准备答应。叔仲惠伯劝
谏说:"下臣听说:'战争起于内部叫做乱,起于外部叫做寇。寇尚
且伤人,乱就是自己打自己了。'现在臣下作乱而国君不加禁止,如
果因此而引起外部敌人的进攻,怎么办?"文公就阻止襄仲的进攻。
惠伯给他们调解:让襄仲丢开莒女不娶,公孙敖就把莒女送回莒
国,重新作为兄弟像起初一样。襄仲和公孙敖听从了。

7·8 晋国的郤缺对赵宣子说:"过去卫国不顺服,所以占取它的
土地。现在已经顺服,可以还给它了。背叛了不加讨伐,用什么显
示声威? 顺服了不加抚慰,用什么表示关怀? 不显示声威和不表
示关怀,用什么显示德行? 没有德行,如何主持盟会? 您作为正
卿,主持诸侯之事而不致力于德行,打算怎么办?《夏书》说:'把喜
事告诉他,用威严督察他,用《九歌》勉励他,不要让他学坏。'有关
九功的德行都可以歌唱,叫做《九歌》。六府、三事,叫做九功。水、
火、金、木、土、谷,叫做六府;端正德行、利于使用、富裕民生,叫做
三事。合于道义而推行这些,叫做德、礼。没有礼就不快乐,这是
叛变之所由来。像您的德行,没有可以歌唱的,有谁肯来归服? 何
不使归服的人歌颂您呢?"赵宣子听了这番话很高兴。

文公八年

8·1 八年春季,晋灵公派遣解扬把匡地、戚地的土田归还给卫
国,而且再送公婿池的封地,从申地到虎牢边境。

8·2 夏季,秦军攻打晋国,占领了武城,以报复令狐那一次战役。

8·3 秋季,周襄王逝世。

8·4 晋国人由于扈地的结盟文公晚去而来攻打鲁国。冬季,襄

仲和晋国的赵孟在衡雍会见,这是为了补偿扈地那次结盟,并因此而和伊、雒的戎人会见。《春秋》称他为"公子遂",这是表示重视他。

8·5　穆伯去成周吊丧,没有到成周,带了礼物逃亡到莒国,跟随己氏去了。

8·6　宋襄夫人是周襄王的姐姐,宋昭公对她不加礼遇。宋襄夫人依靠戴氏的族人杀了襄公的孙子孔叔、公孙钟离和大司马公子卬,都是宋昭公的党羽。司马手里拿着符节死去,所以《春秋》记载他的官职而不写名字。司城荡意诸逃亡前来,把符节还给府人然后出去。文公按照他原来的官职接待他,而且都恢复了他们原来的官职。《春秋》也记载他的官职而不写名字。所有这些都是表示尊重他们。

8·7　在夷地阅兵的时候,晋襄公准备提升箕郑父、先都,而让士縠、梁益耳率领中军。先克说:"狐、赵两人的功劳,不能废弃。"晋襄公听从了这个意见。先克在堇阴夺取了蒯得的田地,因此箕郑父、先都、士縠、梁益耳、蒯得发动叛乱。

文公九年

9·1　九年春季,周王朝历法的正月初二日,晋灵公派遣凶手杀死了先克。十八日,晋国人杀死了先都、梁益耳。

9·2　毛伯卫前来求取丧仪,这不合于礼。没有记载说这是天子的命令,这是由于周襄王还没有安葬。

9·3　二月,庄叔去成周参加襄王的葬礼。

9·4　三月二十八日,晋国人杀死了箕郑父、士縠、蒯得。

9·5　范山对楚穆王说:"晋国国君年少,心意不在于称霸诸侯,北方是可以打主意的。"楚王在狼渊出兵来攻打郑国。因禁了公子坚、公子尨和乐耳。郑国和楚国讲和。

9·6　公子遂会合晋国赵盾、宋国华耦、卫国孔达、许国大夫,救援郑国,没有碰上楚军。《春秋》没有记载卿的名字,由于他们出兵迟缓,以此惩戒他们的办事不严肃认真。

9·7　夏季,楚国入侵陈国,攻下壶丘,因为陈国归服了晋国。

9·8　秋季,楚国公子朱从东夷进攻陈国,陈国军队打败了他,俘虏了公子筏。陈国害怕楚国报复,就和楚国讲和。

9·9　冬季,楚国子越椒前来聘问,手拿着礼物显出傲慢的样子。叔仲惠伯说:"这个人必然会使若敖氏的宗族灭亡。向他的先君表示傲慢,神灵不会降福给他。"

9·10　秦国人前来向死去的僖公和成风赠送衣衾,这是合于礼的。诸侯之间互相吊丧贺喜,虽然不及时,如果符合礼仪,《春秋》就要加以记载,以表示不忘记过去的友好。

文公十年

10·1　十年春季,晋国人攻打秦国,占领了少梁。

10·2　夏季,秦国攻打晋国,占领了北征。

10·3　当初,楚国范地的巫人矞似预言成王和子玉、子西说:"这三位都将被杀死。"城濮那次战役,楚王想起了这句话,所以阻止子玉说:"不要自杀。"但是没有来得及。去阻止子西,子西正在上吊而绳子断了,楚王的使者刚刚来到,就阻止了他自杀,让他做了商公。子西沿汉江而下,逆长江而上,将要进入郢都。楚王正在渚宫,下来接见他,子西害怕,就解释说:"下臣幸而免于一死,但又有人诬陷,说下臣准备逃走,下臣现在回来请求死在司败那里。"楚王让他做了工尹,他又和子家策划杀死穆王。穆王听到后,在五月间杀了子西和子家。

10·4　秋季,七月,文公和苏子在女栗结盟,这是由于周顷王即位的缘故。

10·5　陈恭公、郑穆公在息地会见楚穆王。冬季,就和蔡庄侯一起领兵驻扎在厥貉,准备攻打宋国。宋国的华御事说:"楚国想要让我们归服,是不是我们先主动表示顺服?他们何必摆出这副架势来逼迫我们?我们实在没有能耐,但是百姓有什么罪?"于是就亲自去迎接楚穆王,向他表示慰劳,同时听候命令。于是就引导楚穆王在孟诸打猎。宋昭公率领右边圆阵,郑穆公率领左边圆阵。期思公复遂作为右司马,子朱和文之无畏作为左司马,下令早晨在车上装载取火工具出发。宋昭公违背命令,无畏笞打他的仆人并在全军示众。有人对文之无畏说:"国君是不能够侮辱的。"文之无畏说:"按照职责办事,有什么强横?《诗》说:'硬的不吐出来,软的不吞下去。'又说:'不要放纵狡诈的人,以使放荡的行为得以检点。'这也是不避强横的意思。我哪里敢爱惜生命而放弃职守呢!"

10·6　在厥貉会见的时候,麇子逃走回国。

文公十一年

11·1　十一年春季,楚穆王攻打麇国。成大心在防渚打败麇军。潘崇再次攻打麇国,到达锡穴。

11·2　夏季,叔仲惠伯在承筐会见晋国郤缺,这是为了商量对付追随楚国的诸侯。

11·3　秋季,曹文公前来朝见,这是由于他刚即位而来朝见的。

11·4　襄仲到宋国聘问,同时又替司城荡意诸说话而让他回国。这次聘问并且为了祝贺宋军没有遭到楚军兵害。

11·5　鄋瞒侵袭齐国,并因此攻打我国。文公占了一个卦,卜派遣叔孙得臣追赶敌人,吉利。侯叔夏驾御叔孙得臣的战车,绵房甥作为车右,富父终甥作为驷乘。冬季,十月初三日,在咸地打败狄人,俘虏了长狄侨如。富父终甥用戈抵住他的咽喉,杀死了他,把他的脑袋埋在子驹之门下边。就把宣伯名叫侨如。

当初,在宋武公时代,鄋瞒进攻宋国,司徒皇父带兵抵御。耏班驾御皇父充石的战车,公子穀甥为车右,司寇牛父作驷乘,在长丘打败狄人,俘虏了长狄缘斯。皇父的两个儿子战死,宋公因此就把城门赏给耏班,让他征收城门税,把城门称为耏门。

晋国灭亡潞国的时候,俘虏了侨如的弟弟焚如。齐襄公二年,鄋瞒进攻齐国,齐国的王子成父俘虏了侨如的弟弟荣如,把他的脑袋埋在周首的北门下边。卫国人又俘虏了侨如的弟弟简如,鄋瞒由此就被灭亡。

11·6　郮国的太子朱儒自己安逸地居住在夫钟,国内的人们不肯顺服他。

文公十二年

12·1　十二年春季,郮伯死了,郮国人又立了国君。太子把夫钟和郮国的宝圭作为奉献而逃亡到鲁国来。文公把他作为诸侯迎接,这不合于礼。所以《春秋》记载说“郮伯来奔”,不记载关于奉献土地的事情,把郮伯作为诸侯来尊重。

12·2　杞桓公来鲁国朝见,这是第一次前来朝见鲁文公。同时又请求和叔姬离婚,但不断绝两国的婚姻关系,文公答应了。

二月,叔姬死了。《春秋》不记载"杞"字,是由于杞国和她断绝了关系。写明"叔姬",是说她已经出过嫁。

12·3　楚国的令尹大孙伯去世,成嘉做了令尹。舒氏的一批人背叛楚国。夏季,子孔逮捕了舒子平和宗子,就乘机包围巢地。

12·4　秋季,滕昭公来鲁国朝见,也是第一次前来朝见文公。

12·5　秦康公派遣西乞术前来聘问,而且说将要攻打晋国。襄仲不肯受玉,说:"贵国国君没有忘记和先君的友好,光临鲁国,镇定安抚我们这个国家,十分厚重地赠给我们大器,寡君不敢受玉。"西乞术回答说:"不丰厚的器物,不值得辞谢。"主人辞谢了三次,客人回答说:"寡君愿意在周公、鲁公这里求取福禄来事奉贵国国君,一点微薄的礼物,派遣下臣致送给执事,以作为祥瑞的信物,相约友好,把它用来表示寡君的命令,缔结两国之间的友好,因此才敢致送。"襄仲说:"若没有这样的外交人才,难道能治理国家吗?秦国不是鄙陋的国家。"就用重礼赠送给西乞术。

秦国为了令狐那次战役的缘故,冬季,秦康公发兵攻打晋国,占取了羁马。晋国发兵抵御。赵盾率领中军,荀林父作为辅佐。郤缺率领上军,臾骈作为辅佐。栾盾率领下军,胥甲作为辅佐。范无恤为赵盾驾御战车,在河曲迎战秦军。臾骈说:"秦军不能持久,请高筑军垒巩固军营等着他们。"赵盾听从了他的意见。

秦军准备出战。秦康公对士会说:"用什么办法作战?"士会回答说:"赵盾新近提拔他的部下名叫臾骈,必定是他出的这个主意,打算使我军久驻在外面感到疲乏。赵氏有一个旁支的子弟名叫穿,是晋国国君的女婿,受到宠信而年少,不懂得作战,喜好勇猛而又狂妄,又讨厌臾骈作为上军的辅佐。如果派出一些勇敢而不刚强的人对上军加以袭击,或许还有可能战胜赵穿。"秦康公把玉璧丢在黄河里,向河神祈求战争胜利。

12·6　十二月初四日,秦国袭击晋军的上军,赵穿追赶秦军,没有追上。回来,发怒说:"装着粮食披着甲胄,就是要寻求敌人。敌人来了不去攻击,打算等待什么呢?"军官说:"将要有所等待啊。"赵穿说:"我不懂得计谋,我打算自己出战。"就带领他的士兵出战。赵盾说:"秦军要是俘虏了赵穿,就是俘虏了一位卿了。秦国带着胜利回去,我用什么回报晋国的父老?"于是全部出战,双方刚一交战就彼此退兵。秦军的使者夜里告诉晋国军队说:"我们两国国君的将士都还没有痛快地打一仗,明天请再相见。"臾骈说:"使者眼神不安而声音失常,这是害怕我们,秦军将要逃走了。我军把他们逼到黄河边上,一定可以打败他们。"胥甲、赵穿挡住营门大喊说:"死伤的人还没有收集就把他们丢弃,这是不仁慈。不等到约定的日期而把人逼到险地,这是没有勇气。"于是晋军就停止出击。秦军夜里逃走了。后来又入侵晋国,进入瑕地。

12·7　鲁国在诸地和郓地筑城,《春秋》记载这件事,是由于合于时令。

文公十三年

13·1　十三年春季,晋灵公派詹嘉住在瑕地,以防守桃林这个险要的地方。

13·2　晋国人担心秦国任用士会,夏季,六卿在诸浮相见。赵宣子说:"士会在秦国,贾季在狄人那里,祸患每天都可能发生,怎么办?"中行桓子说:"请让贾季回来,他了解外界的事情,而且因为有过去的功劳。"郤成子说:"贾季喜欢作乱,而且罪过大,不如让士会回来。士会能够做到卑贱而知道耻辱，柔弱而不受侵犯，他的智谋足以使用，而且没有罪过。"

　　于是晋国就让魏寿馀假装率领魏地的人叛乱，以引诱士会。把魏寿馀的妻子儿女抓在晋国，让他夜里逃走。魏寿馀请求把魏地归入秦国，秦康公答应了。魏寿馀在朝廷上踩一下士会的脚，示意士会与他一起回晋国。秦康公驻军在河西，魏地人在河东。魏寿馀说："请派一位东边人而能够跟魏地几位官员说话的，我跟他一起先去。"秦康公派遣士会。士会辞谢说："晋国人，是老虎豺狼。如果违背原来的话不让下臣回来，下臣死，妻子儿女也将被诛戮，这对君王没有好处，而且后悔不及。"秦康公说："如果晋国违背原来的话不让你回来，我若不送还你的妻子儿女，有河神作证！"这样士会才敢去。绕朝把马鞭送给士会，说："您别说秦国没有人才，我的计谋正好不被采用罢了。"渡过黄河以后，魏地人因得到士会而欢呼，熙熙嚷嚷地回去了。秦国人送还了士会的妻子儿女。士会留在秦国的家人都改姓为刘氏。

13·3　邾文公为了迁都到绎地而占了卦问吉凶。史官说："对百姓有利而对国君不利。"邾文公说："如果对百姓有利，也就是我的利益。上天生育了百姓而为他们设置君主，就是用来给他们利益的。百姓得到利益，我就必然也在其中了。"左右随从说："生命是可以延长的，君王为什么不这样做？"邾文公说："活着就是为了抚养百姓。而死的或早或晚，那是由于偶然因素的缘故。百姓如果有利，迁都就是了，没有比这再吉利的了。"于是就迁都到绎地。五月，邾文公死了。君子说："邾文公真正懂得天命。"

13·4　秋季，七月，太庙正屋屋顶损坏，《春秋》所以记载，是为了表示臣下的不恭敬。

13·5　冬季，文公到晋国朝见，同时重温过去的友好关系。卫成公在沓地会见文公，请求和晋国讲和。文公回国时，郑穆公在棐地会见文公,也请求和晋国讲和。鲁文公都一一帮助他们达成和议。

郑穆公和鲁文公在棐地举行宴会,子家赋了《鸿雁》这首诗。季文子说:"寡君也不能免于这种处境。"就赋了《四月》这首诗,子家又赋了《载驰》这首诗的第四章,季文子赋了《采薇》这首诗的第四章。郑穆公拜谢,鲁文公答谢。

文公十四年

14·1　十四年春季,周顷王逝世。周公阅和王孙苏争夺政权,所以没有发布讣告。凡是天子"逝世",诸侯"去世",没有发来讣告,《春秋》就不加记载。灾祸、喜庆,如果没有前来报告,也不加记载。那是为了惩诫那些不认真负责的人。

14·2　邾文公死的时候,鲁文公派遣使者前去吊丧,礼仪不周到。邾国兴师问罪,攻打我国南部边境,所以惠伯领兵攻打邾国。

14·3　子叔姬嫁给齐昭公为夫人,生了儿子舍。叔姬不受宠爱,舍没有威信。公子商人却多次在国内施舍财物,养着许多门客,把家产都用光了,又向掌管公室财物的官员借贷而继续施舍。夏季,五月,齐昭公去世,舍即国君位。

14·4　邾文公的第一夫人齐姜,生了定公;第二夫人晋姬,生了捷菑。邾文公去世后,邾国人立定公为君,捷菑逃亡到晋国。

14·5　六月,鲁文公和宋昭公、陈灵公、卫成公、郑穆公、许男、曹文公、晋国赵盾一起在新城会盟,这是由于以前跟随楚国的国家都顺服,同时谋划攻打邾国。

14·6　秋季,七月某一天,夜里,齐公子商人杀死舍而让位给元。元说:"你谋求这个君位已经很久了。我能够事奉你,你不能积下许多怨恨,要是这样,你会让我免于被杀吗? 你去做国君吧!"

14·7　有彗星进入北斗。成周的内史叔服说:"不出七年,宋国、齐国、晋国的国君,都将死于叛乱。"

14·8　晋国的赵盾率领诸侯联军的八百辆战车,把捷菑送回邾国。邾国人辞谢说:"齐女生的玃且年长。"赵宣子说:"说话合于情理而不听从,不吉祥。"于是就回去了。

14·9　周公阅打算和王孙苏在晋国争讼,周顷王违背了对王孙苏的诺言,而让尹氏和聃启在晋国替周公阅争讼。赵宣子调停了王室之间的纠纷而使各人恢复了原来的职位。

14·10　楚庄王即位,子孔、潘崇准备袭击舒族的那些部落或国家,派公子燮和子仪留守而进攻舒蓼。这两个人发动叛乱,加筑郢都城墙,又派贼人去刺死子孔,没有成功而返回郢城。八月,两个人挟持了楚庄王离开郢都,准备去商密,庐戢梨和叔麋设计引诱他们;于是就杀死了子仪和公子燮。

当初,子仪囚禁在秦国,秦国在殽地战败,派他回国求和。媾和以后,子仪的愿望没有得到满足,公子燮要求做令尹也没有得到手,所以两人就发动叛乱。

14·11　穆伯跟随己氏的时候,鲁国人立了文伯做继承人。穆伯在莒国生了两个儿子,要求回国。文伯代替他申请。襄仲不让穆伯上朝参与政事。穆伯听从命令,回来以后也不外出,过了三年又将全家再次搬到莒国去。文伯生重病,请求说:"穀的儿子年纪太小,请立难吧。"大家同意了。文伯去世,立了惠叔。穆伯让惠叔给大家送重礼再次要求回国,惠叔代他请求,得到允许。穆伯将要回来,九月间,死在齐国。向鲁国报丧,请求归葬于鲁,没有得到允许。

14·12　宋国的高哀担任萧地的守将,让他做卿,他认为宋公不义而离去,于是就逃亡到鲁国来。《春秋》记载"宋子哀来奔",这是表示对他的尊重。

14·13　齐国人安定了齐懿公的地位,才派人前来报告祸难,所以《春秋》把商人杀死舍这件事记为"九月"。

　　齐国的公子元不服懿公执政,始终不称他做"公",而称他做"那个人"。

14·14　襄仲派人报告周顷王,请用周天子的尊荣在齐国求取子叔姬,说:"杀了她的儿子,哪里还用得着他的母亲?请求接纳她而惩办她。"冬季,单伯到齐国请求送回子叔姬,齐国人逮捕了他,同时又逮捕了子叔姬。

文公十五年

15·1　十五年春季,季文子去晋国,为了单伯和子叔姬的缘故。

15·2　三月,宋国的华耦前来会盟,他的部属都跟随前来。《春秋》称他为"宋司马华孙",这是表示尊重他。鲁文公要和他同席宴会。华耦婉辞谢绝说:"君王的先臣督得罪了宋殇公,名字记载在诸侯的简册上。下臣承继他的祭祀,怎么敢使君王蒙受耻辱?请在亚旅那里接受命令。"鲁国人认为华耦措辞得体。

15·3　夏季,曹文公前来朝见,这合于礼。诸侯每五年再一次互相朝见,以重温天子的命令,这是古代的制度。

15·4　齐国有人为孟氏策划,说:"鲁国,是你的亲戚,把公孙敖的饰棺放在堂阜,鲁国必定会取去的。"孟氏听从了。卞邑大夫把这件事作了报告。惠叔仍然很悲哀,容颜消瘦,请求取回饰棺,立在朝廷上以等待命令。鲁国答应了这项请求,于是取回了饰棺停放。齐国人也来送丧,《春秋》记载说:"齐人归公孙敖之丧",这是为了孟氏,同时又为了国家的缘故。依照安葬共仲的葬礼安葬了公孙敖。声己不肯去看棺材,在帷堂里哭泣。襄仲不想去哭丧,惠伯说:"办丧事,是对待亲人的最后大事。虽不能有一个好的开始,有一个好的终结是可以的。史佚有这样的话,说:'兄弟之间各自尽力做到完美。救济困乏,祝贺喜庆,吊唁灾祸,祭祀恭敬,丧事悲哀,感情虽然不一样,不要断绝他们之间的友爱,这就是对待亲人的道义。'您自己只要不丧失道义,怨恨别人干什么呢?"襄仲听了很高兴,带领了兄弟们前去哭丧。

　　后来,穆伯的两个儿子回来,孟献子喜爱他们,闻名于全国。有人诬陷他们,对孟献子说:"这两个人准备杀死你。"孟献子把这话告诉季文子。这两个人说:"他老人家因为爱我们,全国都知道,我们以准备杀死他而臭名在外,这不是远离于礼了吗? 远离于礼还不如死。"后来,两兄弟一人在句瞂守门,一人在戾丘守门,都战死了。

15·5　六月初一日,发生日食。击鼓,用牺牲在土地神庙里祭祀,这是合于礼的。发生日食,天子减膳撤乐,在土地神庙里击鼓。诸侯用玉帛在土地神庙里祭祀,在朝廷上击鼓,以表明事奉神灵、教训百姓、事奉国君。表示威仪有等级,这是古代的制度。

15·6　齐国人允许了单伯要子叔姬回国的请求而赦免了他,派遣他来鲁国传达命令。《春秋》记载说"单伯至自齐",这是表示尊重他。

15·7　在新城的盟会,蔡国人不参加。晋国的郤缺率领上军、下军攻打蔡国,说:"国君年少,不能因此懈怠。"六月初八日,进入蔡国,订立了城下之盟,然后回国。凡是战胜别的国家,叫做"灭之";得到大城,叫做"入之"。

15·8　秋季,齐军侵犯我国西部边境,所以季文子向晋国报告。

15·9　冬季,十一月,晋灵公、宋昭公、卫成公、蔡庄侯、陈灵公、郑穆公、许昭公、曹文公在扈地结盟,重温新城盟会的友好,同时策划攻打齐国。齐国人给晋灵公馈送财礼,所以没有战胜就回来了。在这时候发生了齐国进攻我国的灾难,所以文公没有参加盟会。《春秋》记载说"诸侯盟于扈",这是由于没有救援我国的缘故。凡是诸侯会见,鲁公不参加,《春秋》就不加记载,这是由于隐讳国君的过失。参加了而不记载,这是由于迟到。

15·10　齐国人前来送回子叔姬,这是由于天子有命令的缘故。

15·11　齐懿公发兵进攻我国西部边境,他认为诸侯不能救援。并因此而攻打曹国,进入外城,讨伐曹国曾经前来朝见过鲁国。季文子说:"齐侯恐怕不能免于患难吧? 自己就不合于礼,反而讨伐合于礼的国家,说:'你为什么实行礼?'礼用来顺服上天,这是上天的常道。自己就违反上天,反而又因此讨伐别人,这就难免有祸难了。《诗》说:'为什么不互相敬畏? 因为不敬畏上天。'君子不虐待幼小和卑贱,这是由于畏惧上天。在《周颂》里说:'畏敬上天的威灵,因此就能保有福禄。'不畏敬上天,如何能保得住? 用动乱取得国家,奉行礼仪来保持国君的地位,还害怕不得善终,多做不合于礼的事情,这就不得善终了。"

文公十六年

16·1　十六年春季,周王朝历法的正月,鲁国与齐国议和。文公生病,派季文子和齐懿公在阳穀会见。季文子请求盟誓,齐懿公不肯,说:"请等贵国国君病好了再说吧。"

16·2　夏季,五月,文公四次没有在朔日听政,这是由于生重病的缘故。文公派襄仲向齐懿公馈送财礼,所以就在郪丘结盟。

16·3　有蛇从泉宫出来,进入国都,共十七条,和先君的数目一样。秋季,八月初八日,声姜死,因此拆毁了泉台。

16·4　楚国发生大饥荒,戎人攻打它的西南部,到达阜山,军队驻扎在大林。又进攻它的东南部,到达阳丘,以进攻訾枝。庸国人率领蛮人们背叛楚国,麇国人率领百濮聚集在选地,准备攻打楚国。在这时候,申地、息地的北门不敢打开。

楚国人商量迁到阪高去。蔿贾说:"不行。我们能去,敌人也能去,不如攻打庸国。麇国和百濮,认为我们遭受饥荒而不能出兵,所以攻打我们。如果我们出兵,他们必然害怕而回去。百濮散居各处,将会各回各的地方,谁还有空来打别人的主意?"于是楚国就出兵,过了十五天,百濮就罢兵回去了。

楚军从庐地出发以后,每到一地就打开仓库让将士一起食用。军队驻扎在句澨。派庐戢梨进攻庸国,到达庸国的方城。庸国人赶走楚军,囚禁了子扬窗。过了三个晚上,子扬窗逃跑回来,说:"庸国的军队人数众多,蛮人们聚在那里,不如再发大兵,同时出动国君的直属部队,合兵以后再进攻。"师叔说:"不行。姑且再跟他们交战使他们骄傲。他们骄傲,我们奋发,然后就可以战胜,先君蚡冒就是这样使陉隰归服的。"楚军又和他们接战,七次接战都败走,蛮人中只有裨、儵、鱼人追赶楚军。庸国人说:"楚国不足以一战了。"就不再设防。

楚庄王乘坐驿站的传车,在临品和前方部队会师,把军队分做两队:子越从石溪出发,子贝从仞地出发,以进攻庸国。秦军、巴军跟随着楚军,蛮人们服从楚王,和他结盟,就把庸国灭亡了。

16·5　宋国的公子鲍对国人加以优礼,宋国发生饥荒,把粮食全部拿出来施舍。对年纪在七十岁以上的,没有不送东西的,还按时令加送珍贵食品。没有一天不进出六卿的大门。对国内有才能的人,没有不加事奉的;对亲属中从桓公以下的子孙,没有不加周济的。公子鲍漂亮而且艳丽,宋襄公夫人想和他私通,公子鲍不肯,襄公夫人就帮助他施舍。宋昭公无道,国内的人们都由于襄公夫人的关系而拥护公子鲍。

当时,华元做右师,公子友做左师,华耦做司马,鳞𬤊做司徒,荡意诸做司城,公子朝做司寇。当初,司城荡死了,公子寿辞掉司城的官职,请求让荡意诸担任。后来告诉别人说:"国君无道,我的官位接近国君,很怕祸患引到身上。如果丢掉官职不干,家族就无所庇护。儿子,是我的代表,姑且让我晚点死去。这样,虽然丧失儿子,还不致于丧失家族。"不久以后,襄公夫人准备让宋昭公在孟诸打猎而乘机杀死他。宋昭公知道以后,带上了全部珍宝而出行。荡意诸说:"何不到诸侯那里去?"宋昭公说:"得不到自己的大夫至于君祖母以及人们的信任,诸侯谁肯接纳我? 而且已经做了别人的君主,再做别人的臣下,不如死了好。"昭公把他的珍宝全部赐给左右随行人员,而让他们离去。

襄公夫人派人告诉司城荡意诸离开宋昭公,司城回答说:"做他的臣下,而又逃避他的祸难,怎么能事奉以后的国君呢?"

冬季,十一月二十二日,宋昭公准备去孟诸打猎,没有到达,襄公夫人王姬派遣帅甸进攻并杀死了他,荡意诸为此死了。《春秋》记载说"宋人弑其君杵臼",这是由于国君无道。

宋文公即位,派同母弟须做了司城。华耦死后,派荡虺担任司马。

文公十七年

17·1　十七年春季,晋国荀林父、卫国孔达、陈国公孙宁、郑国石楚联军攻打宋国,质问说:"为什么杀死你们国君?"还是立了宋文公而回国。《春秋》没有记载卿的姓名,这是由于他们改变初衷。

17·2　夏季,四月初四日,安葬声姜。由于有齐国攻战造成的困难,因此推迟。

17·3　齐懿公攻打我国北部边境,襄仲请求结盟。六月,在穀地结盟。

17·4　晋灵公在黄父阅兵,就因此再次在扈地会合诸侯,这是为了和宋国讲和。鲁文公没有参加会合,这是由于发生了齐国征战造成的困难的缘故。《春秋》记载说"诸侯"而不记名字,这是讥讽他们并没有取得成效。

当时,晋灵公拒绝会见郑穆公,以为他背晋而亲楚。郑国的子家派通信使者去晋国,并且给他一封信,告诉赵宣子,说:

我郑国国君即位三年,召了蔡侯和他一起事奉贵国君主。九月,蔡侯来到敝邑前去贵国。敝邑由于侯宣多造成的祸难,我君因此而不能和蔡侯一同前来。十一月,消灭了侯宣多,就随同蔡侯而向执事朝觐。十二年六月,归生辅佐我君的长子夷,到楚国请求陈侯一同朝见贵国君主。十四年七月,我君又向贵国君主朝见,以完成关于陈国的事情。十五年五月,陈侯从我前去朝见贵国君主。去年正月,烛之武前去贵国,这是为了使夷前往朝见贵国君主。八月,我君又前去朝见。因陈、蔡两国紧紧挨着楚国而不敢对晋有二心,那是由于我们的缘故。为什么唯独我们这样事奉贵国君主,反而不能免于祸患呢?

我郑君在位期间,一次朝见贵国先君襄公,两次朝见现在的君主。夷和我的几个臣下紧接着到绛城来。我郑国虽然是个小国,却没有谁能比我国对贵国更有诚意了。如今大国说:"你没有能让我称心如意。"敝邑只有等待灭亡,也不能再增加一点什么了。古人有话说:"怕头怕尾,剩下来的身子还有多少?"又说:"鹿在临死前,顾不上选择庇护的地方。"

小国事奉大国,如果大国以德相待,小国就会以人道相事奉;如果不是以德相待,那就会像鹿一样,狂奔走险,急迫的时候,哪里还能选择地方? 贵国的命令没有止境,我们也知道面临灭亡了,只好准备派出敝邑全部的士兵在儵地等待。该怎么办,就听凭您的命令吧!

我郑文公二年六月二十日,曾到齐国朝见。四年二月某一天,为齐国进攻蔡国,也和楚国取得讲和。处于齐、楚两个大国之间而屈从于强国的命令,这难道是我们的罪过吗? 大国如果不加谅解,我们是没有地方可以逃避你们的命令了。

晋国的巩朔到郑国讲和修好,赵穿、公婿池作为人质。

17·5　秋季,周朝的甘歜在邥垂打败戎人,一战取胜是由于趁着戎人正在喝酒而用兵。

17·6　冬季,十月,郑国的太子夷、大夫石楚到晋国作为人质。

17·7　襄仲到齐国去,拜谢穀地的结盟。回来说:"下臣听说齐国人将要吃鲁国的麦子。据下臣看来,恐怕做不到。齐国国君的话极不严肃。臧文仲曾说过:'百姓的主人说话不严肃,必然很快就会死。'"

文公十八年

18·1　十八年春季,齐懿公下达了出兵日期,不久就得了病。医生说:"过不了秋天就会死去。"鲁文公听说以后,占了个卜,说:"希望他不到发兵日期就死!"惠伯在占卜前把所要占卜的事情致告龟甲,卜楚丘占了个卜说:"齐懿公不到期而死,但不是由于生病;国君也听不到这件事了。致告龟甲的人有灾祸。"二月二十三日,鲁文公逝世。

18·2　　齐懿公在做公子的时候,和邴歜的父亲争夺田地,没有得胜。等到即位以后,就掘出尸体而砍去他的脚,但又让邴歜为他驾车。夺取了阎职的妻子而又让阎职作他的骖乘。

夏季,五月,齐懿公在申池游玩。邴歜、阎职两个人在池子里洗澡,邴歜用马鞭打阎职。阎职发怒。邴歜说:"别人夺了你的妻子你不生气,打你一下,有什么妨碍?"阎职说:"比砍了他父亲的脚而不敢怨恨的人怎么样?"于是二人就一起策划,杀死了齐懿公,把尸体放在竹林里。回去,在宗庙里祭祀,摆好酒杯然后公然出走。齐国人立了公子元为国君。

18·3　　六月,安葬鲁文公。

18·4　　秋季,襄仲、庄叔去齐国,这是由于齐惠公即位,同时拜谢齐国前来参加葬礼。

鲁文公的第二个妃子敬嬴生了宣公。敬嬴受到宠爱,而私下结交襄仲。宣公年长,敬嬴把他嘱托给襄仲。襄仲要立他为国君,仲叔不同意。仲叔进见齐惠公,请求不要立宣公为国君。齐惠公新即位,想要亲近鲁国,同意了仲叔的请求。

18·5　　冬季,十月,襄仲杀死了太子恶和他的弟弟视,拥立宣公为国君。《春秋》记载说"子卒",这是为了隐讳真相。

襄仲用国君的名义召见叔仲惠伯,惠伯的家臣头子公冉务人劝止他,说:"进去必定死。"叔仲说:"死于国君的命令是可以的。"公冉务人说:"如果是国君的命令,可以死;不是国君的命令,为什么听从?"叔仲不听,就进去了,襄仲把他杀了而埋在马粪中间。公冉务人事奉叔仲的妻子儿女逃亡到蔡国,不久以后重新立了叔仲氏。

18·6　鲁文公夫人姜氏回到齐国,这是回娘家而不再回来了。她将要离开的时候,哭着经过集市,说:"天哪! 襄仲无道,杀死了嫡子立庶子。"集市上的人都随着她哭泣,鲁国人称她为哀姜。

18·7　莒纪公生了太子仆,又生了季佗,喜爱季佗而废黜太子仆,而且在国内办了许多不合礼仪的事情。太子仆依靠国内人们的力量杀了纪公,拿了他的宝玉逃亡前来,送给鲁宣公。宣公命令给他城邑,说:"今天一定得给。"季文子让司寇把他赶出国境,说:"今天一定得彻底执行。"鲁宣公询问这样做的缘故。季文子让太史克回答说:

先大夫臧文仲教导行父事奉国君的礼仪,行父根据它而应酬对答,不敢丢失。先大夫说:"见到对他的国君有礼的,事奉他,如同孝子奉养父母一样;见到对他的国君无礼的,诛戮他,如同鹰鹯追逐鸟雀一样。"先君周公制作《周礼》说:"礼仪用来观察德行,德行用来处置事情,事情用来衡量功劳,功劳用来取食于民。"又制作《誓命》说:"毁弃礼仪就是贼,窝藏贼人就是赃,偷窃财物就是盗,偷盗宝器就是奸。有窝赃的名声,利用奸人的宝器,这是很大的凶德,国家对此有规定的刑罚,不能赦免,记载在《九刑》之中,不能忘记。"

行父仔细观察莒仆,没有可以效法的。孝敬、忠信是吉德,盗贼、赃奸,是凶德。这个莒仆,如果取法他的孝敬吧,那么他是杀了国君父亲的;取法他的忠信吧,那么他是偷窃了宝玉的。他这个人,就是盗贼;他的器物,就是赃证。如果保护这个人而用他的器物,那就是窝赃。以此来教育百姓,百姓就昏乱无所取法了。莒仆的这些表现都不能算好事,而都属于凶德,所以才把他赶走。

从前高阳氏有才能强的子孙八位:苍舒、隤敳、梼戭、大临、龙降、庭坚、仲容、叔达,他们中正、通达、宽宏、深远、明智、守信、厚道、诚实，天下的百姓称之为八恺。高辛氏有才能强的子孙八位：伯奋、仲堪、叔献、季仲、伯虎、仲熊、叔豹、季狸，他们忠诚、恭敬、勤谨、端美、周密、慈祥、仁爱、宽和，天下的百姓称之为八元。这十六个家族，世世代代继承他们的美德，没有丧失前世的声名，一直到尧的时代，但是尧没有能举拔他们。舜做了尧的臣下以后，举拔八恺，让他们担任管理土地的官职，处理各种事务，没有不顺当的，地上和天上都平和无事。又举拔八元，让他们在四方之国宣扬五种教化，父亲讲道义，母亲慈爱，哥哥友爱，弟弟恭敬，儿子孝顺，里里外外都平安无事。

从前帝鸿氏有一个没有才能的儿子，掩蔽道义，包庇奸贼，喜欢办那些属于凶德的事情，把坏东西引为同类，那些愚昧奸诈的人，和他混在一起，天下的百姓称他为浑敦。少皞氏有一个没有才能的儿子，毁坏信义，废弃忠诚，花言巧语，惯听谗言，任用奸邪，造谣中伤，掩盖罪恶，诬陷盛德的人，天下的百姓称他为穷奇。颛顼氏有一个没有才能的儿子，没办法教训，不知道好话，他愚顽不灵，丢开他，他又刁恶奸诈，鄙视美德，搅乱上天的常道，天下的百姓称他为梼杌。这三个家族，世世代代继承他们的凶恶，加重了他们的坏名声，一直到尧的时代，但是尧没有能赶走他们。缙云氏有一个没有才能的儿子，追求吃喝，贪图财货，任性奢侈，不能满足，聚财积谷，没有限度，不分给孤儿寡妇，不周济穷人，天下的百姓把他和三凶相比，称他为饕餮。舜做了尧的臣下以后，开辟四方的城门，流放四个凶恶的家族，把浑敦、穷奇、梼杌、饕餮赶到四边荒远的地方，让他们去抵御妖怪。由于这样，尧死后而天下就像一个人一样，同心拥戴舜做天子，因为他举拔了十六相而去掉了四凶的缘故。所以《虞书》举出舜的功业，说"谨慎地发扬五

典,五典就能服从他",这是说没有错误的教导。说"放在许多
事务之中,事务都能顺利",这是说没有荒废的事务。说"开辟
四方的城门,从远方来的宾客都恭敬肃穆",这是说没有凶顽
的人物。

　　舜建立了二十种大功才成为天子,现在行父没有得到一
个好人,但已经赶走一个凶顽的人了。与舜的功业相比,已是
二十分之一,差不多可以免于罪过了吧!

18·8　宋国武氏的族人领着昭公的儿子,准备事奉司城须来发动
叛乱。十二月,宋文公杀死了同胞兄弟须和昭公的儿子,让戴公、
庄公、桓公的族人在司马子伯的宾馆里攻打武氏,于是就把武公、
穆公的族人驱逐出境,派遣公孙师做司城。公子朝去世,派了乐吕
做司寇,来安定国内的人心。

卷七 宣 公

宣公元年

1·1　元年春,周王朝历法的正月,公子遂到齐国迎接齐女。《春秋》所以称之为"公子遂",是由于尊重国君的命令。

1·2　三月,遂和夫人妇姜从齐国来到,《春秋》所以又称之为"遂",是由于尊重夫人。

1·3　夏季,季文子到齐国,进献财礼。以请求参加盟会。

1·4　晋国人惩罚不听命令的人,把胥甲父放逐到卫国,而立了胥克。先辛逃亡到齐国。

1·5　宣公和齐惠公在平州会见,以稳定宣公的君位。

1·6　东门襄仲去齐国,拜谢宣公能够参加盟会。

1·7　六月,齐国人取得了济水以西的土田,这是由于齐国帮助宣公得为国君的缘故,用此作为对齐国的谢礼。

1·8　宋国人杀死昭公的时候,晋国的荀林父带领诸侯的军队攻打宋国,宋国和晋国讲和,宋文公在晋国接受盟约。又在扈地会合诸侯,准备为鲁国讨伐齐国。两次都取得了财货而回国。郑穆公说:"晋国是不值得亲附的。"就在楚国接受盟约。陈共公死的时候,楚国不行诸侯吊丧的礼仪,陈灵公在晋国接受盟约。

秋季,楚庄王侵袭陈国,乘机又侵袭宋国。晋国赵盾带兵救陈、宋。宋文公、陈灵公、卫成公、曹文公和晋军在棐林会合，讨伐郑国。楚国芳贾去救援郑国，在北林和晋军相遇，囚禁了晋国的解扬，晋军就回国了。

1·9　晋国想要和秦国讲和。赵穿说："我们侵袭崇国，秦国为崇国着急，一定会去救崇国，我们就以此向秦国要求讲和。"冬季，赵穿侵袭崇国。秦国不肯和晋国讲和。

1·10　晋军攻打郑国，以报复北林的那次战役。当时，晋灵公奢侈，赵宣子执政，多次劝谏都不听，所以不能和楚国竞争。

宣公二年

2·1　二年春季，郑国公子归生接受楚国命令攻打宋国。宋国华元、乐吕带兵抵御。二月十日，在大棘地方开战，宋军大败。郑国囚禁了华元，得到乐吕的尸首，缴获战车四百六十辆，俘虏二百五十人，割了一百个被打死的敌人的耳朵。

狂狡迎战郑国人，那个郑国人逃进井里。狂狡把戟柄放下井去拉他上来。那个人出井以后反而俘虏了狂狡。君子说："丢掉礼而违背命令，他活该被俘。战争，发扬果敢刚毅的精神以服从命令叫做礼。杀死敌人就是果敢，达到果敢就是刚毅。如果反过来，就要被杀戮。"

准备开战的时候，华元杀羊犒赏士兵，他的车夫羊斟没有吃到。等到打起仗来，羊斟说："前天的羊，是你作主；今天的打仗，是我作主。"就驱车进入郑军，所以宋军失败。君子认为："羊斟不像个人，由于私怨，使国家战败、百姓受害，还有比这应当受到更重的刑罚吗？《诗》所谓'存心不良'，羊斟就是这种人吧！他残害百姓以使自己快意。"

宋国人用兵车一百辆、毛色漂亮的马四百匹,从郑国赎取华元。仅送去一半,华元就逃回来了。华元站在城门外,告诉守门人自己的身份,然后进城。见到羊斟说:"您的马不受驾御才会这样吧?"羊斟回答说:"不是马,是人。"回答完就逃到鲁国来。

宋国筑城,华元作为主持者,巡视工作。筑城的人唱歌说:"鼓着眼,挺着肚,丢了皮甲往回走。连鬓胡,长满腮,丢盔卸甲逃回来。"华元使他的骖乘对他们说:"有牛就有皮,犀牛兕牛多的是,丢了皮甲又有什么了不起?"做工的人说:"即使有牛皮,又去哪里找红漆?"华元说:"走吧! 他们的嘴多,我们的嘴少。"

2·2　秦国军队攻打晋国,以报复晋军侵入崇地的那次战役,因此而包围焦地。夏季,晋国赵盾救援焦地,于是从阴地会同诸侯的军队袭击郑国,以报复郑国攻打大棘的那次战役。楚国鬬椒救援郑国,说:"难道想得到诸侯的拥护,而又害怕困难吗?"楚军就驻扎在郑国,等待晋军。赵盾说:"他那个宗族在楚国争权夺利,差不多要完蛋了。暂且让他加重弊病。"于是就离开郑国。

2·3　晋灵公做事不合为君之道:重重地收税用来彩画墙壁,从高台上用弹丸打人而看他们躲避弹丸的形状。有一次,厨子烧煮熊掌不熟,灵公杀死他,放在畚箕里,让女人用头顶着走过朝庭。赵盾和士会看到死人的手,问起杀人的缘故,感到担心,准备进谏。士会对赵盾说:"你劝谏如果听不进去,就没有人继续劝谏了。请让士会先去,不听,你再接着劝谏。"士会前去三次,到达屋檐下,晋灵公才转眼看他,说:"我知道错了,打算改正。"士会叩头回答说:"一个人谁没有错,有了过错能够改正,就没有比这再好的事情了。《诗》说:'事情不难有个好开始,很少能有个好结果。'如果像这样,能够弥补过错的人就很少了。君王能够有好结果,那就是国家的保障了,岂只仅仅臣下们依靠它。《诗》又说:'周宣王有了过失,只有仲山甫来弥补。'这说的是能够弥补错误。君王能够弥补错误，礼服就不会丢弃了。"晋灵公尽管口头上说要改错，行动上还是不改正。赵盾屡次进谏，晋灵公很讨厌，派遣鉏麑去刺杀他。一天清早，赵盾的卧室门已经打开了，穿得整整齐齐，准备入朝。时间还早，赵盾正坐着打瞌睡。鉏麑退出来，叹气说："不忘记恭敬，真是百姓的主人。刺杀百姓的主人，就是不忠；放弃国君的使命，就是不信。两件事情有了一件，不如死了好。"撞在槐树上死去了。

秋季，九月，晋灵公请赵盾喝酒，埋伏了甲士，准备攻击杀死赵盾。赵盾的车右提弥明察觉了，快步登上殿堂，说："臣下侍奉国君饮酒，超过三杯，就不合礼了。"就扶了赵盾下殿堂。晋灵公嗾使恶狗扑过去，提弥明上前搏斗，把狗杀了。赵盾说："不用人而利用狗，虽然凶猛，又有什么用！"赵盾一边搏斗一边退了出去，提弥明被伏兵杀死。

当初，赵盾在首阳山打猎，住在翳桑，看见灵辄饿倒在地上，问他有什么病。灵辄说："已经三天没吃东西了。"赵盾给他食物，他留下一半。问他为什么，他说："在外学习做官已经三年了，不知道母亲还在不在，现在快到家了，请让我把这个留给她。"赵盾让他吃完，并且又给他准备了一筐饭和一些肉，放在袋子里给了他。后来灵辄做了晋灵公的卫兵，在这次事件中，倒过戟来抵御晋灵公的其他卫兵，使赵盾免于祸难。赵盾问他为什么这样做，他回答说："我就是翳桑那个饿倒的人。"问他的姓名住处，他不回答而退了出去，就自己逃亡了。

九月二十六日，赵穿在桃园杀死了晋灵公。赵盾没有走出晋国国境就回来再度做卿。太史记载说："赵盾弑其君"，在朝廷上公布。赵盾说："不是这样。"太史回答说："您是正卿，逃亡而没有走出国境，回来不惩罚凶手，弑君的人不是您还是谁？"赵盾说："哎呀！《诗》说：'因为我的怀恋，给自己带来了忧戚。'恐怕就是说的我了。"孔子说:"董狐,是古代的好史官,据事直书而不加隐讳。赵宣子,是古代的好大夫,因为法度而蒙受恶名。太可惜了,要是走出了国境,就可以避免背上弑君的罪名了。"

赵盾派遣赵穿到成周迎接公子黑臀而立他为国君。十月初三日,公子黑臀到武宫庙朝祭。

2·4　当初,丽姬作乱的时候,在神前诅咒,不许收容公子们,从此晋国没有公族这个官职。等到晋成公即位,就把官职授给卿的嫡长子,并且给他们土田,让他们做公族大夫。又把官职授给卿的其他儿子,也让他们担任馀子的官,让他们的庶子担任公行的官。晋国从此开始有了公族、馀子、公行三种官职。

赵盾请求让赵括担任公族大夫,说:"他是君姬氏的爱子。如果没有君姬氏,那么下臣就是狄人了。"晋成公同意了。冬季,赵盾掌管旄车之族,让赵括统率他的旧族,做公族大夫。

宣公三年

3·1　三年春季,没有举行郊祭却举行望祭,这都不合于礼。望祭,是属于郊祭的一种,不举行郊祭,也不必举行望祭了。

3·2　晋成公发兵攻打郑国,到达郔地。郑国和晋国讲和,士会到郑国缔结盟约。

3·3　楚庄王发兵攻打陆浑的戎人,到达雒水,在周朝的直辖地域陈兵示威。周定王派遣王孙满慰劳楚庄王。楚庄王问起九鼎的大小轻重如何。王孙满回答说:"鼎的大小轻重在于德而不在于鼎本身。从前夏朝正是有德的时候,把远方的东西画成图像,让九州的长官进贡铜器,铸造九鼎并且把图像铸在鼎上,所有物像都具备在上面了,让百姓知道神物和怪物。所以百姓进入川泽山林,就不会碰上不利于自己的东西。螭魅魍魉这些鬼怪都不会遇上,因而能够使上下和谐,以承受上天的福佑。夏桀昏乱,把鼎迁到了商朝,前后六百年。商纣暴虐,鼎又迁到了周朝。德行如果美善光明,鼎虽然小,也是重的。如果奸邪昏乱,鼎虽然大,也是轻的。上天赐福给明德的人,是有一定期限的。成王把九鼎固定在郏鄏,占卜的结果是传世三十代,享国七百年,这是上天所命令的。周朝的德行虽然衰微,天命并没有改变。鼎的轻重,是不能询问的。"

3·4　夏季,楚国人入侵郑国,这是由于郑国倾向晋国的缘故。

3·5　宋文公即位的第三年,杀了同胞弟弟须和昭公的儿子,这是出于武氏的谋划。于是就让戴公、桓公的族人在司马子伯的客馆里攻打武氏,把武公、穆公的族人全部驱赶出国。武公、穆公的族人用曹国的军队攻打宋国。秋季,宋国军队包围曹国,以报复武氏的叛乱。

3·6　冬季,郑穆公去世。当初,郑文公有一个贱妾名叫燕姞,梦见天使给她一支兰花,说:"我是伯鯈。我,是你的祖先,把兰作为你的儿子。因为兰花的香味在全国数第一,佩带着它,别人就会像爱它一样地爱你。"不久以后,文公见到燕姞,给她一支兰花而让她侍寝。燕姞告诉文公说:"我的地位低贱,侥幸怀了孩子。如果别人不相信,敢请把兰花用来作为信物。"文公说:"好。"生了穆公,取名叫兰。

　　郑文公奸淫了郑子的妃子叫做陈妫的,生了子华、子臧。子臧得了罪而离开了郑国。郑文公将子华诱骗到南里并杀死了他,又派坏人把子臧杀死在陈、宋两国之间。又在江国娶妻,生了公子士。公子士到楚国朝见,楚国人给他喝了毒酒,到叶地就死了。又在苏国娶妻,生了子瑕、子俞弥。俞弥早死。泄驾讨厌子瑕,郑文公也讨厌他,所以没有立为太子。郑文公赶走公子们,公子兰逃亡到晋国,跟随晋文公攻打郑国。石癸说:"我听说姬、姞两姓适合于成为配偶,他们的子孙必定蕃衍。姞,就是吉人的意思,是后稷的嫡妻。现在公子兰是姞氏的外甥,上天或许要使他光大,必然会做国君,他的后代必然蕃盛。如果先接纳他为国君,就可以保持他的宠信。"于是石癸就和孔将鉏、侯宣多收纳了公子兰,在大宫里盟誓以后而立了公子兰为国君,以此与晋国讲和。

郑穆公有病,说:"兰花死了,我也许要死了吧! 我是靠着它出生的。"割掉了兰花,郑穆公就死了。

宣公四年

4·1　四年春季,鲁宣公和齐惠公使莒国和郯国讲和,莒人不肯。宣公攻打莒国,占领了向地,这是不合于礼的。和别国讲和应该用礼,不应该用动乱。讨伐就不能安定,就是动乱。用动乱去平定动乱,还有什么安定? 没有安定,用什么来实行礼?

4·2　楚国人献给郑灵公一只大甲鱼。公子宋和子家将要进见,走在路上,公子宋的食指忽然自己动了起来,就把它给子家看,说:"以往我遇到这种情况,一定可以尝到美味。"等到进去以后,厨师正准备切甲鱼,两人互相看着而笑起来。郑灵公问他们为什么笑,子家就把刚才的情况告诉郑灵公。等到郑灵公把甲鱼赐给大夫们吃的时候,也把公子宋召来但偏不给他吃。公子宋发怒,用手指头在鼎里蘸了蘸,尝到味道后才退出去。郑灵公发怒,要杀死公子宋。公子宋和子家策划先下手。子家说:"牲口老了,尚且怕杀,何况国君?"公子宋就反过来诬陷子家。子家害怕,只好跟着他干,夏季,杀死了郑灵公。《春秋》记载说:"郑公子归生弑其君夷。"这是由于子家的权力不足的缘故。君子说:"仁爱而没有勇武,总是达不到目的。"凡是杀死国君,如果只记载国君的名字,这是由于国君无道;记载臣下的名字,这就是臣下有罪过。

郑国人要立子良为国君,子良辞谢说:"以贤明而论,去疾是不够的;以顺序而论,公子坚年长。"就立了郑襄公。襄公准备驱逐他的兄弟们,而赦免了子良。子良不同意,说:"穆公的儿子如果适合留下来,去疾本来就有这样的愿望。如果要离开郑国,那就都离开,为什么单独留下去疾?"于是赦免了他们,让他们都做大夫。

4·3　当初,楚国的司马子良生了子越椒。子文说:"一定要杀死他!这个孩子,有熊虎的形状、豺狼的声音,不杀,必然会灭亡若敖氏了。俗话说:'狼子野心。'这孩子是一条狼,难道能够养着吗?"子良不同意,子文把这件事当成一件很大的忧心事,到他临死的时候,聚集了他的族人,说:"如果越椒一旦执政,就快点走吧,不要遭到祸难。"同时哭着说:"鬼尚且要求吃东西,若敖氏的鬼不是要挨饿了吗!"等到令尹子文死去,鬬般担任令尹,子越担任司马。蒍贾出任工正,诬陷子扬并且杀了他,子越就做了令尹,他自己做了司马。子越又讨厌他,就带领了若敖氏的族人把伯嬴囚禁在轑阳并且杀死了他,于是就住在烝野地方,准备进攻楚庄王。楚庄王用三代国王的子孙作为人质,子越不接受。楚庄王在漳澨用兵。秋季,七月初九日,楚庄王和若敖氏在皋浒作战。子越椒用箭射楚庄王,力量强而箭镞锋利,箭飞过车辕,穿过鼓架,射在铜钲上。又射一箭,飞过车辕,透过车盖。士兵害怕,开始退却。楚庄王派人在军队里到处喊着说:"我们的先君文王攻克息国,得到三枝箭,子越椒偷去两枝,已经全用完了。"于是楚王下令击鼓进军,就消灭了若敖氏。

当初,若敖在䢵国娶妻,生了鬬伯比。若敖死后,跟着他的母亲养在䢵国,和䢵子的女儿私通,生了子文。䢵夫人让人把子文丢在云梦泽里,有老虎给他喂奶,邔子打猎,看到这场面,害怕而回来。夫人把女儿私生子的情况告诉邔子,邔子就让人收养了子文。楚国人把奶叫做"穀",把老虎叫做"於菟",所以就把这个孩子叫做鬭穀於菟。邔子把他的女儿嫁给鬭伯比做妻子。鬭穀於菟就是令尹子文。

子文的孙子箴尹克黄出使齐国,回来时到达宋国,听到叛乱消息。有人说:"不能回去了。"箴尹说:"丢掉国君的命令,还有谁来接受我?国君,就是上天,难道可以逃避上天吗?"就回到楚国复命,并且自动到法官那里请求囚禁。楚庄王想起子文治理楚国的功绩,说:"子文如果没有后代,如何劝人为善?"就让克黄恢复原来的官职,把他的名字改为"生"。

4·4　冬季,楚庄王进攻郑国,这是由于郑国没有顺服的缘故。

宣公五年

5·1　五年春季,鲁宣公到齐国。高固让齐惠公留住鲁宣公,强请娶叔姬为他的的妻子。

5·2　夏季,宣公从齐国回来,《春秋》记载这件事,这是因为他有过失。

5·3　秋季,九月,齐国的高固前来迎接叔姬,这是为了自己。所以《春秋》记载说"逆叔姬",这是由于卿亲自迎娶的缘故。

5·4　冬季,高固和子叔姬来鲁国,这是为了履行"返马"这一古代婚姻礼节。

5·5　楚庄王进攻郑国。陈国和楚国讲和。晋国的荀林父救援郑国,进攻陈国。

宣公六年

6·1　六年春季,晋国、卫国入侵陈国,这是由于陈国偏向楚国的缘故。

6·2　夏季,周定王派遣子服到齐国求娶齐女为王后。

6·3　秋季,赤狄进攻晋国,包围了怀地和邢丘。晋成公打算反攻。中行桓子说:"让他危害他自己的百姓,以使他恶贯满盈,到时候大概就可以歼灭了。《周书》说'歼灭大国殷朝',说的就是这一类的事情。"

6·4　冬季,周卿士召桓公到齐国迎接王后。

6·5　楚军攻打郑国,讲和以后就回去了。

6·6　郑国的公子曼满对王子伯廖说,他想要做卿。伯廖告诉别人说:"没有德行而又贪婪,他是应在《周易·丰》卦☲变成《离》卦☲这样的卦象上,不会超过三年,必然灭亡。"隔了一年,郑国人杀死了公子曼满。

宣公七年

7·1　七年春季,卫国的孙桓子来鲁国缔结盟约,两国开始修好,同时商量和晋国会见。

7·2　夏季,鲁宣公会合齐惠公联兵进攻莱国,这是由于事先并没有让我国参与策划。凡是出兵,事先参与策划叫做"及",没有参与策划叫做"会"。

7・3　赤狄入侵晋国,割取了向阴的谷子。

7・4　郑国和晋国讲和,这是出于公子宋的谋划,所以公子宋作为郑君的赞助行礼者来参加盟会。冬季,在黑壤结盟。周卿士王叔桓公到会监临,以促成不和睦的诸侯重建邦交。

　　晋成公即位的时候,鲁宣公没有去朝见,又不派大夫访问,晋国人因此在会上拘留了他。在黄父结盟,宣公没有参加,由于向晋国送了一些财物才得以被释放回国。所以《春秋》不记载黑壤的结盟,这是由于隐讳国君受辱。

宣公八年

8・1　八年春季,白狄和晋国讲和。夏季,会合晋国进攻秦国。晋国人抓住秦国的一个间谍,把他杀死在绛城的街市上,过了六天又复活了。

8・2　在太庙举行祭祀,襄仲死后接连两天举行祭祀,这是不合于礼的。

8・3　楚国因为舒姓诸侯背叛,所以进攻舒、蓼,灭亡了舒、蓼两国。楚庄王给它们划定疆界,到达滑水的转折处,同时和吴国、越国结盟而回去。

8・4　晋国胥克得了食物中毒的病,郤缺主持国政。秋季,废了胥克,任命赵朔做下军的副帅。

8・5　冬季,安葬敬嬴。由于旱灾,没有麻,开始用葛做牵引棺材的绳子。由于下雨,不能如期下葬,这是符合礼的。按礼的一般的规定,占卜安葬的日期,先占卜较远的日期,以避免别人认为对死者不加怀念。

8·6　鲁国在平阳筑城,《春秋》记载这件事,是因为合于时令。

8·7　陈国和晋国讲和。楚国的军队进攻陈国,讲和以后回国。

宣公九年

9·1　九年春季,周定王的使者来鲁国要求派人去聘问。夏季,孟献子去成周聘问。周定王认为有礼,赠给他丰厚的财礼。

9·2　秋季,占领了根牟,《春秋》记载是说很容易。

9·3　滕昭公死。

9·4　晋成公、宋文公、卫成公、郑襄公、曹文公在扈地会见,这是由于准备攻打不听从晋国的国家。陈灵公没有参加会见,晋国的荀林父率领诸侯的军队进攻陈国。晋成公死在扈地,荀林父便率兵回国。

9·5　冬季,宋军包围滕国,这是乘滕国有丧事。

9·6　陈灵公和孔宁、仪行父与夏姬通奸,都把夏姬的汗衣贴身穿着,而且在朝廷上开玩笑。泄冶进谏说:“国君和卿宣扬淫乱,百姓就无所效法,而且名声不好。君王还是把那件汗衫收藏起来吧!”陈灵公说:“我能够改过了。”陈灵公把泄冶的话告诉孔宁、仪行父两个人,这两个人请求杀死泄冶,陈灵公不加禁止,于是就杀了泄冶。孔子说:“《诗》说:‘百姓多行邪恶,就不要再去自立法度。’这说的就是泄冶吧!”

9·7　楚庄王为了厉地战役的缘故,进攻郑国。

9·8　晋国的郤缺率兵去救援郑国,郑襄公在柳棼打败了楚军。国内的人们都很欢喜,只有子良担心说:“这是国家的灾难,我离死期不远了。"

宣公十年

10·1　十年春季,鲁宣公到了齐国。齐惠公因为我国顺服的缘故,把济水以西的土田归还给我国。

10·2　夏季,齐惠公去世。崔杼受到齐惠公的宠信,高、国两族惧怕他威逼,惠公死后就赶走了崔杼,崔杼逃亡到卫国。《春秋》记载说"崔氏",是说这不是他的罪过,而且把这件事通告诸侯时,也称族而不称名。凡是诸侯的大夫离开本国,通告诸侯说:"某氏的守臣某,不能守宗庙了,谨此通告。"凡是有友好往来的国家就发给通告,不是,就不发通告。

10·3　宣公奔赴齐国参加丧礼。

10·4　陈灵公和孔宁、仪行父在夏征舒家喝酒。灵公对仪行父说:"征舒长得像你。"仪行父回答说:"也像君王。"夏征舒对此感到愤恨。灵公出去,夏征舒从马房里用箭射死灵公。孔宁、仪行父逃亡到楚国。

10·5　滕国人依靠晋国而不事奉宋国,六月,宋国的军队进攻滕国。

10·6　郑国和楚国讲和,诸侯的军队进攻郑国,讲和以后回国。

10·7　秋季,刘康公前来回聘。

10·8　鲁国出兵进攻邾国,占领了绎地。

10·9　季文子第一次到齐国聘问。

10·10　冬季,子家到了齐国,这是为了向齐国解释鲁国进攻了邾国的缘故。

10·11　国武子前来回聘。

10·12　楚庄王进攻郑国。晋国的士会去救郑国,在颍水北面赶走了楚军。诸侯的军队在郑国留守。

10·13　郑国的子家死。郑国人为了讨伐杀害幽公的那次动乱,打开了子家的棺材,并赶走了他的族人。改葬幽公,把他的谥号改为"灵"。

宣公十一年

11·1　十一年春季,楚庄王发兵进攻郑国。到达栎地。子良说:"晋国、楚国不讲德行,而用武力争夺,谁来我们就接近他。晋国、楚国没有信用,我们哪里能够有信用?"于是就跟从楚国。夏季,楚国在辰陵会盟,这是由于陈、郑两国都顺服了。

11·2　楚国的左尹子重袭击宋国,楚庄王住在郔地等待。

11·3　令尹艻艾猎在沂地筑城,派遣主持人考虑工程计划,将情况报告给司徒。计量工程,规定日期,分配材料和用具,放平夹板和支柱,规定土方和器材劳力的多少,研究取材和工作的远近,巡视城基各处,准备粮食,审查监工的人选,工程三十天就完成,没有超过原定的计划。

11·4　晋国的郤成子向狄人各部族谋求友好。狄人各部族憎恨赤狄对他们的役使,于是顺服晋国。秋季,在欑函会见,狄人各部族都来顺服。在这次欑函之行以前,大夫们要召集狄人前来。郤成子说:"我听说,没有德行,就只能勤劳;没有勤劳,如何能要求别人服从我? 能够勤劳,就有成果,还是到狄人那里去吧。《诗》说:'文王已经做到勤劳。'文王尚且勤劳,何况缺少德行的人呢?"

11·5　冬季,楚庄王由于陈国夏氏作乱的缘故,进攻陈国。对陈国人说:"不要惊惧,我将要讨伐少西氏。"就进入陈国,杀了夏征舒,把他五马分尸在栗门。因而就把陈国设置为县。这时陈成公正在晋国。

申叔时在齐国出使,回国,向楚庄王复了命以后就退下去。楚庄王派人责备他说:"夏征舒无道,杀死他的国君。我带领诸侯讨伐而杀了他,诸侯、县公都庆贺我,你独独不庆贺我,什么缘故?"申叔时回答说:"还可以申述理由吗?"楚庄王说:"可以呀!"申叔时说:"夏征舒杀死他的国君,他的罪恶是很大了;讨伐而杀了他,这是君王所应当做的事。不过人们也有话说:'牵牛践踏别人的田地,就把他的牛夺过来。'牵牛践踏田地的人,肯定是有过错的了;但夺走他的牛,惩罚就太重了。诸侯跟从君王,说是讨伐有罪的人。现在把陈国设置为县,这就是贪图一国的富有。用伐罪号召诸侯,而以贪婪来告终,恐怕不可以吧?"楚庄王说:"好啊!我没有听说过这些话。归还陈国的土地,可以吗?"申叔时回答说:"这就是我们这一班小人所说的'从怀里拿出来给他'呀。"楚庄王就重新封立陈国,从每个乡带一个人回楚国,集中住在一地,称为夏州。所以《春秋》记载说"楚子入陈,纳公孙宁、仪行父于陈",这是表扬这一举动合于礼。

11·6　厉地这一战役,郑襄公逃走回国。从这时候以来,楚国就没有得志。郑国既然在辰陵接受盟约,又要求事奉晋国。

宣公十二年

12·1　十二年春季,楚庄王包围郑国十七天。郑国人占卜以求和,不吉利;为在太庙号哭和出车于街巷去占卜,吉利。城里的人们在太庙大哭,守城的将士在城上大哭。楚庄王退兵。郑国人修筑城墙,楚国又进军,再次包围郑国,经三个月,攻克了郑国。楚军从皇门进入,到达京城的大路上。郑襄公脱去衣服,牵着羊迎接楚庄王,说:"我不能承奉天意,不能事奉君王,使君王带着怒气来到敝邑,这是我的罪过,岂敢不唯命是听?要把我俘虏到江南,放到海边,也听君王吩咐;要灭亡郑国,把郑地赐给诸侯,让郑国人作为奴隶,也听君王吩咐。如果承君王顾念从前的友好,向周厉王、宣王、郑桓公、武公求福,而不灭绝我国,让我国重新事奉君王,等同于楚国的诸县,这是君王的恩惠,我的心愿,但又不是我所敢于指望的了。谨坦露心里的话,请君王考虑。"左右随从说:"不能允许他,得到了国家没有赦免的。"楚庄王说:"他的国君能够屈居他人之下,必然能够取信和使用他的百姓,恐怕还是很有希望的吧!"楚军退兵三十里而允许郑国讲和。潘尪进入郑国结盟,子良到楚国作为人质。

12·2　夏季,六月,晋国的军队去救郑国。荀林父率领中军,先縠作为辅佐;士会率领上军,郤克作辅佐;赵朔率领下军,栾书作为辅佐。赵括、赵婴齐担任中军大夫,巩朔、韩穿担任上军大夫,荀首、赵同担任下军大夫。韩厥担任司马。到达黄河,听到郑国已经和楚国讲和,荀林父想要回去,说:"没有赶到郑国,又劳动百姓,出兵有什么用?等楚军回去以后我军再出兵进攻郑国,还不算晚。"士会说:"好。会听说用兵之道,观察敌人的间隙而后行动,德行、刑罚、政令、事务、典则、礼仪合乎常道,就是不可抵挡的,不能进攻这样的国家。楚国的军队讨伐郑国,讨厌郑国有二心,又可怜郑国的卑下,郑国背叛就讨伐他,郑国顺服就赦免他,德行、刑罚都完成了。讨伐背叛,这是刑罚;安抚顺服,这是德行,这二者树立起来了。往年进入陈国,如今进入郑国,百姓并不感到疲劳,国君没有受到怨恨,政令就合于常道了。楚军摆成荆尸之阵而后发兵,井井有条,商贩、农民、工匠、店主都不废时失业,步兵车兵关系和睦,事务就互不相犯了。芫敖做令尹,选择实行楚国好的法典,军队出动,右军跟随主将的车辕,左军打草作为歇息的准备,前军以旄旌开路以防意外,中军斟酌谋划,后军以精兵押阵。各级军官根据象征自己的旌旗的指示而采取行动,军事政务不必等待命令而完备,这就是能够运用典则了。他们国君选拔人材,同姓中选择亲近的支系,异姓中选择世代旧臣,提拔不遗漏有德行的人,赏赐不遗漏有功劳的人。对老人有优待,对旅客有赐予。君子和小人,各有规定的服饰。对尊贵的有一定的礼节示以尊重,对低贱的有一定的等级示以威严。这就是礼节没有不顺的了。德行树立,刑罚施行,政事成就,事务合时,典则执行,礼节顺当,怎么能抵挡楚国?看到可能就前进,遇到困难就后退,这是治军的好办法。兼并衰弱进攻昏暗,这是用兵的好规则。您姑且整顿军队、筹划武备吧!还有弱小而昏暗的国家,为什么一定要进攻楚军?仲虺说:'占取动乱之国,欺侮可以灭亡之国。'说的就是兼并衰弱。《诗经·周颂·酌》篇说:'天子的军队多么神气,率领他们把昏昧的国家占取。'说的就是进攻昏昧。《武》篇说:'武王的功业无比伟大强盛。'安抚衰弱进攻昏暗,以致力于功业所在,这就可以了。"先縠说:"不行。晋国所以能称霸诸侯,是由于军队勇敢、臣下得力。现在失去了诸侯,不能说是得力;有了敌人不去追逐,不能说是勇敢。由于我们而丢掉霸主的地位,不如去死。而且晋国整顿军队不出动,听到敌人强大就退却,这不是大丈夫。任命为军队的统帅,而做出了不是大丈夫所做的事,这只有你们能办到,我是不会干的。"说完,就带领中军副帅所属军队渡过黄河。

荀首说:"先縠这些军队危险了。《周易》上有这样的卦象,从《师》卦☷变成《临》卦☷,爻辞说:'出兵用法令治理,法令不严明,结果必凶。'执行顺当而成功就是'臧',反其道就是'否'。大众离散是柔弱,流水壅塞就成为沼泽。有法制指挥三军如同指挥自己一样,所以叫做律。执行不顺当,法制治理就穷尽而无用。从充满到穷尽,阻塞而且不整齐,就是凶险的征兆了。不能流动叫做'临',有统帅而不服从,还有比这更严重的'临'吗?说的就是先縠的这个行为了。果真和敌人相遇,一定失败,彘子将会是主要罪魁,即使免于战死而回国,一定有大的灾祸。"韩厥对荀林父说:"彘子率领一部分军队失陷,您的罪过大了。您作为最高统帅,军队不听命令,这是谁的罪过?失去属国,丢掉军队,构成的罪过已经太重,不如干脆进军。作战如果不能得胜,失败的罪过可以共分担,与其一个人承担罪责,六个人共同承担,不还好一点吗?"于是晋国的军队就渡过了黄河。

楚庄王率军北上,军队驻扎在郔地。沈尹率领中军,子重率领左军,子反率领右军,准备在黄河饮马以后就回国。听到晋国军队已经渡过黄河,楚庄王想要回去,宠臣伍参想打仗,令尹孙叔敖不想干,说:"往年进入陈国,今年进入郑国,不是没有战争。打起来以后不能得胜,吃了伍参的肉难道就够了吗?"伍参说:"如果作战得胜,孙叔就是没有谋略。不能得胜,参的肉将会在晋军那里,哪里还能吃得上呢?"令尹回车向南,倒转旌旗。伍参对楚庄王说:"晋国参政的是新人,不能行使命令。他的副手先縠刚愎不仁,不肯听从命令。他们的三个统帅,想要专权行事而不能办到。想要听从命令而没有上级,大军听从谁的命令?这一次,晋军一定失败。而且国君逃避臣下,国君怎能蒙受这耻辱?"楚庄王听了不高兴,告诉令尹把战车改而向北,楚军驻扎在管地等待晋军。

晋国军队驻在敖、鄗两山之间。郑国的皇戌出使到晋军中,说:"郑国跟从楚国,是为了保存国家的缘故,对晋国并没有二心。楚军屡次得胜而骄傲,他们在外面已经很久了,又不设防御。您攻击他们,郑国的军队作为后继,楚军一定失败。"先縠说:"打败楚军,降服郑国,就在此一举了。一定要答应皇戌的请求。"栾书说:"楚国自从战胜庸国以来,楚国的国君没有一天不用下列的方式治理国内的人们:教训百姓生计的不容易、祸患不知哪天就会到来、戒备警惕不能放松。在军队里,没有一天不用这样的方式管理军官士兵,告诫军队:胜利的不能永远保有、纵得到一百次胜利而终究没有好结果。用若敖、蚡冒乘柴车、穿破衣开辟山林的事迹来教训他们。告诫说:'百姓的生计在于勤劳,勤劳就不会匮乏。'这就不能说他们骄傲。先大夫子犯说过:'出兵作战,理直就气壮,理亏就气衰。'我们所做的事情不合于道德,又和楚国结怨,我们理曲,楚国理直,这就不能说他们气衰。他们国君的战车分为左右二广,每广有战车一卒三十辆,每卒又分左右两偏。右广先套车,计算时间等到中午,左广就接替它,一直到晚上。左右近臣按次序值夜,以防备发生意外,这就不能说没有防备。子良,是郑国的杰出人物;师叔,是楚国地位崇高的人物。师叔进入郑国结盟,子良作为人质住在楚国,楚国和郑国是亲近的。他们来劝我们作战,我们战胜就来归服,不胜就去依靠楚国,这是用我们作为占卜!郑国的话不能听从。"赵括、赵同说:"领兵而来,就是为了寻找敌人。战胜敌人,得到属国,又等待什么?一定要听从彘子的话。"荀首说:"赵同、赵括的主意,是一条自取祸乱之道。"赵庄子说:"栾伯好啊!实践他的话,一定能使晋国长久。"

　　楚国的少宰到晋军中去,说:"寡君年轻时就遭到忧患,不善于辞令。听到两位先君来往在这条道路上,就是打算教导和安定郑国,岂敢得罪晋国?您几位不要呆得太久了!"士会回答说"以前周平王命令我们的先君晋文侯说:'和郑国共同辅佐周王室,不要废弃天子的命令。'现在郑国不遵循天子的命令,寡君派遣下臣们质问郑国,岂敢劳动楚国官吏来迎送?恭敬地拜谢君王的命令。"先毂认为这是奉承楚国,派遣赵括跟上去更正说:"我们的临时代表的说法不恰当。寡君使臣下们把楚国从郑国迁出去,说:'不要躲避敌人!'臣下们没有地方可以逃避命令。"

楚庄王又派使者向晋国求和,晋国人答应了,已约定了结盟的日期。楚国的许伯替乐伯驾御战车,摄叔作为车右,向晋军单车挑战。许伯说:"我听说单车挑战,驾车人疾驰而使旌旗斜倒,迫近敌营,然后回来。"乐伯说:"我听说单车挑战,车左用利箭射敌,代替御者执掌马缰,驾车人下车,整齐马匹,整理好马脖子上的皮带,然后回来。"摄叔说:"我听说单车挑战,车右进入敌营,杀死敌人割取左耳、抓住俘虏,然后回来。"这三个人都按照自己所听到的完成了任务,而后回来。晋国人追赶他们,左右两面夹攻。乐伯左边射马,右边射人,使晋军左右翼不能前进。箭只剩下一枝。有麋鹿出现在前面,乐伯射麋鹿正中背部。晋国的鲍癸正在后面,乐伯让摄叔拿着麋鹿献给他,说:"由于今年还不到时令,应当奉献的禽兽没有来,谨把它奉献给您的随从作为膳食。"鲍癸阻止部下,不再追赶,说:"他们的车左善于射箭,车右善于辞令,都是君子啊。"因此许伯等三人都免于被俘。

晋国的魏锜请求做公族大夫,没有达到目的,因而发怒,想要使晋军失败。请求单车挑战,没有得到允许。请求出使,允许了。于是就去到楚军中,请战以后而回国。楚国的潘党追赶他,到达荥泽,魏锜看到六只麋鹿,就射死一只,回车献给潘党,说:"您有军事在身,打猎的人恐怕不能供给新鲜的野兽吧?谨以此奉献给您的随从人员。"潘党下令不再追赶魏锜。赵旃请求做卿没有达到目的,而且对于失掉楚国单车挑战的人很生气,就请求挑战,没有得到允许。请求召请楚国人前来结盟,允许了。赵旃和魏锜都接受命令而前去。郤克说:"这两个心怀不满的人去了,不加防备,必然失败。"先毂说:"郑国人劝我们作战,不敢听从;楚国人求和,又不能实行友好。带兵没有固定的策略,多加防备做什么?"士会说:"防备他们为好。如果这两位激怒了楚国,楚国人乘机掩袭,马上可以丧失军队,不如防备他们。楚国人没有恶意,撤除戒备而结盟,哪里会损害友好?如果带着恶意而来,有了防备,不会失败。而且即使是诸侯相见,军队的守备也不加撤除,这就是警惕。"先縠不同意。

士会派遣巩朔、韩穿率领七队伏兵埋伏在敖山之前,所以上军不败。赵婴齐派遣他的部下先在黄河准备了船只,所以战败以后就渡过河去了。

潘党已经赶走了魏锜,赵旃在夜里到达楚军驻地,铺开席子坐在军门的外面,派遣他的部下先进军门。楚庄王的战车一广三十辆,共分为左右两广。右广在早晨鸡叫的时候套车,太阳到了中天才卸车;左广就接替右广,太阳落山才卸车。许偃驾御右广的指挥车,养由基作为车右;彭名驾御左广的指挥车,屈荡作为车右。六月十四日,楚庄王乘坐左广的指挥车,以追赶赵旃。赵旃丢掉车子跑进树林里,屈荡和他搏斗,获得了他的铠甲和下衣。晋国人害怕这两个人激怒楚军,让驻守的兵车前来接他们。潘党远望飞起来的尘土,派战车奔驰报告说:"晋国的军队来了。"楚国人也害怕楚庄王陷入晋军中,就出兵迎战。孙叔敖说:"前进!宁可我们迫近敌人,不要让敌人迫近我们。《诗》说:'大兵车十辆,冲在前面开道',这是要抢在敌人的前面。《军志》说:'抢在敌人前面,可以夺去敌人的斗志。'这是要主动迫近敌人。"于是就很快地进军,战车奔驰、士卒奔跑,围攻晋军。荀林父不知所措,在军中击鼓宣布说:"先过河的有赏。"中军、下军互相争夺船只,争先恐后,先上船的人用刀砍断后来者攀着船舷的手指,船中砍断的指头多得可以用手捧起来。

晋军向右转移,上军没有动。工尹齐率领右方阵的士兵,以追逐晋国的下军。楚庄王派唐狡和蔡鸠居报告唐惠侯说:"我无德而贪功,而又遭遇强大的敌人,这是我的罪过。楚国如果不能得胜,这也是君王的羞耻。谨借重郡王的福佑,以帮助楚军成功。"派遣潘党率领后备的战车四十辆,跟随唐侯作为左方阵,以迎战晋国的上军。驹伯说:"抵御他们吗?"士会说:"楚军的士气正旺盛,如果楚军集中兵力对付我们的上军,我们的军队必然被消灭,不如收兵离开。分担战败的指责,保全士兵的生命,不也是可以的吗?"就亲自作为上军的后殿而退兵,因此没有被打败。

楚庄王见到右广,准备乘坐。屈荡阻止说:"君王乘坐左广开始作战,也一定要乘坐它结束战争。"从此楚国的乘广改以左广为先。

晋国人有战车陷在坑里不能前进,楚国人教他们抽出车前横木,没走多远,马盘旋不能前进,楚国人又教他们拔掉大旗,扔掉车辕头上的横木,这样才逃了出去。晋军转过头来说:"我们可不像大国的人有多次逃跑的经验。"

赵旃用他的好马两匹帮助他的哥哥和叔父逃跑,而用其他的马驾车回来。碰上敌人不能逃脱,就丢弃车子跑到树林里。逢大夫和他两个儿子坐在车上,对他两个儿子说:"不要回头去望。"儿子回头去望说:"赵老头在后边。"逢大夫发怒,让他们下车,指着树木说:"在这里收你们的尸首。"逢大夫就把缰绳交给了赵旃,赵旃登上战车得以逃脱。第二天,按照标志前去收尸,在树下得到了两个叠压的尸首。

楚国的熊负羁囚禁了知罃,荀首率领他的部属回来战斗,魏锜驾御战车,下军的士兵大多跟着回来。荀首每次发射,抽箭,如果是利箭,就放在魏锜的箭袋里。魏锜发怒说:"不去寻找儿子,反而爱惜蒲柳,董泽的蒲柳,难道可以用得完吗?"荀首说:"不得到别人的儿子,我的儿子难道可以得到吗? 利箭我是不能随便射出去的。"荀首射中了连尹襄老,得到他的尸首,就用战车装上;射中公子縠臣,把他囚禁起来。荀首带了这两个人回去。

到黄昏时,楚军驻扎在邲地,晋国剩馀的士兵已经溃不成军,夜里渡河,喧吵了一整夜。

六月某日,楚军的辎重到达邲地,军队就驻扎在衡雍。潘党说:"君王何不建筑起军营显示武功,收集晋国人的尸首建立一个大坟堆?下臣听说战胜了敌人一定要有纪念物给子孙看,表示不忘记武功。"楚庄王说:

> 这不是你所知道的。说到文字,止戈二字合起来是个武字。武王战胜商朝,作《周颂》说:"收拾干戈,包藏弓箭。我追求那美德,陈于这《夏》乐之中,成就王业而保有天下。"又作《武》篇,它的最后一章说:"得以巩固你的功业。"《周颂》的第三章说:"布陈先王的美德而加以发扬,我前去征讨只是为了求得安定。"它的第六章说:"安定万邦,常有丰年。"武功,是用来禁止强暴、消灭战争、保持强大、巩固功业、安定百姓、调和大众、丰富财物的,所以要让子孙不要忘记他的大功。现在我让两国士兵暴露尸骨,这是强暴了;显耀武力以使诸侯畏惧,战争不能消灭了;强暴而不消灭战争,哪里能够保持强大?还有晋国存在,如何能够巩固功业?所违背百姓的愿望还很多,百姓如何能够安定?没有德行而勉强和诸侯相争,用什么调和大众?乘别人之危作为自己的利益,趁人之乱作为自己的安定,如何能丰富财物?武功具有七种美德,我对晋国用兵却没有一项美德,用什么来昭示子孙后代?还是为楚国的先君修建宗庙,把成功的事祭告先君罢了。用武不是我追求的功业。古代圣明的君王征伐对上不恭敬的国家,抓住它的罪魁祸首杀掉埋葬,作为一次大杀戮,这样才有了京观以惩戒罪恶。现在并不能明确指出晋国的罪恶在哪里,士卒都尽忠为

执行国君的命令而死,又难道能建造京观来惩戒吗?

楚庄王说完,就在黄河边上祭祀了河神,修建了先君的神庙,报告战争胜利,然后回国。

12·3　这次战役,是郑国的石制把楚国军队引进来的,企图分割郑国,并且立公子鱼臣为国君。七月二十九日,郑国人杀死了鱼臣和石制。君子说:"史佚所谓'不要依仗动乱',说的就是这一类人。《诗》说:'动乱离散是那么厉害,有哪里可以归宿'?这是归罪于靠动乱来谋私利的人吧!"

12·4　郑襄公、许昭公去到楚国。

12·5　秋季,晋国军队回国,荀林父自己请求处以死罪,晋景公打算答应他。士贞子劝谏说:"不行,城濮那一次战役,晋军三天吃着楚军留下的粮食,文公还面带忧色。左右的人说:'有了喜事而忧愁,如果有了忧事反倒喜悦吗?'文公说:'得臣还在,忧愁还不能算完结。被困的野兽还要争斗一下,何况是一国的宰相呢?'等到楚国杀了得臣,文公便喜形于色,说:'没有人来同我作对了。'这是晋国的再次胜利,也是楚国的再次失败,楚国由此两世都不能强盛。现在上天或者是要大大地警戒晋国,但又杀了荀林父以增加楚国的胜利,这恐怕会使晋国好久还不能强盛的吧?荀林父的事奉国君,进,想着竭尽忠诚;退,想着弥补过错,是捍卫国家的人,怎么能杀他?他的失败,如同日食月食,怎么会损害日月的光明?"晋景公就命令荀林父官复原位。

12·6　冬季,楚庄王攻打萧国。宋国华椒率领蔡军去救萧国。萧军囚禁了熊相宜僚和公子丙。楚庄王说:"不要杀,我退兵。"萧国人杀了他们。楚庄王发怒,就包围了萧国。萧国崩溃,申公巫臣说:"军队里的人大多很冷。"楚庄王巡视三军,安抚慰勉士兵们,三军的战士感到温暖,都好像披上了丝棉一样。军队就前进而逼近萧城。

还无社告诉司马卯,把申叔展喊出来。申叔展说:"你有酒药吗?"还无社说:"没有。""有川芎吗?"还无社说:"没有。""得了风湿病怎么办?"还无社说:"注意看枯井就可以拯救我。"申叔展说:"你在井上放一条草绳子,有向井里哭的人就是我。"第二天,萧国崩溃。申叔展看到井上有草绳子在那里,就放声号哭,把还无社救出枯井。

12·7　晋国的原縠、宋国的华椒、卫国的孔达、曹国人在清丘结盟,说:"周济有困难的国家,讨伐三心二意的国家。"对这次盟会,《春秋》没有记载卿的姓名,这是由于没有实行盟约。

12·8　宋国为了盟约的缘故,进攻陈国。卫军救援陈国,孔达说:"先君有约定,如果大国进攻我们,我愿意为此去死。"

宣公十三年

13·1　十三年春季,齐国军队进攻莒国,由于莒国依仗晋国而不奉事齐国的缘故。

13·2　夏季,楚庄王进攻宋国,因为宋国曾救援萧国。君子说:"清丘的结盟,只有宋国可以免去被讥议。"

13·3　秋季,赤狄进攻晋国,到达清地,这是先縠把他们召来的。

13·4　冬季,晋国人追究邲地失败和清地战争的责任,归罪于先縠而杀死了他,把他的族人也全部杀掉了。君子说:"'刑戮来到,那是自找',先縠就是这样的吧?"

13·5　清丘的盟约,晋国由于卫国救援陈国,就加以责备。晋国使者不肯离去,说:"罪责如果无所归属,将要把战争加在你们头上。"孔达说:"如果有利于社稷,就请用我的死来作为解说吧,罪过

由于我。我在执政,而面对大国的责备,这个罪责还能推给谁? 我
愿意为此而死。"

宣公十四年

14·1 十四年春季,卫国的孔达上吊死了,卫国人以此向晋国解
说而免于被讨伐。于是就通告诸侯说:"寡君有一个不好的臣子孔
达,在敝邑和大国之间进行挑拨,已经伏罪了,谨此通告。"卫国人
因为孔达过去有不少劳绩并辅助成公,便为他的儿子娶妻,而且让
他的儿子接任了父亲的官位。

14·2 夏季,晋景公进攻郑国,这是为了邲地战役郑国帮助过楚
国的缘故。通告诸侯,阅兵以后回国。这是中行桓子的计谋,他
说:"给他们看到我军队伍严整,让他们自己谋划前来归服我们。"
郑国害怕,派子张到楚国代替子良。郑襄公前去楚国,这是由于策
划对付晋国的缘故。郑国认为子良合于礼,所以召他回国。

14·3 楚庄王派遣申舟到齐国聘问,说:"不要向宋国请求借路。"
同时还派公子冯到晋国聘问,也不许公子冯向郑国请求借路。申
舟由于孟诸这一役得罪了宋国,说:"郑国明白、宋国糊涂,去晋国
的使者没有危险,我就必然会死。"楚庄王说:"要是杀死了你,我就
攻打宋国。"申舟把儿子申犀引见给楚庄王然后出使。到达宋国,
宋人不让他走。华元说:"经过我国而不请求借路,这是把我国
作为楚国边境内的县城。把我们当作县城,这是视我为被灭亡之
国。杀了楚国的使者,楚国必然会进攻我国,进攻我国也不过是被
灭亡。反正一样是灭亡。"就杀死了申舟。楚庄王听到申舟被杀的
消息,一甩袖子就站起来,随从赶上去到前院才送上鞋子,追到寝

宫门外才送上佩剑,追到蒲胥街市才让他坐上车子。秋季,九月,楚庄王进攻宋国。

14·4　冬季,公孙归父在榖地会见齐襄公,见到晏桓子,跟他谈到鲁国,很高兴。晏桓子告诉高宣子说:“归父恐怕会逃亡吧! 他留恋鲁国。留恋必然贪婪,贪婪必然算计别人。算计别人,别人也算计他自己。一个国家里的人算计他,怎么会不逃亡?”

14·5　孟献子对鲁宣公说:“臣听说小国能免罪于大国,是去聘问又进献财物,因此就有庭中陈列的礼物上百件;去朝见并进献功劳,因此就有各色各样的装饰品,美好而且加之以额外礼物,这是为了谋求免除不能赦免的罪过。当大国加以责罚后再进奉财货,就来不及了。现在楚国正屯兵在宋国,君王应该考虑一下!”鲁宣公很高兴。

宣公十五年

15·1　十五年春季,鲁国的公孙归父在宋国会见楚庄王。

15·2　宋国人派乐婴齐到晋国报告急难,晋景公想要救援宋国。伯宗说:“不行。古人有话说:‘鞭子虽然长,达不到马肚子。’上天正在保佑楚国,不能和他竞争。晋国虽然强盛,能够违背上天吗? 俗话说:‘高高下下,都在心里。’河流湖泊里容纳污泥浊水,山林草野里暗藏毒虫猛兽,美玉也藏匿着斑痕,国君也得忍受点耻辱,这是上天的常道。君王还是等着吧!”于是,晋景公就停止发兵救宋,派遣解扬到宋国去,让宋国不要投降楚国,解扬对宋国说:“晋国的军队都已经出发,将要到达了。”解扬路过郑国时,郑国人把他囚禁起来献给楚国。楚庄王重重地贿赂他,让他把话反过来说。解扬不答应。经过三次劝说以后才答应了。楚国人让解扬登上楼车，向宋国人喊话，而将楚国人要说的话告诉他们。解扬就乘机传达晋君的命令。楚庄王准备杀死他，派人对他说："你既已答应了我，现在又反过来，是什么缘故？不是我没有信用，而是你丢失了它。快去受你的刑罚吧！"解扬回答说："臣听说，国君能制订命令就是道义，臣下能接受命令就是信用，信用贯彻了道义然后去做就是利益。谋划不失去利益，以保卫国家，才是百姓的主人。道义不能有两种信用，信用不能接受两种命令。君王的贿赂下臣，就是不懂得命令的意义。接受了国君的命令而出国，宁可一死而不能废弃命令，难道又可以贿赂的吗？下臣所以答应您，那是为了借机会完成国君的使命。死而能完成使命，这是下臣的福气。寡君有守信的下臣，下臣死得其所，又有什么可以追求的？"楚庄王赦免了解扬放他回去。

夏季，五月，楚军准备离开宋国，申犀在楚庄王马前叩头说："毋畏知道死而不敢废弃君王的命令，君王丢掉自己的话了。"楚庄王不能回答。申叔时正为楚庄王驾车，说："造起房子，让种田的人回来，宋国必然听从命令。"楚庄王听从了。宋国人害怕，派华元在夜里进入楚军营，登上子反的床，叫他起来，说："寡君派元把困难情况告诉你，说：'敝邑交换着儿子杀了吃掉，把尸骨拆开来烧着做饭。尽管如此，无条件投降，宁可让国家灭亡，也是不能这样做的。你们退兵三十里，宋国将唯命是听。'"子反害怕，就和华元私自订盟誓然后报告楚庄王。楚军退兵三十里，宋国和楚国讲和。华元作为人质。盟誓说："我不骗你，你不欺我。"

15・3　潞子婴儿的夫人，是晋景公的姐姐。酆舒执政以后杀了她，又伤了潞子的眼睛。晋景公准备进攻他。大夫们都说："不行。酆舒有三项显著的才能，不如等待他的后任。"伯宗说："一定要进攻他。狄人有五条罪状，突出的才能虽然多，有什么补益？不祭祀,这是一。喜欢喝酒,这是二。废弃仲章而夺取黎氏的土地,这是三。杀害我们伯姬,这是四。伤了他国君的眼睛,这是五。依仗他自己的显著才能,而不用美德,这就更增加了罪过。继任的人或者将会敬奉德义以奉事神明,而巩固国家的命运,到时又怎么对待他? 不进攻有罪的人,说'将等待后继人',以后有了理由再去进攻,恐怕不可以吧! 依仗才能和人多,这是亡国之道。商纣按这样去做,所以被灭亡。天违反时令就是灾难,地违反物性就是妖异,百姓违反道德就是祸乱。有了祸乱就有妖异和灾祸发生。所以在文字上,正字反过来就是乏字。上面这些反常的事在狄人那里都是存在的。"晋景公听从了。六月十八日,晋国荀林父在曲梁打败赤狄。二十六日,灭潞国。酆舒逃亡到卫国,卫国人把他送还到晋国,晋国人杀死了他。

15·4 王孙苏与召氏、毛氏争夺政权,指使王子捷杀死了召戴公和毛伯卫,最后立了召襄为执政卿士。

15·5 秋季,七月,秦桓公进攻晋国,驻扎在辅氏。二十七日,晋景公在稷地进行武装演习,来占领狄人的土地,立了黎侯然后回来。到达洛水,魏颗在辅氏击败秦军,俘获了杜回这个秦国的大力士。

当初,魏武子有一个爱妾,没有生儿子。魏武子生病,吩咐魏颗说:"等我死去以后,一定要嫁了她。"病危时,又说:"一定要让她殉葬!"等到魏武子死后,魏颗把她嫁了,说:"病重了就神志不清,我听从他清醒时候的话。"等到辅氏这一役,魏颗看到一个老人把草打成结来遮拦杜回。杜回绊倒在地,所以俘虏了他。夜里梦见老人说:"我,是你所嫁女人的父亲。你执行你先人清醒时候的话,我以此作为报答。"

15·6 晋景公赏给桓子狄国的臣民一千家,也把瓜衍的县城赏给士伯,说:"我得到狄国的土地,是您的功劳。如果没有您,我就丧失伯氏了。"羊舌职对这些赏赐感到高兴,说:"《周书》所谓'能用可用的、能敬可敬的',说的就是这一类吧。士伯认为中行伯为可以任用,国君相信他,就任用他,这就叫做明德了。文王所以能创立周朝,也不超过这些了。所以《诗》说'把利益布施给天下,创立了周朝',这是说文王能够施恩于百姓。遵循这个道理去做,还有什么不能成功的?"

15·7 晋景公派遣赵同到成周进献俘虏的狄人,表现得不恭敬。刘康公说:"不到十年,原叔一定有大灾难。上天已经夺走了他的魂魄了。"

15·8 鲁国开始按田亩征税,这是不合于礼的。过去的征税方法是所征的稻谷不超过"藉"的规定,这是用以增加财货的办法。

15·9 冬季,蝗的幼虫蜉化,造成饥荒。《春秋》所以记载这件事,是由于庆幸没有造成严重灾害。

宣公十六年

16·1 十六年春季,晋国的士会率领军队灭亡了赤狄的甲氏和留吁、铎辰。三月,晋国向周定王进献俘虏的狄人。晋景公向周定王请求,二十七日,把礼服赐给士会命令他率领中军,并且担任太傅。在这种情况下,晋国的盗贼逃奔到秦国。羊舌职说:"我听说,'禹提拔好人,不好的人因此远离',说的就是这样的事情吧!《诗》说,'战战兢兢,如同面临深渊,如同踩着薄冰',这是因为有好人在上面执政。有好人在上面,国家中就没有心存侥幸的百姓。俗话说,'百姓多存侥幸,就是国家不幸',这就是没有好人在位的说法。"

16·2 夏季,成周的宣榭失火,这是由于人放火烧着的。凡是失火,人为的火叫做火,天降的火叫做灾。

16·3　秋季,郯伯姬回来,这是由于被遗弃送回娘家。

16·4　由于毛氏、召氏祸难的缘故,周王室又发生动乱,王孙苏逃亡到晋国。晋国人让他重新恢复了卿士。

冬季,晋景公派遣士会调解王室的纠纷,周定王设享礼招待他。周大夫原襄公主持典礼,把切开的带骨的肉放在盛肉的器具里。士会暗中问这是什么缘故。周定王听到,召见士会说:“季氏,你没有听说过吗? 天子设享礼有摆而不食的‘体荐’,设宴礼有把肉切成块的‘折俎’。诸侯应当设享礼招待,卿、大夫应当设宴会招待。这是王室的礼节。”士会回国以后就讲求典礼,以修明晋国的法度。

宣公十七年

17·1　十七年春季,晋景公派遣郤克到齐国征召齐顷公参加盟会。齐顷公用帷幕遮住妇人让她观看。郤克登上台阶,那妇人在房里笑起来。郤克生气,出来发誓说:“不报复这次耻辱。就不能渡过黄河!”郤克先回国,让栾京庐在齐国等候命令,说:“不能完成在齐国的使命,就不要回国复命。”郤克到达晋国,请求进攻齐国,晋景公不答应;请求带领家族去进攻齐国,晋景公也不答应。

齐顷公派遣高固、晏弱、蔡朝、南郭偃参加会盟。到达敛盂,高固逃回来。夏季,在断道会盟,这是为了讨伐有二心的国家。又在卷楚结盟,拒绝齐国人参加。晋国人在野王逮捕了晏弱,在原地逮捕了蔡朝,在温地逮捕了南郭偃。苗贲皇出使路过,见到晏弱。回去,对晋景公说:“晏子有什么罪? 从前诸侯奉事我们的先君,都急得像赶不上的样子,都说是因为晋国君臣不讲信用,所以诸侯都有二心。齐国的国君恐怕不能得到礼遇,所以不出国而派这四个人来。齐顷公左右的随从有人阻止,说:'您不出国,一定会抓住我国的使者。'所以高子到达敛盂就逃走了。这三个人说:'如果因为我们断绝了国君的友好,宁可回国被处死。'为此他们甘冒危险而来。我们应该好好迎接他们,以使前来的人对我们怀念,但是我们偏偏逮捕了他们,以证明齐国人的劝阻是对的,我们不是已经做错了吗?做错了而不加以改正,而又久久不肯释放,以造成他们的后悔,这有什么好处?让回去的人有了逃走的理由,而伤害前来的人,以使诸侯害怕,这有什么用?"于是晋国人放松了看管,齐国的三名使者就逃走了。

秋季,八月,晋军回国。

17·2　范武子打算告老还乡,把儿子范文子喊过来,说:"燮儿啊!我听说,喜怒合于礼法的是很少的,和它相反的倒是很多。《诗》说:'君子如果发怒,祸乱或许可以很快阻住。君子如果喜悦,祸乱或许可以很快停歇。'君子的喜怒是用来阻止祸乱的。如果不是阻止,就一定会增加祸乱。郤子或者是想要在齐国阻止祸乱吧。如果不是这样,我怕他会增加祸乱呢!我打算告老还乡了,让郤子能够心满意足,祸乱或许可以解除。你跟随几位大夫,唯有恭敬从事。"于是就请求告老。郤克执政。

17·3　冬季,鲁宣公的弟弟叔肸死,他是宣公的同母兄弟。凡是太子的同母兄弟,国君在世叫做公子,不在世叫做弟。凡称为弟的,都是同母兄弟。

宣公十八年

18·1　十八年春季,晋景公、卫国的太子臧共同发兵进攻齐国,到达阳穀。齐顷公与晋景公在缯地会见订立盟约,齐国派公子彊在晋国作为人质。晋军回国。蔡朝、南郭偃逃回国内。

18·2　夏季,鲁宣公的使者到楚国请求出兵,想要进攻齐国。

18·3　秋季,邾国人在鄑国戕杀鄫子。凡从国内杀死他们国君叫做"弑",从国外来人杀的叫做"戕"。

18·4　楚庄王去世,楚军不能出兵。不久鲁国就利用晋军攻打齐国,楚国因此而有蜀地的战役。

18·5　公孙归父由于他父亲襄仲立了鲁宣公,而受到宣公宠信,他想要去掉孟孙、叔孙、季孙这"三桓",以伸张公室的权力。他和宣公策划以后就到晋国去聘问,想要用晋国人的力量来去掉三桓。冬季,宣公逝世。季文子在朝廷上说:"让我杀死嫡子立了庶子以失掉强大的援助的,就是襄仲啊!"臧宣叔发怒说:"当时不能治罪,他的后人有什么罪?您要去掉他,许就请求去掉他。"于是就把襄仲的家族东门氏驱逐出国。

公孙归父回国,到达笙地,用帷幕遮住土坛,向他的副手举行复命的礼节。复命完了,脱去外衣,以麻束发,回到自己的位置痛哭,顿脚三次退出。于是就逃亡到齐国。《春秋》记载说"归父还自晋",是对他表示赞许。

卷八 成 公

成公元年

1·1　元年春季,晋景公派遣瑕嘉调解周天子和戎人的冲突,单襄公到晋国拜谢调解成功。刘康公对戎人心存侥幸,打算乘此进攻他们。叔服说:"背弃盟约而又欺骗大国,这一定失败。背弃盟约就是不吉祥,欺骗大国就是不义,神明、百姓都不会帮助,将要如何去取胜利?"刘康公没有听从,于是就进攻茅戎。三月十九日,在徐吾氏地方被打得大败。

1·2　鲁国为了防备齐国入侵,定出"丘甲"的制度。

1·3　鲁国听说齐国将要率同楚军前来进攻,夏季,和晋国在赤棘结盟。

1·4　秋季,周定王的使者来鲁国报告战败。

1·5　冬季,臧宣叔命令整顿军赋、修治城郭,完成防御设施,说:"齐国和楚国结成友好,我国最近和晋国订了盟约。晋国和楚国争夺盟主,齐国的军队一定会来攻打我国。虽然晋国进攻齐国,楚国必然去救它,这就是齐、楚两国一起与我为敌。预计到祸难而有所防备,祸难就得以解除。"

成公二年

2·1　二年春季,齐顷公进攻我国北部边境,包围龙地。齐顷公的宠臣卢蒲就魁攻打城门,龙地的人把他逮住囚禁。齐顷公说:"不要杀,我和你们盟誓,不进入你们的境内。"龙地的人不听,把他杀了,暴尸城上。齐顷公亲自击鼓,兵士爬上城墙。三天,占领了龙地。于是就向南入侵,到达巢丘。

2·2　卫穆公派遣孙良夫、石稷、宁相、向禽将率兵入侵齐国,和齐军相遇。石稷想要回去,孙良夫说:"不行。用军队攻打别人,遇上敌人就回去,将怎样对国君说呢? 如果知道不能作战,就应当不出兵。现在既然和敌军相遇,不如打一仗。"

夏季,有……(原文有缺脱)

石稷说:"军队战败了,您如果不稍稍等待,顶住敌军,将会全军覆灭。您丧失了军队,如何回报君命?"大家都不回答。石稷又说:"您,是国家的卿。损失了您,就是一种羞耻了。您带着大家撤退,我就留在这里。"同时通告军中,说援军的战车来了不少。齐国的军队就停止前进,驻扎在鞫居。

新筑大夫仲叔于奚援救了孙良夫,孙良夫因此得免于难。不久,卫国人把城邑赏给仲叔于奚。仲叔于奚辞谢,而请求得到诸侯所用三面悬挂的乐器,并用繁缨装饰马匹来朝见,卫君允许了。孔子听说这件事,说:"可惜啊,还不如多给他城邑。惟有器物和名号,不能假借给别人,这是国君掌握的。名号用来赋予威信,威信用来保持器物,器物用来体现礼制,礼制用来推行道义,道义用来产生利益,利益用来治理百姓,这是政权中的大节。如果把名位、礼器假借给别人，这就是把政权给了别人。失去政权，国家也就跟着失去，这是不能阻止的。"

2·3　孙桓子回到新筑，不进国都，就到晋国请求出兵。臧宣叔也到晋国请求出兵。两人都投奔郤克。晋景公答应派出七百辆战车。郤克说："这是城濮之战的战车数。当时有先君的明察和先大夫的敏捷，所以得胜。克和先大夫相比，还不足以做他们的仆人。请发八百乘战车。"晋景公答应了。郤克率领中军，士燮辅佐上军，栾书率领下军，韩厥做司马，以救援鲁国和卫国。臧宣叔迎接晋军，同时向导开路。季文子率领军队和他们会合。到达卫国境内，韩厥要杀人，郤克驾车疾驰赶去，打算救下那个人。等赶到，已经杀了。郤克派人把尸体在军中示众，还告诉他的御者说："我用这样的做法来分担指责。"

　　晋、鲁、卫联军在莘地追上齐军。六月十六日，军队到达靡笄山下。齐顷公派人请战，说："您带领国君的军队光临敝邑，敝国的士兵不强，也请在明天早晨相见决战。"郤克回答说："晋和鲁、卫是兄弟国家，他们前来告诉我们说：'大国不分早晚都在敝邑的土地上发泄气愤。'寡君不忍，派下臣们前来向大国请求，同时又不让我军长久留在贵国。我们只能前进不能后退，您的命令是不会不照办的。"齐顷公说："大夫允许，正是齐国的愿望；如果不允许，也要兵戎相见的。"齐国的高固攻入晋军，拿起石头扔向晋军，抓住晋军战俘，然后坐上他的战车，把桑树根子系在车上，巡行到齐营说："想要勇气的人可以来买我剩下的勇气！"

　　十七日，齐、晋两军在鞌地摆开阵势。邴夏为齐顷公驾车，逢丑父作为车右。晋国的解张为郤克驾车，郑丘缓作为车右。齐顷公说："我暂且消灭了这些人再吃早饭。"马不披甲，驰向晋军。郤克受了箭伤，血流到鞋子上，但是鼓声不断，说："我受伤了！"解张说："从一开始交战，箭就射穿了我的手和肘，我折断了箭杆仍驾车,左边的车轮都染成黑红色,哪里敢说受伤?您忍着点吧!"郑丘缓说:"从一开始交战,如果遇到危险,我必定下车推车,您难道了解吗?不过您真是受伤了!"解张说:"军队的耳目,在于我的旗子和鼓声,前进后退都要听从它。这辆车子由一个人镇守,战事就可以完成。为什么要为了一点痛苦而败坏国君的大事呢?身披盔甲,手执武器,本来就抱定必死的决心,受伤还没有到死的程度,你还是尽力而为吧!"于是就左手一把握着马缰,右手拿着鼓槌击鼓。马奔跑不能停止,全军就跟着上去。齐军大败,晋国追赶齐军,绕了华不注山三圈。

　　韩厥梦见他父亲子舆对他说:"明天不要站在战车左右两侧。"因此韩厥就在中间驾战车而追赶齐顷公。邴夏说:"射那位驾车人,他是君子。"齐顷公说:"认为他是君子而射他,这不合于礼。"射车左,车左死在车下。射车右,车右死在车中。綦毋张丢失了战车,跟上韩厥说:"请允许我搭乘您的战车。"上车,准备站在左边或右边,韩厥用肘推他,使他站在身后。韩厥弯下身子,放稳车右的尸体,逢丑父和齐顷公乘机互换位置。将要到达华泉,骖马被树木绊住了。头几天,逢丑父睡在栈车里,有一条蛇爬到他身边,他用小臂去打蛇,小臂受伤,但隐瞒了这件事,由于这样,他不能用臂推车前进,这样才被韩厥追上。韩厥拿着马缰走向马前,跪下叩头,捧着酒杯加上玉璧献上,说:"寡君派臣下们替鲁、卫两国请求,说:'不要让军队进入齐国的土地。'下臣不幸,正好在军队服役,不能逃避服役。而且也害怕奔走逃避成为两国国君的耻辱。下臣身为一名战士,谨向君王报告我的无能,但由于人手缺乏,只好承当这个官职。"逢丑父要齐顷公下车,到华泉去取水。郑周父驾御副车,宛茷作为车右,带着齐顷公逃走而免于被俘。韩厥献上逢丑父,郤克要杀死逢丑父。逢丑父喊叫说:"从今以后再没有代替他国君受难的人了,有一个在这里,还要被杀死吗?"郤克说:"一个人不怕用死来使国君免于祸患,我杀了他,不吉利。赦免了他,用来勉励事奉国君的人。"于是就赦免了逢丑父。

齐顷公免于被俘以后,寻找逢丑父,在晋军中三进三出。每次出来的时候,齐军都簇拥着护卫他。进入狄人军队中,狄人的士兵都抽出戈和盾以保护齐顷公。进入卫国的军队中,卫军也对他们不加伤害。于是,齐顷公就从徐关进入齐国临淄。齐顷公看到守军,说:"你们努力吧! 齐军战败了!"齐顷公的车前进时使一个女子让路,这个女子说:"国君免于祸难了吗?"说:"免了。"她说:"锐司徒免于祸难了吗?"说:"免了。"她说:"如果国君和我父亲免于祸难了,还要怎么样?"就跑开了。齐顷公认为她知礼,不久查询,才知道是辟司徒的妻子,就赐给她石窌地方作为封邑。

晋军追赶齐军,从丘舆进入齐国,进攻马陉。齐顷公派遣宾媚人把纪甗、玉磬和土地送给战胜诸国,说:"如果他们不同意讲和,就随他们怎么办吧。"宾媚人送去财礼,晋国人不同意,说:"一定要让萧同叔子作为人质,同时使齐国境内的田陇全部东向。"宾媚人回答说:

> 萧同叔子不是别人,是寡君的母亲,如果从对等地位来说,那也就是晋军的母亲。您在诸侯中发布重大的命令,反而说一定要把人家的母亲作为人质以取信,您又将要怎样对待周天子的命令呢? 而且这样做,就是用不孝来命令诸侯。《诗》说:"孝子的孝心没有竭尽,永远可以感染你的同类。"如果用不孝号令诸侯,这恐怕不是道德的准则吧! 先王对天下的土地,定疆界、分地理,因地制宜,以获取应得的利益。所以《诗》说:"我划定疆界、分别地理,南向东向开辟田亩。"现在您让诸侯定疆界、分地理,反而只说什么"田垄全部东向",不顾地势是否适宜,只管自己兵车进出的有利,恐怕不是先王的政令吧! 违反先王的遗命就是不合道义,怎么能做盟主? 晋国

确实是有缺点的。四王能统一天下,主要是能树立德行而满足诸侯的共同愿望;五伯能领导诸侯,主要是能自己勤劳而安抚诸侯,使大家服从天子的命令。现在您要求会合诸侯,来满足没有止境的欲望。《诗》说:"政事的推行宽大和缓,各种福禄都将积聚。"您确实不能宽大,丢弃了各种福禄,这对诸侯有什么害处呢?如果您不肯答应,寡君命令我使臣,就有话可说了:"您带领国君的军队光临敝邑,敝邑用很少的财富,来犒劳您的左右随员。害怕贵国国君的愤怒,我军战败。您惠临而肯赐齐国的福,不灭亡我们的国家,让齐、晋两国继续过去的友好,那么先君的破旧器物和土地我们是不敢爱惜的。您如果又不肯允许,我们就请求收集残兵败将,背靠自己的城下再决最后一战。敝邑有幸而战胜,也会依从贵国的;何况不幸而败,哪敢不听从您的命令?"

鲁、卫两国劝谏郤克说:"齐国怨恨我们了。齐国死去和溃散的,都是齐侯亲近的人。您如果不肯答应,必然更加仇恨我们。即使是您,还有什么可追求的?如果您得到齐国的国宝,我们也得到失地,而缓和了祸难,这荣耀也就很多了。齐国和晋国都是由上天授与的,难道一定只有晋国永久胜利吗?"晋国人答应了鲁、卫的意见,回答说:"下臣们率领兵车,来为鲁、卫两国请求。如果有话可以向寡君复命,这就是君王的恩惠了。岂敢不遵命?"

禽郑从军中去迎接鲁成公。

秋季,七月,晋军和齐国宾媚人在爰娄结盟,让齐国归还我国汶阳的土田。成公在上郓会见晋军,把先路和三命的车赐给三位高级将领,司马、司空、舆帅、候正、亚旅都接受了一命的车服。

2·4　八月,宋文公去世。开始厚葬:用蚌蛤和木炭,增加陪葬的车马,开始用活人殉葬,用很多器物陪葬。椁有四面呈坡形,棺有翰、桧等装饰。

　　君子认为：“华元、乐举，在这里有失为臣之道。臣子，是为国君去掉烦乱解除迷惑的，因此要冒死去谏诤。现在这两个人，国君活着的时候就由他去放纵作恶，死了以后又增加他的奢侈，这是把国君推入邪恶里去，这算是什么臣子？”

2·5　九月，卫穆公去世，晋国的三位将领从战地率兵返国途中顺便去吊唁，在大门之外哭吊。卫国人迎接他们，女人在门内哭。送他们的时候也是这样。以后别国官员来吊唁就是以此为常，直到下葬。

2·6　楚国在攻打陈国夏氏的时候，楚庄王想收纳夏姬。申公巫臣说：“不行。君王召集诸侯，是为了讨伐有罪；现在收纳夏姬，就是贪恋她的美色了。贪恋美色叫做淫，淫就会受到重大处罚。《周书》说：‘宣扬道德，谨慎惩罚’，文王因此而创立周朝。宣扬道德，就是致力于提倡它，谨慎惩罚，就是致力于不用它。如果出动诸侯的军队反而得到重大处罚，就是不谨慎了。君王还是考虑一下吧！”楚庄王就不要夏姬了。子反想要娶夏姬，巫臣说：“这是个不吉利的人。她使子蛮早死，杀了御叔，弑了灵侯，诛了夏南，使孔宁、仪行父逃亡在外，陈国因此被灭亡，为什么不吉利到这个样子！人生在世实在很不容易，如果娶了夏姬，恐怕不得好死吧！天下多的是漂亮的女人，为什么一定要她？”子反也就不要她了。楚庄王把夏姬给了连尹襄老。襄老在邲地战役中死去，没有找到尸首。他的儿子黑要和夏姬私通。巫臣派人向夏姬示意，说：“回娘家去，我娶你。”又派人从郑国召唤她说：“襄老尸首可以得到，一定要亲自来接。”夏姬把这话报告楚庄王。楚庄王就问巫臣。巫臣回答说：“恐怕是靠得住的。知罃的父亲，是成公的宠臣，又是中行伯的小兄弟，新近做了中军佐，和郑国的皇戌交情很好，非常喜爱这个儿子，他一定是想通过郑国而归还王子和襄老尸首而来要求交换知罃。郑国人对邲地战役感到害怕，同时要讨好于晋国，他们一定会答应。"楚庄王就打发夏姬回去。将要动身的时候,夏姬对送行的人说:"不能得到尸首,我就不回来了。"巫臣在郑国聘她为妻,郑襄公允许了。等到楚共王即位,将要发动阳桥战役,派巫臣到齐国聘问,同时把出兵的日期告诉齐国。巫臣把一切家财全部带走。申叔跪跟着他的父亲将要到郢都去,碰上巫臣,说:"怪哉!这个人有肩负军事重任的戒惧之心,却又有'桑中'幽会的喜悦之色,可能是将要带着别人的妻子私奔吧!"到了郑国,巫臣派副使带回财礼,就带着夏姬走了。准备逃亡到齐国,齐国又被战败,巫臣说:"我不住在不打胜仗的国家。"就逃亡到晋国,并且由于郤至的关系在晋国做臣下。晋国人让他做邢地的大夫。子反请求把巨款送给晋国,而要求晋国对巫臣永不录用,楚共王说:"别那样做!他为自己打算是错误的,他为我的先君打算则是忠诚的。忠诚,国家靠着它来巩固,所能保护的东西就多了。而且他如果能有利于晋国,虽然送去重礼,晋国会同意永不录用吗?如果对晋国没有好处,晋国将会不要他,何必求其永不录用呢?"

2·7　晋国军队回国,范文子最后回来。他的父亲范武子说:"你不也知道我在盼望你吗?"范文子回答说:"出兵有功劳,国内的人们高兴地迎接他们。先回来,一定受到人们的注意,这是代替统帅接受荣誉,所以我不敢。"武子说:"你这样谦让,我认为可以免于祸害了。"

　　郤伯入见,晋景公说:"这是您的功劳啊!"郤伯回答说:"这是君王的教导,诸位将帅的功劳,下臣有什么功劳呢?"范文子入见,晋景公像对郤伯一样慰劳他。范文子回答说:"这是范庚的命令,郤克的节制,小臣士燮有什么功劳呢?"栾伯进见,晋景公也如同慰劳郤伯他们一样慰劳他。栾伯回答说:"这是士燮的指示,士兵服从命令,小臣栾书有什么功劳呢?"

2·8　鲁宣公曾派遣使者到楚国要求建立友好关系,由于楚庄王死了，不久鲁宣公也死去，没有能够建立友好关系。鲁成公即位，在晋国接受盟约，会合晋国进攻齐国。卫国人不派使者去楚国聘问，也在晋国接受盟约，跟从着进攻齐国。因此楚国的令尹子重发动阳桥战役来救齐国。将要发兵，子重说："国君年幼，臣下们又比不上先大夫，军队人数众多然后才可以取胜。《诗》说：'众多的人士，文王借以安宁。'文王尚且使用大众，何况是我们这些人呢？而且先君庄王把国君嘱托给我们说：'如果没有德行到达边远的地方，还不如加恩体恤百姓而很好地使用他们。'"于是楚国就大事清查户口，免除税收的拖欠，施舍鳏夫，救济困乏，赦免罪人。动员全部军队，楚王的警卫军也全部出动。彭名驾御战车，蔡景公作为车左，许灵公作为车右。两位国君还没有成年，都勉强行了冠礼。

冬季，楚军入侵卫国，就乘机在蜀地进攻我国。派臧孙去到楚军中求和。臧孙辞谢说："楚军远离本国为时很久，本来就要退兵了。没有功劳而接受荣誉，下臣不敢。"楚军进攻到达阳桥，孟孙请求前去送给楚军木工、缝工、织工各一百人，公衡作为人质，请求结盟。楚国人答应讲和。

十一月，鲁成公和楚国公子婴齐、蔡景侯、许灵公、秦国右大夫说、宋国华元、陈国公孙宁、卫国孙良夫、郑国公子去疾和齐国大夫在蜀地结盟。《春秋》没有记载卿的名字，这是由于结盟缺乏诚意。在这种情况下又因为鲁国畏惧晋国而偷偷和楚国结盟，所以说"结盟缺乏诚意"。《春秋》没有记载蔡景侯、许灵公，这是由于他们乘坐了楚国的战车，叫做失去了身份。君子说："身份是不可以不慎重的啊！蔡、许两国国君，一旦失去身份，就不能列在诸侯之中，何况在他们之下的人呢！《诗》说：'在高位的人不懈怠，百姓就能得到休息。'说的就是这种情况了。"

楚军到达宋国，公衡逃了回来。臧孙说："衡父不能忍耐几年的不安宁，抛弃鲁国，国家将怎么办？谁来受祸？他的后代一定会有受到祸患的！国家被抛弃了”

　　在这次军事行动中,晋军避开楚军,由于害怕他们人数过多。君子说:"大众是不可以不用的。大夫当政,尚且可以利用大众来战胜敌人,何况是贤明的国君而且又能善于使用大众呢?《大誓》所说商朝亿万人离心离德,周朝十个人同心同德,都是说的大众啊。"

2·9　晋景公派遣巩朔到成周进献战胜齐国的战利品,周定王不接见,派遣单襄公辞谢,说:"蛮夷戎狄,不遵奉天子的命令,迷恋酒色,败坏了天子的制度,天子命令讨伐他,就有了进献战利品的礼仪。天子亲自接受而加以慰劳,用这来惩罚不敬,勉励有功。如果是兄弟甥舅的国家侵犯败坏天子的法度,天子命令讨伐他,只向天子报告一下情况罢了,不用进献俘虏,用这来尊敬亲近、禁止邪恶。现在叔父能够顺利成功,在齐国建立了功勋,而不派遣曾受天子任命的卿来安抚王室,所派遣来安抚我的使者,仅仅是巩伯,他在王室中没有担任职务,又违反了先王的礼制。我虽然喜爱巩伯,岂敢废弃旧的典章制度以羞辱叔父?齐国和周室是甥舅之国,而且是姜太公的后代,叔父攻打齐国,难道是齐国放纵了私欲以激怒了叔父?或是齐国已经不可谏诤和教诲了呢?"巩朔不能回答。周定王把接待的事情交给三公,让他们用侯、伯战胜敌人派大夫告捷的礼节接待巩朔,比接待卿的礼节低一等。周定王和巩伯饮宴,私下送给他财礼,让相礼者告诉他说:"这是不合于礼制的,不要记载在史册上。"

成公三年

3·1　三年春季,诸侯联军进攻郑国,联军驻扎在伯牛,这是讨伐郱地战役郑国对晋国有二心,于是就从东边入侵郑国。郑国的公子偃领兵抵御,命令东部边境地方部队在鄤地设下埋伏,把敌军在丘舆击败。皇戌到楚国进献战利品。

3·2　夏季,鲁成公到晋国,拜谢晋国让齐国退还汶阳的土田。

3·3　许国依仗楚国而不事奉郑国,郑国的子良进攻许国。

3·4　晋国人把楚国公子縠臣和连尹襄老尸首归还给楚国,以此要求换回知罃。当时荀首已经是中军副帅,所以楚国人答应了。楚共王送别知罃,说:"您恐怕怨恨我吧!"知罃回答说:"两国交战,下臣没有才能,不能胜任所当职务,所以做了俘虏。君王的左右的人没有用我的血来祭鼓,而让我回国去接受杀戮,这是君王的恩惠啊。下臣实在没有才能,又敢怨恨谁?"楚共王说:"那么感激我吗?"知罃回答说:"两国为自己的国家打算,希望让百姓得到安宁,各自抑止自己的愤怒,求得互相原谅,两边都释放被俘的囚犯,以结成友好。两国友好,下臣不曾与谋,又敢感激谁?"楚共王说:"您回去,用什么报答我?"知罃回答说:"下臣既不怨恨,君王也不值得感恩,没有怨恨,没有恩德,就不知道该报答什么。"楚共王说:"尽管这样,也一定把您的想法告诉我。"知罃回答说:"承君王的福佑,被囚的下臣能够带着这把骨头回晋国,寡君如果加以诛戮,死得幸运。如果由于君王的恩惠而赦免下臣,把下臣赐给您的外臣荀首,荀首向我君请求,而把下臣杀戮在自己的宗庙中,也死得幸运。如果得不到寡君诛戮的命令,而让下臣继承宗子的地位,按次序承担晋国的大事,率领一部分军队以保卫边疆,虽然碰到君王的左右,我也不敢违背礼义回避,要竭尽全力以至于死,没有二心,以尽到为臣的职责,这就是所报答于君王的。"楚共王说:"晋国是不可以和它相争的。"于是就对知罃重加礼遇而放他回晋国去。

3·5　秋季,叔孙侨如包围棘地,占取了汶阳的土田。由于棘地人不服从,所以包围了棘。

3·6　晋国的郤克、卫国的孙良夫进攻廧咎如,讨伐赤狄的残馀。廧咎如溃败,这是由于他们的上级失去了民心。

3·7　冬季,十一月,晋景公派遣荀庚前来聘问,同时重温过去的盟约。卫定公派遣孙良夫前来聘问,并且重温过去的盟约。鲁成公向臧宣叔询问说:"中行伯在晋国,位次排列第三;孙子在卫国,位次是上卿,应该让谁在前?"臧宣叔回答说:"次国的上卿,相当于大国的中卿,中卿相当于它的下卿,下卿相当于它的上大夫。小国的上卿,相当于大国的下卿,中卿相当于它的上大夫,下卿相当于它的下大夫。位次的上下如此,这是古代的制度。卫国对晋国来说,不能算是次国。晋国是盟主,晋国应该先行礼。"二十八日,和晋国结盟。二十九日,和卫国结盟。这是合于礼的。

3·8　十二月二十六日,晋国编成六个军。韩厥、赵括、巩朔、韩穿、荀骓、赵旃都做了卿,这是为了赏赐在鞌地战役中的功劳。

3·9　齐顷公到晋国朝见,将要举行授玉的仪式。郤克快步走进来,说:"这一趟,君王是为女人的取笑而受到了羞辱,寡君不敢当。"

晋景公设宴招待齐顷公。齐顷公注视着韩厥。韩厥说:"君王认识厥吗?"齐顷公说:"服装换了。"韩厥登阶,举起酒杯说:"下臣所以不惜一死,当时就是为了两位国君现在在这个堂上饮宴啊。"

3·10　荀罃在楚国的时候,郑国的商人准备把他藏在袋子里逃出楚国。已经商量好,还没有动身,楚国人就把他送回来了。这个商人到晋国,荀罃待他很好,好像确实救了自己一样。商人说:"我没有那样的功劳,敢有这样的实惠吗? 我是小人,不能够这样来欺骗君子。"商人于是就到齐国去了。

成公四年

4·1　四年春季,宋国的华元前来聘问,这是为继位的国君通好。

4·2　杞桓公来鲁国朝见,这是由于要将叔姬送回鲁国。

4·3　夏季,鲁成公去到晋国。晋景公会见成公,不恭敬。季文子说:"晋景公一定不免于祸难。《诗》说:'谨慎又谨慎,上天光明普照,得到天命不容易啊!'晋景公的命运决定于诸侯,可以不恭敬吗?"

4·4　秋季,成公从晋国到达鲁国,想要向楚国要求友好而背叛晋国。季文子说:"不行。晋国虽然无道,尚不能背叛。国家广大、群臣和睦,而且靠近我国,诸侯听他的命令,不能有二心。史佚的《志》有这样的话:'不是我们同族,他的心思必然不同。'楚国虽然土地广大,不是我们同族,难道肯爱我们吗?"成公就没有那样做。

4·5　冬季,十一月,郑国的公孙申带兵去划定所得许国土田的疆界。许国人在展陂打败了他们。郑伯进攻许国,占领了鉏任、泠敦的土田。

晋将栾书率领中军,荀首作为副帅,士燮为上军副帅,救援许国,进攻郑国,占领了氾地、祭地。

楚国的子反救援郑国,郑襄公和许灵公在子反那里争论是非,皇戌代表郑襄公发言。子反不能判断,说:"您二位如果屈驾去问候寡君,寡君和他几个臣子共同听取两位君王的意见才可以判断出是非。否则,侧不大了解两国之间的是非。"

4·6　晋国的赵婴和赵庄姬私通。

成公五年

5·1　五年春季,赵同、赵括把赵婴放逐到齐国。赵婴说:"有我在,所以栾氏不敢作乱。我逃亡,两位兄长恐怕就有忧患了。而且人们各有所能,也有所不能,赦免我又有什么坏处?"赵同、赵括不听。赵婴梦见天使对自己说:"祭祀我,我降福给你。"派人向士贞伯询问。士贞伯说:"不知道。"不久士贞伯就告诉别人说:"神灵降福给仁爱的人,而降祸给淫乱的人。淫乱而没有受到惩罚,这就是福了。祭祀了,难道无祸?"赵婴祭祀了神灵,第二天就逃亡了。

5·2　孟献子到了宋国,这是回报华元的聘问。

5·3　夏季,晋国的荀首去到齐国迎接齐女,所以宣伯在穀地给他馈送食物。

5·4　梁山崩塌,晋景公用传车召见伯宗。伯宗在路上叫一辆载重车避开,说:"为传车让路。"押送重车的人说:"与其等我,不如走小路要快一些。"伯宗问他是哪里人,押车人说:"绛城人。"伯宗问起绛城的事情。押车人说:"梁山崩塌,打算召见伯宗商量。"伯宗问:"准备怎么办?"押车人说:"山有了腐朽的土壤而崩塌。又能怎么办? 国家以山川为主,所以遇到山崩川竭,国君就要为它减膳撤乐、穿素服、乘坐没有彩画的车子、不奏音乐、离开寝宫、陈列献神的礼物。太史宣读祭文,以礼祭祀山川之神。就是这样罢了,即使是伯宗,还能怎么样?"伯宗要求带押车人去见晋景公,他不答应。于是伯宗就把押车人的话告诉了晋景公,晋景公听从了。

5·5　许灵公在楚国控告郑悼公。六月,郑悼公去到楚国争讼,没有取得胜利,楚人抓住了皇戌和子国。所以郑悼公回国以后,派

遣公子偃到晋国要求讲和。秋季,八月,郑悼公和晋国的赵同在垂
棘结盟。

5·6 宋国的公子围龟在楚国当人质以后回到宋国,华元设享礼
招待他。围龟请求打鼓呼叫而出华元的大门,又打鼓呼叫而进去,
说:"这就是演习进攻华氏。"宋共公把他杀了。

5·7 冬季,鲁成公和晋景公、齐顷公、宋共公、卫定公、郑悼公、曹
宣公、邾子、杞桓公在虫牢结盟,这是由于郑国顺服。

　　诸侯商量再次会见,宋共公派向为人以子灵事件为理由而辞
谢了,不参加会见。

5·8 十一月十二日,周定王逝世。

成公六年

6·1 六年春季,郑悼公到晋国去拜谢讲和,子游辅助行礼,在东
楹的东边举行授玉的仪式。士贞伯说:"郑悼公恐怕要死了! 自己
不尊重自己。目光流动东张西望而走路又快,很不安地坐在自己
的位子上,大概不能活多久了。"

6·2 二月,鲁大夫季文子由于鞌地战役的武功建立了武宫,这是
不合于礼的。听从别人的话来解救鲁国的灾难,不能标榜武功。
建立武功应该在于自己,而不是由于别人的功劳。

6·3 占领鄟地,《春秋》记载说事情完成得很容易。

6·4 三月,晋国伯宗、夏阳说、卫国孙良夫、甯相、郑人、伊洛戎
人、陆浑、蛮氏入侵宋国,这是由于宋国拒绝参加盟会。军队驻扎
在鍼地。卫国人不加防守。夏阳说要袭击卫国,说:"虽然不能进
入,多抓一些俘虏回去,有罪也不至于死。"伯宗说:"不行。卫国因

为相信晋国,所以军队驻扎在他们郊外而不加防守,如果袭击他们,这是丢弃信用。虽然多抓了卫国俘虏,而晋国没有信义,用什么去获得诸侯的拥戴?"于是就停止了行动。军队回国,卫国人却登上了城墙。

6·5　晋国人计划离开故都绛城,大夫们都说:"一定要住在郇、瑕氏的地方,那里肥沃富饶而靠近盐池,国家有利,国君欢乐,不可以失掉它。"韩献子正率领新中军,同时掌管宫中的事。晋景公朝罢向群臣作揖而后退入路门,韩献子跟着。晋景公站在正寝外边的庭院里,对韩献子说:"怎么样?"韩献子回答说:"不行。郇、瑕氏土薄水浅,污秽肮脏的东西容易积聚。污秽的东西容易积聚,百姓就发愁,百姓发愁,身体就瘦弱,在这种情况下就会有风湿脚肿的疾病,不如新田,土厚水深,住在那里不生疾病,有汾水、浍水以冲走污秽,而且百姓习惯服从,这是子孙十代的利益。深山、大泽、森林、盐池,是国家的宝藏,国家富饶,百姓就骄傲放荡。靠近宝藏,大家争利,国家财富就少。不能说是欢乐。"晋景公很高兴,听从了他的话。夏季,四月十三日,晋国迁都到新田。

6·6　六月,郑悼公去世。

6·7　子叔声伯去到晋国,晋国命令鲁国进攻宋国。

6·8　秋季,孟献子、叔孙宣伯率兵入侵宋国,奉了晋国的命令。

6·9　楚国的子重进攻郑国,这是由于郑国跟随晋国的缘故。

6·10　冬季,季文子去到晋国,为了祝贺晋国迁都。

6·11　晋国栾书救援郑国,和楚军在绕角相遇。楚军回国,晋军就侵袭蔡国。楚国公子申、公子成带领申地、息地的军队去救援蔡国,在桑隧抵抗晋军。赵同、赵括想要出战,向栾武子请求,栾武子打算答应。知庄子、范文子、韩献子劝谏说:"不行。我们来救援郑国,楚军离开我们,我们就到了这里,这是把杀戮转移到别人头上。杀戮而不停止,又激怒楚军,战争一定不能得胜。即便战胜,也不是好事。整顿军队出国,仅仅打败楚国两个县的军队,有什么光荣呢?如果不打败他们,受到的耻辱就太过分了。不如回去。"于是晋军就回去了。

当时军官中要作战的很多,有人对栾武子说:"圣人的愿望和大众相同,所以能成功。您何不听从大家的意见?您是执政大臣,应当斟酌百姓的意见。您的辅佐者十一个人,不想作战的仅仅三个人。想要作战的人可以说是大多数。《商书》说:'三个人占卜,听从两个人的。'因为是多数的缘故。"栾武子说:"同样是好事,才服从多数,好事是大众的主张。现在有三位大臣主张,可以说是大众了。依从他们,不也是可以的吗?"

成公七年

7·1　七年春季,吴国进攻郯国,郯国和吴国讲和。季文子说:"中原诸国不能镇慑蛮夷,蛮夷却来进攻,而没有人对此担忧,这是因为没有好国君的缘故啊!《诗》说:'上天不善,动乱没有个安定的时候。'说的就是这种情况吧!有了上面的人但是不善,还有谁不受到动乱?我们很快就会灭亡了。"君子说:"像这样知道戒惧,这就不会灭亡了。"

7·2　郑国的子良作为郑成公的相礼到了晋国,进见晋景公,同时拜谢出兵救郑。

7·3　夏季,曹宣公前来朝见。

7·4　秋季,楚国的子重进攻郑国,军队驻扎在氾地。诸侯救援郑国。郑国的共仲、侯羽包围楚军,囚禁郧公钟仪,把他献给晋国。

八月,鲁成公和晋景公、齐顷公、宋共公、卫定公、曹宣公、莒子、邾子、杞桓公在马陵结盟，这是由于重温虫牢的盟约，同时又因莒国顺服的缘故。

晋国人带着钟仪回去，把他囚禁在军用储藏室里。

7·5　楚国包围宋国那一次战役，楚军回国，子重请求取得申邑、吕邑土地作为赏田。楚共王答应了。申公巫臣说："不行。申、吕两地之所赖以成为城邑的，是因为从这里征发兵赋，以抵御北方。如果私人占有它，这就不能成为申邑和吕邑了。晋国和郑国一定可以到达汉水。"楚庄王就不给了。子重因此怨恨巫臣。子反想娶夏姬，巫臣阻止他，自己反而娶了夏姬逃到晋国，子反因此也很怨恨巫臣。等到楚共王即位，子重、子反杀了巫臣的族人子阎、子荡和清尹弗忌以及襄老的儿子黑要，并且瓜分他们的家产。子重取得了子阎的家产，让沈尹和王子罢瓜分子荡的家产，子反取得黑要和清尹弗忌的家产。巫臣从晋国写信给子反、子重两个人，说："你们用邪恶贪婪事奉国君，杀了很多无罪的人，我一定要让你们疲于奔命而死。"

巫臣请求出使到吴国去，晋景公允许了。吴子寿梦喜欢他。于是巫臣就使吴国和晋国通好，带领了楚国的三十辆兵车到吴国做教练，留下十五辆给吴国。送给吴国射手和御者，教吴国人使用兵车，教他们安排战阵，教他们背叛楚国。巫臣又把自己的儿子狐庸留在那里，让他在吴国做外交官。吴国开始进攻楚国、进攻巢国、进攻徐国，子重奉命奔驰。在马陵会见的时候，吴军进入州来，子重从郑国奉命赶去救援。子重、子反在这种情况下，一年之中七次奉命奔驰以抵御吴军。蛮夷属于楚国的，吴国全部加以占取，因此吴国开始强大，吴国才得以和中原诸国往来。

7·6　卫定公讨厌孙林父。冬季，孙林父逃亡到晋国。卫定公去到晋国，晋国把孙林父的封邑戚地归还给了卫国。

成公八年

8·1　八年春季,晋景公派遣韩穿来鲁国谈到关于汶阳土田的事,要把汶阳之田归还给齐国。季文子设酒给他饯行,和他私下交谈,说:"大国处理事务合理适宜,凭这个作为盟主,因此诸侯怀念德行而害怕讨伐,没有二心。说到汶阳的土田,那原是敝邑所有,后来对齐国用兵,晋国命令齐国把它还给敝邑。现在又有不同的命令,说'归还给齐国'。信用用来推行道义,道义用来完成命令,这是小国所盼望而怀念的。信用不能得知,道义无所树立,四方的诸侯,谁能不涣散瓦解?《诗》说:'女子毫无过失,男人却有过错。男人没有标准,他的行为前后不一。'七年当中,忽而给予忽而夺走,前后不一还有比这更甚的吗? 一个男人前后不一,尚且丧失配偶,何况是霸主? 霸主应该用德,但却前后不一,他怎么能长久得到诸侯的拥护呢?《诗》说:'谋略缺乏远见,因此极力劝谏。'行父害怕晋国不能深谋远虑而失去诸侯,因此敢于和您作私下的交谈。"

8·2　晋国栾书率军侵袭蔡国,接着又侵袭楚国,俘虏了申骊。楚军回去的时候,晋军侵袭沈国,俘虏了沈子揖初,这是听从了知庄子、范文子、韩献子等人的意见。君子说:"听从好主意好像流水一样,这是多么恰当啊!《诗》说:'恭敬随和的君子,为什么不起用人才?'这就是求取善人啊! 起用人才,这就有功绩了。"

这次行动,郑成公准备会合晋军,经过许国,攻打许的东门,俘获很多。

8·3　声伯去到莒国,这是去迎接妻子。

8·4　宋国华元来鲁国聘问,为宋共公聘共姬为夫人。

8·5　夏季,宋共公派公孙寿前来代宋共公订婚,这是合于礼的。

8·6　晋国的赵庄姬为了赵婴逃亡的缘故,向晋景公诬陷说:"原(赵同)、屏(赵括)将要作乱。栾氏、郤氏可作证。"六月,晋国讨伐赵同、赵括。赵武跟随庄姬寄住在晋景公宫里。晋景公把赵氏的土田赐给祁奚。韩厥对晋景公说:"成季的功勋,宣孟的忠诚,但他们却没有后代来继承,做好事的人就要害怕了。三代的贤明君王,都能够几百年保持上天的禄位。难道就没有邪恶的君王? 这是靠着他祖先的贤明才得以免于亡国。《周书》说:'不敢欺侮鳏夫寡妇',就是用这样的做法来发扬道德。"于是就立赵武为赵氏的继承人,归还了赵氏的土田。

8·7　秋季,周卿士召桓公前来向鲁成公颁赐袭爵的命令。

8·8　晋景公派遣申公巫臣去吴国,向莒国借路。巫臣和渠丘公站在护城河上,说:"城太坏了。"渠丘公说:"敝国偏僻简陋,处在蛮夷之地,有谁会把敝国作为觊觎的目的呢?"巫臣说:"狡猾的人想开辟疆土以利国家的,哪个国家没有? 惟其如此,所以大国就多了。不过受觊觎的小国有的思虑有备,也有的放纵不备。勇敢的人还要层层关闭好内外门户,何况国家?"

8·9　冬季,杞国的叔姬死了。由于她从杞国被休了回到鲁国来,所以《春秋》加以记载。

8·10　晋国的士燮来鲁国聘问,声称要进攻郯国,因为郯国奉事吴国的缘故。鲁成公送给他财礼,请求从缓进兵。士燮不答应,说:"国君的命令说一不二,失去信义难以自立。除规定的礼物外,不应该增加财币,公事私事不能两全其美。君王后于诸侯出兵,这样寡君就不能事奉君王了。燮打算就这样向寡君回报。"季孙听了这话很害怕,派宣伯率兵会合进攻郯国。

8·11　卫国人送女子前来鲁国作为共姬的陪嫁,这是合于礼的。凡是诸侯女儿出嫁,同姓的国家送女作为陪嫁,异姓就不送。

成公九年

9·1　九年春季,杞桓公来鲁国迎接叔姬的灵柩,这是由于鲁国的请求。杞叔姬的死,是由于被杞国遗弃的缘故。迎接叔姬的灵柩,是为了我国的颜面。

9·2　由于晋国让鲁国把汶阳的土田归还给齐国的缘故,诸侯对晋国有了二心。晋国人畏惧,在蒲地和诸侯会见,重温马陵的盟会。鲁大夫季文子对晋大夫范文子说:"晋国德行已经不强,重温旧盟做什么?"范文子说:"用勤勉来安抚诸侯,用宽厚来对待诸侯,用坚强来驾御诸侯,用盟誓来约束诸侯,笼络顺服的而讨伐有二心的,这也是次等的德行了。"

晋国召集的这一次会议,是首次邀请吴国,吴国人没有来。

9·3　二月,伯姬出嫁到宋国。

9·4　楚国人用很重的礼物求取郑国,郑成公和楚国公子成在邓地相会。

9·5　夏季,季文子去到宋国慰问伯姬,回国复命,鲁成公设宴招待他。季文子赋《韩奕》的第五章。穆姜从房里出来,两次下拜,说:"大夫辛勤,不忘记先君以及于嗣君,延及于未亡人,先君也是这样来期望您的。谨拜谢大夫加倍的辛勤。"穆姜又赋《绿衣》的最后一章然后才进去。

9·6　晋国人来鲁国送女陪嫁,这是合于礼的。

9·7　秋季,郑成公去到晋国,晋国人为了惩罚他倾向楚国,在铜鞮逮住了他。

9·8　晋将栾书率兵进攻郑国,郑国人派遣伯蠲求和,晋国人杀死了伯蠲,这是不合于礼的。两国交兵,使者可以来往两国之间。

楚国的子重入侵陈国以救郑国。

9·9　晋景公视察军用仓库,见到钟仪,问人说:"戴着南方的帽子而被囚禁的人是谁?"官吏回答说:"是郑国人所献的楚国俘虏。"晋景公让人把他释放出来,召见并且慰问他。钟仪再拜,叩头。晋景公问他在楚国的族人,他回答说:"是乐人。"晋景公说:"能够奏乐吗?"钟仪回答说:"这是先人的职责,岂敢从事于其他工作呢?"晋景公命令把琴给钟仪,他弹奏的是南方乐调。晋景公说:"你们的君王怎样?"钟仪回答说:"这不是小人能知道的。"晋景公再三问他,他回答说:"当他做太子的时候,师保奉事着他,每天早晨向婴齐请教,晚上向侧去请教。我不知道别的事。"晋景公把这些告诉了范文子。文子说:"这个楚囚,是君子啊。说话中举出先人的职官,这是不忘记根本;奏乐奏家乡的乐调,这是不忘记故旧;举出楚君做太子时候的事,这是没有私心;称二卿的名字,这是尊崇君王。不背弃根本,这是仁;不忘记故旧,这是守信;没有私心,这是忠诚;尊崇君王,这是敏达。用仁来办理事情,用信来守护,用忠来成就,用敏来执行。事情虽然大,必然会成功。君王何不放他回去,让他结成晋、楚的友好。"晋景公听从了,对钟仪重加礼遇,让他回国去替晋国求和。

9·10　冬季,十一月,楚国子重从陈国进攻莒国,包围了渠丘。渠丘城池破败,大众溃散而逃亡到莒城。初五日,楚国进入渠丘。莒国人抓住了楚国的公子平。楚国人说:"不要杀他,我们归还你们俘虏。"莒城人杀了公子平,楚国的军队包围了莒城。莒城的城墙也不好,十七日,莒国溃败。楚军就进入郓城,这是由于莒国没有防备的缘故。

君子说:"依仗简陋而不设防备,这是罪中的大罪;防备意外,这是善中的大善。莒国依仗它的简陋而不修城郭,十二天之间而楚军攻克它的三个城市,这是由于没有防备的缘故啊!《诗》说:'虽然有了丝麻,不要丢掉杂草;虽然有了美人儿,不要丢掉不美的。凡是君子们,没有不缺此少彼的时候。'说的就是防备不能停止。"

9·11　秦军、白狄进攻晋国,由于诸侯对晋国有了二心的缘故。

9·12　郑国人包围许国,这是为了向晋国表示他们并不急于救出郑成公。这是公孙申出的计谋,他说:"我们出兵包围许国,假装打算另立国君的样子,而暂时不派使者去晋国,晋国必然放我们国君回来。"

9·13　鲁国在内城筑城,《春秋》记载这件事,因为合于时令。

9·14　十二月,楚共王派公子辰去晋国,以回报钟仪的使命,请求重温友好,缔结和约。

成公十年

10·1　十年春季,晋景公派遣籴筏去楚国,这是回报太宰子商的出使。

10·2　卫国子叔黑背侵袭郑国,这是执行晋国的命令。

10·3　郑国的公子班听到了叔申的策划。三月,公子班立公子繻为国君。夏季四月,郑国人杀了公子繻,立了髡顽,公子班逃亡到许国。栾武子说:"郑国人立了国君,我们抓的就是一个普通人,有什么好处?不如进攻郑国,把他们的国君送回国,以此求和。"晋景公有病,五月,晋国立太子州蒲为国君,会合诸侯进攻郑国。郑国的子罕把襄公宗庙中的钟赠送给晋国,子然和诸侯在脩泽结盟,子駟作为人质。十一日,郑成公回国。

10·4　晋景公梦见一个厉鬼，披的长发拖到地上，捶胸跳跃，说："你杀了我的子孙，这是不义。我请求为子孙复仇，已经得到上帝的允许了！"厉鬼毁掉宫门、寝门走了进来。晋景公害怕，躲进内室，厉鬼又毁掉内室的门。晋景公醒来，召见桑田的巫人。巫人所说的和晋景公梦见的情况一样。晋景公说："怎么样？"巫人说："君王吃不到新收的麦子了！"晋景公病重，到秦国请医生。秦桓公派医缓给晋景公诊病。医缓还没有到达，晋景公又梦见疾病变成两个小儿童，一个说："他是个好医生，恐怕会伤害我们，往哪儿逃好？"另一个说："我们待在肓的上边，膏的下边，拿我们怎么办？"医生来了，说："病不能治了，病在肓的上边，膏的下边，灸不能用，针达不到，药物的力量也达不到了，不能治了。"晋景公说："真是好医生啊。"于是馈送给他丰厚的礼物让他回去。六月初六日，晋景公想吃新麦子，让管食物的人献麦，厨师烹煮。景公召见桑田巫人来，把煮好的新麦给他看，然后杀了他。景公将要进食，突然肚子发胀，上厕所，跌进厕所里死去。有一个宦官早晨梦见背着晋景公登天，等到中午，他背着晋景公从厕所出来，于是就以他为景公殉葬了。

10·5　郑成公讨伐立国君的人，六月初八日，杀了叔申、叔禽。君子说："忠诚是美德，所忠的人不合式尚且不可以，何况本人又不好呢？"

10·6　秋季，鲁成公到晋国。晋国人留下成公，让他送葬。当时夋茷还没有回来。

10·7　冬季，安葬晋景公。鲁成公送葬，诸侯都不在场。鲁国人认为这是耻辱，所以《春秋》不加记载，这是隐讳国耻。

成公十一年

11·1　十一年,春季,周王朝历法的三月,鲁成公从晋国回来。晋国人认为成公倾向楚国,所以扣留了他。成公请求接受盟约,然后让他回国。

11·2　郤犨来鲁国聘问,而且参加结盟。

11·3　声伯的母亲没有举行媒聘之礼就和叔肸同居,穆姜说:"我不能把妘妇当成嫂嫂。"声伯的母亲生了声伯,就被遗弃了,嫁给齐国的管于奚,生了两个孩子以后又守寡,就把两个孩子给了声伯。声伯让他的异父兄弟做了大夫,又把异父妹妹嫁给施孝叔。郤犨前来聘问,向声伯求取妻子。声伯把施氏的妻子夺过来给了郤犨。这个女人对丈夫说:"鸟兽还不肯失掉配偶,您打算怎么办?"她的丈夫说:"我不能够因此死去或者逃亡。"这个女人就随郤犨走了。在郤氏那里生了两个孩子,郤氏被灭,晋国人又把她还给施氏。施氏在黄河边迎接她,把她的两个孩子沉进黄河里。这个妇女发怒说:"自己不能保护自己的配偶而让她离开,又不能爱护别人的孤儿而杀死他们,这怎么能有好结果?"就发誓不再做施氏的妻子。

11·4　夏季,季文子去到晋国,回报聘问,同时也参加结盟。

11·5　周公楚讨厌周惠王、周襄王族人的逼迫,同时又和伯舆争夺政权,没有得胜,就生气而离开。到达阳樊,周简王派刘子让周公楚回来,在鄍地结盟然后进入国内。三天后,周公楚再次离去,逃亡到晋国。

11·6　秋季,宣伯到齐国聘问,重修过去的友好。

11·7　晋国的郤至和周室争夺鄇地的土地,周简王命令刘康公、单襄公到晋国争讼。郤至说："温地,过去就是我的封邑,所以不敢丢失。"刘康公、单襄公说："以前周朝战胜商朝,让诸侯据有封地。苏忿生据有温地,做了司寇,和檀伯达封在黄河边上。苏氏投奔狄人,又和狄人不合式而逃到卫国。襄王为了慰劳文公,将温地赐给了他,狐氏、阳氏先住在这里,然后才轮到您。如果要追查过去的原因,那么它是周天子属官的封邑,您怎么能得到它?"晋厉公下令要郤至不要争夺。

11·8　宋国大夫华元和楚令尹子重友好,又和晋大夫栾武子友好,听到楚人已经允许晋国的籴茷求和,而让他回国复命了。冬季,华元到楚国,又到晋国,促成晋、楚的和好。

11·9　秦、晋两国和好,准备在令狐会见。晋厉公先到达。秦桓公不肯渡过黄河,住在王城,派遣史颗和晋厉公在河东会盟。晋国的郤犫和秦桓公在河西结盟。范文子说:"这样的结盟有什么好处? 斋戒盟誓,是用来表示信用的。约定会见地点,这是信用的开始。开始都不顺从,难道可以相信吗?"秦桓公回去就背弃了和晋国的友好盟约。

成公十二年

12·1　十二年春季,周简王的使者来鲁国通告周公楚的祸难事件。《春秋》记载说"周公出奔晋"。凡是从周朝外逃的不能叫做"出",周公楚自己出逃,所以才用"出"字。

12·2　宋国华元完成了晋、楚两国的和好。夏季,五月,晋国士燮会见楚国公子罢、许偃。初四日,在宋国西门之外结盟,说:"凡是晋、楚两国,不要互相以兵戎相见,要好恶相同,一起救济灾难危亡,救援饥荒祸患。如果有危害楚国的,晋国就攻打它;对晋国,楚国也是这样做。两国使者往来,道路不要阻塞,协商不和,讨伐背叛。谁要违背盟约,神灵就要诛杀,使他军队颠覆,不能保佑国家。"郑成公去到晋国听受和约,和诸侯在琐泽会见,这是由于晋、楚和好的缘故。

12·3　狄人乘宋国促成的结盟会这一空隙攻打晋国,但又不设防备。秋季,晋国人在交刚打败了狄人。

12·4　晋国郤至到楚国聘问,同时参加盟约。楚共王设享礼招待他,子反作为相礼者,在地下室悬挂乐器。郤至将要登堂,下面击钟又击鼓,惊慌地退了出来。子反说:"时间不早了,寡君等着呢,您还是进去吧!"客人说:"贵国君王不忘记先君的友好,加之于下臣,赐给下臣以重大的礼仪,又加上钟鼓音乐,如果上天降福,两国国君相见,还能用什么礼节来代替这个呢? 下臣不敢当。"子反说:"如果上天降福,两国国君相见,也只能用一支箭彼此相赠,哪里还用奏乐? 寡君等着呢,您还是进去吧!"客人说:"如果用一支箭来款待,这是祸中的大祸,还有什么福可说? 当天下大治的时候,诸侯在完成天子使命的闲暇之时,就互相朝见,在这时就有享、宴的礼仪。享礼用来教导恭敬节俭,宴礼用来表示慈爱恩惠。恭敬节俭用来推行礼仪,而慈爱恩惠则用来施行政教。政教用礼仪来完成,百姓因此得到休息。百官承受政事,白天朝见晚上就不再朝见,这就是公侯所用来捍卫他们百姓的措施,所以《诗》说:'雄赳赳的武士,是公侯的捍卫。'等到它动乱的时候,诸侯贪婪,侵占欲望已无所顾忌,为争夺尺寸之地而驱使百姓致于死亡,收取他的武士,作为自己的心腹、股肱、爪牙。所以《诗》说:'雄赳赳的武士,是公侯的心腹。'天下有道,那么公侯就能做百姓的捍卫,而控制他的心腹。动乱时,就反过来。现在您的话,是动乱之道,不能用来作为法则。然而您,是主人,至岂敢不听从?"于是就进去,把事情办完。郤至回去把情况告诉范文子。文子说："无礼，必然说话不算话，我们离开死日不远了。"

冬季，楚国公子罢去到晋国聘问，同时参加结盟。十二月，晋厉公和楚公子罢在赤棘结盟。

成公十三年

13·1　十三年春季，晋厉公派遣郤锜来鲁国请求援兵，处理事情态度不严肃。孟献子说："郤氏恐怕要灭亡了吧！礼仪，是身体的躯干；恭敬，是身体的基础。郤子却没有基础。而且作为先君的嗣卿，接受命令而来请求出兵，想保卫国家，但却怠惰，这是不顾国君的命令，不灭亡还做什么？"

13·2　三月，鲁成公到京师。宣伯想要得到赏赐，请求先行出使。周简王用对普通外交官的礼仪来接待他。孟献子跟从成公，周简王把他作为成公的第一位外交官，而重重地赠给他财礼。

成公和诸侯朝觐周简王，接着就跟从刘康公、成肃公会合晋厉公进攻秦国。成肃公在社神庙接受祭肉的时候，不恭敬。刘康公说："我听说：百姓得到天地的中和之气而降生，这就是所谓生命。因此就有动作、礼义、威仪的准则，用来固定天命。有能力的人保持这些可以得福，没有能力的人败坏这些足以取祸。所以君子勤于礼法，小人竭尽力量。勤于礼法莫过于恭敬，竭尽力量莫过于敦厚笃实。恭敬在于供奉神灵，笃实在于各安本分。国家的大事情，在于祭祀和战争。祭祀有分祭肉之礼，战争有受祭肉之礼，这是和神灵交往的大节。现在成子表现出懒惰不恭，丢弃天命了，恐怕回不来了吧！"

13·3　夏季,四月初五日,晋厉公派遣吕相去和秦国断绝外交关系,说:

从前我先君晋献公和贵国先君秦穆公互相友好,合力同心,用盟誓来表明,再用婚姻加深两国关系。上天降祸于晋国,文公到了齐国,惠公到了秦国。不幸,献公去世。穆公不忘记过去的恩德,使我们惠公因此能在晋国主持祭祀,但又不能完成重大的勋劳,却和我国有了韩地之战。后来心里又有些懊悔,因此成就了我们文公回国为君,这都是秦穆公的功劳。文公亲自身披甲胄,登山涉水,经历艰难险阻,征服东方的诸侯,虞、夏、商、周的后代都向秦国朝见,也就已经报答过去的恩德了。郑国人侵犯君王的边界,我们文公率领诸侯和秦国共同包围郑国,秦国的大夫不和我们国君商量,擅自和郑国订立了盟约。诸侯痛恨这件事,打算和秦国拼命,文公恐惧,安抚诸侯,使秦军得以平安回国而没有受到损害,这就是我国有大功劳于西方秦国之处。

不幸,文公去世,穆公不善,蔑视我们故去的国君,以我们晋襄公为软弱可欺,突然侵犯我们的殽地,断绝我们同友好国家的往来,攻打我们的城堡,绝灭我们的滑国,离散我们的兄弟之邦,扰乱我们的同盟之国,颠覆我们的国家。我们襄公没有忘记君王过去的勋劳,而又害怕国家的颠覆,这样才有殽地的这一战役,但还是愿意在穆公那里解释以求赦免罪过。穆公不听,反而亲近楚国来谋害我们。天意保佑我国,楚成王丧命,穆公因此不能在我国称心如意。穆公、襄公去世,康公、灵公即位。康公,是我国穆姬所生的,但又想损害我们的公室,颠覆我们的国家,率领我国的内奸,以动摇我们的边疆,因此我国才有了令狐这一战役。秦康公还是不肯改悔,又进入我国河曲,攻打我国涑川,掠取我国王官,割断我国的羁马,因此我国才有了河曲这一战役。东边的道路不通，那是由于康公同我们断绝友好所造成的。

等到君王继位以后，我们的国君晋景公伸着脖子望着西边说："也许要安抚我们了吧！"但君王也不考虑和我们结盟，却利用我国有狄人的祸难，侵入我国的河县，焚烧我国的箕地、郜地，抢割我国的庄稼，骚扰我国边境，我国因此而有辅氏的战役。君王也后悔战祸的蔓延，而想求福于先君晋献公和秦穆公，派遣伯车前来命令我们景公说："我跟你重修旧好、丢弃怨恨，恢复以往的关系，以追念以前的勋劳。"盟誓还没有完成，我晋景公就去世了，因此我们国君才和秦国有令狐的会见。君王又不善，背弃了盟誓。白狄和君王同在雍州境内，他们是君王的仇敌，却是我们的亲戚。君王前来命令说："我跟你攻打狄人。"寡君不敢顾及亲戚，畏惧君王的威严，就给官吏下令攻打狄人。但君王又对狄人有了别的念头，告诉他们说："晋国将要攻打你们。"对君王的做法，狄人接受而又厌恶，因此就告诉了我们。楚国人讨厌君王的反复无常，也来告诉我们说："秦国背弃了令狐的盟约，而来向我国请求结盟：'对着皇天上帝、秦国的三位先公、楚国的三位先王发誓：我虽然和晋国有往来，我只是唯利是图。'楚国人讨厌秦君反复无常，因此把事情公布出来，以惩戒言行不一的人。"

诸侯都听到了这些话，因此才痛心疾首，都来和我亲近。我率领诸侯以听候君王的命令，只是为了请求和好，君王如果加惠而顾念诸侯，请怜悯我，而赐我们以结盟，这是我的愿望。那就可以安定诸侯而退走，岂敢自求祸乱？君王如果不施大恩大惠，我很不才，恐怕就不能率领诸侯退走了。谨把内心的话向您的左右执事宣布，请执事考虑利害吧。

秦桓公已经和晋厉公在令狐结盟，而又召来狄人和楚人，要引导他们进攻晋国,诸侯因此跟晋国和睦。晋国的栾书率领中军,荀庚作为辅佐;士燮率领上军,郤锜作为辅佐;韩厥率领下军,荀罃作为辅佐;赵旃率领新军,郤至作为辅佐。郤毅驾御战车,栾鍼作为车右。孟献子说:"晋国的将领和甲士上下一致,军队必然建立大功。"五月初四日,晋军率领诸侯的军队和秦军在麻隧作战。秦军大败,俘虏了秦国的成差和不更女父。曹宣公死在军中。军队就渡过泾水,到达侯丽然后回去。军队在新楚迎接晋厉公。

成肃公死在瑕地。

13·4　六月十五日夜里,郑国公子班从訾地请求进入祖庙,没有做到,就杀了子印、子羽,回来驻扎在市上。十七日,子驷率领国内的人们在祖庙结盟,跟着就全部烧了它,杀了公子班、子駹、孙叔、孙知。

13·5　曹国人派公子负刍留守,派公子欣时去迎接曹宣公尸体。秋季,公子负刍杀了曹宣公的太子而自立为国君,诸侯就请求讨伐他。晋国人由于他在和秦国作战中有功劳,请求等到以后再讨伐。冬季,安葬曹宣公。安葬以后,子臧准备逃亡,国内的人都要跟着他逃亡。曹成公负刍才感到恐惧,承认罪过,而且请求子臧留下来不要出走。子臧这才返回来,然后把采邑还给曹成公。

成公十四年

14·1　十四年春季,卫定公去到晋国,晋厉公强请卫定公接见孙林父,卫定公不同意。夏季,卫定公回国以后,晋厉公派郤犨送孙林父去见他。卫定公想要推辞。定姜说:"不行。他是先君宗卿的后代,大国又以此作为请求,如果不答应,我国将要灭亡。虽然讨厌他,总比亡国强些吧? 君王还是忍耐一下吧! 安定百姓而赦免宗卿,不也是可行的吗?"卫定公接见了孙林父,并且恢复了他的职位和采邑。

卫定公设享礼招待苦成叔,宁惠子作陪,苦成叔表现出傲慢的样子。宁惠子说:"苦成叔恐怕要被灭亡了吧! 古代举行享礼,是用来观察威仪,省察祸福的,所以《诗》说:'弯弯角杯,柔和甜酒。不骄不傲,聚集万福。'现在他老人家表现傲慢,是取祸之道啊!"

14·2　秋季,鲁大夫宣伯到齐国迎接齐女。《春秋》称他的族名,这是由于尊重国君的命令。

14·3　八月,郑国的子罕进攻许国,战败。二十三日,郑成公再次进攻许国。二十五日,进入许国的外城。许国人把叔申的封地交还郑国以此与郑国讲和。

14·4　九月,侨如带着夫人姜氏从齐国来到。《春秋》不称族名,这是由于尊重夫人。所以君子说:"《春秋》的记载,言词不多而意义显明,记载史实而意义深远,婉转而顺理成章,穷尽而不歪曲,警戒邪恶而奖励善良。如果不是圣人,谁能够编写?"

14·5　卫定公有病,让孔成子、宁惠子立敬姒的儿子衎作为太子。冬季,十月,卫定公去世。夫人姜氏哭丧以后休息,看到太子并不悲哀,就连水也不喝,叹气说:"这个人啊,将要不仅会使卫国遭致败亡,而且必然从我这个未亡人身上开始动手。唉呀! 这是上天降祸给卫国吧! 我不能得到鱄来主持国家。"大夫们听到以后,无不感到十分恐惧。孙文子从此不敢把他的宝器藏在卫国,而都放在采邑戚地,同时尽量和晋国的大夫友好。

成公十五年

15·1　十五年春季,鲁成公和晋厉公、卫献公、郑成公、曹成公、宋国世子成、齐国国佐、邾人在戚地会盟,这是为了讨伐曹成公。逮捕了曹成公送到京师。《春秋》记载说"晋侯执曹伯",这是由于曹成公的罪过不及于百姓。凡是国君对百姓无道,诸侯讨伐而且逮捕了他,就说"某人执某侯",否则就不这样记载。

　　诸侯要让子臧进见周王而立他为曹国国君。子臧辞谢说:"古书上有这样的话:'圣人通达节义,其次保守节义,最下失去节义。'做国君这件事不合于我的节义。虽然不能像圣人那样,岂敢失节呢?"于是逃亡到宋国。

15·2　夏季,六月,宋共公去世。

15·3　楚国准备向北方出兵,子囊说:"新近和晋国结盟而背弃它,恐怕不可吧!"子反说:"敌情有利于我就前进,结什么盟?"申叔时已经老了,住在采邑申地,听到这话,说:"子反必然不能免于祸难。信用用来保持礼义,礼义用来保护生存,信用、礼义都没有了,想要免于祸难,行吗?"

　　楚子入侵郑国,到达暴隧,因此入侵卫国,到达首止。郑国子罕入侵楚国,战领了新石。

　　晋将栾武子想要报复楚国,韩献子说:"不用,让他自己加重罪过,百姓将会背叛他。失了人心,谁去替他打仗。"

15·4　秋季,八月,安葬宋共公。在这时,华元做右师,鱼石做左师,荡泽做司马,华喜做司徒,公孙师做司城,向为人做大司寇,鳞朱做少司寇,向带做太宰,鱼府做少宰。荡泽要削弱公室,杀了公子肥。华元说:"我做右师,国君和臣下的教导,这是师所掌管的。现在公室的地位低下,却不能拨正,我的罪过大了。不能尽到职责,岂敢以得到宠信为利呢?"于是出奔晋国。二位华氏,是戴公的后代;司城,是庄公的后代;其他六大臣都是桓公的后代。鱼石准备阻止华元逃亡。鱼府说:"右师如果回来,必然要讨伐荡泽,这就会没有桓氏这一族了。"鱼石说:"右师如果能够回来,虽然允许他讨伐,他必然不敢。而且他建立了大功,国内的人们亲附他,如果他不回来,恐怕桓氏在宋国没有人祭祀了。右师如果讨伐,还有向戌在那里。桓氏虽然灭亡,必然只是亡掉一部分而已。"鱼石自己在黄河岸上阻止华元。华元请求讨伐荡泽,鱼石答应了。华元这才回来,派遣华喜、公孙师率领国内的人们进攻荡氏,杀了荡泽。《春秋》记载说"宋杀其大夫山",就是说荡泽背弃了自己的宗族。

鱼石、向为人、鳞朱、向带、鱼府离开都城住在睢水旁边,华元派人劝阻他们,他们不同意。冬季,十月,华元亲自去劝阻,他们又不同意,华元就回来了。鱼府说:"现在不听从华元的话,以后就不能进入国都了。右师眼睛转动很快而说话很急,有别的想法呀。如果不接纳我们,现在就要疾驰而去了。"他们登上山头一看,就看到华元疾驰而去。这五个人驱车跟随华元,华元已经掘开睢水堤防,关闭城门登上城墙了。左师、两个司寇、两个宰就逃亡到楚国。华元派向戌做左师、老佐做司马、乐裔做司寇,来安定国内的人。

15·5　晋国三郤陷害伯宗,诬陷以后再杀了他,并且连累及于栾弗忌。伯州犁逃亡到楚国。韩献子说:"郤氏恐怕不能免于祸难吧!善人,是天地的纲纪,而多次加以杀害,不灭亡还等什么?"

当初,伯宗每次朝见,他的妻子一定劝戒他说:"盗贼憎恨主人,百姓讨厌统治者,您喜欢说直话,必然遭到祸难。"

15·6　十一月,叔孙侨如会合晋国士燮、齐国高无咎、宋国华元、卫国孙林父、郑国公子鯭和吴国在钟离会见,这是开始和吴国友好往来。

15·7　许灵公害怕郑国逼迫,请求迁到楚国。十一月初三日,楚国公子申把许国迁到叶地。

成公十六年

16·1　十六年春季,楚共王从武城派公子成用汝阴的土田向郑国求和。郑国背叛晋国,子驷跟随楚子在武城结盟。

16·2　夏季,四月,滕文公去世。

16·3　郑国的子罕进攻宋国,宋国将鉏、乐惧在汋陂打败了他。宋军退兵,驻扎在夫渠,不加警备。郑军伏兵袭击,在汋陵打败了他们,俘虏了将鉏、乐惧。这是由宋国仗恃打了胜仗而不加戒备。

16·4　卫献公发兵攻打郑国,到达鸣雁,这是为了晋国的缘故。

16·5　晋厉公打算讨伐郑国,范文子说:“如果按照我的愿望,诸侯都背叛,晋国的危机可以得到缓和。如果只是一个郑国背叛,晋国的忧患,可能马上就会来了。”栾武子说:“不能在我们这一辈执政的时候失去诸侯,一定要进攻郑国。”于是就发兵。栾书率领中军,士燮作为辅佐;郤锜率领上军,荀偃作为辅佐;韩厥率领下军,郤至作为新军辅佐。荀罃留守。郤犨去到卫国,乘机到齐国,请求两国出兵。栾黡前来请求出兵,孟献子说:“晋国可能得胜了。”四月十二日,晋军出兵。

郑国人听说晋国出兵,就派使者报告楚国,姚句耳同行。楚共王救援郑国。司马子反率领中军,令尹子重率领左军,右尹子辛率领右军。路过申地,子反进见申叔时,说:“这次出兵会怎么样?”申叔时回答说:“德行、刑罚、和顺、道义、礼法、信用,这是战争的手段。德行用来施予恩惠,刑罚用来纠正邪恶,和顺用来事奉神灵,道义用来建立利益,礼法用来适合时宜,信用用来护守事物。人民生活优厚,道德就端正;举动有利,事情就合于节度;时宜合适,生产就有所成就;这样就能上下和睦,相处没有矛盾,有所需求无不具备,各人都知道行动的准则。所以《诗》说:'安置百姓,没有不合乎准则。'这样,神灵就降福于他,四时没有灾害,百姓生活优厚,齐心一致地听命,没有不尽力以服从上面命令的,不顾性命来弥补死去的战士的空缺,这样就是战争所以能够胜利的原因。现在楚国内部丢弃他的百姓,外部断绝他的友好,亵渎神圣的盟约而说话不讲信用,违反时令发动战争,使百姓疲劳以求快意。人们不知道什么是信用,进退都是罪过。人们为他们的结局在担忧,还有谁肯去送命? 您还是尽力做吧! 我不会再看到您了。"姚句耳先回来,子驷询问情况,他回答说:"楚军行军迅速,经过险要的地方行列不整齐。动作太快就会考虑不周,军容不整齐就丧失了行列。考虑不周、行列丧失,怎么能打仗? 楚国恐怕不能依靠了。"

　　五月,晋军渡过黄河。他们听说楚军将要到达,范文子想要回去,说:"我们假装逃避楚国,这样就能够缓和忧患。会合诸侯,不是我所能做到的,还是遗留给有能力的人吧。我们如果群臣和睦以奉事国君,这就够了。"栾武子说:"不可以。"六月,晋、楚两军在鄢陵相遇。范文子不想作战。郤至说:"韩地这一战,惠公失败归来;箕地这一役,先轸不能回国复命;邲地这一仗,荀伯又失败,这都是晋国的耻辱。您也了解先君时代的情况了。现在我们逃避楚国,这又是增加耻辱。"范文子说:"我们先君的屡次作战,是有原因的。秦国、狄人、齐国、楚国都很强大,如果我们不尽自己的力量,子孙将会被削弱。现在三强已经顺服,敌人仅楚国而已。只有圣人才能够外部内部都没有祸患。如果不是圣人,外部安定,内部必然还有忧患,何不放掉楚国把它作为外部的戒惧呢?"

二十九日(阴历月终),楚军在清早逼近晋军而摆开阵势。晋国的军吏担心这种情况。范匄快步向前,说:"填井平灶,就在军营摆开阵势,把行列间的距离放宽。晋、楚两国都是上天的赐予,有什么可担心的?"范文子拿起戈来驱逐他,说:"国家的存亡,这是天意,小孩子知道什么?"栾书说:"楚军轻佻,加固营垒而等待他们,三天一定退军。乘他们退走而加以追击,一定可以得胜。"郤至说:"楚国有六个空子,我们不可失掉时机:楚国的两个卿不和;楚共王的亲兵们从旧家中选拔,都已衰老;郑国虽然摆开阵势却不整齐;蛮人虽有军队却没有阵容;楚军摆阵不避讳月底;士兵在阵中就喧闹,各阵式相联合后就更加喧闹,各军彼此观望依赖,没有战斗意志。旧家子弟的士兵不一定是强兵,所以这些都触犯了天意和兵家大忌。我们一定能战胜他们。"

楚共王登上楼车瞭望晋军。子重让大宰伯州犁侍立在楚共王身后。楚共王说:"车子向左右驰骋,干什么?"伯州犁说:"这是召集军官们。"楚共王说:"那些人都集合在中军了。"伯州犁说:"这是一起谋议。"楚共王说:"帐幕张开了。"伯州犁说:"这是在先君的神主前占卜。"楚共王说:"帐幕撤除了。"伯州犁说:"这是将要发布命令了。"楚共王说:"喧闹得厉害。而且尘土飞扬起来了。"伯州犁说:"这是准备填井平灶摆开阵势。"楚共王说:"都登上战车了,将帅和车右都拿着武器下车了。"伯州犁说:"这是宣布号令。"楚共王说:"他们要作战吗?"伯州犁说:"还不能知道。"楚共王说:"晋军上了战车,将帅和车右又下来了。"伯州犁说:"这是战前的祈祷。"伯州犁把晋厉公亲兵的情况向楚共王报告。苗贲皇在晋厉公的旁边,也把楚共王亲兵的情况向晋厉公报告。晋厉公左右的将士们都说:"有国家中杰出的人物在那里,而且军阵厚实,不能抵挡。"苗贲皇对晋厉公说:"楚国的精兵在于他们国军的王族而已。请求把我们的精兵分开去攻击他们的左右军,再集中三军攻打楚王的亲兵，一定可以把他们打得大败。"晋厉公让太史占筮。太史说："吉利。得到《复》☷☳。卦辞说：'南方的国家局促，射它的国王，箭头中目。'国家局促，国王受伤，不失败，还等待什么?"晋厉公听从了。

晋军营前头有泥沼，于是晋军都或左或右地避开泥沼而行。步毅驾御晋厉公的战车，栾鍼作为车右。彭名驾御楚共王的战车，潘党作为车右。石首驾御郑成公的战车，唐苟作为车右。栾、范领着他们私族部队左右护卫着晋厉公前进。战车陷在泥沼里。栾书打算将晋厉公装载在自己车上。他儿子栾鍼说："书退下去! 国家有大事，你哪能一人揽了? 而且侵犯别人的职权，这是冒犯；丢弃自己的职责，这是怠慢；离开自己的部下，这是扰乱。有三件罪名，不能违犯啊。"于是就掀起晋厉公的战车离开泥沼。

六月二十八日，潘尪的儿子党和养由基把皮甲重叠而射它，穿透了七层。拿去给楚共王看，说："君王有这样两个臣下在这里，还有什么可怕的?"楚共王发怒说："真丢人! 明早作战，你们射箭，将会死在这武艺上。"吕锜梦见自己射月亮，射中，自己却退进了泥塘里。占卜，说："姬姓，是太阳；异姓，是月亮，这一定是楚共王了。射中了他，自己又退进泥里，就一定会战死。"等到作战时，吕锜射中了楚共王的眼睛。楚王召唤养由基，给他两支箭，让他射吕锜。结果射中吕锜的脖了，伏在弓套上死了。养由基拿了剩下的一支向楚共王复命。

郤至三次碰到楚共王的士兵，见到楚共王时，一定下车，脱下头盔，快步向前而走。楚共王派工尹襄送上一张弓去问候，说："正当战事激烈的时候，有一位身穿浅红色牛皮军服的人，是君了啊! 刚才见到我而快走，恐怕是受伤了吧!"郤至见到客人，脱下头盔接受命令，说："贵国君王的外臣郤至跟随寡君作战，托君王的福，参与了披甲的行列，不敢拜谢命令。谨向君王报告没有受伤，感谢君王惠赐给我的命令。由于战事的缘故，谨向使者敬礼。"于是，三次向使者肃拜以后才退走。

晋国的韩厥追赶郑成公,他的车夫杜溷罗说:"是否赶快追上去?他们的御者屡屡回头看,注意力不在马上,可以赶上。"韩厥说:"不能再次羞辱国君。"于是就停止追赶。郤至追赶郑成公,他的车右茀翰胡说:"另外派轻车从小道迎击,我追上他的战车而把他俘虏下来。"郤至说:"伤害国君要受到刑罚。"也停止了追赶。石首说:"从前卫懿公由于不去掉他的旗子,所以才在荧地战败。"于是就把旗子放进弓袋里。唐苟对石首说:"您在国君旁边,战败者应该一心保护国君。我不如您,您带着国君逃走,我请求留下。"于是唐苟就战死了。

楚军被逼在险阻的地带,叔山冉对养由基说:"虽然国君有命令,为了国家的缘故,您一定要射箭。"养由基就射晋军,再射,被射的人都被射死。叔山冉举起晋国人投掷过去,掷中战车,折断了车前的横木。晋军于是停下来。囚禁了楚国的公子茷。栾鍼见到子重的旌旗,请求说:"楚国人说那面旌旗是子重的旗号,他恐怕就是子重吧。当初下臣出使到楚国,子重问起晋国的勇武表现在哪里,下臣回答说:'喜好整齐,按部就班。'子重说:'还有什么?'下臣回答说:'喜好从容不迫。'现在两国兴兵,不派遣使者,不能说是按部就班;临到事情而不讲信用,不能说是从容不迫。请君王派人替我给子重进酒。"晋厉公答应了,派遣使者拿着酒器奉酒,到了子重那里,说:"寡君缺乏使者,让栾鍼执矛侍立在他左右,因此不能犒赏您的从者,派我前来代他送酒。"子重说:"他老人家曾经跟我在楚国说过一番话,送酒来一定是这个原因。他的记忆力不也是很强吗?"受酒而饮,不留难使者而重新击鼓。早晨开始作战,直到黄昏还没有结束战争。

子反命令军官视察伤情,补充步兵车兵,修理盔甲武器,陈列战车马匹,鸡叫的时候吃饭,唯主帅的命令是听。晋国因此担心。

苗贲皇通告全军说："检阅战车、补充士卒,喂好马匹、磨快武器,整顿军阵、巩固行列,饱吃一顿、再次祷告,明天再战!"就故意放松楚国的俘虏让他们逃走。楚共王听到这些情况,召子反一起商量。穀阳竖献酒给子反,子反喝醉了不能进见。楚共王说:"这是上天要让楚国失败啊!我不能等待了。"于是就夜里逃走了。晋军进入楚国军营,吃了三天楚军留下的粮食。范文子站在兵马前面,说:"君王年幼,下臣们不才,怎么能到这个地步?君王还是要警惕啊!《周书》说,'天命不能常在不变',说的是有德的人就可以享有天命。"

楚军回去,到达瑕地,楚共王派人对子反说:"先大夫让军队覆没,当时国君不在军中。现在您没有过错,这是我的罪过。"子反再拜叩头说:"君王赐下臣去死,死而不朽。下臣的士兵的确败逃了,这是下臣的罪过。"子重也派人对子反说:"当初让军队覆没的人,他的结果你也听到过了。何不自己打算一下!"子反回答说:"即使没有先大夫自杀谢罪的事,大夫命令侧死去,侧岂敢贪生而陷于不义?侧使国君的军队败亡,岂敢忘记一死?"楚共王派人阻止他,没来得及,子反就自杀了。

作战的第二天,齐国国佐、高无咎到达军中,卫献公从卫国出来,鲁成公从坏隤出来。宣伯和穆姜私通,想要去掉季、孟两人而占取他们的家财。成公将要出行,穆姜送他,让他驱逐这两个人。成公把晋国的危难告诉她,说:"请等我回来再听取您的命令。"穆姜生气,公子偃、公子鉏快步走过,穆姜指着他们说:"你要不同意,他们都可以是国君!"鲁成公在坏隤等待,防护宫室、加强戒备、设置守卫,然后出行,所以去晚了。让孟献子在公宫留守。

16·6　秋季,鲁成公和晋厉公、齐灵公、卫献公、宋国华元、邾国人在沙随会见,商量进攻郑国。宣伯派人告诉郤犨说:"鲁侯在坏隤等着,以等待胜利者。"郤犨率领新军,同时做公族大夫,主持东方诸侯的事务。他从宣伯那里拿了财物,而在晋厉公那里毁谤鲁成公。晋厉公就不和鲁成公见面。

16·7 曹国人向晋国请求说:"自从我先君宣公去世,国内的人们说:'怎么办?忧患还没有消除。'而贵国又讨伐我寡君,因而使镇抚曹国国家的公子子臧逃亡,这是在大举灭曹,莫非由于先君有罪吧!可是如果有罪,那么君王又使他参加会盟。君王不丢失德行和刑罚,所以才能称霸诸侯,岂独丢弃敝邑?谨在私下向贵国表达真情。"

16·8 七月,鲁成公会合尹武公和诸侯进攻郑国。成公将要出行,穆姜又像以前一样命令成公。成公又在宫中设了防备以后才出行。诸侯的军队驻扎在郑国西部,我国的军队驻扎在督扬,不敢经过郑国。子叔声伯派叔孙豹请求晋军前来迎接我军,又在郑国郊外为晋军准备饭食。晋军为迎接我军而来到。声伯四天没有吃饭等着他们,直到让晋国的使者吃了饭以后自己才吃。

16·9 诸侯迁移到制田,知武子作为下军副帅,率领诸侯的军队入侵陈国,到达鸣鹿,因此入侵蔡国。还没有回来,诸侯又迁移到颍上。七月二十四日,郑国的子罕发动夜袭,宋国、齐国、卫国都溃不成军。

16·10 曹国人再次向晋国请求。晋厉公对子臧说:"你回去,我送回你们国君。"子臧回国,曹成公也回来了,子臧把他的封邑和卿的职位全部交出去而不再做官。

16·11 叔孙侨如派人告诉郤犨说:"鲁国有季氏、孟氏,就好像晋国有栾氏、范氏,政令就是在那里制订的。现在他们商量说:'晋国的政令出于不同的家族,不能统一,这是不能服从的。宁可事奉齐国和楚国,哪怕亡国,也不要跟从晋国了。'晋国如果要在鲁国行使自己的意志,请留下行父而杀了他,我把蔑杀死,事奉晋国,就没有二心了。鲁国没有二心,其他小国一定服从晋国。不这样,行父回国就必然背叛晋国。"九月,晋国人在苕丘逮捕了季孙行父。成公回来,在郓地等待,派子叔声伯向晋国请求放回季孙。郤犫说:"如果去掉仲孙蔑而留下季孙行父,我给您鲁国的政权,对待您比对公室还亲。"声伯回答说:"侨如的情况,您一定听到了。如果去掉蔑和行父,这是大大地丢弃鲁国而加罪寡君。如果还不丢弃鲁国,而承您向周公求福,让寡君能够事奉晋国国君,那么这两个人,是鲁国的社稷之臣。如果早晨去掉他们,鲁国必然晚上灭亡。鲁国靠近晋国的仇敌,灭亡了以后就会变成仇敌,还来得及补救吗?"郤犫说:"我为您请求封邑。"声伯回答说:"婴齐,是鲁国的小臣,岂敢仗恃大国以求取丰厚的官禄?我奉了寡君的命令前来请求,如果得到所请求的,您的恩赐就很多了,还有什么请求?"范文子对栾武子说:"季孙在鲁国,辅助过两个国君。妾不穿丝绸,马不吃粮食,难道他不是忠诚吗?相信奸邪而丢弃忠良,怎么对付诸侯?子叔婴齐接受国君的命令没有私心,为国家谋划也没有二心,为自己打算而不忘国君。如果拒绝他的请求,这是丢弃善人啊!您还是考虑一下吧!"于是允许鲁国讲和,赦免了季孙行父。

　　冬季,十月,放逐叔孙侨如并且和大夫们结盟。侨如逃亡到齐国。十二月,季孙和郤犫在扈地结盟。回国,暗杀了公子偃,把叔孙豹从齐国召回而立了他。

　　齐国的声孟子和侨如私通,让他位于高氏、国氏之间。侨如说:"不能再犯罪了。"便逃亡到卫国,也位于各卿之间。

16·12　晋厉公派遣郤至到成周去献对楚国作战的战利品,郤至和单襄公说话,屡次夸耀自己的功劳。单襄公对大夫们说:"郤至恐怕要被杀吧!他的地位在七个人之下,而想要盖过他的上级。聚集怨恨,这是祸乱的根本。多招怨恨,是自造祸乱的阶梯,怎么还能据有官位?《夏书》说:'怨恨难道只是在看得到的地方?看不到的倒是应该考虑。'这是说在细微之处也要谨慎。现在郤至把看不到的怨恨都变得明显了,这样可以吗?"

成公十七年

17·1　十七年春季,周王朝历法的正月,郑国子驷进攻晋国的虚、滑两地。卫国的北宫括救援晋国,侵袭郑国,到达高氏。夏季,五月,郑国太子髡顽和侯獳到楚国作为人质,楚国公子成、公子寅戍守在郑国。

17·2　鲁成公会合尹武公、单襄公以及诸侯进攻郑国,从戏童到达曲洧。

17·3　晋国的范文子从鄢陵回国,让他的祝宗祈求早点死去,说:"国君骄横奢侈而又战胜敌人,这是上天增加他的毛病,祸难将要起来了。爱我的人只有诅咒我,让我快点死去,不要及于祸难,这就是范氏的福气。"六月初九日,范文子死。

17·4　六月二十六日,鲁成公和尹子、单子、晋厉公、齐灵公、宋平公、卫献公、曹成公、邾国人在柯陵结盟,这是为了重温戚地的盟会。

17·5　楚国的子重援救郑国,军队驻扎在首止。诸侯就退兵回国。

17·6　齐国的庆克和声孟子私通,穿着女人衣服和女人一起坐辇进入宫中的夹道门。鲍牵见到了,报告国武子。武子把庆克召来告诉他。庆克躲在家里很久不出门,报告声孟子说:"国子责备我。"声孟子发怒。国武子作为齐灵公的相礼参加会见,高无咎、鲍牵留守。等到回国,将要到达的时候,关闭城门,检查旅客。声孟子诬陷说:"高、鲍两人打算不接纳国君而立公子角,国子参与这件事。”秋季，七月十三日，砍去了鲍牵的双脚而驱逐了高无咎。高无咎逃亡到莒国。高弱据有卢地而发动叛乱。齐国人来鲁国召回鲍国而立了他。

当初，鲍国离开鲍氏来鲁国做施孝叔的家臣。施氏占卜总管的人选，匡句须吉利。施氏的总管拥有一百家的采邑。施氏给了匡句须采邑，让他做总管，他却让给鲍国而且把采邑也给了鲍国。施孝叔说：“你是占卜认为吉利的。”匡句须回答说：“能够给忠良，还有比这再大的吉利吗？”鲍国辅助施氏很忠诚，所以齐国人把他召回去作为鲍氏的后嗣。孔子说：“鲍牵的聪明不如葵菜，葵菜还能保护自己的脚。”

17·7　冬季，诸侯进攻郑国。十月十二日，包围郑国。楚国公子申救援郑国，军队驻扎在汝水边上。十一月，诸侯退兵回国。

17·8　当初，声伯梦见步行渡过洹水，有人将琼瑰给他吃了，哭出来的眼泪都成了琼瑰装满怀抱，跟着唱歌说：“渡过洹水，赠给我琼瑰。回去吧回去吧，琼瑰装满我的怀内！”醒来由于害怕而不敢占卜。从郑国回来，十一月某一天，到达狸脤，而占卜这件事，说：“我害怕死，所以不敢占卜。现在大家跟随我已经三年了，没有妨碍了。”说了这件事，到晚上就死了。

17·9　齐灵公派崔杼做大夫，派庆克辅佐他，率领军队包围卢地。国佐跟从诸侯包围郑国，由于齐国发生祸难请求回国。国佐于是就到了包围卢地的军队里，杀了庆克，据有穀地而发动叛乱。齐灵公和国佐在徐关结盟以后，恢复了他的官位。十二月，卢地人投降。齐灵公派遣国胜向晋国报告祸难，并且让他在清地等候命令。

17·10　晋厉公奢侈，有很多宠信的大夫。从鄢陵回来，想要全部去掉其他的大夫，而立左右宠信的人。胥童因为胥克的被废，怨恨郤氏而成为厉公宠臣。郤犫夺走了夷阳五的土田，夷阳五也为厉公所宠信。郤犨和长鱼矫争夺土田,把长鱼矫逮捕囚禁,和他的父母妻子同系在一个车辕上。不久以后,长鱼矫也受到厉公的宠信。栾书怨恨郤至,因为他不听自己的主意而又打败了楚军,想要废掉他。栾书让楚国的公子茷告诉厉公说:"这次战役,郤至实在是召来我寡君的,因为东方的军队没有到达和晋军统帅没有完全出动,他说:'这一战晋国必然失败,我就乘机拥立孙周来事奉君王。'"厉公告诉栾书。栾书说:"恐怕有这回事。否则,难道他会不顾虑死,而接受敌人的使者吗? 君王何不试着派他到成周而考察他一下呢?"郤至到成周聘问,栾书让孙周接见他,晋厉公派人窥探,证实了。于是厉公就怨恨郤至。

晋厉公打猎,和女人一起首先射猎,并且喝酒,然后让大夫射猎。郤至奉献野猪,寺人孟张夺走野猪,郤至射死了孟张。厉公说:"郤至欺负我!"

厉公准备发动群臣讨伐郤至,胥童说:"一定要先从三郤开刀。他们族大,怨恨多。去掉大族,公室就不受逼迫;讨伐怨恨多的,容易有功。"厉公说:"对。"郤氏听到这件事,郤锜想要攻打厉公,说:"虽然我们一族就要死了,国君也必定危险了。"郤至说:"人能站得住,是由于有信用、明智、勇敢。有信用不能背叛国君,明智不能残害百姓,勇敢不能发动祸难。没有这三样,还有谁亲近我们? 死了又增多怨恨,还有什么用? 国君有了臣下而杀了他们,能把国君怎么办? 我若有罪,死得已经晚了。如果国君杀害的是无罪的人,他将要失掉百姓,想要安定,行吗? 还是听候命令吧。受了国君的禄位,因此才能聚集亲族。有了亲族而和国君相争,还有比这更大的罪过吗?"十二月二十六日,胥童、夷羊五率领甲士八百人准备进攻郤氏,长鱼矫请求不要兴师动众,晋厉公派清沸魋去帮助他们。长鱼矫和清沸魋抽出戈来,衣襟相结,装成打架争讼的样子。三郤准备在台榭里和他们计议,长鱼矫乘机用戈在座位上刺死了郤锜和郤犨。郤至说："无罪被杀,不如逃走。"于是赶快逃走。长鱼矫追上郤至的车子,用戈刺死了他。都陈尸在朝廷上。

　　胥童带领甲士在朝廷上劫持了栾书、中行偃。长鱼矫说:"不杀这两个人,忧患必然会到国君身上。"晋厉公说:"一天之中而把三个卿的尸摆在朝上,我不忍心增加了。"长鱼矫回答说:"别人对君王会忍心的。下臣听说祸乱在外就是奸,在内就是轨。用德行来对待奸,用刑罚来对待轨。不施教化就加以杀戮,不能叫做德行;臣下逼迫国君而不加讨伐,不能叫做刑罚。德行和刑罚不加树立,奸、轨就一起来了,下臣请求离去。"于是就逃亡到狄人那里。厉公派人向栾书和中行偃辞谢说:"寡人讨伐郤氏,郤氏已经伏罪,大夫不要把劫持的事作为耻辱,还是各复其位吧!"他们都再拜叩头说:"君王讨伐有罪的人,而赦免下臣一死,这是君王的恩惠。我们两个人即使死了,哪里敢忘记君王的恩德?"于是都回去了。晋厉公派胥童做卿。

　　晋厉公在匠丽氏那里游玩,栾书、中行偃就乘机抓住了他。召唤士匄,士匄辞谢。召唤韩厥,韩厥辞谢说:"从前我在赵氏家里养大,孟姬诬陷赵氏,我能顶住不出兵。古人有话说,'杀老牛没有人敢作主',何况是国君呢? 您几位不能事奉国君,又哪里用得到厥呢?"

17·11　舒庸人由于楚军的战败,引导吴国人包围巢地,进攻驾地,包围厘地和虺地,因此就依仗着吴国而不设防。楚国公子橐师入侵舒庸,灭亡了舒庸。

17·12　闰月二十九日,栾书、中行偃杀了胥童。百姓不亲附郤氏,胥童引导国君作乱,所以《春秋》都记载说"晋杀其大夫"。

成公十八年

18·1　十八年春季,周王朝历法的正月初五日,晋国的栾书、中行偃派程滑杀死晋厉公,葬在翼地的东门外边,仅仅用了一辆车子。派遣荀䓨、士鲂到京师迎接周子而立他为国君,这时周子才十四岁。大夫在清原迎接,周子说:"我开始的愿望并没有到这地步,现在虽然到了这地步,难道不是上天的意志吗? 然而人们要求有国君,这是为了让他发布命令。立了以后又不听他的,还哪里用得着国君?您几位用得着我,在今天;用不着,也在今天,恭敬而听从国君,这是神灵所保佑的。"大夫们回答说:"这是下臣们的愿望,岂敢不唯命是听。"十五日,结盟以后才进入国都,住在伯子同氏家里。二十六日,周子在武宫朝见。驱逐了不适合做臣的七个人。周子有一个哥哥是白痴,不能辨别豆子和麦子,所以不能立为国君。

18·2　齐国由于庆氏祸难的缘故,正月二十九日,齐灵公派士华免用戈把国佐杀死在内宫的前堂,大家逃到夫人的宫里。《春秋》记载说"齐杀其大夫国佐",这是由于国佐丢弃君命、专权杀人、据有穀地而叛变的缘故。让清地人杀了国胜。国弱逃亡到鲁国来。王湫逃亡到莱地。庆封做大夫,庆佐做司寇。不久以后,齐灵公让国弱回国,要他继承国氏宗嗣,这是合于礼的。

18·3　二月初一日,晋悼公在朝廷上即位。开始任命百官,赐舍财物而免除百姓对国家的欠债,照顾施恩惠给鳏夫寡妇,起用被废黜和长居下位的好人,救济贫困,援救灾难,禁止邪恶,少征赋税,宽恕罪过,节约器用,在农闲时使用农民,个人的欲望不侵占农时。派魏相、士鲂、魏颉、赵武做卿;荀家、荀会、栾黶、韩无忌做公族大夫,让他们教育卿的子弟恭敬、节俭、孝顺、友爱。派士渥浊做太傅,让他学习范武子的法度;右行辛做司空,让他学习士芳的法度。弁纠驾御战车,校正官属他管辖,让他教育御者们明白道理。荀宾作为车右,司士官属他管辖,让他教育勇士们待时选用。卿没有固定的御者,设立军尉兼管这些事。祁奚做中军尉,羊舌职辅佐他;魏绛做司马,张老做侦察长,铎遏寇做上军尉,籍偃为他做司马,让他教育步兵车兵,一致听从命令。程郑做乘马御,六驺属他管辖,让他教育他们明白礼仪。凡是各部门的长官,都是百姓赞扬的人。举拔的人不失职,做官的人不改变常规,爵位不超过德行,师不欺陵正,旅不逼迫师,百姓没有指责的话,这就是晋悼公再次称霸于诸侯的原因。

18·4　鲁成公去到晋国,朝见新立的国君晋悼公。

18·5　夏季,六月,郑成公入侵宋国,到达宋国曹门外。于是就会合楚共王一起进攻宋国,占领了朝郏。楚国子辛、郑国的皇辰入侵城郜,占取幽丘。一起进攻彭城,送回了宋国的鱼石、向为人、鳞朱、向带、鱼府,用三百辆战车留守,然后回国。《春秋》记载说“复入”。凡是离开自己的国家,本国迎接而且立他,叫做“入”;回复原来的位置,叫做“复归”;诸侯把他送回来,叫做“归”;用武力的叫做“复入”。宋国人担心这件事。西鉏吾说:“担心干什么?如果楚国人和我们同仇敌忾,施恩德给我们,我们本来是会事奉他们的,不敢有三心二意。现在大国的欲望没有个止境,即使把我国作为他们的边邑还会觉得遗憾。否则,收留我们讨厌的人,让他们辅助政事,等机会钻我们的空子,也是我们的祸害。现在却尊崇诸侯的乱臣而且分给他们以土地,阻塞各国之间的通道,使乱臣得以快意而使服从他们的国家离心,毒害诸侯而使吴国、晋国恐惧,这样,我们的利益多啦,并不是我们的忧患。而且事奉晋国为了什么?晋国必然会来救助我们。”

18·6　鲁成公从晋国回到鲁国。晋国的范宣子来鲁国聘问,同时答拜对晋君的朝见。君子认为晋国在这件事情上合于礼。

18·7　秋季,杞桓公前来朝见,慰劳成公,同时询问晋国的消息。成公把晋君的政治措施告诉他。杞桓公因此很快地向晋国朝见并请求通婚。

18·8　七月,宋国的老佐、华喜包围彭城,老佐死于这次战役中。

18·9　八月,邾宣公前来朝见,这是由于他新即位而前来进见。

18·10　鲁国建造鹿囿,《春秋》所以记载这件事,是由于不合于时令。

18·11　初七日,鲁成公死在寝宫里,这是说合于正常的情况。

18·12　冬季,十一月,楚国的子重救援彭城,进攻宋国。宋国的华元去到晋国告急。这时韩献子执政,说:"想要得到别人的拥护,一定要先为他付出勤劳。成就霸业、安定疆土,从宋国开始了。"晋悼公领兵驻扎在台谷以救宋国。在靡角之谷和楚军相遇,楚军退走回国。

18·13　晋国的士鲂前来请求出兵。季文子向臧武仲问出兵的数字,他回答说:"攻打郑国那次战役,是知伯来请求出兵的,他是下军的辅佐。现在士鲂也辅佐下军,所出兵数,像攻打郑国时一样就可以了。事奉大国,不要违背使者的爵位次序而要更加恭敬,这是合于礼的。"季文子听从了。

18·14　十二月,孟献子和晋悼公、宋平公、卫献公、邾宣公、齐国崔杼在虚杅会见,策划救援宋国。宋国人辞谢诸侯,而请求出兵以包围彭城。孟献子向诸侯请求先回国参加葬礼。

18·15　十二月二十六日,"葬我君成公",《春秋》这样说,是表示一切安排顺当。

卷九 襄 公

襄公元年

1·1　元年春季，正月己亥这一天，诸侯军队包围宋国彭城。彭城已经不属于宋国的地方了，《春秋》所以这样记载，这是追记以前的情况。当时为了宋国去讨伐鱼石，所以仍称宋国，而且反对叛变者，这是宋国人的意志。彭城投降晋国，晋国人带了在彭城的五个宋国大夫回去，安置在瓠丘。齐国人没有在彭城会合，晋国人因此讨伐齐国。二月，齐太子光到晋国作为人质。

1·2　夏季，五月，晋国韩厥、荀偃率领诸侯的军队进攻郑国，进入它的外城，在洧水边上打败了它的步兵。在这时候东方各诸侯国的军队驻扎在鄫地，等待晋军。晋军从郑国带领驻在鄫地的军队入侵楚国的焦地、夷地和陈国。晋悼公、卫献公住在戚地，作为后援。

1·3　秋季，楚国子辛救援郑国，入侵宋国的吕地和留地。郑国子然入侵宋国，占取了犬丘。

1·4　九月，邾宣公来鲁国朝见，这是合于礼的。

1·5　冬季，卫国子叔、晋国知武子来鲁国聘问，这是合于礼的。凡是诸侯即位，小国前来朝见，大国就来聘问，以继续友好、取得信任、商讨国事、补正过失，这是礼仪中的大事。

襄公二年

2·1　二年春季,郑国的军队侵袭宋国,这是受楚国的命令。

2·2　齐灵公进攻莱国,莱国人派正舆子把精选的马和牛各一百匹赠送给夙沙卫,齐军就退兵回去。君子因此而知道了齐灵公所以谥为"灵"的缘故。

2·3　夏季,齐姜去世。当初,穆姜派人选择上好的槚木,为自己作了内棺和颂琴,季文子把它拿来安葬齐姜。君子说:"这是不合于礼的,礼不能有所不顺。媳妇是奉养婆婆的人,亏损婆婆以成全了媳妇,没有比这再大的不顺了。《诗》说:'只有明智的人,才可以把好话告诉他,要他顺着道德而行事。'季孙在这件事情上就很不明智了,而且穆姜还是国君的祖母。《诗》说:'酿造甜酒,敬献祖妣,合于礼仪,遍降福气。'"

2·4　齐灵公派遣嫁给齐大夫的宗女和同姓大夫的妻子前来鲁国送葬,召见莱子。莱子不参加会见,所以晏弱在东阳筑城来逼迫莱国。

2·5　郑成公生病,子驷请求服从晋国来解除对楚国的负担。郑成公说:"楚国的国君由于郑国的缘故,他的眼睛被箭射中。不是为了别人,是为了我啊!如果背弃他,这是丢弃了人家的功劳和自己的誓言,还有谁来亲近我?使我免于过错,就是看你们几位的了。"

秋季,七月庚辰,郑成公睔去世。于是由子罕掌政,由子驷处理政务,子国出任司马。当时晋军侵略郑国,郑大夫都主张服从晋国。子驷说:"国君的命令没有改变。"

　　仲孙蔑和晋国荀罃、宋国华元、卫国孙林父、曹国人、邾国人在戚地会见,这是为了商讨征服郑国的办法。仲孙蔑说:"请在虎牢筑城以逼迫郑国。"知武子说:"好。鄬地的盟会,您听到了齐国代表崔杼的话,现在他不来了。滕国、薛国、小邾国的都不来了,都是由于齐国的缘故。寡君的忧虑不仅在于郑国。罃准备向寡君报告并向齐国请求会见。得到允许后而告诉诸侯在虎牢筑城,这是大夫的功劳。如果得不到允许,战争就会在齐国发生。大夫的请求,是诸侯的福气,岂独寡君依靠这些?"

2·6　穆叔到宋国聘问,通告新君即位的事。

2·7　冬季,再次在戚地会见,齐国的崔武子和滕国、薛国、小邾国的大夫都参加会见,这是由于知武子这一番话的缘故。于是就在虎牢筑城。郑国人这才要求讲和。

2·8　楚国的公子申做右司马,接受了小国很多财礼,以逼迫子重、子辛。楚国人杀了他,所以《春秋》记载说"楚杀其大夫公子申。"

襄公三年

3·1　三年春季,楚国的子重率军进攻吴国,选择了一支经过演习的军队。攻克鸠兹,到达衡山。派遣邓廖率领穿组甲的车兵三百人、穿被练的步兵三千人以侵袭吴国。吴军拦阻攻击楚军,俘掳了邓廖。免于死及被俘的只有车兵八十人、被练的步兵三百人而已。子重回国,在太庙庆祝慰劳,三天后,吴国人攻打楚国,占领了驾地。驾地,是好的城邑;邓廖,也是楚国的良将。君子认为:"子重在这次战役中,所得到的不如所失去的。"楚国人因此责备子重。

子重很不痛快,就碰上心脏病发作而死去。

3·2　鲁襄公到晋国,这是初次去朝见。夏季,在长樗会盟,孟献子作为相礼者。襄公行叩头礼。知武子说:"有天子在那里,而承贵君行叩头的大礼,寡君感到害怕。"孟献子说:"由于敝邑地近东海,紧挨着仇敌,寡君将要仰望贵君协助,哪里敢不叩头呢?"

3·3　晋国由于郑国顺服的缘故,又想要和吴国修好,准备会合诸侯。派遣士匄向齐国报告说:"寡君派匄前来,是由于近年来各国之间纠纷不少,对意外的事情又没有戒备,寡君愿意和几位兄弟相见,来商讨解决彼此的不和睦。请君王光临,派匄来请求结盟。"齐灵公本想不答应,而又难于表示不和睦,就在耏水之外结盟。

3·4　祁奚请求告老退休,晋悼公问谁来接替他。祁奚称道解狐。解狐,是祁奚的仇人,晋悼公打算任命解狐,他却死了。晋悼公又问祁奚,祁奚回答说:"祁午也可以胜任。"这时羊舌职死了,晋悼公说:"谁可以接代他?"祁奚回答说:"羊舌赤也可以胜任。"因此,晋悼公就派遣祁午做中军尉,羊舌赤为副职。君子认为:"祁奚在这种情况下能够推举有德行的人。举荐他的仇人而不是谄媚,推荐他的儿子而不是自私,推举他的副手而不是结党。《商书》说:'不偏私不结党,君王之道浩浩荡荡。'这说的就是祁奚啊。解狐得到推荐,祁午得到安排,羊舌赤能有官位,建立一个官位而成全三件事,这是由于能够推举贤能的人的缘故啊。唯其有德行,才能推举类似他的好人。《诗》说,'正因为具有美德,推举他的人才能和他相似',祁奚就是这样的人。"

3·5　六月,鲁襄公会见单顷公和诸侯。二十三日,在鸡泽会盟。晋悼公派遣荀会在淮水边上迎接吴子,吴子没有来。

3·6　楚国的子辛做令尹,侵害小国以满足欲望。陈成公派遣袁侨到会求好。晋悼公派遣和组父向诸侯报告。秋季,叔孙豹和诸侯的大夫同陈国的袁侨结盟,这是由于陈国请求顺服的缘故。

3・7　晋悼公的弟弟扬干在曲梁扰乱军队的行列,魏绛杀了他的驾车人。晋悼公发怒,对羊舌赤说:"会合诸侯,是以此为光荣。扬干受到侮辱,还有什么侮辱比这更大? 一定要杀掉魏绛,不要耽误了。"羊舌赤回答说:"魏绛一心为公,事奉国君不避危难,有了罪过不逃避惩罚,他大概会来说明的,何必劳动君王发布命令呢?"话刚说完,魏绛来了,把信交给仆人,准备抽剑自杀。士鲂、张老劝阻了他。晋悼公读他的上书,说:"以前君王缺乏使唤的人,让下臣担任司马的职务。下臣听说'军队里的人服从军纪叫做武,在军队里做事宁死也不触犯军纪叫做敬'。君王会合诸侯,下臣岂敢不执行军纪军法? 君王的军队不武,办事的人不敬,没有比这再大的罪过了。下臣畏惧触犯死罪,所以连累到扬干,罪责无可逃避。下臣不能够事先教导全军,以至于动用了斧钺,下臣的罪过很重,岂敢不服从惩罚来激怒君王呢? 请求回去死在司寇那里。"晋悼公光着脚赶紧走出来,说:"寡人的话,是出于对兄弟的亲爱;大夫杀扬干,是出于按军法从事。寡人有弟弟,没有能够教导他,而让他触犯了军令,这是寡人的过错。您不要加重寡人的过错,谨以此作为请求。"

　　晋悼公认为魏绛能够用刑罚来治理百姓了,从盟会回国,在太庙设宴招待魏绛,派他为新军副帅。张老做中军司马,士富做了侦察长。

3・8　楚国的司马公子何忌率军入侵陈国,这是由于陈国背叛了楚国的缘故。

3・9　许灵公事奉楚国,不参加鸡泽的会见。冬季,晋国的知武子领兵讨伐许国。

襄公四年

4·1　四年春季,楚军由于陈国背叛的缘故,仍旧驻扎在繁阳。韩献子担心这件事,在朝廷上说:"周文王率领背叛商朝的国家去事奉纣,这是由于知道时机未到。现在我们反了过来,想要称霸,难哪!"

4·2　三月,陈成公死。楚国人正准备进攻陈国,听到陈国有丧事,就停止进攻。陈国不听从楚国的命令,臧武仲听说这种情况,说:"陈国不服从楚国,一定灭亡。大国实行礼仪而不去顺服,对大国来说尚且有灾难,何况是小国呢?"

夏季,楚国的彭名攻打陈国,这是由于陈国缺乏礼节的缘故。

4·3　穆叔去到晋国,回报知武子的聘问。晋悼公设享礼招待他。乐器演奏《肆夏》的三章,穆叔没有答拜。乐工歌唱《文王》三曲,又没有答拜。歌唱《鹿鸣》三曲,三次答拜。韩献子派行人子员去问他,说:"您奉着君王的命令光临敝邑,敝邑按先君之礼并用音乐来招待大夫。大夫舍弃重大的而三拜细小的,请问这是什么礼仪?"穆叔回答说:"《三夏》,是天子用来招待诸侯领袖的,使臣不敢听到。《文王》,是两国国君相见的音乐,使臣不敢参预。《鹿鸣》,是君王用来嘉奖寡君的,岂敢不拜谢这种嘉奖?《四牡》,是君王用来慰劳使臣的,岂敢不再拜?《皇皇者华》,君王告诫使臣说:'一定要向忠信的人咨询。'使臣听说:'向善人访求询问就是咨,咨询亲戚就是询,咨询礼仪就是度,咨询事情就是诹,咨询困难就是谋。'臣得到这五善,岂敢不再三拜谢?"

4·4　秋季,定姒去世。没有在祖庙内停放棺木,没有用内棺,没有举行虞祭。匠庆对季文子说:"您做正卿,但是小君的丧礼没有完成,这是让国君不能为他生母送终。国君长大后,谁将会受到责备?"

起初,季孙为自己在蒲圃的东门外边种植六棵槚木,匠庆请求用它做定姒的棺椁木料,季孙说:"简单点吧。"匠庆还是使用了蒲圃的槚木,季孙也没有阻止。君子说:"《志》所说的'多做不合礼仪的事,祸患一定会来到自己身上',说的就是这个吧!"

4·5　冬季,鲁襄公去到晋国听取晋国的要求。晋悼公设享礼招待襄公,襄公请求把鄫国作为鲁国的附庸,晋悼公不答应。孟献子说:"由于寡君紧挨着仇敌,还是愿意坚决事奉君王,没有耽误君王的命令。鄫国并没有向晋国的司马交纳贡赋,而君王的左右却经常对我国有所命令,我国褊窄狭小,无法满足要求就是罪过,寡君因此希望得到鄫国作为帮助。"晋悼公允许了。

4·6　楚国人让顿国乘陈国的空子而进攻陈国,所以陈国人包围了顿国。

4·7　无终子嘉父派遣孟乐去到晋国,依靠魏庄子的关系,奉献了虎豹的皮革,以请求晋国和各部戎人讲和。晋悼公说:"戎狄没有什么亲近的人而且贪婪,不如进攻他们。"魏庄子说:"诸侯新近顺服,陈国最近前来讲和,都将观察我们的行动。我们有德,就亲近我们;不这样,就背离我们。在戎人那里去用兵,楚国进攻陈国,一定不能去救援,这就是丢弃陈国了。中原诸国一定背叛我们。戎人,不过是禽兽。得到戎人而失去中原,恐怕不可以吧!《夏训》有这样的话'有穷的后羿——'"晋悼公说:"后羿怎么样?"魏庄子回答说:"从前夏朝刚刚衰落的时候,后羿从鉏地迁到穷石,依靠夏朝的百姓取代了夏朝政权。后羿仗着他的射箭技术,不致力于治理百姓而沉溺于打猎,抛弃了武罗、伯因、熊髡、龙圉等贤臣而任用寒浞。寒浞,是伯明氏的坏子弟,伯明后寒丢弃了他。后羿收养了他,信任并且使用他,作为自己的辅助。寒浞在里边对女人献媚,在外边广施财物,愚弄百姓而使后羿专以打猎为乐。扶植了奸诈邪恶,用这个取得了后羿的国和家,外部和内部都顺从归服。后羿还是不肯改悔,准备从打猎的地方回来,他的手下人把他杀了煮熟,让他的儿子吃,他的儿子不忍心吃,又被杀死在穷国的城门口。靡逃亡到有鬲氏。寒浞和后羿的妻妾生了浇和豷,仗着他的奸诈邪恶,对百姓不施恩德,派浇带兵,灭了斟灌和斟寻氏。让浇住在过地,让豷住在戈地。靡从有鬲氏那里收集两国的遗民,用以灭亡了寒浞而立了少康。少康在过地灭掉了浇,后杼在戈地灭掉了豷,有穷从此就灭亡了,这是由于失去贤人的缘故。从前周朝的辛甲做太史的时候,命令百官,每人都劝诫天子的过失。在《虞人之箴》里说:‘辽远的夏禹遗迹,分为九州,开通了许多大道。百姓有屋有庙,野兽有丰茂的青草;各得其所,他们因此互不干扰。后羿身居帝位,贪恋着打猎,忘记了国家的忧患,想到的只是飞鸟走兽。武事不能太多,太多就不能扩大夏后氏的国家。主管禽兽的臣,谨以此报告君王左右的人。’《虞箴》是这样,难道能不警戒吗?”当时晋悼公喜欢打猎,所以魏庄子提到这件事。

晋悼公说:“然而再好的办法也莫过于跟戎人讲和吗?”魏庄子回答说:“跟戎人讲和有五种利益:戎狄逐水草而居,重财货而轻土地,他们的土地可以收买,这是一。边境不再有所警惧,百姓安心在田野里耕作,农田管理的人可以完成任务,这是二。戎狄事奉晋国,四边的邻国震动,诸侯因为我们的威严而慑服,这是三。用德行安抚戎人,将士不辛劳,武器不损坏,这是四。有鉴于后羿的教训,而利用道德法度,远国前来而邻国安心,这是五。君王还是慎重谋划吧!”晋悼公听了很高兴,派遣魏庄子与各部戎人讲和。又致力于治理百姓,按照时令去打猎。

4·8　冬季,十月,邾国人、莒国人进攻鄫国,臧纥救援鄫国,入侵邾国,在狐骀被击败。国内的人们去接丧的都用麻系发,鲁国从这时开始就有了用麻系发的习俗。国内的人们讽刺说:"姓臧的身穿狐皮袄,使我们在狐骀战败了。我们的国君小孩子,把个侏儒当差使。侏儒啊,侏儒! 使我们被打败在邾。"

襄公五年

5·1　　五年春季,鲁襄公从晋国到达鲁国。

5·2　　周灵王派遣王叔陈生向晋国控告戎人,晋国人把他抓了起来。士鲂去到京师,报告说王叔倾向戎人。

5·3　　夏季,郑国的子国来鲁国聘问,这是由于为新立的国君来通好。

5·4　　穆叔带领鄫国的太子去到晋国和君臣作私人会晤,以完成鄫国归属鲁国的手续。《春秋》记载说:"叔孙豹、鄫太子巫如晋",这就是把鄫国的太子巫比作鲁国的大夫。

5·5　　吴子派遣寿越去到晋国,解释没有参加鸡泽会见的缘故,同时请求听从命令和诸侯友好。晋人将为吴国会合诸侯,于是让鲁国、卫国先会见吴国,同时告诉吴国会见的日期。所以孟献子、孙文子在善道会见了吴人。

5·6　　秋季,举行盛大的雩祭,这是由于天旱的缘故。

5·7　　楚国人质问陈国背叛的原因,陈人说:"由于令尹子辛侵害小国以满足他个人欲望。"楚国就杀死了子辛。《春秋》记载说:"楚杀其大夫公子壬夫",是由于他贪婪的缘故。

　　　　君子认为:"楚共王在这件事情上用刑律不当。《诗》说:'大道笔直,我的心里明白。计划不善灵,应招集贤人决定。'自己就没有信用,反而杀人以快意,不也是很难了吗?《夏书》说:'完成信用然后才能成功。'"

5·8　九月二十三日,鲁襄公和晋悼公、宋平公、陈哀公、卫献公、郑僖公、曹成公、莒子、邾子、滕成公、薛伯、齐国世子光、吴国人、鄫国人在戚地结盟,这是为了会见吴人,同时由晋悼公命令诸侯出兵戍守陈国。穆叔认为鄫国的归属对鲁国不利,就让鄫国的大夫以独立国家的身份参加会见听取命令。

5·9　楚国的子囊做令尹,范宣子说:"我们失去陈国了。楚国人讨伐三心二意的国家而又立了子囊,一定会改变子辛的所作所为而很快讨伐陈国。陈国接近楚国,百姓时时骇怕兵患,能够不归向楚国吗?保有陈国,不是我们的事情;放弃陈国,以后反倒好办。"

　　冬季,诸侯派兵戍守陈国。子囊进攻陈国。十一月十二日,鲁襄公和晋悼公、宋平公、卫献公、郑僖公、曹成公、齐国世子光在城棣会合以救援陈国。

5·10　季文子死。根据大夫入敛的礼仪,鲁襄公亲自看视。家臣收集家里的器物作为葬具。家里没有穿丝绸的妾,没有吃粮食的马,没有收藏铜器玉器,一切用具没有重复。君子从这里知道季文子对公室的忠心:辅助过三位国君而没有私人积蓄,可以说不是忠心吗?

襄公六年

6·1　六年春季,杞桓公死了。讣告首次记载他的名字,这是由于两国同盟的缘故。

6·2　宋国的华弱和乐辔小时候彼此很亲昵,长大了就彼此戏谑,又互相诽谤。乐辔有一次发怒,在朝廷上用弓套住华弱的脖子如同带枷一样。宋平公见到了,说:"司武而在朝廷上带弓枷,打仗就难于取胜了。"于是就把他赶走。夏季,华弱逃亡到鲁国。司城子罕说:"罪过相同而惩罚不同,这是不合于刑法的。在朝廷上专横和侮辱别人,还有比这大的罪过吗?"于是也赶走乐辔,乐辔把箭射在子罕的大门上,说:"看你还有几天会不跟着我一样被赶走?"子罕害怕,优待乐辔像过去一样。

6·3　秋季,滕成公前来朝见,这是第一次朝见鲁襄公。

6·4　莒国人灭亡了鄫国,这是由于鄫国仗着送过财礼而疏于防备的缘故。

6·5　冬季,穆叔去到邾国聘问,同时重修友好关系。

6·6　晋国人由于鄫国的缘故前来讨伐,说:"为什么把鄫国灭亡?"季武子去到晋国,听候晋国处置。

6·7　十一月,齐灵公灭亡莱国,这是由于莱国只是仗着谋略而不务实际的缘故。

当郑国子国来鲁国聘问的时候,即去年四月,晏弱在东阳筑城,因而就包围莱国。四月的一天,环城堆起土山,紧挨着女墙。到杞桓公死去的那一个月的十五日,王湫领兵和正舆子、棠邑人迎战齐军,齐军把他们打得大败。二十七日,进入莱国。莱共公浮柔逃亡到棠地,正舆子、王湫逃亡到莒国,莒国人杀了他们。四月,陈无宇把莱国宗庙里的宝器献于襄宫。晏弱包围棠邑,十二月初十灭了它,把莱国的百姓迁到郳地。高厚、崔杼主持划定分配莱国的土地疆界。

襄公七年

7·1　七年春季,郯子前来朝见,这是他第一次朝见鲁襄公。

7·2　夏季,四月,鲁国三次为郊祭而占卜,都不吉利,于是就免除使用牺牲。孟献子说:"我从今以后才知道有占卜和占筮了。郊祭是祭祀后稷,而祈求农事顺利。所以一到启蛰节就举行郊祭,郊祭以后开始耕种。现在已经开始耕种再来为郊祭占卜,占卜不吉利是应该的。"

7·3　南遗出任费邑县宰。叔仲昭伯做了管理修隧道的头目,想要讨好季氏,因而谄媚南遗。他对南遗说:"你去请求在费地筑城,我多给你劳力。"所以季氏在费地筑城。

7·4　小邾穆公来鲁国朝见,也是第一次朝见襄公。

7·5　秋季,季武子去到卫国,这是为了回报子叔的聘问,同时解释所以延迟回报不是出于三心二意。

7·6　冬季,十月,晋国韩献子告老退休,公族穆子患有残疾,准备立他为卿。穆子辞谢说:"《诗》说:'难道不是早晚都想着前来? 无奈路上的露水太多。'又说:'不能亲自办事,百姓不会信任。'无忌没有才能,让给别人,也许可以吧? 请立起吧。起和田苏有交往,田苏称赞他'好仁'。《诗》说:'忠诚谨慎地对待你的职位,喜爱这正直的人。神灵将会听到,赐给你以大福。'体恤百姓是德,纠正直是正,纠正曲是直,把这三者合而为一是仁。像这样,那么神灵就会听到,降给他大福。立他为卿,不也是可以的吗?"

初九日,让韩献子朝见,于是他就告老退休。晋悼公认为韩无忌具有仁德,让他做首席公族大夫。

7·7　卫国的孙文子来鲁国聘问,同时答谢季武子的解释,重温和孙桓子结盟的友好关系。鲁襄公登上台阶,孙林父同时登上。叔孙穆子相礼,快步进入,说:"诸侯会见,寡君从来没有走在卫君后面。现在您没有走在寡君后面,寡君不知道自己错在哪里。大夫您稍停一下吧!"孙林父没有话说,也没有改悔的样子。穆叔说:"孙子必然逃亡。作为臣下而和国君并行,有了过错又不改悔,这是逃亡的根本原因。《诗》说,'退朝回家吃饭,从容自得',说的是小心顺从的人。专横而又自得,必然遭受挫折。"

7·8　楚国的子囊包围陈国,鲁襄公和晋悼公、宋平公、陈哀公、卫献公、曹成公、莒子、邾子在鄬地会见以救援陈国。

7·9　郑僖公做太子的时候,在鲁成公十六年和子罕同去晋国,对子罕不加礼遇。又和子丰同去楚国,对子丰也不加礼遇。等到僖公即位的元年去晋国朝见,子丰想要向晋国控告而废立僖公,子罕加以劝阻。等到将要在鄬地会见,子驷做相礼,僖公不以礼遇待子驷。侍者劝谏,不听;又劝谏,杀了说话的人。到达鄬地,子驷派人夜里害死僖公,而用急病致死讣告诸侯。简公当时五岁,就奉立他为国君。

7·10　陈国人担心楚国。庆虎、庆寅对楚国人说:"我们派公子黄去,你们逮住他。"楚国人听从了。二庆派人到会报告陈哀公,说:"楚国人抓住公子黄了。君王如果不回来,群臣不忍心国家宗庙的被楚灭亡,恐怕会有其他想法。"陈哀公于是就逃了回来。

襄公八年

8·1　八年春季,鲁襄公去到晋国朝见,同时听取晋国要求所献财币的数字。

8·2　郑国的公子们由于僖公的死去,谋划杀死子驷。子驷先下手。夏季,四月十二日,假造罪名,杀了子狐、子熙、子侯、子丁。孙击、孙恶逃亡到卫国。

8·3　四月二十二日,郑国的子国、子耳入侵蔡国,俘虏了蔡国司马公子燮。郑国人都高兴,唯独子产不随声附和,说:"小国没有文治却有了武功,没有比这再大的祸患了。楚国人前来讨伐,能够不顺从他们吗?顺从楚国,晋国的军队必然来到。晋、楚两国进攻郑国,从今以后郑国至少四五年内不得安宁。"子国对他发怒说:"你知道什么!国家有出兵的重大命令,而且有执政的卿在那里,小孩子说这些话,将要被杀的!"

8·4　五月初七日,季孙宿和晋悼公、郑简公、齐国人、宋国人、卫国人、邾国人在邢丘会见,由晋国提出朝聘的财礼数字,让诸侯的大夫听取命令。鲁国季孙宿、齐国高厚、宋国向戌、卫国甯殖、邾国大夫参加会见。郑简公在这次会上奉献战利品,所以亲自听取命令。《春秋》没有记载大夫的名字,为的是尊重晋侯。

8·5　莒国人攻打我国东部边境,以划定鄫国土田的疆界。

8·6　秋季九月,举行盛大的雩祭,这是由于天旱。

8·7　冬季,楚国的子囊进攻郑国,讨伐郑国入侵蔡国。

子驷、子国、子耳要顺从楚国,子孔、子蟜、子展要等待晋国救援。子驷说:"《周诗》有这样的话:'等待黄河澄清,人的寿命能有几何?占卜太多,等于为自己结成网罗。'跟很多人商量,主意太多,百姓多数不能跟从,事情更难成功。百姓危急了,姑且顺从楚国,以缓和百姓的苦难。晋国军队来到,我们又再顺从他。恭恭敬敬地供给财货,以等待别人前来,这是小国所应当做的。用牺牲玉帛,在两国的边境上等待,以等待强有力的国家来保护百姓。敌人不为祸害,百姓不疲劳困乏,不也是可以的吗?"子展说:"小国用来事奉大国的,是信用。小国没有信用,战争和祸乱会每天都有,很快就要灭亡了。与晋国五次盟会的条约,如今却打算背弃,虽然楚国救援我国,还有什么用?楚国的亲近对我国不会有了结果,他们是想把我国作他们的边郡县邑,不能顺从他们。不如等待晋国。晋国的国君正当贤明的时候,四个军完备无缺,八个卿和睦无间,必然不会丢弃郑国。楚军距离我们遥远,粮食将要吃完了,一定会很快回去,怕什么?舍之听说:仗恃不如讲信用。完缮守备以使楚军疲惫,依靠信用以等待晋军,不也是可以的吗?”子驷说:“《诗》说:'出主意的人很多,因此不能有所成就。发言的人挤满庭院,谁敢承担过错?好象一个人一边走路一边还和路人商量,因此一无所得。'请顺从楚国,骓乘承担责任。”

于是郑国就和楚国讲和,派王子伯骈向晋国报告,说:“君王命令敝邑:'整修你们的战车,使你们的车兵徒兵保持戒备,以讨伐动乱。'蔡国人不顺从,敝邑的人不敢贪图安逸,收尽我国的军队,以讨伐蔡国,俘虏了司马燮,奉献于邢丘的盟会上。现在楚国前来讨伐,说:'你们为什么对蔡国用兵?'焚烧我国郊外的小堡,侵略我国的城郭。敝邑的大众,夫妻男女,顾不得休息而互相救援。国家将要倾覆,没有地方可以控告。百姓死去和逃亡的,不是父兄,就是子弟。人人忧愁悲痛,不知道在哪里可以得到保护。百姓知道毫无办法,只好接受楚国的盟约。我和我的几个臣子不能禁止,不敢不报告。”

知武子派行人子员回答说:“君王受到楚国讨伐的命令,也不派一个使者来告诉我,反而立刻屈服于楚国。君王的愿望,谁敢反对?寡君准备率领诸侯和你们在城下相见。请君王考虑一下。”

8·8　晋国范宣子来鲁国聘问,同时拜谢鲁襄公的朝见,报告将出兵郑国。襄公设享礼招待他,范宣子赋《摽有梅》这首诗。季武子说:“谁敢不及时啊!现在用草木来比喻,寡君之于君王,不过是作为草木散发出来的气味而已。高高兴兴地接受命令,有什么时间早晚?"季武子赋《角弓》这首诗。客人将要退出,季武子赋《彤弓》这首诗。范宣子说:"城濮这一战,我们的先君文公在衡雍奉献战功,在襄王那里接受了红色的弓,作为子孙的宝藏。匄是先君官员的后代,岂敢不接受您的命令?"君子认为范宣子懂得礼仪。

襄公九年

9·1　九年春季,宋国发生火灾。乐喜正做司城执掌政权,派伯氏管理街巷。火没有到达的地方,拆除小屋,用泥土涂在大屋上,摆列盛土和运土的器具;具备汲水的绳索和瓦罐,准备盛水的器具,估量人力的大小、任务的轻重,储满水塘,堆积泥土,巡查城郭,修缮守卫工具,标明火的趋向。乐喜派华臣调集常备兵,华臣又命令隧正调集远郊城堡的士兵,奔赴火灾发生的地点。派华阅主管右师,作为长官督促他的官属。向戌主管左师,也如同华阅一样。派乐遄准备刑具,也如同华阅一样。派皇郧命令管马的人牵出马匹,工正推出战车,装备武器,守卫武器库,派西鉏吾保护国库。西鉏吾命令司宫,巷伯在宫内警戒。左师、右师命令四个乡正祭祀四乡的神灵,祝宗杀马来祭祀四城的神灵,在宋都西门外边祭祀盘庚。

晋悼公向士弱询问说:"我听说,宋国遭了火灾,从这里就知道了天道,为什么?"士弱回答说:"古代的火正,祭祀火星的时候或者用心宿陪祭,或者用柳宿陪祭,由于火星运行在这两个星宿中间。所以柳宿就是鹑火星,心宿就是大火星。陶唐氏的火正阏伯住在商丘,祭祀大火星,而用火星来确定时节。相土沿袭这个方法,所以商朝以大火星为祭祀的主星。商朝人观察他们祸乱失败的预兆，一定从火灾开始，因此在过去自以为掌握了天道。"晋悼公说："靠得住吗？"士弱回答说："在于有道或者无道。国家动乱而上天不给预兆，这就不能预知了。"

9·2　夏季，季武子去到晋国，这是由于回报范宣子的聘问。

9·3　穆姜死在东宫里。开始住进去的时候，占筮，得到《艮》变为八☷，太史说："这叫做《艮》变为《随》☳。《随》，是出走的意思。您一定要赶紧出去。"穆姜说："不用出去！这卦象在《周易》里说'《随》，元、亨、利、贞，没有灾祸。'元，是躯体最高的地方；亨，是嘉礼中的主宾相会；利，是道义的总和；贞，是事情的本体。体现了仁就足以领导别人，美好的德行足以协调礼仪，有利于万物足以总括道义，本体坚强足以办好事情。这样，所以是不能欺骗的。因此虽然得到《随》卦而没有灾祸。现在我作为女人而参与了动乱。本来地位低下而又没有仁德，不能说是元。使国家不安定，不能说是亨。做了事情而害自身，不能说是利。丢弃寡妇的地位而修饰爱美，不能说是贞。具有上面四种德行的，得到《随》卦才可以没有灾祸。而我都没有，难道合于《随》卦卦辞吗？我挑取邪恶，能够没有灾祸吗？一定死在这里，不能出去了。"

9·4　秦景公派遣士雅向楚国请求出兵，准备进攻晋国，楚共王答应了。子囊说："不行。目前我们不能和晋国争夺。晋国国君按人的能力之大小而使用他们，举拔人才不失去能胜任的人，任命官员不改变原则。他的卿把职位让给善人，他的大夫不失职守，他的士努力于教育百姓，他的庶人致力于农事，商贾技工和贱役不想改变职业。韩厥告老退休，知䓨继承他而执政。范匄比中行偃年轻而在中行偃之上，让他辅佐中军。韩起比栾黡年轻，而栾黡、士鲂使他在自己之上，让他辅佐上军。魏绛的功劳很多，却认为赵武贤能而甘愿做他的辅佐。国君明察，臣下忠诚，上面谦让，下面尽力。在这个时候，晋国不能抵挡，事奉他们才行。君王还是考虑一下！"楚共王说:"我已经答应他们了,虽然比不上晋国,一定要出兵。"

秋季,楚共王驻军在武城,以作为秦国的后援。

秦国人侵袭晋国。晋国正遭受饥荒,不能反击。

9·5 冬季,十月,诸侯进攻郑国。十月十一日,季武子、齐国的崔杼、宋国的皇郧跟荀罃、士匄进攻鄟门。卫国的北宫括、曹国人、邾国人跟随荀偃、韩起进攻师之梁门,滕国人、薛国人跟随栾黡、士鲂进攻北门,杞国人、郧国人跟随赵武、魏绛砍伐路边的栗树。十五日,军队驻扎在氾水边上,于是传令诸侯说:"修理作战工具,备好干粮,送回老的小的,让有病的人住在虎牢,赦免错误,包围郑国。"

郑国人害怕,就派人求和。荀偃说:"对郑国实际包围,以等待楚国人救援,和他们作战。不这样,就没有真正的讲和。"知罃说:"答应他们结盟然后退兵,用这样的办法引诱楚国人进攻郑国,使楚国人疲劳。我们把四军分为三部分,加上诸侯的精锐部队,以迎击前来的军队,对我们来说并不困乏,而楚军就不能持久了。这样,还是比打仗好。暴露白骨以图一时之快,不能用这样的办法和敌人争胜。很大的疲劳还没有停止,君子用智,小人用力,这是先王的训示。"诸侯都不想打仗,于是就允许郑国讲和。

十一月初十日,一起在戏地结盟,这是由于郑国顺服了。准备结盟,郑国的六卿公子騑、公子发、公子嘉、公孙辄、公孙虿、公孙舍之以及他们的大夫、卿的嫡子,都跟随郑简公赴会。晋国的士庄子制作盟书,说:"从今天已经盟誓以后,郑国如果对晋国不唯命是听或者有别的想法,就像这份盟书所记载的一样。"公子騑快步走上前,说:"上天降祸郑国,让我国夹于两个大国之间。大国不赐给我们友好的话语,反而发动战乱以要挟我们结盟,让我们的鬼神不能得到祭祀,百姓不能享受土地上的出产,男人女人都辛苦瘦弱,没有地方可以诉说。从今天已经盟誓以后,郑国如果不服从既合于礼仪而且有强大力量来保护我们的国家,反而敢有其他想法,也像这份盟书所记载的一样。"荀偃说:"修改这篇盟辞!"公孙舍之说:"已经把盟约报告神灵了。如果可以修改,大国也可以背叛了。"知䓨对荀偃说:"我们实在不合于道德,反而用盟约来要挟别人,这难道合于礼仪吗? 不合礼仪,用什么主持盟会? 姑且结盟而退兵,修养德行、休整军队然后再来,最终必然得到郑国,何必一定在今天? 我们不合于道德,百姓将会丢弃我们,岂只是郑国? 如果能够休养民力和睦民心,远方的人将会来顺服,有什么要依靠郑国呢?"于是就结盟然后回国。

9·6　晋国人不能随心所欲号令郑国,便带领诸侯再次进攻郑国。十二月初五日,攻击郑国的三面城门,十二月二十日在阴阪渡河,侵袭郑国。驻扎在阴口然后回去。子孔说:"晋军可以攻击,军队长久在外边因而疲劳,只想回去。必然可以胜他们。"子展说:"不行。"

9·7　鲁襄公送晋悼公,晋悼公为襄公在黄河边上设宴,问起襄公的年龄。季武子回答说:"在沙随会见的那一年,寡君出生。"晋悼公说:"十二年了,这叫做一终,这是岁星运行一圈的终止。国君十五岁而生孩子,举行冠礼以后生孩子,这是合于礼仪的,您可以举行冠礼了。大夫何不准备举行冠礼的用具?"季武子回答说:"国君举行冠礼,一定要请补饮酒的仪节作为序幕,用钟磬的音乐表示节度,在先君的宗庙里才能举行。现在寡君正在路上,不能具备各种冠礼工具,请在到达兄弟国家以后借用这些设备。"晋悼公说:"好。"襄公回国,到达卫国,在卫成公庙里举行冠礼,借用了钟磬,这是合于礼的。

9·8　楚共王进攻郑国,子骃打算和楚国讲和,子孔、子蟜说:"和大国结盟,嘴里的血没有干就违背了它,行吗?"子骃、子展说:"我们的盟誓本来就说'唯有跟从强大的国家',现在楚国军来到,晋国不救援我国,那么楚国就是强大的国家了。盟誓的话,难道敢违背？而且在要挟之下举行的盟誓没有诚信可言,神灵不会降临,神灵所降临的只是有诚信的盟会。信,是言语的凭证,善良的主体,所以神灵降临。明察一切的神灵认为在要挟下举行的盟会不洁净,违背它是可以的。"于是郑国就和楚国讲和。公子罢戎进入郑国结盟,一起在中分盟誓。

　　楚庄王夫人死,楚共王没有能安定郑国就回国了。

9·9　晋悼公回国,计议让百姓休养生息的办法。魏绛请求赐予恩惠,把积聚的财物拿出来借给百姓。从晋侯以下,如果有积聚的财物,全都拿了出来。国内没有不流通的财物,也没有困乏的百姓;公家不禁止百姓牟利,也没有贪婪的百姓。祈祷用财币代替牺牲,招待宾客只用一种牲畜,新的器物不添制,车马服饰只要够用就了了。这些措施推行一年,国家才有了法度。三次出兵而楚国不能和晋国争夺。

襄公十年

10·1　十年春季,鲁襄公和晋悼公、宋平公、卫献公、曹成公、莒子、邾子、滕子、薛伯、杞伯、小邾子、齐国太子光在柤地会见,这是为了会见吴王寿梦。

　　三月二十六日,齐国的高厚作为太子光的相礼,和诸侯在钟离先行会见,表现出不恭敬。士庄子说:"高子作为太子的相礼会见了诸侯,应当捍卫他们的国家,但却表现出不严肃,这是丢弃国家,恐怕将会不免于祸吧!"

　　夏季,四月初一日,诸侯在柤地会见。

10·2　晋国的荀偃、士匄请求进攻偪阳而把它作为向戌的封邑。

荀罃说:"城小而坚固,攻下来不算勇敢,攻它不下被人讥笑。"荀偃等人坚决请求。初九日,包围偪阳,不能攻克。孟氏的家臣秦堇父用人力拉了装备车到达战地,偪阳人打开城门,诸侯的将士乘机进攻。内城的人把闸门放下,鄹县长官纥双手举门,把进攻城里的将士放出来。狄虒弥把大车轮子立起来,蒙上皮甲作为大盾牌,左手拿着它,右手拔戟,领兵单成一队。孟献子说:"这就是《诗》所说的'像老虎一样有力气'的人啊。"偪阳的守城人把布挂下来,秦堇父拉着布登城,刚到墙垛,守城人就把布割断。秦堇父跌落在地,守城人又把布挂下来。秦堇父醒起来重新上去,这样三次,守城人表示钦佩他的勇敢,不再挂布。这才退兵,把割的布做了带子在军内游行示众三天。

诸侯的军队在偪阳很久了,荀偃、士匄请示荀罃说:"快下雨了,恐怕到时不能回去,请您退兵吧。"荀罃发怒,把弩机向他们扔过去,机从两个人中间飞过,说:"你们把这两件事情办成了再来跟我说话,原来我恐怕意见不一而扰乱了军令,所以不违背你们。你们既已使国君勤劳而发动了诸侯的军队,牵着我老头子到了这里,既没有坚持进攻,而又想归罪于我,回去说:'就是他下令退兵。不这样,攻下来了。'我已经衰老了,还能再承担一次罪责吗? 七天攻不下来,一定要取你们的脑袋!"五月初四日,荀偃、士匄率领步兵攻打偪阳,亲身受到箭和石块的攻击。初八日,灭亡了偪阳。《春秋》记载说"遂灭偪阳",说的是从柤地盟会以后就进攻了偪阳。把偪阳封给向戌。向戌辞谢说:"如果还承蒙君王安抚宋国,而用偪阳来扩大寡君的疆土,下臣们就安心了,还有什么比得上这样的赐予呢? 如果专门赐给下臣,那就是下臣发动诸侯的军队而为自己求得封地了,还有什么罪过比这再大呢? 谨以一死来请求。"于是就把偪阳给了宋平公。

宋平公在楚丘设宴招待晋悼公,请求使用《桑林》之乐舞。荀蒉辞谢。荀偃、士匄说："诸侯中的鲁国、宋国,在那里可以参观礼仪。鲁国有禘乐,在招待贵宾和举行大祭的时候用它。宋国使用《桑林》之舞招待国君,不也是可以的吗?"开始舞蹈,乐师手举旌夏之旗率领乐队进来,晋悼公害怕而退入房里。宋国人去掉旌夏,使这次宴会顺利结束,晋悼公方才回国。到达著雍,晋悼公生病。占卜,从卜兆里见到桑林之神。荀偃、士匄想要奔回宋国请求祈祷,荀蒉不同意,说:"我们已经辞去这种礼仪了,他们还是要用它。如果有鬼神,会把灾祸加在他们身上的。"晋悼公病愈,带了偪阳子回国,奉献于武宫,把它称为夷人俘虏。偪阳,是姓妘的一族统治的。晋悼公派周朝的内史选择妘姓宗族的族嗣,让他们居住在霍人地方,这是合于礼的。

鲁军回国,孟献子让秦堇父做车右。秦堇父生了秦丕兹,拜孔子为师。

10·3　六月,楚国的子囊、郑国的子耳进攻宋国,军队驻扎在訾毋。十四日,包围宋国,攻打桐门。

10·4　晋国的荀蒉进攻秦国,这是为了报复秦国的入侵。

10·5　卫献公救援宋国,军队驻在襄牛。郑国的子展说:"一定要进攻卫国。不这样,就是不亲附楚国了。得罪了晋国,又得罪了楚国,国家怎么办?"子驷说:"国家已经很困乏了。"子展说:"得罪了两个大国,一定灭亡。困乏,不还比灭亡强一些吗?"大夫们都认为子展的话说得对,所以郑国的皇耳入侵卫国,这是出于楚国的命令。

孙文子为追逐郑国军队占卜,把卜兆献给定姜。定姜问繇辞怎么样。孙文子说:"繇辞是:'卜兆如同山陵,有人出国征伐,丧失他们的英雄。'"定姜说:"征伐而丧失英雄,这是有利于抵御敌人的。大夫考虑一下!"卫国人追逐郑国军队,孙蒯在犬丘俘虏了郑将皇耳。

10·6　秋季七月,楚国的子囊、郑国的子耳联军入侵我国西部边境。回国,包围萧地。八月十一日,攻克萧地。九月,子耳入侵宋国北部边境。孟献子说:"郑国恐怕有灾祸吧!军队争战太过分了。周天子还经不起经常用兵,何况郑国呢?有灾祸,恐怕会在执政的三位大夫身上吧!"

10·7　莒国人钻了诸侯有战事的空子,所以进攻我国东部边境。

10·8　诸侯发兵攻打郑国,齐国的崔杼让太子光先到达军队里,所以排在滕国前面。二十五日,军队驻扎在牛首。

10·9　当初,子驷和尉止有争执,在将要抵御诸侯军队的时候减少了尉止的兵车。尉止俘虏了敌人,子驷又和他争夺功劳。子驷压抑尉止说:"你的战车太多不合礼制。"于是就不让他献俘虏。当初,子驷疏通田里的水沟,司氏、堵氏、侯氏、子师氏都丧失了土田。所以五个宗族聚集了一伙不得志的人凭借了公子的族党以发动叛乱。

这时候子驷掌握国政,子国做司马,子耳做司空,子孔做司徒。冬季,十月十四日,尉止、司臣、侯晋、堵女父、子师仆率领叛乱分子进入,早晨在西宫的朝廷上攻打执政,杀死了子驷、子国、子耳,劫持郑简公到了北宫。子孔事先知道这件事,所以没有死。《春秋》记载说"盗",这是说没有大夫参预这次叛乱。

子西听说有叛乱,不设警戒就出来了,收了他父亲子驷的尸骨就去追赶叛乱分子。叛乱分子进入北宫,子西就回去,召集甲兵,但是家臣和妾婢多数已经逃走,器物也已经大多丢失。子产听说有叛乱,设置守门的警卫,配齐所有的官员,关闭档案库,慎重收藏,完成防守设备,把士兵排成行列以后才出来,有战车十七辆。子产先收他父亲尸骨然后在北宫攻打叛乱分子,子蟜率领国内的人们帮助他,杀了尉止、子师仆,这伙叛乱分子全部被杀死。侯晋逃亡到晋国,堵女父、司臣、尉翩、司齐逃亡到宋国。

子孔掌握国政,制作盟书,规定官员各守其位、听取执政的法令。大夫、官员们、卿的嫡子不肯顺从,子孔准备加以诛杀。子产劝阻他,请求烧掉盟书。子孔不同意,说:"制作盟书用来安定国家,大伙发怒就烧了它,这是大伙当政,国家不也很为难了吗?"子产说:"大伙怒气难于触犯,专权的愿望难于成功,把两件难办的事合在一起来安定国家,这是危险的办法。不如烧掉盟书来安定大家,您得到了所需要的东西,大伙也能够安定,不也是可以的吗?专权的愿望不能成功,触犯大伙会发生祸乱,您一定要听我的话。"于是就在仓门外边烧掉了盟书,大伙这才安定下来。

10·10　诸侯的军队在虎牢筑城并且戍守,晋国军队在梧地和制地筑城,士鲂、魏绛戍守。《春秋》记载说"戍郑虎牢",不是郑国的领土而这样记载,这是说将要归还给郑国了。郑国和晋国讲和。

10·11　楚国的子囊救援郑国。十一月,诸侯联军环绕郑国然后往南,到达阳陵,楚军不退。知武子想要退兵,说:"现在我们避开楚军,楚军必然骄傲,骄傲了就可以和他们打仗了。"栾黡说:"避开楚军,这是晋国的耻辱。会和诸侯来增加耻辱,不如一死。我打算单独进军。"军队就往前推进。十六日,和楚军隔着颍水相对而驻扎下来。郑将子蟜说:"诸侯已经完成了退兵准备,一定不会作战了。顺从他们要退兵,不顺从他们也要退兵。他们退兵,楚国必然包围我们。同样是要退兵,不如顺从楚国,用这样的办法让他们退兵。"郑军夜里渡过颍水,和楚国人结盟。栾黡想要攻打郑国军队,荀罃不同意,说:"我们实在不能抵抗楚军,又不能保护郑国,郑国有什么罪? 不如把怨恨奉送给楚国然后回去。现在攻打他们的军队,楚国必然救援他们。作战不能胜利,就被诸侯笑话,胜利不能肯定,不如回去吧。"二十四日,诸侯的军队撤退,攻打了郑国的北部边境然后回国。楚国人也退兵回国。

10·12　王叔陈生和伯舆争夺政权,周灵王赞助伯舆。王叔陈生发怒而逃亡。到达黄河,周灵王让他官复原位,杀了史狄以让他高兴。王叔陈生不回成周,就住在黄河边上。晋悼公派士匄调和王室的争端,王叔陈生和伯舆提出争讼。王叔的家臣头子和伯舆的大夫瑕禽在周天子的朝廷上争论是非,士匄听取他们的诉讼。王叔的家臣头子说:"柴门小户的人都要陵驾于他上面的人,上面的人就很难处了。"瑕禽说:"从前平王东迁,我们七姓人家跟随周天子,牺牲全都具备,天子信赖他们,而赐给他们用赤牛祭神的盟约,说:'世世代代不要失职。'如果是柴门小户,他们能够来到东方而住下来吗?而且天子又怎么信赖他们呢?现在自从王叔把持周政权,政事用贿赂来完成,而把执行法律的责任放在宠臣身上。官员中的师和旅,阔气得没有办法,这样,我们能够不是柴门小户吗?请大国考虑一下!下面的人就不能有理,那么什么叫做公正呢?"士匄说:"天子所赞助的,寡君也赞助他;天子所不赞助的,寡君也不赞助他。"就让王叔和伯舆对证讼辞,王叔拿不出他的文件来。王叔逃亡到晋国。《春秋》所以没有记载,这是由于没有通告鲁国的缘故。单靖公做了卿士以辅助王室。

襄公十一年

11·1　十一年春季,季武子准备编定三个军,告诉叔孙穆子说:"请编三个军,每家管一个军。"叔孙穆子说:"政权将要轮到您执掌,您一定办不好的。"季武子坚决请求,叔孙穆子说:"那么结个盟吧。"于是就在僖公宗庙门口订立盟约,在五父之衢发誓。

　　正月,编定三个军,把公室的军队一分为三,而各家掌握一军。三家各自把原有私家车兵合并,季氏让他私人武装中的成员参加军队的免除征税,不参加的人加倍征税。孟氏让他的私邑士兵中的一半,或子或弟做奴隶兵。叔孙氏仍然把他私邑士兵全编为奴隶兵,不这样,就不并入所分的公室军队里。

11·2 郑国人担心晋国和楚国,大夫们说:"不顺从晋国,国家几乎灭亡。楚国比晋国弱,而晋国并不急于争夺我国。如果晋国急于争夺我国,楚国会避开他们的。怎么才能让晋军出死力攻打我们,楚国就不敢抵挡,然后才能够坚决依附晋国。"子展说:"向宋国挑衅,诸侯必然来到,我们跟从他们结盟。楚军来到,我们又跟从楚国,这样晋国就更要生气了。晋国如果能不断地前来,楚将会不能抵挡,我们就坚决依附晋国。"大夫们对这计划表示高兴,派边境的官吏向宋国挑衅。宋国的向戌入侵郑国,俘获甚多。子展说:"可以出兵攻打宋国了。如果我们进攻宋国,诸侯进攻我们必然努力攻击。我们就听从命令,同时报告楚国。楚军来到,我们就和他们结盟而又重重地贿赂晋军,就可以免于祸患了。"夏季,郑国的子展率军入侵宋国。

11·3 四月,诸侯联军进攻郑国。十九日,齐国太子光、宋国向戌先到达郑国,驻军在东门外。当天晚上,晋国荀罃到达西郊,往东进攻许国的旧地。卫国孙林父进攻郑国的北部边境。六月,诸侯在北林会见,军队驻扎在向地。又转向西北,驻扎在琐地。包围郑国,在南门外显示军力。又有军队从西边渡过济隧。郑国人畏惧,就向诸侯求和。

秋季,七月,各诸侯和郑国在亳地结盟。范宣子说:"如果盟辞不谨慎,必然失去诸侯。诸侯来往疲乏而没有得到成功,能够没有二心吗?"于是就盟誓。盟书说:"凡是我们同盟国家,不要囤积粮食,不要垄断利益,不要庇护罪人,不要收留坏人。救济灾荒,安定祸患,统一好恶,辅助王室。有人触犯这些命令,司慎、司盟的神,名山、名川的神,各种天神,先王、先公,七姓十二国的祖宗,明察的神灵诛戮他，使他失去百姓，丧君灭族，灭国亡家。"

11·4　楚国的子囊向秦国请求出兵，秦国的右大夫詹率领军队跟随楚共王，由楚王率领进攻郑国。郑简公前去迎接表示顺服。七月二十七日，进攻宋国。

11·5　九月，诸侯用全部兵力再次进攻郑国，郑国人派良霄、太宰石㚑去到楚国，告诉说准备对晋国顺服，说："孤由于国家的缘故，不能怀念君王了。君王如果能够用玉帛安抚晋国，不这样，那就用武力对他们加以威慑，这都是我的愿望。"楚国人囚禁了他们。《春秋》记载说"行人"，这是说他们是使者"不应该有罪"的意思。

诸侯联军在东门外示威，郑国人派王子伯骈求和。九月二十六日，晋国的赵武进入郑国和郑简公结盟。冬季十月初九日，郑国的子展出城和晋悼公结盟。十二月初一日，在萧鱼会见。初三日，赦免郑国的俘虏，都给以礼遇放回去。收回巡逻兵，禁止掠夺。晋悼公派叔肸通告诸侯。鲁襄公派臧孙纥回答说："凡是我们同盟国家，小国有了罪过，大国派兵讨伐，如果稍有所得，很少对小国不加赦免的，寡君听到命令了。"

郑国人赠给晋悼公师悝、师触、师蠲；配对的广车、軘车各十五辆，盔甲武器齐备，和其他战车一共一百辆；歌钟两架以及和它相配的镈和磬；女乐两佾十六人。晋悼公把乐队的一半赐给魏绛，说："您教寡人同各部落戎狄讲和以整顿中原诸国，八年中间九次会合诸侯，好像音乐的和谐，没有地方不协调，请和您一起享用快乐。"魏绛辞谢说："同戎狄讲和，这是国家的福气。八年中间九次会合诸侯，诸侯顺从，这是由于君王的威灵，也是由于其他人员的功劳，下臣有什么力量？然而下臣希望君王既安于这种快乐，而又想到它的终了。《诗》说：'快乐啊君子，镇抚天子的家邦。快乐啊君子，他的福禄和别人同享。治理好附近的小国，使他们相率服从。'音乐用来巩固德行，用道义对待它，用礼仪推行它，用信用保守它,用仁爱勉励它,然后能用来安定邦国、同享福禄、召来远方的人,这就是所说的快乐。《书》说:'处于安定要想到危险。'想到了就有防备,有了防备就没有祸患。谨以此向君王规劝。"晋悼公说:"您的教导,岂敢不承受命令!而且要是没有您,寡人无法对待戎人,又不能渡过黄河。赏赐,是国家的典章,藏在盟府,不能废除的。您还是接受吧!"魏绛从这时开始才有了金石的音乐,这是合于礼的。

11·6 秦国庶长鲍、庶长武领兵进攻晋国来救援郑国。鲍先进入晋国国境,士鲂抵御他,认为秦军人少而不加防备。十二月初五日,武从辅氏渡河,和鲍夹攻晋军。十二日,秦军和晋军在栎地作战,晋军大败,这是由于轻视秦军的缘故。

襄公十二年

12·1 十二年春季,莒国人进攻我国东部边境,包围台地。季武子救援台地,就乘机进入郓国,掠取了他们的钟,改铸为鲁襄公的盘。

12·2 夏季,晋国的士鲂来鲁国聘问,同时拜谢我国出兵。

12·3 秋季,吴王寿梦死了,鲁襄公在周文王庙哭泣吊唁,这是合于礼的。诸侯的丧事,异姓的在城外哭泣吊唁,同姓的在宗庙里,同宗的在祖庙里,同族的在父庙里。因为这样,鲁国为了姬姓诸国,到周文王庙里哭泣吊唁。为了邢、凡、蒋、茅、胙、祭各国,在周公庙里哭泣吊唁。

12·4 冬季,楚国子囊、秦国庶长无地进攻宋国,军队驻扎在杨梁,以报复晋国的得到郑国。

12·5　周灵王在齐国求娶王后,齐灵公向晏桓子询问如何答复。桓子回答说:"先王的礼仪辞令有这样的话:天子在诸侯那里求娶王后,诸侯回答说:'夫人所生的若干人,妾妇所生的若干人。'没有女儿而有姐妹和姑母,就说:'先君某公的遗女若干人。'齐灵公答应了婚事,周灵王派遣阴里作了口头约定。

12·6　鲁襄公去到晋国朝见,同时拜谢士鲂的到来,这是合于礼的。

12·7　秦嬴嫁给楚国,楚国的司马子庚到秦国聘问,为了夫人回娘家,这是合于礼的。

襄公十三年

13·1　十三年春季,鲁襄公从晋国回来,孟献子在宗庙里记载功勋,这是合于礼的。

13·2　夏季,邿国发生动乱,一分为三。出兵救援邿国,就乘机占取了它。凡是《春秋》记载说"取",就是说事情很容易。使用了大军叫做"灭"。虽得了国家,并不占有它的土地叫做"入"。

13·3　荀罃、士鲂死了。晋悼公在绵上打猎并训练军队。派遣士匄率领中军,他辞谢说:"荀偃比我强。过去下臣熟悉知伯,因此辅佐他,而不是由于我的贤能啊。请派遣荀偃。"荀偃率领中军,士匄作为辅佐。派遣韩起率领上军,他辞让给赵武。又派遣栾魇,他辞谢说:"下臣不如韩起。韩起愿意让赵武在上位,君王还是听从他的意见。"就派遣赵武率领上军,韩起作为辅佐。栾魇率领下军,魏绛作为辅佐。新军没有统帅,晋悼公对这个人选感到困难,让新军的十个官吏率领步兵、骑兵和所属官员,附在下军里,这是合于礼的。晋国的百姓因此大大和顺，诸侯也就和睦。

君子说："谦让，是礼的主体。士匄谦让，他的下属都谦让。栾黡即使专横，也不敢违背。晋国因此而团结，几世都受到利益，这是由于取法于善的缘故啊！一个人取法于善，各族各姓都美好协调，难道可以不尽力于这一点吗？《书》说，'一个人好善，亿万人有利，国家的安宁可以久长'，说的就是这个吧！周朝兴起的时候，反映它的诗说，'效法文王，万邦信任'，说的是取法于善。等到它衰弱的时候，反映它的诗说，'大夫不公平，我所作的独最多'，说的是不谦让。当时世太平的时候，君子崇尚贤能而对下属谦让，小人努力以事奉他的上司，因此上下有礼而奸邪废黜远离，这是由于不争夺的缘故，这叫做美德。到了天下动乱的时候，君子夸耀他的功劳以凌驾于小人之上，小人夸耀他的技能以凌驾于君子之上，因此上下无礼，动乱和残暴一起发生，这是由于争相自以为是。这叫做昏德。国家的败坏，常常是由于这样而来的。"

13·4　楚共王生病，告诉大夫说："寡人没有德行，年幼的时候就做了一国之主。生下来十年而先君去世，没有来得及学习师保的教训而承受了许多福禄，因此缺乏德行而在鄢陵丧失了军队，让国家蒙受耻辱，让大夫担心，这都够严重的了。如果由于大夫的福气，我得以保全首领而善终，在这些祭祀安葬的事情上，得以在祢庙中追随先君，只能请求谥做'灵'或者'厉'了，请大夫选择吧。"没有人回答。等到五次命令以后才答应了。

秋季，楚共王去世。子囊和大家商量谥号。大夫说："国君已经有过命令了。"子囊说："国君是用'恭'来命令的，怎么能不用这个字呢？声威赫赫的楚国，国君在上边统治，安抚着蛮夷，大征南海，让他们从属于中原诸国，而国君又知道自己的过错，可以不说是恭吗？请谥做'共'。"大夫们都听从了他的意见。

13·5　吴国侵袭楚国，养由基迅速奔向敌人，子庚领兵跟着去。

养由基说:"吴国乘我国有丧事,认为我们是不能出兵的,必然轻视我们而不存戒备之心。您设置三处伏兵来等我,我去引诱他们。"子庚听从了。在庸浦作战,大败吴军,俘虏了公子党。君子认为吴国不善,《诗》说:"上天认为你不善,国家祸乱就不能安定。"

13·6　冬季,在防地筑城。《春秋》所以记载这件事,这是由于合于时令。当时准备早些时候筑城,臧武仲请求等待农活完了以后再动工,这是合于礼的。

13·7　郑国的良霄、太宰石㠯还在楚国。石㠯对子囊说"先王为了征伐,要连续占卜五年,每年重复吉兆,就出兵。如果有一年卜征不吉利,那就更加努力于修养道德而重新占卜。现在楚国实在不能自强,行人有什么罪过?留下郑国一个卿,这就去掉了对郑国君臣的威逼,让他们上下和睦而怨恨楚国,因而坚决顺从晋国,这对楚国有什么好处?让他回去,使他没有完成出使任务,他会埋怨国君和怀恨大夫,因而互相牵制,这不是好一些吗?"于是楚国人就把良霄放了回去。

襄公十四年

14·1　十四年春季,吴国到晋国报告战败情况,季孙宿、叔老和晋国的士匄、齐国人、宋国人、卫国人、郑国公孙虿、曹国人、莒国人、邾人、滕人、薛人、杞人、小邾人和吴国人在向地会见,这是为吴国策划进攻楚国的缘故。范宣子责备吴国不道德,以此拒绝了吴国人。

　　晋国逮捕了莒国的公子务娄,这是因为莒国的使者和楚国有来往。将要逮捕戎子驹支,范宣子亲自在朝廷上责备他,说:"过来,姜戎氏！从前秦国人追逐你的祖父吾离到瓜州,你的祖父吾离身披蓑衣、头戴草帽前来归附我们先君。我们先君惠公只有并不太多的土田,还和你的祖父平分着吃。现在诸侯事奉我们寡君不如从前,这是因为说话泄漏机密,应当是由于你的缘故。明天早晨的事情,你不要参加了。如果参加,将要把你抓起来。”戎子回答说:“从前秦国人仗着他们人多,贪求土地,驱逐我们各部戎人。晋惠公显示了他的大德,说我们各部戎人,都是四岳的后代,不能加以丢弃。赐给我们南部边境的土田,那里是狐狸居住的地方,豺狼嚎叫的地方。我们各部戎人砍伐这里的荆棘,驱逐这里的狐狸豺狼,作为先君不侵犯不背叛的臣下,直到如今没有三心二意。从前晋文公和秦国进攻郑国时,秦国人偷偷地和郑国结盟而并派兵戍守,因此就有殽地的战役。晋国在上边抵御,戎人在下边对抗,秦国的军队回不去,实在是我们各部戎人出力才让他们这样的。譬如捕鹿,晋国人抓住它的角,各部戎人拖住了它的后腿,和晋国一起让它仆倒。戎人为什么不能免于罪责呢？从这个时候以来,晋国的多次战役,我各部戎人没有不按时与晋军共同参加,以追随执事,如同支援殽地战役一样,岂敢违背？现在各级官员恐怕实在有着过失,因而使诸侯有二心反倒要责怪我们各部戎人！我们各部戎人饮食衣服和中原不同,财礼不相往来,言语不通,能够做什么坏事呢？不参加明天的会见,我也没有什么不舒畅的。”赋了《青蝇》这首诗然后退下。范宣子表示歉意,让他参加会见的事务,显示了平易而不听谗言的美德。当时子叔齐子作为季武子的副手而参加会见,从此晋人减轻了鲁国的财礼而更加敬重鲁国的使臣。

14·2　吴子诸樊已经免除了丧服,打算立季札为国君,季札辞谢说:“曹宣公死的时候,诸侯和曹国人不赞成曹成公,打算立子臧为国君。子臧离开了曹国,曹国人就没有按原来的计划去做,以成全了曹成公。君子称赞子臧说'能够保持节操'。君王是合法的继承人，谁敢冒犯君位？据有国家，不是我的节操。札虽然没有才能，愿意追随子臧，以不失节操。"诸樊坚决要立他为国君，季札丢掉了他的家产而去种田，于是就不再勉强他。

14·3　夏季，诸侯的大夫跟随着晋悼公进攻秦国，以报复栎地一役。晋悼公在国境内等待，让六卿率领诸侯的军队前进。到达泾水，诸侯的军队不肯渡河。叔向进见叔孙穆子，穆子赋《匏有苦叶》这首诗。叔向退出以后就准备船只，鲁国人、莒国人先渡河。郑国的子蟜进见卫国的北宫懿子说："亲附别人而不坚定，最使人讨厌了，把国家怎么办？"懿子很高兴。两个人去见诸侯的军队而劝他们渡河，军队渡过泾水驻扎下来。秦国人在泾水上游放置毒物，诸侯的军队死去很多。郑国司马子蟜率领郑国的军队前进，其他国家的军队也都跟上，到达棫林，不能让秦国屈服讲和。荀偃命令说："鸡叫套车，填井平灶，你只看着我的马首而行动。"栾黡说："晋国的命令，从来没有这样的。我的马头可要往东呢。"就回国了。下军跟随他回去。左史对魏庄子说："不等中行伯了吗？"魏庄子说："他老人家命令我们跟从主将，栾黡，是我的主将，我打算跟从他。跟从主将，也就是合理地对待他老人家。"荀偃说："我的命令确实有错误，后悔哪里来得及，多留下人马只能被秦国俘虏。"于是就命令全军撤退。晋国人称这次战役为"迁延之役"。

栾鍼说："这次战役，是为了报复栎地的战败。作战又没有功劳，这是晋国的耻辱。我兄弟俩在兵车上，哪能不感到耻辱呢？"和士鞅冲入秦军中间，战死。士鞅回来。栾黡对士匄说："我的兄弟不想前去，你的儿子叫他去。我的兄弟战死，你的儿子回来，这是你的儿子杀了我的兄弟。如果不赶走他，我也要杀死他。"士鞅逃亡到秦国。

当时，齐国崔杼、宋国华阅、仲江一起进攻秦国。《春秋》没有记载他们的名字,是由于他们怠惰。向地会见的记载也和这一样。对卫国的北宫括在向地的会见不加记载,而记载在这次攻打秦国的战役中,这是由于他积极帮助的缘故。

秦景公问士鞅说:"晋国的大夫谁先灭亡?"士鞅回答说:"恐怕是栾氏吧!"秦景公说:"由于他的骄横吗?"士鞅回答说:"对。栾黡太骄横了,还可以免于祸难,祸难恐怕要落在栾盈的身上吧!"秦景公说:"为什么?"士鞅回答说:"栾武子的恩德留在百姓中间,好像周朝人思念召公,就爱护他的甘棠树,何况他的儿子呢? 栾黡死了,盈的好处没有能到达别人那里,栾武子所施舍的又逐渐完了,而对栾黡的怨恨实在太明显,所以灭亡将会落在栾盈身上了。"秦景公认为这是有见识的话,就为士鞅向晋国请求而恢复了他的职位。

14·4　卫献公约请孙文子、甯惠子吃饭,这两个人都穿上朝服在朝廷上等待。太阳快下山了还不召见,反而在林子里射鸿雁。两个人跟到林子里,卫献公不取下皮帽跟他们说话。两个人都生气。孙文子去了戚地,孙蒯入朝请命。卫献公招待孙蒯喝酒,让乐官唱《巧言》的最后一章。乐官辞谢。乐工师曹请求歌唱这一章。当初,卫献公有一个宠妾,让师曹教她弹琴,师曹鞭打过她。卫献公生气,鞭打师曹三百下。所以现在师曹想利用唱这章诗的机会,来激怒孙蒯,以作为对卫献公的报复。卫献公让师曹歌唱,师曹作了朗诵。孙蒯恐惧,告诉孙文子。孙文子说:"国君忌恨我了,如果不先下手,就必死于他的手中。"孙文子把家中大小集中在戚地,然后进入国都,遇见蘧伯玉,说:"国君的暴虐,这是您所知道的。我很害怕国家的颠覆,您准备怎么办?"蘧伯玉回答说:"国君控制他的国家,下臣哪里敢冒犯他? 即使冒犯了他,立了新的国君,难道能确知比旧的国君会强一些吗?"于是就从最近的关口出国。

卫献公派子蟜、子伯、子皮和孙文子在丘宫结盟,孙文子把他们全都杀了。四月二十六日,子展逃亡到齐国,卫献公到了鄄地,派子行向孙文子请求和解,孙文子又杀了他。卫献公逃亡到齐国,孙家的人追了上去,把卫献公的亲兵在河泽击败,鄄地人逮捕了败兵。

当初,尹公佗到庾公差那里学射箭,庾公差又到公孙丁那里学射箭。尹公佗和庾公差追逐卫献公,公孙丁驾御卫献公的车子。庾公差说:"如果射,是背弃老师;不射,将被诛戮,射了还是合于礼的吧!"射中了车子两边的曲木然后回去。尹公佗说:"您为了老师,我和他的关系就远了。"于是回过车去追赶。公孙丁把马缰递给卫献公然后向尹公佗射去,射穿了他的臂膀。

子鲜跟随卫献公出亡。到达边境,卫献公派祝宗向祖先报告逃亡,同时说自己没有罪过。定姜说:"如果没有神灵,报告什么?如果有,就不能欺骗。有罪,为什么报告说没有罪?不与大臣商量而和小臣商量,这是第一条罪。先君有正卿作为师保,而你却轻视他们,这是第二条罪。我用手巾梳子事奉过先君,而你残暴地对待我像对婢妾一样,这是第三条罪。只报告逃亡算了,不要报告没有罪!"

鲁襄公派厚成叔到卫国慰问,说:"寡君派遣瘠,听说君王失去了国家而流亡在别国境内,怎么能不来慰问?由于同盟的缘故,谨派瘠私下对大夫们说:'国君不善良,臣下不明达事理,国君不宽恕,臣下也不尽职责,积怨很久而发泄出来,怎么办?'"卫国人派太叔仪回答,说:"下臣们没有才能,得罪了寡君。寡君不把下臣们依法惩处,反而远远地抛弃了下臣们,以成为君王的忧虑。君王不忘记先君的友好,承您来慰问下臣们,又再加哀怜。谨拜谢君王的命令,再拜谢对下臣们的哀怜。"厚成叔回国复命,告诉臧武仲说:"卫君恐怕会回去的吧!有太叔仪留守,有同胞兄弟鱄和他一起出国。有人安抚国内,有人经营国外,能够不回去吗?"

　　齐国人把郲地让给卫献公寄住。等到卫献公复位的时候,还带着郲地的粮食回去。

　　右宰穀先跟从卫献公后来又逃回国去,卫国人要杀掉他。他辩解说:"对过去的事情我不是乐于干的。我穿的是狐皮衣羊皮袖子。"于是就赦免了他。

　　卫国人立公孙剽为国君,孙林父、甯殖辅助他,以听取诸侯的命令。

　　卫献公在郲地,臧纥去到齐国慰问卫献公。卫献公和他说话,态度粗暴。臧纥退出以后告诉他的手下人说:"卫献公大概不能回国了。他的话好像粪土。逃亡在外而不悔改,怎么能够恢复国君的地位呢?"子展、子鲜听说这话,进见臧纥,和他们说话,通情达理。臧纥很高兴,对他的手下人说:"卫君一定能回国。这两个人,有的拉他,有的推他,想不回国,行吗?"

14·5　军队进攻秦国回来。晋悼公取消新军,这是合于礼的。大国不超过天子军队的一半。周朝编定六个军,诸侯中强大的,三个军就可以了。当时,知朔生了盈就死去,盈出生六年以后武子就死了,彘裘也还小,都不能做继承人。新军没有主将,所以就取消编制解散了。

14·6　师旷随侍在晋悼公旁边,晋悼公说:"卫国人赶走他们的国君,不也太过分了吗?"师旷回答说:

　　　也许是他们国君实在太过分了。好的国君将会奖赏善良而惩罚邪恶,抚养百姓好像儿女,覆盖他们好像上天一样,容纳他们好像大地一样。百姓尊奉国君,热爱他好像父母,尊仰他好像日月,恭敬他好像神灵,害怕他好像雷霆,哪里能够赶走呢?国君,是祭神的主持者同时是百姓的希望。如果让百姓的财货缺乏,神灵失去了祭祀者,百姓绝望,国家没有主人,哪里还用得着他?不赶走干什么?上天生了百姓而立他们的国君,让他统治他们,不让失去天性。有了国君而又为他设立辅佐,让他们去教育保护他,不让他做事过分。由于这样天子有公,诸侯有卿,卿设置侧室,大夫有贰宗,士有朋友,庶人、工、商、皂、隶、牧、圉各有他们亲近的人,用来互相帮助。善良就奖赏,过失就纠正,患难就救援,错失就改正。从天子以下各有父兄子弟来观察补救他们的过失。太史加以记载,乐师写作诗歌,乐工诵读箴谏,大夫规劝开导,士传话,庶人指责,商人在市场上议论,各种工匠献技艺。所以《夏书》说:"宣令的官员摇着木铎在大路上巡行,官师小吏规劝,工匠呈献技艺以作为劝谏。"正月初春,在这个时候有人在路上摇动木铎,这是由于劝谏失去常规的缘故。上天爱护百姓无微不至,难道会让一个人在百姓头上任意妄为,以放纵他的邪恶而失去天地的本性? 一定不会这样的。

14·7　秋季,楚康王由于庸浦这次战役的缘故,让子囊在棠地出兵,以攻打吴国。吴军不出战,楚军就回去了。子囊殿后,认为吴国无能因而不加警戒。吴国人从皋舟的险道上拦腰截击楚军,楚国人不能彼此救应,吴国人打败了他们,俘虏了楚国公子宜谷。

14·8　周灵王派刘定公将荣宠赐给齐灵公,说:"从前伯舅太公辅助我先王,作为周室的左右手,百姓的师保。世世代代酬谢太师的功劳,为东海各国的表率。王室之所以没有败坏,所依靠的就是伯舅。现在我命令你环,孜孜不倦地遵循舅氏的常法,继承你的祖先,不要玷辱你的先人。要恭敬啊! 不要废弃我的命令!"

14·9　晋悼公向中行献子询问卫国的事情。中行献子回答说:"不如根据现状而安定它。卫国有国君了,攻打它,不见得能够如愿,反而烦劳诸侯。史佚有话说:'因为他已经安定而加以安抚。'仲虺有话说:'灭亡着的可以欺侮,动乱着的可以打倒。推翻已灭亡的巩固已存在的,这是国家的常道。'君王还是安定卫国以等待时机吧!"

　　冬季,季孙宿和晋国的士匄、宋国华阅、卫国孙林父、郑国公孙虿、莒人、邾人在戚地会见,这是为了商讨安定卫国。

14·10　范宣子在齐国借了装饰仪仗的羽毛而不归还,齐国人开始有了二心。

14·11　楚国的子囊进攻吴国回来后,就死了。临死,遗言对子庚说:"一定要在郢地筑城。"君子认为:"子囊忠心。国君死,不忘记谥他为'共';临死,不忘记保卫国家,难道能不说他忠心吗? 忠心,是百姓的希望。《诗》说,'行动归结到忠信,这是广大百姓的希望',这就是忠心的意思。"

襄公十五年

15·1　十五年春季,宋国的向戌来鲁国聘问,同时重温过去的盟约。见了孟献子,责备他的房屋太华丽,说:"您有好名声而把房屋修饰得太华丽,这不是别人所希望的。"孟献子回答说:"我在晋国的时候,我哥哥修建的。要毁坏它,又觉得毁坏又得用劳力,而且不敢说哥哥所做的事不对。"

15·2　官师跟随单靖公在齐国迎接王后。卿没有去,这是不合于礼的。

15·3　楚国公子午做令尹,公子罢戎做右尹,蒍子冯做大司马,公子橐师做右司马,公子成做左司马,屈到做莫敖,公子追舒做箴尹,屈荡做连尹,养由基做宫厩尹,来安定国内的人们。君子认为"楚国在这时候能够合理地安排官职的人选。安排官职的人选,这是国家的当务之急。能够合理地安排,那么百姓就没有非分的想法。

《诗》说,'嗟叹我所怀念的贤人,要把他们全都安排在恰当的职位上',这就是能够安排官职的人选。天子和公、侯、伯、子、男以及甸、采、卫的各级大夫,各就各位。这就是所说的'同行'了。"

15·4　郑国尉氏、司氏的叛乱,留下的叛乱分子待在宋国。郑国人由于子西、伯有、子产的缘故,用马一百六十匹和师茷、师慧作为财礼送给宋国。三月,公孙黑去宋国作为人质。司城子罕把堵女父、尉翩、司齐给了郑国,认为司臣有才能而放走了他,托付给季武子,武子把他安置在卞地。郑国人把这三个人剁成肉酱。

　　师慧经过宋国朝廷,打算小便。扶他的人说:"这里是朝廷。"师慧说:"没有人啊。"扶他的人说:"朝廷,为什么没有人?"师慧说:"一定是没有人啊。如果还有人,难道会用拥有千乘战车国家的相国去交换一个演唱淫乐的瞎子? 一定是由于没有人的缘故。"子罕听到了,坚决向宋平公请求而让师慧回国。

15·5　夏季,齐灵公包围成地,这是因为齐国对晋国有了二心的缘故。在那时候就在成邑建造外城。

15·6　秋季,邾国人攻打我国南部边境,我国派使者向晋国报告。晋国准备举行会见以讨伐邾国、莒国。晋悼公有病,就停止下来。冬季,晋悼公死,就没有能举行会见。

15·7　郑国的公孙夏去到晋国奔丧吊唁,又派子蟜前去送葬。

15·8　宋国有人得到美玉,献给子罕。子罕不受。献玉的人说:"拿给玉工看过,玉工认为是宝物,所以才敢进献。"子罕说:"我把不贪婪作为宝物,你把美玉作为宝物,如果把玉给了我,我们两人都丧失了宝物,不如各人保有自己的宝物。"献玉的人叩头告诉子罕说:"小人带着玉璧,不能够越过乡里,把它送给您是用来免于一死的。"子罕把美玉放在自己的乡里,让玉工为他雕琢,卖出去,使献玉的人富有以后,然后让他回到家里。

15·9　十二月,郑国人夺取了堵狗的妻子,让她回到娘家范氏去。

襄公十六年

16·1　十六年春季,安葬晋悼公。晋平公即位,羊舌肸做太傅,张君臣做中军司马,祁奚、韩襄、栾盈、士鞅做公族大夫,虞丘书做乘马御。改穿吉服,选贤任能,在曲沃举行烝祭。晋平公在国都布置守备以后就沿黄河而下,和鲁襄公、宋平公、卫献公、郑简公、曹成公、莒子、邾子、薛伯、杞伯、小邾子在溴梁会见。命令诸侯退回互相侵占的土田。由于我国的缘故,拘捕了邾宣公、莒犁比公,而且说这两国"使者来往齐国、楚国之间"。

　　晋平公和诸侯在温地举行宴会,让大夫们舞蹈,说:"唱诗一定要和舞蹈相配合。"齐国高厚的诗与舞蹈配不好。荀偃发怒,并且说:"诸侯有别的想法了。"让大夫们和高厚结盟,高厚逃走回国。当时叔孙豹、晋国荀偃、宋国向戌、卫国宁殖、郑国公孙虿、小邾国的大夫盟誓说:"共同讨伐不忠于盟主的人。"

16·2　许灵公向晋国请求迁都。诸侯就让许国迁移,许国的大夫不同意,晋国人让各国诸侯回国而单独出兵进攻许国。

　　郑国的子蟜听到将要进攻许国,就辅佐郑简公跟从诸侯的军队。穆叔跟从鲁襄公回国。齐子率领军队会见晋国荀偃。《春秋》记载说"会郑伯",是为了把序列摆平。

　　夏季,六月,军队驻扎在棫林。初九日,攻进许国,驻扎在函氏。

16·3　晋国的荀偃、栾黡带兵进攻楚国,报复在宋国杨梁的那一次战役。楚国的公子格带兵,和晋军在湛阪作战。楚军大败。晋军就侵袭方城山的外边,再次进攻许国然后回国。

16·4　秋季,齐灵公包围成地,孟孺子速拦击齐军。齐灵公说:

"这个人喜欢勇敢,我们离开这里以使他成名。"孟孺子速就堵塞了海陉险道然后回去。

16·5　冬季,穆叔去到晋国聘问,同时说到齐国的事情。晋国人说:"由于寡君还没有举行禘祭和百姓没有安息,所以不能救援,如果不是这样,那是不敢忘记的。"穆叔说:"由于齐国人早晚都在敝邑的土地上发泄愤恨,因此才来郑重请求。敝邑的危急,早晨等不到晚上,伸长了脖子望着西边说:'也许可以来救援了吧!'等到执事得空闲,恐怕来不及了。"见了中行献子,赋了《圻父》这首诗。献子说:"偃知道罪过了,岂敢不跟从执事来一起为国家忧虑,而让鲁国到达这样的地步!"见了范宣子,赋《鸿雁》这首诗的最后一章。范宣子说:"匄在这里,岂敢让鲁国不得安宁?"

襄公十七年

17·1　十七年春季,宋国的庄朝进攻陈国,俘虏了司徒卬,这是由于陈国轻视宋国的缘故。

17·2　卫国的孙蒯在曹隧打猎,在重丘上让马喝水,打破了水瓶。重丘人关起门来骂他,说:"亲自赶走你的国君,你的父亲做了坏事。你不为这个担忧,为什么来打猎?"

夏季,卫国的石买、孙蒯率兵进攻曹国,占取了重丘。曹国人向晋国提出诉讼。

17·3　齐国人由于他们没有能在我国满足愿望的缘故,秋季,齐灵公攻打我国北部边境,包围桃地。高厚把臧纥包围在防地。我军从阳关出动迎接臧纥,到达旅松。鄋叔纥、臧畴、臧贾率领甲兵三百人,夜袭齐军,把臧纥送到旅松然后回来。齐军离开了鲁国。

　　齐国人俘虏了臧坚,齐灵公派夙沙卫去慰问他,并且说"不要死"。臧坚叩头说:"谨拜谢君王的命令。然而君王赐我不死,却又故意派一个宦官来对一个士表示敬意。"臧坚用小木桩刺进伤口而死。

17·4　冬季,邾国人进攻我国南部边境,这是为了齐国的缘故。

17·5　宋国的华阅死,华臣认为皋比家族力量微弱,派坏人去杀他的家总管华吴。六个坏人用铍刀把华吴杀死在卢门合左师后边。左师害怕,说:"我老头子没有罪。"坏人说:"皋比私自讨伐吴国。"就幽禁了华吴的妻子,说:"把你的大玉璧给我。"宋平公听说这件事,说:"华臣不仅残暴地对待他的宗室,而且使宋国的政令大乱,一定要驱逐他。"左师说:"华臣,也是卿。大臣不和顺,这是国家的耻辱。不如掩盖起来算了。"宋平公就不再加罪。左师讨厌华臣,他给自己做了一根短马鞭子,如果经过华臣的门口,必定快马加鞭。

　　十一月二十二日,国内的人们追赶疯狗。疯狗跑到华臣家里,人们就跟着追进去。华臣恐惧,就逃亡到陈国。

17·6　宋国的皇国父做太宰,给宋平公建造一座台,妨碍了农业收割。子罕请求等待农事完毕以后再建造,平公不答应。筑城的人唱着歌谣说:"泽门里的白面孔,要我们服劳役。城里的黑皮肤,体贴我们的心意。"子罕听到了,亲自拿着竹鞭,巡行督察筑城的人,又鞭打那些不勤快的人,说:"我们这一辈小人都有房子躲避干湿冷热。现在国君造一座台而不很快完成,怎么能做事情呢?"唱歌的人就停止不唱了。有人问他什么缘故? 子罕说:"宋国虽小,既有诅咒,又有歌颂,这是祸乱的根本。"

17·7　齐国的晏桓子死,晏婴穿着粗布丧服,头上和腰里系着麻带,手执竹杖,脚穿草鞋,喝粥,住在草棚里,睡草垫子,用草作为枕头。他的家臣头子说:"这不是大夫的礼仪。"晏婴说:"唯独具有卿身份的人才是大夫,才能行大夫的礼仪。"

襄公十八年

18·1　十八年春季,白狄第一次来鲁国。

18·2　夏季,晋国人在长子拘捕了卫国的行人石买,在纯留拘捕了孙蒯,这是为了曹国的缘故。

18·3　秋季,齐灵公进攻我国北部边境。中行献子准备进攻齐国,梦见和晋厉公争讼,没有胜诉。晋厉公用戈打他,脑袋在前面掉下来,跪下来安在脖子上,两手捧着他的头走路,见到梗阳的巫皋。过了几天,在路上遇见巫皋,中行献子和他谈起做梦的情况,居然和巫皋梦见的相同。巫皋说:"今年您一定要死,如果在东边有战事,那是可以如愿的。"中行献子答应了。

晋平公发兵进攻齐国,将要渡过黄河,中行献子用朱丝系着两对玉而祷告说:"齐国的环靠着地形险要,仗着人多,丢弃好友违背盟誓,欺凌虐待百姓。陪臣彪将要率领诸侯去讨伐,他的官臣偃在前后辅助,如果得到成功,不要使神灵羞耻,官臣偃不敢再次渡河。惟你神灵加以制裁。"把玉沉入黄河然后渡河。

冬季,十月,鲁襄公和晋平公、宋平公、卫殇公、郑简公、曹成公、莒子、邾子、滕子、薛伯、杞伯、小邾子在鲁国济水上会见,重温溴梁的盟誓,一起进攻齐国。齐灵公在平阴抵御,在防门外挖壕据守,壕沟的长度有一里。夙沙卫说:"如果不能作战,还不如扼守险要为好。"齐灵公不听。诸侯的士兵进攻防门,齐军战死很多人。范宣子告诉析文子说:"我了解您,难道敢隐瞒情况吗?鲁国人、莒国人都请求带一千辆战车从他们那里一往西北,一往东北打进去,我们已经答应了。如果攻进来，贵国君王必然丢掉国家。您何不考虑一下！"析文子把这些话告诉齐灵公，齐灵公听了十分恐惧。晏婴听到了，说："国君本来没有勇气，而又听到了这些话，活不了多久了。"齐灵公登上巫山观望晋。晋国人派司马排除山林河泽的险阻，虽然是军队达不到的地方，也一定树起大旗而稀疏地布置军阵。让战车左边坐上真人而右边放上伪装的人，用大旗前导，战车后面拖上木柴跟着走。齐灵公看到，害怕晋军人多，就离开军队脱身回去。二十九日，齐军夜里逃走。师旷告诉晋平公说："乌鸦的声音愉快，齐军恐怕逃走了。"邢伯告诉中行献子说："有马匹盘旋不进的声音，齐军恐怕逃走了。"叔向告诉晋平公说："城上有乌鸦，齐军恐怕逃走了。"

十一月初一日，晋军进入平阴，于是就追赶齐军。夙沙卫拉着大车，堵塞山里的小路然后自己作为殿后。殖绰、郭最说："您来作为国家军队的殿后，这是齐国的耻辱。您姑且先走吧！"便代他殿后。夙沙卫杀了马匹放在狭路上来堵塞道路。晋国的州绰追上来，用箭射殖绰，射中肩膀，两枝箭夹着脖子。州绰说："停下别跑，你还可以被我军俘虏；不停，我将会向你心口射一箭。"殖绰回过头来说："你发誓。"州绰说："有太阳为证！"于是就把弓弦解下来而从后边捆绑殖绰的手，他的车右具丙也放下武器而捆绑郭最，都不解除盔甲从后面捆绑，他们坐在中军的战鼓下边。

晋国人要追赶逃兵，鲁国、卫国请求进攻险要的地方。十三日，荀偃、士匄带领中军攻下京兹。十九日，魏绛、栾盈带领下军攻下邿地；赵武、韩起带领上军包围卢地，没有攻下。十二月初二日，到达秦周地方，砍伐了雍门外边的萩木。范鞅进攻雍门，他的御者追喜用戈在门里杀死一条狗。孟庄子砍下檽木制作颂琴。初三日，放火烧毁了雍门和西边、南边的外城。刘难、士弱率领诸侯的军队放火烧了申池边上的竹子树木。初六日，放火烧了东边、北边的外城,范鞅攻打扬门。州绰攻打东闾,左边的骖马由于拥挤而不能前进,回到门里盘旋,停留很久,把城门门扇上的铜钉都数清楚了。

齐灵公驾了车,准备逃到邮棠去。太子和郭荣牵住马,说:"诸侯的兵行动快速而且勇敢,这是在掠取物资,将要退走了,君王害怕什么? 而且国家之主不能逃走,逃走就会失去大众。君王一定要等着!"齐灵公准备冲向前去,太子抽出剑来砍断马缰,这才停了下来。初八日,诸侯的军队向东边进攻到达潍水,南边到达沂水。

18·4　郑国的子孔想要除掉大夫们,准备背叛晋国然后发动楚国军队来除掉他们。派人告诉子庚,子庚不答应。楚康王听说了这件事,派扬豚尹宜告诉子庚说:"国内的人们认为我主持国政而不出兵,死后就不能用规定的礼仪安葬祭祀。我即位后,到现在五年,军队不出动,人们恐怕认为我只顾自己安逸而忘了先君的霸业了。大夫考虑一下,怎么办?"子庚叹气说:"君王恐怕认为午是贪图安逸吧! 我这样做是为了有利于国家啊。"接见使者,叩头然后回答:"诸侯正和晋国和睦,下臣请求试探一下。如果可行,君王就跟着来。如果不行,收兵而退回去,可以没有损害,君王也不会受到羞辱。"

子庚率领军队在汾地颁发武器。当时子蟜、伯有、子张跟从郑简公进攻齐国,子孔、子展、子西留守。子展、子西两个人知道子孔的策略,就加强守备入城坚守。子孔不敢和楚军会合。

楚军进攻郑国,驻扎在鱼陵。右翼部队在上棘筑城,就徒步渡过颍水,驻扎在旃然水边。艻子冯、公子格率领精锐部队攻打费滑、胥靡、献于、雍梁,向右绕过梅山,入侵郑国东北部,到达虫牢然后回去。子庚进攻纯门,在城下住了两晚然后回去。军队渡过鱼齿山下的滍水,遇到大雨,楚军大多被冻坏,服杂役的人几乎死光。晋国人听到楚国出兵,师旷说:"没有妨害。我屡次歌唱北方的曲调,又歌唱南方的曲调。南方的曲调不强,象征死亡的声音很多。楚国一定不能建功。"董叔说:"天象在于西北。南方的军队不合天时,一定不能建功。"叔向说:"决定胜负还在于他们国君的德行。"

襄公十九年

19·1　十九年春季,诸侯从沂水边上回来,在督扬结盟,说:"大国不要侵犯小国。"逮捕了邾悼公,这是因为进攻我国的缘故。诸侯的军队就驻扎在泗水边上,划定我国的疆界。取得了邾国的土田,从漷水以西的地方都划归我国。

晋平公先回国。鲁襄公在蒲圃设享招待晋国的六卿,赐给他们华丽的三命车服。军尉、司马、司空、舆尉、候奄都接受一命车服。送给荀偃五匹束锦,加上玉璧,四匹马,再送给他吴寿梦的铜鼎。

荀偃长了恶疮,痈疽生在头部。渡过黄河,到达著雍,病危,眼珠子都鼓了出来。大夫先回去的都赶回来。士匄请求进见,荀偃不接见。派人问立谁为继承人,荀偃说:"郑国的外甥可以。"二月十九日,死,眼睛不闭,口闭紧不能放进珠玉。士匄盥洗然后抚摸尸体,说:"事奉吴岂敢不如事奉您!"荀偃的尸体还是没有闭眼。栾怀子说:"是为了齐国的事情没有完成的缘故吗?"就又抚摸着尸体说:"您如果死去以后,我不继续从事于齐国的事情,有河神为证!"荀偃这才闭了眼,接受了放进嘴里的含玉。士匄出去,说:"作为一个男人,我实在是浅薄啊。"

19·2　晋国的栾鲂领兵跟从卫国的孙文子进攻齐国。

19·3　季武子去到晋国拜谢出兵,晋平公设享礼招待他。范宣子主政,赋《黍苗》这首诗。季武子站起来,再拜叩头,说:"小国的仰望大国,好像各种谷物仰望润泽的雨水。如果经常润泽,天下将会和睦,岂独是我国?"就赋了《六月》这首诗。

19·4　季武子把在齐国得到的兵器制作了林钟并用铭文记载鲁国的武功,臧武仲对季武子说:"这是不合于礼的。铭文,只是用来记载天子的德行,诸侯用来记载举动合于时令和建立的功绩,大夫用来记载征伐。现在记载征伐,那是降了一等了;记载功劳,那是借助别人的力量;记载合于时令,那么对百姓的妨碍又很多,用什么来载入铭文?而且大国攻打小国,拿他们所得到的东西来制作宗庙器具,记载他们的功绩,以此让子孙看到,这是为了宣扬明德而惩罚无礼。现在是借助了别人的力量来拯救自己的死亡,怎么能记载这个呢?小国侥幸战胜大国,反而显示所得的战利品以激怒敌人,这是亡国之道啊。"

19·5　齐灵公从鲁国娶妻,名叫颜懿姬,没有生孩子,她的侄女鬷声姬生了光,齐灵公把光立为太子。姬妾中有仲子、戎子,戎子受到宠爱。仲子生了牙,把他托付给戎子,戎子请求立牙为太子,齐灵答应了。仲子说:"不行。废弃常规,不吉祥;触犯诸侯,难于成功。光立为太子,已经参与诸侯盟会的行列了。现在没有大罪而废掉他,这是专横而看不起诸侯,而用难于成功的事去触犯不吉祥的事。君王一定会后悔。"齐灵公说:"一切由我。"就把太子光迁移到东部边境,派高厚做牙的太傅,立牙为太子,让夙沙卫做少傅。

　　齐灵公生病了,崔杼偷偷地把光接来,趁在齐灵公病危的时候,立光为太子。光杀了戎子,把尸体摆在朝廷上,这是不合于礼的。对妇女没有专门的刑罚,即使用刑,也不能把尸体摆在朝廷上。

　　夏季,五月二十九日,齐灵公死。齐庄公即位,在句渎之丘逮捕了公子牙。齐庄公认为夙沙卫出主意废掉自己,夙沙卫就逃亡到高唐并且叛变。

19·6　晋国的士匄入侵齐国,到达穀地,听到齐国的丧事就回去了,这是合于礼的。

19·7　四月十三日,郑国的公孙虿死,向晋国的大夫发出讣告。范宣子告诉了晋平公,因为他在进攻秦国的战役中表现很不错。六月,晋平公向周灵王请求,周灵王追赐给他大路的车,让他跟着葬车行走,这是合于礼的。

19·8　秋季,八月,齐国崔杼在洒蓝杀了高厚,然后兼并了他的财货采邑。《春秋》记载说:"齐杀其大夫",这是由于高厚听从了国君昏庸的命令。

19·9　郑国的子孔执政独断专行,国内的人们很担心,就追究西宫那次祸难和纯门那次出兵的罪责。子孔应该抵罪,就带领了他的甲士和子革、子良的甲士来保卫自己。十一日,子展、子西率领国内的人们进攻,杀了子孔,瓜分了他的家财采邑。《春秋》记载说"郑杀其大夫",这是因为子孔独断专行。子然、子孔,是宋子的儿子;士子孔,是圭妫的儿子。圭妫的位置在宋子之下,但是互相亲近,两个子孔也互相亲近。郑僖公四年,子然死;郑简公元年,士子孔死。子孔辅助子革、子良两家,三家像一家一样,所以都遭到祸难。子革、子良逃亡到楚国。子革做了右尹。郑国人让子展主持国事,子西主持政事,立子产为卿。

19·10　齐国的庆封率军包围高唐,没有取胜。冬季,十一月,齐庄公亲自领兵包围高唐。见到夙沙卫在城墙上,大声喊他,他就下来了。齐庄公问夙沙卫防守的情况,夙沙卫告诉齐庄公说没有什么防备。齐庄公向夙沙卫作揖,夙沙卫还揖以后,登上城墙。他听说齐军将要依着城墙进攻,就让高唐城里的人好好吃一顿。殖绰、工偻会在夜里垂下城去,迎接齐军进城,把夙沙卫在军中剁成肉酱。

19·11　　鲁国在外城西边修筑城墙,这是由于畏惧齐国入侵。

19·12　　齐国和晋国讲和,在大隧结盟。所以穆叔和范宣子在柯地会见。穆叔进见叔向,赋《载驰》这首诗的第四章。叔向说:"肸岂敢不接受命令!"穆叔回国,说:"齐国还没有停止入侵,不能不害怕。"就在武城筑城。

19·13　　卫国的石共子死了,他的儿子悼子不表示悲哀。孔成子说:"这叫做拔掉了根本,必然不能保有他的宗族。"

襄公二十年

20·1　　二十年春季,鲁国和莒国讲和。孟庄子在向地会见莒人结盟,这是由于有督扬的盟会的缘故。

20·2　　夏季,鲁襄公和晋平公、齐庄公、宋平公、卫殇公、郑简公、曹武公、莒子、邾子、滕子、薛伯、杞伯、小邾子在澶渊结盟,这是为了和齐国讲和。

20·3　　邾国人屡次来犯,这是由于邾国认为鲁国参加了诸侯的征伐盟会无力报复的缘故。秋季,孟庄子率兵攻打邾国以作为报复。

20·4　　蔡国的公子燮想要让蔡国归服晋国,蔡国人杀了他。公子履,是公子燮的同母兄弟,所以逃亡到楚国。

陈国的庆虎、庆寅害怕公子黄的逼迫,向楚国起诉说:"公子黄和蔡国司马一起策划顺服晋国。"楚国人因此而讨伐,公子黄逃亡到楚国去当面辩解。

当初,蔡文侯想要事奉晋国,说:"先君参与了践土的盟会,晋国不能丢弃,而且还是兄弟国家呢。"可是又害怕楚国,没有能够办到就死了。楚国人役使蔡国没有一定的常规,公子燮要求继承先君的遗志以有利于蔡国,没有办到而死去。《春秋》记载说"蔡杀其大夫公子燮",就是说愿望和百姓的不同;"陈哀公之弟黄出奔楚",就是说不是公子黄的罪过。公子黄将要逃亡,在国都里喊叫说:"庆氏无道,谋求在陈国专政,轻慢和蔑视国君而去掉他的亲属,五年之内如果不灭亡,这就是没有天理了。"

20·5　齐子第一次到齐国聘问,这是合于礼的。

20·6　冬季,季武子去到宋国,这是回报向戌的聘问。褚师段迎接他让他接受宋平公的享礼,季武子赋《常棣》这首诗的第七章和最后一章。宋国人重重地送给他财礼。回国复命,鲁襄公设享礼招待他,他赋了《鱼丽》这首诗的最后一章。鲁襄公赋《南山有台》这首诗。季武子离开坐席说:"下臣不敢当。"

20·7　卫国的甯殖生了病,告诉悼子说:"我得罪了国君,后悔也来不及了。我的名字记载在诸侯的简册上而加以收藏,说'孙林父、甯殖赶走他们的国君'。国君回国,你要掩盖这件事。如果能够掩盖它,你就是我的儿子。如果不能,假如有鬼神的话,我宁可挨饿,也不来享受你的祭祀。"悼子答应,甯殖就死了。

襄公二十一年

21·1　二十一年春季,鲁襄公到晋国,这是为了拜谢出兵和取得邾国的土田。

21·2　邾国的庶其带着漆地和闾丘逃亡前来,季武子把鲁襄公的姑母嫁给他作妻子,对他的随从都有赏赐。当时鲁国的盗贼很多。季武子对臧武仲说:"您为什么不禁止盗贼?"臧武仲说:"盗贼不可以禁止,纥又没有能力。"季武子说:"我国有四面的边境,用来禁止盗贼,为什么不可以? 您做司寇,应当从事于禁止盗贼,为什么不能?"武仲说:"您把外边的盗贼叫来而大大地给予礼遇,怎么能禁止国内的盗贼? 您做正卿,反而使外边的盗贼进来,让纥禁止国内的盗贼,怎么能够办到? 庶其在邾国偷盗了城邑而前来,您把姬氏作为他的妻子,还给了他城邑,他的随从人员都得到赏赐。如果用国君的姑母和他的大城邑对盗表示尊敬,其次的用皂牧车马,再小的给衣服佩剑带子,这是赏赐盗贼。赏赐了而要去掉他,恐怕困难吧。纥听说过,在上位的人要洗涤他的心,专一地以诚待人,使它合于法度而且使人们相信,可以明确地验证,然后才能治理人。上面的所作所为,是百姓的归依。上面所不做的,百姓有人做了,因此加以惩罚就没有人敢于不警戒。如果上面的所作所为百姓也照样做了,这是势所必然,又能够禁止吗?《夏书》说:'想要干的就是这个,想舍去不干的就是这个,所要号令的就是这个,诚信所在的就是这个,只有天帝才能记下这功劳。'大约说的是要由自身来体现言行一致。诚信是由于自己的言行一致,然后才可以谈建立功劳。"

庶其不是卿,他带着土地来鲁国,虽然身份低贱,《春秋》必定要加以记载,这是为了重视土地。

21·3　齐庄公派庆佐做大夫,再次讨伐公子牙的亲族,在句渎之丘抓了公子买。公子鉏逃亡前来。叔孙还逃亡到燕国。

21·4　夏季,楚国的子庚死。楚康王派蒍子冯做令尹,蒍子冯与申叔豫商议。申叔豫说:"国家宠臣很多而君王又年轻,国家的事情不能办好。"于是蒍子冯就用有病来推辞不干。当时正好是大热天,挖地,放上冰然后安置床。蒍子冯身穿新棉衣,又穿上皮袍,少吃东西而睡在床上。楚康王派医生去诊视,回来报告说:"瘦弱到极点了,但血气还正常。"于是楚王就派子南做令尹。

21·5　栾桓子娶范宣子的女儿做妻子,生了怀子。范鞅由于他一度逃亡,怨恨栾氏,所以和栾盈一起做公族大夫而不能很好相处。栾桓子死,栾祁和他的家臣头子州宾私通,州宾几乎侵占了全部家产。怀子担心这件事。栾祁害怕怀子讨伐,向范宣子毁谤说:"盈将要发动叛乱,认为范氏弄死了桓子而在晋国专权,说:'我的父亲赶走范鞅,范鞅回国,不对他表示愤怒反而用宠信来报答他,又和我担任同样的官职,而使他得以独断专权。我的父亲死后范氏更加富有。弄死我父亲而在国内专政,我只有死路一条,也不能跟从他了。'他的计划就是这样,我怕会伤害您,不敢不说。"范鞅为她作证。怀子喜好施舍,很多的士都归附他。宣子害怕他人多,相信了栾祁的话。怀子当时做下卿,宣子派他在著地筑城并且由此赶走了他。

秋季,栾盈逃亡到楚国。宣子杀了箕遗、黄渊、嘉父、司空靖、邴豫、董叔、邴师、申书、羊舌虎、叔罴,同时囚禁了伯华、叔向、籍偃。有人对叔向说:"您得到了罪过,恐怕是不聪明吧!"叔向说:"比起死去和逃亡来怎么样?《诗》说,'悠闲啊多么逍遥自在,聊且这样来度过岁月',这才是聪明啊。"乐王鲋去见叔向,说:"我为您去请求免罪。"叔向不回答。乐王鲋退出,叔向不拜送。叔向的手下人都责备叔向。叔向说:"一定要祁大夫才行。"家臣头子听到了,说:"乐王鲋对国君说的话,没有不被采纳的,他想请求赦免您,您又不答应。这是祁大夫所做不到的,但您说一定要由他去办,这是为什么?"叔向说:"乐王鲋,是一切都顺从国君的人,怎么能行?祁大夫举拔宗族外的人不放弃仇人,举拔宗族内的人不失掉亲人,难道只会留下我吗?《诗》说:'有正直的德行,使四方的国家归顺。'他老人家是正直的人啊。"

晋平公向乐王鲋询问叔向的罪过,乐王鲋回答说:"叔向不丢弃他的亲人,他可能是同谋的。"当时祁奚已经告老回家,听说这情况,坐上快车而去拜见范宣子,说:"《诗》说:'赐给我们无边的恩惠,子子孙孙永远保持它。'《书》说:'智慧的人有谋略训诲,应当相信保护。'说到谋划而少有过错,教育别人而不知疲倦的,叔向是这样的,他是国家的柱石。即使他的十代子孙有过错还要赦免,用这样来勉励有能力的人。现在一旦自身不免于祸而死,放弃国家,这不也会使人困惑吗? 鲧被诛戮而禹兴起;伊尹放逐太甲又做了他的宰相,太甲始终没有怨色;管叔、蔡叔被诛戮,周公仍然辅佐成王。为什么叔向要为了叔虎而被杀? 您做了好事,谁敢不努力?多杀人作什么?"宣子高兴了,和祁奚共坐一辆车子,向晋平公劝说而赦免了叔向。祁奚不去见叔向就回去了,叔向也不向祁奚报告他已得赦,而就去朝见晋平公。

当初,叔向的母亲嫉妒叔虎的母亲美丽,而不让她陪丈夫睡觉,儿子们都劝谏母亲。叔向的母亲说:"深山大泽之中,确实会生长龙蛇。她美丽,我害怕她生下龙蛇来祸害你们。你们,是衰败的家族,国内受到宠信的大官很多,坏人又从中挑拨,不也是很难处了吗? 我自己有什么可爱惜的?"就让叔虎的母亲去陪侍丈夫睡觉,生了叔虎,美丽并有勇力,栾怀子宠爱他,所以羊舌氏这一家族遭到祸难。

栾盈经过成周,周朝西部边境的人,劫掠他的财物。栾盈向周室使者申诉说:"天子的陪臣盈,得罪了天子的守土的臣,打算逃避惩罚。又重新在天子的郊外得罪,没有地方可以逃了,谨冒死上言:从前陪臣书能为王室效力,天子施给了恩惠。他的儿子黡不能保住他父亲的辛劳。天王如果不丢弃书的努力,逃亡在外的陪臣还有地方可以逃。如果丢弃书的努力,而想到黡的罪过,那么陪臣本来就是刑戮馀生的人,就将要回国死在尉氏那里,不敢再回来了。谨敢直言不讳,后果怎么样,唯有听天子命令了。"周灵王说:"有了过错而去学它,过错更大了。"于是,周灵王让司徒禁止那些掠夺栾氏的人,所掠取的东西都归还,派迎送宾客的人把栾盈送出辕辕山。

21·6　冬季,曹武公前来朝见,这是第一次朝见鲁襄公。

21·7　鲁襄公和晋平公、齐庄公、宋平公、卫殇公、郑简公、曹武公、莒子、邾子在商任会见,这是为了禁锢栾盈。

　　　齐庄公、卫殇公表现得不恭敬。叔向说:"这两位国君必然不免于祸难。会见和朝见,这是礼仪的常规;礼仪,是政事的车子;政事,是身体的寄托。轻慢礼仪,政事会有失误;政事失误,就难于立身处世,因此就会发生动乱。"

21·8　知起、中行喜、州绰、邢蒯逃亡到齐国,他们都是栾氏的亲族。乐王鲋对范宣子说:"为什么不让州绰、邢蒯回来? 他们是勇士啊。"宣子说:"他们是栾氏的勇士,我能得到什么?"乐王鲋说:"您如果做他们的栾氏,那就是您的勇士了。"

　　　齐庄公上朝,指着殖绰、郭最说:"这是我的雄鸡。"州绰说:"君王认为他们是雄鸡,谁敢不认为是雄鸡? 然而下臣不才,在平阴这次战役中,比他们二位可是先打鸣。"齐庄公设置勇士的爵位,殖绰、郭最想要参加。州绰说:"东闾这次战役,下臣的左骖马被逼迫,盘旋城门里不能前进,记下了门上铜钉的数字,是不是可以在这里有一份呢?"齐庄公说:"您是为的晋君啊。"州绰回答说:"臣下是初来的臣,然而这两位,如果用禽兽作比方,臣下已经吃了他们的肉而睡在他们的皮上了。"

襄公二十二年

22·1　二十二年春季,臧武仲到晋国去,下雨,去看望御叔。御叔在自己的封邑里,准备喝酒,说:"哪里用得着圣人? 我准备喝酒,而他自己冒着雨而来,聪明有什么用?"穆叔听到了,说:"他不配出使反而对使者骄傲,这是国家的蛀虫。"命令把他的赋税增加一倍。

22・2　夏季,晋国人让郑国人前去朝见。郑国人派少正公孙侨回答,说:

　　在晋国先君悼公九年,我寡君在这个时候即了位。即位八个月,我国的先大夫子驷跟从寡君来向执事朝见,执事对寡君不加礼遇,寡君恐惧。由于这一趟,我国二年六月就向楚国朝见,晋国因此有了戏地这一役。楚国人还很强大,但对敝邑表明了礼仪。敝邑想要跟从执事,而又害怕犯下大罪,说,"晋国恐怕认为我们不尊敬有礼仪的国家",因此不敢对楚国有二心。我国四年三月,先大夫子蟜又跟从寡君到楚国观察他们有没有空子可钻,晋国因此有了萧鱼这一役。我们认为敝邑靠近晋国,譬如草木,我们不过是散发出来的气味,哪里敢有不一致?楚国逐渐衰弱,寡君拿出了土地上的全部出产,加上宗庙的礼器,来接受盟约。于是就率领下臣们随着执事到晋国,参加年终的会见。敝邑偏向楚国,是子侯和石盂,回去以后就讨伐了他们。溴梁会盟的第二年,子蟜已经告老退休了,公孙夏跟从寡君向君王朝见,在尝祭的时候拜见君王,参与了祭祀,饮酒吃肉。隔了两年,听说君王要安定东方,四月,又向君王朝见以听取结盟的日期。在没有朝见的时候,没有一年不聘问,没有一次事情不跟从。由于大国的政令没有定准,国家和家族都很困乏,意外的事情不断发生,没有一天不恐惧,岂敢忘掉自己的职责?

　　大国如果安定敝邑,我们自己会来朝见,哪里用得着命令呢?如果不体恤敝邑的忧患,反而把它作为借口,那就恐怕不能忍受大国的命令,而被大国丢弃成为仇敌了。敝邑害怕这样的后果,岂敢忘记贵君的命令?一切托付给执事,执政深思一下。

22·3　秋季,栾盈从楚国去到齐国。晏平仲对齐庄公说:"商任的会见,接受了晋国的命令。现在接纳栾氏,准备怎么任用他? 小国所用来事奉大国的,是信用,失去信用,不能立身立国。君王还是考虑一下。"齐庄公不听。晏平仲退出以后告诉陈文子说:"做人君主的保持信用,做人臣下的保持恭敬。忠实、信用、诚笃、恭敬,上下共同保持它,这是上天的常道。国君自暴自弃,不能长久在位了。"

22·4　九月,郑国公孙黑肱有病,把封邑归还给郑简公,召来家臣之长、宗人立了段为后嗣,而且让他减省家臣、祭祀从简。通常的祭祀用羊一只,盛祭有羊和猪,留下足以供给祭祀的土地,其馀的全部归还给郑简公,说:"我听说,生在乱世,地位尊贵但能够守贫,不向百姓求取什么,这就能够在别人之后灭亡。恭敬地事奉国君和几位大夫。生存,在于警戒,不在于富有。"二十五日,公孙黑肱死。君子说:"公孙黑肱善于警戒。《诗》说:'谨慎地使用你公侯的法度,用以警戒意外',郑国的公孙黑肱恐怕是做到了吧!"

22·5　冬季,鲁襄公和晋平公、齐庄公、宋平公、卫侯、郑简公、曹武公、莒子、邾子、薛伯、杞伯、小邾子在沙随会见,这是为了再次禁锢栾氏。

　　栾盈还是在齐国住着。晏子说:"祸乱将要起来了。齐国将会进攻晋国,不能不使人害怕。"

22·6　楚国的观起受到令尹子南的宠信,没有增加俸禄,而有能驾几十辆车子的马匹。楚国人担心这种情况,楚康王打算诛戮他们。子南的儿子弃疾做楚康王的御士,楚康王每次见到他,一定哭泣。弃疾说:"君王三次向下臣哭泣了,谨敢请问是谁的罪过?"楚康王说:"令尹的不善,这是你所知道的。国家打算诛戮他,你还是住着不逃走吗?"弃疾回答说:"父亲被诛戮儿子住着不逃走,君王哪里还能加以任用? 泄露命令而加重刑罚,下臣也不会这么做的。"楚康王就把子南杀死在朝廷上,把观起车裂,并把尸体在国内四方示众。子南的家臣对弃疾说:"请求让我们在朝廷上把子南的尸体搬出来。"弃疾说:"君臣之间有规定的礼仪,这只有看他们诸位大臣怎么办了。"过了三天,弃疾请求收尸。楚康王答应了。安葬完毕后,他的手下人说:"出走吗?"弃疾说:"我参与杀我父亲的预谋,出走,有什么地方可以去?"手下人说:"那么还是做君王的臣下吗?"弃疾说:"丢掉父亲事奉仇人,我不能忍受这么做。"弃疾就上吊死了。

　　楚康王再次派蒍子冯做令尹,公子齮做司马,屈建做莫敖。受到蒍子冯宠信的有八个人,都没有俸禄而马匹很多。过了些日子,蒍子冯上朝,和申叔豫说话,申叔豫不答应而退走。蒍子冯跟着他走,申叔豫走进人群中。又跟着他走,申叔豫就回家了。蒍子冯退朝,进见申叔豫,说:"您在朝廷上三次不理我,我害怕,不敢不来见您。我有过错,您不妨告诉我,为什么嫌弃我呢?"申叔豫回答说:"我害怕的是不能免于罪,哪里敢告诉您?"蒍子冯说:"什么缘故?"申叔豫回答说:"从前观起受子南的宠信,子南有了罪过,观起被车裂,为什么不害怕?"蒍子冯自己驾着车子回去,车子都不能走在正道上。到家,对那八个人说:"我进见申叔,这个人就是所谓能使死者复生,使白骨长肉的人啊。能够了解我像这个人一样的就可以留下,否则请就此罢休。"辞退了这八个人,楚康王才对他放心。

22·7　十二月,郑国的游眅将要回到晋国去,没有出国境,遇到迎娶妻子的人,游眅夺走了他的妻子,就在那个城里住下。十二月某一天,那个女人的丈夫攻打游眅,并杀死了游眅,带着他的妻子走了。子展废掉了良而立了太叔,说:"国卿,是君主的副手,百姓的主人,不能随便的。请舍弃游眅之流的人。"派人寻求丢失妻子的人,让他回到他的乡里,让游氏不要怨恨他,说:"不要宣扬邪恶了。"

襄公二十三年

23·1　二十三年春季,杞孝公死去,晋悼夫人为他服丧。晋平公不撤除音乐,这是不合于礼的。按照礼,应该为邻国的丧事撤除音乐。

23·2　陈哀公到达楚国,公子黄在楚国对二庆提出控诉,楚国人召见二庆,二庆让庆乐前往,楚国人杀了庆乐。庆氏带领陈国背叛楚国。夏季,屈建跟从陈哀公包围陈国。陈国人筑城,夹板掉下来,庆氏就杀死了筑城人。筑城的人互相传令,各自杀死他们的工头,于是乘机杀死了庆虎、庆寅。楚国人把公子黄送回陈国。君子认为:"庆氏行动不合于道义,就不能放肆。所以《书》说:'天命不能常在。'"

23·3　晋国将要把女儿嫁给吴国,齐庄公让析归父致送姜媵,用篷车装着栾盈和他的士,把他安置在曲沃。栾盈夜里进见胥午并把情况告诉他。胥午回答说:"不能那么做。上天所废弃的,谁能够把他兴起?您必然不免于死。我不是爱惜一死,明知事情是不能成功的。"栾盈说:"尽管这样,依靠您而死去,我不后悔。我确实不为上天保佑,您没有过错。"胥午答应了。把栾盈藏起来以后就请曲沃人喝酒,音乐开始演奏,胥午发话说:"现在要是找到栾孺子,怎么办?"人们回答说:"找到了主人而为他死,虽死犹生。"大家都叹息,还有哭泣的。举杯,胥午又说栾盈回来的话。大家都说:"找到了主人,还有什么二心的!"栾盈走出来,对大家一一拜谢。

　　四月,栾盈率领曲沃的甲兵,靠着魏献子,在白天进入绛地。

当初,栾盈在下军中辅佐魏庄子,魏献子和他私下里很要好,所以依靠他。赵氏由于原、屏的祸难怨恨栾氏,韩氏、赵氏刚刚和睦。中行氏由于攻打秦国的那次战役怨恨栾氏,本来和范宣子亲近。知悼子年纪小,因此听从中行氏的话。程郑受到晋平公的宠信。只有魏氏和七舆大夫帮助栾氏。

乐王鲋陪侍在范宣子旁边。有人报告说:“栾氏来了。”宣子恐惧。乐王鲋说:“奉事国君逃到固宫,一定没有危害。而栾氏怨敌很多,您主持国政,栾氏从外边来的,您处在掌权的地位,这有利的条件就多了。既然有利有权,又掌握着对百姓的赏罚,还害怕什么?栾氏所得到的,不就仅仅魏氏吗!而且魏氏是可以用强力争取过来的。平定叛乱在于有权力,您不要懈怠!”

晋平公有亲戚的丧事,乐王鲋让范宣子穿着黑色的丧服,和两个女人坐上手拉车去到晋平公那里,陪侍晋平公去到固宫。范鞅去迎接魏献子,魏献子的军队已经排成行列、登上战车,准备去迎接栾氏了。范鞅快步走进,说:“栾氏率领叛乱分子进入国都,鞅的父亲和几位大夫都在国君那里,派鞅来迎接您,鞅请求在车上作为骖乘。”拉着带子,就跳上魏献子的战车。范鞅右手摸着剑,左手拉着带子,下令驱车离开行列。驾车的人请问到哪里去,范鞅说:“到国君那里。”范宣子在阶前迎接魏献子,拉着他的手,答应把曲沃送给他。

当初,斐豹是一个奴隶,用红字记载在竹简上。栾氏有一个大力士叫督戎,国内的人们都害怕他。斐豹对范宣子说:“如果烧掉这竹简,我去杀死督戎。”范宣子很高兴,说:“你杀了他,如果不请求国君烧掉这竹简,太阳可作明证!”于是就让斐豹出宫门,然后关上宫门,督戎跟上他。斐豹翻进矮墙等着督戎,督戎翻进墙来,斐豹从后面猛击而杀死了他。

范氏的手下人在公台的后面,栾氏登上宫门。范宣子对范鞅说："箭要射到国君的屋子,你就死去!"范鞅用剑带领步兵迎战,栾氏败退,范鞅跳上战车追击,遇到栾乐,范鞅说："乐,别打了,我死了将会向上天控告你。"栾乐用箭射他,没有射中,又把箭搭上弓弦,车轮碰上槐树根而翻了车。有人用戟钩打他,把他的手臂打断,他就死了。栾鲂受伤。栾盈逃到曲沃,晋国人包围了他。

23·4　秋季,齐庄公发兵攻打卫国。第一前锋,縠荣驾御王孙挥的战车,召扬作为车右。第二前锋,成秩驾御莒恒的战车,申鲜虞的儿子傅挚作为车右。曹开驾御齐庄公的战车,晏父戎作为车右。齐庄公的副车,上之登驾御邢公的战车,卢蒲癸作为车右。左翼部队,牢成驾御襄罢师的战车,狼蘧疏作为车右。右翼部队,商子车驾御侯朝的战车,桓跳作为车右。后军,商子游驾御夏之御寇的战车,崔如作为车右。烛庸之越等四人共乘一辆车殿后。从卫国出发并将由此进攻晋国。晏平仲说："君王依靠勇力,来进攻盟主。如果不成功,这是国家的福气。没有德行而有功劳,忧患必然会降到君王身上。"崔杼劝谏说："不行。下臣听说:'小国钻了大国败坏的空子而加之以武力,一定要受到灾祸。'君王还是考虑一下。"齐庄公不听。陈文子进见崔杼,说:"打算把国君怎么办?"崔杼说:"我对国君说了,国君不听。把晋同奉为盟主,反而以它的祸难为利。下臣们如果急了,哪里还能顾及同君? 您暂且不用管了。"陈文子退出,告诉他的手下人说:"崔子将要死了吧! 指责国君太狠而所作所为又超过国君所为,会得不到善终的。用道义超过国君,还需要自己抑制,何况自己将作恶呢?"

　　齐庄公因此而进攻晋国,占取朝歌。兵分两路,一路进入孟门,一路上太行山口,在荥庭建筑纪念物,派人戍守郫邵,在少水收集晋军尸体合于一坑筑成大坟,以报复平阴那次战役,这才收兵回去。赵胜领着东阳的军队追赶上,俘虏了晏氂。八月,叔孙豹领兵救援晋国,驻扎在雍榆,这是合于礼的。

23·5　季武子没有嫡子，公弥年长，但是季武子喜欢悼子，想立他为继承人。向申丰说："弥和纥，我都喜欢，想要选择有才能的立为继承人。"申丰快步走出，回家，打算全家出走。过了几天，季武子又问申丰。申丰回答说："如果这样，我准备套上我的车走了。"季武子就不说了。季武子又去问臧纥。臧纥说："招待我喝酒，我为您立他。"季氏招待大夫们喝酒，臧纥是上宾。向宾客献酒完毕，臧纥命令朝北铺上两层席子，换上洗净的酒杯，召见悼子，走下台阶迎接他。大夫们都站起来，等到宾主互相敬酒酬答以后，才召见公鉏，让他和别人按年龄大小排列座位。季武子感到突然，脸上都变了颜色。

季氏让公鉏担任马正，公鉏怨恨，不肯做。闵子马见到公鉏，说："您不要这样，祸和福没有门，在于人们所召唤。做儿子的，只怕不孝，而不怕没有地位。恭敬地对待父亲的命令，难道会没有变化吗？如果能够孝顺恭敬，富有可以比季氏增加一倍。邪乱不合法度，祸患可以比老百姓增加一倍。"公鉏同意他的话，就恭敬地早晚问父亲安，谨慎地执行任务。季武子高兴了，让他招待自己喝酒，而带着饮宴的器具前往，季氏把器具全部留下给他，公鉏氏因此致富，又做了鲁襄公的左宰。

孟庄子讨厌臧孙，但季武子喜欢他。孟氏的车马官丰点，喜欢羯，说："听从我的话，你一定成为孟氏的继承人。"再三地说，羯就听从了他。孟庄子生病，丰点对公鉏说："如果立了羯，就是报复了臧氏。"公鉏对季武子说："孺子秩本来应当做孟氏的继承人。如果羯能够改立为继承人，那么季氏就确实比臧氏有力量了。"季武子不答应。八月初十日，孟孙死了。公鉏奉事羯立在门边接受宾客来吊唁。季武子来到，进门就哭，出门，说："秩在哪里？"公鉏说："羯在这里了。"季孙说："孺子年长。"公鉏说："有什么年长不年长？只要他有才能，而且是他老人家的命令。"就立了羯。秩逃亡到邾国。

臧孙进门也哭，很哀痛的样子，眼泪很多。出门，他的御者说："孟庄子讨厌您，而您却悲哀成这个样子。季武子如果死了，您怎么办？"臧孙说："季武子喜欢我，这是没有痛苦的疾病。孟庄子讨厌我，这是治疾病的药石。没有痛苦的疾病不如使人痛苦的药石。药石还可以让我活下去，疾病没有痛苦，它的毒害太多。孟庄子死了，我的灭亡也没有多少日子了。"

孟氏关起大门，告诉季武子说："臧氏准备发动变乱，不让我家安葬。"季武子不相信。臧孙听到了，实行戒备。冬季，十月，孟氏准备挖开墓道，在臧氏那里借用役夫。臧孙让正夫去帮忙，在东门挖掘墓道，让甲士跟随着自己前去视察。孟氏又告诉季武子。季武子生气，命令进攻臧氏。十月初七日，臧孙砍断鹿门的门栓逃亡到邾国。

当初，臧宣叔在铸国娶妻，她生了臧贾和臧为就死了。臧宣叔以妻子的侄女作为继室，就是穆姜妹妹的女儿，生了纥，长在鲁公的宫中。穆姜喜欢他，所以立为臧宣叔的继承人。臧贾、臧为离开家住在铸国。臧孙从邾国派人告诉臧贾，同时送去大龟说："纥没有才能，不能祭祀宗庙，谨向您报告不善。纥的罪过不至于断绝后代，您把大龟进献而请求立为我家的继承人，看是否可行。"臧贾说："这是家里的灾祸，不是您的过错，贾听到命令了。"再拜，接受了大龟，让臧为去代他进献大龟并请求，臧为却请求立自己为继承人。臧纥去到防地，派人来报告说："纥并不能伤害别人，而是由于智谋不足的缘故。纥并不敢为个人请求。如果保存先人的祭祀，不废掉两位先人的勋劳，岂敢不离开防地？"于是就立了臧为。臧纥献出了防地而逃亡到齐国。他的手下人说："他们能为我们盟誓吗？"臧纥说："不好写盟辞。"打算为臧氏盟誓。季武子召见掌管逃亡臣子的外史而询问盟辞的写法。外史回答说："为东门氏盟誓，说:'不要有人像东门遂那样,不听国君的命令,杀嫡子、立庶子。'为叔孙氏盟誓,说'不要有人像叔孙侨如那样,想要废弃国家的常道,颠覆公室!'季武子说:"臧纥的罪过都不至于此。"孟椒说:"何不把他攻砍城门栓写进盟辞?"季武子采用,就和臧氏盟誓,说:"不要像臧孙纥那样触犯国家的法纪,进城门砍门栓!"臧纥听到了,说:"国内有人才啊!是谁呀?恐怕是孟椒吧!"

23・6　晋国人在曲沃战胜栾盈,把栾氏的亲族全部杀完。栾鲂逃亡到宋国。《春秋》记载说"晋人杀栾盈",不说大夫,这是说他从国外进入国内发动叛乱。

23・7　齐庄公从晋国回来,不进入国都,就袭击莒国,攻打且于,大腿受伤而退却。第二天,准备再战,约定军队在寿舒集中。杞梁、华还用战车装载甲士夜里进入且于的狭路,宿在莒国郊外。第二天,先和莒子在蒲侯氏相遇。莒子赠给他们以重礼,让他们不要死,说:"请和你们结盟。"华还回答说:"贪得财货丢弃命令,这也是君王所厌恶的。昨天晚上接受命令,今天太阳没有正午就丢掉,还用什么事奉君王?"莒子亲自击鼓,追击齐军,杀死了杞梁。莒国人就和齐国讲和。

齐庄公回国以后,在郊外遇到杞梁的妻子,派人向他吊唁,她辞谢说:"杞梁有罪,岂敢劳动国君派人吊唁?如果能够免罪,还有先人的破屋在那里,下妾不能在郊外接受吊唁。"于是齐庄公又到杞梁家去吊唁。

23・8　齐庄公准备封给臧纥土地。臧纥听说了,来见齐庄公。齐庄公对他说起进攻晋国的事,他回答说:"功劳太多了,可是君王却像老鼠,白天藏起来,夜里出动,不在宗庙里打洞,这是由于怕人的缘故。现在君王听说晋国有了动乱然后出兵,一旦晋国安宁又准备事奉晋国,这不是老鼠又是什么?"齐庄公听了就不赏赐臧纥田地了。

　　孔子说："聪明是很难做到的啊。有了臧武仲的聪明,而不能为鲁国容纳,这是有原因的,因为他的所作不顺于事理而所施不合于恕道。《夏书》说:'想着这个,一心在于这个',这就是顺于事理,合于恕道啊。"

襄公二十四年

24·1　二十四年春季,穆叔到了晋国,范宣子迎接他,询问他,说:"古人有话说,'死而不朽',这是说的什么?"穆叔没有回答。范宣子说:"从前匄的祖先,从虞舜以上是陶唐氏,在夏朝是御龙氏,在商朝是豕韦氏,在周朝是唐杜氏,晋国主持中原的盟会的时候是范氏,恐怕所说的不朽就是这个吧!"穆叔说:"据豹所听到的,这叫做世禄,不是不朽。鲁国有一位先大夫叫臧文仲,死了以后,他的话世代不废,所谓不朽,说的就是这个吧!豹听说:'最高的是树立德行,其次是树立功业,再其次是树立言论。'能做到这样,虽然死了也久久不会废弃,这叫做不朽。像这样保存姓、接受氏,用业守住宗庙,世世代代不断绝祭祀,没有一个国家没有这种情况。这只是官禄中的大的,不能说是不朽。"

24·2　范宣子主持政事,诸侯朝见晋国的贡品很重,郑国人对这件事感到忧虑。二月,郑简公去到晋国,子产托子西带信给范宣子,说:

　　您治理晋国,四邻的诸侯不听说有美德,而听说要很重的贡品,侨对这种情况感到迷惑。侨听说君子治理国和家,不是担心没有财礼,而是害怕没有好名声。诸侯的财货,聚集在国君家里,内部就分裂。如果您把这个作为利己之物,晋国的内部就不和。诸侯的内部不和,晋国就受到损害。晋国的内部不和,您的家就受到损害。为什么那么糊涂呢! 还哪里用得着财货?

　　好名声,是装载德行的车子。德行,是国家和家族的基础。有基础才不至于毁坏,您不也应该这么做吗? 有了德行就快乐,快乐了就能长久。《诗》说,"快乐啊君子,是国家和家族的基础",这就是有美德吧! "天帝在你的上面,你不要有二心",这就是有好名声吧! 用宽恕来发扬德行,那么好的名声就会自然传布天下,因此远方的人会因仰慕而来,近处的人也会获得安宁。您是宁可使人对您说"您确实养活了我",还是说"您剥削了我,来养活自己"呢? 象有了象牙而毁了自己,这是由于象牙值钱的缘故。
范宣子听了子产的这番道理之后很高兴,就减轻了贡品。

　　这一趟,郑简公朝见晋国,是为了贡品太重的缘故,同时请求进攻陈国。郑简公行叩首礼,范宣子辞谢不敢当。子西相礼,说:"由于陈国仗恃大国而欺凌侵害敝邑,寡君因此请求向陈国问罪,岂敢不叩头?"

24·3　孟孝伯入侵齐国,这是为了晋国的缘故。

24·4　夏季,楚康王出动水兵以攻打吴国,由于不教育军队,没有得到成功就回来了。

24·5　齐庄公对晋国发动进攻以后又害怕,打算会见楚康王。楚康王派蒍启彊去到齐国聘问,同时请问会见的日期。齐国人在军队中祭祀土地神,并举行大检阅,让客人观看。陈文子说:"齐国将要受到侵犯。我听说,不收敛武力,还会自己害自己。"

24·6　秋季,齐庄公听说晋国打算出兵,就派遣陈无宇跟随蒍启彊去到楚国,说明将有战事而不能会见,同时请求出兵。崔杼带兵送他,就乘机进攻莒国,侵袭介根。

24·7　鲁襄公和晋平公、宋平公、卫殇公、郑简公、曹武公、莒子、邾子、滕子、薛伯、杞伯、小邾子在夷仪会见,准备进攻齐国。由于大水,没有能进攻。

24·8　冬季,楚康王进攻郑国以救援齐国,进攻东门,驻扎在棘泽。诸侯回军救援郑国。晋平公派遣张骼,辅跞向楚军单车挑战,向郑国求取驾御战车的人。郑国人占卜派遣宛射犬,吉利。子太叔告诫宛射犬说:“对大国的人不能和他们平行抗礼。”宛射犬回答说:“不论兵多兵少,御者的地位在车左车右之上是一样的。”太叔说:“不是这样。小土山上没有松柏。”张骼、辅跞两个人在帐篷里,让射犬坐在帐篷外,吃完饭,才让射犬吃。让射犬驾御进攻的车前进,张、辅自己却坐着平时的战车,将要到达楚军营垒,然后才登上射犬的车子,二人均蹲在车后边的横木上弹琴。车子驶近楚营,射犬没有告诉这两个人就疾驰而进。这两个人都从袋子里拿出头盔戴上,进入营垒,都下车,把楚兵抓起来扔出去,把俘虏的楚兵捆绑好或者挟在腋下。射犬不等待这两个人而独自驱车出来,这两个人就都跳上车,抽出弓箭来射向追兵。脱险以后,张、辅二人又蹲在车后边横木上弹琴,说:“公孙! 同坐一辆战车,就是兄弟,为什么两次都不招呼一下?”射犬回答说:“从前一心想着冲入敌营,这次是心里害怕敌军人多,顾不上商量。”两个人都笑了,说:“公孙是个急性的人啊!”

　　楚康王从棘泽回来,派薳启彊护送陈无宇。

24·9　吴国人为楚国“舟师之役”的缘故,召集舒鸠人。舒鸠人背叛楚国。楚康王在荒浦驻兵,派沈尹寿和师祁犁责备他们。舒鸠子恭恭敬敬地迎接这两个人,告诉他们没有这回事。同时请求接受盟约。这两个人回见楚康王复命,楚康王想要进攻舒鸠。薳子说:“不行。他告诉我们说不背叛,同时又请求接受盟约,而我们又去进攻他,这是进攻无罪的国家。姑且回去使百姓休息,以等待结果。结果没有三心二意,我们还有什么可要求的? 如果还是背叛我们,他就无话可说,我们打他就可以获得成功了。"楚康王于是就退兵回去。

24·10　陈国人再次讨伐庆氏的亲族,鍼宜咎逃亡到楚国。

24·11　齐国人在郏地为周王筑城。穆叔到成周聘问,同时祝贺筑城完工。周灵王嘉奖穆叔合于礼仪,赐给他大路之车。

24·12　晋平公宠信程郑,任命他为下军副帅。郑国的行人公孙挥去到晋国聘问,程郑向他请教,说:"谨敢请问怎样才能降级?"公孙挥不能回答,回去告诉了然明。然明说:"这个人将要死了。否则,就将要逃亡。地位尊贵而知道害怕,害怕而想到了降级,就可以得到适合他的地位,不过是在别人下面罢了,又问什么? 而且既已登上高位而要求降级的,这是聪明人,不是程郑这样的人。恐怕有了逃亡的迹象了吧! 否则,恐怕就是有疑心病,自知将要死了而忧虑啊!"

襄公二十五年

25·1　二十五年春季,齐国的崔杼率领军队进攻鲁国北部边境,报复孝伯那次进攻齐国。鲁襄公担心,派人向晋国报告。孟公绰说:"崔子将要有大志,不在于困扰我国,一定很快回去,担心什么? 他来的时候不劫掠,使用百姓不严厉,和平日不同。"齐军空来了一趟而退兵。

25·2　齐国棠公的妻子,是东郭偃的姐姐。东郭偃是崔武子的家臣。棠公死,东郭偃为崔武子驾车去吊唁。崔武子看到棠姜很美,便很喜爱她,让东郭偃为他娶过来。东郭偃说:"男女婚配要辨别姓氏。现在您是丁公的后代，下臣是桓公的后代，这可不行。"崔武子占筮，得到《困》卦☵☱变成《大过》☴☱，太史都说"吉利"。拿给陈文子看，陈文子说："丈夫跟从风，风坠落妻子，不能娶的。而且它的繇辞说：'为石头所困，据守在蒺藜中，走进屋，不见妻，凶。'为石头所困，这意味前去不能成功。据守在蒺藜中，这意味所依靠的东西会使人受伤。走进屋，不见妻，凶，这意味无所归宿。"崔武子说："她是寡妇，有什么妨碍？死去的丈夫已经承担过这凶兆了。"于是崔武子就娶了棠姜。

齐庄公和棠姜私通，经常到崔家去，把崔武子的帽子赐给别人。侍者说："不行。"齐庄公说："不用崔子的帽子，难道就没有帽子了？"崔武子由此怀恨齐庄公，又因为齐庄公乘晋国的动乱而进攻晋国，说："晋国必然要报复。"崔武子想要杀死齐庄公来讨好晋国，而又没有得到机会。齐庄公鞭打了侍人贾举，后来又亲近贾举，贾举就为崔武子找机会杀死齐庄公。

夏季，五月，莒国由于且于这次战役的缘故，莒子到齐国朝见。十六日，齐庄公在北城设享礼招待他，崔武子推说有病，不办公事。十七日，齐庄公去问候崔武子，乘机又与棠姜幽会。姜氏进入室内和崔武子从侧门出去。齐庄公拍着柱子唱歌。侍人贾举禁止庄公的随从入内，自己走进去，关上大门。甲士们一哄而起，齐庄公登上高台请求免死，众人不答应；请求在太庙自杀，还不答应。都说："君王的下臣崔杼病得厉害，不能听取您的命令。这里靠近君王的宫室，陪臣巡夜搜捕淫乱的人，此外不知道有其他命令。"齐庄公跳墙，有人用箭射他，射中大腿，掉在墙内，于是就杀死了他。贾举、州绰、邴师、公孙敖、封具、铎父、襄伊、偻堙都被杀死。祝佗父在高唐祭祀，到达国都，复命，还没有脱掉官帽，就在崔武子家里被杀死。申蒯，是管理渔业的人，退出来，对他的家臣头子说："你带着我的妻子儿女逃走，我准备一死。"他的家臣头子说："如果我逃走，

这是违背了您的道义了。"就和申蒯一起自杀。崔氏在平阴杀死了
酅蘆。

晏子立在崔氏的门外边,他的手下人说:"死吗?"晏子说:"是
我一个人的国君吗? 我去死?"手下人说:"逃吗?"晏子说:"是我的
罪过吗? 我逃走?"手上人说:"回去吗?"晏子说:"国君死了,回到
哪儿去? 作为百姓的君主,难道是用他的地位,来凌驾于百姓之
上? 应当主持国政。作为君主的臣下,难道是为了他的俸禄? 应
当保护国家。所以君主为国家而死,那么也就是为他而死,为国家
而逃亡,那么也就是为他而逃亡。如果君主为自己而死,为自己而
逃亡,不是他个人宠爱的人,谁敢承担这个责任? 而且别人有了君
主反而杀死了他,我哪能为他而死? 哪里能为他而逃亡? 但是又
能回到哪里去呢?"开了大门,晏子进去,头枕在尸体的大腿上而号
哭,起来,往上跳三次以后才出去。有人对崔武子说:"一定要杀了
他!"崔武子说:"他是百姓所向往的人,放了他,可以得民心。"

卢蒲癸逃亡到晋国,王何逃亡到莒国。

叔孙宣伯在齐国的时候,叔孙还把叔孙宣伯的女儿嫁给齐灵
公,受到宠爱,生了齐景公。十九日,崔武子拥立景公为国君而自
己出任宰相,庆封做左相,和国内的人们在太公的宗庙结盟,说:
"有不依附崔氏、庆氏的……"晏子向天叹气说:"婴如果不依附忠
君利国的人,有上帝为证!"于是就歃血。二十三日,齐景公和大夫
以及莒子结盟。

太史记载说:"崔杼杀了他的国君。"崔武子杀死了太史。他的
弟弟接着这样写,因而死了两人。太史还有一个弟弟又这样写,崔
武子就没杀了。南史氏听说太史都死了,拿了照样写好了的竹简
前去,听到已经如实记载了,这才回去。

闾丘婴用车子的帷幕包了妻子,装上车,和申鲜虞坐一辆车逃
走。鲜虞把闾丘婴的妻子推下车,说:"国君昏昧不能纠正,国君危

险不能救驾,国君死亡不能以身殉,只知道把自己所亲爱的人藏匿起来,有谁会接纳我们?"走到夺中狭道,准备住下来。闾丘婴说:"崔氏、庆氏可能在追我们。"鲜虞说:"一对一,谁能让我们害怕?"就住下来,头枕着马缰而睡,先喂饱马然后自己吃饭,套上马车继续赶路。走出夺中,对闾丘婴说:"快点赶马,崔氏、庆氏人多,是不能抵挡的。"于是就逃亡到鲁国来。

　　崔氏没有把齐庄公的棺材殡于庙就放在外城北边。二十九日,安葬在士孙之里,葬礼用四把长柄扇,不清道,不警戒,送葬的破车七辆,不用武器盔甲随葬。

25·3　晋平公渡过泮水,和鲁襄公、宋平公、卫殇公、郑简公、曹武公、莒子、邾于、滕子、薛伯、杞伯、小邾子在夷仪会合,进攻齐国,以报复朝歌这一战役。齐国人想用杀齐庄公这件事情向晋国解释,派隰鉏请求讲和。庆封来到军中,男男女女分开排列、捆绑。齐国把宗庙里的祭器和乐器送给晋平公。从六卿、五吏、三个师的将领、各部门的首长、属官和留守的人都赠送财礼。晋平公答应了。派叔向告诉诸侯。襄公派子服惠伯回答说:"君王宽恕了有罪,以安定小国,这是君王的恩惠。寡君听到命令了。"

25·4　晋平公派魏舒、宛没迎接卫献公,准备让卫国把夷仪给卫献公居住。崔武子留下卫献公的妻子儿女,来谋求五鹿这块地方。

25·5　当初,陈哀公会合楚王进攻郑国,陈军经过的路上,水井被填,树木被砍,郑国人很怨恨。六月,郑国的子展、子产领着七百辆战车攻打陈国,夜里发动突然袭击,就进了城。陈哀公扶着他的太子偃师逃奔到坑地里,碰到司马桓子,说:"用车装上我!"司马桓子说:"我正打算巡城呢。"碰到贾获,车上装着他的母亲和妻了,贾获让他母亲、妻子下车而把车子交给陈哀公。陈哀公说:"安置好你的母亲。"贾获辞谢说:"妇女和你同坐,不吉祥。"贾获说完就和他妻子扶着他母亲逃奔到坑地里,也免于祸难。

子展命令军队不要进入陈哀公的宫室,和子产亲自守卫在宫门口,陈哀公让司马桓子把宗庙的祭器赠送给他们。陈哀公穿上丧服,抱着土地神的神主,让他手下的男男女女分开排列、捆绑,在朝廷上等待。子展拿着绳子进见陈哀公,再拜叩头,捧着酒杯向陈哀公献礼。子产进入,点了点俘虏的人数就出去了。郑国人向陈国的土地神祝告消灾去邪,司徒归还百姓,司马归还兵符,司空归还土地,于是就回国。

25·6　秋季,七月十二日,诸侯在重丘一起结盟,这是由于跟齐国讲和的缘故。

25·7　赵文子主持政事,命令减轻诸侯的贡品而着重礼仪。穆叔进见他。赵文子对穆叔说:"从今以后,战争恐怕可以稍稍停止了。齐国的崔氏、庆氏新近当政,将要向诸侯改善关系。武也了解楚国的令尹。如果恭敬地执行礼仪,用外交辞令和他说,用来安定诸侯,战争可以停止。"

25·8　楚国的蒍子冯死了,屈建做令尹,屈荡做莫敖。舒鸠人终于背叛楚国。屈建率兵进攻舒鸠,到达离城,吴国人救援舒鸠。屈建急忙让右翼部队先出动,子彊、息桓、子捷、子骈、子盂率领左翼部队向后撤退。吴国人处在左右两军之间七天。子彊说:"时间久了将会疲弱,疲弱就会被俘,不如赶快打仗。我请求带领家兵去引诱他们,你们选择精兵,摆开阵势等待我。我得胜就前进,我败逃就看情况办,这样就可以免于被俘。不这样,一定被吴国俘虏。"大家听从了他的话。五个人带领他们的家兵先攻吴军,吴军败逃,登山而远望,看到楚军没有后继,就再次追赶,迫近楚军。楚军精选部队就和家兵会合作战,吴军大败。楚军乘机就包围了舒鸠,舒鸠溃散。八月,楚国灭亡了舒鸠。

25·9　卫献公进入夷仪。

25·10　郑国的子产向晋国奉献战利品,穿着军服主持事务。晋国人质问陈国的罪过,子产回答说:"从前虞阏父做周朝的陶正,服事我们先王。我们先王嘉奖他能制作器物,于人有利,并且是虞舜的后代,就把大女儿太姬匹配给胡公,封他在陈地,以表示对黄帝、尧、舜的后代的诚敬。所以陈国是我周朝的后代,到今天还依靠着周朝。陈桓公死后发生动乱,蔡国人想要立他们的后代,我们先君庄公奉事五父而立了他,蔡国人杀死了五父。我们又和蔡国人奉事厉公,至于庄公、宣公,都是我们所立的。夏氏的祸乱杀死了灵公,成公流离失所,又是我们让他回国的,这是君王知道的。现在陈国忘记了周朝的大德,丢弃我们的大恩,抛弃我们这个亲戚,倚仗楚国人多,以进逼我敝邑,但是并不能满足,我国因此而有去年请求攻打陈国的报告。没有得到贵国的命令,反却有了陈国进攻我国东门那次战役。在陈军经过的路上,水井被填塞,树木被砍伐。敝邑非常害怕敌兵压境,给太姬带来羞耻,上天诱导我们的心,启发了敝邑攻打陈国的念头。陈国知道自己的罪过,在我们这里得到惩罚。因此我们敢于奉献俘虏。"晋国人说:"为什么侵犯小国?"子产回答说:"先王的命令,只要是罪过所在,就要分别给刑罚。而且从前天子的土地方圆一千里,诸侯的土地方圆一百里,以此递减。现在大国的土地多到方圆几千里,如果没有侵占小国,怎么能到这地步呢?"晋国人说:"为什么穿上军服?"子产回答说:"我们先君武公、庄公做周平王、周桓王的卿士。城濮这一战役后,晋文公发布命令,说:'各人恢复原来的职务。'命令我郑文公穿军服辅佐天子,以接受楚国俘虏献给天子,现在我穿着军服,这是由于不敢废弃天子命令的缘故。"士庄伯已经不能再质问,于是向赵文子回复。赵文子说:"他的言辞顺理成章,违背了情理不吉利。"于是就接受郑国奉献的战利品。

冬季,十月,子展作为郑简公的相礼一起去到晋国,拜谢晋国接受他们奉献的陈国战利品。子西再次发兵进攻陈国,陈国和郑国讲和。

孔子说:"古书上说:'言语用来完成意愿,文采用来完成言语。'不说话,谁知道他的意愿是什么?说话没有文采,不能到达远方。晋国成为霸主,郑国进入陈国,不是善于辞令就不能成功。要谨慎地使用辞令。"

25·11　楚国的蒍掩做司马,子木让他治理军赋,检查盔甲武器。十月初八日,蒍掩记载土泽地田的情况:度量山林的木材,聚集水泽的出产,区别高地的情况,标出盐碱地,计算水淹地,规划蓄水池,划分小块耕地,在水草地上放牧,在肥沃的土地上划定井田。计量收入制定赋税制度,征收百姓交纳战车和马匹税,征收战车步卒所用的武器和盔甲盾牌税。完成以后,把它交付给子木,这是合于礼的。

25·12　十二月,吴王诸樊进攻楚国,为报复"舟师之战"。进攻巢地的城门。巢牛臣说:"吴王勇敢而轻率,如果我们打开城门,他将会亲自带头进门。我乘机射他,一定能射死。这个国君死了,边境上或可以稍为安定一些。"听从了他的意见。吴王进入城门,牛臣躲在短墙后用箭射他,吴王死了。

25·13　楚康王由于灭亡了舒鸠赏赐子木。子木推辞说:"这是先大夫蒍子的功劳。"楚康王就把赏赐给了蒍掩。

25·14　晋国的程郑死,子产才开始了解然明。子产向然明询问有关施政的方针。然明回答说:"把百姓看成像儿子一样。见到不仁的人,就诛戮他,好像老鹰追赶鸟雀。"子产很高兴,把这些话告诉子太叔,而且说:"以前我见到的只是然明的面貌,现在我了解到他内心甚有见识。"

子太叔向子产询问政事。子产说:"政事好像农活,白天黑夜想着它,要想着他的开始又想着要取得好结果。早晨晚上都照想着的去做,所做的不超过所想的,好像农田里有田埂一样,过错就会少一些。"

25·15　卫献公从夷仪派人向甯喜谈复国的事情,甯喜同意了。太叔文子听说了,说:"啊!《诗》所谓'我的一身还不能被人容纳,哪里来得及顾念我的后代?'甯子可以说是不顾他的后代了。难道可以吗?大概是一定不可以的。君子有所行动,要想到结果,想到下次能够再如此。《书》说:'慎重于开始,而重视其结果,结果就不会困惑。'《诗》说:'早晚不敢懈怠,以事奉一人。'现在甯子看待国君不如下棋,他怎么能免于祸难呢?下棋的人举棋不定,就不能击败他的对方,而何况安置国君而不能决定呢?必定不能免于祸难了。九代相传的卿族,一旦被灭亡,可悲啊!"

25·16　在夷仪会见的那一年,齐国人在郏地筑城。那年五月,秦国、晋国讲和,晋国的韩起去到秦国参加结盟,秦国的伯车去到晋国参加结盟。虽然讲和但是并不巩固。

襄公二十六年

26·1　二十六年春季,秦景公的弟弟鍼去到晋国重温盟约,叔向命令召唤行人子员。行人子朱说:"朱是值班的。"说了三次,叔向不答理。子朱生气,说:"职位级别相同,为什么在朝廷上不用朱?"拿着剑跟上去。叔向说:"秦国和晋国不和睦已经很久了。今天的事情,幸而成功,晋国依靠着它。不成功,就要打仗。子员沟通两国的话没有私心,您却常常违背原意。用邪恶来事奉国君的人,我是能够抵抗的。"提起衣服跟上去,被别人止住了。晋平公说:"晋国差不多要大治了吧!我的臣下所争执的是大问题。"师旷说:"公室的地位怕要下降。臣下不在心里竞争而用力量来争夺,不致力于德行而争执是非,个人的欲望太大,公室的地位能不下降吗?"

26·2　卫献公派子鲜为自己谋求再登君位,子鲜辞谢。他们的母亲敬姒一定要子鲜去,子鲜回答说:"国君没有信用,下臣害怕不能免于祸难。"敬姒说:"尽管这样,为了我的缘故,你还是去干吧!"子鲜答应了。当初,献公派人和甯喜谈这件事,甯喜说:"一定要子鲜在场。不这样,事情必然失败。"所以献公派遣子鲜。子鲜没有得到敬姒的指示,就把献公的命令告诉甯氏,说:"如果回国,政权由甯氏主持,祭祀则由我主持。"甯喜告诉蘧伯玉。蘧伯玉说:"瑗没有能听到国君的出走,岂敢听到他的进入?"于是蘧伯玉就起程,从近处的城门出走。甯喜告诉右宰榖。右宰榖说:"不行。得罪了两个国君,天下谁能收容你?"甯喜说:"我在先人那里接受了命令,不能三心二意。"右宰榖说:"我请求出使去观望一下。"于是就在夷仪进见献公。回来,说:"国君逗留在外已十二年了,却没有忧愁的样子,也没有宽容的话,还是那样一个人。如果不停止原复君计划,我们离死就没有几天了。"甯喜说:"有子鲜在那里。"右宰榖说:"子鲜在那里,有什么用处? 至多不过他自己逃亡,又能为我们做些什么呢?"甯喜说:"尽管这样,不能停止了。"

　　孙文子在戚地,孙嘉去齐国聘问,孙襄留守在都城家里。二月初六日,甯喜、右宰榖进攻孙氏,没有取胜,孙襄受伤。甯喜退出城住在郊外。孙襄死了,孙家的人在夜里号哭。城里的人们召唤甯喜,甯喜再次攻打孙氏,攻克了。初七日,杀死了卫侯剽和太子角。《春秋》记载说:"甯喜弑其君剽",这是说罪过在甯氏。孙林父以戚邑去投靠晋国。《春秋》记载说"入于戚以叛",这是归罪于孙氏。臣下的俸禄,实在是为国君所有的。合于道义就往前进,不合于道义就保全身子引退。把俸禄作为私有,并以此和人打交道,应该受到诛戮。

　　初十日,卫献公进入都城,《春秋》记载说"复归",这表示本国

人让他回来。大夫在国境上迎接的,卫献公拉着他们的手跟他们
说话;在大路上迎接的,卫献公从车上向他们作揖;在城门口迎接
的,卫献公点点头而已。卫献公一到达,就派人责备太叔文子说:
"寡人流亡在外边,几位大夫都使寡人早早晚晚听到卫国的消息,
大夫独独不问候寡人。古人有话说:'不是应该怨恨的,不要怨
恨。'寡人可要怨恨了。"太叔文子回答说:"下臣知道罪过了。下臣
没有才能,不能背着马笼头马缰绳跟随君王保护财物,这是下臣的
第一条罪状。有人在国外,有人在国内,下臣不能三心二意,传递
里外的消息来事奉君王,这是下臣的第二条罪状。有两条罪状,岂
敢忘记一死?"于是就出走,从近处的城门出国。卫献公派人阻止
了他。

26·3　卫国侵袭戚地的东部边境,孙氏向晋国控告,晋国派兵戍
守茅氏,殖绰进攻茅氏杀了晋国守兵三百个人。孙蒯追赶殖绰,不
敢攻击。孙文子说:"你连恶鬼都不如。"孙蒯就跟上卫军,在圉地
打败了他们。雍鉏俘虏了殖绰。孙氏再次向晋国控告。

26·4　郑简公赏赐攻入陈国有功劳的人。三月初一日,设享礼招
待子展,赐给他先路和三命车服,然后再赐给他八个城邑。赐给子
产次路和再命车服,然后再赐给他六个城邑。子产辞去城邑,说:
"从上而下,礼数以二的数目递降,这是规定。下臣的地位在第四,
而且这是子展的功劳,下臣不敢受到赏赐的礼仪,请求辞去城邑。"
郑简公坚决要给他,他就接受了三个城邑。公孙挥说:"子产恐怕
将要主持政事了。谦让而不失去礼仪。"

26·5　晋国人为了孙氏的缘故,召集诸侯,准备讨伐卫国。夏季,
中行穆子来鲁国聘问,这是为了召请鲁襄公。

26·6　楚康王、秦国人联兵侵袭吴国,到达雩娄,听到吴国有了准
备而退回,就乘机入侵郑国。五月,到达城麇。郑国的皇颉在城麇
戍守,出城,和楚军作战,战败。穿封戌俘虏了皇颉,公子围和他争

功,要伯州犁主持公正。伯州犁说:"请问一下俘虏。"于是就让俘虏站在前面。伯州犁说:"所争夺的对象便是您,您是君子,有什么不明白的?"举起手,说:"那一位是王子围,是寡君的尊贵的弟弟。"放下手,说:"这个人是穿封戌,是方城山外边的县尹。谁俘虏您了?"俘虏说:"颉碰上王子,抵抗不住。"穿封戌发怒,抽出戈追赶王子围,没有追上。楚国人带着皇颉回去。

印堇父和皇颉一起留守在城麇,楚国人囚禁印堇父,把他献给秦国。郑国人在印氏那里拿了财货向秦国请求赎回印堇父,子太叔正做令正,为他们提出请求赎回的话。子产说:"这样是不能得到印堇父的。秦国接受了楚国奉献的俘虏,却在郑国拿财物,不能说合于国家的体统,秦国不会这样做的。如果说'拜谢君王帮助郑国。如果没有君王的恩惠,楚军恐怕还在敝邑城下',这才可以。"子太叔不听,就动身了。秦国人不给,把财物改为其他礼品,按照子产的话去说,然后得到了印堇父。

26·7 六月,鲁襄公和晋国赵武、宋国向戌、郑国良霄、曹国人在澶渊会见,以讨伐卫国,划正戚地的疆界。占领了卫国西部边境懿氏六十邑给了孙氏。《春秋》对赵武不加记载,这是由于尊重鲁襄公。对向戌不加记载,这是由于他到迟了。记载郑国在宋国之前,是由于郑国人如期到达。

当时卫献公参加了会见。晋国人拘捕了甯喜、北宫遗,让女齐带了他们先回去。卫献公去到晋国,晋国人抓了他关闭在士弱家里。

秋季,七月,齐景公、郑简公为了卫献公的缘故去到晋国,晋平公同时设享礼招待他们。晋平公赋《嘉乐》这首诗。国景子做齐景公的相礼者,赋《蓼萧》这首诗。子展做郑简公的相礼者,赋《缁衣》这首诗。叔向要晋平公向两位国君下拜,说:"寡君谨敢拜谢齐国国君安定我国先君的宗庙,谨敢拜谢郑国国君没有二心。"国景子派晏平仲私下对叔向说："晋国国君在诸侯之中宣扬他的明德,担心他们的忧患而补正他们的过失,纠正他们的违礼,而治理他们的动乱,因此才能作为盟主。现在为了臣下而逮了国君,怎么办?"叔向告诉赵文子,赵文子把这些话告诉晋平公。晋平公举出卫献公的罪过,派叔向告诉齐、郑二国国君。国景子赋《辔之柔矣》这首诗,子展赋《将仲子兮》这首诗,晋平公于是就允许让卫献公回国。叔向说:"郑穆公的后代七个家族,罕氏大概是最后灭亡的,因为子展节俭而用心专一。"

26·8　当初,宋国的芮司徒生了女儿,皮肤红而且长着毛,就把她丢在堤下。共姬的侍妾把她拣进宫来,命名叫做弃。长大了很漂亮。宋平公向共姬问候晚安,共姬让他吃东西。平公见了弃,细看,觉得漂亮极了。共姬就把她送给平公做侍妾,受到宠爱,生了佐。佐长得难看,但性情和顺。太子痤长得漂亮,但心里狠毒,向戌对他又害怕又讨厌。寺人惠墙伊戾做太子的内师而不受宠信。秋季,楚国的客人到晋国聘问,经过宋国。太子和楚国的客人原来相识,请求在野外设宴招待他,平公让他去了。伊戾请求跟从太子。平公说:"他不讨厌你吗?"伊戾回答说:"小人事奉君子,被讨厌不敢远离,被喜欢不敢亲近,恭敬地等待命令,岂敢有三心二意呢?太子那里即使有人在外边服务,却没有人在里边服务,下臣请求前去。"平公就派他去了。到那里,就挖坑,用牺牲,把盟书放在牲口上,并且检查一遍,驰马回来报告平公,说:"太子将要作乱,已经和楚国的客人结盟了。"宋平公说:"已经是我的继承人了,还谋求什么?"伊戾回答说:"想快点即位。"平公派人去视察,果然有这回事。向夫人和左师询问,他们都说:"的确听到过。"宋平公囚禁了太子。太子说:"只有佐能够使我免于祸难。"召请佐并让他向平公请求,说:"到中午还不来,我知道应该死了。"左师向戌听到了,就和佐说个不停。过了中午,太子就上吊死了。佐被立为太子。

宋平公慢慢地听到痤没有罪，就把伊戾烹杀了。

左师见到夫人的遛马人，就问他是什么人。遛马人说："我是君夫人家的人。"左师说："谁是君夫人？我为什么不知道？"遛马的人回去，把这话报告夫人。夫人派人送给左师锦和马，先送去玉，说："国君的侍妾弃让某某奉献。"左师让他改口说"君夫人"，然后再拜叩头接受了。

26·9　郑简公从晋国回来，派子西去到晋国聘问，致辞说："寡君来麻烦执事，害怕不敬而不免于有罪，特派夏前来表示歉意。"君子说："郑国善于事奉大事。"

26·10　当初，楚国的伍参和蔡国的太师子朝友好，他的儿子伍举和声子也互相友好。伍举娶了王子牟的女儿。王子牟为申公而逃亡，楚国人说："伍举确实护送了他。"伍举逃亡到郑国，准备乘机再到晋国。声子打算去到晋国，在郑国郊外碰到了他，把草铺在地上一起吃东西，谈到回楚国去的事，声子说："您走吧，我一定让您回去。"等到宋国的向戌准备调解晋国和楚国的关系，声子出使到晋国，回到楚国，令尹子木和他谈话，询问晋国的情况，而且说："晋国的大夫和楚国的大夫谁更贤明？"声子回答说："晋国的卿不如楚国，晋国的大夫是贤明的，都是当卿的人材。好像杞木、梓木、皮革，都是楚国运去的。虽然楚国有人才，晋国却实在使用了他们。"子木说："他们没有同宗和亲戚吗？"声子回答说：

　　虽然有，但使用楚国的人材确实多。归生听说：善于为国家做事的，赏赐不过分，而刑罚不滥用。赏赐过分，就怕及于坏人；刑罚滥用，就怕牵涉好人。如果不幸而过分了，宁可过分，不要滥用。与其失掉好人，宁可利于坏人。没有好人，国家就跟着受害。《诗》说，"这个能人不在，国家就遭受灾害"，这就是说没有好人。所以《夏书》说"与其杀害无辜的人，宁可对罪人失于刑罚"，这就是怕失掉好人。《商颂》有这样的话说，"不过分不滥用，不敢懈怠偷闲，向下国发布命令，大大地建立他的福禄"。这就是汤所以获得上天赐福的原因。古代治理百姓的人，乐于赏赐而怕用刑罚，为百姓担扰而不知疲倦。在春天、夏天行赏，在秋季、冬季行刑。因此，在将要行赏的时候就为它增加膳食，加膳以后可以把剩菜大批赐给下面，由于这样而知道他乐于赏赐。将要行刑的时候就为它减少膳食，减了膳食就撤去音乐，由于这样而知道他怕用刑罚。早起晚睡，早晚都亲临办理国事，由于这样而知道他为百姓操心。这三件事，是礼仪的大关键。讲求礼仪就不会失败。现在楚国滥用刑罚，楚国的大夫逃命到四方的国家，并且做别国的主要谋士，来危害楚国，至于不可救药了，这就是说的滥用刑罚不能容忍。子仪的叛乱，析公逃亡到晋国，晋国人把他安置在晋侯战车的后面，让他作为主要谋士。绕角那次战役，晋国人将要逃走了，析公说："楚军不厚重，容易被震动。如果同时敲打许多鼓发出大声，在夜里全军进攻，楚军必然会逃走。"晋国人听从了，楚军夜里崩溃。晋国于是就侵入蔡国，袭击沈国，俘虏了沈国的国君，在桑隧打败申国和息国军队，俘虏了申丽而回国。郑国在那时候不敢向着南方的楚国。楚国丧失了中原，这就是析公干出来的。

雍子的父亲的哥哥诬陷雍子，国君和大夫不为他们去调解，雍子逃亡到晋国，晋国人将都地给了他，让他作为主要谋士。彭城那次战役，晋国、楚国在靡角之谷相遇。晋国人将要逃走了，雍子对军队发布命令说："年纪老的和年纪小的都回去，孤儿和有病的也都回去，兄弟两个服役的回去一个。精选徒兵，检阅车兵，喂饱马匹，让兵士吃饱，军队摆开阵势，焚烧帐篷，明天将要决战。"让该回去的走开，并且故意放走楚国俘虏，楚军夜里崩溃。晋国降服了彭城而归还给宋国，带了鱼石回国。楚国失去东夷，子辛为此战而阵亡，这都是雍子所谋划的。

　　子反和子灵争夺夏姬而阻碍子灵的婚事，子灵逃亡到晋国，晋国人将邢地给了他，让他作为谋士，抵御北狄，让吴国和晋国通好，教吴国背叛楚国，教他们坐车、射箭、驾车作战，让他的儿子狐庸做了吴国的行人。吴国在那时候进攻巢地、占取驾地、攻下棘地、进入州来，楚国疲于奔命，到今天还是祸患，这就是子灵干出来的。若敖的叛乱，伯贲的儿子贲皇逃亡到晋国，晋国人封给他苗地，让他作为主要谋士。鄢陵那次战役，楚军早晨逼近晋军并摆开阵势，晋国人就要逃走了。苗贲皇说："楚军的精锐在于他们中军的王族而已，如果填井平灶，摆开阵势以抵挡他们，栾、范用家兵引诱楚军，中行和郤锜、郤至一定能够战胜子重、子辛。我们就用四军集中对付他们的王族，一定能够把他们打得大败。"晋国人听从了，楚军大败，君王受伤，军队士气不振，子反为此而死。郑国背叛，吴国兴起，楚国失去诸侯，这就是苗贲皇干出来的。

　　子木说："阁下所说的都是那样的。"声子说："现在又有比这厉害的。椒举娶了申公子牟的女儿，子牟得罪而逃亡。国君和大夫对椒举说：'实在是你让他走的。'椒举害怕而逃亡到郑国，伸长了脖子望着南方，说：'也许可以赦免我。'但是我们也不存希望。现在他在晋国了。晋国人将要把县封给他，以和叔向并列。他如果要危害楚国，难道不是祸患？"子木听了这些很恐惧，对楚康王说了，楚康王提高了椒举的官禄爵位而让他官复原职。声子让椒鸣去迎接椒举。

26·11　许灵公去到楚国，请求进攻郑国，说："不发兵，我就不回去了。"八月，许灵公死在楚国。楚康王说："不攻打郑国，怎么能求得诸侯？"

冬季,十月,楚康王攻打郑国,郑国人准备抵御。子产说:"晋国将要和楚国讲和,诸侯将要和睦,楚康王因此冒昧来这一趟。不如让他称心回去,就容易讲和了。小人的本性,一有空子就凭血气之勇,在祸乱中有所贪图,以满足他的本性而追求虚名,这不符合国家的利益,怎么可以听从?"子展高兴了,就不抵御敌人。十二月初五日,楚军进入南里,拆毁城墙。从乐氏渡过洧水,进攻师之梁的城门。放下内城的闸门,俘虏了九个不能进城的郑国人。楚国人渡过氾水回国,然后安葬许灵公。

26·12　卫国人把卫姬送给晋国,晋国这才释放了卫献公。君子因此而知道晋平公失去了治国的常道。

26·13　晋国的韩宣子在成周聘问,周灵王派人请问来意。韩宣子回答说:"晋国的士起前来向宰旅奉献贡品,没有别的事情。"周天子听到了,说:"韩氏恐怕要在晋国昌盛了吧!他的辞令仍和过去一样。"

26·14　齐国人在郏地筑城的那一年,夏季,齐国的乌馀带着廪丘逃亡到晋国,袭击卫国的羊角,占取了这地方,就乘机侵袭我国的高鱼。正逢下大雨,齐军从城墙的排水孔进入城中,走到城里的武器库,取出了甲胄装备士兵,然后登上城墙,攻克并占领了高鱼。又占取了宋国的城邑。当时范宣子已经死了,诸侯不能惩治乌馀。等到赵文子执政以后,才终于把他惩治了。赵文子对晋平公说:"晋国作为盟主,诸侯有人互相侵犯,就要讨伐他,让他归还侵夺的土地。现在乌馀的城邑,都是侵夺来的,属于应该讨伐之列,而我们贪图它,这就没有资格作盟主了。请归还给诸侯。"晋平公说:"好。谁可以做使者?"赵文子回答说:"胥梁带能够不用兵而完成任务。"晋平公就派胥梁带前去。

襄公二十七年

27·1　二十七年春季,胥梁带让失去城邑的那些国家准备好车兵徒兵来接受土地,行动必须周密。让乌馀准备车兵来接受封地。乌馀带领他的一批人出来,胥梁带让诸侯假装把土地送给乌馀,因而乘乌馀不备而加以逮捕,全部俘虏了他们。把乌馀的城邑都夺了回来,还给诸侯,诸侯因此归向晋国。

27·2　齐国的庆封来鲁国聘问,他的车子很漂亮。孟孙对叔孙说:"庆封的车子,不也很漂亮么!"叔孙说:"豹听说:'衣饰和人不相称,必然得到恶果。'漂亮的车子有什么用?"叔孙设便宴招待庆封,庆封表现得不恭敬。叔孙为他赋《相鼠》这首诗,他也不明白其中的意思。

27·3　卫国的甯喜把持朝政,卫献公担心这件事,公孙免馀请求杀死甯喜。卫献公说:"如果没有甯子,我不能到这地步。我已经对他说过了'政由甯氏'。事情的结果不能知道,只是得到坏名声,不能做。"公孙免馀回答说:"下臣去杀他,君王不要参与计划就行了。"就和公孙无地、公孙臣商量,让他们攻打甯氏,没有攻下,公孙无地和公孙臣都因此战死了。卫献公说:"臣是没有罪的,父子二人都为我而死了!"夏季,公孙免馀再次攻打甯氏,杀死了甯喜和右宰穀,陈尸在朝廷上。石恶将要参加宋国的结盟,接受了命令而出来,给尸首穿上衣服,头枕在尸体的大腿上而为他们号哭,想要入殓以后自己逃亡,又害怕不能免于祸难,姑且说:"接受使命了。"于是就动身走了。

　　子鲜说:"驱逐我的逃亡了,接纳我的死去了,赏罚没有章程,如何禁止为恶和勉励为善？国君失掉他的信用而国家没有正常的刑罚，不也很难了吗？而且鱄实在是让甯喜这么做的。"子鲜说完这话就逃亡到晋国去。卫献公让人阻止他，不行。子鲜到达黄河，卫献公又派人阻止他。他不让使者前进，而向黄河发誓。子鲜寄住在木门，坐着都不肯面对着卫国。木门大夫劝他做官，他不同意，说："做官而废弃自己的职责，这是罪过；要尽自己的职责，这就宣扬了我逃亡的原因。我将要向谁诉说呢？我不能够立在别人的朝廷上了。"一辈子也不出来做官。卫献公为他服丧一直到死。

卫献公给公孙免馀六十个城邑，他辞谢说："只有卿才具备一百个城邑，下臣已经有六十个邑了。下面的人而有了上面的人的禄位，这是祸乱。下臣不敢听到这种事。而且甯子就因为城邑多了，所以死了，下臣害怕死期快到。"卫献公一定要给他，他接受了一半。让他做了少师。卫献公让他做卿，他辞谢说："太叔仪没有二心，能够赞助大事，君王还是任命他吧。"于是就让太叔仪做了卿。

27·4 宋国的向戌和赵文子友好，又和令尹子木友好，想要停止诸侯之间的战争以取得名声。他去到晋国，告诉了赵文子。赵文子和大夫们商量。韩宣子说："战争，是残害百姓的祸事，是财货的蛀虫，是小国的大灾难。有人要消除它，虽然说办不到，一定要答应。不答应，楚国将会答应，用来号召诸侯，那么我国就失去盟主的地位了。"晋国人答应了向戌。向戌又去楚国，楚国也答应了。去到齐国，齐国人感到为难。陈文子说："晋国、楚国答应了，我们怎么能够不答应？而且别人说'消灭战争'，而我们不答应，那么就使我们的百姓离心了，将要怎么使用他们？"齐国人答应了。告诉秦国，秦国也答应了。这四个国家都通告小国，在宋国举行会见。

五月二十七日，晋国的赵文子到达宋国。二十九日，郑国的良霄也来了。六月初一日，宋国人设享礼招待赵文子，叔向作为赵文子的副手。司马把煮熟的牲畜切成碎块，放在盘子里，这是合于礼的。以后孔子看到了这次礼仪的记载，认为文辞太多。初二日，叔孙豹、齐国的庆封、陈须无、卫国的石恶到达。初八日，晋国的荀盈跟随赵文子之后到达。初十日，邾悼公到达。十六日，楚国的公子黑肱先到达，和晋国商定了有关的条件。二十一日，宋国的向戌去到陈国，和子木商定有关楚国的条件。二十二日，滕成公到达。子木告诉向戌，请求跟从晋国和楚国的国家互相见面。二十四日，向戌向赵文子复命。赵文子说："晋、楚、齐、秦四国地位对等，晋国不能指挥齐国，如同楚国不能指挥秦国一样。楚国国君如果能让秦国国君驾临敝邑，寡君岂敢不坚决向齐国国君请求？"二十六日，向戌向子木复命，子木派传车请示楚康王。楚康王说："放下齐国、秦国，请求和其他国家互相见面。"秋季，七月初二日，向戌到达。当夜，赵文子和公子黑肱统一了盟书的措辞。初四日，子木从陈国到达。陈国的孔奂、蔡国的公孙归生到达。曹国和许国的大夫也都来到。各国军队用篱笆做墙作为分界。

晋国和楚国各自驻扎在两头。伯夙对赵文子说："楚国的气氛很不好，恐怕会发生患难。"赵文子说："我们转折向左，进入宋国，能把我们怎么办？"初五日，各诸侯国代表准备在宋国西门外边结盟。楚国人在外衣里边穿上皮甲。伯州犁说："会合诸侯的军队，而做别人不信任的事，恐怕不可以吧。诸侯盼望得到楚国的信任，因此前来顺服。如果不信任别人，这就是丢掉了所用来使诸侯顺服的东西了。"他坚决请求脱去皮甲。子木说："晋国和楚国缺乏信用已经很久了，唯有去做对我有利的事就是了。如果能如愿，哪里用得着有信用？"伯州犁退下去，对人说："令尹将要死了，不会到三年。但求满足意志而丢弃信用，意志会满足吗？有意志就形成为语言，有语言就要有信用，有信用就加强意志。这三件事互相关联统一，然后才能确定。信用丢掉了，怎么能活到三年呢？"

　　赵文子担心楚国人外衣里边穿皮甲,把这情形告诉了叔向。叔向说:"有什么危害? 一个普通人一旦做出不守信用的事,尚且不可以,都不得好死。如果一个会合诸侯的卿做出不守信用的事情,就必然不能成功了。说话不算数的人不能给人造成困难,这不是您的祸患。用信用召集别人,而又利用了虚伪,必然没有人同意他,哪里能危害我们? 而且我们依靠着宋国来防守他们制造的困难,那就能人人舍命。和宋军一起誓死对抗,即使楚军增加一倍也是可以抵抗的,您有什么可害怕的呢? 但是事情又不至于到这一步。口称消除战争以召集诸侯,反而发动战争来危害我们,我们的用处就多了,不必担心。"

　　季武子派人以鲁襄公的名义对叔孙豹说:"把我国比作和邾国、滕国小国一样。"不久齐国人请求把邾国作为属国,宋国人请求把滕国作为属国,邾国、滕国都不参加结盟,叔孙说:"邾国、滕国,是别人的私属国;我们,是诸侯之国,为什么要看作和他们一样? 宋国、卫国,才是和我们对等的。"于是就参加结盟。所以《春秋》不记载叔孙豹的族名,这是说他违背了鲁襄公命令的缘故。

27·5　晋国和楚国争执歃血盟誓的先后。晋国人说:"晋国本来是诸侯的盟主,从来没有在晋国之前歃血的。"楚国人说:"您说晋国和楚国的地位相等,如果晋国总是在前面,这就是楚国比晋国弱。而且晋国和楚国交换着主持诸侯的结盟已经很久了。难道专门由晋国主持?"叔向对赵文子说:"诸侯归服晋国的德行,不是归服它主持结盟。您致力于德行,不要去争执先后。而且诸侯结盟会,小国本来一定有主持结盟的事务,让楚国做小国盟主,不也是可以的吗?"于是就让楚国先歃血。《春秋》记载把晋国放在前面,这是由于晋国有信用。

　　初六日,宋平公同时招待晋国和楚国的大夫,赵文子作为主宾坐首席,子木跟他说话,赵文子不能回答;让叔向在旁边帮着对答,子木也不能回答。

初九日，宋平公和诸侯的大夫在蒙门外结盟。子木向赵文子询问说："范武子的德行怎么样？"赵文子回答说："这个人的家事治理得井井有条，对晋国人来说没有可以隐瞒的情况，他的祝史向鬼神表示诚信没有言不由衷的话。"子木回去把话报告楚康王。楚康王说："高尚啊！能够让神和人高兴，无怪乎他能辅佐五世国君作为盟主。"子木又对楚康王说："晋国称霸诸侯是合适的，有叔向来辅佐它的卿，楚国没有和他相当的人，不能和他相争。"于是晋国的荀盈就去到楚国参加结盟。

27·5 郑简公在垂陇设享礼招待赵文子，子展、伯有、子西、子产、子太叔、两个子石跟从郑简公。赵文子说："这七位跟从着君王，这是赐给武以光荣。请求都赋诗以完成君王的恩赐，武也可以从这里看到这七位的志向。"子展赋《草虫》这首诗。赵文子说："好啊，这是百姓的主人！但武是不足以承当的。"伯有赋《鹑之贲贲》这首诗。赵文子说："床上的话不出门槛，何况在野外呢？ 这不是使人所应该听到的。"子西赋《黍苗》的第四章。赵文子说："有寡君在那里，武有什么能力呢？"子产赋《隰桑》这首诗。赵文子说："武请求接受它的最后一章。"子太叔赋《野有蔓草》这首诗。赵文子说："这是大夫的恩惠。"印段赋《蟋蟀》这首诗。赵文子说："好啊，这是保住家族的大夫！我有希望了。"公孙段赋《桑扈》这首诗。赵文子说："'不骄不傲'，福禄还会跑到哪儿去？ 如果保持这些话，即使想要辞掉福禄，能行吗？"

享礼结束，赵文子告诉叔向说："伯有将要被杀了！诗用来说明心意，心意在于诬蔑他的国君并且公开怨恨国君，又以此作为宾客的光荣，他能够长久吗？ 即使侥幸，后来也一定逃亡。"叔向说："对，他太骄奢。所谓不到五年，说的就是这个人了。"赵文子说："其馀的人都是可以传下几世的大夫。子展也许是最后灭亡的，因为处在上位而不忘记降抑自己。印氏是最后第二家灭亡的,因为欢乐而有节制。欢乐用来安定百姓,不要过分使用它们,灭亡在后,不也是可以的吗?"

27·6　宋国的左师请求赏赐,说:"下臣免于一死,请求赐给城邑。"宋平公给他六十个城邑,他把文件交给子罕看。子罕说:"凡是诸侯小国,晋国、楚国都用武力来威慑他们,使他们害怕然后就上下慈爱和睦,慈爱和睦然后能安定他们的国家,以事奉大国,这是所以生存的原因。没有威慑就要骄傲,骄傲了祸乱就要发生,祸乱发生必然被灭亡,这就是所以灭亡的原因。上天生长了金、木、水、火、土五种材料,百姓把它们样样使用上,缺一种都不可,谁能够废除武器? 武器的设置已经很久了,这是用来威慑不轨而宣扬文德的。圣人由于武力而兴起,作乱的人由于武力而废弃。使兴起者废弃、灭亡者生存、明白者糊涂的策略,都是从武力来的,而您谋求去掉它,不也是欺骗吗? 以欺骗蒙蔽诸侯,没有比这再大的罪过了。即使没有大的讨伐,反而又求取赏赐,这是不满足到了极点了。"因此,子罕就把封赏文件上的字削去并且扔了它。左师也就推辞了接受城邑。向氏想要攻打子罕,左师说:"我将要灭亡时,他老人家救了我,没有比这再大的恩德了。又可以攻打吗?"君子说:"'那位人物,是国家主持正义的人',这说的就是子罕吧!'用什么赐给我,我将要接受它',这说的就是向戌吧?"

27·7　齐国的崔杼生下成和彊妻子就死了,又娶了东郭姜,生了明。东郭姜带了前夫的儿子,名叫棠无咎,和东郭偃辅佐崔氏。崔成有病被废,立了崔明做继承人。崔成请求在崔地退休,崔杼答应了,偃和无咎不给,说:"崔地,是宗庙所在的地方,一定要归于宗主。"成和彊生气,要杀死他们。告诉庆封说:"他老人家的为人,也是您所知道的,惟独听从无咎和偃的话,父老兄长都说不上话。很怕有害于他老人家,谨敢向您报告。"庆封说:"您姑且退出去,我考虑一下。"就告诉卢蒲嫳。卢蒲嫳说:"他,是国君的仇人。上天或者将要抛弃他了。他家里确实出了乱子,您担的什么心?崔家的削弱,就是庆家的加强。"过几天成和彊又对庆封说这件事。庆封说:"如果有利于他老人家,一定要去掉他们。如有危难,我来帮助你们。"

九月初五日,在崔氏的朝廷上,崔成、崔彊把东郭偃和棠无咎杀了。崔杼生气走了出来,他的手下人都逃了,找人套车,找不着。让养马的圉人套上车,寺人驾着车子出门,崔杼还说:"崔氏如果有福气,祸患仅仅停留在我身上还可以。"就进见庆封。庆封说:"崔、庆是一家。这些人怎么敢这样?请为您讨伐他们。"让卢蒲嫳领着甲士以攻打崔氏。崔氏加筑宫墙据以防守,没有攻下。发动国内的人们帮着攻打,就灭亡了崔氏,杀了成和彊,夺取了他家里全部的人口和财货。崔杼的妻子上吊死了。卢蒲嫳向崔杼复命,并且为他驾车送他回家。崔杼到家,已经无家可归了,于是就上吊而死。崔明在夜里躲在墓群里。初六日,崔明逃亡前来,庆封掌握了政权。

27・8　楚国的薳罢去到晋国参加盟会,晋平公设享礼招待他。薳罢将要退出的时候,赋了《既醉》这首诗。叔向说:"薳氏在楚国的后代将会长享禄位,应当啊!承受国君的命令,不忘记敏捷从事。子荡将要掌握政权了。用敏捷来事奉国君,必然能保养百姓,政权还跑到哪儿去?"

27・9　崔氏那次叛乱,申鲜虞逃亡到鲁国来,在郊外雇用了仆人,为齐庄公服丧。冬季,楚国人召请申鲜虞,申鲜虞去到楚国,做了右尹。

27・10　十一月初一日,日食。当时斗柄指申,应该是九月,由于主管历法官员的过错,两次应该置闰月而没有置闰月。

襄公二十八年

28·1　二十八年春季,没有冰。梓慎说:"今年宋国和郑国恐怕要发生饥荒了吧!岁星应当在星纪,但已经过头到了玄枵。这是因为要发生天时不正的灾荒,阴不能战胜阳。蛇乘坐在龙的上边,龙是宋国、郑国的星宿,所以宋国、郑国必然发生饥荒。玄枵,虚宿在它的中间。枵,是消耗的名称。土地虚而百姓耗,不发生饥荒才怪呢!"

28·2　夏季,齐景公、陈哀公、蔡景侯、北燕伯、杞文公、胡子、沈子、白狄到晋国朝见,这是由于在宋国那次结盟的缘故。

　　齐景公准备出行,庆封说:"我们没有参加结盟,为什么要向晋国朝见?"陈文子说:"先考虑事奉大国而后考虑财货,这是合于礼的。小国事奉大国,如果没有得到事奉的机会,就要顺从大国的意图,这也是合于礼的。我们虽然没有参加结盟,岂敢背叛晋国呢?重丘的盟会,不可以忘记啊。您还是劝国君出行!"

28·3　卫国人讨伐甯氏的亲族,所以石恶逃亡到晋国。卫国人立了他的侄儿石圃,以保存石氏的祭祀,这是合于礼的。

28·4　郳悼公前来朝见,这是按时令而来朝见。

28·5　秋季,八月,举行大雩祭,这是由于发生了旱灾。

28·6　蔡景侯从晋国回国,路过郑国。郑简公设享礼招待他,蔡景侯表现得不恭敬。子产说:"蔡侯恐怕不能免于祸难吧!以前经过这里的时候,国君派子展去到东门外边慰劳,但是他很骄傲。我认为他还是会改变的。现在他回来,接受享礼而显得怠惰,这就是他的本性了。作为小国的国君,事奉大国,反而把怠惰骄傲作为本性,将来能有好死吗？如果不免于祸难,一定由于他的儿子。他做国君,淫乱而不像做父亲的样子。侨听说,像这样的人,经常会遇到儿子来作乱。"

28·7 孟孝伯去到晋国,这是由于报告为"宋之盟"的缘故而将到楚国去。

28·8 蔡景公去到晋国的时候,郑简公派游吉去到楚国。到达汉水,楚国人让他回去,说:"在宋国的那次结盟,贵国君王亲自参加。现在大夫前来,寡君说大夫暂且回去,我将要派传车奔赴晋国询问以后再告诉您。"游吉说:"在宋国的那次结盟,贵国君王的命令将要有利于小国,而也使小国安定他的国家,镇抚它的百姓,用礼仪承受上天的福禄,这是贵国君王的法令,同时也是小国的希望。寡君因此派吉奉上财礼,由于年来多难,特向下级执事聘问。现在执事命令说:你怎么能参与郑国的政令? 一定要让你们国君丢掉你们的疆土和守备,跋山涉水,冒着霜露,以满足我国君王的心意。小国还想期望贵国君王赐给恩惠,哪里敢不唯命是听? 但这不符合盟书的话,而使贵国君王的德行有缺失,也对执事有所不利,小国就害怕这个。否则,还敢怕什么劳苦呢?"

游吉回国,复命,告诉子展说:"楚王将要死了。不修明他的政事德行,反而在诸侯那里贪图进奉,以达到自己的愿望,想要活得长久,行吗?《周易》有这样的情况,得到《复》卦䷗变成《颐》卦䷚,说'迷路往回走,不吉利。'这说的就是楚王吧? 想实现他的愿望,而放弃了本来的道路,想回去没有了归路,这就叫'迷复',能够吉利吗? 国君就去吧,送了葬回来,让楚国痛快一下。楚国没有近十年的时间,不能争霸,我们就可以让百姓休息了。"裨灶说:"今年周天子和楚王都将死去。岁星失去它应有的位置,而运行在明年的位置上,要危害鸟尾,周朝和楚国要受灾祸。"

九月,郑国的游吉去到晋国,报告说按照在宋国的盟誓将要去楚国朝见。子产辅助郑伯去到楚国,搭了帐篷而不筑坛。外仆说:"从前先大夫辅助先君到四方各国,从没有不筑坛的。从那个时候到今天也都没有改变。现在您不除草就搭起帐篷,恐怕不可以吧!"子产说:"大国君臣去到小国,就筑坛;小国去到大国,随便搭个帐篷就行了,哪里用得着筑坛?侨听说过:大国君臣去到小国有五种好处:赦免它的罪过,原谅它的失误,救助它的灾难,赞赏它的德行和刑法,教导它所想不到的地方。小国不困乏,想念和顺服大国,好像回家一样,因此筑坛来表扬它的功德,公开告诉后代的人,不要怠惰于修德业。小国去到大国有五种坏处:向小国掩饰它的罪过,请求得到它所缺乏的东西,要求小国奉行它的命令,供给它贡品,服从它的随时发出的命令。不这样,就得加重小国的财礼,用来祝贺它的喜事和吊唁它的祸事,这都是小国的祸患,哪里用得着筑坛招来它的祸患?把这些告诉子孙,不要招来祸患就可以了。"

28·9 齐国的庆封喜欢打猎而嗜好喝酒,把政权交付给庆舍,就带着他的妻妾财物迁到卢蒲嫳家里,交换妻妾而喝酒。几天以后,官员们就改到这里来朝见。庆封让逃亡在外而知道崔氏馀党的人,如果前来报告就允许他回国,所以就让卢蒲癸回来。卢蒲癸做了庆舍的家臣,受到宠信,庆舍就把女儿嫁给了卢蒲癸。庆舍的家臣对卢蒲癸说:"男女结婚要区别是否同姓,您却不避同宗,为什么?"卢蒲癸说:"同宗不避我,我怎么能独独避开同宗?比如赋诗时的断章取义,我取我所需要的就是了,哪里知道什么同宗不同宗?"卢蒲癸又对庆舍说起王何而让他回来,两个人都受到了庆舍的宠信。庆舍让他们拿着武器寝戈作为随身警卫。

卿大夫在朝廷办公务用餐,每天有两只鸡,管伙食的人偷偷地换成鸭子。送饭的人知道了,把肉都拿掉而只将肉汤送上来。子雅、子尾生气。庆封告诉卢蒲嫳。卢蒲嫳说:"把他们比成禽兽,我睡在他们的皮毛上了。"于是就派析归父告诉晏平仲。晏平仲说："婴的一伙人不足以使用,聪明也出不了主意。但是决不敢泄露这些话,可以盟誓。"析归父说："您已经这样说了,哪里还用盟誓?"又告诉北郭子车。子车说："各人都有不同的方式事奉国君,这不是佐所能做到的。"陈文子对陈无宇说:"祸难将要发生了,我们能得到什么?"陈无宇回答说:"可以在庄街上得到庆氏的木头一百车。"陈文子说:"可以谨慎地保守住就行了。"

卢蒲癸、王何为进攻庆氏而占卜,把卦像给庆舍看,说:"有人为攻打仇人而占卜,谨敢奉献卦像。"庆舍说:"攻下了,见到血。"冬季,十月,庆封在莱地打猎,陈无宇跟从。十七日,陈文子派人召唤陈无宇回去,陈无宇请求说:"无宇的母亲病了,请求回去。"庆封占卜,把卦像给陈无宇看,陈无宇说:"这是死的卦像。"捧着龟甲而哭泣,于是就让他回去了。庆嗣听到这件事,说:"祸难将要发生了。"告诉庆封说:"赶快回去,祸难必然发生在秋祭的时候,回去还来得及。"庆封不听,也没有改悔的意思。庆嗣说:"他要逃亡了,能够逃到吴国、楚国就是侥幸。"陈无宇渡过河,就破坏了渡船撤毁了桥梁。

卢蒲姜对卢蒲癸说:"有事情而不告诉我,必然不能成功。"卢蒲癸告诉了她。卢蒲姜说:"我父亲性情倔强,没有人劝阻他,反倒不出来了。请让我去劝阻他。"卢蒲癸说:"好。"十一月初七日,在太公的庙里举行秋祭,庆舍将亲临主持祭祀。卢蒲姜告诉他有人要发动祸乱,而且劝他不要去。他不听,说:"谁敢这么干?"就去到太庙参加祭祀。麻婴充当祭尸,庆奭充当上献。卢蒲癸、王何手拿寝戈,庆氏领着他的甲士围住公宫。陈氏、鲍氏的养马人表演,庆氏的马容易受惊,甲士都解甲系马而喝酒,同时看戏,到了鱼里。栾氏、高氏、陈氏、鲍氏的徒兵就穿上了庆氏的皮甲。子尾抽出槌子,在门上敲了三下,卢蒲癸从后边刺庆舍,王何用戈对他猛击,打下了庆舍的左肩。庆舍还能攀着庙宇的椽子，震动了栋梁，把俎和壶向人扔去，杀死了人才死去。卢蒲癸等人就杀死了庆绳、麻婴。齐景公恐惧，鲍国说："臣下们是为了君王的缘故。"陈须无带着齐景公回去，脱去祭服进了内宫。

庆封回来，碰到报告动乱的人。十九日，攻打西门，没有攻下。回过来攻打北门，攻下了。进城，攻打内宫，没有攻下。返回来，列阵于大街上，庆封请求决战，没有得到允许，就逃亡到鲁国来。庆封把车子献给季武子，美丽光亮可以作镜子。展庄叔进见季武子，说："车很光亮，人必然憔悴，无怪乎他要逃亡了。"叔孙穆子设便宴招待庆封，庆封先遍祭诸神。穆子不高兴，让乐工为他诵《茅鸱》这首诗，他也不明白。不久以后齐国人前来责问，庆封又逃亡到吴国。吴子勾馀把朱方封给了庆封，他聚集了族人住在那里，比以前更富有。子服惠伯对叔孙穆子说："上天大概要让坏人富有的，庆封又富有起来了。"叔孙穆子说："好人富有叫做奖赏，坏人富有叫做灾殃。上天恐怕是降灾于他了，将要让他们聚集而一起被杀尽吧！"

28·10　十一月二十五日，周灵王逝世。没有发来讣告，《春秋》也没有记载，这是合于礼的。

28·11　崔氏那次动乱，公子们各自逃亡，所以鉏在鲁国，叔孙还在燕国，贾在句渎之丘。等到庆氏逃亡，把他们都召了回来，为他们准备了器物用具并且发还给他们封邑。另外封给晏子邶殿边上六十个城邑，晏子不接受。子尾说："富有，是人所需要的。为什么独独您不要？"晏子回答说："庆氏的城邑满足了欲望，所以逃亡。我的城邑不能满足欲望，加上邶殿，就满足欲望了。满足了欲望，离逃亡就没有几天了。逃亡在外边连一个城邑都不能主宰。不接受邶殿，不是讨厌富有，而是恐怕失去富有。而且富有，就像布帛的有一定宽度。给它规定幅度，让它不能改变。百姓，总是想生活丰厚,器用富饶,因此就要端正道德,而加以限制,让它不要不够,也不要过分,这叫做限制私利。私利过了头就会败坏。我不敢贪多,就是所谓限制私利。"齐景公赐给北郭佐六十个城邑,他接受了。赐给子雅城邑,他婉辞了大多数而接受了少数。赐给子尾城邑,他接受之后又奉还了。齐景公认为子尾忠诚,所以子尾很得宠信。

把卢蒲嫳放逐到齐国北部边境。齐国人接着求取崔杼的尸体,准备戮尸,但没找到。叔孙穆子说:"一定找得着的。武王有十个治世之臣,崔杼难道能有吗? 不到十个人,不足以安葬。"过了不久,崔氏的家臣说:"把他的大玉璧给我,我献出他的棺材。"因此就找到了崔杼的尸体。十二月初一日,齐国人迁葬庄公,停棺在正寝。用崔杼的棺材装着崔杼的尸体放在街上示众。国内人们都知道,都说:"这是崔杼。"

28·12　由于"宋国之盟"的缘故,鲁襄公和宋平公、陈哀公、郑简公、许悼公到了楚国。鲁襄公经过郑国,郑简公不在国内,伯有到黄崖慰劳,表现得不恭敬,穆叔说:"伯有如果在郑国没有罪,郑国必然有大灾祸。恭敬,是百姓的主宰,现在丢弃了它,如何能继承祖宗保持的家业? 郑国人不讨伐他,必然要遭到他的灾祸。水边的薄土,路边积水中的浮萍水草,用来作祭品,季兰作为祭尸,这是由于恭敬。恭敬难道能丢弃吗?"

到达汉水,楚康王死。鲁襄公想要回去。叔仲昭伯说:"我们是为了楚国,哪里是为了一个人? 继续走吧!"子服惠伯说:"君子有长远考虑,小人只看到眼前。饥寒都顾不上,谁有工夫顾到后果? 不如暂且回去吧。"叔孙穆子说:"叔仲子可以被专门任用了,子服子,是刚刚开始学习的人。"荣成伯说:"长远打算的人是忠诚的。"鲁襄公就继续前往楚国。宋国的向戌说:"我们是为了一个人,不是为了楚国。饥寒都顾不上,谁能顾得上楚国? 姑且回去而使百姓休息,等他们立了国君再戒备他们。"宋平公就回去了。

28·13 楚国的屈建死,赵文子去吊丧好像对待盟国一样,这是合于礼的。

28·14 周朝的使者来鲁国通知丧事,问他周天子死去的日期,用十二月十六日作为回答,所以《春秋》也这样记载,用以惩戒过错。

襄公二十九年

29·1 二十九年春季,周王朝历法的正月,"公在楚",这是为了解释不在祖庙中举行听政的原因。

楚国人让鲁襄公亲自为楚康王的尸体赠送寿衣,襄公对这感到忧虑。穆叔说:"先扫除棺材的凶邪然后给死者赠送衣服,这就等于朝见时陈列皮币。"于是就让巫人用桃棒、笤帚先在棺材上扫除不祥。楚国人没有禁止,不久以后又感到后悔。

29·2 二月初六日,齐国人在外城北部安葬齐庄公。

29·3 夏季,四月,安葬楚康王,鲁襄公和陈哀公、郑简公、许悼公都参加送葬,到达西门外边,各诸侯的大夫都到了墓地。楚国的郏敖即位,王子围做令尹。郑国的使者子羽说:"这叫做不恰当,令尹必然要代替楚君而昌盛。松柏的下面,草是不能繁殖的。"

29·4 鲁襄公回来,到达方城山。季武子占领了卞地,派公冶来问候襄公,用封泥加印把信封好了追上去给了公冶,信上说:"听到戍守卞地的人打算叛变,下臣率领部下讨伐了他,已经得到卞地了,谨此报告。"公冶表达了使命就退出去,到达帐篷以后才听到占领了卞地。鲁襄公说:"想要这块地方而又说叛变,只能是对我表示疏远。"

　　鲁襄公对公冶说："我可以进入国境吗?"公冶回答说："君王据有国家,谁敢违背君王?"鲁襄公赐给公冶冕服,公冶坚决辞谢,勉强他,然后才接受了。鲁襄公想不进入国境,荣成伯赋《式微》这首诗,鲁襄公这才回国。五月,鲁襄公从楚国回来。

　　公冶把他的封邑送还给季氏,而且始终不再进入季孙的家门,说："欺骗他的国君,何必派我?"季孙和他见面,就和季孙像以前一样说话。不相见,公冶始终不谈季氏。等到公冶病危,聚集他的家臣,说："我死了以后,一定不要用冕服入敛,因为这不是由于德行而所得的赏赐。并且还不要让季氏来安葬我。"

29·5　安葬周灵王。郑国的上卿子展有事不能离开,他派印段前去。伯有说："年纪轻,不行。"子展说："与其没有人去,尽管年轻,比没人去还要好一点吧?《诗》说:'王事应当细致,没有空闲安居。'东西南北,谁敢安安稳稳地居住? 坚定地事奉晋国、楚国,用以捍卫王室。王事没有缺失,有什么常例不常例?"于是就派印段前去成周。

29·6　吴国人进攻越国,抓到了俘虏,让他做看门人,派他看守船只。吴王馀祭观看船只,看门人用刀杀死了吴王。

29·7　郑国的子展死,子皮即位为上卿。当时郑国有饥荒而还没有到麦收,百姓很困乏。子皮用子展的遗命把粮食赠给国内的人们,每户一钟,因此得到郑国百姓的拥护。所以罕氏经常掌握国政,作为上卿。宋国的司城子罕听到了,说:"接近于善,这是百姓的期望。"宋国也发生了饥荒,司城子罕向宋平公请求,拿出公家的粮食借给百姓,让大夫也都出借粮食。司城氏借出粮食不写契约,又替缺少粮食的大夫借给百姓。宋国没有挨饿的人。叔向听说了这件事,说:"郑国的罕氏,宋国的乐氏,大约是最后灭亡的啊,两家恐怕都要掌握政权吧! 这是因为百姓归向他们的缘故。施舍而不自以为给人恩惠,乐氏就更高出一筹了,这一家大概是会随着宋国的盛衰而升降吧!"

29·8　晋平公,是杞女所生的,所以修整杞国的城墙。六月,知悼子会合诸侯的大夫为杞国筑城墙,孟孝伯参加了。郑国的子太叔和伯石前去。子太叔见到太叔文子,和他说话。文子说:"为杞国筑城这件事过分了!"子太叔说:"拿他怎么办好啊! 晋国不担心周室的衰微,反而保护夏朝的残馀,它会丢弃姬姓诸国,也就可以想象到了。丢弃姬姓诸国,有谁去归向他? 吉听说:丢弃同姓而亲近异姓,这叫做离德。《诗》说:'和谐他的近亲,姻亲就会和他友好来往。'晋国把近亲不看作近亲,还有谁来和他友好往来?"

29·9　齐国的高子容和宋国的司徒进见知伯,女齐作为相礼者,客人出去了,女齐对知伯说:"这两位将不免于祸。子容专权,司徒奢侈,都是使家族灭亡的大夫。"知伯说:"怎么呢?"女齐回答说:"专横就会很快及于祸患,奢侈将会由于力量强大而死,专横别人就会要他的命,他将要及于祸患了。"

29·10　范献子来鲁国聘问,拜谢在杞国筑城。鲁襄公设享礼招待他,展庄叔拿着束帛。参加射礼的要三对人。公臣的人选不够,在家臣中选取。家臣,展暇、展王父作为一对;公臣,公巫召伯、仲颜庄叔作为一对,鄫鼓父、党叔作为一对。

29·11　晋平公派司马女叔侯来鲁国办理使鲁国归还杞国土田的事情,但没有全部归还给杞国。晋悼公夫人很生气他说:"女齐办事不得力,先君如果有知,不会赞助他这样办事的。"晋平公把这件事告诉了叔侯。叔侯说:"虞国、虢国、焦国、滑国、霍国、杨国、韩国、魏国,都是姬姓,晋国因此而扩大。如果不是入侵小国,将要从哪里取得? 武公、献公以来,兼并的国家就多了,谁能够治理它? 杞国,是夏朝的后代,而接近东夷。鲁国,是周公的后代,而和晋国和睦。把杞国封给鲁国还是可以的,有什么杞国不杞国? 鲁国对于晋国,贡品不缺乏,玩物按时送到,公卿大夫不断前来朝见,史官没有中断过记载，国库没有一个月不接受鲁国的贡品。像这样就可以了，何必要损害鲁国而增强杞国？如果先君有知，就宁可让夫人自己去办，又哪里用得着我老臣？"

29·12　杞文公来鲁国结盟，《春秋》称他为"子"，这是表示对他不尊重。

29·13　吴国的公子札来鲁国聘问，见到叔孙穆子，很喜欢他。对穆子说："您恐怕不得善终吧！喜欢善良而不能够选择贤人，我听说君子应当致力选择贤人。您做鲁国的宗卿而主持国政，不慎重举拔善人，怎么能受得了呢？祸患必然到您身上。"公子札请求聆听观看周朝的音乐和舞蹈。于是让乐工为他歌唱《周南》、《召南》。季札说："美啊！王业开始奠定基础了，还没有完善，然而百姓勤劳而不怨恨了。"为他歌唱《邶风》、《鄘风》、《卫风》之歌，他说："美好又深沉啊！忧愁而不困惑。我听说卫康叔、武公的德行就像这样，这大概就是《卫风》吧！"为他歌唱《王风》之歌，他说："美啊！思虑而不恐惧，大概是周室东迁以后的音乐吧！"为他歌唱《郑风》之歌，他说："美啊！但是它琐碎得太过分了，百姓不堪忍受了。这大概是郑国要先灭亡的原因吧！"为他歌唱《齐风》之歌，他说："美啊，多么宏大的声音呵！这是大国的音乐啊！作为东海的表率的，大概是太公的国家吧！国家前途是不可限量的。"为他歌唱《豳风》之歌，他说："美啊，浩荡博大呵！欢乐而不过度，大概是周公东征的音乐吧！"为他歌唱《秦风》之歌，他说："这就叫做西方的夏声。夏就是大，大到极点了，恐怕是周朝的旧乐吧！"为他歌唱《魏风》，他说："美啊！抑扬顿挫呵！宏亮而又婉转，艰难而流畅，再用德行加以辅助，就是贤明的君主了。"为他歌唱《唐风》，他说："思虑很深啊！大概有陶唐氏的遗民吧？否则，为什么那么忧深思远呢？不是美德者的后代，谁能像这样？"为他歌唱《陈风》，他说："国家没有主人，难道能够长久吗？"从《郐风》以下的诗歌，季札听了就没有评论了。乐师为他歌唱《小雅》，他说："美啊！忧愁而没有背叛的心，怨恨却不表现在语言中，恐怕是周朝德行衰微的乐章吧！还有先王的遗民啊。"为他歌唱《大雅》，他说："广博啊，和美呵！抑扬顿挫而本体刚健劲直，大概是文王的德行吧！"为他歌唱《颂》，他说："到达顶点了！正直而不倨傲，婉柔而不屈挠，亲近而不相逼，疏远而不离心，活泼而不邪乱，反复而不厌倦，哀伤而不忧愁，欢乐而不过度，常用而不匮乏，宽广而不显露，施舍而不浪费，收取而不贪婪，静止而不停滞，行进而不流荡。五声和谐，八风协调。节奏有一定的规律，乐器都按次序，这都是盛德之人所共同具有的。"

公子札看到跳《象箾》、《南籥》舞，说："美啊，但还有所遗憾。"看到跳《大武》舞，说："美啊！周朝兴盛的时候，大概就像这种情况吧！"看到跳《韶濩》舞，说："像圣人那样的弘大，尚且还有所惭愧，可见当圣人不容易啊！"看到跳《大夏》舞，说："美啊！勤劳而不自以为有德，如果不是禹，还有谁能做到呢？"看到跳《韶箾》舞，说："功德到达顶点了，伟大啊！像上天的没有不覆盖，像大地的没有不承载。盛德到达顶点，就不能再比这更有所增加了，聆听观看就到这里了。如果还有别的音乐，我不敢再请求欣赏了。"

公子札的出国聘问，是为了新立的国君通好的缘故，因此就到齐国聘问，喜欢晏平仲，对他说："您赶快交还封邑和政权。没有封邑没有政权，这才能免于祸难。齐国的政权将会有所归属，没有得到归属，祸难不会停止。"所以晏子通过陈桓子交还了政权和封邑，因为这样，而免于栾氏、高氏发动的祸难。

季札到郑国聘问，见了子产，好像老朋友一般。季札给子产赠送白绢大带，子产给季札献上麻布衣服。公子札对子产说："郑国的执政者奢侈，祸难将要来临了！政权必然落到您手中。您执政，要用礼来谨慎地处事。否则，郑国将会败亡。"

季札到达卫国，与蘧瑗、史狗、史鳅、公子荆、公叔发、公子朝谈得很投机,他说:"卫国有很多贤能的君子,不会有什么祸患。"

公子札从卫国去晋国,准备在戚地住宿。听到钟声,说:"奇怪啊! 我听说了,发动变乱而没有德行,必然遭到诛戮。这一位就在这地方得罪国君,害怕还来不及,又有什么可以寻欢作乐的? 这一位在这地方,就像燕子在帐幕上做窝。国君又正停棺还没有安葬,难道可以寻欢作乐吗?"于是就不住在戚地。孙文子听到了这番话,一辈子不再听音乐。公子札到了晋国,喜爱赵文子、韩宣子、魏献子,说:"晋国的政权大约要聚集在这三家了!"他喜爱叔向,离别时,对叔向说:"您努力吧! 国君奢侈而优秀的臣子很多,大夫都富有,政权将要归于大夫家。您好直话直说,一定要考虑使自己免于祸难。"

29·14 秋季,九月,齐国的公孙虿、公孙灶放逐他们的大夫高止到北燕。初二日,出国。《春秋》记载说"出奔",这是由于高止有罪。高止喜欢生事,而且自己居功,同时又专横,所以祸难到了他身上。

29·15 冬季,孟孝伯去到晋国,这是回报范叔的聘问。

29·16 由于高氏受到放逐的缘故,高竖在卢地发动叛乱。十月二十七日,闾丘婴带兵包围卢地。高竖说:"如果让高氏有后代,我请求把封邑交还给国君。"齐国人立了敬仲的曾孙酀,这是认为敬仲贤良。十一月二十三日,高竖归还卢地而逃亡到晋国,晋国人在绵地筑城,把他安置在那里。

29·17 郑国的伯有派公孙黑去楚国,公孙黑不肯去,说:"楚国和郑国正在关系不好,互相憎恨,而派我去,这是等于杀死我。"伯有说:"你家世世代代都是办外交的。"公孙黑说:"可以去就去,有困难就不去,有什么世世代代是办外交的。"伯有要强迫他去。公孙黑发怒,准备攻打伯有氏,大夫们为他们调和。十二月初七日,郑国的大夫们在伯有家里结盟。裨谌说:"这次结盟,它能管多久呢?

《诗》说：'君子多次结盟,动乱因此滋长。'现在这样是滋长动乱的做法,祸乱不能停止,一定要三年然后才能解除。"然明说："政权将会到哪家去?"裨谌说："好人代替坏人,这是天命,政权哪能避开子产? 如果不是越级提拔别人,那么按班次也应该子产执政了。选择贤人而提拔,这是为大家所尊重的。上天又为子产清除障碍,使伯有丧失了精神,子西又去世了,执政的人只有子产不能辞其责。上天降祸于郑国很久了,一定要让子产平息它,国家才可以安定。不这样,就将会灭亡了。"

襄公三十年

30·1　三十年春季,周王朝历法的正月,楚王郏敖派遣薳罢来鲁国聘问,这是为新立的国君通好。穆叔问："王子围执政的情况怎么样?"薳罢回答说："我辈小人吃饭听使唤,还害怕不足以完成使命而不能免于罪过,哪里能参与政事?"再三地询问,他还是不回答。穆叔告诉大夫说："楚国的令尹将要发动大乱,薳罢将参与协助,他在隐瞒情况。"

30·2　子产辅助郑简公而去到晋国,叔向问起郑国的政事。子产回答说："我能不能见到,就在这一年了。驷氏、良氏正在争夺,不知道怎么调和。如果能调和,我能够见到,这就可以知道了。"叔向说："不是已经和好了吗?"子产回答说："伯有奢侈倔强而又固执,子晳喜欢居于别人之上,两人互不相让,虽然他们已经和好,还是积聚了憎恶,不久就会爆发。"

30·3　二月二十二日,晋悼公夫人请为杞国筑城的役卒吃饭。绛县人中间有一个人年纪很大了,没有儿子而自己服役,也去接受夫人的饭食。有人怀疑他的年龄,让他说出自己的年龄。他说:"下臣,是小人,不知道记录年龄。下臣生的那一年,是正月初一甲子日,已经过了四百四十五个甲子日了,最末一个甲子日到今天正好是二十天。"官吏走到朝廷里询问,师旷说:"这是鲁国的叔仲惠伯在承筐会见郤成子的那一年。这一年,狄人进攻鲁国,叔孙庄叔当时在咸地打败狄人,俘虏了长狄侨如和虺、豹,而都用来命名他儿子。满七十三岁了。"史赵说:"亥字是'二'字头'六'字身,把'二'拿下来当作身子,这就是他的日子数。"士文伯说:"那么是二万六千六百六十天了。"赵孟问起老人的县大夫是谁,原来就是他的下属。赵孟把老人召来向他道歉,说:"武没有才能,担负了国君的重要职务,由于晋国多有忧患,没有能任用您,让您屈居卑下已经很久了,这是武的罪过。谨由于没有才能而向您道歉。"于是就任命老人做官,派他辅助自己执政。老人因年纪大了而辞谢,赵孟就给了他土地,让他为国君办理免除徭役的事务,做绛地县师,而撤除了他的舆尉的职务。

当时鲁国的使臣正在晋国,回去把这件事告诉了大夫们。季武子说:"晋国不能轻视啊。有赵孟做正卿,有伯瑕做辅佐,有史赵、师旷可以咨询,有叔向、女齐做国君的师保。他们朝廷上君子很多,哪里能够轻视呢?尽力事奉他们然后才可以。"

30·4　夏季四月某一天,郑简公和他的大夫结盟。君子因此而知道郑国的祸难还没有结束。

30·5　蔡景侯为太子般在楚国娶妻,又和儿媳妇私通。太子杀死了蔡景侯。

30·6　当初,周灵王的弟弟儋季死了,他的儿子括将要进见灵王,叹气。单国的公子愆期做灵王侍卫,经过朝廷,听到叹气声,就说:"啊,一定是想夺取朝廷的权!"进去把情况报告灵王,而且说:"一定要杀了他!他不悲哀而愿望大,目光到处张望而抬高

脚,心在其他地方了。不杀,必然造成危害。"灵王说:"小孩子知
道什么?"等到灵王死去,儋括想要立王子佞夫。佞夫不知道。二
十八日,儋括包围芳地,赶走成愆。成愆逃亡到平畤。五月初四
日,尹言多、刘毅、单蔑、甘过、巩成杀了佞夫。括、瑕、廖逃亡到晋
国。《春秋》记载说"天王杀死他的兄弟佞夫",这是由于罪过在
于周王。

30·7　有人在宋国太庙里大喊大叫,说:"嘻嘻,出出。"鸟在亳社
上鸣叫,声音好像在说:"嘻嘻。"五月初五日,宋国发生大火灾。宋
伯姬被烧死,这是为了等待保姆来。君子认为:"宋伯姬奉行的是
大闺女而不是媳妇的守则。大闺女应当等待保姆,媳妇就可以看
具体情况行事。"

30·8　六月。郑国的子产去到陈国参加结盟,回来,复命。告诉
大夫们说:"陈国,是要灭亡的国家,不能结好。他们积聚粮食,修
理城郭,靠了这两条而不安抚百姓。他们的国君根基不巩固,公子
奢侈,太子卑微,大夫骄傲,政事各行其是,谁也作不了主,在这种
情况下处于大国之间,能够不灭亡吗? 不超过十年了。"

30·9　秋季,七月,叔弓去到宋国,这是由于安葬共姬。

30·10　郑国的伯有喜欢喝酒,造了地下室,并在夜里喝酒,奏乐。
朝见的人来到,他还没有喝完酒。朝见的人说:"主人在哪里?"他
的手下人说:"我们的主人在地下室。"朝见的人都分路回去。不久
伯有去朝见郑伯,又要派子皙去楚国,回家以后又喝酒。七月十一
日,子皙带着驷氏的甲士攻打并且放火烧了他的家。伯有逃亡到
雍梁,酒醒以后才明白是怎么回事,于是又逃亡到许国。大夫们聚
在一起商量。子皮说:"《仲虺之志》说:'动乱的就攻取它,灭亡的
就欺侮它。'摧毁灭亡的而巩固存在的,这是国家的利益。罕氏、驷
氏、丰氏本来是同胞兄弟,伯有骄傲奢侈,所以不免于祸难。"

　　有人对子产说:"要靠拢正直的帮助强大的。"子产说:"他们难

道是我的同伙？国家的祸难,谁知道如何平定？如果有主持国政的人强大而且正直,祸难就不会发生。姑且保住我的地位吧。"十二日,子产收了伯有氏死者的尸体而加以殡葬,来不及和大夫们商量就出走了。印段跟从他。子皮不让他走。大家说:"别人不顺从我们,为什么不让他走？"子皮说:"这个人对死去的人有礼,何况对活着的人呢？"于是就亲自劝阻子产。十三日,子产进入国都。十四日,印段进入国都。两个人都在子皙家里接受了盟约。十六日,郑简公和他的大夫们在太庙结盟,又与国内的人们在郑国城门外结盟。

伯有听到郑国人为他结盟,很生气;听到子皮的甲士没有参加攻打他,很高兴,说:"子皮帮助我了。"二十四日早晨,从墓门的排水洞进入,靠着马师颉用襄库的兵甲装备士兵,带着他们攻打旧北门。驷带率领国内的人们攻打伯有。两家都召请子产。子产说:"兄弟之间到达这地步,我服从上天所要帮助的一家。"伯有死在买卖羊的街市上,子产给伯有的尸体穿上衣服,头枕在尸体的大腿上而为他号哭,收尸并把棺材停放在街市旁边伯有家臣的家里,不久又葬在斗城。驷氏想要攻打子产。子皮为这发怒,说:"礼仪,是国家的支柱。杀死有礼的人,没有比这再大的祸患了。"于是就停止了。

当时,游吉去晋国以后回来,听说发生祸难,不进入。让副手回来复命。八月初六日,逃亡到晋国。驷带追赶他,到达酸枣。游吉和驷带结盟,把两件玉圭沉在黄河里表示诚意。让公孙肸进入国都和大夫结盟。十一日,游吉再次回到国内。

《春秋》记载说:"郑人杀良霄。"不称他为大夫,这是说伯有从国外进来已经丧失官位了。

当子蟜死了以后,将要安葬时,公孙挥和裨灶早晨商量丧事。他们路过伯有氏家时,看见门上长了狗尾草,公孙挥说:"他门上的狗尾巴草还在吗?"当时岁星在降娄,降娄星在天空中部,天就亮了。裨灶指着降娄星,说:"还可以等岁星绕一周,不过活不到岁星再到这个位置就是了。"等到伯有被杀,岁星正在娵訾的口上,明年才能到达降娄。

仆展跟从伯有,和他一起死了。羽颉逃亡到晋国,做了任邑的长官。

鸡泽的会见,郑国的乐成逃亡到楚国,就乘机去到晋国。羽颉靠着他,和他勾结着一起奉事赵文子,提出了进攻郑国的建议。由于有宋国盟誓的缘故,赵文子不同意这项建议。子皮让公孙钼代替羽颉做了马师。

30·11　楚国的公子围杀了大司马蒍掩而占取了他的家财。申无宇说:"王子必然不能免于祸难。善人,是国家的栋梁。王子辅助楚国的政事,应该培养好人,现在反倒对他们暴虐,这是危害国家。而且司马,是令尹的辅佐,也是国君的手足。断绝百姓的栋梁,去掉自己的辅佐,斩除国君的手足,以危害国家,没有比这再大的不吉利了。怎么能免于祸难呢?"

30·12　为了宋国火灾的缘故,诸侯的大夫会见,商量给宋国赠送财货。冬季十月,叔孙豹和晋国赵武、齐国的公孙虿、宋国的向戌、卫国的北宫佗、郑国的罕虎以及小邾国的大夫在澶渊会见。并没有给宋国赠送什么东西,所以《春秋》没有记载与会者的姓名。

君子说:"信用恐怕不能不谨慎吧! 澶渊的会见,不记载卿的名字,这是由于不守信用的缘故。诸侯的上卿,会见了又不守信用,他们尊贵的姓名全都丢掉了,不守信用是这样的不可以啊。《诗》说,'文王或升或降,都是在天帝的左右',这是说要守信义。又说,'好好地谨慎你的行动,不要表现你的虚伪',这是说不守信义。"《春秋》记载说"某人某人会于澶渊,宋灾故",这是为了责备他们。不记载鲁国的大夫,这是由于为他隐瞒。

30·13　郑国的子皮把政权交给子产，子产辞谢说："国家小而逼近大国，家族庞大而受宠的人又多，我不能治理好。"子皮说："虎率领他们听从，谁敢触犯您？您好好地辅助国政吧。国家不在于小，小国能够事奉大国，国家就可以不受逼迫了。"

子产治理政事，有事情要伯石去办，赠送给他城邑。子太叔说："国家是大家的国家，为什么独给他送东西？"子产说："要没有欲望确实是难的。使他们都满足欲望，去办他们的事情而取得成功。这不是我的成功，难道是别人的成功吗？对城邑有什么爱惜的，它会跑到哪里去？"子太叔说："四方邻国将怎么看待？"子产说："这样做不是为了互相违背，而是为了互相顺从，四方的邻国对我们有什么可责备的？《郑书》有这样的话：'安定国家，一定要优先照顾大族。'姑且先照顾大族，再看它归向何处。"不久，伯石恐惧而把封邑归还，最终子产还是把城邑给了他。伯有死了以后，郑简公让太史去命令伯石做卿，伯石辞谢。太史退出，伯石又请求太史重新发布命令，命令下来了再次辞谢。像这样一连三次，这才接受策书入朝拜谢。子产因此讨厌伯石的为人，但担心他作乱，就让他居于比自己低一级的地位。

子产让城市和乡村有所区别，上下尊卑各有职责，田土四界有水沟，庐舍和耕地能互相适应。对卿大夫中忠诚俭朴的，听从他，亲近他；骄傲奢侈的，推翻他。

丰卷准备祭祀，请求猎取祭品。子产不答应，说："只有国君祭祀才用新猎取的野兽，一般人只要大致足够就可以了。"丰卷生气，退出以后就召集士兵。子产准备逃亡到晋国，子皮阻止他而驱逐了丰卷。丰卷逃亡到晋国，子产请求不要没收他的田地住宅，三年以后让丰卷回国复位，把他的田地住宅和一切收入都退还给他。

子产参与政事一年，人们歌唱道："计算我的家产而收财物税，丈量我的耕地而征收田税。谁杀死子产，我就帮助他。"到了三年，又歌唱道:"我有子弟,子产教诲;我有土田,子产使之增产。万一子产逝世谁来接替他呢?"

襄公三十一年

31·1　三十一年春季,周王朝历法的正月,穆叔从澶渊会见回来,见了孟孝伯,对他说:"赵孟将要死了。他的话毫无远虑,不像百姓的主人。而且年纪不到五十,就絮絮叨叨好像八九十岁的人,他不能活得很长久了。如果赵孟死了,掌握政权的恐怕是韩起吧! 您为何不对季孙去说这件事,可以及早建立友好关系,他是个君子。晋国的国君将要失去政权了,如果不去建立友好,让韩子早点为鲁国做些准备工作,不久以后政权落在大夫手里,韩子又懦弱,大夫大多贪婪,要求和欲望没有个止境,齐国、楚国却不足以依靠,鲁国将陷入可怕的困境!"孟孝伯说:"人的一辈子能活多久,谁能说没有点得过且过的思想? 早晨活着还怕到不了晚上,哪里用得着去建立友好?"穆叔出去,告诉别人说:"孟孝伯将要死了。我告诉他赵孟的得过且过,但他比赵孟还不如。"又和季孙说到晋国的事情,季孙不听。等到赵文子死了,晋国公室的地位下降,政权落在豪奢的大夫手里。韩宣子掌握国政,不能为诸侯所拥护。鲁国难以担负晋国的要求,奸邪小人很多,因此有了平丘的会见。

31·2　齐国的子尾惧怕闾丘婴,想杀死他,派他带兵进攻阳州。我国询问他们为什么要出兵。夏季,五月,子尾杀了闾丘婴,来向我军解释。工偻洒、渻灶、孔虺、贾寅逃亡到莒国。子尾驱逐了公子们。

31·3　鲁襄公建造楚国式的宫殿。穆叔说:"《大誓》说:'百姓所要求的,上天必然听从。'国君想要楚国了,所以建造楚国式的宫殿。如果不再去楚国,必然死在这座宫殿里。"六月二十八日,鲁襄公死在楚宫里。

叔仲带偷了襄公的大玉璧,给了驾车的人,放在他的怀里,又从他那里拿了过来,因此而得罪。

鲁国拥立胡国女人敬归的儿子子野,住在季氏那里。秋季,九月十一日,子野死,这是由于哀痛过度。

31·4　十七日,孟孝伯死了。

鲁国拥立敬归的妹妹齐归生的儿子公子裯为国君。穆叔不愿意,说:"太子死了,有同母兄弟就立他,没有就立年长的。年纪差不多就选择贤能的,贤能又差不多就占卜,这是古代的常规。死去的子野并不是嫡子,何必非要立他母亲的妹妹的儿子?而且这个人,居丧却不哀痛,父母死了反而有喜悦的脸色,这叫做不孝。不孝的人,很少不捣乱的。假如立了他,必然造成季氏的忧患。"季武子不听,结果立了他。等到安葬襄公,三次更换丧服,丧服的衣襟脏得好像旧丧服一样。当时昭公已十九岁了,还有孩子脾气,君子因此知道他不能善终。

31·5　冬季,十月,滕成公来鲁国参加葬礼,表现得不恭敬而眼泪很多。子服惠伯说:"滕国的国君将要死了。在他吊临的位置上表现懈怠,而哀痛太过分,在葬礼中已经显出将死的预兆了,能够不相继死吗?"

31·6　十月二十一日,安葬鲁襄公。

襄公死去的那一个月,子产陪同郑简公到晋国去,晋平公由于我国有丧事,没有接见。子产派人将晋国宾馆的围墙全部拆毁而安放自己的车马。士文伯责备他,说:"敝邑由于政事和刑罚不够完善,到处都是盗贼,无奈诸侯的属官来向寡君朝聘,因此派官吏修缮宾客所住的馆舍,加高大门,围墙增厚,以不让宾客使者担忧。

现在您拆毁了它,虽然您的随从能够自己戒备,让别国的宾客又怎么办呢? 由于敝邑是盟主,修缮围墙,为接待宾客。如果都拆毁了,那么将怎么供应宾客的需要呢? 寡君派匄前来请问拆墙的意图。"子产回答说:"由于敝邑地方狭小,夹在大国之间,而大国需索贡品又没有一定的时候,因此不敢安居,尽量搜索敝邑的财富,以便随时来朝会。碰上执事没有空闲,而没有能够见到;又得不到命令,不知道什么时候才能接见。我们不敢献上财币,也不敢让它日晒夜露。如果奉献,那么它就是君王府库中的财物,不经过在庭院里陈列的仪式,就不敢奉献。如果让它日晒夜露,就又害怕时而干燥时而潮湿因而腐朽坏,以加重敝邑的罪过。侨听说晋文公做盟主的时候,宫室矮小,没有可供观望的台榭,而把接待诸侯的宾馆修得又高又大,宾馆好像现在君王的寝宫一样。对宾馆内的库房、马厩都加以修缮,司空及时整修道路,泥瓦工按时粉刷墙壁,诸侯的宾客来了,甸人点起火把,仆人巡逻宫馆。车马有一定的处所,宾客的随从有人替代服役,管理车子的管理员为车轴加油,打扫的人、牧羊人、养马的人各人做自己分内的事情。各部官吏各自陈列他的礼品。文公不让宾客耽搁,也没有因为这样而荒废宾主的公事。和宾客忧乐相同,有事就加以安抚,对宾客所不知道的加以教导,不周到的加以体谅。宾客来到晋国就像在自己家里一样,还有什么灾患? 不怕抢劫偷盗,也不担心干燥潮湿。现在铜鞮山的宫室绵延几里,而诸侯住在像奴隶住的屋子里,门口进不去车子,而又不能翻墙而入。盗贼公开行动,而传染病又不能防止。宾客进见诸侯没有一定的时候,君王接见的命令也不知道什么时候才能发布。如果还不拆毁围墙,这就没有地方收藏财礼,反而要加重罪过了。谨敢问执事,对我们将有什么指示? 虽然君王有鲁国的丧事,但这同样也是敝国的忧虑。如果能够奉上财礼,我们愿把围墙修好了再走。这是君王的恩惠,岂敢害怕修墙的辛勤劳动!"

　　文伯回到朝廷汇报。赵文子说:"说得对。我们实在是不好,用容纳奴隶的房屋去接待诸侯,这是我们的罪过啊。"就派士文伯去表示歉意并说自己无能。晋平公接见郑简公,礼仪有加,举行极隆重的宴会,赠送更加丰厚,然后让他回去。于是就建造接待诸侯的宾馆。叔向说:"辞令的不能废弃就像这样吧!子产善于辞令,诸侯因他而得利。为什么要放弃辞令呢?《诗》说:'辞令和谐,百姓团结,辞令动听,百姓安定。'他已经懂得这个道理。"

　　31·7　郑国的子皮派印段去楚国,先到晋国报告这件事,这是合于礼的。

　　31·8　莒犁比公生了去疾和展舆,已经立了展舆,又废了他。犁比公暴虐,国内的人们为此担心。十一月,展舆倚靠国内的人们攻打莒犁比公,杀死了他,就自立为国君。去疾逃亡到齐国,因为他是齐女所生的。展舆是吴女所生。《春秋》记载说"莒人弑其君买朱鉏",这是说罪过在于莒犁比公。

　　31·9　吴王派屈狐庸到晋国聘问,这是为了沟通吴、晋两国交往的道路。赵文子询问他,说:"延州来季子最终能立为国君吗?从前进攻巢地死了诸樊,看门人杀了戴吴,上天似乎为季子打开了做国君的大门,怎么样?"屈狐庸回答说:"不立。这是两位国王的命运不好,不是为季子打开做国君的大门。如果上天打开了大门,恐怕是为了现在的国君吧!他很有德行而又合于法度。有德行就不会失去百姓,合于法度就不会办错事情。百姓亲附而事情有秩序,大概是上天为他打开大门的。保有吴国的,最后一定是这位国君的子孙。季子,是保持节操的人,虽然他应享有国家,也是不愿做国君的。"

　　31·10　十二月,北宫文子陪同卫襄公到楚国去,这是由于在宋国结盟的缘故。经过郑国,印段到棐林去慰劳他们,依照聘问的礼仪,而使用慰劳的辞令。文子进入国都聘问。子羽做行人,冯简子和太叔迎接客人。事情完毕以后文子出来,对卫襄公说:"郑国讲究礼仪,这是几代的福气,恐怕不会有大国去讨伐他吧!《诗》说:'谁能耐热,不去洗澡。'礼仪对于政事,好像天热得要洗澡一样。洗澡用来消除炎热,有什么可担心的?"

子产参与政事,选择贤能而使用他们。冯简子能决断大事。子太叔外貌秀美而内有文采。子羽能了解四方诸侯的政令而且了解他们大夫的家族姓氏、官职爵位、地位贵贱、才能高低,又善于辞令。裨谌能出谋划策,在野外策划就正确,在城里策划就不得当。郑国将要有外交上的事情,子产就向子羽询问四方诸侯的政令,并且让他写一些有关的外交辞令稿;和裨谌一起坐车到野外去,让他策划是否可行;把结果告诉冯简子,让他决定。计划完成,就交给子太叔执行,交往诸侯应对宾客,所以很少有把事情办坏的时候。这就是北宫文子所说的讲究礼节。

31·11　郑国人在乡校里游玩聚会,议论国家政事。然明对子产说:"毁了乡校怎么样?"子产说:"为什么? 人们早晚事情完了到那里游玩,来议论政事的好坏。他们认为好的,我就推行它;他们所讨厌的,我就改掉它。这是我的老师。为什么要毁掉它? 我听说用忠于为善,能减少怨恨,没有听说用摆出权威能防止怨恨。靠权威难道不能很快制止议论? 但是就像防止河水一样:大水来了,伤人必然很多,我不能挽救。不如把水稍稍放掉一点加以疏通,不如让我听到这些话而作为药石。"然明说:"蔑从今以后知道您确实是可以成就大事的。小人实在没有才能。如果终于这样做下去,这确实有利于郑国,岂独有利于二三位大臣?"孔子听到这些话,说:"从这里来看,别人说子产不仁,我不相信。"

31·12　子皮想要让尹何来治理自己的封邑。子产说:"尹何年纪轻,不知道能不能胜任。"子皮说:"这个人谨慎善良,我喜欢他,他不会背叛我的。让他去学习一下,他也就更加知道该怎么办事情了。"子产说:"不行。人家喜欢一个人,总是希望对这个人有利。现在您喜欢一个人却把政事交给他,这好像一个人不会用刀而让他去割东西,多半是要损伤他自己的。您喜欢他,不过是伤害他罢了,有谁还敢在您这里求得喜欢?您对于郑国来说是国家的栋梁。栋梁折断,椽子就会崩塌,侨将会被压在底下,我哪敢不把话全部说出来?您有了漂亮的丝绸,是不会让别人用它来学习裁制的。大官和大的封邑,是庇护自身的,反而让学习的人去裁制,这比起漂亮的丝绸来价值不就多得多吗?侨听说学习以后才能从政,没有听说用从政来学习的。如果真是这么办,一定有所伤害。譬如打猎,熟悉射箭驾车的,就能获得猎物,如果从没有登车射过箭驾过车,那么只担心翻车被压,哪里有闲心想获得猎物?"子皮说:"好啊!虎真是不聪明。我听说君子懂得大的远的,小人只懂得小的近的。我,是小人啊。衣服穿在我身上,我知道而且慎重对待它,大官和大的封邑是用来庇护自身的,我却疏远而且轻视它。要没有您的话,我是不知道的。从前我曾说过,您治理郑国,我治理我的家族以庇护我自己,这就可以了。从今以后才知道这样不行。从现在起我请求,虽然是我家族的事情,也听从您的意见去办理。"子产说:"每个人的想法不一样,好像他的面孔,我难道敢说您的面孔像我的面孔吗?不过心里觉得这样做是危险的,就把它告诉您了。"子皮认为他忠诚,所以把政事全交付给他。子产因此能够执掌郑国大权。

31·13 卫襄公在楚国,北宫文子见到楚令尹围的仪表,对卫襄公说:"令尹的言行像国君了,将要有别的想法。虽然能实现这种想法,但是不能善终。《诗》说:'什么都有个开头,可是很少能有好的结束。'善终实在很难,令尹恐怕要不能免于祸难。"卫襄公说:"你怎么知道?"北宫文子回答说:"《诗》说:'恭敬而慎重地使用威仪,因为它是百姓的准则。'令尹没有威仪,百姓就没有准则。百姓所不去效法的人，而在百姓之上，就不能善终。"卫襄公说："好啊！什么叫威仪？"北宫文子回答说："有威严而使人能害怕叫做威，有仪表而使人能仿效叫做仪。国君有国君的威仪，他的臣子敬畏而爱戴他，把他作为准则而仿效他，所以能保有他的国家，有好名声，传于子孙后代。臣子有臣子的威仪，他的下面害怕而爱护他，所以能保住他的官职，保护家族，使家庭和睦。按照这个次序以下都像这样，因此上下能够互相巩固。《卫诗》说'威仪安详，好处不能计量'，这是说君臣、上下、父子、兄弟、内外、大小都有威仪。《周诗》说，'朋友之间互相辅助，所用的就是威仪'，这是说朋友之道一定要用威仪来互相教导。《周书》列举文王的德行，说，'大国害怕他的力量，小国怀念他的恩德'，这是说对他既害怕而又爱护。《诗》说，'无知无识，顺着天帝的准则'，这是说把他作为准则而加以仿效。殷纣王囚禁周文王七年，诸侯跟着他去坐牢，纣王于是就害怕而把文王放了回去，可以说是敬爱文王了。文王攻打崇国，两次发兵，崇国就降服为臣，蛮夷相继归服，可以说是害怕文王了。文王的功业，天下赞诵而歌舞，可以说以文王为准则了。文王的措施，到今天还作为法则，可以说是仿效文王了。这是因为有威仪的缘故。所以君子在官位上可使人怕他，施舍可使人爱他，进退可以作为法度，应付得体，容貌举止可以值得观赏，做事情可以让人学习，德行可以作为仿效，声音气度可以使人高兴，举动有修养，说话有条理，用这些来对待下面的人，这就叫做有威仪。"

卷十　昭　公

昭公元年

1·1　元年春季,楚国的公子围到郑国去聘问,同时娶了公孙段的女儿为妻。伍举作为副使,将要进入宾馆,郑国人讨厌他,派行人子羽婉辞拒绝,于是就住在城外。聘礼举行以后,将要带领很多兵去迎娶。子产担心这件事,派子羽辞谢,说:"由于敝邑狭小,不足以容纳您的随从,请求让我们清除地面作可以祭祀的地方,再听取您的命令。"令尹命令太宰伯州犁回答说:"贵君给寡大夫围恩惠,对围说将要让丰氏的女儿嫁给你做妻子。围陈列几筵,在庄王、共王的神庙中祭告然后前来娶妇。如果在野外赐给我,这是把贵君的恩赐丢在草丛中去了,这也是让寡大夫不能处在卿的行列里了。不仅如此,又让围欺骗了我的先君,将要不再能做寡君的大臣,恐怕也不能回去复命了。请大夫考虑罢!"子羽说:"小国没有罪过,依靠大国而不设防备就是他的罪过。小国打算依靠大国安定自己,而大国却恐怕是包藏祸心来打小国的主意吧!怕的是小国失去了依靠,就让诸侯得到戒惧,而全都怨恨大国,对国君命令抗拒违背,使它行不通。否则,敝邑就等于贵国的宾馆,岂敢爱惜丰氏的神庙?"伍举知道郑国有了防备,请求倒转弓袋子进入国都。郑国才同意了。

正月十五日，公子围进入国都，迎娶后出来。于是就和叔孙豹、晋国赵武、齐国国弱、宋国向戌、陈国公子招、蔡国公子归生、郑国罕虎、许国人、曹国人在虢地会见，这是为了重温宋国盟会的友好。祁午对赵文子说："在宋国的盟会，楚国人占了晋国的先。现在令尹不守信用，这是诸侯都听说的。您如果还不戒备，怕的是又像在宋国一样。子木的信用为诸侯所称道，尚且欺骗晋国而要驾凌在上面，何况是不守信用的突出人物呢？楚国再次占了晋国的上风，是晋国的耻辱。您辅佐晋国作为盟主，到现在已经七年了。两次会合诸侯，三次会合大夫，使齐国、狄人归服，使华夏的东方国家安宁，平定秦国造成的动乱，在淳于修筑城墙，军队不疲弊，国家不疲乏，百姓没有诽谤，诸侯没有怨言。天不降大灾，这是您的力量。有了好名声了，反而用耻辱来结束，午就是害怕这个，您不能不警惕。"赵文子说："武接受您的恩赐了。然而在宋国的结盟，子木有害人之心，武有爱人之心，这就是楚国所以驾凌在晋国上面的缘故。现在武还是这样的心，楚国又不守信用，这可不是他所能伤害的了。武将要用信用作为根本，按照这去做。譬如农夫，只要勤于除草培土，虽然有一时灾荒，最终必然获得丰收。而且我听说，能守信用就不会在别人下面，我还是不能做到守信用啊。《诗》说，'待人以信，很少不能做榜样'，这是由于守信用的缘故。能够做别人典范的，不会在别人的下面了。我的难处在不能做到这一点。楚国不能造成祸患。"楚国的令尹围请求使用牺牲，宣读一遍过去的盟约然后放在牺牲上面。晋国人答应了。

三月二十五日，结盟。楚国的公子围陈列了国君的服饰，两个卫士拿着戈站在旁边。叔孙穆子说："楚国的公子很神气，像个国君啊！"郑国的子皮说："两个拿着戈的人站在前面来了。"蔡国的子家说："蒲宫有一对执戈卫士站在前面，不也可以吗？"楚国的伯州犁说："这些东西是这次出来的时候，向国君请求而借来的。"郑国的行人子羽说："借了就不还了。"伯州犁说："您还是去担心一下你们子皙想要违命作乱吧。"子羽说："公子弃疾还在那里,借了不还您难道没有忧虑吗?"齐国的国子说："我替这两位担心哪。"陈国的公子招说："不忧愁怎么能办成事情? 这两位可高兴啦。"卫国的齐子说："如果有人事先知道,虽然有忧虑又有什么危害?"宋国的合左师说："大国发令,小国供职,我知道供职就是了。"晋国的乐王鲋说:"《小旻》的最后一章很好,我照着那样做。"

　　退出会场,子羽对子皮说："叔孙言辞恰切而委婉,宋国左师语言简明而合于礼仪,乐王鲋自爱而恭敬,您和子家说话得当,都是可以保持几代爵禄的大夫。齐国、卫国、陈国的大夫大概不能免于祸难吧! 国子替人忧虑,子招以高兴代替忧虑,齐子虽然有忧虑却不当作危害。凡是忧虑没有到自己身上而替人忧虑,和可以忧虑反而高兴,和把忧虑不当作危害,这都是招来忧虑的原由,忧虑必然到他的身上来。《大誓》说:'百姓所要求的,上天必然听从。'三位大夫有了忧虑的兆头,忧虑能不来吗? 从言语来说明情况,说的就是这个了。"

1·2　季武子进攻莒国,占据了郓地,莒国人向盟会报告。楚国对晋国说："重温过去的盟会还没有结束,鲁国就进攻莒国,轻视盟约,请求诛杀鲁国的使者。"

　　乐桓子辅佐赵文子,想要向叔孙豹索取财货,而为他向赵文子说情。派人向叔孙豹要他的带子,叔孙豹不给。梁其踁说："财货用来保护身体,您有什么可吝惜呢?"叔孙豹说："诸侯的会见,是为了保卫国家。我用财货来免于祸患,鲁国就必然受到进攻了,这是为它带来祸患啊,还有什么保卫可言? 人所以有墙壁,是用来遮挡坏人的。墙壁裂缝,这是谁的过错? 为了保卫反而让鲁国受攻击,我的罪过又超过了墙壁。虽然应当埋怨季孙,鲁国有什么罪过呢? 叔孙出使季孙守国,一向就是这样的,我又去怨谁呢? 然而鲋喜欢财货,不给他,没有完。"召见使者,撕下一片做裙子的帛给他,说:"身上的带子恐怕太窄了。"赵孟听到了,说:"面临祸患而不忘记国家,这是忠心。想到危难而不放弃职守,这是诚意。为国家打算而不惜一死,这是坚定。计谋以上述三点作为主体,这是道义。有了这四点,难道可以诛戮吗?"就向楚国请求说:"鲁国虽然有罪,它的执事不避祸难,畏惧贵国的威严而恭敬地从命了。您如果赦免他,用来勉励您的左右,这还是可以的。如果您的官吏们在国内不避困难,在国外不逃避祸难,还有什么可忧虑的? 忧虑之所以产生,就是有困难而不能治理、祸难来了而不顶住,就是这样来的。能做到这两点,又忧虑什么? 不安定贤能的人了,有谁去跟从他? 鲁国的叔孙豹可以说是贤能的人,请求赦免他,用来安定贤能的人。您参加了盟会而赦免了有罪的国家,又奖励它的贤能的人,还有谁不高高兴兴的望着楚国而归服你们,把疏远看成亲近呢? 国境上的城邑,一时属那边,一时属这边,有什么一定? 三王五伯的政令,划定疆界,在那里设置官员,树立界碑,而写明在章程法令上。越境就要惩罚,尽管这样,尚且不能一成不变。在这种情况下虞舜时代有三苗,夏朝有观氏、扈氏,商朝有姺氏、邳氏,周朝有徐国、奄国。自从没有英明的天子以后,诸侯争相扩张,交替主持结盟,难道又能够一成不变吗? 担心大祸不计较小错,足以做盟主,又哪里用得着管这些小事? 边境被侵削,哪个国家没有? 主持结盟的,谁能治理得了? 吴国、百濮有隙可乘,楚国的执事难道只顾到盟约不去进攻? 莒国边境上的事情,楚国不要过问,不要烦劳诸侯,不也可以吗? 莒国、鲁国争执郓地,日子很久了。只要对他们国家没有大妨害,可以不必去保护。免除烦劳、赦免善人,就没有不争相努力的。您还是考虑一下。"晋国人坚决向楚国请求,楚国人答应了,就赦免了叔孙。

1·3　令尹设宴招待赵孟,赋《大明》的第一章。赵孟赋《小宛》的

第二章。事情完了,赵孟对叔向说:"令尹自以为是国王了,怎么样?"叔向回答说:"国王弱,令尹强,大概是可以成功的吧!虽然可以成功,不能有好结果。"赵孟说:"为什么?"叔向回答说:"用强大制服弱小而心安理得,强大而不合于道义。不合于道义而强大,他的灭亡必然很快。《诗》说'声威赫赫的宗周,褒姒灭亡了它',这是由于强大又不合道义的缘故。令尹做了国王,必然请求诸侯的拥护。晋国有些衰弱了,诸侯就会投靠他。如果得到了诸侯,他的暴虐就更厉害,百姓不能忍受他的残暴,他如何能善终?用强力来取得君位,不合于道义而能获成功,必然把它作为常道。把荒淫暴虐作为常道,是不能持久的啊!"

1·4 夏季,四月,赵孟、叔孙豹、曹国的大夫进入郑国,郑简公同时设享礼招待他们。子皮通知赵孟,通知的礼仪结束,赵孟赋《瓠叶》这首诗。子皮通知叔孙豹,同时告诉他赵孟赋诗的情况。叔孙豹说:"赵孟想要一献之宴,您还是听从他。"子皮说:"敢吗?"叔孙豹说:"那个人想要这样,又有什么不敢?"等到举行享礼,在东房准备了五献的用具。赵孟辞谢,私下对子产说:"武已经向上卿请求过了。"于是就使用了一献。赵孟作为主宾,享礼完毕就饮宴。叔孙豹赋《鹊巢》这首诗,赵孟说:"武不敢当啊。"叔孙豹又赋《采蘩》这首诗,说:"小国献上薄礼蘩,大国爱惜而加以使用,岂敢不服从大国的命令?"子皮赋《野有死麕》的最后一章,赵孟赋《常棣》这首诗,同时说:"我们兄弟亲密而安好,可以别让狗叫了。"叔孙豹、子皮和曹国的大夫起立,下拜,举起牛角杯,说:"小国靠着您,知道免于罪过了。"大家喝酒喝得很高兴。赵孟出来,说:"我不会再见到这样的欢乐了。"

1·5 周景王派刘定公在颍地慰劳赵孟,让他住在洛水边上。刘定公说:"美好啊,禹的功绩!他美的德行多么深远。如果没有禹,我们大约要变成鱼了吧!我和您戴着礼帽穿着礼服,来治理百姓、面对诸侯,都是禹的力量。您何不远继禹的功绩,而大大地庇护百姓呢?"赵孟回答说:"我老头子惟恐犯下罪过,哪里能考虑得长远的事情? 我们这些人苟且度日,早晨不想到晚上,哪里能够作长远考虑呢?"刘子回去,把情况告诉周景王,说:"俗话所说老了会聪明些,可是糊涂也跟着来了,这说的就是赵孟吧! 做晋国的正卿以主持诸侯,反而把自己等同于那些下贱的人,早晨不想到晚上,这是丢弃了神灵和百姓了。神灵发怒,百姓背叛,何以能长久? 赵孟不再能过年了。神灵发怒,不享用他的祭祀。百姓背叛,不替他做事情。祭祀和国事不能办理,又怎么能过得了年?"

1·6　叔孙回国,曾夭为季孙驾车去慰劳他。从早晨到中午,叔孙没有出来。曾夭对曾阜说:"从早晨一直等到中午,我们已经知道罪过了。鲁国是用互相忍让来治理国家的。在国外忍让,在国内不忍让,那又何必呢?"曾阜说:"他几个月在外边,我们在这里只一早晨,有什么妨碍? 商人要赢利,还能讨厌喧闹吗?"曾阜对叔孙说:"可以出去了。"叔孙指着柱子说:"虽然讨厌这个柱子,难道能够去掉吗?"于是就出去接见季孙。

1·7　郑国徐吾犯的妹妹很漂亮,公孙楚已经和她订了婚,公孙黑又硬派人送去聘礼。徐吾犯害怕,告诉子产。子产说:"这是国家政事混乱,不是您的忧患。她愿意嫁给谁就嫁给谁。"徐吾犯请求这二位,让女子自己选择。他们都答应了。公孙黑打扮得非常华丽,进来,陈设财礼然后出去了。公孙楚穿着军服进来,左右开弓,一跃登车而去。女子在房间内观看他们,说:"子晳确实是很美,不过子南是个真正的男子汉。丈夫要像丈夫,妻子要像妻子,这就是所谓顺。"徐女嫁给了公孙楚家。公孙黑发怒,不久以后就把皮甲穿在外衣里而去见公孙楚,想要杀死他而占取他的妻子。公孙楚知道他的企图,拿了戈追赶他,到达交叉路口,用戈敲击他。公孙黑受伤回去,告诉大夫说:"我很友好地去见他,不知道他有别的想法,所以受了伤。"

　　大夫们都议论这件事。子产说:"各有理由,年幼地位低的有罪,罪在于公孙楚。"于是就抓住公孙楚而列举他的罪状,说:"国家的大节有五条,你都触犯了。惧怕国君的威严,听从他的政令,尊重贵人,事奉长者,奉养亲属,这五条是用来治理国家的。现在国君在国都里,你动用武器,这是不惧怕威严。触犯国家的法纪,这是不听从政令。子皙是上大夫,你是下大夫,而又不肯在他下面,这是不尊重贵人。年纪小而不恭敬,这是不事奉长者。用武器对付堂兄,这是不奉养亲属。国君说:'我不忍杀你,赦免你让你到远地。'尽你的力量,快走吧,不要加重你的罪行!"

　　五月初二日,郑国放逐公孙楚到吴国。准备让公孙楚起程,子产征求太叔的意见。太叔说:"吉不能保护自身,哪里能保护一族?他的事情属于国家政治,不是私家的危难。您为郑国打算,有利国家就去办,又有什么疑惑呢? 周公杀死管叔,放逐了蔡叔,难道不爱他们? 这是为巩固王室。吉如果得罪,您也将要执行惩罚,何必顾虑游氏诸人?"

1·8　秦国的后子受到秦桓公的宠信,在秦景公即位的时候和景公如同两君并列一样。他的母亲说:"如果不离开,恐怕会要被放逐的。"五月二十五日,后子到晋国去,他的车子有一千辆。《春秋》记载说"秦伯之弟鍼出奔晋",这是把罪责归于秦景公。

　　后子设享礼招待晋平公,在黄河搭了浮桥,每隔十里就停放一批车辆,从雍城绵延到绛城。回去取奉献的礼物,到享礼结束往返取币八次。司马侯询问说:"您的车辆都在这里了吗?"后子回答说:"这已经算够多了。如果能比这些少,我怎么能见到你呢?"司马侯把这些话报告晋平公,而且说:"秦公子必然回国。下臣听说君子能够知道自己的过错,一定有好的计谋。好的计谋,这是上天所赞助的。"

　　后子进见赵孟。赵孟说:"您大约什么时候回去呢?"后子回答说:"鍼害怕被国君放逐,因此留在这里,准备等到新君即位再回国。"赵孟说:"秦国的国君怎么样?"后子回答说:"无道。"赵孟说:"国家会灭亡吗?"后子回答说:"为什么? 一代的君主无道,国家还不致到达绝境。立国在天地之间,必然有辅助的人。不是几代的荒淫,不能灭亡的。"赵孟说:"国君会短命吗?"后子回答说:"会的。"赵孟说:"大约多久呢?"后子回答说:"鍼听说,国家无道而粮食丰收,这是上天在辅助他。少则不过五年。"赵孟看着太阳的影子,说:"早晨等不到晚上,谁能等待五年?"后子出来,告诉别人说:"赵孟将要死了。主持百姓的事情,既想混日子又急于怕自己活不久,他还能活多久呢?"

1·9　郑国由于游楚作乱的缘故,六月初九日,郑简公和他的大夫们在公孙段家里结盟。罕虎、公孙侨、公孙段、印段、游吉、驷带在闺门外边私下结盟,盟地就在薰隧。公孙黑硬要参加结盟,让太史写下他的名字,而且称为"七子"。子产并不加讨伐。

1·10　晋国的中行穆子在大原打败了无终和各部狄人,这是由于重用步兵的缘故。即将作战时,魏舒说:"他们是步兵我们是车兵,两军相遇的地方形势险要,用十个步兵对付一辆战车,必然得胜。把他们围困在险地,我们又能胜他们。请全部改为步兵,从我开始。"于是就不用战车改为步兵的行列,五乘战车改成三个伍。荀吴的宠臣不肯编入步兵,就杀了巡行示众。晋军摆成五种阵势以互相呼应,两在前面,伍在后面,专作为右翼,参作为左翼,偏作为前锋方阵,用这个来诱敌。狄人讥笑他们。没有等狄人摆开阵势,晋兵就迫近进攻,大胜狄人。

1·11　莒国的展舆即位,夺去了公子们的俸禄。公子们把去疾从齐国召回来。秋季,齐国的公子鉏把去疾送回莒国,展舆逃亡到吴国。

叔弓率领军队划定郓地的疆界,这是乘莒国发生内乱的缘故。在这时候莒国的务娄、瞀胡和公子灭明带着大厖和常仪靡逃亡到齐国。

君子说:"莒展不能被立,这是由于失去了人才的缘故吧!人才可以不要吗?《诗》说,'要强大只有得到贤人',很正确啊。"

1·12　晋平公有病,郑伯派子产去到晋国聘问,同时探视病情。叔向询问子产说:"寡君的疾病,卜人说'是实沈、台骀在作怪',太史不知道他们,谨敢请问这是什么神灵?"子产说:

> 从前高辛氏有两个儿子,大的叫阏伯,小的叫实沈,住在大树林里,不能相容,每天使用武器互相攻打。帝尧认为他们不好,把阏伯迁移到商丘,用大火星来定时节。商朝人沿袭下来,所以大火星成了商星。把实沈迁移到大夏,用参星来定时节,唐国人沿袭下来,以归服事奉夏朝、商朝。它的末世叫做唐叔虞。正当武王的邑姜怀着太叔的时候,梦见天帝对自己说:"我为你的儿子起名为虞,准备将唐国给他,属于参星,而繁衍养育他的子孙。"等到生下来,有纹路在他掌心像虞字,就名为虞。等到成王灭了唐国,就封给了太叔,所以参星是晋国的星宿。从这里看来,那么实沈就是参星之神了。从前金天氏有后代叫做昧,做水官,生了允格、台骀。台骀能世代为官,疏通汾水、洮水,堵住大泽,带领人们就住在广阔的高平的地区。颛顼因此嘉奖他,把他封在汾川,沈、姒、蓐、黄四国世代守着他的祭祀。现在晋国主宰了汾水一带而灭掉了这四个国家。从这里看来,那么台骀就是汾水之神了。然而这两位神灵与晋君之病无关。山川的神灵,遇到水旱瘟疫这些灾祸就向他们祭祀禳灾。日月星辰的神灵,遇到雪霜风雨不合时令,就向他们祭祀禳灾。至于疾病在您身上,也就是由于劳逸、饮食、哀乐不适度的缘故。山川、星辰的神灵又哪能降病给您

呢？侨听说，君子有四段时间，早晨用来听取政事，白天用来调查询问，晚上用来确定政令，夜里用来安歇身体。在这时就可以有节制地散发体气，别让它有所壅塞以使身体衰弱。心里不明白这些，就会使百事昏乱。现在恐怕是体气用在一处，就生病了。侨又听说，国君的妻妾不能有同姓，因为子孙不能昌盛。美人都占尽了，那么就会得病，君子因此讨厌这个。所以《志》说："买姬妾侍女不知道她的姓，就占卜一下。"违反这两条，古代是很慎重的。男女要辨别姓氏，这是礼仪的大事。现在君王的宫里有四个姬姓侍妾，那恐怕就是为了这个缘故吧！如果是由于这两条，病就不能治了。去掉这四个姬姓女子还可以，否则就必然得病了。

叔向说："好啊，肸没有听说过呢，所说都是对的啊。"叔向出来，行人子羽送他。叔向询问郑国的情况，同时询问子晳的情况。子羽回答说："他还能活多久？没有礼仪而喜欢凌驾于人，仗着富有而轻视他的上级，不能长久了。"

晋平公听说了子产的话，说："他是知识渊博的君子啊。"送给子产以很厚的财物。

晋平公在秦国求医，秦景公让医和为他看病。医和说："病不能治了，这叫做亲近女人，得病好像蛊惑。不是由于鬼神，也不是由于饮食，而是被女色迷惑而丧失了意志。良臣将要死去，上天不能保佑。"晋平公问："女人不能亲近吗？"医和回答说："节制它。先王的音乐，是用来节制百事的，所以有五声的节奏，快慢、本末以互相调节，声音和谐然后降下来。五声下降后，就不允许再弹了。这时候再弹就有了繁复的手法和靡靡之音，使人心烦耳乱，就会忘记了平正和谐，因此君子是不听的。事情也像音乐一样，一到过度，就应该停止，不要因此得病。君子接近妻室，是用礼来节制的，不是用来烦心的。天有六种气候，派生为五种口味，表现为五种颜色,应验为五种声音。凡是过了头就会发生六种疾病。六种气候就叫做阴、晴、风、雨、夜、昼,分为四段时间,顺序为五声的节奏,过了头就是灾祸:阴没有节制是寒病,阳没有节制是热病,风没有节制是四肢病,雨没有节制是腹病,夜里没有节制是迷惑病,白天没有节制是心病。女人,属于阳事而时间在夜里,对女人没有节制就会发生内热蛊惑的疾病。现在您没有节制不分昼夜,能不到这个地步吗?"

医和出来,告诉赵孟。赵孟说:"谁相当于良臣?"医和说:"就是您了。您辅佐晋国,到现在八年,晋国没有动乱,诸侯没有缺失,可以说是良了。和听说,国家的大臣,光荣地受到信任和爵禄,承担国家的大事。有灾祸发生却不能改变作法,必然受到灾殃。现在国君到了没有节制的程度因而得病,将要不能为国家图谋考虑,还有比这更大的灾祸吗? 您不能禁止,我因此才这样说。"赵孟说:"什么叫做蛊?"医和回答说:"这是沉迷惑乱所引起的。在文字里,器皿中毒虫是蛊。稻谷中的飞虫也是蛊。在《周易》里,女人迷惑男人、大风吹落山木叫做《蛊》䷑。这都是同类事物。"赵孟说:"真是好医生啊。"赠给他很重的礼物而让他回去。

1·13　楚国的公子围派公子黑肱、伯州犁在犫、栎、郏地筑城,郑国人害怕。子产说:"没有妨害。令尹准备干大事而先除掉这两位。祸患不会到达郑国,担心什么?"

冬季,楚国的公子围准备到郑国聘问,伍举作为副手。没有走出国境,听说楚王有病而回来,伍举就到郑国聘问。十一月初四日,公子围到达,进宫问候楚王的病情,把楚王勒死了,并乘机杀了他的两个儿子幕和平夏。右尹子干逃亡到晋国,宫厩尹子皙逃亡到郑国。把太宰伯州犁绞死在郏地。把楚王葬在郏地,称他为郏敖。派使者发讣告到郑国,伍举问使者关于继承人的措辞,使者说:"寡大夫围。"伍举改正说:"共王的儿子围是长子。"

　　子干逃亡到晋国,跟从的车子有五辆,叔向让他和秦公子后子食禄相同,都是一百人的口粮。赵文子说:"秦公子富有。"叔向说:"根据德行得到俸禄,德行相等根据年龄,年龄相等根据地位。公子的食禄根据他国家的大小,没有听说根据什么富有情况来给。而且带着一千辆车子离开他的国家,强暴太过分了。《诗》说:'不欺侮鳏寡,不害怕强暴。'秦国、楚国是地位相同的大国。"于是就让后子和子干并列。后子辞谢说:"鍼害怕被放逐,楚公子怕被怀疑,所以都来晋国,也就唯命是听。而且下臣和旅客并列,恐怕不可以吧!史佚有话说:'不是旅客,为什么要对他恭敬?'"

1·14　楚灵王即位,蒍罢作令尹,蒍启彊作太宰。郑国的游吉到楚国参加郏敖的葬礼,同时为新国君的即位聘问。回国后对子产说:"准备行装吧。楚王骄傲奢侈而自我欣赏他的所作所为,必然要会合诸侯,我没有几天就要前去开会了。"子产说:"没有几年是办不到的。"

1·15　十二月,晋国已经举行了冬祭。赵孟去到南阳,准备祭祀孟子餘。初一日,在温地家庙举行冬祭。初七日,死去。郑简公到晋国吊唁,到达雍地就回去了。

昭公二年

2·1　二年春季,晋平公派韩宣子来鲁国聘问,同时报告他掌握国政,因此来进见,这是合于礼的。韩宣子在太史那里观看书籍,看到《易》、《象》和《鲁春秋》,说:"《周礼》都在鲁国了,我现在才知道周公的德行和周朝的所以能成就王业的缘故了。"昭公设享礼招待他,季武子赋《绵》的最后一章。韩宣子赋《角弓》这首诗。季武子参拜说:"谨敢拜谢您弥补敝邑,寡君有了希望了。"季武子赋了《节》的最后一章。享礼完毕,在季武子家里饮宴。有一棵好树,韩宣子赞美它。季武子说:"宿岂敢不培植这棵树,以不忘记《角弓》。"就赋了《甘棠》这首诗。韩宣子说:"起不敢当,赶不上召公。"

　　韩宣子于是就到齐国奉献财礼。进见子雅。子雅召见子旗,让他拜见韩宣子。韩宣子说:"这不是保住家族的大夫,不像个臣子。"进见子尾。子尾让彊拜见韩宣子。韩宣子对他的评价像对子旗的一样,大夫大多讥笑他,只有晏子相信他,说:"韩先生是个君子。君子有诚心,他是很了解的。"韩宣子从齐国到卫国聘问,卫襄公设享礼招待他。北宫文子赋《淇澳》这首诗,韩宣子赋《木瓜》这首诗。

2·2　夏季,四月,韩须到齐国迎接齐女少姜。齐国的陈无宇送少姜,把她送到晋国。晋平公宠爱少姜,晋平公称她为少齐。认为陈无宇不是卿,把他在中都抓了起来。少姜为他请求,说:"送亲的人地位同于迎亲的人。由于害怕大国,还有一些改变,因此才发生了混乱。"

2·3　叔弓到晋国聘问,这是为了回报韩宣子前来聘问的缘故。晋平公派人在郊外慰劳,叔弓辞谢说:"寡君派弓前来重修过去的友好,坚持说'你不能作为宾客',只要把命令上达给执事,敝邑就大有光彩了,岂敢烦劳郊使?请允许辞谢。"请他住宾馆,叔弓辞谢说:"寡君命令下臣前来重修过去的友好,友好结合,使命完成,这就是下臣的福禄了。岂敢住进宏大的宾馆!"叔向说:"子叔子懂得礼啊!我听说:'忠信是礼的容器,卑让是礼的根本。'言辞不忘记国家,这是忠信。先国家后自己,这是卑让。《诗》说:'不要滥用威仪,以亲近有德的人。'先生已经接近贤德了。"

2·4　秋季,郑国的公孙黑准备发动叛乱,想要去掉游氏而代替他的地位,由于旧伤发作,而没有实现。驷氏和大夫们想要杀死公孙黑。子产正在边境,听说了这件事,害怕赶不到,乘坐了传车到达。让官吏历数他的罪状,说:"伯有那次动乱,由于当时正致力于事奉大国,因而没有讨伐你。你有祸乱之心不能满足,国家对你不能容忍。专权而攻打伯有,这是你罪状的第一条。兄弟争夺妻子,这是你罪状的第二条。薰隧的盟会,你假托君位,这是你罪状的第三条。有了死罪三条,怎么能够容忍? 你不快点去死,死刑就会到你的头上。"公孙黑再拜叩头,推托说:"我早晚就死,不要帮着上天来虐待我。"子产说:"人谁不死! 凶恶的人不得善终,这是天命。做了凶恶的事情,就是凶恶的人。不帮着上天,难道帮着凶恶的人?"公孙黑请求让其子印担任褚师的官职。子产说:"印如果有才能,国君将会任命他。如果没有才能,将会早晚跟你去。你对自己的罪过不担心,而又请求什么? 不快点去死,司寇将要来到了。"七月初一日,公孙黑上吊死了。暴尸在周氏地方的要道上,把写着罪状的木头放在尸体上。

2·5 晋国的少姜死了。鲁昭公要到晋国去吊唁,到达黄河,晋平公派士文伯来辞谢,说:"不是正式的配偶,请您不必光临。"昭公回国,季孙宿就送去了少姜下葬的衣服。叔向对晋平公谈论陈无宇说:"他有什么罪? 君王派公族大夫迎亲,齐国派上大夫送亲,还说不恭敬,君王的要求也太过分了。我国自己就不恭敬,反而把齐国的使者抓起来,君王的刑罚太偏了,怎么做盟主? 而且少姜曾经为他说过话的。"冬季十月,陈无宇回国。

十一月,郑国的印段到晋国去吊唁。

昭公三年

3·1　三年春季,周王朝历法的正月,郑国的游吉到晋国去,为少姜送葬,梁丙和张趯拜见他。梁丙说:"太过分了,您为这件事情而来!"游吉说:"不得已呀! 从前文公、襄公称霸的时候,他们的事情不烦劳诸侯。命令诸侯三年一聘问,五年一朝觐,有事就会见,不和睦就结盟。国君死。大夫吊唁,卿参加安葬。夫人死,士去吊唁,大夫送葬。只要发扬礼仪、发布命令、商量补救缺失就足够了,不再用额外的命令加于诸侯。现在宠姬的丧事,别国不敢选择适当职位的人参加丧礼,而且礼数超过正夫人,惟恐得到罪过,岂敢怕麻烦? 少姜得到宠爱而死,齐国必然继续送女子前来。现在我又一次将要来祝贺,不仅是这一趟啊。"张趯说:"好啊,我能够听到这样的礼数! 然而从今以后您大约没有这样的事情了。譬如大火星,它在天空正中,寒气或者暑气就要消退。这一次就是极点,能够不衰退吗? 晋国将会失去诸侯的拥护,诸侯想要麻烦还得不到呢。"两位大夫退出。游吉告诉别人说:"张趯明白事理,也许还是跟在君子的行列里吧!"

3·2　正月二十四日,滕成公原死了。由于是同盟国家,所以《春秋》记载他的名字。

3·3　齐景公派晏婴请求继续送女子到晋国,说:"寡君派遣婴的时候说:'寡人愿意奉事君王,早晚都不倦怠,要奉献财礼而不失去定时,然而由于国家多难,因此不能前来。先君的嫡女有幸在君王的内宫充数,照亮了寡人的希望,但又没有福气,过早地死去了,寡人失了希望。君王如果不忘记先君的友好,加恩顾念齐国,对寡人和睦,求福于太公、丁公,光辉照耀敝邑,镇定安抚我们的国家,那么还有先君的嫡女和其馀姑姐妹若干人。君王如果不抛弃敝邑,而派遣使者慎重选择,作为姬妾,这就是寡人的希望。'"韩宣子派叔向回答说:"这正是寡君的愿望。寡君不能单独承担国家大事,没有正式的配偶,由于在服丧期间,因此没有敢提出请求。君王有命,没有比这再大的恩惠了。如果加恩顾念敝邑,安抚晋国,赐给晋国内主,岂独是寡君,所有的臣下都受到他的恩赐,从唐叔以下都会尊崇赞许他。"

订婚以后,晏子接受享礼,叔向陪他饮宴,互相谈话。叔向说:"齐国怎么样?"晏子说:"到了末世了,我不能不说齐国可能属于陈氏了。国君不爱护他的百姓,让他们归附陈氏。齐国过去有四种量器,豆、区、釜、钟。四升为一豆,各自再翻四倍,以成为一釜。十釜就是一钟。陈氏的豆、区、釜三种量器都加大四分之一,钟的容量就大了。他用私家的大量器借出,而用公家的小量器收回。山上的木料运到市场,价格不高于山上。鱼盐蜃蛤,价格不高于海边。百姓力量如果分为三份,两份归于国君,只有一份维持衣食。国君的积蓄腐朽生虫,而老人们却挨冻受饥。国都的市场上,鞋子便宜而假足昂贵。百姓有痛苦疾病,陈氏就厚加赏赐。他爱护百姓如同父母,而百姓归附如同流水。想要不得到百姓的拥护,哪里能避开? 箕伯、直柄、虞遂、伯戏,他们跟随着胡公、太姬,已经在齐国了。"

叔向说:"是呀。即使是我们公室,现在也是末世了。战马不驾战车,卿不率领军队,公室的战车没有御者和戎右,步兵的行列没有长官。百姓困疲,而宫室更加奢侈。道路上饿死的人坟堆一个接着一个可以互相看见,而宠姬的家里财富特别多。百姓听到国君的命令,好像躲避仇敌一样。栾、郤、胥、原、狐、续、庆、伯这八家已经降为低贱吏役,政事在于私家,百姓无依无靠。国君毫不改悔,用欢乐来排遣忧患。公室的卑微,还能有几天?谗鼎上的铭文说,'黎明即起,声名可以显赫,子孙后代还会懈怠',何况毫不改悔,他能够长久吗?"

晏子说:"您打算怎么办?"叔向说:"晋国的公族完结了。肸听说,公室将要卑微,它的宗族像树叶一样先落,公室就跟着凋零了。肸的一宗十一族,只有羊舌氏还在。肸又没有好儿子,公室又没有法度,得到善终就是侥幸,难道还会受到祭祀?"

当初,齐景公要为晏子更换住宅,说:"您的住房靠近市区,低湿狭小,喧闹多尘,不能居住,请您换到高爽明亮的房子里去。"晏子辞谢说:"君王的先臣住在这里,下臣不足以继承祖业,住在里边已经过分了。而且小人靠近市场,早晚能得到所需要的东西,这是小人的利益,岂敢麻烦邻里大众为我造新房子?"齐景公笑着说:"您靠近市场,知道物价的贵贱吗?"晏子回答说:"既然以它为利,哪能不知道呢?"景公说:"什么贵?什么贱?"当时,齐景公滥用刑罚,有出卖假腿的,所以晏子回答说:"假腿贵,鞋子贱。"晏子已经告诉国君,所以跟叔向说话的时候也谈到这个。齐景公为此就减省了刑罚。君子说:"仁人的话,它的利益多么广大啊!晏子一句话,齐侯就减省刑罚。《诗》说,'君子如果喜悦,祸乱庶几很快停歇',说的就是这个吧!"等到晏子去晋国,齐景公更换他住宅。回来,新屋就已经完工。晏子拜谢以后,就拆毁了新房而建造邻居的房屋,恢复如原来的一样,让原来的住户回来,说:"俗话说:'不是住宅需要占卜,惟有邻居需要占卜。'这几位已经先占卜邻居了,违背占卜不祥。君子不去做不合礼的事情,小人不去做不祥的事情,这是古代的制度,我敢违背它吗?"终于恢复了旧居。齐景公开始不允许,晏子托陈桓子代为请求,齐景公才允许了。

3·4 夏季,四月,郑简公到晋国,公孙段作为相礼者,很恭敬而卑躬屈节,礼仪没有违背的。晋平公赞许,把策书授给公孙段,说:

"子丰在晋国有过功劳,我听说了以后不会忘记。赐给你州县的土田,以报答你们过去的勋劳。"公孙段再拜叩头,接受了策书而去。君子说:"礼仪,大约是人所急迫需要的吧!公孙段这样骄傲,一旦在晋国有了礼仪,尚且承受了它的福禄,何况始终都有礼仪呢?《诗》说,'人没有礼仪,为什么不快点死',说的就是这个吧!"

当初,州县是栾豹的采邑。等到栾氏灭亡,范宣子、赵文子、韩宣子都想要这块地方。赵文子说:"温县,是我的县。"两个宣子说:"从郤称划分州县以来,已经传了三家了。晋国把一县划分为二的不仅只州县,谁能够按划分前的情况去治理它?"赵文子感到惭愧,就放弃了州县。两个宣子说:"我们不能口头上公正,而把好处给自己。"就都放弃了。等到赵文子执政,赵获说:"可以把州县拿过来了。"赵文子说:"出去!这两位的话,是合于道义的。违背道义,就是祸患。我不能治理我的封邑,又哪里用得着州县,而去自找祸患?君子说:'不知道祸患是很难的。'知道了不照着做,没有比这再大的祸患了。再有人提到州县的一定处死!"

丰氏原来住在韩氏家里,公孙段得到州县,是韩宣子为公孙段请求的,这是为了他可以再次取得州县的缘故。

3·5　五月,叔弓到滕国去,参加滕成公的葬礼,子服椒作为副手。到达郊外,碰上懿伯的忌日,叔弓便不进入滕国。子服椒说:"公家的事情只能考虑公家的利益,没有私家的忌避。椒请求先进入。"于是就先住进宾馆。叔弓听从了他的意见。

3·6　晋国的韩起到齐国迎接齐女。公孙虿因为少姜受到宠爱,把他的女儿更换了齐景公的女儿,而把齐景公的女儿嫁给别人。别人对韩宣子说:"子尾欺骗晋国,晋国为什么接受?"韩宣子说:"我们想要得到齐国,却反而疏远他的宠臣,宠臣能够来吗?"

3·7　秋季,七月,郑国的罕虎到晋国去,祝贺夫人,并且报告说:"楚国人每天来问敝邑不去朝贺他们新立国君的原因。如果敝邑派人前去,就害怕执事会说寡君本来就有心向外。如果不去,那么在宋国的盟约又规定了是要去朝见的。进退都是罪过。寡君派虎前来陈述。"宣子派叔向回答说:"君王如果心向着寡君,在楚国有什么害处?这是为了重修在宋国盟会的友好。君王如果想到盟约,寡君就知道可以免于罪过了。君王如果心中没有寡君,虽然早晚光临敝邑,寡君也会猜疑的。君王果真实心向寡君,何必来告诉寡君。君王还是前去吧!如果心向寡君,在楚国在晋国都是一样的。"

张趯派人对太叔说:"自从您回去以后,小人扫除先人的破旧房子,说:'您可能会来的。'现在子皮来了,小人失去了希望。"太叔说:"吉的地位低下,不能前来,这是由于害怕大国、尊敬夫人的缘故。而且孟说'你将要没事了',吉大概没事了。"

3·8 小邾穆公前来朝见,季武子不想用诸侯的礼仪接待他。穆叔说:"不行。曹国、滕国和两个邾国确实没有忘记和我国的友好,恭恭敬敬的迎接他,还害怕他有二心,反而又降低一个友好国家的地位,怎么能迎接许多友好国家呢?还是像过去一样更加恭敬些。《志》说:'能够恭敬没有灾祸。'又说:'恭敬地迎接前来的人,这就是上天降福的原因。'"季孙听从了他的话。

3·9 八月,举行大雩祭,这是由于旱灾的缘故。

3·10 齐景公在莒地打猎,卢蒲嫳进见,哭泣,而且请求说:"我的头发这么短,我还能做什么?"齐景公说:"好。我告诉那两位。"回去以后就告诉了子尾和子雅。子尾想要让他官复原位,子雅不同意,说:"他的头发短,心计长,他也许要睡在我的皮上了。"九月,子雅把卢蒲嫳放逐到北燕。

3·11 燕简公有很多宠爱的人,想要去掉大夫们而立宠臣为大夫。冬季,燕国的大夫们勾结起来杀死了简公的宠臣。简公害怕,逃亡到齐国。《春秋》记载说"北燕伯款出奔齐",这是说他有罪。

3·12　十月,郑简公去到楚国,子产作为相礼者。楚灵王设享礼招待郑简公,赋《吉日》这首诗。享礼结束,子产就准备了打猎用具,楚灵王和郑简公在江南的云梦打猎。

3·13　齐国的公孙灶死了。司马灶进见晏子,说:"又失去了子雅了。"晏子说:"可惜啊! 子旗不能免于祸患,危险啊! 姜族削弱了,而妫氏将要开始昌盛。惠公的两个子孙刚强明白,还可以维持姜氏,又丧失了一个,姜氏恐怕危险呀!"

昭公四年

4·1　四年春季,周王朝历法的正月,许悼公到楚国,楚灵王留下了他,也就留下郑简公,再次到江南打猎,许悼公参加了。

　　楚灵王派椒举去到晋国去求得诸侯的拥护,郑简公、许悼公在这里等待,椒举传达楚灵王的命令说:"寡君派遣举前来的时候说:从前蒙贵君的恩惠,赐给敝邑在宋国结盟,说:'从前跟从晋国和楚国的国家互相朝见。'由于近年来多难,寡人愿意讨取几位国君的欢心,派举前来请您在闲空时听取寡人的请求。您如果对四方边境没有忧患,那么就希望借您的影响向诸侯请求。"晋平公不想允许。司马侯说:"不行。楚灵王做事正在胡作妄为的时候,上天也许是想让他满足愿望,以增加他的劣迹,然后给他降下惩罚,这是说不定的。或者让他得以善终,这也是说不定的。晋国和楚国的霸业只有靠上天的帮助,而不是彼此可以争夺的。君王还是允许他,而修明德行以等待他的结局。如果归结到德行,我们还要去事奉他,何况诸侯? 如果走到荒淫暴虐,楚国自己会抛弃他,我们又与谁去争夺?"晋平公说:"晋国有三条可以免于危险,还有谁能和

我们相比？国家的地势险要而多产马匹，齐国、楚国祸难又多。有
这三条，到哪儿不成功？"司马侯回答说："仗着地势险要和马匹，而
对邻国幸灾乐祸，这是三条危险。四岳、三涂、阳城、太室、荆山、中
南，都是九州中的险要地方，它们并不属于一姓所有。冀州的北
部，是出产马的地方，并没有新兴的国家。仗着地势险要和马匹，
不能巩固，从古以来就是这样。因此国君致力于修明德行来沟通
神和人，没有听说他致力于地形险要和马匹的。邻国的祸难，是不
能以此来高兴的。或者是由于多有祸难而巩固了国家，开辟了疆
土。或者是由于没有祸难而丧失了国家，失掉了疆土，怎么能幸灾
乐祸？齐国发生了仲孙的祸难，因而桓公得为霸主，到今天齐国还
靠着他的馀荫。晋国发生了里克、丕郑的祸难因而文公回国，因此
当了盟主。卫国、邢国没有祸难，敌人也就灭了它们。所以别人的
祸难是不能去高兴的。依仗这三条，而不去修明政事和德行，挽救
危亡还来不及，又怎么能够成功？您还是允许他们。殷纣王淫乱
暴虐，文王仁慈和蔼。殷朝因此灭亡，周朝因此兴起，难道只是在
于争夺诸侯？"晋平公就允许了楚国使者的请求，派叔向回答说：
"寡君因为有国家大事，所以不能在春秋两季按时进见。至于诸
侯，他们本来就跟着君王，何必再惠赐命令呢？"椒举就为楚灵王求
婚，晋平公答应了婚事。

　　楚灵王向子产询问说："晋国会允许诸侯归服我国吗？"子产
说："会允许君王的。晋平公贪图小的安逸，志向不在于诸侯。他
的大夫们多所需求，不能帮助国君。在宋国的盟约又说两国友好
如同一国。如果不允许君王，哪里用得着在宋国的盟约？"楚灵王
说："诸侯会来吗？"子产说："一定来。服从在宋国的盟约，取得君
王的欢心，不害怕晋国，为什么不来？不来的国家，大约是鲁、卫、
曹、邾几个国家吧！曹国害怕宋国，邾国害怕鲁国，鲁国、卫国为齐
国所逼迫而亲近晋国，因此不来。其馀的国家，是君王的威力所能

达到的,谁敢不来?"楚灵王说:"那么我所要求的没有不行的了?"子产回答说:"在别人那里求取快意,不行。和别人愿望相同,都能成功。"

4·2　天下大雨和冰雹。季武子向申丰询问说:"冰雹可以防止吗?"申丰说:"圣人在上面,没有冰雹。即使有也不成灾。在古代,太阳在虚宿和危宿的位置上就藏冰,昴宿和毕宿在早晨出现就把冰取出来。当藏冰的时候,深山穷谷,凝聚着阴寒之气,就在这里凿取。当把冰取出来的时候,朝廷上有禄位的人,迎宾、用膳、丧事、祭祀,就在这里取用。当收藏冰的时候,用黑色的公羊和黑色的黍子来祭祀司寒之神。当把冰取出的时候,门上挂上桃木弓、荆棘箭,来消除灾难。冰的收藏取出都按一定的时令。凡是禄位足以吃肉的官吏,都是有资格用冰的。大夫和妻子死后洗擦身体要用冰。祭祀司寒之神而加以收藏,奉献羔羊祭祖打开冰室,国君最早使用。大火星出现而分配完毕,从大夫和他们的妻子以至于老弱的生病的,没有人不分到冰。小官在深山中凿取冰,县正运输,舆人交付,隶人收藏。冰由于寒风而坚固,而由于春风而取出使用。它的收藏周密,它的使用普遍,那就冬天没有温暖,夏天没有阴寒,春天没有凄风,秋天没有苦雨,雷鸣不伤人,霜雹不成灾,瘟疫不流行,百姓不死于传染病。现在收藏着河川池塘的冰放在那里不用,风不散而草木凋零,雷不鸣而畜伤亡,冰雹成灾,谁能够防止它?《七月》这首诗的最后一章,就是藏冰的道理。"

4·3　夏季,诸侯到楚国去,鲁国、卫国、曹国、邾国不参加会见。曹国、邾国用国内不安定来推辞,鲁昭公用祭祖来推辞,卫襄公用生病来推辞。郑简公先在申地等待。六月十六日,楚灵王在申地会合诸侯。椒举对楚灵王说:"下臣听说,诸侯不归服于别的,只归服于有礼。现在君王开始得到诸侯,对礼仪要谨慎啊。霸业的成功与否,都在这次会见了。夏启有钧台的宴享,商汤有景亳的命令,周武王有孟津的盟誓,成王有岐阳的田猎,康王有酆宫的朝觐,穆王有涂山的会见,齐桓公有召陵的会师,晋文公有践土的会盟。君王打算采用哪一种? 宋国的左师、郑国的子产在这里,他们是诸侯大夫中的能干人物,君王可以加以挑选。"楚灵王说:"我采用齐桓公的方式。"

楚灵王派人向左师和子产询问礼仪。左师说:"小国学习礼仪,大国使用礼仪,岂敢不进献所听到的?"献上公侯会合诸侯的礼仪六项。子产说:"小国以事奉大国作为职责,岂敢不进献所该做的?"献上伯爵、子爵、男爵会见公爵的礼仪六项。君子认为左师善于保持前代的礼仪,子产善于辅佐小国。

楚灵王让椒举侍从在身后,以便纠正错误,到事情结束,没有任何纠正。楚灵王问他什么缘故,椒举回答说:"礼仪,我没有见到的有六项,又怎么纠正?"

宋国的太子佐晚到,楚灵王在武城打猎,很久没有接见他。椒举请楚灵王辞谢他。楚灵王派使者前去,说:"在武城正有祭祀宗庙的事情,寡君将要把财礼敬献给宗庙,谨为不能及时接见您而致意。"

徐国的国君,是吴国女子生的,楚灵王认为他有二心,所以在申地把他逮捕了。

楚灵王向诸侯显示出骄纵。椒举说:"六王、二公的事情,都是以此向诸侯显示礼仪,诸侯也因此而听命。夏桀举行仍地的会见,有缗背叛了他。商纣举行黎地打猎,东夷背叛了他。周幽王举行太室的盟会,戎狄背叛了他。都是以此向诸侯显示骄纵所造成的,诸侯也因此而违命。现在君王过于骄纵,恐怕不会成功吧!"楚灵王不听。子产见到左师说:"我不担心楚国了。骄纵又不听劝谏,不超过十年。"左师说:"对。不是十年的骄纵,他的邪恶不会远播。邪恶远播然后被抛弃。善也像恶一样,德行远播然后兴盛。"

4·4　秋季,七月,楚灵王带领诸侯进攻吴国,宋国太子佐、郑简公先行回国。宋国的华费遂、郑国的大夫跟从军队。派屈申包围朱方,八月某日,攻下了朱方,逮住了齐国的庆封而把他的族人全部消灭。将要诛戮庆封,椒举说:"臣听说没有缺点的人才可以诛杀别人。庆封就因为违逆君命,才在这里,他肯不吭一声地被杀戮吗?如果丑事在诸侯中宣扬,为什么要那么做呢?"楚灵王不听,让庆封背上大斧头,在诸侯军队中巡行示众,让他说:"不要有人像齐国的庆封那样杀死他的国君,削弱国君的孤儿,来和他的大夫会盟!"庆封说:"不要有人像楚共王的庶子围,杀死他的国君——哥哥的儿子麇而取代他,来和诸侯盟会!"楚灵王赶快让人把他杀了。

楚灵王于是就带领诸侯灭亡赖国。赖国的国君两手反绑,嘴里叼着玉璧,士袒背,抬着棺材跟从,到了中军之中。楚灵王向椒举询问,椒举回答说:"成王攻克许国,许僖公就像这样。成王亲手解除他的捆绑,接受了他的玉璧,烧掉了他的棺材。"楚灵王听从了他的意见。把赖国迁移到鄢地。

楚灵王想要把许国迁移到赖国内,派斗韦龟和公子弃疾为许国筑了城后才回国。申无宇说:"楚国祸难的开始将会在这里了。召集诸侯就前来,攻打别国就得胜,在边境筑城诸侯没有人争论,国君的愿望都能如意,百姓能够安居吗?百姓不能安居,谁能够受得了?不能忍受国君的命令,就是祸乱。"

4·5　九月,取得鄫国,这是说事情很容易。莒国发生动乱,莒丘公即位而不安抚鄫国,鄫国背叛而来,所以说"取"。凡是攻下城邑,不使用兵力叫做"取"。

4·6　郑国的子产制订丘赋的制度,国内的人们指责他,说:"他的父亲死在路上,他自己做蝎子的尾巴,还在国内发布命令,国家将要怎么办?"子宽把话告诉子产。子产说:"有什么妨害?如果有利于国家,生死都不计较。而且我听说做好事的不改变他的法制,所以能够有所成功。百姓不能放纵,法制不能更改。《诗》说:'在礼义上没有过错,为什么怕别人说的话。'我不改变了。"子宽说:"国氏恐怕要先灭亡吧!君子在不厚道的基础上制订法令,它的后果尚且是贪婪。在贪婪的基础上制定法令,后果将会怎么样?姬姓的国家,蔡国和曹国、滕国大约是要先灭亡的吧!因为它们逼近大国而没有礼仪。郑国在卫国之前灭亡,因为它逼近大国而没有法度。政策不遵循法度,而由自己的意志来决定。百姓各人有各人的意志,哪里能够尊敬上面的人?"

4·7　冬季,吴国进攻楚国,进入棘地、栎地、麻地,以报复朱方这次战役。楚国的沈尹射到夏汭奔赴应命,箴尹宜咎在钟离筑城,薳启彊在巢地筑城,然丹在州来筑城。东部地区发生水灾,不能筑城。彭生停止了赖地的筑城任务。

4·8　当初,穆子离开宗族叔孙氏,到达庚宗,碰到一个女人,让她私下弄点东西吃了以后就和她私通。女人问他的行动,穆子把原因告诉她,她哭着送走了穆子。去到齐国,在国氏那里娶了妻子,生了孟丙、仲壬。穆子梦见天塌下来压着自己,要顶不住了,回头一看,见到一个人,黑皮肤,驼背,抠眼睛,猪嘴巴,就喊叫说:"牛,来帮我!"这才顶住了。早晨召见手下人,没有像梦中见到的人,就说:"记住这个人!"等到宣伯逃亡到齐国,穆子送给他食物。宣伯说:"鲁国由于我们先人的缘故,将会保存我们的宗族,一定会召你回去。要是召你回去,怎么样?"穆子回答说:"早就愿意了。"鲁国人召他回去,他不告诉宣伯就走了。穆子立为卿以后,在庚宗和他睡觉的女人献上野鸡。穆子问他儿子的情况,回答说:"我儿子长大了,能够捧着野鸡跟着我了。"把孩子召来一看,就像穆子所梦见的人。穆子没有问他的名字,就喊他叫"牛",孩子回答说:"唯。"穆子把手下人都召来让他们看这个孩子,就让他做了小臣。牛受到宠信,大了以后就让他主管家政。穆子在齐国的时候公孙明和他很友好，穆子回国，没有去接国姜，公孙明娶了她。穆子生气妻子已改嫁，等两个儿了长大以后才派人去接回鲁国。

穆子在丘莸打猎，便得了病。竖牛想要搅乱他的家室而自己占有，一定要和孟丙盟誓，孟丙不同意。穆子为孟丙铸造了一口钟，说："你还没有入正式交际场合，在为大夫们举行享礼的时候，举行钟的落成典礼。"孟丙将享礼准备好了，让竖牛请穆子定了日期。竖牛进去了，不报告这件事。出来，假说穆子的命令定了日期。等到宾客来到，穆子听到钟声。竖牛说："孟丙那里有北边女人的客人。"穆子发怒，准备前去，竖牛阻止了他。客人出去以后，穆子派人拘禁了孟丙而在外边把他杀了。竖牛硬要和仲壬盟誓，仲壬不同意。仲壬和昭公的御者莱书在公宫游玩，昭公赐给他玉环。仲壬让竖牛送去给穆子看。竖牛进去了不给他看。出来，假说穆子的命令让仲壬佩戴。竖牛对穆子说："让仲壬进见国君怎么样？"穆子说："为什么？"竖牛说："不让他进见，他自己已经去见过了，国君给了他玉环佩在身上了。"穆子就把仲壬赶走了，仲壬逃亡到齐国。穆子病危，命令召仲壬回来，竖牛虽答应了，却不去召他回来。

杜泄进见，穆子告诉他自己又饥又渴，把戈交给杜泄让他去杀死竖牛。杜泄回答说："找他他来了，为什么又要去掉他？"竖牛说："他老人家病得很重，不想见人。"让别人把送来的食物放在厢房里，就退出去。竖牛不把食物送进去，就倒掉了，让人撤走食具。十二月二十六日，穆子不吃东西，二十八日死。竖牛立了昭子并辅佐他。

鲁昭公派杜泄安葬穆子，竖牛把财货送给叔仲昭子和南遗，让他们在季孙那里说杜泄的坏话，而去掉他。杜泄准备用路车随葬，并且全部按照卿的礼仪安葬。南遗对季孙说："叔孙没有乘坐过路车，怎么能用它安葬？而且正卿没有路车，副卿用来随葬，不也是

不正当吗?"季孙说:"对。"让杜泄不要使用路车。杜泄不同意,说:
"他老人家在朝廷上接受命令,而到天子那里聘问,天子念他过去
的功勋而赐给他路车,回来复命时把它上交国君。国君不敢违逆
天子的命令而再次赐给他,让他三个官员记载这件事。您做司徒,
记载姓名。他老人家做司马,让工正记载车服。孟孙做司空,以记
载功勋。现在他死了而不用路车,这是丢掉国君的命令。记载藏
在公府而不实行,这是废弃三个官员。如果国君命令使用的车服,
活着时不敢用,死了又不用来随葬,哪里还用得着它?"季孙这才让
他用路车随葬。

季孙策划去掉中军。竖牛说:"他老人家本来就要去掉它了。"

昭公五年

5·1   五年春季,周王朝历法的正月,废除中军,这是为了降低公
室的地位。在施氏家里讨论废除,在臧氏家里达成协议。开始编
定中军的时候,把公室的军队一分为三而各家掌握一军。季氏掌
握的公室军队采用征兵或者征税的方式;叔孙氏让壮丁作为奴
隶,老弱的作为自由民;孟氏则把一半作为奴隶,一半作为自由
民。等到这次废除中军,就把公室的军队一分为四,季氏择取了
四分之二,叔孙氏、孟氏各有四分之一。全都改为征兵或者征税,
而向昭公交纳贡赋。季氏用策书让杜泄向叔孙的棺材报告说:
"您本来要废除中军,现在已经废除了,所以向您报告。"杜泄说:
"他老人家正因为不想废掉中军,所以在僖公宗庙前门口盟誓,在
五父之衢诅咒。"接了策书扔在地上,率领他手下人哭泣起来。叔
仲子对季孙说:"带从子叔孙那里接受命令,说,安葬不是寿终的

人从西门出去。"季孙命令杜泄执行。杜泄说:"卿的丧礼从朝门出去,这是鲁国的礼仪。您主持国政,没有正式修改礼仪而现在又自己加以改变。下臣们害怕被杀戮,不敢服从。"安葬完毕就出走了。

仲壬从齐国来到,季孙想要立他为叔孙的继承人。南遗说:"叔孙氏势力强大,季氏势力削弱。他发生家乱,您不要参予,不也是可以的吗?"南遗让国内人们帮助竖牛在府库的庭院里攻打仲壬。司宫用箭射仲壬,射中眼睛死了。竖牛取得了东部边境的三十个城邑,把它送给了南遗。

昭子即位,召集他家族上下人等来朝见,说:"竖牛给叔孙氏造成祸乱,搅乱了重大的正常秩序,杀死嫡子立庶子,又分裂封邑,将要以此逃避罪责,罪过没有比这再大的了。一定要赶紧杀死他!"竖牛害怕,出奔齐国。孟丙、仲壬的儿子把他杀死在塞关之外,把脑袋扔在宁风的荆棘上。孔子说:"叔孙昭子不酬劳竖牛,这是一般人做不到的。周任有话说:'掌握政权的人不赏赐对于私人的功劳,不惩罚个人的怨恨。'《诗》说:'具有正直的德行,四方的国家都来归顺。'"

当初,穆子出生的时候,庄叔用《周易》来卜筮,得到《明夷》☷☲变成《谦》☷☶,把卦像给卜楚丘看。楚丘说:"这个孩子将会出奔,而又能回来为您祭祀。领着坏人回来,他名叫牛,这个孩子最终以饥饿而死。《明夷》,是日。日的数目是十,所以有十时,也和十日的位次相配。从王以下,第二位是公,第三位是卿。日从地下上升,这个时候最为尊贵,露一点头是第二,刚刚升起是第三。《明夷》变为《谦》,已经明亮然而不高,大概是正相当于刚刚升起的时候吧,所以说可以继承卿位为您祭祀。日变为《谦》,和鸟相配,所以说《明夷》飞翔。已经明亮然而不高,所以说垂下它的翅膀。像征日的运动,所以说君子在路上。位在刚刚升起的时候相当于第三,所以说三天不吃饭。《离》，是火。《艮》，是山。《离》是火，火烧山，山就毁坏。《艮》对人来说就是语言。毁坏语言就是诬罔，所以说有人离开。主人有话，这话一定是诬罔，配合《离》的是牛，世道动乱而诬罔得到胜利，胜利将会归向于《离》，所以说他名叫牛。《谦》就是不满足，所以虽然能飞而不能回旋；下垂就是不高，所以虽有翅膀而不能飞行高远。所以说大约是您的继承人吧。您，是副卿，但是继承人虽老却有点不得善终。”

5·2　楚灵王认为屈申倾向吴国，就杀了他。让屈生做莫敖，派他和令尹子荡到晋国迎接晋女。经过郑国，郑简公在氾地慰劳子荡，在菟氏慰劳屈生。晋平公送女儿到邢丘，子产辅佐郑简公在邢丘会见晋平公。

5·3　鲁昭公去到晋国，从郊外慰劳一直到赠送财货，从没有失礼。晋平公对女叔齐说：“鲁侯不也是很懂礼吗？”女叔齐回答说：“鲁侯哪里懂得礼！”晋平公说：“为什么？从郊外慰劳一直到赠送财货，没有违背礼节，为什么不懂得？”女叔齐回答说：“这是仪式，不能说是礼。礼，是用来保有国家，推行政令，不失去百姓的。现在政令在于私家，不能拿回来。有子家羁，不能任用。触犯大国的盟约，欺侮虐待小国。利用别人的危难，却不知道自己也有危难。公室的军队一分为四，百姓靠三家大夫生活。民心不在国君，国君不考虑后果。做为一个国君，危难将要到他身上，却不去忧虑他的地位。礼的根本和枝节在于此，他却琐琐屑屑地急于学习仪式。说他懂得礼，不也是距离太远了吗？”君子认为：“女叔齐在这里是懂得礼的。”

5·4　晋国的韩宣子去到楚国护送晋女，叔向做副手。郑国的子皮、子太叔在索氏慰劳他们。太叔对叔向说：“楚王骄纵太过分，您还是警惕一点。”叔向说：“骄纵太过分是自身的灾殃，哪能波及到别人？只要奉献我们的财礼，谨慎地保持我们的威仪，守信用，行礼仪,开始恭敬而考虑结果,以后就可以照样办。顺从而不过度,恭敬而有节制,以古圣先贤的言语作为引导,对传统的法度加以奉行,考核先王的事情,把两国的利害得失加以衡量,楚王虽然骄纵,能把我怎么样?"

到了楚国,楚灵王让大夫们上朝,说:"晋国,是我们的仇敌。如果我们能够满足愿望,就不用顾虑其他。现在他们来的人,是上卿、上大夫。假使我们让韩起做守门人,让叔向做内宫司宫,这足以羞辱晋国,我们也满足了愿望。行吗?"大夫没有一个人回答。薳启彊说:"行。如果有防备,为什么不行?羞辱一个普通人还不能不作防备,何况羞辱一个国家呢?因此圣王致力于推行礼仪,不想羞辱别人。朝觐聘问有圭,宴享进见有璋,小国有述职的规定,大国有巡狩的制度。设置了几而不依靠,爵中酒满而不饮用,宴会时有友好的礼品,吃饭时有很多的菜肴。入境有郊外的慰劳,离开有赠送的财货,这都是礼仪的最高形式。国家的败亡,由于失去了这种常道,祸乱就会发生。城濮那次战役,晋国得胜而没有防备楚国,因此在邲地打了败仗。邲地那次战役,楚国得胜而没有防备晋国,因此在鄢地打了败仗。自从鄢地战役以来,晋国没有丧失防备,而且对楚国礼仪有加,以和睦为重,因此楚国不能报复,而只能请求亲善了。既然得到了婚姻的亲戚关系,又想要羞辱他们,以自寻敌人,又怎么防备它?谁来承担责任?如果有能承担责任的人,羞辱他们是可以的。如果没有,君王还是考虑一下。晋国的事奉君王,下臣认为很可以了。要求得到诸侯就大家都来了,求婚就进奉女子。国君亲自送她,上卿和上大夫送到我国。如果还要羞辱他们,君王恐怕也要有所防备。不这样,怎么办?韩起的下面,有赵成、中行吴、魏舒、范鞅、知盈;叔向的下面,有祁午、张趯、籍谈、女齐、梁丙、张骼、辅跞、苗贲皇,都是诸侯所选拔的能人。韩襄做公族大夫,韩须接受命令而出使了。箕襄、邢带、叔禽、叔椒、子羽,都是大家族。韩氏征收赋税的七个城邑,都是大县。羊舌氏四族,都是强盛的家族。晋国人如果丧失韩起、叔向,五卿、八大夫辅助韩须、杨石,靠了他们的十家九县,战车九百辆,其馀四十具,留守的战车有四千辆,发扬他们的勇武,发泄他们的愤怒,以报复他们的奇耻大辱。伯华为他们出谋划策,中行伯、魏舒率领他们,就没有不成功的了。君王将要把亲善换成怨恨,确实违背礼仪以招致敌人,而又没有应有的防备,让下臣们去当俘虏以满足君王的心意,有什么不可以呢?"楚灵王说:"这是我的过错,大夫不用再说了。"对韩起厚加礼遇,楚灵王想要用叔向不知道的事物来为难他,没有做到,于是也对他厚加优礼。

韩起回国,郑简公在圉地慰劳他。他辞谢不敢进见,这是合于礼的。

5·5　郑国的罕虎到齐国去,在子尾氏那里娶亲。晏子屡次进见。陈桓子问什么缘故,晏子回答说:"他能够任用好人,是百姓的主人。"

5·6　夏季,莒国的牟夷带了牟娄和防地、兹地逃亡前来。牟夷不是卿,但《春秋》加以记载,这是由于重视这些地方。莒人向晋国起诉,晋平公想要扣留昭公。范献子说:"不行。别人来朝见而囚禁人家,这就如同引诱。讨伐他不想用武力,而用引诱来取得成功,这是怠惰。做盟主而犯了这两条,恐怕不行吧!请让他回去,等有机会时再用武力去讨伐他们。"于是就让昭公回国了。秋季,七月,昭公从晋国回到鲁国。

5·7　莒国人前来攻打鲁国,但他们自己却不设防。十四日,叔弓在蚡泉击败了他们,这是由于莒国人没有摆开阵势的缘故。

5·8　冬季,十月,楚灵王带领诸侯和东夷的军队进攻吴国,以报复棘地、栎地、麻地的那次战役。薳射带领繁扬的军队在夏汭会师,越国的大夫常寿过领兵和楚王在琐地会合。听说吴军出动,薳启疆领兵迎战,匆忙中没有设防,吴国人在鹊岸击败了他。楚灵王乘坐驿车到达罗汭。

吴王派他的兄弟蹶由到楚营犒劳军队,楚国人把他抓起来,准备杀了他用血祭鼓。楚灵王派人询问,说:"你占卜过,来这里吉利吗?"蹶由回答说:"吉利。寡君听说君王将要向敝邑出兵,就用守龟占卜,致告龟甲说:'我赶快派人去犒劳军队,请前去以观察楚王生气的大小而加以戒备,也许神能使我预先知道吉凶。'占卜的卦像告诉我们说吉利,说:'得胜是可以预知的。'君王如果高高兴兴地迎接使臣,增加敝邑的懈怠而忘记危险,我们被灭亡就没有几天了。现在君王勃然大怒,虐待和逮捕使臣,将要用使臣的血来祭鼓,那么吴国就知道该怎么戒备了。敝邑虽然疲弱,如果早日修城郭备器用,也许可以阻止贵军的进攻。无论对患难还是平安都有准备,这可以说是吉利了。而且吴国为国家而占卜,难道是为了使臣一个人?使臣得以用血祭祀军鼓,而敝邑就知道防备,以抵御意外,难道说还有比这更大的吉利吗?国家的守护神龟,有什么事情不能占卜?一吉一凶,谁能够肯定落在哪件事情上?城濮的卦像,在邲城应验。现在这一趟出使,占卜的卦像也许会有应验的。"楚灵王于是就没有杀蹶由。

楚国的军队在罗汭渡河,沈尹赤和楚灵王会合,驻扎在莱山,薳射率领繁扬的军队先进入南怀,楚军跟上去。到达汝清,不能进入吴国。楚灵王就在坻箕之山检阅军队。这一次行动,吴国早已设防,楚国没有建功就回去了,带着蹶由回国。楚灵王惧怕吴国,派沈尹射在巢地待命,薳启疆在零娄待命,这是合于礼的。

5·9　秦国的后子再次回到秦国,这是由于秦景公去世的缘故。

昭公六年

6·1　六年春季,周王朝历法的正月,杞文公去世。鲁国前去吊唁好像对同盟的国家一样,这是合于礼的。

6·2　鲁国大夫去到秦国,参加秦景公的葬礼,这是合于礼的。

6·3　三月,郑国把刑法铸在鼎上。叔向派人送给子产一封信,说:

开始我对您寄予希望,现在完了。从前先王衡量事情的轻重来断定罪行,不制定刑法,这是害怕百姓有争夺之心。还是不能防止犯罪,因此用道义来防范,用政令来约束,用礼仪来奉行,用信用来保持,用仁爱来奉养。制定禄位,以勉励服从的人,严厉地判罪,以威胁放纵的人。还恐怕不能收效,所以用忠诚来教诲他们,根据行为来奖励他们,用专业知识技艺教导他们,用和悦的态度使用他们,用严肃认真对待他们,用威严监临他们,用坚决的态度判断他们的罪行。还要访求聪明贤能的卿相、明白事理的官员、忠诚守信的乡长、慈祥和蔼的老师,百姓在这种情况下才可以使用,而不致于发生祸乱。百姓知道有法律,就对上面不恭敬。大家都有争夺之心,用刑法作为根据,而且侥幸得到成功,就不能治理了。

夏朝有违犯政令的人,就制定禹刑。商朝有触犯政令的人,就制定汤刑。周朝有触犯政令的人,就制定九刑。三种法律的产生,都处于末世了。现在您辅佐郑国,划定田界水沟,设置毁谤政事的条例,制定三种法规,把刑法铸在鼎上,准备用这样的办法安定百姓,不也是很难的吗?《诗》说:"效法文王的德行,每天抚定四方。"又说:"效法文王,万邦信赖。"像这样,何必要有法律? 百姓知道了争夺的依据,将会丢弃礼仪而征用刑书。刑书的一字一句,都要争个明白。触犯法律的案件更加繁多,贿赂到处使用。在您活着的时候,郑国恐怕要衰败吧! 肸听说,"国家将要灭亡,必然多订法律",恐怕说的就是这个吧!"

子产复信说:"像您所说的这样。侨没有才能,不能考虑到子孙,我是用来挽救当前的世界。既然不能接受您的命令,又岂敢忘了您的恩惠?"

士文伯说:"大火星出现,郑国恐怕会发生大火灾吧! 大火星还没有出现,而使用火来铸造刑器,包藏着引起争论的法律。大火星如果象征这个,不引起火灾还能表示什么?"

6·4　夏季,季孙宿到晋国去,这是为了拜谢不讨伐占取莒国土田的缘故。晋平公设享礼招待他,有外加的菜肴。季孙宿退出,派行人报告说:"小国事奉大国,如果免于被讨伐,不敢再求赏赐。得到赏赐也不超过三献。现在菜肴有所增加,下臣不敢当,恐怕这是罪过。"韩宣子说:"寡君用它来讨取您的欢心。"季孙宿回答说:"寡君尚且不敢当,何况下臣是君王的奴隶,岂敢听到有外加多赏赐?"坚决请求撤去加菜,然后结束享宴。晋国人认为他懂得礼仪,在宴礼中重重地送给他财物。

6·5　宋国的寺人柳受到宋平公宠信,太子佐讨厌他。华合比说:"我去杀了他。"寺人柳听到了,就挖坑、杀牲口、把盟书放在牲口上埋起来。然后报告宋平公说:"合比准备将逃亡在外的人召回来,已经在北边外城结盟了。"宋平公派人去看,果然有这回事,就驱逐了华合比。华合比逃亡到卫国。当时华亥想要取代华合比的右师这一官职,就和寺人柳勾结,为他作证明说:"这件事我也早已听到。"宋平公让他代替了华合比。华亥进见左师,左师说:"你这个人一定要逃亡。你毁坏你的宗族,对别人会怎么样? 别人也会对你怎么样?《诗》说:'嫡长子就是城垣,不要使城垣毁坏,不要使自己孤立而有所害怕。'你大概会害怕的吧!"

6·6　六月初七日,郑国发生火灾。

6·7　楚国的公子弃疾到晋国去,这是为了回报韩宣子的致送晋女。经过郑国,郑国的子皮、子产、子太叔跟从郑简公在相地慰劳他。公子弃疾辞谢不敢见面。郑简公坚决请求,这才肯见面。进见郑简公好像进见楚王,用驾车的马八匹作为私人进见的礼物。进见子皮好像进见楚国的上卿,用马六匹。进见子产,用马四匹。进见子太叔,用马两匹。禁止割草放牧采摘砍柴,不进入农田,不砍树木,不摘菜果,不拆房屋,不强行讨取。发誓说:"有触犯命令的,君子撤职,小人降等。"寄住的时期不作暴行,主人不用担心客人。一往一来都像这样,郑国的三个卿都知道他将要做楚王了。

　　韩宣子到楚国去的时候,楚国人不出来迎接。公子弃疾到达晋国国境,晋平公也不想派人迎接。叔向说:"楚国不正派,我们正派。为什么去学不正派?《诗》说:'你的教导,百姓都要仿效。'根据我们自己的办就是了,哪里用得着学别人的不正派?《书》说:'圣人做出准则。'宁可以善人做准则,难道还去学别人的不正派吗? 一个普通人做好事,百姓还以他为准则,何况国君?"晋平公高兴了,就派人迎接公子弃疾。

6·8　秋季,九月,举行大的雩祭,这是由于发生了旱灾。

6·9　徐仪楚到楚国聘问,楚灵王囚禁了他,他逃回徐国。楚灵王害怕他背叛,派薳泄进攻徐国。吴国人救援徐国。令尹子荡率领军队进攻吴国,在豫章出兵而住在乾谿。吴国人在房钟击败了令尹子荡的军队,俘虏了宫厩尹弃疾。子荡把罪过推在薳泄身上而杀了他。

6·10　冬季,叔弓到楚国聘问,并且慰问战争失败。

6·11　十一月,齐景公到晋国,请求同意进攻北燕。士匄辅佐士鞅在黄河边上迎接,这是合于礼的。晋平公同意了。十二月,齐景公就发兵进攻北燕,打算把燕简公送回去。晏子说:"简公不要送回去。燕国有了国君,百姓对他没有二心。我们的国君贪财,左右的人阿谀奉承,办大事不讲信用,所以还是不可以呢!"

昭公七年

7·1　七年春季,周王朝历法的正月,北燕和齐国讲和,这是由于齐国的要求。十八日,齐景公住在虢地。燕国人求和,说:"敝邑知道罪过,岂敢不听从命令? 请求把先君的破旧器物用来谢罪。"公孙晳说:"接受他们的归服而退兵,等待有空子再采取行动,可以这样做。"二月十四日,在濡水边上结盟。燕国人把燕姬嫁给齐景公,送给他玉瓮、玉柜、玉杯。齐国没有取得胜利而回国。

7·2　楚灵王做令尹的时候,打了国王用的旌旗去打猎,芊尹无宇砍断旌旗的飘带,说:"一个国家两个君主,有谁能忍受得了?"等到楚灵王即位,又建造章华宫,接纳逃亡的人安置在里面。无宇的守门人逃到章华宫里。无宇要抓他,管理宫室的官员不肯,说:"在国王的宫里抓人,这罪过就大了。"抓住无宇而进见楚灵王。楚灵王准备喝酒,无宇申诉说:"天子经营天下,诸侯治理封疆,这是古代的制度。边境之内,哪里不是国君的土地? 吃着土地上的出产,谁不是国君的下臣? 所以《诗》说:'普天之下,无不是天子的土地。沿着土地的边涯,无不是天子的臣仆。'天有十个日子,人有十个等级。下边以此事奉上边,上边以此祭祀神明。所以王统治公,公统治大夫,大夫统治士,士统治皂,皂统治舆,舆统治隶,隶统治僚,僚统治仆,仆统治台。养马有圉,放牛有牧,各有专司以应付各种事情。现在官员说:'你为什么在王宫里抓人?'不在王宫,又在哪里抓他呢?周文王的法令说,'有逃亡的,要大肆搜捕',因此就得了天下。我们的先君文王制订惩罚窝藏的法令,说,'隐藏盗贼的赃物,和盗贼同罪',因此就得到直到汝水的疆土。如果按照那些官员的做法,这就是没有地方去逮捕逃亡的奴隶了。逃亡的就让他逃亡,这就没有奴仆了。这样,国家的工作恐怕就会有所缺失了!从前武王列举纣的罪状通告诸侯说:'纣是天下逃亡者的窝藏主,是逃亡者聚集的渊薮。'所以人们致死也要攻打他。君王开始求取诸侯而效法纣,只怕不可以吧!如果用两位文王的法令来逮捕盗贼,盗贼是有地方可抓的。"楚灵王说:"抓了你的奴隶走吧。有一个盗贼正受到恩宠,还抓不到呢。"于是就赦免了无宇。

7·3 楚灵王建成章华之台,希望和诸侯一起举行落成典礼。太宰薳启彊说:"下臣能够得到鲁侯。"薳启彊前来召请鲁昭公,致辞说:"从前贵国的先君成公命令我们的先大夫婴齐说:'我不忘记先君的友好,将要派衡父光临楚国,镇抚安定国家,使得你们百姓安宁。'婴齐在蜀地接受了命令。接受命令回来,不敢废弃,而祭告于宗庙。过去我们先君共王伸着脖子向北望,每天每月都在盼望着贵国使者的到来,世代相传,到今天经历四位国王了。恩赐没有来到,只有襄公为了我国的丧事而光临。孤和手下的几个臣子心中动摇失掉了主意,治理国家尚且不得闲空,哪里还能够怀念您的恩德!现在君王如果移步屈尊,和寡君见面,使楚国得到福泽,以重申蜀地那次会盟,送来君王的恩惠,这样,寡君就已经受到恩赐了,哪里敢希望再像蜀地那次结盟一样!敝邑的先君鬼神也会嘉许和依靠它,岂独寡君?如果君王不来,使臣请问君王带兵出动的日期,寡君将要捧着进见的财币,而到蜀地去见君王,以请问鲁先君成公的恩赐。"

　　鲁昭公准备前去,梦见鲁襄公为他出行,祭祀路神。梓慎说:"君王最终是去不了的。襄公去楚国的时候,梦见周公祭祀路神,然后出行。现在襄公在祭祀路神,君王还是不去为好。"子服惠伯说:"去!先君从没有去过楚国,所以周公祭祀路神来引导他。襄公去过楚国了,然后祭祀路神,来引导君王。不去,到哪里去?"

　　　三月,昭公到楚国去,郑简公在师之梁慰劳昭公。孟僖子做副手,不能相礼。到达楚国,不能对答郊外的慰劳礼。

7·4　夏季,四月初一,日食。晋平公向士文伯询问说:"谁将要承当日食的灾祸?"士文伯说:"鲁国和卫国会遭到凶险。卫国受祸大,鲁国受祸小。"晋平公说:"什么缘故?"士文伯回答说:"日食的时候日头离开卫国的分野到了鲁国的分野。在这种情况下发生灾祸,鲁国就应该承受。这次大灾恐怕要落在卫君的头上吧!鲁国将要由上卿来承当。"晋平公说:"《诗》所说的'那个日头发生日食,是什么地方不好',是什么意思?"士文伯回答说:"这说的是不善于处理政事。国家没有好政事,不用好人,那就在日月的灾祸里会自找倒霉,所以政事是不能不谨慎的。致力于三条就行了:第一叫做选择贤人,第二叫做依靠百姓,第三叫做顺从时令。"

7·5　晋国派人前来划定鲁国与杞国的边界,季孙打算把成地给他们。谢息为孟孙镇守成地,不同意,说:"人们有这样的话说,'虽然只有小智小慧,守着器物就不能出借,这是礼。'他老人家跟随国君,而守臣却丢掉他的城邑,即使是您也会怀疑我不忠的。"季孙说:"国君在楚国,对于晋国来说就是罪过。又不听从晋国,鲁国的罪过就加重了,晋军必然到来,我没法抵御他们,不如给他们算了。等晋国有机可乘,而再取之于杞国。我给您桃地,如果成地重归于我国,谁敢占有它?这就是得到两份成地了。鲁国没有忧患而孟孙增加封邑,您又担心什么呢?"谢息推辞说桃地没有山,季孙又给他莱山和柞山,谢息这才迁到桃地。晋国人为杞国取得了成地。

7·6　楚灵王在新台设享礼招待鲁昭公,让一个长须的人相礼。把大屈之弓送给昭公表示友好。随即又后悔。薳启彊听说这件事,进见昭公。昭公跟他说起这件事,薳启彊下拜祝贺。昭公说:"为什么祝贺?"薳启彊回答说:"齐国和晋国、越国想要它很久了,寡君并没有肯定给他们,而送给了君王。君王防备抵御三个邻国,谨慎地保有宝物,难道敢不祝贺吗?"昭公恐惧,就把弓送还给楚灵王。

7·7　郑国的子产到晋国聘问。晋平公有病,韩宣子迎接客人,私下说:"寡君卧病,到现在三个月了,所应该祭祀的山川都祈祷过了,但是病情只有增加而没有见好。现在梦见黄熊进入寝门,这是什么恶鬼?"子产回答说:"以君王的英明,您做正卿,哪里会有恶鬼? 从前尧在羽山杀死了鲧,他的精灵变成黄熊,钻进羽渊里,成为夏朝郊祭的神灵,三代都祭祀他。晋国做盟主,或者没有祭祀他吧!"韩宣子祭祀鲧。晋平公的病逐渐痊愈,把莒国的两个方鼎赏赐给子产。

7·8　子产为丰施把州地的土田归还给韩宣子,说:"过去君王认为那个公孙段能够承担大事,因而赐给他州地的土田。现在他不幸早死,不能长久地享有君王的赐予。他的儿子不敢占有,也不敢告诉君王,所以私下送给您。"宣子辞谢。子产说:"古人有话说:'他父亲劈的柴,他的儿子不能承受。'施将会惧怕不能承受他先人的俸禄,更何况担当大国的恩赐? 即使您执政而可以使他免于罪戾,后来的人如果碰巧有关于边界的闲话,敝邑得罪,丰氏就会受到大的讨伐。您取得州地,这是使敝邑免于罪过,又等于建立扶持丰氏。谨敢以此作为请求。"宣子接受了,把情况报告晋平公。晋平公把州地给了宣子。宣子由于当初的话,占有州地感到惭愧,用州地跟乐大心交换了原县。

7·9　郑国有人因为伯有而互相惊扰,说:"伯有来了!"大家都跑,不知跑到哪里去才好。把刑法铸在鼎上的那年二月,有人梦见伯有披甲而行,说:"三月初二日,我将要杀死带。明年正月二十七日,我又将要杀死段。"到去年三月初二日那一天,驷带死了,国内的人们更加害怕。齐国和燕国讲和的那一月,二十七日,公孙段死了,国内的人们就越来越恐惧了。下一月,子产立了公孙泄和良止来安抚伯有的鬼魂,这才停了下来。子太叔问这样做的原因。子产说:"鬼有所归宿,这才不做恶鬼,我是为他寻找归宿啊。"太叔说:"立公孙泄干什么?"子产说:"为了使他们高兴,立身没有道义而希图高兴,执政的人违反礼仪,这是用来取得百姓欢心。不取得百姓欢心,不能使人信服。不能使人信服,百姓是不会服从的。"

　　等到子产去晋国,赵景子问他,说:"伯有还能做鬼吗?"子产说:"能。人刚刚死去叫做魄,已经变成魄,阳气叫做魂。生时衣食精美丰富魂魄就强有力,因此有现形的能力,一直达到神化。普通的男人和女人不能善终,他们的魂魄还能附在别人身上,以大肆惑乱暴虐,何况伯有是我们先君穆公的后代,子良的孙子,子耳的儿子,敝邑的卿,执政已经三代了。郑国虽然不强大,或者就像俗话所说的是'小小的国家',可是三代执掌政权,他使用东西很多,他在其中汲取精华也很多,他的家族又大,所凭借的势力雄厚,可又不得善终,能够做鬼,不也是应该的吗?"

7·10　子皮的族人饮酒没有节制,所以马师氏和子皮氏的关系很坏。齐军从燕国回去的那个月,罕朔杀了罕魋。罕朔逃亡到晋国,韩宣子向子产询问安排他什么官职。子产说:"君王的寄居之臣,如果能容他逃避死罪,还敢选择什么官职?卿离开本国,随大夫的班位。有罪的人根据他的罪行降等,这是古代的制度。朔在敝邑的班位,是亚大夫。他的官职,是马师。得罪逃亡,就随您安排了。能够免他一死,所施的恩惠就很大了,又岂敢要求官职?"宣子由于子产答复恰当,让他随下大夫的班位。

7·11　秋季,八月,卫襄公死了。晋国的大夫对范献子说:"卫国事奉晋国恭敬亲近,晋国不加礼遇,包庇它的叛乱者而占取它的土地,所以诸侯有了二心。《诗》说:'鹡鸰在平原上,遇到急难兄弟互相救援。'又说:'死丧是那么可怕,兄弟要互相怀念。'兄弟不和睦,因此不相亲善,何况远方的人们,谁敢前来归服? 现在又对卫国的继位之君不加礼遇,卫国必然背叛我们,这种做法是和诸侯绝交。"献子把这些话告诉韩宣子。韩宣子很高兴,派献子去卫国吊唁,同时归还戚地的土田给卫国。

卫国的齐恶向周朝报告丧事,同时请求赐予恩命。周景王派郕简公去卫国吊唁,同时追命卫襄公说:"叔父升天,在我先王的左右,以辅佐事奉上帝。我岂敢忘了高圉、亚圉?"

7·12　九月,昭公从楚国到达。孟僖子不满意自己对礼仪不熟悉,就学习礼仪,如果有精通礼仪的人就跟他学习。等到临死的时候,召集他手下的大夫,说:"礼仪,是做人的根本。没有礼仪,不能自立。我听说有一个将要得志的人名叫孔丘,是聪明人的后代,而他的家族却在宋国灭亡了。他的祖先弗父何本来应当据有宋国而让给了宋厉公。到了正考父,辅佐戴公、武公、宣公,三命而做了上卿就更加恭敬,所以他的鼎铭说:'一命低头,二命弯身,三命把腰深深弯下。沿着墙赶快走,也没有敢把我欺侮。稠粥在这里,稀粥也在这里,用来糊住我的口。'他的恭敬就像这样。臧孙纥有话说:'聪明人里具有明德的人,如果不能做国君,他的后代必然有显贵的。'现在恐怕会在孔丘身上吧! 我如得以善终,一定把说和何忌托给他老人家,让他们事奉他而学习礼仪,以稳定他们的地位。"所以孟懿子和南宫敬叔把孔子作为老师来事奉。孔子说:"能够弥补过错的,就是君子啊。《诗》说'要取法仿效君子',孟僖子可以学习仿效了。"

7·13　单献公抛开亲族而任用寄居的客臣。冬季,十月二十日,襄公、顷公的族人杀死了单献公而立了单成公。

7·14 十一月,季武子死了。晋平公对伯瑕说:"我所询问的关于日食的事情,应验了。可以经常这样占验吗?"伯瑕说:"不行。六种事物不相同,百姓心志不一致,事情轻重不是一类,官员好坏不一样,开始相同而结果相异,怎么可以经常这样呢?《诗》说'有人舒舒服服地安居休息,有人精疲力尽地为国操劳',它的结果不同就像这样。"晋平公说:"六种事物说的是什么?"伯瑕回答说:"这说的就是岁、时、日、月、星、辰。"晋平公说:"很多人告诉我辰的意义而没有相同的,什么叫做辰?"伯瑕回答说:"日和月相会叫做辰,所以用来和日相配。"

7·15 卫襄公夫人姜氏没有儿子,宠姬婤姶生了孟絷。孔成子梦见康叔对自己说:"立元为国君,我让羁的孙子圉和史苟辅佐他。"史朝也梦见康叔对自己说:"我将要命令你的儿子苟和孔烝鉏的曾孙圉辅佐元。"史朝进见孔成子,告诉他梦见的情况,两梦情况相合。晋国韩宣子执政,向诸侯聘问的那一年,婤姶生了儿子,为他取名叫元。孟絷的脚不好不善走路。孔成子用《周易》来占筮,祝告说:"元希望享有卫国,主持国家。"得到《屯》卦䷂。又祝告说:"我还想立絷,希望神灵能够允许。"得到《屯》卦䷂变成《比》卦䷇。把卦像给史朝看。史朝说:"'元亨',就是元将会享有国家,又有什么怀疑呢?"孔成子说:"'元'不是说为首的吗?"史朝回答说:"康叔为他取名,可以说是为首的了。孟不是这样的人,他将不能列为宗主,不能叫做为首的。而且它的繇辞说:'利建侯'。嫡子嗣位而吉利,还建立什么侯?建立不就是嗣位。两次卦像都那么说,您还是建立他为好。康叔命令了我们,两次卦像告诉了我们,占筮和梦境相合,这是武王所经过的,为什么不听从?脚有毛病只能待在家里闲居。国君主持国家,亲临祭祀,奉养百姓,事奉鬼神,参加会见朝觐,又哪里能够闲居?各人按照他所有利的去做,不也可以吗?"

所以孔成子立了灵公。十二月二十三日,安葬卫襄公。

昭公八年

8·1　八年春季,在晋国的魏榆有块石头说话。晋平公向师旷询问说:"石头为什么说话?"师旷回答说:"石头不能说话,有的东西凭借着它。否则,就是百姓听错了。下臣又听说:'做事情违背了农时,怨恨诽谤在百姓中发生,就有不能说话的东西说话。'现在宫室高大奢侈,百姓的财力用尽,怨恨诽谤一齐起来,没有人能确保自己的性命。石头说话,不也是相宜的吗?"当时晋平公正在建造虒祁之宫,叔向说:"子野的话真是君子啊!君子的话,诚实而有证明,所以怨恨远离他的身体。小人的话,虚伪而没有证明,所以怨恨和灾祸来到他身上。《诗》说,'不会说话多么伤心,话从他舌头上出来,只有劳累他自己。会说话的多么美好,漂亮话好像流水,使他自己安居休息',说的就是这个吧!这座宫殿落成,诸侯必然背叛,国君必然有灾殃,师旷先生已经知道这一点了。"

8·2　陈哀公的第一夫人郑姬生了悼太子偃师,第二夫人生了公子留,第三夫人生了公子胜。第二夫人受到宠爱,公子留得宠,哀公把他托付给司徒招和公子过。陈哀公患有长期不愈的疾病,三月十六日,公子招、公子过杀了悼太子偃师而立公子留做太子。夏季,四月十三日,陈哀公上吊而死。干徵师到楚国报丧,同时报告又立了国君。公子胜向楚国控诉,楚国人抓住干徵师并杀死了他。公子留逃亡到郑国。《春秋》记载说"陈侯之弟招杀陈世子偃师",这是由于罪过在于公子招,"楚人执陈行人干徵师杀之",这是由于罪过不在于行人。

8·3　叔弓到晋国去,祝贺虒祁之宫的落成。游吉辅佐郑伯而去到晋国,也是祝贺虒祁之宫的落成。史赵见到游吉,说:"大家互相欺骗也太过分了!可以吊唁的事,反而又来祝贺它!"游吉说:"怎么吊唁啊?大概不仅我国祝贺,天下都将会来祝贺。"

8·4　秋季,在红地举行大检阅,从根牟直到宋国、卫国边境线上,兵车有一千辆。

8·5　七月初八日,齐国的子尾死了,子旗想要管理子尾的家政。十一日,杀梁婴。八月十四日,驱逐了子成、子工、子车,这三个人都逃亡前来我国,子旗为子良立了家臣头子。子良的家臣说:"孩子已经长大了,子旗却要帮忙管我们的家事,这是想要兼并我们。"把武器发下去,准备攻打子旗。陈桓子和子尾亲近,也把武器发下去,准备帮助子良的家臣。有人报告给子旗,子旗不相信,又有几个人来报告。子旗准备去子良家里,又有几个人在路上向他报告,因此就去到陈氏那里。桓子将要出动了,听说子旗来,就转回去,穿上便服迎接子旗。子旗请问桓子的意见。桓子回答说:"听说子良家里把武器发下去准备攻打您,您听说了吗?"子旗说:"没有听说。"桓子说:"您何不也把武器发下去?无宇请求跟从您。"子旗说:"您为什么要这样做?他是个孩子,我教导他,还恐怕他不能成功,我又宠信他为他立了家臣头子,如果和他互相攻打,怎么对待先人?您何不对他去说一说?《周书》说,'施惠于不感激施惠的人,劝勉不受劝勉的人',这就是康叔所以能够作事宽大的缘故。"陈桓子叩着头说:"顷公、灵公保佑您,我还希望您赐惠于我呢。"于是两家和好如同以前一样。

8·6　陈国的公子招把罪过推给公子过而杀死了他。九月,楚国的公子弃疾带兵奉事太孙吴包围陈国,宋国的戴恶领兵会合。冬季,十月十八日,灭亡了陈国。管车人袁克杀了马毁了玉为陈哀公殉葬。楚国人要杀死他,他请求赦免,不久又请求去小便。他在帐幕里小便,把麻带缠在头上逃走了。

楚灵王派穿封戌做陈公,说:"在城麇那次事件中他不谄媚。"穿封戌事奉楚灵王饮酒,楚灵王说:"城麇那次事件,你要知道寡人能到这一步,你大约会让我的吧!"穿封戌回答说:"如果知道您能到这一步,臣下一定冒死来安定楚国。"

晋平公向史赵询问说:"陈国大约就此灭亡了吧!"史赵说:"没有。"晋平公说:"什么缘故?"史赵回答说:"陈国,是颛顼的后代。岁星在于鹑火,颛顼氏由此而终于灭亡。陈国也将会和过去一样。现在岁星在箕宿、斗宿间的银河中,陈国还将会复兴。而且陈氏要在齐国取得政权,以后才最终灭亡。这一族从幕一直到瞽瞍都没有违背天命,舜又增加了盛德,德行一直落到遂的身上。遂的后代保持了它。到了胡公不淫,所以周朝给他赐姓,让他祭祀虞帝。下臣听说,盛德一定享有一百代的祭祀。现在虞的世代数字不满一百,将会继续在齐国保持下去,它的征兆已经有了。"

昭公九年

9·1　九年春季,叔弓、宋国华亥、郑国游吉、卫国赵黡在陈国会见楚灵王。

9·2　二月某日,楚国的公子弃疾把许国迁到夷地,其实就是城父。再增加州来、淮北的土田给许国,由伍举把土田授给许男。然丹把城父的人迁到陈地,用濮地、夷地西部的土田补给陈地。把方城山外边的人迁到许地。

9·3　周朝的甘地人和晋国的阎嘉争夺阎地的土田。晋国的梁丙、张趯率领阴戎进攻颍地。周天子派詹桓伯去谴责晋国说:"我们在夏代由于后稷的功劳,魏国、骀国、芮国、岐国、毕国,是我们的西部领土。到武王战胜商朝,蒲姑、商奄,是我们的东部领土。巴国、濮国、楚国、邓国,是我们的南部领土。肃慎、燕国、亳国,是我们的北部领土。我们有什么近处的封疆领土? 文王、武王、成王、康王建立同母兄弟的国家,用来护卫周室,也是为了防止周室的毁坏衰落,难道只是像不用的东西因而就抛弃了它? 先王让梼杌住在四方边远的地方,来抵御山中的精怪,所以允姓中的坏人住在瓜州。伯父惠公从秦国回去,就引诱他们前来,让他们逼迫我们姬姓的国家,进入我们的郊区,戎人于是就占取了这些地方。戎人占有中原,这是谁的罪责? 后稷缔造了天下,现在为戎人割据,不也很难吗? 伯父考虑一下,我们对于伯父来说,犹如衣服之有帽子,树木流水之有本源,百姓之有谋主。伯父如果撕毁了帽子,拔掉树木塞断水源,专断并抛弃谋主,即使是戎狄,他们心里哪里会有我这天子?"叔向对宣子说:"文公称霸诸侯,难道能改变旧制? 他辅佐拥戴天子,而又加上恭敬。从文公以来,每一代都是德行衰减,而且损害、轻视王室,用来宣扬它的骄横,诸侯有三心二意,不也是应该的吗? 而且天子的辞令理直气壮,您还是考虑一下。"宣子心服。周景王有姻亲的丧事,宣子就派赵成到成周吊唁,而且送去阎地的土田和入殓的衣服,遣返在颍地抓到的俘虏。周景王也派宾滑抓了甘地的大夫襄来讨晋国的欢心,晋国人对他加以礼遇而放他回去了。

9·4 夏季,四月,陈地发生火灾。郑国的裨灶说:"过五年陈国将会重新受封,受封以后五十二年被灭亡。"子产问这样说的缘故。裨灶回答说:"陈国,是水的隶属;火,是水的配偶,而是楚国所主治。现在大火星出现而陈国发生火灾,这是驱逐楚国而建立陈国。阴阳五行用五来相配,所以说五年。岁星过五年到达鹑火,然后陈国终于灭亡,楚国战胜而占有它,这是上天之道,所以说是五十二年。"

9·5　晋国的荀盈到齐国去接齐女,回来,六月,死在戏阳。停棺在绛地,没有安葬。晋平公喝酒,奏乐。主持饮食的官员屠蒯快步走进,请求帮着斟酒,晋平公答应了,屠蒯就斟酒给乐工喝,说:"你作为国君的耳朵,职责是让它聪敏。日子在甲子乙卯,叫做忌日,国君撤除音乐,学乐的人停止演习,这是为了忌避的缘故。国君的卿佐,这叫做股肱之臣。股肱之臣有了亏损,多么痛心呀!你没有听到而奏乐,这是耳朵不灵敏。"又给宠臣嬖叔喝酒,说:"你作为国君的眼睛,职责是让它明亮。服饰用来表示礼仪,礼仪用来推行事情,事情有它的类别,类别有它的外貌。现在国君的外貌,不是他应有的类别,而你看不见,这是眼睛不明亮。"屠蒯自己也喝了一杯,说:"口味用来让气血流通,气血用来充实意志,意志用来确定语言,语言用来发布命令。臣下的职责是管调和口味,两个侍候国君的人失职,而国君没有下令治罪,这是下臣的罪过。"晋平公很高兴,撤除了酒宴。

　　当初,晋平公想要废掉荀盈而立他的宠臣,因为上述这件事就改变想法,而停止了。秋季,八月,派荀跞辅佐下军以表明自己的意思。

9·6　孟僖子到齐同举行盛大的聘问,这是合于礼的。

9·7　冬季,修造郎囿。《春秋》加以记载,这是由于合于时令。季平子想要迅速完成,叔孙昭子说:"《诗》说:'营造开始不要着急,百姓却像儿子一样自动跑来。'哪里用得着急于求成来劳累百姓呢?没有园林还是可以的,没有百姓可以吗?"

昭公十年

10·1　十年春季，周王朝历法的正月，有一颗星出现在婺女宿。郑国的裨灶对子产说："七月初三日，晋国国君将要死去。现在岁星在玄枵，姜氏、任氏保守着这里的土地，婺女宿正当玄枵的首位，而有了妖星在这里出现，这是预告灾祸将要归于邑姜。邑姜，是晋侯的先妣。上天用七来记数，七月初三日，是逢公的死日，妖星就在这时候出现了，我是用它占卜而知道的。"

10·2　齐惠公的后代栾氏、高氏都喜欢喝酒，听信女人的话，所以别人的怨恨很多，势力比陈氏、鲍氏还要大而又讨厌陈氏、鲍氏。

　　夏季，有人告诉陈桓子说："子良、子旗将要进攻陈氏、鲍氏。"同时也告诉了鲍氏。陈桓子把兵器发给部下并且亲自到鲍氏那里，路上遇到子良喝醉了酒而骑马奔驰，就进见鲍文子，鲍文子也已经把兵器发下去了。派人去看子良、子旗两个人，他们都准备喝酒。陈桓子说："他们将攻打我们的传闻即使不真实，但是他们听说我发下兵器，就一定会追赶我们。趁着他们在喝酒，抢先攻打他们怎么样？"陈氏、鲍氏正在和睦的时候，就攻打栾氏、高氏。子良说："先得到国君的支持，陈氏、鲍氏往哪里去？"于是就攻打虎门。

　　晏平仲穿着朝服站在虎门外边，四个家族召见他，他都不去。他的手下人说："帮助陈氏、鲍氏吗？"晏平仲说："他们有什么好处值得帮助？""帮助栾氏、高氏吗？"晏平仲说："难道能胜过陈氏、鲍氏？""那么回去吗？"晏平仲说："国君被攻打，回哪里去？"齐景公召见他，然后进去。齐景公为了派王黑用龙旗领兵而占卜，吉利，请求砍去三尺以后再使用。五月某日，在稷地作战，栾氏、高氏战败,在庄地又击败他们。国内的人们追赶他们,又在鹿门再次击败他们。栾施、高彊逃亡到鲁国来,陈氏、鲍氏分了他们的家产。

晏子对陈桓子说:"一定要把获得的栾氏、高氏家产交给国君。谦让,是德行的根本,让给别人叫做美德。凡是有血气的人,都有争夺之心,所以利益不能勉强,想着道义就能胜过别人。道义,是利益的根本。积聚利益就会产生妖孽。姑且使它不要积聚吧!可以让它慢慢地生长。"陈桓子把陈氏、鲍氏的家产全都交给齐景公,并请求在莒地告老退休。

陈桓子召见子山,私下准备了帷幕、器物、从者的衣服鞋子,并把棘地还给了子山。对子商也像这样做,而把封邑也还给了子商。对子周也是这样,而把夫于给了他。让子城、子公、公孙捷回国,并且都增加了他们的俸禄。凡是公子、公孙中没有俸禄的,私下把封邑分给他们。对国内贫困孤寡的人,私下给他们粮食。他说:"《诗》说,'把受到的赏赐摆出来赐给别人就创建了周朝',这就是能够施舍的缘故。齐桓公因此而成为霸主。"齐景公把莒地旁边的城邑赐给陈桓子,他辞谢了。穆孟姬为他请求高唐,陈氏开始昌大。

10·3　秋季,七月,季平子进攻莒国,占领郠地。奉献俘虏,在亳社开始用人祭祀。臧武仲在齐国,听到了这件事,说:"周公大约不去享用鲁国的祭祀了吧!周公享用合于道义的祭祀,鲁国不符合道义。《诗》说:'那德行声誉特别显明,让百姓不要轻佻随便。'现在的做法可以说轻佻随便得过分了,而把人同牲畜一样使用,上天将会降福给谁呀!"

10·4　七月初三日,晋平公死了。郑简公去晋国,到达黄河,晋国人辞谢了,游吉就去到晋国。九月,叔孙婼、齐国国弱、宋国华定、卫国北宫喜、郑国罕虎、许人、曹人、莒人、邾人、滕人、薛人、杞人、小邾人到晋国去,这是为了安葬晋平公。

　　郑国的子皮准备带着财礼前去,子产说:"吊丧哪里要用财礼,用财礼一定要一百辆车拉,一定要一千人。一千人到那里,一时不会回来。不回来,财物一定会用光。几千人的礼物出去几次,国家还有不灭亡的?"子皮坚决请求带着财礼出去。安葬完毕,诸侯的大夫想要乘机拜见新国君。叔孙昭子说:"这是不合于礼的。"大家不听。叔向辞谢他们,说:"大夫们的送葬事情已经完了,又命令我与诸卿相见,我哀痛地处在服丧期间,如果用吉服相见,那么丧礼还没有完毕;如果以丧服相见,这就是再受一次吊唁。大夫们准备怎么办?"大家都没有理由再请求拜见。子皮用光了他带去的财礼。回国后,对子羽说:"并不是难于懂得道理,难在实行。他老人家懂得道理,我对道理还懂得不够。《书》说'欲望败坏法度,放纵败坏礼仪',这就是说我啊。他老人家懂得法度和礼仪了,我确实是放纵欲望,又不能自我克制。"

　　昭子从晋国归来,大夫们都来进见。高彊进见以后就退了出去。昭子对大夫们说:"做一个人的儿子不能不谨慎啊!过去庆封逃亡,子尾接受很多城邑,而稍稍送还给国君一部分,国君认为他忠诚,因而很宠信他。临死以前,在公宫得病,坐上车子回家,国君亲自推着他走。他的儿子不能继承父业,因此在这里。忠诚是美德,他的儿子不能继承,罪过就会延及到他身上,怎么能不谨慎呢?丧失了那个人的功劳,丢掉德行,让宗庙闲空而无人祭祀,而罪过就延及到他身上,不也是祸害吗?《诗》说,'忧患的到来不在我前头,也不在我后头',说的就是这个吧!"

10·5　冬季,十二月,宋平公死去。当初,宋元公讨厌寺人柳,想要杀死他。等到有了丧事,寺人柳在元公坐的地方烧上炭火,元公将要到达,就把炭撤去。等到安葬以后,寺人柳又得到了宠信。

昭公十一年

11·1　十一年春季,周王朝历法的二月,叔弓到宋国去,这是为了安葬宋平公。

11·2　周景王向苌弘询问说:"现在诸侯之中,哪里吉祥,哪里凶险?"苌弘回答说:"蔡国凶险。这是蔡侯般杀死他国君的年份。岁星在豕韦,不会过这一年了。楚国将会据有蔡国,然而这是积累邪恶。岁星到达大梁,蔡国复国,楚国不吉利,这是上天的常道。"

　　楚灵王在申地,召见蔡灵侯。蔡灵侯打算前去,蔡国的大夫说:"楚王贪婪而没有信用,唯独怨恨蔡国。现在财礼重而说话甜,这是引诱我们,不如不去。"蔡灵侯不同意。三月十五日,楚灵王在申地埋伏甲士而设享礼招待蔡灵侯,让他喝醉了酒就囚禁了他。夏季,四月初七日,杀死了蔡灵侯,杀死了蔡国的士七十人。公子弃疾领兵包围蔡国。

　　韩宣子向叔向询问说:"楚国会战胜吗?"叔向回答说:"可以战胜的! 蔡灵侯得罪了他的国君,而得不到百姓的拥护,上天将要借楚国的手来把他杀死,为什么不能战胜? 然而肸听说,由于没有信用而得利,不可能有第二次。楚灵王事奉太孙吴讨伐陈国,说:'将要安定你们的国家。'陈国人听从了他的命令,就灭了陈国建置为县。现在又诱骗蔡国而杀了他们的国君,来包围他们的国家,虽然侥幸而得胜,必然受到它的灾殃,不能长久了。夏桀战胜了有缗而丢掉了国家,商纣战胜东夷而丢掉了生命。楚国疆域小地位低,而屡次表现得比上面两个国王还要暴虐,能够没有灾祸吗? 上天借助于坏人,不是降福给他,而是增多他的凶恶然后给他惩罚。而且比如像天有金、木、水、火、土五种材料而由人加以使用,材力用尽就丢弃了,因此楚国不可拯救,最后也不能兴盛了。”

11·3　五月,齐归去世。在比蒲举行盛大的阅兵,这是不符合礼的。

11·4　孟僖子会见邾庄公,在祲祥结盟,重修从前的友好,这是符合礼的。

泉丘人有一个女儿,梦见用她的帷幕覆盖了孟氏的祖庙,就私奔到孟僖子那里,她的同伴也跟着去了。在清丘的土地神庙里盟誓说:“有了儿子,不要丢掉我!”孟僖子让她们住在蘧氏那个地方做妾。孟僖子从祲祥回来,住在蘧氏那里,在泉丘的那个女人生了懿子和南宫敬叔。她的同伴没有儿子,就让同伴抚养敬叔。

11·5　楚国的军队在蔡国,晋国的荀吴对韩宣子说:“不能救援陈国,又不能救援蔡国,别人因此就不来亲附了。晋国的不行也就可以知道。自己做盟主而不去为灭亡的国家担忧,又哪里用得着盟主?”

秋季,季孙意如和晋国韩起、齐国国弱、宋国华亥、卫国北宫佗、郑国罕虎、曹国人、杞国人在厥慭会见,为了商量救援蔡国。郑国的子皮将要出行。子产说:“走不远的,已经不能救援蔡国了。蔡国小而不顺服,楚国大而不施仁德,上天将要抛弃蔡国来使楚国积累邪恶,恶贯满盈然后惩罚它,蔡国一定灭亡了。而且丧失了国君而能够守住国家的也是很少的。到了三年,楚王大概有灾难吧!美和恶的岁星绕行一周的时候必然会有报应,楚灵王的邪恶已经要到岁星绕行一周的时候了。”晋国人派狐父到楚国请求楚国宽免蔡国,楚国人不答应。

11·6　单成公在戚地会见韩宣子,目光向下,说话迟缓。叔向说:“单子大概将要死了吧! 朝见有规定的席位,会见有标志,衣服有交叉,衣带有交结子。会见和朝见的言语,一定要使在座的人都能听到,用它来表明事情有条有理。目光不低于衣服交叉和衣带交结之处,用它来端正仪容形貌。言语用来发布命令,仪容相貌用来表明态度,做不到就有错误。现在单子做天子的百官之长,在盟会上宣布天子的命令,目光不高于衣带,声音超过一步就听不到,相貌不能端正仪容,言事就不能明白了。不端正,就不恭敬;不明白,别人就不顺从。他已经没有保养身体的精气了。"

11·7　九月,安葬齐归,鲁昭公不悲痛。晋国来送葬的士人,回去把情况告诉史赵。史赵说:"昭公一定会寄居到别国的郊外。"侍从的人说:"为什么?"史赵说:"他是归氏的儿子,不想念母亲,祖先不会保佑他的。"

　　叔向说:"鲁国公室的地位要下降了吧!国君发生大丧事,国家却不停止阅兵。有三年的丧期,却没有一天的悲痛。国家不为丧事去悲哀,这是不畏惧国君。国君没有悲痛的样子,这是不顾念亲人。国人不畏惧国君,国君不顾念亲人,地位能够不下降吗?恐怕将会丢掉他的国家。"

11·8　冬季,十一月,楚灵王灭亡了蔡国,杀死了隐太子用来祭祀冈山。申无宇说:"不吉祥。五种牲口不能互相用来祭祀,何况用诸侯呢?国君一定要后悔的。"

11·9　十二月,单成公去世。

11·10　楚灵王在陈地、蔡地、不羹筑城。派弃疾做蔡公。楚灵王向申无宇询问说:"弃疾在蔡地怎么样?"申无宇回答说:"选择儿子没有像父亲那样合适的,选择臣子没有像国君那样合适的。郑庄公在栎地筑城而安置子元,让昭公不能立为国君。齐桓公在榖地筑城而安置管仲,到现在齐国还得到利益。臣听说五种大人物不在边境,五种小人物不在朝廷。亲近的人不在外边,寄居的人不在里边。现在弃疾在外边,郑丹在朝廷,君王恐怕要稍加戒备!"楚灵王说:"国都有高大的城墙,怎么样?"申无宇回答说:"在郑国的京地、栎地杀死了曼伯,在宋国的萧地、亳地杀死了子游,在齐国的渠丘杀死了公孙无知,在卫国的蒲地、戚地驱逐了献公。如果从这些看来,就有害于国都。树枝大了一定折断,尾巴大了就不能摇摆,这是君王所知道的。”

昭公十二年

12·1　十二年春季,齐国的高偃把北燕伯款送到唐地,这是因为唐地的群众愿意接纳他。

12·2　三月,郑简公去世。将要为安葬而清除道路上的障碍。到达游氏的祖庙,准备拆毁它。子太叔让他手下清道的人拿着工具站着,暂时不要去拆,说:“子产经过你们这里,如果问你们为什么不拆,就说:‘不忍毁掉祖庙啊。对,准备拆了。’”这样一番以后,子产就让清道的人避开游氏的祖庙。管理坟墓的人的房屋,有位于当路的,拆了它,就可以在早晨下葬,不拆,就要到中午才能下葬。子太叔请求拆了它,说:“不拆,把各国的宾客怎么办?”子产说:“各国的宾客能够前来参加我国的丧礼,难道会担心迟到中午?对宾客没有损害,只要百姓不遭危害,为什么不做?”于是就不拆,到中午下葬。君子认为:“子产在这件事情上懂得礼。礼,没有毁坏别人而成全了自己的事。”

12·3　夏季,宋国的华定来鲁国聘问,为新即位的宋君通好。设享礼招待他,为他赋《蓼萧》这首诗,他不知道,又不赋诗回答。昭子说:“他必定会逃亡。诗中所说宴会的笑语不怀念,宠信和光耀不宣扬,美好的德行不知道,共同的福禄不接受,他将凭什么在卿位?”

12·4　齐景公、卫灵公、郑定公到晋国去,朝见新立的国君。昭公到晋国去,到达黄河边就返回去了。占取郧地的那一次战役,莒国人向晋国控诉,晋国正好有平公的丧事,没有能够办理,所以辞谢昭公。于是公子憖就到了晋国。

晋昭公设享礼招待诸侯,子产辅佐郑定公,请求不参加享礼,请求丧服期满然后听取命令。晋国人答应了,这是合于礼的。

晋昭公和齐景公举行宴会,中行穆子相礼。以箭投入壶中为乐,晋昭公先投,穆子说:"有酒像淮流,有肉像高丘。寡君投中壶,统帅诸侯。"投中了。齐景公举起矢,说:"有酒如渑水,有肉像山陵。寡人投中壶,代君兴盛。"也投中了。伯瑕对穆子说:"您的话不恰当。我们本来就称霸诸侯了,壶有什么用? 还是不要把投中看成希奇事。齐君认为我们国君软弱,回去以后不会来了。"穆子说:"我们军队统帅强而有力,士兵争相勉励,今天就像从前一样,齐国能做些什么?"公孙傁快步走进,说:"天晚了,国君也累了,可以出去了!"就和齐景公一起出去了。

12·5　楚灵王认为成虎是若敖的馀党,就杀死了他。有人在楚灵王那里诬陷成虎,成虎知道了,但是不能出走。《春秋》记载说"楚杀其大夫成虎",这是由于他留恋宠幸。

12·6　六月,安葬郑简公。

12·7　晋国的荀吴假装会合齐军的样子,向鲜虞借路,就乘机进入昔阳。秋季,八月初十日,灭亡肥国,带了肥子绵皋回国。

12·8　周朝的原伯绞残暴,他的许多手下人集体逃走。冬季,十月初一,原地大众赶走绞,立了公子跪寻。绞逃亡到郊地。

12·9　甘简公没有儿子,立了他兄弟甘过做国君。过准备去掉成公、景公的族人。成公、景公的族人贿赂刘献公,二十五日,杀死了甘悼公,立了成公的孙子鬷。二十六日,杀了献太子保傅、庾皮的儿子过,在市上杀了瑕辛,又杀了宫嬖绰、王孙没、刘州鸠、阴忌、老阳子。

12·10　季平子即位后,对南蒯不加礼遇。南蒯对子仲说:"我赶走季氏,把他的家产归公,您取代他的地位,我带着费地作为公臣。"子仲答应了。南蒯告诉叔仲穆子,同时把原因告诉了他。季悼子死的时候,叔孙昭子由于再命而做了卿士。等到季平子进攻莒国得胜,昭子改受三命。叔仲穆子想要离间季氏和叔孙氏两家,对平子说:"三命超过了父兄,这是不合于礼的。"平子说:"是这样。"所以就让昭子自己辞谢。昭子说:"叔孙氏发生家祸,杀死嫡子立了庶子,所以婼才到了这一步。如果是因为祸乱而来讨伐,那么我听从命令了。如果不废弃国君的命令,那么本来就有我的位次。"昭子朝见,命令官吏说:"婼打算和季氏打官司,写诉讼辞的时候不要偏袒。"季平子畏惧,就归罪于叔仲子,因此叔仲穆子、南蒯、子仲就打季氏的主意。子仲告诉昭公,就跟随昭公去了晋国。南蒯害怕打不赢,带了费地叛变到了齐国。子仲回国,到达卫国,听到动乱的情况,丢下副使先行逃回国内,到达郊外,听到费地叛乱就逃亡到齐国。

　　南蒯将要叛变的时候,他的家乡有人知道情况,走过他门口,叹了口气说:"忧愁啊,愁啊,忧啊! 想法高而智谋浅,关系近而志向远,作为家臣而想为国君图谋,要有人材才行啊!"南蒯不提出所问的事情而占筮,得到《坤》卦䷁变为《比》卦䷇,卦辞说,"黄裳元吉",就认为是大吉大利。把它给子服惠伯看,说:"如果有事情,怎么样?"惠伯:"我曾经学习过《易》,如果是忠信的事情就可以符合卦辞的预测,不然就必定失败。外表强盛内部温顺,这是忠诚,用和顺来实行占卜,这是信用,所以说'黄裳元吉'。黄,是内衣的颜色。裳,是下身的服装。元,是善的第一位。内心不忠诚,就和颜色不相符合。在下面不恭敬,就和服装不相符合。事情办理不好,就和标准不相符合。内外和谐就是忠,根据诚信办事就是恭,崇尚上述三种德行,就是善,不是这三种德行就无法承当卦辞的预测。而且《易》不能用来预测冒险的事情,您打算做什么呢?而且能不能在下位而恭敬呢?中美就是黄,上美就是元,下美就是裳,这三者都具备了才可以合于卦辞的预测。如果有所缺少,卦辞虽然吉利,未必能行。"

南蒯将要到费地去,请乡里的人喝酒。乡里有人唱歌说:"我有块菜地,却生长了枸杞啊!跟我走的是大男子呵,不跟我走的是鄙陋的人呵,背弃他亲人的可耻呵!得了得了,不是我们一伙的人士呵!"

季平子想要让昭子赶走叔仲子。叔仲子听到了,不敢朝见。昭子命令官吏告诉叔仲子在朝廷上等待办公,说:"我不充当怨恨聚集的角色。"

12·11 楚灵王在州来打猎阅兵,驻扎在颍尾,派荡侯、潘子、司马督、嚣尹午、陵尹喜带兵包围徐国以威胁吴国。楚灵王驻在乾谿,作为他们的后援。下雪,楚灵王头戴皮帽子,身穿秦国的羽衣,披着翠羽披肩,脚穿豹皮鞋,手拿着鞭子走了出来。仆析父作为随从。右尹子革晚上去朝见,楚王接见他,脱去帽子、披肩,放下鞭子,和他说话,说:"从前我们先王熊绎,和吕伋、王孙牟、燮父、禽父一起事奉康王,齐、晋、鲁、卫四国都分赐了宝器,唯独我国没有。现在我派人到成周,请求把鼎作为赏赐,周天子会给我吗?"子革回答说:"会给君王啊!从前我们先王熊绎住在荆山僻处,乘柴车、穿破衣以开辟丛生的杂草,跋山涉水以事奉天子,只能用桃木弓、枣木箭作为进贡。齐国,是天子的舅父。晋国和鲁国、卫国,是天子的同胞兄弟。楚国因此没有得到赏赐,而他们却有。现在是周朝和四国顺服事奉君王了,将会都听从您的命令,难道还爱惜鼎?"楚灵王说:"以前我们的皇祖伯父昆吾,居住在旧许,现在郑国人贪利这里的土田而不给我们。我们如果求取,他会给我们吗?"子革回答说:"会给君王啊!周朝不爱惜鼎,郑国还敢爱惜土田?"楚灵王说:"从前诸侯认为我国偏僻而害怕晋国,现在我们大大地修筑陈国、蔡国两个不羹城的城墙,每地都有战车一千辆,您是有功劳的,诸侯会害怕我们了吧!"子革回答说:"害怕君王啊!光是这四个城邑,也就足够使人害怕了,又加上楚国全国的力量,岂敢不怕君王呢?"工尹路请求说:"君王命令破开圭玉以装饰斧柄,谨请发布命令。"楚灵王走进去察看。析父对子革说:"您,是楚国有名望的人。现在和君王说话,答对好像回声一样,国家将怎么办?"子革说:"我磨快了刀刃等着,君王出来,我的刀刃就将砍下去了。"楚灵王出来,又和子革说话。左史倚相快步走过,楚灵王说:"这个人是好史官,您要好好看待他,这个人能够读《三坟》、《五典》、《八索》、《九丘》。"子革回答说:"下臣曾经问过他,从前周穆王想要放纵他自己的私心,周游天下,想要让天下到处都有他的车辙马迹。祭公谋父作了《祈招》这首诗来阻止穆王的私心,穆王因此得以善终于祇宫。下臣问他这首诗,他都不知道。如果问更远的事情,他哪里能知道?"楚灵王说:"您能知道吗?"子革回答说:"能。这首诗说:'祈招安祥和悦,表现有德者的声音。想起我们君王的风度,样子好像玉好像金。保存百姓的力量,而自己没有醉饱之心。'"楚灵王向子革作揖,便走了进去,送上饭来不吃,睡觉睡不着,有好几天,不能克制自己,所以终于遇上了祸难。

　　孔子说:"古时候有话说:'克制自己回到礼仪上,这就是仁。'真是说得好啊!楚灵王如果能够这样,难道还会在乾谿受到差辱?"

12·12　晋国进攻鲜虞,这是乘灭亡肥国以后而顺路进攻的。

昭公十三年

13·1　十三年春季,叔弓包围费地,没有攻下,被击败。季平子发怒,命令接见城外的费地人,就抓住他们作为因犯。冶区夫说:"不对。如果接见费地人,受冻的给他们衣服,受饿的给他们饭吃,做他们的好主子,供应他们所缺乏的东西,费地人前来就会像回家一样,南氏就要灭亡了。百姓将要背叛他,谁跟他住在围城里?如果用威严使他们害怕,用愤怒使他们畏惧,百姓讨厌而背叛您,这是为他招聚了百姓。如果诸侯都这样,费地人没有地方可去,他们不亲近南氏,还会到哪里去呢?"平子听从了他的意见,费地人背叛了南氏。

13·2　当楚灵王做令尹的时候,杀了大司马蒍掩并占取了他的家财。等到即位以后,夺取了蒍居的土田。把许地的人迁走而以许围作为人质。蔡洧受到楚灵王的宠信,楚灵王灭亡蔡国的时候,他的父亲死在这次战争中,楚灵王派他参与守卫国都的任务然后灵王出发到乾谿。申地的盟会,越大夫受到侮辱。楚灵王夺取了斗韦龟的封邑中犨,又夺取了成然的封邑,而让他做郊区大夫。蔓成然以前事奉蔡公。所以蒍氏的亲族和蒍居、许围、蔡洧、蔓成然,都是楚王不加礼遇的人。凭借着那些丧失职位的人的亲族,诱导越大夫常寿过发动叛乱,包围固城,攻下息舟,筑城而住在里面。

　　观起死的时候,他儿子从在蔡地,事奉朝吴,说:"现在还不恢复蔡,蔡国将永远被灭亡了。我请求试一下。"用蔡公的名义召回子干、子晳,到达郊区,就把真相告诉了他们,强迫与他们结盟,进而入侵蔡地。蔡公正要吃饭,见到这种情况就逃走了。观从让子干吃饭,挖坑,杀牲口,把盟书放在牲口上,然后让他赶快走。观从自己对蔡地人公开宣布说:"蔡公召见这两个人,准备送到楚国,和他们结盟以后已经把他们派出去了,而且准备带领军队跟上去。"蔡地人聚集起来,准备抓住观从。观从解释说:"失去了贼人,组成了军队,杀我,有什么好处?"蔡地人就放了他。朝吴说:"您几位如果想为楚王而死去或者逃亡,那就应当不听蔡公的,以等待事情的成败。如果要求安定,那就应当赞成他,以成就他的愿望。而且要是违背上官,你们将到哪里去呢?"大家说:"赞成他!"就奉事蔡公,召见子干、子皙两个人而在邓地会盟,依赖陈地人和蔡地人复国的心愿达到自己的目的。楚国的公子比、公子黑肱、公子弃疾、蔓成然、蔡国的朝吴率领陈、蔡、不羹、许、叶等地的军队,依靠四族的族人,进入楚国。到达郊区,陈地人、蔡地人想要宣扬名声,所以请求筑起壁垒。蔡公知道了,说:"我们的行动必须迅速,而且役人已经很疲劳了,编成篱笆就行了。"于是就用篱笆围起军营。蔡公派须务牟和史犷先进入国都,靠着太子亲近的官杀了太子禄和公子罢敌。公子比做了楚王,公子黑肱做了令尹,驻扎在鱼陂。公子弃疾做了司马,先清除王宫,派观从到乾谿和那里的军队联系,乘机告诉他们所发生的情况,同时说:"先回去的可以恢复禄位资财,后回去的受割鼻子的重刑。"楚灵王的军队到达訾梁就溃散了。

　　楚灵王听到公子们的死讯,自己摔到车下,说:"别人爱他的儿子,也像我一样吗?"侍者说:"还有超过的。小人年老而没有儿子,自己知道会被挤到沟壑里去的。"楚灵王说:"我杀死别人的儿子很多了,能够不到这一步吗?"右尹子革说:"请在国都郊外等待,听从国内人们的选择。"楚灵王说:"大众的愤怒不可触犯。"子革说:"也许可以去到大的都邑,然后向诸侯请求出兵。"楚灵王说:"都背叛了。"子革说:"也许可以逃亡到诸侯那里,听从大国为君王的安排。”楚灵王说：“好运气不会再来，只是自取侮辱而已。”子革于是离开了楚灵王而回到楚国去。楚王沿汉水而下，打算到鄢地去。芋尹无宇的儿子申亥说：“我父亲再次触犯王命，君王没有诛戮，还有比这更大的恩惠吗？对国君不能忍心，恩惠不能丢弃，我还是跟着君王。”就去寻找楚灵王，在棘门前遇到楚灵王便一起回来。夏季，五月二十五日，楚灵王在芋尹申亥家上吊死了。申亥把两个女儿作为人殉而安葬了楚灵王。

观从对子干说：“如果不杀死弃疾，虽然得到国家，还会受到灾祸。”子干说：“我不忍心啊。”观从说：“别人会对您忍心的，我不忍心等待了。”于是就走了。都城里常常有人夜里惊叫说：“君王进来了！”十七日夜里，弃疾派人走遍各处喊叫说：“君王到了！”都城里的人们大为惊恐。让蔓成然跑去报告子干、子皙说：“君王到了，都城里的人杀了您的司马弃疾，就要杀来了。您如果早一点自己打主意，可以不受侮辱。众怒好像水火，没有法子可以想了。”又有喊叫着跑来的人，说：“大伙都来到了！”子干他们两个人都自杀了。十八日，弃疾即位，改名为熊居。把子干安葬在訾地，称之为訾敖。杀死一个囚犯，穿上国王的衣服，却让尸体在汉水中漂流，只得收尸安葬，来安定国内的人心。让子旗担任令尹。

楚军从徐国回来，吴军在豫章打败楚军，俘虏了他们的五个将领。

楚平王重建陈、蔡两国，让迁移出去的人回来，给有功之臣赏赐财物，取消苛政，赦免罪人，举拔被废弃的官员。召见观从，楚平王说：“你所要求的都可以答应。”观从说：“下臣的祖先是卜尹的助手。”于是就让他做了卜尹。楚平王派枝如子躬到郑国聘问，同时交还犨地、栎地的土田。聘问结束，并没有交还。郑国人请求说：“听道路传闻，打算把犨地、栎地赐给寡君，谨敢请命。”枝如子躬说：“下臣没有听到这样的命令。”回国复命以后，楚平王问起归还礜地、栎地的事,枝如子躬脱去上衣谢罪说:"臣有错,违背了王命,没有交还。"楚平王拉着他的手,说:"您不要归罪自己!先回去罢,我以后有事,还是会告诉您的。"

过了几年,芋尹申亥把楚灵王的棺材所在报告平王,于是就改葬灵王。

当初,楚灵王占卜说:"我希望能得到天下!"结果不吉利。灵王把龟甲扔在地上,责骂上天说:"这一点点好处都不给我,我一定要自己争取。"百姓担心灵王的欲望不能满足,所以参加动乱好像回家一样。

当初,楚共王没有嫡长子,有五个宠爱的儿子,不知道应该立谁。于是就遍祭名山大川的神明,祈祷说:"请求神灵在五个人中选择,让他主持国家。"于是就把玉璧展示给名山大川的神明,说:"正对着玉璧下拜的,是神明所立的,谁敢违背?"祭祀完毕,就和巴姬秘密地把玉璧埋在祖庙的院子里,让这五个人斋戒,然后按长幼次序下拜。康王两脚跨在玉璧上,灵王的胳臂放在玉璧上,子干、子皙都离璧很远。平王还小,由别人抱了进来,两次下拜都压在璧纽上。鬭韦龟把成然嘱托给平王,而且说:"抛弃礼义而违背天命,楚国大概危险了。"

子干回国,韩宣子向叔向询问说:"子干可能会成功吧?"叔向回答说:"很难。"韩宣子说:"人们有共同的憎恶而互相需求,好像商人一样,有什么难的?"叔向回答说:"没有人和他有共同的爱好,谁会和他有共同的憎恶?得到国家有五条难处:有了显贵的身份而没有贤人,这是第一条;有了贤人而没有内应,这是第二条;有了内应而没有谋略,这是第三条;有了谋略而没有百姓,这是第四条;有了百姓而没有德行,这是第五条。子干在晋国十三年了,晋国、楚国跟从他的人,没有听说有知名之士,可以说没有贤人。族人被消灭,亲人背叛,可以说没有内应。没有空子而轻举妄动,可以说没有谋略。在外边作客一辈子，可以说没有百姓。流亡在外没有怀念他的象征，可以说没有德行。楚王虽暴虐却不忌刻，楚国如果以子干为国君，关系到这五条难处而杀死原来的国君，谁能帮助他成功？享有楚国的，恐怕是弃疾吧！统治着陈、蔡两地，方城山以外也归属于他。烦杂和邪恶的事情没有发生，盗贼潜伏隐藏，虽然有私欲而不违背礼仪，百姓没有怨恨之心。先代神明任命他，国民相信他。芈姓发生动乱，必然就是小儿子立为国君，这是楚国的常例。得到神灵的保佑，这是一；拥有百姓，这是二；具有美德，这是三；受宠又显贵，这是四；所居地位符合常例，这是五。有五条利益来除掉五条难处，谁能够伤害他？子干的官职，不过是右尹；数他的地位，不过是庶子；论起神明所命令的，那又远离了玉璧。他的显贵丧失了，他的宠信丢掉了。百姓没有怀念他的，国内没有亲附他的，将凭什么立为国君？"韩宣子说："齐桓公、晋文公不也是这样吗？"叔向回答说："齐桓公，是卫姬的儿子，僖公宠爱他。有鲍叔牙、宾须无、隰朋作为辅助，有莒国、卫国作为外援，有国氏、高氏作为内应。从善好像流水一样行动迅速，不贪财货，不放纵私欲，施舍不知疲倦，求善不厌其烦。由于这样而享有国家，不也是合适的吗？至于我们的先君文公，是狐季姬的儿子，献公宠爱他。喜欢学习而专心一志，生下来十七年，得到了五个人才。有先大夫子馀、子犯作为心腹，有魏犨、贾佗作为左右手，有齐国、宋国、秦国、楚国作为外援，有栾氏、郤氏、狐氏、先氏作为内应，逃亡在外十九年，意志坚定。惠公、怀公丢弃百姓，百姓都跟着文公。献公没有别的亲人，百姓没有别的希望。上天正在保佑晋国，将会用谁来代替晋文公？这两位国君，和子干不同。共王还有受宠的儿子，国内还有高深莫测的君主。对百姓没有施予，在外边没有援助。离开晋国没有人送行，回到楚国没有人迎接，凭什么希望享有楚国？"

13·3　晋国落成了虒祁宫，诸侯前去朝见而回去的都对晋国有了二心。为了占取郓地的缘故,晋国打算带领诸侯前来讨伐。叔向说:"不能不向诸侯显示一下威力。"于是就召集全体诸侯会见,而且告诉吴国。秋季,晋昭公到良地打算会见吴王,水路不通,吴王辞谢不来,晋昭公就回去了。七月二十九日,在邾国南部检阅军队。装载有甲士的战车四千辆。羊舌鲋代理司马,就在平丘会合诸侯。子产、子太叔辅助郑定公参加会见,子产带了帷布、幕布各九张出发,子太叔带了各四十张,不久又后悔,每住宿一次,就减少一些帷幕。等到达会见的地方,也和子产的一样了。

停驻在卫国境内,羊舌鲋向卫国索取财货,放纵手下砍柴草的人捣乱。卫国人派屠伯送给叔向羹汤和一箧锦缎,说:"诸侯事奉晋国,不敢怀有二心,何况在君王的房檐下,哪里敢有别的念头?砍柴的人和过去不大一样,谨敢请您阻止他们。"叔向接受了羹汤退回了锦缎,说:"晋国有一个羊舌鲋,贪求财货没有满足,也将要及于祸难了。为了这次的事情,您如果以君王的命令赐给他锦缎,事情就了结了。"客人照办,还没有退出去,羊舌鲋就下令禁止砍柴草人的捣乱。

晋国人要重温过去的盟约,齐国人不同意。晋昭公派叔向告诉刘献公说:"齐国人不肯结盟,怎么办?"刘献公回答说:"结盟是用来表示信用的,君王如果有信用,诸侯又没有二心,担什么心?用文辞向它报告,用武力对他监督,虽然齐国不同意,君王的功绩就很多了。天子的卿士请求带领天子的军队,'大车十辆,在前面开路',早晚只听凭君王决定。"叔向告诉齐国,说:"诸侯请求结盟,已经在这里了。现在君王以不结盟为有利,寡君以此作为请求。"齐国人回答说:"诸侯讨伐三心二意的国家,这才需要重温过去的盟约。如果都能听从命令,哪里需要重温旧盟?"叔向说:"国家的衰败,有了事情而没有贡赋,事情就不能正常。有了贡赋而没有礼节,正常会失去上下的次序。有了礼仪而没有威严,虽有次序也不能恭敬。有了威严而不能显著，虽有恭敬也不能昭告神明。不能昭告神明而失去了恭敬，各种事务没有结果，这就是国家败亡的原因。因此明王的制度，让诸侯每年聘问以记住自己的职责。每隔三年朝觐一次以演习礼仪，再次朝觐而诸侯会见以表现威严，再次会见而结盟以显示信义。在友好中记住自己的职责，用等级次序来演习礼仪，向百姓表现威严，向神明显示信义。从古以来，也许并没有缺失。存亡之道，常常由这里开始。晋国按照礼仪而主持结盟，惟恐不能办好，谨奉结盟的牺牲而展布于君王之前，以求得事情的良好结果。君王说'我一定要废除它'，何必结盟呢？请君王考虑一下。寡君听到命令了。"齐国人恐惧，回答说："小国说了话，大国加以决断，岂敢不听从？已经知道了你们的意思，我们会恭恭敬敬地前去，时间迟早听任君王的决定。"叔向说："诸侯对晋国有嫌隙了，不能不向他们显示一下威力。"八月初四日，检阅军队，建立旌旗而不加飘带。初五日，又加上飘带。诸侯都感到畏惧。

　　邾人、莒人向晋国控诉说："鲁国经常进攻我国，我国快要灭亡了。我国不能进贡财礼，是由于鲁国的缘故。"晋昭公不接见鲁昭公，派叔向前来辞谢说："诸侯将要在初七日结盟，寡君知道不能事奉君王了，请君王不必劳驾。"子服惠伯回答说："君王听信蛮夷的控诉，断绝兄弟国家的关系，丢弃周公的后代，也只能由得君王。你们的意见，我们已经知道了。"叔向说："寡君有装载甲士的战车四千辆在那里，即使不按常道办事，也必然是可怕的了。何况按照常道，还有谁能抵挡？牛虽然瘦，压在小猪身上，难道怕小猪不死？对南蒯、子仲的忧虑，难道可以忘记吗？如果凭着晋国的大众，使用诸侯的军队，依靠邾国、莒国、杞国、鄫国的愤怒，来讨伐鲁国的罪过，利用你们对两个人的忧虑，什么要求得不到？"鲁国人害怕了，就听从了命令。

　　初七日，诸侯在平丘一起会盟，这是由于齐国顺服了。命令诸侯在中午到达盟会地点。初六日，朝见晋国完毕。子产命令外仆赶紧在盟会的地方搭起帐篷，子太叔阻拦仆人，让他们等第二天再搭。到晚上，子产听说他们还没有搭起帐篷，就派他们赶紧去，到那里已经没有地方可以搭帐篷了。

　　等到结盟的时候，子产争论进贡物品的轻重次序，说："从前天子确定进贡物品的次序，轻重是根据地位排列的。地位尊贵，贡赋就重，这是周朝的制度，地位低下而贡赋重的，这是距天子附近的小国。郑伯，是男服，让我们按照公侯的贡赋标准，恐怕不能足数供应的，谨敢以此作为请求。诸侯之间应当休息甲兵，从事于友好。使者催问贡税的命令，没有一个月不来到。贡赋没有个限度，小国不能满足要求而有所缺少，这就是得罪的原因。诸侯重温旧盟，这是为了使小国得以生存。贡赋没有个限制，灭亡的日子将会马上到来。决定存亡的规定，就在今天了。"从中午开始争论，直到晚上，晋国人同意了。结盟以后，子太叔责备子产说："诸侯如果来讨伐，难道可以轻易地对待吗？"子产说："晋国的政事出于很多家族，他们不能一心一意，苟且偷安还来不及，哪里来得及讨伐别人？国家不和别国竞争，也就会遭到欺凌，还成个什么国家？"

　　鲁昭公不参加结盟。晋国人逮捕了季孙意如，用幕布遮住他，让狄人看守。司铎射怀里藏了锦，捧着用壶盛着的冰水，悄悄地爬过去。看守人阻止他，就把锦送给看守人，然后进去。晋国人带了季孙回到晋国，子服湫跟随前去。

　　子产回国，没有到达，听说子皮死了，号哭，说："我完了！没有人帮我做好事了。只有他老人家了解我。"孔子认为："子产在这次盟会中，足以成为国家的柱石了。《诗》说：'是君子欢乐，他是国家和家族的柱石。'子产是君子中追求欢乐的人。"又说："会合诸侯，制定贡赋的限度，这就是礼。"

13·4　鲜虞人听说晋国军队全部出动,可是并不在边境警戒,而且不修治武备。晋国的荀吴从著雍带领上军侵袭鲜虞,到达中人,驱使冲车和鲜虞人争逐,大获全胜然后回国。

13·5　楚国灭亡蔡国的时候,楚灵王把许国、胡国、沈国、道地、房地、申地的人迁到楚国国内。楚平王即位,在封了陈国、蔡国以后,就都让他们迁回去,这是合于礼的。使隐太子的儿子庐回到蔡国,这是合于礼的。使悼太子的儿子吴回到陈国,这是合于礼的。

13·6　冬季,十月,安葬蔡灵公,这是合于礼的。

13·7　鲁昭公到晋国去。荀吴对韩宣子说:"诸侯互相朝见,这是由于重温过去的友好。抓了他们的大夫而朝见他们的国君,这是不友好的,不如辞谢他。"于是就派士景伯在黄河边上辞谢昭公。

13·8　吴国灭亡州来,令尹子旗请求进攻吴国。楚王不答应,说:"我没有安抚百姓,没有事奉鬼神,没有修缮防御设备,没有安定国家和家族,在这种情况下去使用百姓的力量,失败了来不及后悔。州来在吴国,就像在楚国一样。您姑且等着吧。"

13·9　季孙还在晋国,子服惠伯私下对中行穆子说:"鲁国事奉晋国,凭什么不如夷人的小国? 鲁国,是兄弟,国土面积还很大,你们所规定的进贡物品都能具备。如果为了夷人而抛弃鲁国,让鲁国事奉齐国、楚国,对晋国有什么好处? 亲近兄弟国家,赞助版图大的国家,奖赏能供给的国家,惩罚不供给的国家,这才是作为盟主的态度。您还是考虑一下! 俗话说:'一个臣子要有两个主人。'我们难道没有大国可以去奉事了?"穆子告诉韩宣子,而且说:"楚国灭亡陈、蔡,我们不能救援,反而为了夷人抓了亲人,这有什么用?"于是就把季孙放回去。惠伯说:"寡君不知道自己的罪过,会合诸侯而抓了他的元老。如果有罪,可以奉命而死。如果说没有罪而加恩赦免他,诸侯没有听到,这是逃避命令,这怎么算是赦免呢? 请求赐给恩惠在盟会上赦免。"韩宣子担心这件事,对叔向说:"您能让季孙回去吗?"叔向回答说:"我办不到。鲋是能办得到的。"于是就让叔鱼去。叔鱼进见季孙,说:"从前鲋得罪了晋国国君,自己到了鲁国,如果不是武子的恩赐,不能到今天。即使老骨头已经回到晋国,等于您再次给了我生命,岂敢不为您尽心尽力? 让您回去而您不回去,鲋听官吏说,将要在西河修造一所房子把您安置在那里,那么怎么办?"说着,流下泪来。季孙害怕,就先回去了。惠伯不走,等晋国人以礼相送。

昭公十四年

14·1　十四年春季,季孙意如从晋国回来,《春秋》这样记载,是尊重晋国而归罪于我国。尊重晋国而归罪于我国,这是合于礼的。

14·2　南蒯将要叛变的时候,和费地人结盟。司徒老祁、虑癸假装发病,派人请求南蒯说:"下臣愿意接受盟约,然而疾病发作。如果托您的福而不死,请等病稍稍好一点再和您结盟。"南蒯答应了。这两个人依靠百姓想要背叛南蒯,就要求集合百姓一起结盟。于是就劫持南蒯说:"下臣没有忘记他们的君主,但是害怕您直到现在,服从您的命令三年了。您如果不考虑,费地的人由于不能对君主狠心,将要不再害怕您了。您在哪里不能满足愿望? 请让我们把您送走吧!"南蒯请求等待五天。到时就逃亡到齐国。侍奉齐景公喝酒,齐景公说:"叛徒!"南蒯回答说:"下臣是为了想要公室强大。"子韩皙说:"家臣想要使公室强大,没有比这再大的罪过了。"司徒老祁、虑癸前来收回费地,齐景公也派鲍文子来送还费地。

14·3　夏季,楚平王派然丹在宗丘选拔检阅西部的军队,并且安抚当地的百姓。施舍贫贱,救济穷困,抚育年幼的孤儿,奉养有病的老人,收容单身汉,救济灾难,宽免孤儿寡妇的赋税,赦免有罪的人。禁治奸邪,提拔被埋没的贤才。以礼接待新人,交往旧人,奖赏功勋,和睦亲族,任用贤良,物色官吏。派屈罢在召陵选拔检阅东部地区的武装,也和西部一样。和四边的邻国友好,让百姓休养生息五年,然后用兵,这是合于礼的。

14·4　秋季,八月,莒国国君著丘公死了,郊公不悲哀。国内的人们不服从他,想要立著丘公的兄弟庚舆。蒲馀侯讨厌公子意恢而和庚舆要好。郊公讨厌公子铎而和意恢要好。公子铎依靠蒲馀侯并且和他商量,说:“你去杀死意恢,我赶走国君而接纳庚舆。”蒲馀侯答应了。

14·5　楚国的令尹子旗对楚平王有过功劳,但自己却不知道节制,和养氏勾结,贪得无厌。楚平王很担心。九月初三日,楚平王杀了鬬成然,灭掉养氏这一家族。让鬬辛住在郧地,以此表示不忘过去的功勋。

14·6　冬季,十二月,蒲馀侯兹夫杀死了莒国的公子意恢。郊公逃亡到齐国。公子铎在齐国迎接庚舆,齐国的隰党、公子鉏送行,莒国向齐国贿赂土田。

14·7　晋国的邢侯和雍子争夺郤地的土田,很长时间也没有调解成功。士景伯去楚国,叔鱼代理他的职务。韩宣子命令他判处旧案,罪过在于雍子。雍子把女儿嫁给叔鱼,叔鱼宣判邢侯有罪。邢侯发怒,在朝廷上杀了叔鱼和雍子。韩宣子向叔向询问怎样治他们的罪。叔向说:“三个人罪状相同,杀了活着的人示众、暴露死者的尸体就可以了。雍子知道自己的罪过,而用他女儿作为贿赂来取得胜诉;鲋出卖法律,邢侯擅自杀人,他们的罪状相同。自己有罪恶而掠取别人的美名就是乱,贪婪而败坏职责就是不干净,杀人而没有顾忌就是贼。《夏书》说,‘昏、墨、贼,处死’,这是皋陶的刑法,请照办。”于是就杀了邢侯陈尸示众,并且把雍子和叔鱼的尸体摆在市上示众。

　　孔子说:"叔向,他有着古代流传下来的正直作风。治理国家大事使用刑法,不包庇亲人。三次指出叔鱼的罪恶,不给他减轻。做事合于道义啊,可以说得上正直了! 平丘的盟会,责备他贪财,以宽免卫国,晋国就做到了不凶暴。让鲁国季孙回去,称道他的欺诈,以宽免鲁国,晋国就做到了不凌虐。邢侯这次案件,说明他的贪婪,以执行法律,晋国就做到了不偏颇。三次说话而除掉三次罪恶,加上三种利益。杀死了亲人而名声更加显著,这也是合乎道义的吧!"

昭公十五年

15·1　十五年春季,将要对武公举行大的祭祀,告诫百官斋戒,梓慎说:"大的祭祀那一天恐怕会有灾祸吧! 我看到了红黑色的妖气,这不是祭祀的祥瑞,是丧事的气氛。恐怕会应在主持祭祀者的身上吧!"二月十五日,举行大的祭祀。叔弓主持祭祀,在奏籥的人进入时,突然死亡。撤去音乐,把祭祀进行完毕,这是合于礼的。

15·2　楚国的费无极嫉妒朝吴在蔡国,想要除去他,于是,就对朝吴说:"君王唯独相信您,所以把您安置在蔡国。您的年纪也不小了,可是地位低下,这是耻辱。一定要求得上位,我帮助您申请。"又对位在朝吴之上的人说:"君王唯独相信朝吴,所以把他安置在蔡国,您几位比不上他,而在他上面,不也很难吗? 不加考虑,必然遭到祸难。"夏季,蔡国人赶走了朝吴,朝吴逃亡到郑国。楚平王发怒,说:"我唯独相信朝吴,所以把他安置在蔡国。而且如果没有朝吴,我到不了今天的地步。你为什么去掉他?"费无极回答说:"下臣难道不想要朝吴？然而早知道他有别的念头，朝吴在蔡国，蔡国必然很快飞走。去掉朝吴，这就是剪除蔡国的翅膀。”

15·3　六月初九日，王太子寿死了。

15·4　秋季，八月二十二日，王穆后去世。

15·5　晋国荀吴领兵进攻鲜虞，包围鼓国。鼓国有人请求带着城邑里面的人叛变，荀吴不答应。左右的随从说：“军人不辛劳而可以得到城邑，为什么不干？”荀吴说：“我听到叔向说：‘喜好、厌恶都不过分，百姓知道行动的方向，事情就没有不成功的。’有人带着我们的城邑叛变，这是我们所最厌恶的。别人带着城邑前来，我们为什么独独喜欢这样呢？奖赏我们所最厌恶的，对所喜欢的又怎么办？如果不加奖赏，这就是失信，又用什么保护百姓？力量达得到就进攻，否则就撤退，量力而行。我们不可以想要得到城邑而接近奸邪，这样所丧失的会更多。”于是让鼓国人杀了叛徒而修缮防御设备。包围鼓国三个月，鼓国有人请求投降。穆子让鼓国人进见，说：“看你们的脸色还好，姑且去修缮你们的城墙。”军吏说：“得到城邑而不占取，辛劳百姓而损毁武器，用什么事奉国君？”穆子说：“我用这样的做法来事奉国君。得到一个城邑而教百姓懈怠，这个城邑又哪里用得着？得到城邑而买来懈怠，不如保持一贯的勤快。买来懈怠，没有好结果。丢掉一贯的勤快，不吉祥。鼓国人能够事奉他们的国君，我也能够事奉我们的国君。合理就不出差错，喜好、厌恶都不过分，城邑可以得到而百姓懂得道义之所在，肯拼命而没有二心，不也是可以的吗？”鼓国人报告粮食吃完、力量用尽，然后占取了它。穆子攻下鼓国回国，不杀一个人，将鼓子鸢鞮带回国。

15·6　冬季，鲁昭公到晋国去，这是由于平丘那次盟会的缘故。

15·7　十二月，晋国的荀跞到成周去，安葬穆后，籍谈作为副使。安葬完毕，除去丧服。周景王和荀跞饮宴，把鲁国进贡的壶作为酒杯。周景王说："伯父,诸侯都有礼器进贡王室,唯独晋国没有,为什么?"荀跞向籍谈作揖请他回答。籍谈回答说："诸侯受封的时候,都从王室接受了明德之器,来镇抚国家,所以能把彝器进献给天子。晋国处在深山,戎狄和我们相邻,而远离王室,天子的威信不能达到,顺服戎人还来不及,怎么能进献彝器?"周景王说:"叔父,你忘了吧!叔父唐叔,是成王的同胞兄弟,难道反而没有分得赏赐吗?密须的名鼓和它的大辂车,是文王所用来检阅军队的。阙巩的铠甲,是武王用来攻克商朝的。唐叔接受了,用来居住在晋国的地域上,境内有着戎人和狄人。这以后襄王所赐的大辂、戎辂之车,斧钺、黑黍酿造的香酒,红色的弓、勇士,文公接受了,保有南阳的土田,安抚和征伐东边各国,这不是分得的赏赐还是什么?有了功勋而不废弃,有了功劳而记载在策书上,用土田来奉养他,用彝器来安抚他,用车服来表彰他,用旌旗来显耀他,子子孙孙不要忘记,这就是所谓福。这种福佑不记住,叔父的心哪里去了呢?而且从前你的高祖孙伯黡掌管晋国典籍,以主持国家大事,所以称为籍氏。等到辛有的第二个儿子董到了晋国,在这时就有了董氏的史官。你是司典的后氏,为什么忘了呢?"籍谈回答不出。客人退出去以后,周景王说:"籍谈的后代恐怕不能享有禄位了吧!举出了典故却忘记了祖宗。"

　　籍谈回国后,把这些情况告诉叔向。叔向说:"天子恐怕不得善终吧!我听说:'喜欢什么,必然死在这上面。'现在天子把忧虑当成欢乐,如果因为忧虑致死,就不能说是善终。天子一年中有了两次三年之丧,在这个时候和吊丧的宾客饮宴,又要求彝器,把忧虑当成欢乐也太过分了,而且不合于礼。彝器的到来,由于嘉奖功勋,不是由于丧事。三年的丧礼,虽然贵为天子,服丧仍得满期,这是礼。现在天子即使不能服丧满期,饮宴奏乐也太早了,也是不合于礼的。礼,是天子奉行的重要规则。一次举动而失去了两种礼,这就没有重要规则了。言语用来考核典籍,典籍用来记载纲常。忘记了纲常而言语很多,举出了典故,又有什么用?"

昭公十六年

16·1　十六年春季,周王朝历法的正月,鲁昭公在晋国,晋国人扣留了昭公。《春秋》不记载这件事,这是由于隐讳。

16·2　齐景公发兵进攻徐国。

楚平王听说戎蛮部落发生动乱和蛮子没有信用,派然丹诱骗戎蛮子嘉而杀了他,就占领了戎蛮部落。不久以后又立了他的儿子,这是合于礼的。

二月十四日,齐军到达蒲隧。徐国人求和,徐子和郯人、莒人会见齐景公,在蒲隧结盟,送给齐景公甲父之鼎。叔孙昭子说:"诸侯没有领袖,对小国是个危险啊! 齐国的国君无道,起兵攻打远方的国家,会见了他们,缔结了和约而回来,没有人能够抵御,这是由于没有霸主啊!《诗》说,'宗周已经衰亡,无所安定。执政的大夫四处分居,没有人知道我的辛劳',说的就是这个吧!"

16·3　三月,晋国的韩起到郑国聘问,郑定公设享礼招待他。子产告诫大家说:"如果在朝廷的享礼上有一个席位,不要发生不恭敬的事!"孔张后到,站在客人中间,主管典礼的人挡住他,去到客人后边,主管典礼的人又挡住他,他只好到悬挂乐器的间隙中待着。客人因此而笑他。事情结束,富子劝谏说:"对待大国的客人,是不可以不慎重的。难道说被他们笑话了,而他们会不欺负我们? 我们样样都能做到有礼,那些人还会看不起我们。国家没有礼仪,凭什么求得光荣? 孔张没有站到应该站的位置上,这是您的耻辱。"子产发怒说："发布命令不恰当,命令发出后没有信用,刑罚偏颇不平,诉讼放任混乱,朝会有时失去礼仪,命令没有人听从,招致大国的欺负,使百姓疲惫而没有功劳,罪过来到还不知道,这是我的耻辱。孔张,是国君哥哥的孙子,子孔的后代,执政大夫的继承人,做了嗣大夫,他接受命令而出使,遍及诸侯各国,为国内的人们所尊敬,为诸侯所熟悉。他在朝中有官职,在家里有祖庙,接受国家的爵禄,分担战争所需的军赋,丧事、祭祀有一定的职责,接受和归还祭肉,辅助国君在宗庙里祭祀,已经有了固定的地位。他家在位已经几代,世世代代保守自己的家业,现在忘记了他应该处的地位,侨哪里能为他感到耻辱? 不正派的人把一切都归罪于我这个执政的人,等于说先王没有刑罚。你最好用别的事来纠正我。"

韩宣子有一付玉环,其中一个在郑国的商人手里。韩宣子向郑定公请求得到那只玉环,子产不给,说:"这不是公家府库中保管的器物,寡君不知道。"子太叔、子羽对子产说:"韩子也没有太多的要求,对晋国也不能怀有二心。晋国和韩子都是不能轻视的。如果正好有坏人在两国中间挑拨,如果鬼神再帮着坏人,以兴起他们的凶心怒气,后悔哪里来得及? 您为什么爱惜一个玉环而以此使大国来讨厌呢? 为什么不去找来给他?"子产说:"我不是轻慢晋国而有二心,而是要始终事奉他们,所以才不给他,这是为了忠实和守信用的缘故。侨听说君子不是怕没有财物,而是担心没有美好的名声。侨又听说治理国家不是怕不能事奉大国、抚养小国,而是怕没有礼仪来安定他的地位。大国命令小国,如果一切要求都得到满足,将要用什么来不断地供给他们? 一次给了,一次不给,所得的罪过更大。大国的要求,如果不合乎礼就驳斥,他们哪里会有满足的时候? 我们如果将成为他们的边境城市,那就失去了作为一个国家的地位了。如果韩子奉命出使而求取玉环,他的贪婪邪恶就太过分了,难道不是罪过吗? 拿出一只玉环而引起两种罪过,我们又失去了国家的地位，韩子成为贪婪的人，哪里用得着这样？而且我们因为玉环招来罪过，不也是太不值得了吧？"

　　韩宣子向商人购买玉环，已经成交了。商人说："一定要告诉君大夫！"韩宣子向子产请求说："前些时候我请求得到这只玉环，执政认为不合于道义，所以不敢再次请求。现在在商人那里买到了，商人说一定要把这件事情报告，谨敢以此作为请求。"子产回答说："从前我们先君桓公和商人们都是从周朝迁居出来的，共同合作清除这块土地，砍去野草杂木，一起居住在这里。世世代代都有盟誓，互相信赖。誓辞说：'你不要背叛我，我不要强买你的东西。不要乞求、不要掠夺。你有赚钱的买卖和宝贵的货物，我也不加过问。'仗着这个有信用的盟誓，所以能互相支持直到今天。现在你带着友好的情谊光临敝邑，而告诉我们去强夺商人的东西，这是教导敝邑背叛盟誓，未免不可以吧！如果得到玉环而失去诸侯，那您一定是不干的。如果大国有命令，要我们没原则地供应，那就是把郑国当成了边境里的城市，我们也是不干的。侨如果献上玉环，真不知道有什么道理和好处。谨敢私下向您布达。"韩宣子就把玉环退了回去，说："我韩起虽然不聪明，岂敢求取玉环以求得两项罪过？谨请把玉环退还。"

　　夏季，四月，郑国的六卿为韩宣子在郊外饯行。韩宣子说："请几位大臣都赋诗一首，起也可以了解郑国的意图。"子蟜赋《野有蔓草》。韩宣子说："孺子好啊！我有希望了。"子产赋郑国的《羔裘》。韩宣子说："起是不敢当的。"子太叔赋《褰裳》。韩宣子说："有起在这里，难道敢劳动您去事奉别人吗？"子太叔拜谢。韩宣子说："好啊，您说起了这个！要不是有这回事，能从始至终地友好下去吗？"子游赋《风雨》。子旗赋《有女同车》。子柳赋《萚兮》。韩宣子很高兴，说："郑国差不多要强盛了吧！几位大臣用国君的名义赏赐起，所赋的《诗》不出郑国之外，都是表示友好的。几位大臣都是传了几世的大夫,可以不再有所畏惧了。"韩宣子对他们都奉献马匹,而且赋了《我将》。子产拜谢,又让其他五个卿也都拜谢,说:"您安定动乱,岂敢不拜谢恩德!"韩宣子用玉和马作为礼物私下拜见子产,说:"您命令起舍弃那个玉环,这是赐给了我金玉良言而免我一死,岂敢不借此薄礼表示拜谢!"

16·4　鲁昭公从晋国回到国内,子服昭伯对季平子说:"晋国的公室的地位恐怕将要降低了。国君年幼而力量微弱,六卿强大而奢侈骄傲,将要由此而成习惯。习惯而成自然,能够不降低吗?"季平子说:"你年轻,哪里懂得国家大事?"

16·5　秋季,八月,晋昭公逝世。

16·6　九月,举行盛大的雩祭,这是由于发生了旱灾。郑国大旱,派屠击、祝款、竖柎祭祀桑山。砍去了山上的树木,不下雨。子产说:"祭祀山神,应当培育和保护山林,现在反而砍去山上的树木,他们的罪过就很大了。"于是就剥夺了他们的官爵和封邑。

16·7　冬季,十月,季平子到晋国去参加昭公的丧礼。季平子说:"子服回的话还是可以相信的,子服氏有了好儿子了!"

昭公十七年

17·1　十七年春季,小邾穆公来鲁国朝见,昭公和他一起饮宴。季平子赋了《采叔》,穆公赋了《菁菁者莪》。昭子说:"假若没有治理国家的人才,国家能长久吗?"

17·2　夏季,六月初一日,发生日食。掌管祭祀的官员请示所应该使用的祭品,昭子说:"发生日食,天子不进丰盛的菜肴,在土地神庙里击鼓。诸侯用祭品在土地神庙里祭祀,在朝廷上击鼓。这是礼制。"平子禁止这样做，说："不能那样做。只有周正六月初一，阴气没有发作，发生日食，才击鼓用祭品，这是礼制。其他的时候就不这样。"太史说："就是在这个月。太阳过了春分而没有到夏至，日、月、星有了灾殃，在这时候百官穿上素服，国君不进丰盛的菜肴，离开正寝躲过日食的时辰，乐工击鼓，祝使用祭品，史官使用辞令来祈祷消灾去祸。所以《夏书》说：'日月交会不在正常的地位上，瞽师击鼓，啬夫驾车，百姓奔跑'，说的就是这个月初一的情况。正当夏正的四月，所以叫做孟夏。"平子不听从。昭子退出，说："这个人将要有别的念头，他不把国君当成国君了。"

17·3　秋季，郯子来鲁国朝见，昭公和他一起饮宴。昭子询问他，说："少皞氏用鸟名作为官名，这是什么缘故？"郯子说："他是我的祖先，我知道。从前黄帝氏用云记事，所以设置各部门长官都用云字命名。炎帝氏用火记事，所以设置各部门长官都用火字命名。共工氏用水记事，所以设置各部门长官都用水字命名。太皞氏用龙记事，所以设置各部门长官都用龙来命名。我的高祖少皞挚即位的时候，凤鸟正好来到，所以就从鸟开始记事，设置各部门长官都用鸟来命名。凤鸟氏，就是掌管天文历法的官。玄鸟氏，就是掌管春分、秋分的官。伯赵氏，是掌管夏至、冬至的官。青鸟氏，是掌管立春、立夏的官。丹鸟氏，是掌管立秋、立冬的官。祝鸠氏，就是司徒；鴡鸠氏，就是司马；鸤鸠氏，就是司空；爽鸠氏，就是司寇；鹘鸠氏，就是司事。这五鸠，是鸠聚百姓的。五雉是五种管理手工业的官，是改善器物用具、统一尺度容量、让百姓得到平均的。九扈是九种管理农业的官，是制止百姓不让他们放纵的。自从颛顼以来，不能记述远古的事情，就从近古开始记述，做百姓的长官而用百姓的事情来命名，那已经是不能照过去办理了。"

孔子听到了这件事，进见郯子并向他学习古代官制。不久以后告诉别人说："我听说，'在天子那里失去了古代官制，官制的学问还保存在远方的小国',这话还是可以相信的。"

17·4　晋顷公派屠蒯去到周朝,请求祭祀洛水和三涂山。苌弘对刘子说:"客人的脸色凶猛,不是为了祭祀,恐怕是为了进攻戎人吗!陆浑氏和楚国很友好,一定是这个缘故。您还是防备一下。"于是就对戎人加强警备。九月二十四日,晋国的荀吴领兵从棘津徒步涉水,让祭史先用牲口祭祀洛水。陆浑人不知道,部队就跟着打过去。二十七日,就灭亡了陆浑,责备他们和楚国勾结。陆浑子逃亡到楚国,他的部下逃亡到甘鹿。周朝俘虏了大批陆浑人。韩宣子梦见晋文公拉着荀吴而把陆浑交付给他,所以让他领兵,在晋文公庙里奉献俘虏。

17·5　冬季,彗星在大火星旁边出现,光芒西达银河。申须说:"彗星是用来除旧布新的,天上发生的事常常象征凶吉,现在对大火星清扫,大火星再度出现必然散布灾殃,诸侯各国恐怕会有火灾吧!"梓慎说:"去年我见到它,这就是它的征兆了。大火星出现而见到它。现在它在大火星出现时更加明亮,必然在大火星消失时潜伏。它和大火星在一起已经很久了,难道不是这样吗?大火星出现,在夏正是三月,在商正是四月,在周正是五月。夏代的历数和天象适应,如果发生火灾,恐怕有四个国家承当,在宋国、卫国、陈国、郑国吧!宋国,是大火星的分野;陈国,是太皞的分野;郑国,是祝融的分野,都是大火星所居住的地方。彗星到达银河,银河,就是水。卫国,是颛顼的分野,所以是帝丘,和它相配的星是大水。水,是火的阳姓配偶。恐怕会在丙子日或者壬午日发生火灾吧!水火会在那个时候配合的。如果大火星消失而彗星随着潜伏,一定在壬午日发生火灾,不会超过它发现的那个月。"郑国的裨灶对子产说:"宋、卫、陈、郑四国将要在同一天发生火灾。如果我们用瓘斝玉瓒祭神,郑国一定不发生火灾。"子产不肯给。

17·6　吴国攻打楚国,楚国的阳匄做令尹,占卜战争的结果,不吉利。司马子鱼说:"我们地处上游,为什么不吉利? 而且楚国的惯例,由司马在占卜前报告占卜的事情,我请求重新占卜。"报告说:"鲂带领部属战死,楚军跟上去,希望大获全胜。吉利。"两国军队在长岸作战,子鱼先战死,楚军跟着上去,把吴军打得大败,得到一条名叫馀皇的船,派随国人和后来到达的人看守,环绕这条船挖深沟,一直见到泉水,用炭填满,摆开阵势听候命令。吴国的公子光向大家请求说:"丢掉先王坐的船,难道只是光一人的罪过,大家也是有罪的。请求借大家的力量夺取回来以救一死。"大家答应了。派遣身高力壮的三个人偷偷地埋伏在船旁边,说:"我喊馀皇,你们就回答。"军队在夜里跟上去。喊了三次,埋伏的人都交替回答。楚国人上去把他们杀了。楚军混乱,吴军大败楚军,把馀皇号船夺回去了。

昭公十八年

18·1　十八年春季,周王朝历法的二月十五日,周朝的毛得杀死毛伯过,取代了他。苌弘说:"毛得必然逃亡。这一天正好是昆吾恶贯满盈的日子,这是由于骄横的缘故。而毛得在天子的都城以骄横成事,不逃亡,还等待什么?"

18·2　三月,曹平公去世。

18·3　夏季,五月,大火星开始在黄昏出现。初七日,刮风。梓慎说:"这就叫做融风,是火灾的开始,七天以后,恐怕要发生火灾吧!"初九日,风刮得很大。十四日,风刮得更大。宋国、卫国、陈国、郑国都发生火灾。梓慎登上大庭氏的库房远望,说:"这是在宋国、卫国、陈国、郑国。"几天以后,四国都来报告火灾。裨灶说:"不采纳我的意见,郑国还要发生火灾。"郑国人请求采纳他的意见,子产不同意。子太叔说:"宝物是用来保护百姓的。如果有了火灾,国家差不多会灭亡。可以挽救灭亡,您爱惜它干什么?"子产说:"天道悠远,人道切近,两不相关,如何由天道而知人道?灶哪里懂得天道?这个人的话多了,难道不会偶尔也说中的?"于是就不给。后来也没有再发生火灾。

郑国还没有发生火灾以前,里析告诉子产说:"将要发生大的变异,百姓震动、国家差不多会灭亡。那时我自己已经死了,赶不上了。迁都,可以吗?"子产说:"即使可以,我一个人不能决定迁都的事。"等到发生火灾,里析已经死了,没有下葬,子产派三十个人搬走了他的棺材。火灾发生以后,子产在东门辞退了晋国的公子、公孙,派司寇把新来的客人送出去,禁止早已来的客人走出宾馆的大门。派子宽、子上巡察许多祭祀处所以至大宫。派公孙登迁走大龟,派祝史迁走宗庙里安放神主的石匣到周庙,向先君报告。派府人、库人各自戒备自己的管理范围以防火。派商成公命令司宫戒备,迁出先公的宫女,安置在火烧不到的地方。司马、司寇排列在火道上,到处救火。城下的人列队登城。第二天,派野司寇各自约束他们所征发的徒役不散开,郊区的人帮助祝史在国都北面清除地面修筑祭坛,向水神、火神祈祷,又在四城祈祷。登记被烧的房屋,减免他们的赋税,发给他们建筑材料。号哭三天,停止开放国都中的市场。派行人向诸侯报告。宋国和卫国也都这样。陈国不救火,许国不慰问火灾,君子因此而知道陈国、许国将先被灭亡。

18·4 六月,鄅国国君巡视农奴耕种,邾国军队入侵鄅国。鄅国人将要关闭城门。邾国人羊罗把关闭城门人的脑袋砍下,用手提着,就因此进入鄅国,把百姓全都俘虏回去。鄅子说:"我没有地方回去了。"跟随他的妻子儿女到了邾国。邾庄公归还了鄅君的夫人而留下了他的女儿。

18·5　秋季,安葬曹平公。去参加葬礼的人见到周朝的原伯鲁,跟他说话,发现他不爱学习。回去把情况告诉闵子马。闵子马说:"周朝恐怕要发生动乱了吧!一定是这种说法很多,然后才影响到当权的人。大夫们担心丢掉官位而不明事理,又说:'可以不学习,不学习没有坏处。'认为没有坏处就不学习,得过且过,因此就下面驾凌上面,上面废弛,能不发生动乱吗?学习,如同种植一样,不学习就如草木一样枝叶要堕落,原氏大概要灭亡了吧!"

18·6　七月,郑国的子产因为火灾的缘故,大筑土地神庙,祭祀四方之神解除灾患,救治火灾的损失,这是合于礼的。于是精选士兵举行盛大检阅,将要进行清除场地。子太叔的家庙在路的南边,住房在路的北边,庙寝庭院不大。超过期限三天,他让清除场地的小工排列在路南庙北,说:"子产经过你们这里,下命令赶快清除,就向你们面对的方向动手拆除。"子产上朝,经过这里而发怒,清除的人就往南毁庙。子产走到十字路口,让跟随的人制止他们,说:"向北方拆除居室,不要拆庙。"

　　火灾发生的时候,子产登上城墙的矮墙颁发武器。子太叔说:"晋国恐怕要来讨伐吧?"子产说:"我听说,小国忘记守御就危险,何况有火灾呢?国家不能被轻视,就因为有防备。"不久,晋国的边防官吏责备郑国说:"郑国有了火灾,晋国的国君、大夫不敢安居,占卜占筮、奔走四处,遍祭名山大川,不敢爱惜牺牲玉帛。郑国有火灾,是寡君的忧虑。现在执事狠狠地颁发武器登上城墙,将要拿谁来治罪?边境上的人害怕,不敢不报告。"子产回答说:"像您所说的那样,敝邑的火灾,是君王的忧虑。敝邑的政事不顺,上天降下火灾,又害怕邪恶的人乘机打敝邑的主意,以引诱贪婪的人,再次增加敝邑的不利,以加重君王的忧虑。幸亏没有灭亡,还可以解释。如果不幸而被灭亡,君王虽然为敝邑忧虑,恐怕也是来不及了。郑国如果遭到别国的攻击,只有希望和投奔晋国,已经事奉晋国了,哪里敢有二心?"

18·7 楚国的左尹王子胜对楚平王说:"许国对于郑国,是仇敌,而住在楚国的土地上,由此对郑国无礼。晋国和郑国正在友好,郑国如果进攻许国,而晋国帮助他们,楚国就丧失土地了。君王何不把许国迁走?许国不为楚国专有,郑国正在推行好的政令。许国说:'那里是我们原来的都城。'郑国说:'那里是我们战胜而获得的城邑。'叶地在楚国,是方城山外边的屏障。土地不能轻视,国家不能小看,许国不能俘虏,仇恨不能挑起,君王还是考虑一下!"楚王很高兴。冬季,楚平王派王子胜把许国迁移到析地,就是原来的白羽。

昭公十九年

19·1 十九年春季,楚国的工尹赤把阴戎迁移到下阴,令尹子瑕在郏地筑城。叔孙昭子说:"楚国的意图不在于诸侯了!楚国仅仅是为了保持自己的完整,以维持它的世代而已。"

19·2 楚平王在蔡国的时候,郧阳封人的女儿私奔到他那里,生了太子建。等楚平王即位,派伍奢做太子的师傅,费无极做少师。费无极不受宠信,想要向楚平王诬谄太子以求得宠信,说:"建可以娶妻了。"楚平王为太子在秦国行聘,费无极参加迎娶,劝楚平王自己娶这个女子。正月,楚夫人嬴氏从秦国来到。

19·3 鄅国国君的夫人,是宋国向戌的女儿,所以向宁请求出兵。二月,宋公进攻邾国,包围虫地。三月,占取虫地,就把鄅国的俘虏全部放了回去。

19·4 夏季,许悼公得了疟疾,五月初五日,喝了太子止送的药就死了。太子逃亡到晋国。《春秋》记载说:"弑其君。"君子说:"尽心竭力以事奉国君,不进药物是可以的。"

19·5　郳人、郳人、徐人会见宋元公。五月十二日,在虫地一起结盟。

19·6　楚平王发动水军以进攻濮地。费无极对楚平王说:"晋国称霸诸侯的时候,接近中原诸国,而楚国偏僻简陋,所以不能和它争夺。如果扩大城父的城墙,而把太子安置在那里,用来和北方交通,君王收取南方,这是得到天下的好办法。"楚平王很高兴,听从了他的话,所以太子建住在城父。

令尹子瑕到秦国聘问,这是为了拜谢把夫人嫁给楚国。

19·7　秋季,齐国的高发领兵进攻莒国,莒共公逃亡到纪鄣。派孙书进攻纪鄣。当初,莒国有个女人,莒子杀了她丈夫,她就成了寡妇。等到年老,寄居在纪鄣,纺线搓绳量了城墙的高度然后收藏起来。等到齐军来到,就把绳扔出城外。有人把绳子献给孙书,孙书派部队在夜里攀绳登城,登上城的有六十个人,绳子断了。军队击鼓呐喊,城上的人也呐喊。莒共公害怕,打开西门逃跑。七月十四日,齐军进入纪鄣。

19·8　这一年,郑国的驷偃死了。驷偃在晋国的大夫那里娶妻,生了丝,年幼。他的父辈兄辈立了驷乞做继承人。子产讨厌驷乞的为人,而且认为不合继承法规,不答应,也不制止。驷氏害怕。过了几天,丝把情况告诉了他舅父。冬季,晋国的大夫派人带了财礼来到郑国,询问立驷乞的缘故。驷氏害怕,驷乞想要逃走,子产不让走;请求用龟甲占卜,也不给。大夫们商量如何回答晋国,子产不等他们商量好就回答客人说:"郑国不能得到上天保佑,寡君的几个臣下不幸夭折病死。现在又丧失了我们的先大夫偃。他的儿子年幼,他的几位父兄害怕断绝宗主,和族人商量立了年长的亲子。寡君和他的几位大夫说:'或者上天确实搅乱了这种继承法,我能知道什么呢?'俗话说,'不要走过动乱人家的门口',百姓动武作乱,尚且害怕经过那里,而何况敢知道上天所降的动乱?现在大夫将要询问它的原因,寡君确实不敢知道,还有谁知道?平丘的会盟,君王重温过去的盟约说:'不要有人失职。'如果寡君的几个臣下,其中有去世的,晋国的大夫却要专断地干涉他们的继承人,这是晋国把我们当作边境的县城了,还成什么国家?"辞谢客人的财礼而回报他的使者,晋国人对这件事不再过问了。

19·9 楚国人在州来筑城,沈尹戌说:"楚国人一定失败。过去吴国灭亡州来,子旗请求攻打吴国。君王说:'我没有安抚好我的百姓。'现在也像当时一样,而又在州来筑城去挑动吴国,能够不失败吗?"侍者说:"君王施舍从不厌倦,让百姓休息五年,可以说安抚他们了。"沈尹戌说:"我听说安抚百姓,在国内节约开支,在国外树立德行,百姓生活安乐,而没有仇敌。现在宫室的规模没有限度,百姓时刻惊恐不安,辛劳疲乏至死还没有人收葬,忘掉了睡觉和吃饭,这不是安抚他们。"

19·10 郑国发生大水灾,有龙在时门外边的洧渊争斗,国内的人们请求举行禳灾求福的祭祀。子产不答应,说:"我们争斗,龙不看,龙争斗,我们为什么偏要去看呢?向它们祭祀祈祷,那洧渊本来是龙居住的地方,岂能使它们离开呢?我们对龙没有要求,龙对我们也没有要求。"于是就停止了祭祀。

19·11 令尹子瑕为蹶由对楚平王说:"他有什么罪?俗话所说'在家里发怒,而在大街上给人脸色看',说的就是楚国了。舍弃以前的怨愤可以了。"楚平王就把蹶由放回了吴国。

昭公二十年

20·1　二十年春季,周王朝历法的二月初一日,冬至。梓慎观察云气,说:"今年宋国有动乱,国家几乎灭亡,三年以后才平定。蔡国有大的丧事。"叔孙昭子说:"这就是戴、桓两族了。他们奢侈、无礼到了极点,动乱会发生在他们那里。"

20·2　费无极对楚平王说:"太子建和伍奢将要领着方城山外的人背叛,自以为如同宋国、郑国一样,齐国、晋国又一起辅助他们,将会危害楚国,这事情快成功了。"楚平王相信了这些话,质问伍奢。伍奢回答说:"君王有一次过错已经很严重了,为什么还听信谗言?"楚平王逮捕了伍奢,派城父司马奋扬去杀太子。奋扬没有到达,派人通知太子逃走。三月,太子建逃亡到宋国。楚平王召回奋扬,奋扬让城父大夫逮捕自己回到郢都。楚平王说:"话从我的嘴里说出去,进到你的耳朵里,是谁告诉建的?"奋扬回答说:"是下臣告诉他的。君王命令我说:'事奉建要像事奉我一样。'下臣不才,不能或有二心。奉了起初的命令去对待太子,就不忍心执行您后来的命令。所以要他逃走了。不久我后悔,也来不及了。"楚平王说:"你敢回来,为什么?"奋扬回答说:"被派遣而没有完成使命,召见我又不回来,这是再次违背命令,逃走也没有地方可去。"楚平王说:"回城父去吧!"奋扬还像过去一样做官。

　　费无极说:"伍奢的儿子有才能,如果在吴国,一定要使楚国担忧,何不用赦免他们父亲的办法召回他们。他们仁爱,一定回来。不这样,将要成为祸患。"楚平王派人召回他们,说:"回来,我赦免你们的父亲。"棠邑大夫伍尚对他的兄弟员说:"你去到吴国,我准备回去死。我的才智不如你，我能够死，你能够报仇。听到赦免父亲的命令，不能不奔走回去。亲人被杀戮，不能不报仇。奔走回去使父亲赦免，这是孝。估计功效而后行动，这是选择任务而前去，这是智。明知要死而不躲避，这是勇。父亲不能丢掉，名誉不能废弃，你还是努力吧！各人不必勉强为好。"伍尚回去。伍奢听说伍员不来，说："楚国的国君、大夫恐怕不能准时吃饭了。"楚国人把他们都杀了。

　　伍员去到吴国，向州于说明进攻楚国的利益。公子光说："是这个家族被杀戮而想要报私仇，不能听他的。"伍员说："他将要有别的志向，我姑且为他寻求勇士，而在郊外等着他。"于是就推荐了鱄设诸，自己在边境上种地。

20·3　宋元公不讲信用、私心很多，而讨厌华氏、向氏。华定、华亥和向宁策划说："逃亡比死强，先下手吗？"华亥假装有病，以引诱公子们。凡是公子去探病，就扣押起来。夏季，六月初九，杀死公子寅、公子御戎、公子朱、公子固、公孙援、公孙丁，把向胜、向行囚禁在谷仓里。宋元公到华亥氏那里去请求，华氏不答应，反而要乘机劫持元公。十六日，将太子栾和他的同母兄弟辰、公子地作为人质。元公也取得了华亥的儿子无慼、向宁的儿子罗、华定的儿子启，和华氏结盟，把他们作为人质。

20·4　卫国的公孟絷轻慢齐豹，剥夺了他的司寇官职和鄄地。有战事就让他回去，没事就占取过来。公孟絷讨厌北宫喜、褚师圃，想要去掉他们。公子朝和襄夫人宣姜私通，害怕，想乘机发动祸乱。所以齐豹、北宫喜、褚师圃、公子朝发动了叛乱。

　　当初，齐豹把宗鲁推荐给公孟絷，做了骖乘。齐豹将要发动叛乱，对宗鲁说："公孟这个人不好，这是您所知道的，不要和他一起乘车，我将要杀死他。"宗鲁回答说："我由于您而事奉公孟絷，您说我有好名声，所以公孟絷才亲近我。虽然他不好，我也知道，但是由于对自己有利，不能离去，这是我的过错。现在听到祸难而逃走，这是使您的话不可相信了。您办您的事吧！我将为此而死，用保密事奉您，回去死在公孟絷那里，也许是可以的。"

六月二十九日，卫灵公正在平寿，公孟絷在盖获之门外祭祀，齐子氏在门外设置帷帐，在里边埋伏甲士。派祝蛙把戈藏在车上的柴禾里挡着城门，派一辆车跟着公孟絷出来。派华齐驾御公孟的坐车，宗鲁做骖乘。到达曲门中，齐氏用戈敲击公孟，宗鲁用背部遮护他，折断了胳臂，戈击中公孟的肩膀。齐氏把他们一起杀死了。

卫灵公听到动乱的消息，坐上车子，驱车从阅门进入国都。庆比驾车，公南楚做骖乘。派华寅乘坐副车。到达灵公的宫室，鸿駵魋又坐上卫灵公的车子。灵公装载了宝物而出来，褚师子申在马路的十字路口遇到灵公，就跟上去。经过齐氏那里，让华寅光着上身，拿着车盖遮蔽空处。齐氏用箭射卫灵公，射中公南楚的脊背，卫灵公就逃出国都。华寅关闭城门，跳出城墙跟随卫侯。卫灵公去到死鸟。析朱锄夜里从城墙的排水沟里逃出，徒步跟随卫灵公。

齐景公派公孙青到卫国聘问。已经走出国境，听说卫国发生了动乱，派人请示关于聘问的事情。齐景公说："卫侯还在国境之内，就还是卫国的国君。"于是就奉命行事，跟着到了死鸟。公孙青请求按照命令行聘礼。卫灵公辞谢说："逃亡的人没有才能，失守了国家，流亡在杂草丛中，没有地方可以让您执行君王的命令。"客人说："寡君在朝廷上命令下臣说：'卑微地亲附执事。'下臣不敢违命。"主人说："君王如果照顾到先君的友好，光照敝邑，镇定安抚我们的国家，那么有宗庙在那里。"公孙青就停止了聘问。卫灵公坚决请求见他。公孙青不得已，只好用他的好马作为进见的礼物，这是由于没有行聘礼的缘故。卫灵公把公孙青馈送的马作为驾车的马。客人准备在夜里设置警戒，主人辞谢说："逃亡人的忧虑，不能落到您身上,杂草丛中的人,不足以劳动您。谨敢辞谢。"客人说:"寡君的下臣,就是君王牧牛放马的人。如果得不到在外面警戒的差役,就是心目中没有寡君了。下臣害怕不能免于罪过,请求以此免死。"就亲自拿着大铃,整晚和卫国的夜巡人在一起。

齐氏的家臣头子渠子召见北宫喜。北宫喜的家臣头子不让他知道密谋的事,策划杀死了渠子,并乘机攻打齐氏,消灭了他们。六月三十日,卫灵公进入国都,和北宫喜在彭水盟誓。秋季,七月初一,就和国内的人们盟誓。八月二十五日,公子朝、褚师圃、子玉霄、子高鲂逃亡到晋国。闰八月十二日,杀死宣姜。卫灵公赐给北宫喜的谥号叫贞子,赐给析朱鉏的谥号叫成子,而且把齐氏的墓地给了他们。

卫灵公向齐国报告国内安定,同时述说公孙青的有礼。齐景公将要喝酒,把酒普遍赏赐给大夫们,说:"这是诸位的教导。"苑何忌辞谢不喝,说:"参与了对公孙青的赏赐,必然涉及对他的责罚。在《康诰》上说,'父子兄弟,罪过互不相干,何况在群臣之间?下臣岂敢贪受君王的赏赐来干犯先王?"

琴张听说宗鲁死了,准备去吊唁。孔子说:"齐豹所以成为坏人,孟絷所以被害,都是由于他的缘故,你为什么要去吊唁呢?君子不吃坏人的俸禄,不接受动乱,不为了利而受到邪恶的侵扰,不用邪恶对待别人,不袒护不义的事情,不做出非礼的事情。"

20·5 宋国华氏、向氏的作乱,公子城、公子忌、乐舍、司马彊、向宜、向郑、楚建、郳甲逃亡到郑国。他们的党羽和华氏在鬼阎作战,子城被打败。子城去到晋国。

华亥和他的妻子,一定要盥洗干净、伺候作为人质的公子吃完饭以后才吃饭。宋元公和夫人每天一定到华氏那里,让公子吃完以后才回去。华亥担心这种情况,想要让公子回去。向宁说:"正因为元公没有信用,所以把他的儿子作为人质。如果又让他回去,死就很快来到了。"宋元公向华费遂请求,准备攻打华氏。华费遂回答说:"下臣不敢爱惜一死,恐怕是想要去掉忧虑反而滋长忧虑吧!下臣因此害怕,怎敢不听命令?"宋元公说:"孩子们死了是命中注定,我不能忍受他们受耻辱。"冬季,十月,宋元公杀了华氏、向氏的人质而攻打这两家。十三日,华氏、向氏逃亡到陈国,华登逃亡到吴国。向宁想要杀死太子。华亥说:"触犯了国君而出逃,又杀死他的儿子,还有谁接纳我们?而且放他们回去有功劳。"派少司寇惵带着公子们回去,说:"您的年岁大了,不能再事奉别人。用三个公子作为证明,一定可以免罪。"公子们进入国都,华惵将要从公门出去。宋元公急忙接见他,拉着他的手,说:"我知道你没有罪,进来,恢复你的官职。"

20·6　齐景公患了两日一发的疟疾,后来又恶化成每天发一次,一年没有痊愈。诸侯派来问候的客人,大多在齐国。梁丘据和裔款对齐景公说:"我们事奉鬼神很丰厚,比先君已经有所增加了。现在君王病得很厉害,成为诸侯的忧虑,这是祝、史的罪过。诸侯不了解,恐怕要认为我们不敬鬼神,君王何不诛戮祝固、史嚚以辞谢客人?"齐景公很高兴,告诉晏子。晏子说:"从前在宋国的盟会,屈建向赵武询问范会的德行。赵武说:'他老人家家族中的事务井然有序,在晋国说话,竭尽自己的心意而没有个人打算。他的祝、史祭祀,向鬼神陈说实际情况不内愧。他的家族中没有可猜疑的事情,所以他的祝、史也不向鬼神祈求。'屈建把这些话告诉康王。康王说:'神和人都没有怨恨,他老人家所以能够辅助五位国君而作为诸侯的主人就是很相宜的了。'"齐景公说:"据和款认为寡人能够事奉鬼神,所以要诛戮祝、史,您提出这些话,是什么缘故?"晏子回答说:"如果是有德行的君主,国家和宫里的事情都没有荒废,上下没有怨恨,举动没有违背礼仪的事,他的祝、史向鬼神陈述实际情况,就没有惭愧的心了。所以鬼神享用祭品,国家受到鬼神所降的福禄,祝、史也有一份。他们所以繁衍有福、健康长寿,由于是诚实的国君的使者,他们的话忠诚信实。他们如果恰好碰上放纵的国君,里外偏颇邪恶,上下怨恨嫉妒,举动邪僻背理,放纵欲望满足私心,高台深池,奏乐歌舞,砍伐民力,掠夺百姓的积蓄,以这些行为铸成过错,而不体恤后代。暴虐放纵,随意行动没有法度,无所顾忌,不考虑怨谤,不害怕鬼神。天怒人怨,在心里还不肯改悔。他的祝、史陈说实际情况,这是报告国君的罪过。他们掩盖过错、专谈好事,这是虚诈欺骗,真假都不能陈述,只好陈述不相干的空话来向鬼神讨好,所以鬼神不享用他们国家的祭品,还让它发生祸难,祝、史也有一份。他们所以夭折患病,由于是暴虐的国君的使者,他们的话对鬼神欺诈轻侮。"齐景公说:"那末怎么办?"晏子回答说:"没法办了。山林中的树木,由守山林的人看守它。洼地里的芦苇,舟鲛看守它。草野中的柴禾,虞候看守它。大海中的盐蛤,祈望看守它。偏僻地方的人,进来管理政事。邻近国都的关卡,横征暴敛,世袭的大夫,强买货物。发布政令没有准则,征收赋税没有节制,宫室每天轮换着住,荒淫作乐不肯离开。宫内的宠妾,在市场上肆意掠夺,外边的宠臣,在边境上假传圣旨。奉养自己、追求玩好这些私欲,下边不能满足就立即治罪。百姓痛苦困乏,丈夫妻子都在诅咒。祝祷有好处,诅咒也有害处。聊地、摄地以东,姑水、尤水以西,人口多得很呢。虽然祝、史善于祝祷,难道能胜过亿兆人的诅咒? 君王如果要诛戮祝、史,只有修养德行然后才可以。"齐景公很高兴,让官吏放宽政令,毁掉关卡,废除禁令,减轻赋税,免除对官府所欠的债务。

20·7　十二月,齐景公在沛地打猎,用弓招唤虞人,虞人没有来。齐景公派人扣押了他,虞人辩解说:"从前我们先君打猎的时候,用红旗招唤大夫,用弓招唤士,用皮冠招唤虞人。下臣没有见到皮冠,所以不敢进见。"齐景公于是就释放了虞人。孔子说:"遵守道义,不如遵守官制。"君子认为说得对。

20·8　齐景公从打猎的地方回来,晏子在遄台侍候,梁丘据驱车来到。齐景公说:"惟有据与我和协啊!"晏子回答说:"据也只不过相同而已,哪里说得上和协?"齐景公说:"和协跟相同不一样吗?"晏子回答说:"不一样。和协好像做羹汤,用水、火、醋、酱、盐、梅来烹调鱼和肉,用柴禾烧煮,厨工加以调和,使味道适中,味道太淡就增加调料,味道太浓就加水冲淡。君子喝汤,内心平静。君臣之间也是这样。国君所认为行而其中有不行的,臣下指出它的不行的而使行的部分更加完备。国君所认为不行而其中有行的,臣下指出它的行的部分而去掉它的不行,因此政事平和而不肯违背礼仪,百姓没有争夺之心。所以《诗》说:'有着调和的羹汤,已经告诫厨工把味道调得匀净。神灵来享而无所指责,上下也都没有争竞。'先王调匀五味、谐和五声,是用来平静他的内心,完成政事的。声音也像味道一样,是由一气、二体、三类、四物、五声、六律、七音、八风、九歌互相组成的。是由清浊、大小、短长、缓急、哀乐、刚柔、快慢、高低、出入、疏密互相调节的。君子听了,内心平静。内心平静,德行就和协。所以《诗》说'德音没有缺失'。现在据不是这样。国君认为行的,据也认为行。国君认为不行的,据也认为不行。如同用清水去调剂清水,谁能吃它呢? 如同琴瑟老弹一个音调,谁去听它呢? 不应该相同的道理就像这样。"

　　喝酒喝得很高兴。齐景公说:"从古以来如果没有死,它的欢乐会怎么样啊!"晏子回答说:"从古以来如果没有死,现在的欢乐就是古代人的欢乐了,君王能得到什么呢? 从前爽鸠氏开始居住在这里,季蒴沿袭下来,有逢伯陵沿袭下来,蒲姑氏因袭下来,然后太公沿袭下来。从古以来如果没有死,那是爽鸠氏的欢乐,并不是君王所希望的啊。"

20·9　郑国的子产有病,对子太叔说:"我死以后,您必定执政。

只有有德行的人能够用宽大来使百姓服从，其次就莫如严厉。火势猛烈，百姓看着就害怕，所以很少有人死于火。水性懦弱，百姓轻视并玩弄它，很多人就死在水中。所以宽大不容易。"子产病了几个月就死去了。子太叔执政，不忍心严厉却奉行宽大政策。郑国盗贼很多，聚集在芦苇塘里。太叔后悔，说："我早点听从他老人家的话，就不至于到这一步。"发动徒兵攻打藏在芦苇丛生的湖泽里的盗贼，全部杀死他们，盗贼稍稍收敛了一些。

孔子说："好啊！政事宽大百姓就怠慢，怠慢就用严厉来纠正。严厉百姓就受到伤害，伤害就实施宽大。用宽大调节严厉，用严厉调节宽大，因此政事调和。《诗》说，'百姓已经很辛劳，差不多可以稍稍安康。赐恩给中原各国，用以安定四方'，这是实施宽大。'不要放纵随声附和的人，以约束不良之人。应当制止侵夺残暴的人，他们从来不怕法度'，这是用严厉来纠正。'安抚边远，柔服近邦，用来安定我国王'，这是用和平来安定国家。又说，'不争强不急躁，不刚猛不柔弱。施政平和宽裕，各种福禄都聚集'，这是和协的顶点。"等到子产死去，孔子听到这消息，流着眼泪，说："他的仁爱，是古人流传下来的遗风啊。"

昭公二十一年

21·1　二十一年春季，周景王准备铸造无射大钟。泠州鸠说："天子大概会由于心病而死去吧！音乐，是天子所主持的。声音，是音乐的车床。而钟，是发音的器物。天子考察风俗因而制作乐曲，用乐器来汇聚它，用声音来表达它。小的乐器发音不纤细，大的乐器发音不洪亮，那样就使一切事物和谐。一切事物和谐，美好的音乐才能完成。所以和谐的声音进入耳朵而藏在心里,心安就快乐。纤细就不能让四处都听到,洪亮就不能忍受,内心因此感到不安,不安就会生病。现在钟声粗大,天子的内心受不住,难道能够长久吗?"

21·2　三月,安葬蔡平公。蔡国的太子朱没有站在葬礼中应站的位置上,站在下面。大夫中送葬的回来,进见昭子。昭子问蔡国葬礼的事情,送葬的大夫就把当时的情况告诉昭子,昭子叹气说:"蔡国大约要灭亡了吧!如果不灭亡,这个国君一定不得好死。《诗》说:'在他的地位上不懈怠,百姓就能够休息。'现在蔡侯刚刚即位就站到下面去,他自己也将会跟着跨下去的。"

21·3　夏季,晋国的士鞅前来聘问,叔孙主持接待。季孙存心得罪晋国,让官吏用齐国的鲍国回费地的礼节招待士鞅。士鞅发怒,说:"鲍国的地位低,他的国家小,现在让我接受招待他所用七牢的礼节,这是轻视敝邑,我将要向寡君报告。"鲁国人恐惧,增加四牢,使用了十一牢。

21·4　宋国的华费遂生了华貙、华多僚、华登。华貙做少司马,华多僚做御士,与华貙不和,就在宋公面前诬陷说:"华貙打算接纳逃亡的人。"屡次说这些话,宋元公说:"司马由于我的缘故,使他的儿子逃亡。死和逃亡都是命中注定,我不能让他的儿子再逃亡。"华多僚回答说:"君王如果爱惜司马,就应当逃亡。死如果可以逃避,哪有什么远不远?"宋元公害怕,让侍者召来司马的侍者宜僚,给他酒喝,让他告诉司马驱逐华貙。司马叹气说:"一定是多僚干的。我有一个造谣的儿子而不能杀死他,我又不死,国君有了命令,怎么办?"就和宋元公商量驱逐华貙,准备让他在孟诸打猎时打发他走。宋元公给他酒喝,厚厚地送给他礼物,还赏赐随行的人。司马也像宋元公一样。张匄感到奇怪,说:"一定有原因。"让华貙用剑架在宜僚脖子上追问他,宜僚把话全说出来,张匄想要杀死多僚,华貙说:"司马年老了,华登的逃亡已经很伤他的心,我又加重了他的伤心,不如逃亡。"五月十四日,华貙准备进见司马以后再走,在朝廷上遇见多僚为司马驾车上朝,张匄不能控制自己的愤怒,就和华貙、白任、郑翩杀了多僚,劫持了司马叛变,召集逃亡的人。二十日,华氏、向氏回来,乐大心、丰愆、华牼在横地抵御他们。华氏住在卢门,领着南里的人叛变。六月十九日,宋国修缮旧城和桑林之门用以据守。

21·5　秋季,七月初一,发生日食。鲁昭公问梓慎说:"这是什么事?是什么样的祸福?"梓慎回答说:"冬至夏至、春分秋分,发生日食,不是灾祸。日月的运行,在春分秋分的时候,黄道和赤道交点相同;在夏至冬至的时候,相交点远。其他的月份就要发生灾祸,因为阳气不胜,所以常常发生水灾。"在那个时候叔辄因为发生日食号哭,昭子说:"叔辄快死了,因为这不是他所应该哭的事情。"八月,叔辄死了。

21·6　冬季,十月,华登率领吴军救援华氏,齐国的乌枝鸣在宋国戍守,厨邑大夫濮说:"《军志》有这样的话:'先发制人可以摧毁敌人士气,后发制人要等到敌人士气衰竭。'何不乘他们疲劳和没有安定而进攻?如果敌人已经进来而军心安定,华氏的人就多了,我们就后悔不及了。"乌枝鸣听从了。十七日,齐军、宋军在鸿口击败吴军,俘虏了他们两个将领公子苦雂、偃州员。华登率领馀部击败宋军。宋元公想要逃亡,厨邑大夫濮说:"我是小人,可以为君王死难,而不能护送君王逃亡,请君王等待一下。"于是就巡行全军说:"挥舞旗帜的,是国君的战士。"众人按他的话挥舞旗帜,宋元公在扬门上见到这种情况,下城巡视,说:"国家亡,国君死,这是各位的耻辱,岂独是我一人的罪过呢?"齐国的乌枝鸣说:"使用少量的兵力,最好是一起拼命,一起拼命,最好是撤去守备。他们的武器多得很,建议我军都用剑和他们作战。"宋公听从了。华氏败走,宋军、齐军又追上去,厨邑大夫濮用裙子包着砍下的脑袋,扛在肩上快跑,说:"杀死华登了!"于是就在新里打败了华氏,翟偻新住在新里,战斗开始以后,到宋元公那里脱下盔甲而归附。华姓住在公里,也像翟偻新一样。

十一月初四日,公子城带着晋军来到,曹国翰胡会合晋国荀吴、齐国苑何忌、卫国公子朝救援宋国。初七日,和华氏在赭丘作战,郑翩希望摆成鹳阵。他的御者希望摆成鹅阵。子禄为公子城驾御战车,庄堇作为车右。干犨为吕地封人华豹驾御战车,张匄作为车右。两车相遇,公子城退了回去,华豹大喊说:"城啊!"公子城发怒,转回来,将要装上箭,而华豹已经拉开了弓。公子城说:"平公的威灵,还在保佑我!"华豹射箭,穿过公子城和子禄之间,公子城又要装上箭,华豹又已经拉开了弓,公子城说:"不让我还手,卑鄙啊!"华豹从弓上抽下箭,公子城一箭射去,把华豹射死。张匄抽出殳下车,公子城一箭射去,射断张匄的腿,张匄爬过来用殳敲断了公子城的车轸,公子城又发了一箭,张匄死去。干犨请求给他一箭,公子城说:"我替你向国君说情。"干犨回答说:"不和战友一起战死,这是犯了军队中的大法,犯了法而跟从您,君王哪里用得着我?您快点吧!"于是公子城就射了他一箭,射死了。宋军、齐军把华氏打得大败,包围南里。华亥拍着胸脯大喊,进见华貙,说:"我们成了晋国的栾氏了。"华貙说:"您不要吓唬我,碰上倒霉才会死呢。"派华登到楚国请求出兵,华貙带领战车十五辆、步兵七十人突围而出,在睢水岸边吃饭,哭着送走华登,就再次冲进包围圈。楚国的薳越率领军队打算迎接华氏,太宰犯劝谏说:"诸侯之中惟有宋国的臣下还事奉着国君,现在又争夺国政,丢开国君而帮助臣下,恐怕不可以吧!"楚平王说:"我对你说晚了,已经答应他们了。"

21·7　蔡侯朱逃亡到楚国。费无极得到东国的财礼,对蔡国人说:"朱不听楚国的命令,君王将要立东国做国君,如果不先顺从君王的愿望,楚国一定包围蔡国。"蔡国人害怕,赶走朱而立了东国。朱向楚国控诉,楚平王准备讨伐蔡国。费无极说:"蔡平侯和楚国有盟约,所以封他。他的儿子有二心,所以废掉他。灵王杀了隐太子,隐太子的儿子和君王有共同的仇人,一定会感谢君王。现在又让他立为国君,不也是可以的吗?而且废、立的权操在君王手里,蔡国就不会有别的念头了。"

21·8　昭公去到晋国,到达黄河。鼓地背叛晋国,晋国准备进攻鲜虞,所以辞谢了昭公。

昭公二十二年

22·1　二十二年春季,周王朝历法的二月十六日,齐国的北郭启领兵进攻莒国。莒子将要迎战,苑羊牧之劝谏说:"齐国的元帅地位低下,他的要求不多,不如向他低头,大国是不能激怒的。"莒子不听,在寿馀打败了齐军。齐景公又亲自领兵进攻莒国,莒子求和。司马灶到莒国参加结盟,莒子到齐国参加结盟,在稷门外边盟誓。莒国人因此而大大地讨厌他们的国君。

22·2　楚国的薳越派人告诉宋国说:"寡君听说君王有不好的臣下使君王忧虑,恐怕成为宗庙的羞耻,寡君请求接受下来加以诛戮。"宋元公回答说:"孤没有才能,不能取得父兄的欢心,因此成为君王的忧虑,承蒙君王下达命令。君臣之间每天作战,如果君王说:'我一定帮助臣下',也只能唯命是听,人们有话说:'不要经过动乱人家的门口。'君王如果赐恩保护敝邑,不去保护不忠,以奖励作乱的人,这是孤的愿望,请君王考虑一下。"楚国人担心这件事,诸侯派往宋国戍守的将领商量说:"如果华氏感到没有前途而拼命战斗,楚国由于不见功效而很快出兵作战,这于我们不利,不如让他们出去,以成就楚国的功绩,华氏也不能有所作为了,救援了宋国而除掉了他们的祸害,还有什么要求呢?"于是坚决请求放出华氏,宋国人听从了。二月二十一日,宋国的华亥、向宁、华定、华䝅、华登、皇奄伤、省臧、士平逃亡楚国。宋元公派公孙忌做大司马,边卬做大司徒,乐祁做司城,仲几做左师,乐大心做右师,乐輓做大司寇,以便用来安定国内的人们。

22·3 王子朝、宾起受到周景王的宠信,景王和宾起喜爱王子朝,要立王子朝为太子。刘献公的庶子伯蚠事奉单穆公,讨厌宾起的为人,愿意杀掉他。又讨厌王子朝的话,认为违背了礼制,愿意除掉他。有一次宾起走到郊外,看到雄鸡自己弄断自己的尾巴。他问为什么,侍者说:"这是它自己害怕作牺牲。"宾起赶快回来报告景王,而且说:"鸡大概是害怕被人利用吧!人就和这不一样,牺牲,是被人使用的,被人利用确实困难,被自己利用还有什么妨碍?"景王不回答。夏季,四月,景王在北山打猎,让公卿们都跟着,准备杀掉单子、刘子。景王有心脏病,十八日,死在荣锜氏那里。二十二日,刘子挚死了,没有嫡子,单子立了刘蚠。五月初四日,刘蚠进见周悼王,就乘势攻打宾起,杀死了他,和王子们在单氏那里结盟。

22·4 晋国占取鼓地的时候,在宗庙里进献战利品以后就让鼓子回国。鼓子回去又背叛晋国归属鲜虞。六月,荀吴巡视东阳,派军队伪装籴米的人,背着皮甲在昔阳城门外休息,就乘机侵袭鼓国,灭亡了它,带着鼓子鸢鞮回去,派涉佗镇守鼓地。

22·5 六月十一日,安葬周景王。王子朝依仗旧官和百工中失去官职的人和灵王、景王的族人而发动叛乱。王子朝率领郊地、要地、饯地的甲士以驱逐刘子。十六日,刘子逃亡到扬地。单子在庄宫迎接悼王回到自己家里,王子还在夜里又把悼王带到庄宫。十七日,单子出奔,王子还和召庄公谋划,说:"不杀死单旗,不能算胜利。和他再次结盟,他必定会来。违背盟约而战胜敌人的事情是很多的。"召庄公听从了他的话。樊顷子说:"这不成话,必然不能战胜敌人。"于是王子还就事奉悼王追赶单子,到达崿岭,大张旗鼓地结盟后一起回去,杀死了挚荒以向单子解释。刘子到刘地去。单子逃亡。十九日,逃亡到平畤。王子们追赶他,单子杀了还、姑、发、弱、鬷、延、定、稠,王子朝逃亡到京地。二十日,单子攻打京地。京地人逃亡到山里,刘子进入王城。二十五日,巩简公在京地大败。二十九日,甘平公也在那里战败。

叔鞅从京师回来,说起王室的动乱,闵马父说:"王子朝必定不能得胜,他所亲附的人,都是上天所废弃的。"

单子想要向晋国报告紧急情况。秋季,七月初三日,带着周悼王去到平畤,于是又到了圃车,住在皇地。刘子到刘地去。单子派王子处在王城守卫,和百工在平宫结盟。十六日,鄩肸攻打皇地,大败,被俘。十七日,把鄩肸在王城的市上烧死。八月十六日,司徒丑带领周天子的军队在前城大败,百工叛变。二十四日,攻打单氏的住宅,被打败。二十五日,单氏进攻。二十六日,进攻东圉。冬季,十月十三日,晋国的籍谈、荀跞率领九州的戎人和焦地、瑕地、温地、原地的军队,把周悼王送回王城。十六日,单子、刘蚠率领周天子的军队在郊地作战大败,前城人在社地打败陆浑。十一月十二日,王子猛死。《春秋》不记载"崩",是由于没有举行天子丧葬礼的缘故。十六日,周敬王即位,住在子旅氏家里。十二月初七日,晋国的籍谈、荀跞、贾辛、司马督领兵分别驻扎在阴地、侯氏、溪泉和住在社地。周天子的军队驻扎在氾地、解地、任人。闰十二月,晋国的箕遗、乐徵、右行诡带领部队渡河占取前城,驻扎在前城的东南,周天子的军队驻扎在京楚。二十九日,攻打京地,破坏了京地的西南部。

昭公二十三年

23·1 二十三年春季,周王朝历法的正月初一,周、晋两国的两支军队包围郊地。初二日,郊地、鄩地人溃散。初六日,晋国的军队在平阴,周天子的军队在泽邑。周敬王派人向晋军报告情势好转。初九日,晋军回国。

23·2 邾人在翼地筑城,回去,准备从离姑那条路上走。公孙鉏说:"鲁国将会抵御我们。"就考虑从武城折回去,沿着山路往南走。徐鉏、丘弱、茅地说:"山道一直往下,碰上雨,将会出不去,这就不能回去了。"于是就取道离姑。武城人出兵挡在前面,又把退路两旁的树木,加以砍伐又不砍断。邾军经过这里以后,武城人推倒树木,于是消灭邾军,俘虏了徐鉏、丘弱、茅地。

邾人向晋国控诉,晋国人前来问罪。叔孙婼到晋国去,晋国人就把他扣押了。《春秋》记载说"晋国执我行人叔孙婼",是说明晋人扣押了使臣。晋人让叔孙婼和邾国的大夫辩论,叔孙婼说:"各国的卿,相当于小国的国君,本来是周朝的制度,小小的邾国还是夷人呢。有寡君所任命的副使子服回在,请让他担任这件事,这是由于不敢废除周朝的制度。"于是就不去辩论。

韩宣子让邾人聚集他们的人,准备把叔孙婼交给他们,叔孙婼听说这件事,撤去随从和武器前去朝见晋君。士弥牟对韩宣子说:"您的主意不好,而把叔孙婼交给他们的仇人,叔孙婼必然为此而死,鲁国丧失了叔孙婼,必然灭亡邾国,邾君亡国,将要回到哪里去? 到时您虽然后悔,哪里还来得及呢? 所谓盟主,任务是讨伐违背命令的国家,如果互相抓人,哪里还用得着盟主?"于是韩宣子就没有把叔孙婼交给邾国人,让他和子服回各自住在一个宾馆里。士弥牟听了他们的辩解,告诉韩宣子,就把他们都扣押了。士弥牟为叔孙婼驾车,跟从的有四个人,经过邾人的宾馆而到官吏那里去。先让邾子回国,士弥牟说:"由于柴草供应困难,随从人员辛苦,准备让您住在别的城邑里。"叔孙婼一早晨就站着,等候命令。晋国人就让他住在箕地。让子服回住在另外的城邑里。范献子向叔孙婼求取财货,派人去请求送给他帽子。叔孙婼拿来他帽子的样子,照样送给他两顶,说:"都在这里了。"为了叔孙婼的缘故,申丰带着财货去到晋国,叔孙婼说:"来见我,我告诉你把财货送到哪里去。"申丰进见叔孙婼,就没有出来。和叔孙婼一起住在箕地的看守人请求得到他的吠狗,叔孙婼不给,等到将要回去的时候,杀了这条狗和官吏一起吃了。叔孙婼所住过的地方,尽管只住一天,也一定修缮墙屋,离开的时候好像刚来的时候一样。

23·3　夏季,四月十四日,单子攻取了訾地,刘子攻取了墙人、直人。六月十二日,王子朝进入尹地。十三日,尹圉诱骗刘佗把他杀死了。十六日,单子从山道、刘子从大道出兵进攻尹地。单子先抵达而战败,刘子就回去了。十九日,召伯奂、南宫极带着成周的军队在尹地戍守。二十日,单子、刘子、樊齐带了周敬王去到刘地。二十四日,王子朝进入王城,住在左巷。秋季,七月初九日,鄩罗把王子朝送到庄宫,尹辛在唐地击败刘子的军队。十七日,又在鄩地击败刘军。二十五日,尹辛占取西闱。二十七日,进攻蒯地,蒯地人溃散。

23·4　莒子庚舆残暴而喜欢剑,如果铸造了剑,必定要用人来试一试,国内的人们都讨厌他。他又准备背叛齐国。乌存率领国内的人们驱逐他。庚舆将要出国,听说乌存拿着殳在路边站着,恐惧会把他留下杀死,苑羊牧之说:"君王过去吧!乌存由于勇力过人而出名就行了,何必用杀死国君来成名?"庚舆就逃亡前来,齐国人把郊公送回莒国即位。

23·5　吴人进攻州来,楚国的薳越率领楚国和诸侯的军队奉命奔赴救援州来,吴人在钟离抵御他们,令尹子瑕死,楚军丧失战斗力。吴国的公子光说:"诸侯跟从楚国的很多,而都是小国,害怕楚国而不得已,因此前来。我听说:'做事情如果威严胜过感情,虽然弱小,必然成功。'胡国、沈国的国君年轻而浮躁,陈国的大夫齧虽然年富力强但是顽固,顿国和许国、蔡国憎恨楚国的政事。楚国的令尹死了,他们的军队失去战斗力,元帅地位低,而很受宠信,政令又不一致。七国同伙而不同心,元帅地位低而不能整齐号令,没有重大的威信,楚国是可以打败的。如果分兵先攻胡国、沈国和陈国的军队,他们必然首先奔逃。三国败退,诸侯的军队的军心就动摇了。诸侯混乱,楚军必然拼命奔逃。请让先头部队放松戒备减少军威,后继部队巩固军阵整顿师旅,以引诱敌人。"吴王听从了他的意见。七月二十九日,在鸡父作战。吴王用三千名罪犯先攻胡国、沈国和陈国,三国军队争着俘虏吴军。吴国整编了三个军紧跟在后,中军跟随吴王,公子光率领右军,公子掩馀率领左军。吴国的罪犯有的奔逃,有的停止,三国的军阵乱了阵脚,吴军进攻,三国的军队败退,俘虏了胡、沈两国的国君和陈国的大夫。吴军释放胡国、沈国的俘虏,让他们奔逃到许国和蔡国、顿国的军队里,说:"我们的国君死了!"吴军擂鼓呐喊跟上去,三国的军队败逃,楚军拼命逃跑。

《春秋》记载说"胡子髡、沈子逞灭,获陈夏齧",这是对国君和臣下所使用的不同文辞。不说交战,这是因为楚国没有摆开阵势。

23·6　八月二十七日,南宫极因为地震被压死,苌弘对刘文公说:"君王还是努力吧!先君所致力的事可以成功了,周室灭亡的时候,泾水、渭水、洛水一带发生地震,现在西王的大臣那里也发生地震,这是上天丢弃他了,东王必然大胜。"

23·7 楚国太子建的母亲住在郹地,召来吴国人,为他们打开城门。冬季,十月十六日,吴国的太子诸樊进入郹地,带了楚夫人和她的宝器回国了。楚国的司马蒍越追赶他,没有追上。准备自杀,众人说:"乘机攻打吴国可能侥幸取胜。"蒍越说:"再次让国君的军队打败,死了也还是有罪。丢了君王的夫人,没有谁不能为此而死。"于是蒍越就在蒍滋上吊死了。

23·8 昭公为叔孙的缘故到晋国去,到达黄河,有病而返回来。

23·9 楚国的囊瓦做令尹,在郢都增修城墙。沈尹戌说:"子常一定丢掉郢都,如果不能保卫,增修城墙是没有好处的。古代,天子的守卫在于四夷。天子的地位降低,守卫在于诸侯,诸侯的守卫在于四方邻国。诸侯的地位降低,守卫在于四方边境。警惕四方边境,结交四方邻国,百姓在自己土地上安居乐业,春夏秋三时的农事有所收获,百姓没有内忧,又没有外患,国都哪里用得着增修城墙? 现在害怕吴国,而在郢都增修城墙,守卫的范围只在四境。地位降低以后的其他守卫都办不到,能够不亡吗? 从前梁国国君在公宫旁边挖沟而百姓溃散,百姓抛弃他们上边的人,不亡,还等什么? 划定疆界,修治土地,巩固边垒,亲近百姓,加强瞭望,不欺邻国,谨慎官吏的职责,保持交接的礼仪,没有过失,不贪婪,不懦弱,不强霸,修整自己的防御,以防备发生意外,又有什么可害怕呢?《诗》说:'思念你的祖先,发扬他们的美德。'试看若敖、蚡冒到文王、武王,土地不超过百里见方,警惕四方边境,尚且不在郢都增修城墙。现在土地超过几千里见方,反而在郢都增修城墙,不也是很难了吗?"

昭公二十四年

24·1　二十四年春季,周王朝历法的正月初五日,召简公、南宫嚣带着甘桓公进见王子朝。刘子对苌弘说:"甘氏又去了。"苌弘回答说:"有什么妨碍?同心同德在于合乎正义。《太誓》说:'纣有亿兆人,离心离德,我有治世之臣十个人,同心同德。'这就是周朝所以兴起的原因,君王还是致力于德行,不要担心没有人。"二十二日,王子朝进入邬地。

24·2　晋国的士弥牟在箕地迎接叔孙,叔孙派梁其踁埋伏在门里边,说:"我向左边看并且咳嗽,就把他杀了。向右边看并且笑笑,就不要动手。"叔孙接见士弥牟,士弥牟说:"寡君由于作为盟主的缘故,因此把您久留在敝邑,不丰厚的敝邑的礼物,将要致送给您的左右随从,派弥牟来迎接您。"叔孙接受礼物回国了。二月,《春秋》记载说"婼至自晋",这是表示尊重晋国。

24·3　三月十五日,晋顷公派士景伯到王城调查周朝发生的事故。士景伯站在乾祭门上,向大众询问。晋国人就辞谢王子朝,不接纳他的使者。

24·4　夏季,五月初一日,发生日食。梓慎说:"将要发生水灾。"昭子说:"这是旱灾,太阳过了春分而阳气尚且不胜阴气,一旦胜过阴气,能不发生旱灾吗?阳气迟迟不能战胜阴气,这是正在积聚阳气。"

24·5　六月初八日,王子朝的军队进攻瑕地和杏地,两地军队都溃散了。

24·6　郑定公到晋国去,子太叔相礼,进见范献子。范献子说:

"对王室该怎么办？"子太叔回答说："我老头子对自己的国家和家族都不能操心了，哪里敢涉及王室的事情？人们有话说：'寡妇不操心纬线，而忧虑宗周的陨落，因为恐怕祸患也会落到她头上。'现在王室确实动荡不安，我们小国害怕了，然而大国的忧虑，我们哪里知道呢？您还是早作打算。《诗》说：'酒瓶空空，是酒坛子的耻辱。'王室的不安宁，这是晋国的耻辱。"范献子害怕，和韩宣子谋划。于是就召集诸侯会见，时间定在明年。

24·7　秋季，八月，举行盛大的雩祭，这是由于发生了旱灾。

24·8　冬季，十月十一日，王子朝使用成周的宝圭沉到黄河里向河神祈祷。十二日，渡船的船工在黄河上得到了这块宝圭。阴不佞带着温地人往南袭击王子朝，拘捕了得到玉的人，把玉拿过来，准备卖掉它，却是一块石头。阴不佞在王室安定以后把它奉献给周敬王，周敬王把东訾赐给他。

24·9　楚平王组织水军去侵略吴国的疆土。沈尹戌说："这一趟，楚国必然丢掉城邑。不安抚百姓而让他们疲惫，吴国没有动静而让他们加速出动，吴军紧紧追逐楚军，然而边境却没有戒备，城邑能够不丢掉吗？"

越国的大夫胥犴在豫章的江边上慰劳楚平王，越国的公子仓把一只船赠送给楚平王。公子仓和寿梦领兵跟随楚平王。楚平王到达圉阳而返回。吴军紧紧追逐楚军，但是边境的守军没有戒备，吴国人就灭掉了巢和钟离而回去。

沈尹戌说："丢掉郢都的开端就在这里，君王一个举动就失去了两个将领，照这样来几次，难道就不会兵临郢都城下？《诗》说：'是谁制造了祸端，到今天还是灾害'，恐怕说的就是君王吧！"

昭公二十五年

25·1　二十五年春季,叔孙婼到宋国聘问。桐门右师接见他,谈话,右师看不起宋国的大夫,并且轻视司城氏。叔孙婼告诉他的手下人说:"右师恐怕要逃亡吧!君子尊重他自己,然后能及于别人,因此有礼。现在这个人对他们的大夫和宗族都不加尊重,这是轻视他自己,能够有礼吗?无礼必定逃亡。"

宋元公设享礼招待叔孙婼,赋《新宫》这首诗,叔孙婼赋《车辖》这首诗。第二天设宴,喝酒,很高兴,宋元公让昭子坐在右边,说着话就相对掉下了眼泪。乐祁帮着主持宴会,退下去告诉别人说:"今年国君和叔孙恐怕都要死了吧!我听说:'该高兴的时候悲哀,而该悲哀的时候高兴,这都是心意丧失。'心的精华神明,这就叫魂魄,魂魄离去了,怎么能活得久长?"

25·2　季公若的姐姐是小邾君夫人,生了宋元公夫人,宋元公夫人生了个女儿,嫁给季平子。叔孙婼到宋国行聘,并且迎亲。季公若跟随前去,告诉宋元公夫人让她不要答应亲事,因为鲁国正在准备赶走季平子。宋元公夫人告诉宋元公,宋元公告诉乐祁,乐祁说:"给他。如果像所说的那样,鲁国国君一定要逃往国外。政权掌握在季氏手中已经三代了,鲁国国君丧失政权已经四代了。失掉民心而能满足他愿望的,还没有过。国君因此才镇抚他的百姓。《诗》说:'人才的丧失,就是心头的忧虑。'鲁国国君已经失去了民心,哪里能实现他的愿望?安静地等待天命还可以,有所举动必定造成忧患。"

25·3　夏季,鲁国子太叔和晋国赵鞅、宋国乐大心、卫国北宫喜、郑国游吉、曹人、邾人、滕人、薛人、小邾人在黄父会见，这是为了商量安定王室。赵鞅命令诸侯的大夫向周敬王输送粮食、准备戍守的将士，说："明年将要送天子回去。"

子太叔进见赵简子，赵简子向他询问揖让、周旋的礼节。子太叔回答说："这是仪，不是礼。"赵简子说："谨敢请问什么叫礼？"子太叔回答说："吉曾经听到先大夫子产说：'礼，是上天的规范，大地的准则，百姓行动的依据。'天地的规范，百姓就加以效法。效法上天的英明，依据大地的本性，产生了上天的六气，使用大地的五行。气是五种味道，表现为五种颜色，显示为五种声音。过了头就昏乱，百姓就失掉本性，因此制作了礼用来使它有所遵循：制定了六畜、五牲、三牺，以使五味有所遵循。制定九文、六采、五章，以使五色有所遵循。制定九歌、八风、七音、六律，以使五声有所遵循。制定君臣上下的关系，以效法大地的准则。制定夫妇内外的关系，以规范两种事物。制定父子、兄弟、姑姊、甥舅、翁婿、连襟的关系，以象征上天的英明。制定政策政令、农工管理、行动措施，以随顺四时。制定刑罚、牢狱让百姓害怕，以模仿雷电的杀伤。制定温和慈祥的措施，以效法上天的生长万物。百姓有好恶、喜怒、哀乐，它们以六气派生，所以要审慎地效法，适当地模仿，以制约六志。哀痛有哭泣，欢乐有歌舞，高兴有施舍，愤怒有战斗。高兴从爱好而来，愤怒从讨厌而来。所以要使行动审慎、使命令有信用，用祸福赏罚，来制约死生。生，是人们喜好的事情。死，是人们讨厌的事物。喜好的事物，是欢乐。讨厌的事物，是哀伤。欢乐不失于礼，就能协调天地的本性，因此能够长久。'"赵简子说："礼的伟大达到极点了！"子太叔回答说："礼，是上下的纲纪，天地的准则，百姓所生存的依据，因此先王尊崇它。所以人们能够从不同的天性经过自我修养改造或者直接达到礼的，就叫做完美无缺的人。它的伟大，不也是适宜的吗？"赵简子说："我赵鞅啊，请求一辈子遵循这些话。"

宋国的乐大心说:"我们不给天子送粮食,我们对周朝来说是客人,为什么要指使客人送粮食?"晋国的士伯说:"从践土结盟以来,宋国有哪一次战役不参加,又有哪一次结盟不在一起?盟辞说'一起为王室操心',您哪里能躲开?您奉了君王的命令,来参加这重大的事件,而宋国倒违背盟约,恐怕不可以吧!"乐大心不敢回答,接受了简札退出去。士伯告诉赵简子说:"宋国的右师必然逃亡。奉了国君的命令出使,而想要背弃盟约以触犯盟主,没有比这再大的不吉祥了。"

25·4 "有鸲鹆来巢",这是过去所没有记载的事情。师己说:"怪呀!我听说文王、成王的时代,童谣有这样的话说:'鸲啊鹆啊,国君出国受到羞辱。鸲鹆的羽毛,国君住在远郊,臣下去把马匹送到。鸲鹆蹦蹦跳跳,国君住在乾侯,向人要裤子短袄。鸲鹆的老巢,路远遥遥,稠父死于辛劳,宋父代立而骄,鸲鹆鸲鹆,去的时候唱歌,回来的时候号哭。'童谣有这个。现在鸲鹆前来筑巢,恐怕将要发生祸难了吧!"

25·5 秋季,《春秋》记载两次大的雩祭,这是由于旱灾严重。

25·6 当初,季公鸟在齐国鲍文子家娶了妻子,生了某甲。季公鸟死,季公亥、公思展和季公鸟的家臣申夜姑管理他的家务。等到季姒和管伙食的檀私通,季姒感到害怕,就让她的侍女打了自己一顿,跑去给秦遄的妻子看,说:"公若要让我陪他睡觉,我不答应,就打了我。"又向公甫诉苦,说:"展和夜姑准备要挟我。"秦遄的妻子把话告诉公之。公之和公甫告诉了平子,平子把公思展拘留在卞地,抓了夜姑准备杀他。季公亥哭泣着哀求说:"杀了这个人,就是杀了我。"准备为他请求。平子让小仆役不让他进来,太阳到中午没有能得到请求。官吏去接受处理夜姑的命令,公之要他快点杀了夜姑,所以季公亥怨恨平子。

季氏、郈氏斗鸡。季氏给鸡套上皮甲,郈氏给鸡安上金属爪子。季氏的鸡斗败,季平子发怒,在郈氏那里扩建自己的住宅,并且责备他们。所以郈昭伯也怨恨季平子。

臧昭伯的叔伯兄弟臧会在臧氏那里诬陷别人,逃到季氏那里,臧氏扣押了他。季平子发怒,拘留了臧氏的家臣。将要在襄公庙里举行祭祀,跳万舞的只有两个人,多数人到季氏那里跳万舞去了。臧昭伯说:“这叫做不能在先君的宗庙里酬谢先君的功劳。”大夫们于是也就怨恨季平子。

季公亥向公为献弓,并且和他外出射箭,谋划去掉季氏。公为告诉了公果、公贲。公果、公贲派随从僚柤报告昭公。昭公已经睡了,要拿起戈来打僚柤,僚柤就跑了,昭公说:“逮住他!”但也没有正式下命令。僚柤恐惧不敢出门,几个月不去朝见昭公。昭公并不发怒。后来又派僚柤去报告昭公,昭公拿起戈来吓唬他,他就跑了。又派僚柤去说,昭公说:“这不是小人管得着的。”公果自己去说了,昭公把话告诉臧孙,臧孙认为难办。告诉了郈昭伯,郈昭伯认为可行,劝昭公干。昭公告诉子家懿伯。懿伯说:“坏人们让君王侥幸行事,事情如果不成功,君王蒙受坏名声,这是不能做的。丢掉百姓已经几代了,以此要求事情成功,这是没有把握的事。而且政权在人家手里,恐怕是很难算计他的。”昭公让懿伯下去,懿伯回答说:“下臣已经听到您的命令了,话如果泄漏,下臣会不得好死的。”于是就住在公宫里。

叔孙昭子到阚地去,昭公住在长府里。九月十一日,攻打季氏,在大门口杀死公之,就攻了进去。季平子登台请求说:“君王没有调查下臣的罪过,派官吏使用武力讨伐下臣,下臣请求待在沂水边上让君王审查。”昭公不答应。请求囚禁在费地,昭公也不答应。请求带着五辆车子逃亡,昭公也不答应。子家子说:“君王还是答应他吧! 政令从他那里发出已经很久了,贫困的百姓大都靠他吃饭,做他一党的人也很多了。太阳下山以后,坏人是否冒出来,还不知道呢。众人的怒气不能让它积聚,积聚起来而不妥善处理,怒气会越来越大。越来越大的怒气积聚起来,百姓将会产生叛变之心,生背叛之心,和有同样要求的人会纠合一起,君王必然要后悔的!"昭公不听从他的意见,郈昭伯说:"一定要杀了他。"

昭公派郈昭伯迎接孟懿子,叔孙氏的司马鬷戾问他的手下人说:"怎么办?"没有人回答。又说:"我是家臣,不敢考虑国家大事。有季氏和没有季氏,哪一种情况对于我有利?"大家都说:"没有季氏,就是没有叔孙氏。"鬷戾说:"那么就去救援他吧!"率领手下人前去,攻破西北角进去。昭公的亲兵正脱去皮甲拿着箭筒蹲着,鬷戾就把他们赶走了。孟氏派人登上西北角,瞭望季氏。瞭望的人看到叔孙氏的旗子,把情况报告孟氏。孟氏逮捕了郈昭伯,把他在南门的西边杀死了,就乘势攻打昭公的亲兵。子家子说:"臣下们假装是劫持君王的人,背着罪名出国,君王留下来,意如事奉君王,就不敢不改变态度。"昭公说:"我不能忍受。"就和臧昭伯去祖坟上辞别祖宗,并且谋划逃亡的事,动身走了。

十一月十三日,昭公逃亡到齐国,住在阳州。齐景公准备在平阴慰问昭公,昭公先到达野井。齐景公说:"这是寡人的罪过。让官吏在平阴等待,是为了就近的缘故。"《春秋》记载说"公孙于齐,次于阳州,齐侯唁公于野井",这是合于礼的。将要有求于人,就要先居于人下,这是合于礼的好事。齐景公说:"从莒国的国境以西,请奉送君王二万五千户,以等待君王的命令。寡人将要率领敝邑的军队以跟从执事,唯命是听。君王的忧虑,就是我的忧虑。"昭公很高兴,子家子说:"上天所赐的爵禄不再降给君王了,上天如果保佑君王,也不能超过周公。给君王鲁国就足够了。失去鲁国而带着二万五千户做臣下,谁还为君王复位?况且齐国的国君不讲信用,不如早点到晋国去。"昭公不听从他的意见。

臧昭伯率领跟随昭公的人将要结盟,盟书说:"合力同心,好恶一致,明确有罪无罪,坚决跟从国君,不要内外沟通。"用昭公的名义给子家子看,子家子说:"像这样,我不能盟誓。羁没有才能,不能和您几位合力同心,而是认为都有罪。我也可能与国外交谈,并且想要离开国君为国君奔走四方。您几位喜欢逃亡而不想安定君位,我哪里能和您几位好恶一致? 陷国君于危难之中,还有比这再大的罪过吗? 为了里外通气而离开国君,国君就能快一点回国,不通消息做什么? 又能死守在哪里?"于是就不参加结盟。

昭子从阚地回国,进见季平子,平子叩头,说:"您要我怎么办?"昭子说:"人有谁不死? 您由于驱逐国君成了名,子子孙孙不忘记,不也可悲吗? 我能把您怎么办?"季平子说:"如果让我能改变态度事奉国君,就是所谓让死人再生、白骨长肉的事情了。"昭子到齐国去跟随昭公,向昭公报告。子家子命令把凡是到昭公宾馆去的人都抓起来。昭公和昭子在帐幕里说话,昭子说:"将要安定大众而接纳您。"昭公的亲兵准备杀死昭子,埋伏在路边。左师展报告昭公,昭公让昭子取道从铸地回国。这时季平子有了别的想法。冬季,十月初四日,昭子在正寝中斋戒,让祝宗为他求死。十一日,死去。左师展准备带着昭公坐一辆车回国,昭公的亲兵逮捕了他。

25·7　十月十五日,尹文公领兵徒步渡过洛水,放火烧了东訾,没有战胜。

25·8　十一月,宋元公准备为鲁昭公的缘故到晋国去,梦见太子栾在宗庙中即位,自己和宋平公穿着朝服辅助他。早晨,召见六卿,宋元公说:"寡人没有才能,不能事奉父辈兄辈,成为您几位的忧虑,这是寡人的罪过。如果托诸位的福气,能够保全脑袋而善终,那些用来装载我的骸骨的棺木,请不要超过先君的体制。"仲几回答说:"君王如果由于国家的缘故,自己减损饮宴声色的供奉,下臣们不敢与闻。至于宋国的法度,出生和下葬的礼制,先君早已经有了成文规定了,下臣们用生命来维护它,不敢违背。下臣失职,法律是不能赦免的。下臣不愿这样地死去,只能不听君王的命令。"宋元公就动身了。十三日,死在曲棘。

25·9　十二月二十四日,齐景公包围了郓地。

25·10　当初,臧昭伯去到晋国,臧会偷了他的宝龟偻句,臧会用来占卜应该诚实还是不诚实,结果是不诚实吉利。臧氏的家臣将要到晋国问候臧昭伯,臧会请求派他前去。昭伯问起家里的事,臧会全都回答了。昭伯问到妻子和同母弟叔孙,就不回答。再三问他,还是不回答。等到昭伯回国到达郊外,臧会前去迎接。问起那件事,还像从前那样不回答。昭伯抵达国都,先住在城外而查问妻子兄弟,都没有问出什么事。昭伯就抓了臧会要杀他,臧会逃走,逃亡到郈地,郈鲂假让他做了贾正。一次臧会到季氏那里去送帐本,臧氏派五个人带着戈和楯埋伏在桐汝的里门里。臧会出来,就赶上去,臧会转身逃走,在季氏的中门之外被抓住。季氏发怒,说:"为什么带武器进我的家门?"拘留了臧氏的家臣。季氏、臧氏因此互相有了恶感。等到昭伯随从昭公,季氏立了臧会做臧氏的继承人。臧会说:"偻句没有欺骗我呀。"

25·11　楚平王派蘧射在州屈筑城,让茄地人回去居住。在丘皇筑城,让訾地人迁去居住。派熊相禖在巢地筑外城,派季然在卷地筑外城。子太叔听到了这件事,说:"楚平王快要死了。让百姓不能安居在原来的土地上,百姓必然忧愁,忧愁将要延及到君王的身上,君王不能活长久了。"

昭公二十六年

26·1　二十六年春季,周王朝历法的正月初五日,齐景公攻取郓地。

26·2　安葬宋元公,像安葬先君一样,这是符合礼的。

26·3　三月,昭公从齐国到达,住在郓地,这是说已经到了鲁国境内。

26·4　夏季,齐景公准备送昭公回国,命令不要接受鲁国的财礼。申丰跟着女贾,用两匹锦缎作为财礼,捆紧在一起像一块填圭,到齐军中去,对子犹的家臣高齮说:"如果你能收买子犹,我们让你当高氏的继承人,给你五千庾粮食。"高齮把锦给子犹看,子犹想要。高齮说:"鲁国人买得很多,一百匹一堆,由于道路不畅通,先把这点礼品送来。"子犹收下了礼物,对齐景公说:"臣下们对鲁国国君不肯尽力,不是不能奉行君命。然而据却感到奇怪。宋元公为了鲁国国君去到晋国,死在曲棘。叔孙昭子请求让他的国君复位,无病而死。不知道是上天抛弃鲁国呢,还是鲁国国君得罪了鬼神所以才到这地步呢?君王如果在曲棘等待,派臣下们跟从鲁国国君试探向鲁作战可胜与否。如果行,军事有了成功,君王就继续前去,这就不会有抵抗的人了。如果没有成功,就不必麻烦君王了。"齐景公听从了他的话,派公子鉏带兵跟从昭公。

　　成大夫公孙朝对平子说:"城市,是用来保卫国家的,请让我们来抵御齐军。"平子答应了。公孙朝请求送上人质,平子不答应,说:"相信你,这就够了。"公孙朝告诉齐军说:"孟氏,是鲁国的破落户。他们使用成地太过分了,我们不能忍受,请求降服于齐国以便休息。"齐军就包围成地。成地的军队进攻在淄水饮马的齐军,说:"这是做给大家看的。"鲁国准备充分以后告诉齐国人说:"我们拗不过大家。"

　　鲁军和齐军在炊鼻作战,齐国的子渊捷追赶泄声子,用箭射泄声子,射中盾脊,箭从横木穿过车辕,箭头射进盾脊三寸。泄声子用箭射子渊捷的马,射断马颈上的皮带,马倒地死去。子渊捷改乘别的战车,鲁国人误认为他是釁戾,就上去帮他,子渊捷说:"我是齐国人。"鲁国人将要攻击子渊捷,子渊捷一箭射去,射死了鲁国人。子渊捷的赶车人说:"再射。"子渊捷说:"大队人马可以让他们害怕,而不能激怒他们。"子囊带追赶声子,叱骂他。声子说:"作战的时候没有个人的愤怒,我回骂就是为私人了,我将要抵挡您一阵。"子囊带还是叱骂声子,声子也就回骂他。冉竖用箭射陈武子,谢中手,弓落到地上而大骂。冉竖报告平子,说:"有一个君子皮肤白胡子眉毛黑而密,很会骂人。"平子说:"一定是子彊,不是抵挡了他吧?"冉竖回答说:"既称他为君子,怎么敢抵挡他?"林雍不愿意做颜鸣的车右,下车,苑何忌割了他的耳朵,颜鸣要把他带走。苑何忌的赶车人说:"朝下看!"就看着林雍的脚。苑何忌砍斫林雍,砍断了他的一只脚,林雍用一只脚跳上别的战车逃回来。颜鸣三次冲进齐军,大喊说:"林雍来坐车!"

26·5　四月,单子到晋国去报告紧急情况。五月初五日,刘国人在尸氏打败了王城的军队。十五日,王城人、刘国人在施谷作战,刘军大败。

26·6　秋季,鲁昭公和齐景公、莒子、邾子、杞伯在鄟陵结盟,这是为了谋划送昭公回国。

26·7　七月十七日,刘子带了周敬王出去。十八日,住在渠地,王城的军队放火烧了刘子的城邑。二十四日,周敬王住在褚氏。二十五日,周敬王住在萑谷。二十八日,周敬王进入胥靡。二十九日,周敬王住在滑地。晋国的知跞、赵鞅领兵接纳周敬王,派女宽镇守阙塞。

26·8　九月,楚平王死去。令尹子常想要立子西,说:"太子壬年纪小,他的母亲不是正妻,而是王子建所聘的。子西年纪大而喜好善良,立年长就顺于情理,建立善良的国家就得治。君王顺理国家太平,能不努力去做吗?"子西发怒说:"这是扰乱国家,宣扬君王的坏事。国家有外援,不能轻慢。君王有嫡出的继承人,不能混乱。败坏亲人、召来仇敌、混乱继承人,不吉利,我会蒙受恶名。即使用天下来贿赂我,我也是不能听从的,楚国有什么用? 一定要杀死令尹。"令尹恐惧,就立了楚昭王。

26·9 冬季,十月十六日,周敬王在滑地起兵。二十一日,在郊地,就住在尸地。十一月十一日,晋军攻下巩地,召伯盈赶走了王子朝。王子朝和召氏的族人、毛伯得、尹氏固、南宫嚚保护着周朝的典籍逃亡楚国,阴忌逃亡莒地叛变。召伯盈在尸地迎接周敬王,和刘子、单子结盟。于是就驻扎在圉泽,住在堤上。二十三日,周敬王进入成周。二十四日,在襄王的庙里盟誓。晋军派成公般在成周戍守,就回去了。十二月初四日,周敬王进入庄宫。

王子朝派人报告诸侯说:

从前武王战胜殷朝,成王安定四方,康王与民休息,一起分封同母兄弟,以此作为周朝的屏障,还说:"我不能独自承受文王、武王的功业,而且还是为了后代,一旦荒淫败坏而陷入危难,就可以拯救他。"到了夷王,恶疾缠身,诸侯没有不遍祭境内的名山大川,为夷王的健康作祈祷。到了厉王,他的内心乖张暴虐,老百姓不能忍受,就让他住到彘地去。诸侯各自离开他们的职位,来参与王朝的政事。宣王有知识,然后把王位奉还给了他。到了幽王,上天不保佑周朝,天子昏乱不顺,因此失去王位。携王触犯天命,诸侯废弃了他,立了继承人,因此迁都到郏鄏。这就是由于兄弟们为王室出力。到了惠王,上天不使周朝安定,使颓生出祸心,波及于叔带。惠王、襄王避难,离开了国都。这时候就有晋国、郑国都来驱走不正派的人,以安定王室。这就是由于兄弟们遵先王的命令。在定王六年的时候,秦国人中降下妖孽,说:"周朝会有一个长胡子的天子,也能够完成自己的职分。使诸侯顺服而享有国家,两代谨守自己的职分。王室中有人觊觎王位,诸侯不为王室图谋,受到了动乱灾祸。"到了灵王,生下来就有胡子,他十分神奇聪明,对诸侯没有做什么恶事。灵王、景王都能善始善终。

现在王室动乱,单旗、刘狄搅乱天下,专门倒行逆施,说:"先王登位根据什么常规?只要我心里想立谁,有谁敢来讨伐?"带了一些不好的人,以此在王室中制造混乱。他们侵吞没有满足,贪求没有限度,惯于亵渎鬼神,轻慢抛弃刑法,违背触犯盟约,蔑视礼制,诬蔑先王。晋国无道,对他们加以赞助,无限度放纵他们。现在我动荡流离,逃窜到荆蛮,还没有归宿。如果我们一两位兄弟甥舅顺从上天的法度,不要帮助狡猾之徒,以服从先王的命令,不要招来上天的惩罚,除去我的忧虑并为我谋划,就是我的愿望了。谨敢完全披露腹心和先王的命令,希望诸侯认真地考虑一下。

从前先王的命令说:"王后没有嫡子,就选立年长的。年纪相当根据德行,德行相当根据占卜。"天子不立偏爱,公卿没有私心,这是古代的制度。穆后和太子寿早年去世,单氏、刘氏偏立了年幼的,来违犯先王的命令。请所有长于我或小于我的诸侯考虑一下。

闵马父听到王子朝的辞令,说:"文辞是用来实行礼的。子朝违背了周景王的命令,疏远晋国这个大国,一心一意想做天子,太不讲礼了,文辞有什么用处?"

26·10　齐国出现彗星,齐景公派人祭祀消灾。晏子说:"没有益处的,只能招来欺骗。天道不可怀疑,不能使它有所差错,怎么能去祭祷?而且上天的有彗星,是用来清除污秽的。君王没有污秽的德行,又祭祷什么?如果德行污秽,祭祷又能减轻什么?《诗》说:'这个文王,小心恭敬。隆重地事奉天帝,求取各种福禄。他的德行不违背天命,接受着四方之国。'君王没有违德的事,四方的国家将会来到,为什么怕有彗星?《诗》说:'我没有什么借鉴,要有就是夏后和商。由于政事混乱,百姓终于流亡。'如果德行违背天命而混乱,百姓将要流亡,祝史的所作所为,于事无补。"齐景公很高兴,就停止了祭祷。

26·11　齐景公和晏子在路寝里坐着,齐景公叹气说:"多么漂亮的房子啊!是谁会据有这里呢?"晏子说:"请问,这是什么意思?"齐景公说:"我认为在于有德行的人。"晏子说:"像君王所说,恐怕在于陈氏吧!陈氏虽然没有大的德行,然而对百姓有施舍。豆、区、釜、钟这几种量器的容积,从公田征税时就用小的,向百姓施舍时就用大的。您征税多,陈氏施舍多,百姓倾向于他了。《诗》说:'虽然没有德行给予你,也应当且歌且舞。'陈氏的施舍,百姓已经为之歌舞了。您的后代如果稍稍怠惰,陈氏又如果不灭亡,他的封地就变成国家了。"齐景公说:"对啊!这可怎么办?"晏子回答说:"只有礼可以制止这个。如果符合礼,家族的施舍不能扩大到国内,百姓不迁移,农夫不变动,工人、商人不改行,士不失职,官吏不怠慢,大夫不占取公家的利益。"齐景公说:"对呀!我不能做到了。我从今以后开始知道礼能够用来治理国家了。"晏子回答说:"礼可以治理国家,由来很久了,和天地相等。国君发令,臣下恭敬,父亲慈爱,儿子孝顺,哥哥仁爱,弟弟恭敬,丈夫和蔼,妻子温柔,婆婆慈爱,媳妇顺从,这是合于礼的。国君发令而不违背礼,臣下恭敬而没有二心,父亲慈爱而教育儿子,儿子孝顺而规劝父亲,哥哥仁爱而友善,弟弟恭敬而顺服,丈夫和蔼而知义,妻子温柔而正直,婆婆慈爱而肯听从规劝,媳妇顺从而能委婉陈辞,这又是礼中的好事情。"齐景公说:"对呀!我从今以后开始听到了礼应当加以崇尚了。"晏子回答说:"先王从天地那里接受了礼以治理百姓,所以先王尊崇礼。"

昭公二十七年

27·1　二十七年春季,昭公到齐国去。昭公从齐国回来,住在郓地,这是说住在国都以外。

27·2　吴王想要借楚国有丧事的机会进攻楚国,派公子掩馀、公子烛庸领兵包围潜地,派延州来季子到中原各国聘问。季子到晋国聘问,以观察诸侯的态度。楚国的莠尹然、王尹麇领兵救援潜地,左司马沈尹戍率领都邑亲兵和王马的部属增援部队,和吴军在穷地相遇。令尹子常带着水军到了沙汭而回来,左尹郤宛、工尹寿领兵到达潜地,吴军不能撤退。

　　吴国的公子光说:“这是机会,不能失去了。”告诉鱄设诸说:“中原的国家有话说:‘不去寻求,哪里能够得到王位。’我是王位的继承人,我就要寻求。事情如果成功,季子虽然来到,也不能废掉我。”鱄设诸说:“君王是可以杀掉的。但是我母亲老了,儿子还小,我拿他们没有办法。”公子光说:“我,就是你。”

　　夏季,四月,公子光在地下室埋伏甲士而设享礼招待吴王。吴王让甲士坐在道路两旁,一直到大门口。大门、台阶、里门、坐席上,都是吴王的亲兵,手持短剑护卫在吴王两旁。端菜的人在门外先脱光衣服再换穿别的衣服,端菜的人膝行而入,持剑的人用剑夹着他,剑尖几乎碰到身上,然后才递给上菜的人。公子光假装有病,躲进地下室。鱄设诸把剑放在鱼肚子里然后进入,抽出剑猛刺吴王,两旁亲兵的短剑也交叉刺进了鱄设诸的胸膛,结果还是杀死了吴王。阖庐让鱄设诸的儿子做了卿。

　　季子到达,说:“如果先君没有废弃祭祀,百姓没有废弃主子,土地和五谷之神有人奉献,国家和家族没有颠覆,他就是我的国君,我敢怨恨谁?哀痛死去的,事奉活着的,以等待天命。不是我发起了动乱,谁立为国君,我就服从谁,这是先代的常法。"到坟墓前哭泣复命,回到自己原来的官位上等待命令。吴国的公子掩馀逃奔徐国,公子烛庸逃亡钟吾。楚军听说吴国发生动乱就收兵返回。

27·3　郤宛正直而和善,国内的人们都喜欢他。鄢将师做右领,和费无极勾结,憎恨郤宛。令尹子常贪求财物而相信诬蔑人的话,费无极就诬陷郤宛,对子常说:"郤宛要请您喝酒。"又对郤宛说:"令尹要到您家里去喝酒。"郤宛说:"我是下贱的人,不足以让令尹到这里来。令尹如果真想要前来,赐给我的恩惠就太大了。我没有东西奉献,怎么办?"费无极说:"令尹喜欢皮甲武器,您拿出来,我来挑选。"选取了五领皮甲,五种武器,说:"放在门口,令尹到来,一定要观看,就乘机献给他。"等到举行享礼的那一天,郤宛把皮甲武器放在门边的帐幔里,费无极对令尹说:"我几乎让您遭祸,郤宛打算对您不利,皮甲和武器都放在门口了。您一定不要去!况且这次潜地的战役,本来楚国可以得志于吴国,郤宛受了贿赂而回来,又贻误了将领们,让他们退兵,说'乘人动乱而进攻,不吉祥'。吴国乘我们有丧事,我们乘他们的动乱,不也是可以的吗?"令尹让人到郤氏那里看动静,就看到有皮甲和武器在门口。令尹不去郤家了,便召见鄢将师并把情况告诉他。鄢将师退下,就下令攻打郤氏,并且放火烧了他的家。郤宛听到消息,就自杀了。国内的人们不肯放火,鄢将师下令说:"不烧郤家,和他同罪。"有人拿着一张席子,有人拿着一把稻草,国内的人们都拿去扔掉,因此没有烧着。令尹派人烧了郤家,把郤氏的族人、亲属全都消灭,杀了阳令终和他的弟弟完及佗,还杀了晋陈和他的子弟。晋陈的族人在国都里喊叫说:"鄢氏、费氏以君王自居,专权而祸乱楚国,削弱孤立王室,蒙蔽君王和令尹来为自己牟利。令尹全都相信他们了,国家将要怎么办?"令尹很担心。

27·4　秋季,晋国士鞅、宋国乐祁犁、卫国北宫喜、曹人、邾人、滕人在扈地会见,这是为了命令去成周戍守,同时商量送回昭公。宋国、卫国都认为送回昭公对自己国家有利,坚决地请求。范献子在季孙那里取得了财礼,对司城子梁和北宫贞子说:"季孙还不知道他自己的罪过,而国君攻打他,他请求囚禁、请求逃亡,在当时都得不到同意。国君又没有战胜他,就自己出国了。难道没有防备而能赶走国君吗?季氏恢复原来的职位,是上天挽救了他,止息了昭公亲兵的愤怒,启发了叔孙氏的心意。不是这样,难道那些人攻打别人反而脱下皮甲手拿箭筒在那里玩?叔孙氏害怕祸难的泛滥,因而自愿和季氏站在一边,这是上天的意志。鲁国的国君请求齐国帮助,三年没有成功。季氏很受百姓的拥护,淮夷亲附他,有打十年的准备,有齐国、楚国的支援,有上天的赞助,有百姓的帮助,有坚守的决心,有诸侯一样的权势,但没有敢把事情公开,事奉国君像在国内一样。所以鞅认为难办。您二位都是为国家考虑的人,想要送回鲁国国君,这也是鞅的愿望。请跟随您二位去包围鲁国,如果不成功,我就为此而死。"这二位害怕,都辞谢了。于是就辞退小国,而答复晋国说事情不好办。

27·5　孟懿子、阳虎进攻郓地,郓地人准备迎战。子家子说:"天命无可怀疑已经很久了,让国君逃亡的,一定就是这批人。上天已经降祸于国君,而要自己求福,不也是很困难吗?如果有鬼神,这一战必然失败。啊!没有希望了吧!恐怕要死在这里了吧!"昭公派子家子到晋国去。昭公的亲兵在且知被打败。

27·6　楚国郤宛的祸难,国内的怨言没有停止,进胙肉的人无不指责令尹,沈尹戍对令尹子常说:"左尹和中厩尹,没有人知道他们的罪过,而您杀了他们,招致指责,到现在没有停止。戍很怀疑:仁爱的人杀了人来掩盖指责,他还不干呢,现在您杀了人来招致指责,而不考虑补救办法,不也很奇怪吗? 那个费无极,是楚国的坏人,百姓没有不知道的。去掉朝吴、赶走蔡侯朱、丧失太子建、杀害连尹伍奢,遮蔽君王的耳目,让他听不清看不明。如果不是这样,平王的温和仁慈,恭敬节俭,有超过成王、庄王而没有不及他们的地方。所以还得不到诸侯的拥戴,是由于接近了费无极。现在又杀了三个无罪的人,招致了极大的指责,几乎要牵涉到您身上了。而您不去想办法,哪里还用得着您? 鄢将师假传您的命令,消灭了三个家族。这三个家族,都是国家杰出的良材,在位没有过错。吴国新近立了国君,边境一天天紧张。楚国如果发生战事,您恐怕危险了! 聪明人消除诬陷来使自己安定,现在您喜欢谗人来使自己危险,您的昏庸也太过份了!"令尹子常说:"这是我的罪过,岂敢不好好想一下!"九月十四日,令尹子常杀了费无极和鄢将师,把他们的族人全部消灭了,来让国内的人们高兴,于是怨谤的言论就停止了。

27·7 冬季,昭公到齐国去,齐景公请求设享礼招待他。子家子说:"每天早晚都在他的朝廷上,又设享礼干什么? 还是喝酒吧。"于是就喝酒,让宰臣向昭公敬酒,自己却请求退席。子仲的女儿名叫重,是齐景公的夫人,齐景公说:"请让重出来见您。"子家子就带着昭公出去了。

27·8 十二月,晋国的籍秦把诸侯的戍卒送到成周,鲁国人用发生祸难为理由,辞谢不去。

昭公二十八年

28·1 二十八年春季,鲁昭公到晋国去,将要到乾侯去。子家子说:"有求于别人,而又跑去安安稳稳地住着,有谁还来同情您? 还是到我国和晋国的边境上等着好。"昭公不听,派人请求晋国来人迎接。晋国人说:"上天降祸鲁国,君王淹留在外,也不派一个人来问候寡人,而是跑去安安稳稳地住在甥舅的国家里,难道还要派人到齐国迎接君王?"让昭公回到鲁国的边境上,然后派人迎接。

28·2 晋国的祁胜和邬臧互相交换妻子。祁盈准备逮捕他们,去问司马叔游。叔游说:"《郑书》有这样的话:'嫉害正直,这样的人多的是。'无道的人在位,您恐怕不能免于祸患。《诗》说:'百姓的邪恶很多,自己不要再陷入邪恶。'暂时不执行,怎么样?"祁盈说:"对祁氏私家的讨伐,和国家有什么关系?"于是就逮捕了他们。祁胜贿赂荀跞,荀跞为他在晋顷公面前说话。晋顷公逮捕了祁盈。祁盈的家臣说:"同样是一起被杀,宁可让我们主子听到祁胜和邬臧的死讯,我们也可以痛快一下。"就杀了这两个人。夏季,六月,晋顷公杀了祁盈和杨食我。杨食我,是祁盈的党羽,并且帮着祁盈作乱,所以杀了他,于是就灭亡了祁氏、羊舌氏。

　　起初,叔向想要娶申公巫臣的女儿做妻子,他的母亲要他娶她的亲族。叔向说:"我的母亲多而庶兄弟少,舅家女儿不易生子,我把这作为鉴戒了。"他的母亲说:"巫臣的妻子杀死三个丈夫,一个国君,一个儿子,灭亡一个国家,使两个卿逃亡了,能够不作为鉴戒吗? 我听说:'很美丽必然有很丑恶的一面。'那个人是郑穆公少妃姚子的女儿,子貉的妹妹,子貉早死,没有后代,而上天把美丽集中在她身上,必然是要用她来大大地败坏事情。从前有仍氏生了一个女儿,头发稠密乌黑而非常美丽,头发的光泽可以照见人影,名叫'玄妻'。乐官之长后夔娶了她,生下伯封,心地和猪一样,贪婪没有个满足,暴躁乖戾没有限度,人们叫他大猪。有穷后羿灭了他,夔因此而不能得到祭祀。而且夏、商、周三代的被灭亡,公子申生的被废,都是由于美色为害。你娶她做什么呢? 有了特别美丽的女人，就完全可以使人改变。如果不是极有道德正义的人娶她，就必然有祸。"叔向害怕，不敢娶了。晋平公强迫叔向娶了她，生了杨食我。杨食我刚生下来，子容的母亲跑去告诉婆婆，说："大弟媳妇生了个男孩。"叔向的母亲走去看看，走到堂前，听到孩子的哭声就往回走，说："这是豺狼的声音。豺狼似的男子，必然有野心。不是这个人，没有人会毁掉羊舌氏。"于是就不去看他。

28·3　秋季，晋国的韩宣子死了，魏献子执政，把祁氏的土田分割为七个县，把羊舌氏的土田分割为三个县。司马弥牟做邬大夫，贾辛做祁大夫，司马乌做平陵大夫，魏戊做梗阳大夫，知徐吾做涂水大夫，韩固做马首大夫，孟丙做盂大夫，乐霄做铜鞮大夫，赵朝做平阳大夫，僚安做杨氏大夫。认为贾辛、司马乌曾经给王室出过力，所以举拔他们。认为知徐吾、赵朝、韩固、魏戊，是卿的庶子中不失职、能够保守家业的人。另外四个人，都先接受县的职务然后进见魏献子，是由于贤能而加以提拔的。

　　魏献子对成鱄说："我把一个县给了戊，别人会以为我是偏袒吗？"成鱄回答说："哪里会呢？戊的为人，远不忘国君，近不逼同事，处在有利的地位上想到道义，处在困难之中想到保持纯正，有保持礼义之心而没有过度的行动，即使给了他一个县，不也是可以的吗！从前武王战胜商朝，广有天下，他的兄弟领有封国的十五人，姬姓领有封国的四十人，都是举拔自己的亲属。举拔没有别的条件，只要是善的所在，亲密、疏远都是一样的。《诗》说：'只有这位文王，上帝审度了他的内心，认定了他的美德名声，他的德行在于是非明辨，是非明辨就能为善，就能为人师长做人君王，成为这个大国的君主，能使四方顺服。与文王一样，他的德行，从没有悔恨。既承受了上帝的福佑，还要延及到他的子子孙孙。'内心能制约于道义叫做'度'，德行端正反应和谐叫做'莫'，光照四方叫做'明'，勤于施舍没有私心叫做'类'，教导别人不知疲倦叫做'长'，严明赏罚显示威严叫做'君',慈祥和顺使别人归服叫做'顺',选择好的而跟从叫做'比',用天地作经纬叫做'文'。这九种德行不出过错,做事情就没有悔恨,所以承袭上天的福禄,以利于子子孙孙。现在您的举拔,已经接近文王的德行了,影响会很深远的啊!"

贾辛将要到他的县里去,进见魏献子。魏献子说:"辛,过来!从前叔向到郑国去,鬷蔑长得丑,想要观察叔向,就跟着收拾器皿的人前去,而站在堂下,说了一句话,说得很好。叔向正要喝酒,听到了鬷蔑的话,说:'一定是鬷蔑。'走下堂来,拉着他的手上堂,说:'从前贾大夫长得丑,娶了个妻子却很美,三年不说不笑。贾大夫为她驾着车子去到沼泽地,射野鸡,射中,她才笑着说话。贾大夫说:"才能是不能没有的,我要是不能射箭,你就不说不笑了啊!"现在您的外貌不扬,您如果再不说话,我几乎错过和您见面的机会了。话不能不说,就像这一样。'两个人就像老朋友一样。现在你为王室出了力,我因此举拔你。动身吧!保持着恭敬,不要损毁了你的功劳。"

孔子听到魏献子举拔的事,认为合于道义,说:"举拔近的而不失去亲族,举拔远的而不失去应当举拔的人,可以说是合于道义了。"又听说他命令贾辛的话,认为体现了忠诚,说:"《诗》说,'永远符合于天命,自己求取各种福禄',这是忠诚。魏子举拔合于道义,他的命令又体现了忠诚,恐怕他的后代会在晋国长享禄位吧!"

28·4　冬季,梗阳人有诉讼,魏戊不能判断,把案件上报给魏献子。诉讼一方的大宗把女乐送给魏献子,魏献子准备接受。魏戊对阎没、女宽说:"主人以不接受贿赂名闻于诸侯,如果收下梗阳人的女乐,就没有比这再大的贿赂了。您二位一定要劝谏。"两个人都答应了。退朝以后,在庭院里等待。送饭菜进来,魏献子叫他们二人吃饭。等到摆上饭菜,两个人三次叹气。吃完了,让他们坐下。魏献子说:"我从我伯父、叔父那里听说过:'只有吃饭的时候忘记忧愁。'您二位在摆上饭菜的时候三次叹气,为什么?"两个人异口同声说:"有人把酒赐给我们两个小人,昨天没有吃晚饭。饭菜刚送到,恐怕不够吃,所以叹气。上菜上了一半,就责备自己说:'难道将军让我们吃饭会不够吃?'所以再次叹气。等到饭菜上完,愿意把小人的肚子作为君子的内心,刚刚满足就行了。"魏献子辞谢了梗阳人的贿赂。

昭公二十九年

29·1　二十九年春季,鲁昭公从乾侯来到,住在郓地。齐景公派高张来慰问昭公,称他为主君。子家子说:"齐国轻视君王了,君王只得自取耻辱。"昭公就到乾侯去了。

29·2　三月十三日,京城里杀了召伯盈、尹氏固和原伯鲁的儿子。尹氏固回去复位的时候,有个女人在成周郊外碰上他,责备他,说:"在国内就怂恿别人惹祸,逃亡出去了又几天就回来,这个人啊,难道能活过三年吗?"

　　夏季,五月二十五日,王子赵车跑到鄻地而叛变,阴不佞打败了他。

29·3　季平子每年买马,准备好随从人员的衣服鞋子,送到乾侯去。昭公逮捕了送马的人,卖掉了马,于是平子就不再送马去了。

　　卫灵公前来奉献他自己驾车的马,名叫启服,掉进坑里死了。昭公准备把马装进棺材埋起来,子家子说:"随从的人在生病了,请让他们把马吃了吧。"于是就用破帷幕包着马埋了。

　　昭公把羔羊皮赐给公衍,派他把龙纹的美玉献给齐景公,他就把羔羊皮也一起奉献。齐景公很高兴,给了他阳毂。公衍、公为出生的时候,他们的母亲一起出去住在产房里,公衍先出生。公为的母亲说:"我们一起出来,就一起去报喜。"过了三天,公为出生。公为的母亲先去报告,公为就做了哥哥。昭公心里对得到阳穀很高兴,而又想起鲁国的这段往事,说:"公为惹起了这场祸事。而且出生在后而做哥哥,这欺骗也很久了。"就废了公为,而把公衍作为太子。

29·4 秋季,龙出现在绛地郊外,魏献子问蔡墨说:"我听说,虫类没有比龙再聪明的了,因为它不能被人活捉。认为它聪明,是这样吗?"蔡墨说:"实在是人不聪明,不是龙聪明。古代养龙,所以国内有豢龙氏、御龙氏。"献子说:"这两家,我也听说过,但不知道他们的来历,这是说的什么呢?"蔡墨回答说:"过去有飂国的国君叔安,有一个后代叫董父,实在很喜欢龙,能够了解龙的嗜好要求来喂养它们,龙去他那里的很多,于是就驯服饲养龙,用来伺候帝舜。帝舜赐他姓叫董,氏叫豢龙,封他在鬷川,鬷夷氏就是他的后代。所以帝舜氏世世代代有养龙的。到了夏代国君孔甲,顺服天帝,天帝赐给他驾车的龙,黄河、汉水的各两条,各有一雌一雄。孔甲不能饲养,而又没有找到豢龙氏。有陶唐氏已经衰落,后来又有刘累,向豢龙氏学习驯龙,以此事奉孔甲,能够饲养这几条龙。孔甲嘉奖他,赐氏叫御龙,用他代替豕韦的后代。龙中一条雌的死了,刘累偷偷地剁成肉酱给孔甲吃,孔甲吃了,后来又让刘累再找来吃。刘累害怕而迁移到鲁县,范氏就是他的后代。"献子说:"现在为什么没有了?"蔡墨回答说:"事物都有管理它的官吏,官吏修治他的管理方法,早晚都考虑这些事。一旦失职,就要丢掉性命。丢了官就不能吃公家的俸禄。官员世代从事这方面的工作,生物才会来到。如果消灭丢弃它们,生物就自己潜伏,抑郁不能成长。因此有职掌五行的官员,这叫做五官,一代一代继承姓氏,封爵是上公,祭祀是贵神。在土地神、五谷神和五行之神的祭祀中,对他们尊敬崇奉。

木官之长叫做句芒,火官之长叫祝融,金官之长叫蓐收,水官之长叫玄冥,土官之长叫后土。龙,是属于水生的生物,水官废弃了,所以龙不能被人活捉。如果不这样,《周易》就有《乾》卦初九《爻辞》说:'潜伏的龙不被使用';九二《爻辞》说,'活着的龙在土田里';九五《爻辞》说,'飞舞的龙在天上';上九《爻辞》说,'伸直身子的龙有所悔恨';用九《爻辞》说:'见到群龙没有首领,吉利';《坤》卦变成《剥》卦说,'龙在野外交战'。如果不是早晚都见到,谁能够说出它们的状态?"献子说:"土地神、五谷神庙里的五种祭祀,是哪一代帝王的五官?"蔡墨回答说:"少皞氏有四个叔父,叫重、叫该、叫修、叫熙,能够管理金、木和水。派重做句芒,该做蓐收,修和熙做玄冥。世世代代不失职守,就帮助穷桑氏成功,这是其中的三种祭祀。颛顼氏有个儿子叫犁,做了祝融;共工氏有个儿子叫句龙,做了后土,这是其中的两种祭祀。后土做了土地神。五谷神,是管理土田的官员之长。有烈山氏的儿子叫柱,做了谷神,从夏朝以上祭祀他。周朝的弃也做了五谷神,从商朝以来祭祀他。"

29·5　冬季,晋国的赵鞅、荀寅带兵在汝水岸边筑城,于是向晋国的百姓征收了四百八十斤铁,用来铸造刑鼎,在鼎上铸着范宣子所制定的刑书。

孔子说:"晋国恐怕要灭亡了吧! 失掉了法度了。晋国应该遵守唐叔传下来的法度,作为百姓的准则,卿大夫按照他们的位次来维护它,百姓才能尊敬贵人,贵人因此能保守他们的家业。贵贱的差别没有错乱,这就是所谓法度。文公因此设立执掌官职位次的官员,在被庐制定法律,以作为盟主。现在废弃这个法令,而铸造了刑鼎,百姓都能看到鼎上的条文,还用什么来尊敬贵人? 贵人还有什么家业可保守? 贵贱没有次序,还怎么治理国家? 而且范宣子的刑书,是在夷地检阅时制定的,是违犯晋国旧礼的乱法,怎么能把它当成法律呢?"蔡史墨说:"范氏、中行氏恐怕要灭亡了吧!

中行寅是下卿,但违反上面的命令,擅自铸造刑鼎,以此作为国家的法律,这是违犯法令的罪人。又加上范氏改变被庐制定的法律,这就要灭亡了。恐怕还要牵涉到赵氏,因为赵孟参与了。但赵孟出于不得已,如果修养德行,是可以避免祸患的。"

昭公三十年

30·1　三十年春季,周王朝历法的正月,鲁昭公在乾侯。《春秋》以前不记载"公在郓"或"在乾侯",这是认为昭公不对,而且说明过错所在。

30·2　夏季,六月,晋顷公死了。秋季,八月,下葬。郑国的游吉前去吊唁并送葬。魏献子让士景伯质问游吉,说:"悼公的丧事,子西吊唁,子蟜送葬。现在您只有一个人,是什么缘故?"游吉回答说:"诸侯所以归服晋国国君,这是认为晋国有礼。礼这件事,就是说小国事奉大国,大国爱抚小国。事奉大国在于恭敬地按时执行命令,爱抚小国在于体恤小国的缺乏。由于敝邑处在大国之间,供应它所需的贡品,还要参与战备以防意外,难道能忘了恭敬地执行吊丧送葬的礼节?先王的制度:诸侯的丧事,士吊唁,大夫送葬,只有朝会、聘问、宴享、军事行动才派遣卿。晋国的丧事,当敝邑闲暇无事,先君曾经亲自来送葬。如果不得闲暇,即使是士、大夫有时也难于派遣。大国的恩惠,也会是嘉许敝邑对大国的常礼有所增加,而不责备它的缺乏,明白敝邑的忠诚,只是要求礼仪具备,就可以认为合于礼了。周灵王的丧事,我们先君简公在楚国,我们先大夫印段前去送葬,他还是敝邑的下卿。天子的官吏并没有责备我们,这是由于体恤敝邑的缺乏。现在大夫说:'你们为什么不按照过去的礼节办?'过去的礼节有隆重有减省,不知道应该按照什么。根据隆重,那么寡君年纪小,因此不能前来。根据减省,那么吉在这里。请大夫考虑一下!"晋国人不能再质问了。

30·3 吴王让徐国人逮捕掩馀,让钟吾人逮捕烛庸,两个公子逃亡到楚国。楚昭王大封土地给他们,并确定他们迁居的地方,派监马尹大心迎接吴国公子,让他们住在养地,派莠尹然、左司马沈尹戌在那里筑城,把城父和胡地的土田给他们,准备用他们危害吴国。子西劝谏楚昭王说:"吴光新近得到国家,亲爱他的百姓,把百姓看成像儿子一样,和百姓同甘共苦,这是准备使用他们了。如果和吴国边境上的人结好,让他们温柔亲服,还恐怕吴军的到来。现在我们又让他们的仇人强大,以加重他们的愤怒,恐怕不可以吧!吴国是周朝的后代,而被抛弃在海边,不能和姬姓各国相往来,现在才开始壮大,可以和中原各国相比。吴光又很有知识,准备使自己和先王一样。不知道上天将要使他暴虐,让他灭亡吴国而使异姓之国扩大土地呢? 还是将最终要保佑吴国呢? 恐怕它的结果不久可以知道。我们何不姑且安定我们的鬼神,宁静我们的百姓,以等待他的结果,哪里用得着自己辛劳呢?"楚昭王不听子西的谏言。

30·4 吴王阖庐发怒。冬季,十二月,吴王逮捕了钟吾子。于是就进攻徐国,堵住山上的水再灌入徐国。二十三日,灭亡徐国。徐国国君章禹剪断头发,带着他夫人迎接吴王。吴王加以慰问后送走了他,让他的近臣跟着,于是就逃亡到楚国。楚国的沈尹戌领兵救徐国,没有赶上。于是就在夷地筑城,让徐国国君住在那里。

30·5 吴王问伍员说:"当初你说进攻楚国,我知道能够成功,但恐怕他们派我前去,又不愿意别人占了我的功劳。现在我将要自己占有这份功劳了。进攻楚国怎么样?"伍员回答说:"楚国执政的人多而不和,没有人敢承担责任。如果组织三支部队对楚国来个突然袭击而又迅速撤退,一支部队到那里,他们必然会全军应战。

他们出来,我们就退回来;他们回去,我们就出动,楚军必定在路上疲于奔命。屡次突袭快撤使他们疲劳,用各种方法使他们失误。他们疲乏以后再派三军继续进攻,必定大胜他们。"阖庐听从了他的意见,楚国从此就开始困顿疲乏了。

昭公三十一年

31·1 三十一年春季,周王朝历法的正月,鲁昭公在乾侯,这是说他既不能去国外,又不能回国内。

31·2 晋定公准备用兵力送昭公回国。范献子说:"如果召见季孙而他不来,那么确实是有失臣道了,然后再攻打他,怎么样?"晋国人召见季孙,范献子派人私下告诉他说:"您一定要来,我保证您不会有罪。"季孙意如和晋国的荀跞在適历会见。荀跞说:"寡君让跞对您说:为什么赶走国君? 有国君而不事奉,周朝有一定的刑罚。您还是考虑一下!"季孙头戴练冠、身穿麻衣,光着脚走路,俯伏而回答说:"事奉国君,这是下臣求之不得的,岂敢逃避判刑的命令? 君王如果认为下臣有罪,就请把下臣囚禁在费地,以等待君王的查问,也唯君王之命是听。如果由于先君的缘故,不断绝季氏的后代,而赐下臣一死。如果不杀,也不让逃亡,这是君王的恩惠,死而不敢忘记恩德。如果能跟随君王一同回去,那么本来就是下臣的愿望,岂敢有别的念头?"

夏季,四月,季孙跟随荀跞到了乾侯。子家子说:"君王和他一起回去,一次羞耻不能忍受,终身的羞耻反而能忍受吗?"昭公说:"对。"大家说:"这就在一句话了,君王一定要赶走他!"荀跞以晋定公的名义慰问昭公,而且说:"寡君派跞以国君的名义责备意如,意如不敢逃避死亡,君王还是回国吧!"昭公说:"君王赐惠照顾到先君的友好,延续到逃亡的人身上,准备让我回去扫除宗庙以事奉君王,那就不能见那个人,我要是能见那个人,有河神为证!"荀跞捂上耳朵跑开,说:"寡君诚惶诚恐,岂敢预闻鲁国的祸难!下臣请求去回复寡君。"退出去告诉季孙,说:"国君的怒气没有平息,您姑且回去主持祭祀。"子家子说:"君王驾一辆车进入鲁军,季孙一定和君王一起回去。"昭公想要听从。跟随的人们胁迫昭公,就没有能回去。

31·3　薛伯穀死了,由于是同盟国,所以《春秋》加以记载。

31·4　秋季,吴军侵袭楚国,进攻夷地,又侵袭潜地、六地。楚国沈尹戍带兵救援潜地,吴军退走。楚军把潜地人迁移到南岗然后回去。吴军包围弦地,左司马戍、右司马稽带兵救援弦地,到达豫章,吴军撤走。这是吴王开始使用伍子胥的计谋了。

31·5　冬季,邾国的黑肱带着滥地逃亡前来。这个人低贱而《春秋》记载他的名字,这是由于重视土地的缘故。

君子说:"名声的不能不慎重就像这样:有时有了名声,反而不如没有名声。带了土地背叛,即使这个人地位低贱,也一定要记载地名,以此来记载这个人,结果成为不义,不能磨灭。因此君子行动就想到礼,办事就想到义,不做图利而失去礼的事,不做不符合义而感到内疚的事。有人求名而得不到,有人想要掩盖反而明白地记下了名字,这是惩罚不义的人。齐豹做卫国的司寇,是世袭大夫,做事情不义,就被记载为'盗'。邾国的庶其、莒国的牟夷、邾国的黑肱带着领地逃亡,只是为了谋求生活而已,不求什么名义,即使地位低贱也必定加以记载。这两件事情,是用来惩罚放肆而除去贪婪的。如果经历艰苦,使上面的人陷入危险,反而名声显扬,发动祸难的人就要为此而奔走。如果盗窃城邑背叛国君去追求大利而不记下他的名字,贪婪的人就会卖力去干。因此《春秋》记载齐豹叫做'盗',也记载三个叛逆的名字,用来惩戒不义,斥责无礼,这真是善于记述啊。所以说,《春秋》的记载文字隐微文雅而意义显著,言辞委婉而各有分寸。上面的人能够发扬《春秋》大义,就使善人得到劝勉,恶人有所畏惧,因此君子重视《春秋》。"

31·6　十二月初一日,发生日食。这天夜里,赵简子梦见一个孩子光着身子按着节拍唱歌跳舞,早晨让史墨占卜,说:"我梦见这样,现在发生日食,是什么意思?"史墨回答说:"六年以后到这个月,吴国恐怕要进入郢都吧!但结果还是不能胜利。进入郢都,一定在庚辰那一天,日月在苍龙之尾。庚午那天,太阳开始有灾。火能战胜金,所以不能胜利。"

昭公三十二年

32·1　三十二年春季,周王朝历法的正月,鲁昭公在乾侯;这是说他既不能去国外,也不能去国内,又不能使用他手下的人才。

32·2　夏季,吴国进攻越国,这是开始对越国用兵。史墨说:"不到四十年,越国大概要占有吴国吧!越国得到岁星的照临而吴国进攻它,必然受到岁星降下的灾祸。"

32·3　秋季,八月,周敬王派富辛和石张到晋国去,请求增筑成周的城墙。天子说:"上天给周朝降下灾祸,使我的兄弟都发生乱心,以此成为伯父的忧虑。我几个亲近的甥舅之国也不得休息,到现在已经十年。诸侯派兵来戍守也已经五年。我本人没有一天忘记这个,忧心忡忡地好像农夫的盼望丰收一样,提心吊胆等待收割时候到来。伯父如果施放大恩,重建文侯、文公的功业,缓解周室的忧患,向文王、武王求取福佑,以巩固盟主的地位,宣扬美名,这就是我本人很大的愿望了。从前成王会合诸侯在成周筑城,以作为东都,尊崇文治。现在我想要向成王求取福佑,增修成周的城墙,使戍守的兵士不再辛劳,诸侯得以安宁,把坏人放逐到远方,这都是晋国的力量。谨将这件事委托给伯父,让伯父重新考虑,以使我本人不致于在百姓中召致怨恨,而伯父有了光荣的功绩,先王会酬谢伯父的。"

范献子对魏献子说:"与其在成周戍守,不如增筑那里的城墙。天子已经说了话,即使以后有事,晋国可以不参加。服从天子的命令,使诸侯缓一口气,晋国就没有忧患了。不致力去做这件事,又去从事什么?"魏献子说:"好。"派伯音回答说:"天子有命令,岂敢不承奉而奔走报告诸侯,工作的进度和工程量的分配,听周天子的命令。"

冬季,十一月,晋国的魏舒、韩不信到京师,在狄泉会合诸侯的大夫,重温过去的盟约,而且命令增筑成周的城墙。魏舒面朝南,卫国的彪傒说:"魏子一定要有大灾难。逾越本分而颁布重大的命令,这不是他能承担得了的。《诗》说,'恭敬地对待上天的怒气,不敢轻慢。恭敬地对待上天的变异,不敢任意放纵',何况敢逾越本分而去做大事呢?"

十四日,士弥牟为成周城墙的工程设计方案,计算长度,估计高低,度量厚薄,计算沟渠的深度,考察用土的数量,商计运输的远近,预算完工的日期,计算人工,考虑器材,记载所需要的粮食,以命令诸侯服役。按照情况分配劳役和工程地段,记下来交给诸侯大夫,而归总交到刘子那里。韩简子监工,以此作为既定方案。

32·4　十二月,鲁昭公生病了,把东西普遍赏赐给大夫们,大夫们不接受。赏赐给子家子一对玉虎、一只玉环、一块玉璧、又轻又好的衣服,子家子接受了。大夫们也都接受了赏赐。十四日,昭公死了,子家子把赏赐给他的东西还给管理府库的人,说:"我之所以接受是不敢违背国君的命令。"大夫们也都归还了赏赐的东西。《春秋》记载说"公薨于乾侯",这是说他死的不是地方。

　　赵简子问史墨说:"季氏赶走他的国君而百姓顺服他,诸侯亲附他,国君死在外边而没有人去惩罚他,这是为什么?"史墨回答说:"事物的存在有的成双、有的成三、有的成五、有的有辅佐。所以天有三辰,地有五行,身体有左右,各有配偶,王有公,诸侯有卿,都是有辅助的。上天生了季氏,让他辅佐鲁侯,时间已经很久了。百姓顺服他,不也是很合适吗?鲁国的国君世世代代放纵安逸,季氏世世代代勤勤恳恳,百姓已经忘记他们的国君了。即使死在国外,有谁去怜惜他?社稷没有固定的祭祀人,君臣没有固定不变的地位,自古以来就是这样。所以《诗》说:'高高的堤岸变成深谷,深深的谷地变成山陵。'三王的子孙在今天成了平民,这是主人所知道的。在《易》的卦象上,代表雷的《震》卦在《乾》卦之上,叫做《大壮》☱,这是上天的常道。以前的成季友,是桓公的小儿子,文姜所宠爱的儿子。刚刚怀孕就占卜,卜人报告说:'生下来就有好名声,他的名字叫友,成为公室的辅佐。'等到生出来,和卜人所说的一样,在左手掌上有个'友'字,就以此命名。后来在鲁国立下大功,受封在费地而做了上卿。一直到文子、武子,世世代代增加家业,不废弃过去的功业。鲁文公去世,东门遂杀死嫡子,立了庶子,鲁国国君在这时就失掉了国政,政权落到了季氏手中,到这一位国君已经是第四代了。百姓不知道有国君,凭什么得到国政?因此做国君的要谨慎地对待器物和名位,不可能随便拿来借给别人。"

卷十一 定 公

定公元年

1·1　元年春季,周王朝历法的正月初七日,晋国的魏舒与诸侯的大夫在狄泉会合,准备增筑成周城墙。魏舒主持这件事。卫国的彪傒说:"准备为天子筑城,而超越自己的地位来命令诸侯,这是不合于道义的。重大的事情违背道义,必然有大灾祸,晋国要不失去诸侯,魏子恐怕不能免于灾祸吧!"这一趟,魏舒把事情交给韩简子和原寿过,自己跑到大陆泽去打猎,放火烧荒,回来,死在甯地。范献子撤除了安装魏舒尸体的柏木外棺,这是由于魏舒还没有复命就去打猎的缘故。

孟懿子参加增筑成周城墙的工程,十六日,开始夯土,宋国的仲几不接受工程任务,说:"滕国、薛国、郳国,是为我们服役的。"薛国的宰臣说:"宋国无道,让我们小国和周朝断绝关系,带领我国事奉楚国,所以我国常常服从宋国。晋文公主持了践土结盟,说:'凡是我国的同盟,各自恢复原来的职位。'或者服从践土的盟约,或者服从宋国,都唯命是听。"仲几说:"践土的盟约本来就是让你们为宋国服役的。"薛国的宰臣说:"薛国的始祖奚仲住在薛地,做了夏朝的车正,奚仲迁居到邳地,仲虺住在薛地,做了汤的左相。如果恢复原来的职位,将会接受天子的官位,为什么要为诸侯服役?"仲几说:"三代的情事各不相同,薛国哪里能按旧章程办事? 为宋国服役,也是你们的职责。"士弥牟说:"晋国的执政者是新人,您姑且接受工程任务,我去查看一下旧档案。"仲几说:"即使您忘了,山川的鬼神难道会忘记吗?"士弥牟发怒,对韩简子说:"薛国用人作证明,宋国用鬼神作证明,宋国的罪过大了,而且他自己无话可说,而用鬼神来向我们施加压力,这是欺骗我们。'给予宠信反而招来侮辱',这就是说的这种情况了,一定要惩罚仲几。"于是就抓了仲几回国。三月,把他送到京师。

增筑城墙的工程三十天完工,就让诸侯的戍卒回国了。齐国的高张迟到,没有赶上诸侯。晋国的女叔宽说:"周朝苌弘、齐国的高张都将要不免于祸患。苌弘违背上天,高子违背人意,上天要毁坏谁,谁也不能保护他。大众所要做的事,谁也不能违背。"

1·2　夏季,叔孙成子到乾侯迎接昭公的灵柩。季孙说:"子家子屡次与我谈话,未尝不合我的心意。我想让他参与政事,您一定要留下他,并且听取他的意见。"子家子不肯会见叔孙,改变了原定的哭丧时间。叔孙请求进见子家子,子家子辞谢说:"羁没有见到您,就跟着国君出国了。国君没有命令就死了,羁不敢见到您。"叔孙派人告诉他说:"公衍、公为实在让臣不能事奉国君,如果公子宋主持国家,那是臣下们的愿望。凡是跟随国君出国的谁可以回国,都将由您的命令决定。子家氏没有继承人,季孙愿意让您参与政事,这都是季孙的愿望,派不敢前来奉告。"子家子说:"如果立国君,那么有卿士、大夫和守龟在那里,羁不敢参与。如果跟随国君的人,那么表面上跟着出国的,可以回去;和季氏结了仇而出国的,可以走开。至于羁,那么是国君知道我出国却不知道我回去的,羁准备逃走。"昭公灵柩到达坏隤,公子宋先进入国内,跟随昭公的人都从坏隤回来了。

1·3　六月二十一日,昭公的灵柩从乾侯到达。二十六日,定公即位。季孙派遣劳役到阚公那里,准备在那里挖沟,荣驾鹅说:"国君活着不能事奉,死了又把他的坟墓和祖茔隔离,用这个来表明自己的过失吗? 即使您狠心这样干,后来必然有人以此为羞耻。"于是就停止了。季孙问荣驾鹅说:"我要为国君制定谥号,让子子孙孙都知道。"荣驾鹅说:"活着不能事奉,死了又给予恶谥,用这个来自我表白吗? 哪里用得着这个?"于是就停止了。

1·4　秋季,七月二十二日,在墓道南面安葬昭公。孔子做司寇的时候,在昭公坟墓外挖沟扩大墓地,使它和先公的坟墓同在一个范围内。

1·5　由于昭公出国的缘故,季平子向炀公祈祷。九月,建立炀公庙。

1·6　周朝的巩简公丢弃他的子弟,而喜欢任用疏远的异族客卿。

定公二年

2·1　二年夏季,四月二十四日,巩氏的子弟们刺杀了巩简公。

2·2　桐地背叛楚国,吴王派舒鸠氏诱骗楚国人,说:"请楚国用军队逼近我国,我国就进攻桐地,为了让他们对我国没有猜疑。"

秋季,楚国的囊瓦从豫章进攻吴国的军队,军队集结在豫章。吴国人让战船出现在豫章,而暗中在巢地集结部队。冬季,十月,吴军在豫章攻击楚军,击败了他们。于是就包围巢地,攻占了它,俘虏了楚国的公子繁。

2·3　邾庄公和夷射姑喝酒,夷射姑出去小便。守门人向他讨肉,他夺过守门人的棍子就敲打他们。

定公三年

3·1　三年春季,二月二十九日,邾庄公在门楼上,下临庭院。守门人用瓶装水洒在庭院里。邾庄公远远看见了,发怒。守门人说:"夷射姑曾在这里小便。"邾庄公命令把夷射姑逮捕起来。没有抓到,更加生气,自己从床上跳下来,摔在炉子里的炭火上,皮肉溃烂,就死了。用五辆车陪葬,用五个人殉葬。邾庄公急躁而爱干净,所以才弄到这地步。

3·2　秋季,九月,鲜虞人在平中打败晋军,俘虏了晋国的观虎,这是因为他自恃勇敢。

3·3　冬季,仲孙何忌和邾子在郯地结盟,这是为重修和邾国的友好。

3·4　蔡昭侯制作了两块玉佩和两件皮衣到楚国去,把一块玉佩和一件皮衣献给楚昭王。昭王穿上皮衣带好玉佩,设享礼招待蔡侯。蔡侯也穿带了另外一件皮衣和玉佩。子常想要蔡侯的皮衣和玉佩,蔡侯不给,子常就把蔡侯扣留了三年。唐成公到楚国去,有两匹肃爽马,子常也想要,唐成公不给,子常也把唐成公扣留了三年。唐国有人互相商量,请求代替先跟成公去的人,答应了。让先跟去的人喝酒,灌醉了他们,偷了马献给子常。子常送回了唐侯。偷马的人自己囚禁到了唐国司法官那里,说:"国君由于玩马的缘故,使自身失去自由,抛弃了国家和群臣,臣下们请求帮助养马人赔偿马,一定要像以往两匹马一样的好。"唐侯说:"这是寡人的过错。您几位不要羞辱自己!"对他们全都给予赏赐。蔡国人听说了这件事,坚决请求,而把玉佩献给了子常。子常上朝,见到蔡侯的手下人，就命令官员们说："蔡侯所以长久留在我国，都是由于你们不供给钱别的礼物。到明天礼物再不完备，就要处死你们。"蔡侯回国，到达汉水，拿起玉丢入汉水中，说："我要是再渡汉水往南，有大河为证！"蔡侯到晋国去，以他的儿子元和大夫的儿子作为人质，请求进攻楚国。

定公四年

4·1　四年春季，三月，刘文公在召陵会合诸侯，这是为了策划进攻楚国。晋国的荀寅向蔡侯求取财货，没有得到，就对范献子说："国家正在危急之时，诸侯正怀有二心，准备在这种情况下袭击敌人，不也是很困难吗！大雨正在下着，疟疾正在流行，中山不臣服，抛弃盟约而招来怨恨，对楚国没有什么损害，反而失去了中山，不如辞谢蔡侯。我们自从方城那次战役以来，到现在还不见得能在楚国得志，只不过是劳兵伤财。"于是就辞谢了蔡侯。

晋国人向郑国借用装饰旌旗的羽毛，郑国人给了他们。第二天，把羽毛装饰在旗杆顶上去参加会，晋国就因此失掉了诸侯的拥护。

将要举行会见，卫国的子行敬子对卫灵公说："朝会难得达到预期的目的，有分歧又争论不休，就不好办了。是不是让祝佗跟随与会？"卫灵公说："好。"就派祝佗跟着去。祝佗辞谢，说："下臣竭力从事工作，以继承先人的职位，尚且恐怕完不成任务而得到罪过，如果又从事第二种职务，就会获得大罪了。况且太祝这职务，是土地神和五谷神经常使唤的小臣。土地神和五谷神不出动，太祝不出国境，这是官制规定的。君王率领军队出征，祭祀神庙杀牲衅鼓,太祝奉社主跟随出国境。如果是朝会一类的好事,国君出去有一师人马跟随,卿出去有一旅人马跟随,下臣是没有事情的。"卫灵公说:"去吧!"

到达皋鼬,准备把蔡国安排在卫国前面歃血。卫灵公派祝佗私下对苌弘说:"在道路上听到,不知是否确实,听说把蔡国安排在卫国之前歃血,确实吗?"苌弘说:"确实。蔡叔,是康叔的兄长,把位次排在卫国之前,不也是可以的吗?"祝佗说:"用先王的标准来看,是尊重德行的。从前武王战胜商朝,成王平定天下,选择有明德的人分封,把他们作为保卫周朝的藩篱屏障。所以周公辅佐王室,以治理天下,诸侯也和周朝和睦相处。分赐给鲁公大路、大旂,夏后氏的璜玉,封父的良弓,还有殷朝的六个家族条氏、徐氏、萧氏、索氏、长勺氏、尾勺氏,让他们率领本宗各氏族,集合其馀的小宗族,统治六族的奴隶,来服从周公的法制,由此归附周朝听取命令。这是让他为鲁国执行职务,以宣扬周公的明德。分赐给鲁国附庸小国,太祝、宗人、太卜、太史,服用器物、典籍简册、百官彝器,安抚商奄的百姓,用《伯禽》来告诫他们,而封在少皞的故城。分赐给康叔大路、少白、绩茷、旃旌、大吕,还有殷朝的七个家族,陶氏、施氏、繁氏、锜氏、樊氏、饥氏、终葵氏,封疆边界,从武父以南到达圃田北界,从有阎氏那里取得了土地,以执行王室任命的职务。取得了相土的东都,以协助天子在东方巡视。聘季授予土地,陶叔授予百姓,用《康诰》来告诫他,而封在殷朝的故城。鲁公和康叔都沿用商朝的政事,而按照周朝的制度来划定疆土。分赐给唐叔大路、密须的鼓、阙巩的甲、沽洗,还有怀姓的九个宗族,五正的职官,用《唐诰》来告诫他,而封在夏朝的故城。唐叔沿用夏朝的政事,用戎人的制度来划定疆土。这三个人都是天子的兄弟而有美好的德行,所以用分赐东西来为他们宣扬德行。不这样,文王、武王、成王、康王的兄长还很多,而没有得到这些赐予,就因为不是崇尚年龄。管叔、蔡叔引诱商人,策划侵犯王室。天子因此杀了管叔而放逐蔡叔,给了蔡叔七辆车子,七十个奴隶。蔡叔的儿子蔡仲改恶从善,周公提拔他,让他作为自己的卿士。让他拜见天子,天子命令他做了蔡侯。任命书说:'天子说:胡,不要像你父亲那样违背天子的命令!'怎么能让蔡国在卫国之前歃血呢?武王的同母兄弟八个人,周公做太宰,康叔做司寇,聃季做司空,其馀五个叔父没有官职,难道是以年龄为主吗?曹国,是文王的后代。晋国,是武王的后代。曹国以伯爵作为甸服,并不是由于尊崇年龄。现在要尊崇它,这就是违反先王的遗制。晋文公召集践土的盟会,卫成公不在场,夷叔,是他的同母兄弟,尚且列在蔡国之前。盟书说:'天子说:晋国的重、鲁国的申、卫国的武、蔡国的甲午、郑国的捷、齐国的潘、宋国的王臣、莒国的期。'藏在成周的府库里,这是可以查看的。您想要恢复文王、武王的法度,而不端正自己的德行,您准备怎么办?"苌弘很高兴,告诉了刘子,和范献子商量这件事,在结盟时就让卫侯在蔡侯之前歃血。

4·2　从召陵回国,郑国的子太叔没有回到国内就死了。晋国的赵简子吊丧号哭,很悲哀,说:"黄父那次会见,他老人家对我说了九句话,说:'不要发动祸乱,不要凭借富有,不要仗恃宠信,不要违背共同的意愿,不要傲视有礼的人,不要自负有才能,不要为同一事情再次发怒,不要谋划不合道德的事,不要触犯不合正义的事。'"

4·3　沈国人不参加在召陵的会见,晋国人让蔡国人进攻沈国。夏季,蔡国灭亡了沈国。

秋季,楚国由于沈国被灭亡的缘故,包围了蔡国。伍员作为吴国的外交官,在策划对付楚国。

当楚国杀死郤宛的时候,伯氏的族人逃往国外。伯州犁的孙子伯嚭担任了吴国的宰相,也在策划对付楚国。楚国自从昭王即位以后，没有一年不和吴国交战，蔡昭侯仗着这个，把他的儿了乾和一个大夫的儿子放在吴国作为人质。

冬季，蔡昭侯、吴王阖庐、唐成公联合发兵进攻楚国。他们把船停在淮河边上，从豫章进发，和楚军隔着汉水对峙。楚国司马沈尹戌对子常说："您沿着汉水和他们上下周旋，我带领方城山之外的全部人马来毁掉他们的船只，回来时再堵塞大隧、直辕、冥阸。这时，您渡过汉水而进攻，我从后面夹击，必定把他们打得大败。"商量完了就出发。楚国武城黑对子常说："吴国人用木头制的战车，我们用皮革蒙的战车，天雨不能持久，不如速战速决。"史皇对子常说："楚国人讨厌您而喜欢司马。如果沈司马在淮河边上毁掉了吴国的船，堵塞了城口而回来，这是他一个人独享战胜吴军的功劳。您一定要速战速决。不这样，就不能免于祸难。"于是就渡过汉水摆开阵势，从小别山直到大别山。同吴军打了三仗，子常知道不行，想逃走。史皇说："平平安安，您争着当权；国家有了祸难就逃避，你打算到哪里去？您一定要拼命打这一仗，以前的罪过必然可以全部免除。"

十一月十八日，吴、楚两军在柏举摆开阵势。吴王阖庐的弟弟夫概王早晨请示阖庐说："楚国的令尹囊瓦不仁，他的部下没有死战的决心。我们抢先进攻，他们的士兵必定奔逃，然后大部队跟上去，必然得胜。"阖庐不答应。夫概王说："所谓'臣下合于道义就去做，不必等待命令'，说的就是这个吧！今天我拼命作战，就可以攻进郢都了。"于是，夫概王带着他的部下五千人，抢先攻打子常的队伍，子常的士兵奔逃，楚军乱了阵脚，吴军大败楚军。子常逃亡到郑国。史皇带着子常的兵车战死。吴军追赶楚军，到达清发，准备发动攻击。夫概王说："被围困的野兽还要争斗一番，何况人呢？如果明知不免一死而同我们拼命决战，必定会打败我们。如果让先渡过河的楚军知道一过河就可以逃脱，后边的人羡慕先渡河的，楚军就没有斗志了。渡过一半才可以攻击。"照这样做，又一次打败楚军。楚军做饭，吴军又赶到了，楚军奔逃。吴军吃完楚军做的饭，又继续追击，在雍澨打败了楚军。经过五次战斗，吴军到达楚国的郢都。

十一月二十七日，楚王带了他妹妹季芈畀我逃出郢都，徒步渡过睢水。鍼尹固和楚王同船，楚昭王让鍼尹固迫使尾巴上点火的大象冲入吴军中。

二十八日，吴军进入郢都，按照上下次序分别住在楚国宫室里。吴王阖庐的儿子子山住进了令尹府，夫概王想要攻打他，子山害怕，离开了，夫概王就住进了令尹府。

左司马沈尹戌到达息地就往回退兵，在雍澨打败吴军，负了伤。当初，左司马曾经做过阖庐的臣下，所以把被吴军俘虏看成羞耻，对他的部下说："谁能够不让吴国人得到我的脑袋？"吴国人句卑说："下臣卑贱，可以担当这任务吗？"司马说："我过去竟然没重视您，您行啊！"司马三次战斗都负了伤，说："我不中用了。"句卑展开裙子，割下沈司马的脑袋包裹起来，藏好尸体，便带着沈尹戌的头逃走了。

楚昭王渡过睢水，渡过长江，进入云梦泽。楚昭王在睡觉，强盗加以袭击，用戈刺击楚昭王，王孙由于用背去挡，击中了肩膀。楚昭王逃到郧地，锺建背着季芈跟随着。王孙由于慢慢苏醒过来以后，也跟上去。郧公辛的弟弟怀准备杀死楚昭王，说："平王杀了我父亲，我杀死他的儿子，不也是应该的吗？"辛说："国君讨伐臣下，谁敢仇恨他？国君的命令，代表上天的意志。如果死于天意，您还要仇恨谁？《诗》说，'软的不吞下，硬的不吐掉。不欺鳏寡，不畏强暴'，这只有仁爱的人才能这样。逃避强暴，欺凌弱小，这不是勇；乘人之危，这不是仁；灭亡宗族，废弃祭祀，这不是孝；举动没有正当的名义，这不是明智。你要是一定这样做，我就先杀死你。"阙辛就和他的弟弟巢护卫着楚昭王逃亡到随国。吴国人追赶楚昭王,吴王派人对随国国君说:"周朝的子孙封在汉水一带的,楚国全都灭了他们。上天的意志,降罚于楚国,而您又把楚君藏匿起来。周室有什么罪?您如果报答周室的恩惠,波及于寡人,来完成天意,这是您的恩惠,汉水北边的土地,您就可以享有。"楚王住在随国宫殿的北面,吴军在随国宫殿的南面。子期长得像楚昭王,他逃到楚昭王那里,穿上楚昭王的服饰,说:"把我交给吴军,君王一定可以脱险。"随国人为交出子期占卜吉凶,不吉利,就辞谢吴国说:"以随国的偏僻狭小而紧挨着楚国,楚国确实保全了我们。随、楚世世代代都有盟誓,到今天没有改变。如果有了危难而抛弃他们,又怎么能事奉君王?执事所担心的并不在于昭王这一个人,如果对楚国境内加以安抚,我国怎敢不听您的命令?"吴军就撤退了。镵金当初在子期氏那里做家臣,曾经和随国人有过约定不要把楚昭王交给吴国人。楚昭王让他进见随君订盟,他辞谢,说:"不敢因为君王处于困难而谋求私利。"楚昭王割破子期的胸口和随国人盟誓。

　　当初,伍员和申包胥是朋友。伍员逃亡的时候,对申包胥说:"我一定要颠覆楚国。"申包胥说:"尽力干吧!您能颠覆楚国,我一定能复兴楚国。"等到楚昭王在随国避难,申包胥就到秦国去请求出兵,说:"吴国就是大猪、长蛇,一再吞食中原国家,为害从楚国开始。寡君失守国家,远在杂草丛林之中,使下臣报告急难,说:'夷人的本性是贪得无厌,如果吴国成为君王的邻国,这是边境的祸患。乘着吴国没有安定下来,君王可以平分楚国。如果楚国就此灭亡,那就是君王的土地了。如果仰仗君王的威福派兵镇抚楚国,楚国将世世代代事奉君王。'"秦哀公辞谢申包胥,说:"我知道您的意见了,您姑且到宾馆休息,我们要商量一下再答复您。"申包胥回答说:"寡君逃亡到杂草丛林之中,还没有得到安身的地方,下臣哪敢去休息呢?"申包胥靠着院墙站着嚎啕大哭,日夜哭声不断,七天不喝一口水。秦哀公大为感动,赋了《无衣》这首诗。申包胥叩头九次,然后坐下。秦军于是出动。

定公五年

5·1　五年春季,成周人在楚国杀死了王子朝。

5·2　夏季,鲁国把粮食送到蔡国,用来救济急难,怜悯他们没有粮食。

5·3　越国人进入吴国,这是由于吴国人正侵入楚国。

5·4　六月,季平子巡视东野,回来,没有到达,十七日,死在房地。阳虎准备用美玉随葬,仲梁怀不给,说:"步子改变了,美玉也要跟着改变。"阳虎想要赶走他,告诉公山不狃。不狃说:"他是为着国君,您有什么怨恨的呢?"安葬以后,桓子巡视东野,到达费地。子泄做费地宰,在郊外迎接慰劳,桓子对他表示尊敬。慰劳仲梁怀,仲梁怀对他却不表示恭敬。子泄发怒,对阳虎说:"您要把他赶走吗?"

5·5　申包胥带着秦军到达,秦国的子蒲、子虎率领战车五百辆以救援楚国。子蒲说:"我不知道吴军的战术。"让楚军先和吴军作战,秦军在稷地和吴军会合,在沂地大败夫概王。吴国人在柏举俘虏了薳射,薳射的儿子率领溃逃的士兵跟随子西,在军祥地方打败了吴军。

秋季,七月,子期、子蒲灭亡唐国。九月,夫概王回国,自立为王,因为和吴王阖庐作战,被打败,逃亡到楚国,就是后来的棠溪氏。

　　吴军在雍澨打败楚军,秦军又打败了吴军。吴军驻扎在麇地,子期准备用火攻打吴军,子西说:"父兄亲戚的尸骨暴露在那里,不能收敛又要烧掉,不行。"子期说:"国家将要灭亡了! 死去的人如果有知觉,国家复兴他们就可以享有以往的祭祀了,哪里还怕烧掉尸骨?"楚军放火焚烧吴军,又接着进攻,吴军败退,又在公婿之溪作战,吴军大败,吴王就回国去了。吴军俘虏了囤舆罢。囤舆罢请求先行到吴国,就乘机逃回了楚国。叶公诸梁的弟弟后臧与他母亲在吴国,后来后臧抛弃了他的母亲回到楚国。叶公见后臧不仁不孝,就一直不用正眼看他。

5·6　九月二十八日,阳虎囚禁了季桓子和公父文伯,并驱逐了仲梁怀。冬季,十月初十日,杀了公何貌。十二日,与桓子在稷门里边盟誓。十三日,举行大的诅咒,驱逐了公父文伯和秦遄,两个人都逃亡到齐国。

5·7　楚昭王进入郢都。当初,囤辛听说吴军将帅争住楚国宫室,说:"我听说:'不谦让就会不和睦,不和睦就不能远征。'吴国人在楚国争夺,必定会发生动乱,发生动乱,就必定会撤军回国,哪里能平定楚国呢?"

　　楚昭王逃亡到随国的时候,要在成臼渡河,蓝尹亹用船把他妻子儿子先渡过河,不把船给楚昭王用。等到楚国安定以后,楚昭王要杀他。子西说:"当初子常就因为记挂着过去的怨恨而失败,君王为什么学他呢?"楚昭王说:"好,让蓝尹亹官复原职,我用这件事来记住以往的过失。"楚昭王赏赐囤辛、王孙由于、王孙圉、锺建、囤巢、申包胥、王孙贾、宋木、囤怀。子西说:"请您不要赏赐囤怀!"楚昭王说:"大德消除了小怨,这是合于正道的。"申包胥说:"我是为了国君,不是为了自己。国君已经安定了,我还追求什么? 而且我也恨子旗,难道又要去学子旗贪得无厌吗?"于是申包胥就逃避了楚王的赏赐。楚昭王准备把季芈出嫁,季芈辞谢说:"作为女人,就是要远离男人。可是锺建已经背过我了。"楚昭王把她嫁给锺建，封锺建担任乐尹。

楚昭王在随国的时候，子西仿制了楚昭王的车子和服饰来收集和保护溃散的人，在脾泄建立了国都以此安定人心。听到了楚昭王的下落，然后赶去。楚昭王派王孙由于在麇地筑城，王孙由于回来复命。子西问起城墙的高度厚度，王孙由于不知道。子西说："你如果干不了，就应当推辞，不知道城墙的高度、厚度和城的大小，那还知道什么？"王孙由于回答说："我坚决推辞，说干不了，是您让我去做的。人人都有干得了的事，也有干不了的事。君王在云梦泽碰上强盗，我挡住强盗的戈，伤处还在这里！"王孙由于脱去衣服把背部给子西看，说："这是我干得了的。像在脾泄建立楚王行都的事情，我是干不了的。"

5·8　晋国的士鞅包围鲜虞，是为了报复观虎被俘的那次战役。

定公六年

6·1　六年春季，郑国灭亡了许国，这是由于楚国战败，不能救援。

6·2　二月，定公发兵侵袭郑国，夺取匡地，这是为晋国去讨伐郑国的攻打胥靡。去的时候不向卫国借路；等到回来，阳虎让季桓子、孟献子从卫国国都的南门进入，从东门出去，住在豚泽。卫灵公发怒，派弥子瑕追赶他们。公叔文子已经告老退休了，坐了人拉的车子去进见卫灵公，说："怨恨别人而效法他，这是不符合礼的。鲁昭公遭遇危险的时候，君王准备用文公的舒鼎、成公的宝龟、定公的鞶鉴作为赏赐，如果有人能送回鲁昭公，对这些宝物就可以任意选用一件。君王的儿子和几位臣下的儿子，诸侯如果为鲁昭公操心,就可以把他们送去作为人质。这是下臣们所听到的。现在将要用小小的愤恨掩盖过去的恩德,恐怕不可以吧!太姒的儿子,惟有周公、康叔是互相和睦的,而现在要效法小人而丢掉和睦,不是受骗吗?上天将要让阳虎的罪过增多而使他灭亡,君王姑且等着,怎么样?"卫灵公就停止出兵。

6·3　夏季,季桓子去到晋国,这是为了奉献郑国的俘虏。阳虎强派孟懿子前去向晋夫人回送财礼。晋国人同时设享礼招待他们。孟孙站在房外,对范献子说:"阳虎如果在鲁国住不下去,卸除职任而来晋国,晋国不让他做中军司马,有先君在上!"范献子说:"寡君设置官职,将要选择适当的人选,鞅知道什么?"范献子对赵简子说:"鲁国人讨厌阳虎了。孟孙看到了这预兆,认为阳虎一定会来晋国,所以竭力为他请求,以期求得禄位而进入晋国。"

6·4　四月十五日,吴国的太子终累打败楚国的水军,俘虏了潘子臣、小惟子和七个大夫。楚国大为恐惧,害怕灭亡。子期又带着陆军在繁扬被战败。令尹子西高兴地说:"现在可以治理了。"从这时开始把郢都迁到都地,改革政治,来安定楚国。

6·5　成周的儋翩率领王子朝的部下依仗郑国人,准备在成周发动叛乱,郑国在这时攻打冯地、滑地、胥靡、负黍、狐人、阙外。六月,晋国的阎没到成周戍守,并且在胥靡筑城。

6·6　秋季,八月,宋国的乐祁对宋景公说:"诸侯中间惟有我们事奉晋国,现在使者不去,晋国恐怕要怨恨我们了。"乐祁把话告诉了他的宰臣陈寅。陈寅说:"一定会让您去。"过了些时候,宋景公对乐祁说:"唯有寡人对您的话感到高兴,您一定得去!"陈寅说:"您立了继承人再动身,我们家也不会灭亡,希望国君也认为我们是明知困难才去的。"乐祁就让溷拜见了宋景公才动身。赵简子迎接乐祁,和他在绵上喝酒,乐祁奉献六十面杨木盾牌给赵简子。陈寅说:"从前我们事奉范氏,现在您事奉赵氏,又有进奉的东西,用杨木盾牌招来祸患,没法办了。然而由于您出使晋国而死,子孙必然在宋国得志。"范献子对晋定公说:"由于国君的命令越过别国而出使,没有正式报告使命而私自饮酒,不尊敬两国国君,不能不加以讨伐。"于是晋国就逮捕了乐祁。

6·7　阳虎又和鲁定公与三桓在周社盟誓,和国内的人们在亳社盟誓,在五父之衢诅咒。

6·8　冬季,十二月,周敬王住在姑莸,这是为了逃避儋翩的祸乱。

定公七年

7·1　七年春季,二月,周朝的儋翩进入仪栗而叛变。

7·2　齐国人归还郓地、阳关,阳虎住在那里主持政事。

7·3　夏季,四月,单武公、刘桓公在穷谷打败了尹氏。

7·4　秋季,齐景公、郑献公在咸地结盟,在卫国召集诸侯会见。卫灵公想要背叛晋国,大夫们认为不行。卫灵公派北宫结去到齐国,私下告诉齐景公说:"把结抓起来,侵袭我国。"齐景公听从了他的话,就在琐地结盟。

7·5　齐国国夏进攻我国。阳虎为季桓子驾御战车,公敛处父为孟懿子驾御战车,准备夜里袭击齐军。齐军听到这个消息,假装没有防备,设下埋伏等待鲁军。公敛处父说:"阳虎你不考虑到这样做会引起祸患,你一定会死。"苫夷说:"阳虎你如果使他们两位陷入祸难,不等军法官的判决,我一定杀了你。"阳虎害怕,就撤兵,才没有招致失败。

7·6　冬季,十一月二十三日,单子、刘子在庆氏那里迎接周敬王。晋国的籍秦护送周敬王。十二月初五日,周敬王进入王城,住在公族党氏家里,然后到庄王庙朝拜。

定公八年

8·1　八年春季,周王朝历法的正月,鲁定公发兵入侵齐国,攻打阳州的城门。士兵们都排成行列坐着,说:"颜高的硬弓有一百八十斤呢!"大家都拿来传看。阳州人出战,颜高把别人的软弓抢过来准备射箭,籍丘子鉏击打颜高,颜高和另外一个人都被击倒在地上。颜高倒在地上,向子鉏射了一箭,射中他的脸颊,把他射死了。颜息射人射中眉毛,退下来说:"我没有本事,我本来是想射他的眼睛。"军队撤退,冉猛假装脚上受伤而走在前面,他的哥哥冉会就大喊说:"猛啊,到后面去吧!"

8·2　三月二十六日,单武公发兵进攻穀城,刘桓公发兵进攻仪栗。三月二十八日,单武公发兵进攻简城,刘桓公发兵进攻盂地,以安定王室。

8·3　赵鞅对晋定公说:"诸侯之中惟有宋国事奉晋国,好好迎接他们的使者,还恐怕不来,现在又逮捕了他们的使者,这样将会使自己继绝与诸侯的关系。"准备放回乐祁,士鞅说:"扣留了他三年,无缘无故又把他放回去,宋国必然背叛晋国。"士鞅私下对乐祁说:"寡君害怕不能事奉宋君,因此没有让您回去,您姑且让溷来代替您。"乐祁把话告诉陈寅。陈寅说:"宋国将要背叛晋国,这是丢弃溷,乐祁不如等一下。"乐祁动身回去,死在太行。士鞅说:"宋国必定背叛,不如留下他的尸体来求和。"于是就把尸体留在州地。

8·4　鲁定公入侵齐国,攻打廪丘外城。廪丘守将放火焚烧冲城的战车,有人把麻布短衣沾湿了灭火,就攻破了外城。守将出战,鲁军奔逃。阳虎假装没有看见冉猛的样子，说："冉猛要在这里，一定能打败他们。"冉猛追逐廪丘人，看到后面没有人跟上来，就假装从车上掉下来。阳虎说："都是言不由衷。"

8·5　苦越生了儿子，准备等到有了大事再来命名。阳州这一役俘虏了敌人，就把儿子命名为阳州。

8·6　夏季，齐国的国夏、高张进攻我国西部边境。晋国的士鞅、赵鞅、荀寅救援我国。鲁国在瓦地会见晋军，士鞅手拿小羔，赵鞅、荀寅都手拿大雁作为礼物。鲁国从这时开始就以羔羊为贵重礼物。

8·7　晋军将要和卫灵公在鄟泽结盟，赵简子说："臣下们有谁敢和卫国国君结盟？"涉佗、成何说："我们能和他结盟。"卫国人请他们两人执牛耳。成何说："卫国，不过和我国温地、原地差不多，哪里能和诸侯相比？"将要歃血，涉佗推开卫灵公的手，血顺着淌到手腕上。卫灵公发怒，王孙贾快步走进，说："结盟是用来伸张礼仪的，就像卫国国君所做的那样，难道敢不奉行礼仪而接受这个盟约？"卫灵公想要背叛晋国而又担心大夫们反对。王孙贾让卫灵公住在郊外，大夫问什么缘故，卫灵公把所受晋国人的侮辱告诉他们，而且说："寡人对不起国家，还是改卜其他人作为继承人，寡人愿意服从。"大夫说："这是卫国的祸患，哪里是君王的过错吗？"卫灵公说："还有使人担心的事呢，他们对寡人说：'一定要你的儿子和大夫的儿子作为人质。'"大夫说："如果有好处，公子就去，臣下们的儿子岂敢不背负着马笼头和马缰绳跟随前去？"将要动身，王孙贾说："如果卫国有了灾难，工匠商人未尝不是祸患，要让他们全都走了才行。"卫灵公把话告诉大夫，于是就要他们都走。已经定了起程日期，卫灵公让国内的人们朝见，派王孙贾向大家说："如果卫国背叛晋国，晋国攻打我们五次，会危险到什么程度？"大家都说："攻打我们五次，还可以有能力作战。"王孙贾说："那么应当先背叛晋国,发生危险再送人质,还不晚吧?"于是就背叛晋国,晋国人请求重新结盟,卫国人不同意。

8·8　秋季,晋国的士鞅会合成桓公侵袭郑国,包围虫牢,以报复伊阙那次战役。于是就乘机侵袭卫国。

8·9　九月,鲁军侵袭卫国,这是为了协同于晋国作战的缘故。

8·10　季寤、公鉏极、公山不狃在季氏那里不得志,叔孙辄在叔孙氏那里不受宠信,叔孙志在鲁国不得志,所以这五个人依靠阳虎。阳虎想要去掉三桓,用季寤取代季氏,用叔孙辄取代叔孙氏,自己取代孟氏。冬季十月,依即位的先后次序祭祀先公并且祈祷。初二日,在僖公庙里举行大规模祭祀。初三日,准备在蒲圃设享礼招待季氏时而杀死他,命令都邑里的战车部队说:"初四那天都要来。"成地的宰臣公敛处父告诉孟孙说:"季氏命令战车部队,是什么缘故?"孟孙说:"我没有听说过。"处父说:"那么这就是叛乱了,必定会涉及您,是不是先准备一下?"和孟孙约定以初三作为预定日期。

阳虎驱车走在前边,林楚为桓子驾车,警卫军官手持钺、盾在两边夹护,阳越走在最后。将到蒲圃,桓子突然对林楚说:"你的先人都是季氏家里的忠良之臣,你也要以此来继承他们。"林楚说:"下臣听到这话已经迟了。阳虎执政,鲁国人都服从他,违背他就是找死,死了也对主人没有好处。"桓子说:"有什么迟? 你能带我去到孟氏那里吗?"林楚回答说:"我不敢爱惜一死,怕的是不能使主人免于祸难。"桓子说:"去吧!"孟氏挑选了三百个健壮奴隶为公期在门外造房子。林楚鞭打乘马,到了大街上就飞跑而去,阳越用箭射他,没有射中,造房子的人关上大门。有人从门缝里用箭射阳越,杀死了他。阳虎劫持鲁定公和武叔以攻打孟氏。公敛处父率领成地人从上东门进入,和阳氏在南门里边作战,没有战胜。又在棘下作战,阳氏战败。阳虎脱去皮甲去到公宫,拿了宝玉、大弓出来,住在五父之衢,自己睡下而让人做饭。他的同伙说:"追赶的人恐怕快来了。"阳虎说:"鲁国人听说我出去了,正高兴可以晚点死了,哪里有空来追我?"跟随的人说:"呀,快点套上马车吧,公敛处父在那里。"公敛处父请求追赶阳虎,孟孙不答应。公敛处父想要杀死季桓子,孟孙害怕,就把季桓子送回家去。季寤在季氏的祖庙里向祖宗一一斟酒祭告然后逃走。阳虎进入讙地、阳关而叛变。

8·11　郑国的驷歂继承子太叔执政。

定公九年

9·1　九年春季,宋景公派乐大心到晋国结盟,并且迎接乐祁的灵柩。乐大心推辞,假装有病,于是就派向巢去到晋国结盟,并且迎接乐祁的灵柩。子明要乐大心出国迎接,说:"我还穿着丧服,而您却敲钟作乐,这是为什么?"乐大心说:"这是因为丧事不在这里。"不久以后告诉别人说:"自己穿着丧服却生了孩子,我为什么不敲钟?"子明听到了,发怒,对宋景公说:"乐大心将要不利于宋国。他不肯去晋国,是要准备发动叛乱。不是这样,为什么没病装病?"于是就驱逐了乐大心。

9·2　郑国的驷歂杀了邓析,而又用邓析制订的《竹刑》。君子认为驷歂在这件事情上不忠。"如果有人对国家有利,就可以不指责他的邪恶。《静女》这三章诗,是采取它的彤管。《竿旄》的'用什么来劝告他',是采取它的忠诚。所以采用了一个人的主张,就不责罚这个人。《诗》说:'甘棠树高大而枝叶茂密,不要剪除,不要砍伐,召伯曾在这里听讼执法。'想念这个人,尚且爱护这棵树,何况用了他的主张,而不顾念这个人呢? 驷歂没有办法勉励贤能的人。"

9·3 夏季,阳虎送回宝玉、大弓,《春秋》记载说"得",因为它们是器物用具。凡是获得器物用具叫做"得",用器物来获得生物,叫做"获"。

六月,进攻阳关,阳虎派人焚烧了莱门。鲁军惊恐,阳虎突围而逃亡到齐国,请求出兵去进攻鲁国,说:"进攻三次,一定能占取鲁国。"齐景公准备答应他。鲍文子劝谏说:"下臣曾经在施氏那里做过家臣,鲁国是不能占取的。上下协调,百姓和睦,能够事奉大国而没有天灾,怎么能占取它?阳虎想要劳动齐军,齐军困疲,大臣一定死亡很多,他自己就在这里施展阴谋。阳虎受到季氏的宠信,而准备杀死季氏,以不利于鲁国而讨好别人。喜欢富有而不喜欢仁爱,君主哪里用得着他?君王比季氏富有,而比鲁国强大,这就是阳虎所要颠覆的。鲁国免除了他的祸害,而君王又收容他,恐怕也是祸害吧!"齐景公逮捕了阳虎,准备把他囚禁在东部边境。阳虎假装愿意到东部去,齐侯就把他囚禁在西部边境。阳虎把当地的车子全都借来,用刀子在车轴上刻得很深,缠上麻然后归还。阳虎在车上装上衣物,躺在里边逃走。齐国人追上去抓住了他,囚禁在齐国都城。他又一次躺在装衣物的车子里逃走,逃亡到宋国,又逃到晋国,归顺赵氏。孔子说:"赵氏恐怕世世代代会有祸乱了吧!"

9·4 秋季,齐景公发兵攻打晋国的夷仪。敝无存的父亲准备为他娶妻,他推辞,给了他兄弟,说:"这一回,如果不死,回来,一定要娶高氏、国氏的女子。"抢先登上夷仪的城墙,又想从城门冲出去,死在城门的门槛下。东郭书抢先登上城墙,犁弥跟着他,说:"您抢着上去向左边,我抢着上去向右边,让登上城墙的人都来了再下去。"东郭书上城往左,犁弥先下了城。战斗结束,东郭书和犁弥一起休息,犁弥说:"我先登上城墙。"东郭书收拾一下皮甲,说:"上一次使我为难,现在还要使我为难!"犁弥笑着说:"我跟着您,好像骖马跟着服马走一样,哪能抢先?"

晋国的战车一千辆在中牟,卫灵公准备去五氏,占卜经过中牟如何,龟甲烤焦了,卫灵公说:"行了,卫国的战车相当于他们的一半,寡人也相当于他们一半,这就相等了。"于是就经过中牟。中牟人想要攻打他们,卫国的褚师圃逃亡到中牟,说:"卫国虽然小,他们的国君在那里,是不能战胜的。齐军攻下城邑就骄傲,他们的元帅又地位低贱,两军相遇,一定可以打败他们,不如向齐军挑战。"于是就进攻齐军,打败了他们。齐景公把禚地、媚地、杏地送给卫灵公。

齐景公赏赐犁弥,犁弥辞谢,说:"有先登城墙的人,下臣跟着他,他戴着白色头巾,而披着猪皮斗篷。"齐景公让他看看是不是东郭书,他说:"正是那一位先生,我把赏赐让给您。"齐景公赏赐东郭书,东郭书辞谢,说:"他是客卿。"于是就赏赐犁弥。

齐国军队在夷仪的时候,齐景公对夷仪人说:"得到敝无存的人,赏赐五户,免除劳役。"于是就找到了他的尸体。齐景公三次为尸体穿衣服,给他犀牛皮装饰的高贵车子和长柄伞作为殉葬品,而且先把尸体送回去。齐景公让拉车的人跪着行走,全军吊哭他,景公亲自推车三次。

定公十年

10·1　十年春季,鲁国和齐国讲和。

10·2　夏季,鲁定公在祝其会见齐景公,祝其也就是夹谷。孔丘相礼。犁弥对齐景公说:"孔丘懂得礼而缺乏勇,如果派莱地人用武力劫持鲁侯,一定可以如愿以偿。"齐景公听从了。孔丘领着定公退出,说:"士兵拿起武器攻上去! 两国的国君会见友好,而边远的东夷俘虏用武力来捣乱,这不是齐君所以对待诸侯的态度。边远不能图谋中原,东夷不能搅乱华人,俘虏不能侵犯盟会,武力不能逼迫友好,这些对于神明来说是大不吉祥的,对于德行来说是丧失道义的,对于人们来说是丢弃礼仪,君王必定不会这样做。"齐景公听了以后,很快就让莱地人避开。

将要盟誓,齐国人在盟书上加上一句话说:"如果齐军出境,而鲁国不派三百辆甲车跟随我们的话,有盟誓为证!"孔丘让兹无还作揖回答说:"你们不归还我们汶阳的土田,让我们用来供应齐国的需要,也有盟誓为证!"

齐景公准备设享礼招待定公。孔丘对梁丘据说:"齐国、鲁国旧有的典礼,您为什么没有听说过呢? 事情已经完成了,而又设享礼,这是麻烦了执事。而且牺尊、象尊不出国门,钟磬不在野外合奏。设享礼而全部具备这些东西,这是不合礼仪的。如果不具备,那就像秕子稗子一样轻微而不郑重。像秕子稗子一样的礼节,这是君王的耻辱。不合礼仪,就名声不好,您何不考虑一下呢! 享礼,是用来宣扬德行的。不能宣扬,不如不用。"于是终于没有设享礼。

10·3　齐国人前来归还郓地、讙地、龟阴的土地。

10·4　晋国的赵鞅包围卫国,这是为了报复夷仪那次战役。

当初,卫侯在寒氏进攻邯郸午,攻破城的西北角而派兵据守。到晚上邯郸午的军队溃散,等到晋国包围卫国,邯郸午带了七十个徒兵进攻卫国西门,在城门里杀了人,说:"用这来报复寒氏那次战役。"涉佗说:"这个人算得是勇敢了,然而我前去,他们一定不敢开门。"也带领士兵七十人,早晨攻打城门,走向城门左右两边,全部站定,像树木一样不动。到中午不开城门,这才退回去。

　　回兵以后,晋国人责问卫国背叛的原因,卫国人说:"由于涉佗、成何。"晋国人因此逮捕了涉佗,以此向卫国要求讲和。卫国人不答应,晋国人就杀了涉佗。成何逃亡到燕国。君子说:"这叫做不讲礼仪,两个人的罪过必然轻重不同。《诗》说:'做人而不讲礼仪,为什么不快点死?'涉佗死得也算很快了。"

10·5　当初,叔孙成子想要立武叔做继承人,公若藐坚决劝谏说:"不行。"成子还是立了武叔然后死去。公南派坏人用箭暗射公若,没有成功。公南做马正,就让公若做郈地宰臣。武叔在大局已定之后,派郈地的马正侯犯谋杀公若,没有能办到。侯犯的管马人说:"我拿着剑经过朝廷,公若一定会问这剑是谁的。我告诉他是您的,公若一定要细看这剑。我假装不懂礼节而把剑尖递给他,就可以杀死他了。"侯犯就派他照办。公若说:"你要把我当吴王吗?"管马人就杀死了公若。侯犯带领郈地人叛变,武叔包围郈地,没有攻下。

　　秋季,武叔、公南两个人和齐军再次包围郈地,也没有攻下。武叔对郈地的工匠官驷赤说:"郈地不仅是叔孙氏的忧虑,而且是国家的祸患,将要怎么办?"驷赤说:"下臣的事情在《扬之水》这首诗最后一章的四个字上了。"叔孙向他叩头。驷赤就对侯犯说:"处在齐国、鲁国之间而不事奉哪一国,必定是不行的。您何不请求事奉齐国以统治百姓? 不这样,他们将会叛变的。"侯犯听从了他的话。齐国的使者来到,驷赤和郈地人在郈地宣布说:"侯犯准备把郈地和齐国交换,齐国人准备迁走郈地的百姓。"大家都很害怕。驷赤对侯犯说:"大家的意见和您不同,您不如把郈地和齐国人交换。所得到的等于这块郈地,而且可以缓和后患,为什么非死抱着这里不放? 齐国人想借此逼迫鲁国,必然加倍给您土地。而且何不多准备一些皮甲,放在门里以防意外?"侯犯说:"对。"于是就多准备些皮甲放在门里。侯犯请求在齐国换一块土地,齐国的官员要求视察郈地。将要到达，驷赤派人遍绕全城喊着说："齐国的军队到了！"郈地人十分害怕，穿上侯犯准备好的皮甲来包围侯犯。驷赤要射这些人，侯犯阻止他，说："想办法让我免除祸难。"侯犯请求出走，大家答应了。驷赤先去宿地，侯犯走在最后。每出一道门，郈地人就关上这道门。到了外城门，大家拦住侯犯说："您带着叔孙氏的皮甲出去，官员们如果因此而要治罪，臣下们害怕被杀。"驷赤说："叔孙氏的皮甲有标记，我没有敢带出去。"侯犯对驷赤说："您留下来同他们数数。"驷赤留下，而接纳了鲁国人。侯犯逃亡到齐国。齐国人就把郈地送还给鲁国。

10·6　宋国的公子地宠信蘧富猎，把家产分成十一份，给了蘧富猎五份。公子地有四匹白马，宋公宠信向魋，向魋想要这四匹马。宋景公把马牵来，在马尾、马鬣上涂上红颜色给向魋。公子地生气，派手下人打了向魋一顿并且夺回马匹。向魋害怕，准备逃走，宋景公关上门对向魋哭泣，眼睛都哭肿了。宋景公的同母兄弟辰对公子地说："您把家产分给猎，而惟独看不起魋，这也是不公平的。您平日对国君有礼，至多不过出国，国君必挽留您。"公子地逃亡陈国，宋景公没有挽留他。公子辰为他请求，宋景公不听。公子辰说："这是我欺骗了我哥哥。我领着国内的人们出国，国君和谁处在一起？"冬季，宋景公同母兄弟辰和仲佗、石𬳶逃亡到陈国。

10·7　武叔到齐国聘问，齐景公设享礼招待他，说："子叔孙！如果郈地在君王其他的边境上，寡人知道什么呢？这里刚好和敝邑交界，所以敢帮助您分担忧愁。"武叔回答说："这不是寡君的愿望。我们所以事奉君王，是为了国家疆土的安全，岂敢为了家臣而劳驾君王的执事？不好的臣下，是天下所共同讨厌的，君王难道用这来作为对寡君的赏赐？"

定公十一年

11·1　十一年春季,宋景公的同母兄弟辰和仲佗、石彄、公子地进入萧地而叛变。秋季,乐大心跟着叛变,大大地成为宋国的祸患,这是由于宠信向魋的缘故。

11·2　冬季,鲁国和郑国讲和,鲁国开始背叛晋国。

定公十二年

12·1　十二年夏季,卫国的公孟彄领兵攻打曹国,攻下郊地。军队回国,滑罗走在最后。没有离开曹国,滑罗并不从队伍里退到最后。他的御者说:"殿后而待在队列里,恐怕是缺乏勇气吧!"滑罗说:"与其空有勇猛之名,宁可让人说我没有勇气。"

12·2　仲由做季氏的家臣之长,准备毁掉三都,因此叔孙氏毁掉了郈邑。季氏准备毁掉费邑,公山不狃、叔孙辄率领费邑人袭击鲁国国都。鲁定公和季孙等三个人躲进季氏的宫室,登上武子之台。费邑人进攻,没有攻下。费邑人已经攻到了定公的附近。孔子命令申句须、乐颀下台反击,费邑人战败。国内的人们追上去,在姑蔑打败了他们。公山不狃、叔孙辄逃亡齐国,于是就毁掉了费邑。

将要毁掉成邑,公敛处父对孟孙说:"毁掉成邑,齐国人必定可以直抵国境北门。而且成邑是孟氏的保障,没有成邑,这就是没有孟氏。您假装不知道,我不准备毁掉。"

冬季,十二月,定公领兵包围成邑,没有攻下。

定公十三年

13·1　十三年春季,齐景公、卫灵公住在垂葭,垂葭就是郹氏。派军队进攻晋国,将要渡过黄河,大夫们都说不行,邴意兹说:"可以,用精兵攻打河内,传车一定需要几天才能到达绛邑。绛邑兵马不到三个月不能到达黄河,到那时我军已经回兵渡河了。"于是就进攻河内。

齐景公把大夫们的车子都收起来,只有邴意兹可以坐车。

齐景公想和卫灵公同坐一辆车,跟他一起饮宴而命令乘广套车,载上甲兵。派人报告说:"晋军到了!"齐景公说:"等到君王的车子套好,寡人就代您的御者驾车。"于是就披甲和卫灵公一起登年,驱车向前。有人报告说:"没有晋军。"这才把车停下。

13·2　晋国的赵鞅对邯郸午说:"把卫国进贡的五百家还给我,我要把他们安置到晋阳去。"邯郸午答应了。回去告诉他的父老兄长。父老兄长都说:"不行。卫国是用这五百家来帮助邯郸午的,要安置在晋阳,这就是断绝和卫国的友好之路。不如用侵袭齐国的办法来解决。"于是就照着父兄的说法办,然后把五百家迁到晋阳。赵鞅发怒,把邯郸午找来,囚禁在晋阳。赵鞅让邯郸午的随从解除佩剑再进来,涉宾不同意。赵鞅就派人告诉邯郸人说:"我私人对午进行惩罚,您几位可以按自己的愿望立继承人。"就杀了邯郸午。赵稷、涉宾领着邯郸人叛变。夏季,六月,上军司马籍秦包围邯郸。邯郸午,是荀寅的外甥;荀寅,是范吉射女婿的父亲,彼此和睦,所以不参与包围邯郸,准备发动叛乱。董安于听到了消息,报告赵鞅说:"先作好准备吗?"赵鞅说:"晋国有一条法令,开始发动祸乱的人处死。我们后发制人就行了。"董安于说:"与其危害百姓,宁可我一个人去死。请用我作为解释。"赵鞅不答应。秋季七月,范氏、中行氏进攻赵氏的宫室,赵鞅逃亡到晋阳,晋国人包围晋阳。

范皋夷不受范吉射的宠信,想要在范氏族中发动叛乱。梁婴父受到知文子的宠信,知文子想让他做卿。韩简子和荀寅互相不和,魏襄子也和范吉射互相不和,所以五个人策划,准备驱逐荀寅而用梁婴父代替他,驱逐范吉射而用范皋夷代替他。荀跞对晋定公说:"君王命令大臣,开始发动祸乱的人处死,盟书沉在黄河里。现在三个大臣开始发动祸乱,而唯独驱逐赵鞅,处罚已经不公正了。请把他们都驱逐。"

冬季,十一月,荀跞、韩不信、魏曼多事奉晋定公而攻打范氏、中行氏,没有攻下。这两个人准备进攻晋定公。齐国的高彊说:"久病成良医。唯有攻打国君是不行的,百姓是不赞成的。我正是因为攻打国君才待在这里了啊。三家不和睦,可以全部战胜他们。战胜他们,国君还去倚靠谁? 如果先攻打国君,这是促使他们和睦。"两个人不听,于是就攻打晋定公。国内的人们帮助晋定公,两个人战败,三家跟着就去攻打他们。十八日,荀寅、范吉射逃亡朝歌,韩氏、魏氏替赵氏请求。十二月十二日,赵鞅进入绛邑,在公宫盟誓。

13·3　当初,卫国的公孙文子上朝请求设享礼招待卫灵公。退朝,见到史鰌告诉了他。史鰌说:"您必然招来祸患了! 您富有而国君贪婪,祸患恐怕要到您身上吧!"文子说:"是这样。我没有先告诉您,这是我的罪过。国君已经答应我了,怎么办?"史鰌说:"没有关系。您谨守臣道,可以免祸。富有而能谨守臣道,一定能免于祸难。无论尊卑都适用这一原则的。戌骄傲,恐怕要逃亡吧! 富有而不骄傲的人很少，我只见到您一个。骄傲而不逃亡的人，我还没有见过。戌必定要成为其中一个的。"等到公叔文子死了，卫灵公才开始讨厌公叔戌，因为他富有。公叔戌又准备去掉夫人的党羽，夫人向卫灵公控告说："戌将要发动叛乱。"

定公十四年

14·1　十四年春季，卫灵公驱逐公叔戌和他的党羽，所以赵阳逃亡宋国，戌逃亡来到鲁国。

14·2　梁婴父讨厌董安于，对知文子说："不杀死安于，让他始终在赵氏那里主持一切，赵氏一定能得到晋国，何不因为他先发动祸难而去责备赵氏？"知文子派人告诉赵鞅说："范氏、中行氏虽然确实发动了叛乱，但这是安于挑起的，是安于共同作乱。晋国有命令，开始发动祸乱的人处死。范氏、中行氏已经伏罪了，谨此奉告。"赵鞅担心这件事。董安于说："我死了而晋国安宁，赵氏安定，哪里用得着活下去？人谁不死？我死得晚了。"于是就上吊死了。赵鞅把他暴尸在市上而告诉知氏说："您命令杀罪人安于，他已经伏罪了。谨此奉告。"知伯和赵鞅结盟，然后赵氏得以安定。赵氏把安于陪祀在宗庙里。

14·3　顿子牂想要事奉晋国，背叛楚国而断绝和陈国的友好关系。二月，楚国灭亡了顿国。

14·4　夏季，卫国的北宫结逃亡到鲁国来，这是由于公叔戌的缘故。

14·5　吴国进攻越国，越王勾践发兵抵御吴军，在檇李摆开阵势。勾践担心吴军军阵严整，派敢死队再冲锋擒捉吴军，吴军阵势不动。勾践派罪犯排成三行,把剑架在脖子上而致辞说:"两国国君出兵交战,下臣触犯军令,在君王的队列之前显示出无能,不敢逃避刑罚,谨自首而死。"于是都自刎而死。吴军都注意地看着,越王乘机下令进攻,大败吴军。灵姑浮用戈击刺吴王阖庐,阖庐的脚趾受伤,灵姑浮得到吴王的一只鞋。阖庐退兵,死在陉地,距离槜李七里地。

夫差派人站在院子里,只要自己出去进来,都一定要对自己说:"夫差!你忘记越王杀了你父亲吗?"夫差自己就回答说:"是。不敢忘记!"到第三年就向越国报了仇。

14·6　晋国人包围朝歌,鲁定公在脾地和上梁之间会见齐景公、卫灵公,谋划救援范氏、中行氏。析成鲋、小王桃甲率领狄军袭击晋国,在绛地作战,没有攻下而回来。析成鲋逃亡到成周,小王桃甲进入朝歌。

14·7　秋季,齐景公、宋景公在洮地会见,这是为了营救范氏的缘故。

14·8　卫灵公为了夫人南子召见宋朝。在洮地会见。太子蒯聩把盂地献给齐国,路过宋国野外。野外的人唱歌说:"已经满足了你们的母猪,何不归还我们那漂亮的公猪?"太子感到羞耻,对戏阳速说:"跟着我去朝见夫人,夫人接见我,我一回头看你,你就杀死她。"戏阳速说:"是。"于是就去朝见夫人。夫人接见太子,太子回头看了三次,戏阳速不肯向前。夫人看到了太子的脸色,号哭着逃走,说:"蒯聩将要杀死我。"卫灵公拉着她的手登上高台。太子逃亡到宋国。卫灵公把太子的党羽都赶走,所以公孟驱逃亡到郑国,从郑国逃亡到齐国。

太子告诉别人说:"戏阳速嫁祸于我。"戏阳速告诉别人说:"太子才是嫁祸于我哩。太子无道,派我杀死他的母亲。我不答应,他就会杀死我。如果我杀死了夫人,他就会把罪过推到我身上以解

脱自己。我所以答应而不去做,以此暂免一死。俗话说:'百姓用
信用保全自己。'我是用道义来作为信用的。"

14·9　冬季,十二月,晋国人在潞地打败范氏、中行氏的军队,俘
虏了籍秦、高彊。又在百泉打败了郑国和范氏的军队。

定公十五年

15·1　十五年春季,邾隐公前来鲁国朝见。子贡观礼。邾子把玉
高高地举起,他的脸仰着。鲁定公谦卑地接受了玉,他的脸向下。
子贡说:"用礼来看待这件事,两位国君都快要死亡了。礼,是死生
存亡的主体,一举一动或左或右,以及揖让、进退、俯仰,就从这里
来选取它。朝会、祭礼、丧事、征战,也从这里来观察它。现在在正
月互相朝见,而都不合法度,两位国君的心里已经不存在礼了。朝
会不符合礼仪,哪里能够长久? 高和仰,这是骄傲。低和俯,这是
衰颓。骄傲接近动乱,衰颓接近疾病。君王是国家的主人,恐怕会
先死去吧!"

15·2　吴国进攻楚国的时候,胡子把楚国城邑靠近胡国的百姓全
部俘虏。楚国安定以后,胡子豹又不事奉楚国,说:"国家的存亡由
于天命,事奉楚国干什么? 只不过多花费一点而已。"二月,楚国灭
亡胡国。

15·3　夏季,五月二十二日,鲁定公死。孔丘说:"赐不幸而说中
了,这件事使他成为多嘴的人了。"

15·4　郑国的罕达在老丘打败宋军。

15·5　齐景公、卫灵公住在蘧挐。这是为了谋划救援宋国。

15·6　秋季,七月二十三日,鲁定公夫人姒氏死了。《春秋》不称

她为夫人,这是因为没有发讣告,而且也没有陪祀祖姑之庙。

15·7　安葬鲁定公。下雨,没有能办完事情,这是符合礼的。

15·8　安葬定姒。《春秋》不称她为小君,这是因为没有按夫人的葬礼来安葬。

15·9　冬季,在漆地筑城,《春秋》所以记载这件事,是由于没有按时祭告祖庙。

卷十二　哀　公

哀公元年

1·1　元年春季,楚昭王发兵包围蔡国国都,这是为了报复柏举那次战役。离城一里建筑堡垒,宽一丈,高二丈。役夫屯驻九昼夜,和子西的预定计划一样。蔡国人把男女奴隶分别排列捆绑作为礼物出降。楚昭王让蔡国迁移到长江、汝水之间就回去了。蔡国因此向吴国请求迁移到吴国去。

1·2　吴王夫差在夫椒打败越军,报复在樵李被越国打败的仇恨。接着,吴军就乘势攻打越国。越王带着披甲持盾的士兵五千人踞守在会稽山,派大夫种通过吴国太宰嚭而向吴国求和。吴王打算答应越国的请求。伍员说:“不行。下臣听说:‘建树德行最好不断增加,除去邪恶最好彻底干净。’从前有过国的国君浇杀了斟灌而攻打斟鄩,灭亡了夏后相,后缗正怀着孕,从城墙的小洞里逃出去,回到娘家有仍国,生了少康。少康后来在有仍做了管理畜牧的官,对浇满怀仇恨而能警惕戒备。浇派椒寻找少康,少康逃奔到有虞国,做了那里掌管庖厨的长官,才逃避了浇的杀害。虞思因此把两个女儿嫁给了他,封他在纶邑,拥有方圆十里的土田,有五百人的兵力,能广施恩德,并开始实施复国计划。他收集夏朝的馀部,安抚他的官员,派遣女艾到浇那里去做间谍,派季杼去引诱浇的弟弟薂。这样就灭亡了过国、戈国,复兴了禹的事业。少康奉祀夏朝的祖先同时祭祀天帝,维护了原有的天下。现在吴国不如过国,而越国大于少康,上天也许将会使越国壮大,如果允许讲和,不也很难了吗?勾践能够亲近别人而注意施行恩惠,施舍皆各得其人。对有功劳的人从不抛弃而加以亲近。越国和我国土地相连,而又世世代代是仇敌。在这种情况下如果我们战胜越国而不灭亡它,又准备保存下去,这是违背了天意而又助长了仇敌,以后即使懊悔,也来不及消除祸患了。姬姓的衰微,为时不远了。我国介于蛮夷之间,而还去助长仇敌的发展,用这样的办法来求取霸业,必定是办不到的。"吴王夫差不听。伍员退下去告诉别人说:"越国用十年时间繁衍积聚,用十年时间教育训练,二十年以后,吴国的宫殿恐怕要成为池沼了。"三月,越国和吴国讲和。

吴国进入越国,《春秋》不加记载,这是由于吴国没有报告胜利,越国没有报告失败。

1·3 夏季,四月,齐景公、卫灵公救援邯郸,包围五鹿。

1·4 吴国进入楚国的时候,派人召见陈怀公。怀公向国内的人们征求意见,说:"想要亲附楚国的站到右边,想要亲附吴国的站到左边。陈国人有土田的,根据土田的所在而分立左右,没有土田的和亲族站在一起。"逢滑正对着怀公走上前去,说:"下臣听说,国家的兴起由于福德,它的灭亡由于祸殃,现在吴国还没有福德,楚国还没有祸殃,楚国还不能抛弃,吴国还不能跟从。晋国是盟主,如果用晋国作为借口而辞谢吴国,怎么样?"怀公说:"国家被吴国战胜,国君逃亡,这不是祸殃是什么?"逢滑回答说:"国家有这种情况的太多了,为什么一定不能恢复?小国尚且能恢复,何况大国呢?下臣听说,国家的兴起,看待百姓如同受伤者而不加惊动,这就是它的福德。国家的灭亡,把百姓作为粪土草芥,这就是它的祸殃。楚国虽然没有德行,也没有斩杀它的百姓。吴国每天在战争中凋敝,暴露尸骨多得像杂草一样,而又没有见到什么德行。上天恐怕正是在给楚国一次教训吧!吴国遭致祸殃,不会太久了。"陈怀公听从了。等到夫差攻下越国,吴国就重新清算先君时代结下的怨恨。秋季,八月,吴国侵袭陈国,这就是为了重新清算过去的怨恨。

1·5　齐景公、卫灵公在乾侯会见,这是为了救援范氏。鲁军和齐军、卫国的孔圉、鲜虞人进攻晋国,占取了棘蒲。

1·6　吴军驻在陈国,楚国的大夫们都恐惧,说:"吴王阖庐善于使用他的百姓作战,在柏举把我们打败了。现在听说他的继承人比他还要厉害,我们将对他怎么办?"子西说:"您几位只应当忧虑自己不相和睦,不用害怕吴国的侵袭。从前阖庐吃饭不吃两道菜,坐着不用两层席子,房子不造在高坛上,器用不加红漆和雕刻,宫室之中不造亭台楼阁,车船不加装饰,衣服和用具,取其实用而不尚虚华。在国内,上天降下天灾瘟疫,就亲自巡视,安抚孤寡和资助贫困的人。在军队中,煮熟的食物必须等士兵都得到了,自己才食用,他吃的山珍海味,士兵们都有一份。吴王阖庐经常抚恤百姓而和他们同甘共苦,因此百姓不疲劳,死了也知道不是白白死去。我们的先大夫子常的作法正相反,所以吴国就打败了我国。现在听说夫差住宿有楼台池沼,睡觉有嫔妃宫女,即使是一天在外头,想要的东西一定要到手,玩赏爱好的东西,一定要随身带走;积聚珍奇,享乐为务;把百姓看得如同仇人,没完没了驱使他们。这样做只不过是先自取失败而已,哪里能打败我国呢?"

1·7　冬季,十一月,晋国的赵鞅进攻朝歌。

哀公二年

2·1　二年春季,鲁军攻打邾国,准备先进攻绞地。邾国人爱惜绞地的土地,所以用潹、沂两地的土田作为贿赂,接受盟约。

2·2 当初,卫灵公在郊外游玩,公子子南为他驾车。卫灵公说:"我没有嫡子,打算立你做继承人。"子南不回答。过了些时候,卫灵公又对子南那么说,子南回答说:"郢不足以有国家,您还是改变一下主意。君夫人在堂上,卿、大夫、士在下边,您没有和他们商量,我听从了只能是有辱您的命令。"

夏季,卫灵公死了。夫人说:"命令公子郢做太子,这是国君的命令。"公子郢回答说:"郢和别的儿子不一样,而且我伺候国君到死,如果有这话,郢一定会听到。并且还有逃亡者的儿子辄在那里。"于是就立了辄。

六月十七日,晋国的赵鞅把卫国的太子送回戚地。夜里迷了路,阳虎说:"右边到黄河再渡河往南,一定就到了。"让太子脱帽,八个人穿着丧服,假装是从卫国前来迎接的样子。他们通报守门人,号哭入城,于是就住在那里。

2·3 秋季,八月,齐国人运送粮食给范氏,郑国的子姚、子般押送。士吉射迎接他们,赵鞅抵御他们,在戚地相遇。阳虎说:"我们的车子少,把大将的旗子插在车上,先与子姚、子般的战车对阵。子姚、子般从后面跟上来,他们看到我军的阵容,必定有恐惧之心。在那时候会合战斗,一定可以把他们打得大败。"赵鞅听从了。占卜战争的吉凶,龟甲烤焦了。乐丁说:"《诗》说:'先行谋划,于是占卜。'谋划一致,相信过去的卜兆就行了。"赵鞅起誓说:"范氏、中行氏违背天命,斩杀百姓,想要在晋国专权而灭亡国君。我们国君依仗着郑国保护自己,现在郑国无道,抛弃国君帮助臣下,我们几个人顺从天命,服从君令,推行德义,消除耻辱就在这次行动了。战胜敌人的,上大夫可得到县,下大夫可得到郡,士可得到十万亩土田,庶人工商可做官,奴隶可获得自由。志父如果没有罪过,就请国君加以考虑。如果战败有罪,就用绞刑把我诛戮,死后用三寸厚的桐木棺,不要再有衬版和外椁,用没有装饰的马装运棺材,不要葬入本族的墓地中,这是按照下卿的地位所作的处罚。”

八月初七日,将要作战,邮无恤为赵鞅驾御战车,卫国的太子做车右。登上铁丘,远望郑军人数众多,卫太子害怕,自己跳到车下。邮无恤把车上的拉手带子递给太子而让他上车,说:“你像个女人。”赵鞅巡视队伍,说:“毕万是个普通人,七次战斗都俘获了敌人,后来有了四百匹马,在家里善终。诸位努力吧!未必就死在敌人手里。”繁羽为赵罗驾御战车,宋勇做车右。赵罗胆小,别人用绳子把他捆在车上。军吏询问原因,车御回答说:“疟疾发作躺下了。”卫国的太子祷告说:“远孙蒯聩谨敢报告皇祖文王、烈祖康叔、文祖襄公:郑胜搅乱常道,晋午处在危难之中,不能平定祸乱,派赵鞅前来讨伐。蒯聩不敢放纵安逸,居于持矛作战的行列里,谨敢祈祷保佑不要断筋,不要折骨,脸上不要受伤,以成就大事,不给三位祖先带来羞辱。死生的命运不敢请求,佩玉不敢爱惜。”

郑国人击中赵鞅的肩膀,赵鞅倒在车里,郑国人缴获了他的蜂旗。太子用戈救援赵鞅,郑军败逃,俘虏了温大夫赵罗。太子再次进攻,郑军大败,获得了齐国的一千车粮食。赵鞅高兴地说:“行了。”傅傻说:“虽然打败了郑国,还有知氏在那里,忧患还不能消除呢。”

当初,周朝人给范氏土田,公孙尨为范氏收税,赵氏抓住了他献给赵鞅。军吏请求把他杀了。赵鞅说:“他是为了主人,有什么罪?”阻止了军吏并且给了公孙尨土田。等到铁丘这一战,公孙尨带领部下五百人夜里进攻郑军,在子姚的帐幕下取得了蜂旗,献上,说:“请允许我以此报答主人的恩德。”追逐郑军,子姚、子般、公孙林殿后掩护退军并射击追军,前锋部队大多战死,赵鞅说:“对小国也不能轻视。”战斗结束,赵鞅说:“我伏在弓袋上吐了血,但鼓声不衰,今天我的功劳最大。”太子说:“我在车上救了您,在下边追击敌人,我是车右中功劳最大的。"邮无恤说:"我骖马的两根带子快要断了,我还能控制它,我是车御中功劳最大的。"他又驾车装上点木材,两根带子就全断了。

2·4 吴国的泄庸到蔡国去致送聘礼,逐渐把军队混进蔡国。等到吴军全部进入,大家才知道这回事。蔡侯告诉大夫,杀了公子驷来取悦吴国,号哭着把先君的坟墓迁走。冬季,蔡国迁到州来。

哀公三年

3·1 三年春季,齐国、卫国包围戚地,戚地人向中山请求救援。

3·2 夏季,五月二十八日,鲁国司铎官署发生火灾。火势越过公宫,桓公庙、僖公庙都被烧毁。救火的人都说:"照顾府库财物。"南宫敬叔来到,命令周人拿出国君所看的书,让他在宫里等着,说:"交给你了,如有损失,就处死你。"子服景伯来到,命令宰人拿出礼书,让他等候命令。如果不能尽职,就要按规定处罚。校人驾上马,巾车在车轴上涂上油脂,百官坚守自己的岗位,府库加强戒备,官人认真执行供应。用透湿的帷幕覆盖火场附近的建筑物,救火的器材就放在旁边。然后又用浸湿的东西把公屋覆盖起来,从太庙开始,由外到内依次覆盖。帮助力量不足的。有不听从命令的,就按规定处罚,不加赦免。公父文伯来到,命令校人为公车套上马。季桓子来到,为哀公驾车站在象魏外边,命令救火的人受伤就停下来,因为财物是可以生产出来的。又命令把文献收藏起来,说:"旧的章典不能丢失。"富父槐来到,说:"没有准备而叫百官仓促办事,就好像拾起地上的汤水。"因此就拆去火道上的干枯易燃物品,围绕公宫四周开辟火巷隔火。

　　孔子正在陈国，听到发生火灾，说："恐怕是桓公庙、僖公庙吧！"

3·3　刘氏、范氏世世代代互通婚姻，苌弘事奉刘文公，所以周朝亲近范氏。赵鞅因此而讨伐。六月十一日，周人杀死了苌弘。

3·4　秋季，季孙有病，命令正常说："不要跟随我死！如果南孺子生下的孩子是男孩，就把我的话报告国君、大夫而立这个孩子为继承人；如果是个女孩，那么立肥就可以了。"季孙死，康子即位。安葬刚刚完毕，康子正在朝廷上。南氏生了个男孩，正常用车把男孩载着送到朝廷上，报告说："他老人家有遗言，命令他的贱臣说：'南氏生了男孩，就报告国君和大夫而立他为继承人。'现在继承人生下来了，是个男孩，谨此报告。"于是就逃亡到卫国去。康子请求退位。哀公派共刘去巡察，有人却已经把婴儿杀死了。于是就讨伐杀人凶手。召见正常，正常不回来。

3·5　冬季，十月，晋国的赵鞅包围朝歌，军队驻扎在朝歌南边。荀寅攻打朝歌外城，让他的部下从北门进来，自己突围出来。二十三日，荀寅逃亡到邯郸。

　　十一月，赵鞅杀死了士皋夷，这是由于讨厌范氏。

哀公四年

4·1　四年春季，蔡昭公准备到吴国去。大夫们恐怕他又要迁移，跟着公孙翩追赶蔡昭公并用箭射他，蔡昭公逃进百姓家里就死了。公孙翩拿着两支箭守在门口，大家不敢进去。文之锴后到，说："并排像一垛墙一样往前走，至多只能杀死我们两个人。"文之锴拿着弓走在前面，公孙翩射他，射中肘部。文之锴就杀死了公孙翩，并因此驱逐了公孙辰而杀死了公孙姓、公孙盱。

4·2　夏季,楚国人攻下夷虎以后,就策划向北方扩张。左司马眅、申公寿馀、叶公诸梁在负函集合蔡国人,方城山外的人在缯关集合,说:"吴国将要溯江而上进入郢都,大家都要奔走听命。"规定一晚上的期限,袭击梁地和霍地。单浮馀领兵包围蛮氏,蛮氏溃散。蛮子赤逃亡到晋国的阴地。司马征召丰地兵卒、析地人和狄戎入伍当兵,逼近上雒。左翼部队驻扎在菟和,右翼部队驻扎在仓野,派人对阴地的命大夫士蔑说:"晋国和楚国有过盟约,喜爱和厌恶彼此相共。如果这个盟约不废除,这是寡君的愿望。不这样,我们准备打通少习山再来听取你们的命令。"士蔑请示赵孟,赵孟说:"晋国没有安定,哪里能和楚国搞坏关系?一定要快点把人交给他们!"士蔑就召集九州之戎,说将要分给蛮子土田而在那里筑城,而且准备为这件事情占卜。蛮子前来听取占卜,就逮捕了他和他的五个大夫,在三户交给楚军。司马假装给蛮子城邑和建立宗主,来引诱分散的戎人,然后全部俘虏回去。

4·3　秋季,七月,齐国的陈乞、弦施、卫国的甯跪救援范氏。十四日,包围五鹿。九月,赵鞅包围邯郸。冬季,十一月,邯郸投降。荀寅逃亡到鲜虞,赵稷逃奔到临地。十二月,弦施迎接赵稷,就拆毁了临地的城墙。国夏攻打晋国,占取了邢地、任地、栾地、鄗地、逆畤、阴人、盂地、壶口,会合鲜虞,把荀寅送到柏人邑。

哀公五年

5·1　五年春季,晋国包围柏人,荀寅、士吉射逃奔到齐国。

当初,范氏的家臣王生讨厌张柳朔,向范昭子建议,让张柳朔去做柏人地方长官。昭子说:"这个人不是你的仇人吗?"王生回答说:"私仇不能危害公事,喜爱不能废弃过错,厌恶不能排除善良,这是道义的常规,我岂敢违背它?"等到范氏离开柏人,张柳朔对他儿子说:"你跟随主人,努力吧!我准备留下来死守,王生把死难的大节交给了我,我不能对他不讲信用。"于是就战死在柏人。

5·2　夏季,赵鞅进攻卫国,这是为了帮助范氏的缘故,并乘机包围中牟。

5·3　齐国的燕姬生了个儿子,未成年就死了。但是诸子鬻姒所生的儿子荼受到宠爱。大夫们恐怕荼被立为太子,就对齐景公说:"您的年纪大了,还没有太子,怎么办?"齐景公说:"您这几位如有忧虑,就会生出疾病,姑且去寻欢作乐,何必担心没有国君?"齐景公生病,让国惠子、高昭子立荼为太子,把公子们安置在莱地。秋季,齐景公死去。冬季十月,公子嘉、公子驹、公子黔逃亡到卫国,公子鉏、公子阳生逃亡到鲁国来。莱地人歌唱说:"景公死了啊不参加埋葬,三军的大事啊不参加商量,众人啊众人,又要前往何方?"

5·4　郑国的驷秦富有而奢侈,是一个下大夫,但常常把卿的车马服饰陈列在他的院子里。郑国人讨厌他而把他杀了。子思说:"《诗》说:'努力不懈在职位上,百姓所以才得以安宁。'不安于他的职位而能够保持长久的是很少的。《商颂》说:'不出差错不自满,不敢懈怠不偷闲,上天赐予各种福禄。'"

哀公六年

6·1　六年春季,晋国进攻鲜虞,这是为惩治鲜虞帮助范氏作乱。

6·2　吴国攻打陈国，这是重提旧怨。楚昭王说："我们先君和陈国有过盟约，不能不去救援。"于是就救援陈国，楚军驻扎在城父。

6·3　齐国的陈乞伪装出事奉高氏、国氏的样子，每逢上朝，一定和他们同坐一辆车。随从时一定要说到大夫们，说："他们都很骄傲，将要抛弃您的命令。他们都说：'高氏、国氏受到国君的宠信，必然要逼迫我们，何不除去他们？'本来想要打您的主意，您要早点考虑对策！考虑了，最好是全部灭亡他们。等待是下策。"到了朝廷上，就说："他们都是虎狼，见到我在您的旁边，早就要杀死我了，请让我靠到大夫们那边去。"到了大夫们那里，又对大夫们说："这两位要发动祸乱了！仗着得到国君的宠信而要打您几位的主意，说：'国家的患难多，这是由贵宠造成的，全部去掉他们然后国君才能安定。'现在已经定下计划了，何不乘他们没有下手而抢在他们前头？等他们发动了再后悔，也来不及了。"大夫们听从了。

夏季，六月二十三日，陈乞、鲍牧和大夫们率领甲士进入公宫。高张听到了，和国夏坐车到齐侯那里去。在庄街作战，被打败。国内的人们追赶他们，国夏逃亡到莒国，就和高张、晏圉、弦施一起逃亡前来。

6·4　秋季，七月，楚昭王驻在城父，准备救援陈国。占卜战争，不吉利。占卜退兵，不吉利。楚昭王说："那么只有死了。如果再次让楚军失败，不如死。抛弃盟约、逃避仇敌，也不如死。同是一死，还是死在仇敌手里吧！"命令公子申继承王位，公子申不同意；就命令公子结，公子结也不同意；又命令公子启，公子启辞谢五次然后同意。将要作战，楚昭王得了病。十六日，楚昭王进攻大冥，死在城父。子闾退兵说："君王舍弃他的儿子而让位，臣下们岂敢忘记君王呢？服从君王的命令，这是顺乎情理的；立君王的儿子，也是顺乎情理的。两种顺乎情理都不能丢掉。"和子西、子期商量，秘密转移军队，封闭有关的通路，迎接越国女子的儿子章而立他做国君,然后退兵回国。

这一年,有云彩好像一群红色的鸟一样,夹在太阳两边飞翔了三天。楚昭王派人询问成周的太史。成周的太史说:"恐怕要应在君王的身上吧!如果禳祭,可以移到令尹、司马身上。"楚昭王说:"把腹心的疾病去掉,而放在大腿胳臂上,有什么益处?我没有重大的过错,上天能让我夭折吗?有罪受到处罚,又能移到哪里去呢?"于是就不去禳祭。

当初,楚昭王有病,占卜的人说:"黄河之神在作怪。"楚昭王不去祭祀。大夫们请求在郊外祭祀。楚昭王说:"三代时规定的祭祀制度,祭祀不超越本国的山川。长江、汉水、睢水、漳水,是楚国的大川。祸福的来到,不会超过这些地方。我即使没有德行,也不会得罪黄河之神。"于是就不去祭祀。

孔子说:"楚昭王理解大道理了。他的不失去国家,就是当然的了!《夏书》说:'那位古代的君王陶唐,遵循天道纲常,据有这中国地方。现在走到邪道上,搅乱了治国的大纲,于是就被灭亡。'又说:'付出了什么,就会收获什么。'由自己来服从天道,这就可以了。"

6·5　八月,齐国的邴意兹逃亡到鲁国来。

6·6　陈僖子派人召见公子阳生。阳生套上车去见南郭且于,说:"我曾经把马奉献给季孙,但没有能列入他的上等乘马之中,所以又奉献这几匹,请和您一起坐上车试试。"出了莱门然后把原因告诉南郭且于。阚止知道了,先在城外等着。公子阳生说:"事情是好是坏还不能知道,回去,和壬在一起。"告诫了阚止,就动身了。等到夜里,到达齐国,国内的人们就知道他到了。陈僖子让子士的母亲照顾阳生,又让阳生跟着送食物的人一起进入公宫。

冬季,十月二十四日,立阳生为国君。将要盟誓,鲍子喝醉了前去。他管车的家臣鲍点说:"这是谁的命令?"陈僖子说:"接受鲍子的命令。"于是就诬赖鲍子说："这是您的命令!"鲍子说："您忘记先君为荼做牛而折掉牙齿吗?现在又要违背先君吗?"齐悼公叩头,说："您是按照道义办事情的。如果我行,不必杀死一个大夫。如果我不行,也不必杀死一个公子。合于道义就前进,不合就后退,岂敢不唯您是从?废一个,立一个,不要因此发生动乱,这就是我的愿望。"鲍子说："你们有谁不是先君的儿子呢?"于是就接受了盟约。悼公让胡姬带着安孺子到赖地去,把鬻姒送到别处,杀死王申,拘捕江说,把王豹囚禁在句渎之丘。

　　齐悼公派朱毛告诉陈僖子,说："没有您,我不能到这一步。然而国君和器物不一样,不能有两个。有两件器物就不愁缺乏,有两个国君祸难就多了,谨敢向您陈述。"陈僖子不回答而哭泣,说："国君对臣下们都不相信吗?齐国有困难,贫困而又有忧患,年幼的国君不能去请示,因此我才找来年长的,大约还能够对臣下们加以容忍吧!不这样,孺子荼有什么罪过?"朱毛向悼公复命,悼公后悔失言。朱毛说："您大事征求陈子的意见,小事情自己拿主意就行了。"悼公派朱毛把孺子迁移到骀地。没有到达,把他杀死在野外的帐篷里,葬在殳冒淳。

哀公七年

7·1　七年春季,宋军入侵郑国,这是因为郑国背叛晋国的缘故。

7·2　晋军入侵卫国,这是因为卫国不顺服。

7·3　夏季,鲁哀公和吴国人在鄫地会见。吴国前来要求取牛、羊、猪一百头为享宴品。子服景伯回答说："先王没有过这样的事。"吴国人说："宋国享我们以牛羊猪各一百头,鲁国不能落在宋国之后。而且鲁国享宴晋国大夫超过各十头,给吴王各一百头,不也是可以的吗?"子服景伯说:"晋国的范鞅贪婪而抛弃礼仪,用大国的势力来迫使敝邑恐惧,所以敝邑享他以牛羊猪各十一头。君王如果用礼仪来命令诸侯,那么就有一定的数字。如果也抛弃礼仪,那么就太过分了。周朝统一天下,制定礼仪,上等的物品数字不过十二,因为这是上天的大数。现在抛弃周礼,而说一定要太牢一百,也只好听从执事的命令。"吴国人不听。子服景伯说:"吴国快要灭亡了,抛弃上天而违背根本。如果不给,一定要加害于我们。"于是就照数给了他们。

太宰嚭召见季康子,康子让子贡去辞谢。太宰嚭说:"国君走了那么远的路程,而大夫不出门,这是什么礼仪?"子贡回答说:"岂敢把这作为礼仪,只是由于害怕大国。大国不用礼仪来命令诸侯,如果不用礼仪,其后果小国就不能估计了。寡君即已奉命前来,他的老臣岂敢丢下国家?太伯穿着玄端的衣服戴着委貌的帽子来推行周礼,仲雍继承他,把头发剪断,身上刺上花纹,作为裸体的装饰,难道合于礼吗?因为有原因所以才这样做的。"从鄫地回来,季康子认为吴国没有能力做出什么事来的。

7·4 季康子想要攻打邾国,就设享礼招待大夫们来一起商量。子服景伯说:"小国用来事奉大国的,是信;大国用来保护小国的,是仁。违背大国,这是不信;攻打小国,这是不仁。百姓由城邑来保护,城邑由德行来保护。丢掉了信和仁两种德行,就危险了,还能保护什么?"孟孙说:"各位以为怎么样?哪一种意见好我就采纳。"大夫们回答说:"大禹在涂山会合诸侯,拿着玉帛的有一万个国家。现在还存在的,没有几十个了,就是因为大国不养育小国,小国不事奉大国。明知必有危险,为什么不说?鲁国的德行和邾国一样,而要用大兵来施加压力,行吗?"不欢而散。

秋季,鲁国攻打邾国,到达范门,还能听到乐钟的声音。大夫劝谏,邾子不听。茅成子请求向吴国报告,邾子不答应,说:"鲁国敲打梆子的声音,在邾国可以听到,吴国相距二千里,没有三个月到不了,哪里能管得了我们? 而且国内的力量难道就不足够?"茅成子领着茅地人叛变了,鲁国的军队就攻进了邾国国都,住在邾子的宫内,各军白天抢劫。邾国的军队在绎山守卫。鲁军在夜里抢劫,带了邾子益回来,把他奉献于亳社,囚禁在负瑕,负瑕因此而有了绎山人。

邾国的茅夷鸿带了五匹帛四张熟牛皮自己去请求吴国救援,说:"鲁国以为晋国衰弱而吴国遥远,倚仗着他们人多,而背弃了和君王订立的盟约,看不起君王的执事,来欺凌我们小国。邾国不敢自己爱惜,惧怕的是君王的威信不能建立。君王的威信不能建立,这是小国所担心的。如果夏天在鄫衍结盟,秋天就背弃它,鲁国得到了所求而没有阻力,四方的诸侯还用什么来事奉君王? 而且鲁国拥有战车八百辆是君王的对手,邾国战车六百辆却是君王的部属。把部属去送给对手,请君考虑一下!"吴王听从了茅夷鸿的话。

7·5　宋国人包围曹国,郑国的桓子思说:"宋国人如果据有曹国,这是郑国的忧患,不能不救。"冬季,郑军救援曹国,入侵宋国。

当初,曹国有人梦见一伙君子站在国社墙外,商量灭亡曹国。曹叔振铎请求等待公孙彊,众君子答应了。早晨起来去寻找,曹国没有这个人。做梦的人告诫他儿子说:"我死以后,你听说公孙彊执政,一定要离开曹国。"等到曹伯阳即位,喜欢打猎射鸟,曹国边境上的人公孙彊喜欢射鸟,得到一只白雁,献给曹伯阳,还讲述了打猎射鸟的技巧,曹伯很喜欢他。由此而向公孙彊询问国家大事,他应对得体,曹伯阳更加喜欢他,加以宠信,让他担任司城执掌国政。做梦的人的儿子这时就离开曹国。

公孙彊向曹伯讲述称霸的策略,曹伯阳听从了,就背弃晋国而侵犯宋国。宋国人攻打曹国,晋国人不去救援,公孙彊在国都郊外建造了五个城邑,名叫黍丘、揖丘、大城、锺、邘。

哀公八年

8·1　八年春季,宋景公进攻了曹国,准备撤兵回国,褚师子肥走在最后。曹国人辱骂他,他就不走了。全军等待褚师子肥。宋景公听说了这件事,发怒,命令回兵,于是就灭了曹国,逮捕了曹伯阳和司城公孙彊回去,杀死了他们。

8·2　吴国为了邾国的缘故,准备攻打鲁国。吴王询问叔孙辄,叔孙辄回答说:"鲁国有名而无实,攻打他们,一定能如愿以偿。"退出来告诉公山不狃。公山不狃说:"这是不合于礼的。君子离开自己的国家,不到敌国去。在鲁国没有尽到臣下责任而又去攻打它,为吴国效力,这就可以死去。这样的委任就要避开。而且一个人离开祖国,不应该因为有所怨恨而祸害乡土。现在您由于小怨而要颠覆祖国,不也很难吗?如果派您领兵先行,您一定要推辞。君王将会派我去。"叔孙辄悔恨自己说错了话。吴王又问公山不狃。公山不狃回答说:"鲁国平时虽然没有可靠的盟国,危急的时候却一定会有愿共同抵抗的援国。诸侯将会救援它,是不能实现愿望的。晋国和齐国、楚国会帮助它,这就是吴国的四个敌国了。鲁国是齐国和晋国的嘴唇,唇亡齿寒,这是您所知道的,他们不去救援还干什么?"

　　三月,吴国攻打我鲁国,公山不狃领兵先行,故意从险路进军,经过武城。当初,武城人有人在边境上种田,拘捕了浸泡菅草的鄣国人,说:"为什么把我的水弄脏?"等到吴军来到,被拘捕的那个人领着吴军攻打武城,攻下了这个城邑。王犯曾经做过武城的地方官,澹台子羽的父亲和王犯友好,国内的人们害怕。孟孙对景伯说:"怎么办?"景伯回答说:"吴军来就和他们作战,怕什么? 而且是去找他们来的,还要求什么?"吴军攻下东阳而后前进,驻扎在五梧。第二天,驻扎在蚕室。公宾庚、公甲叔子和吴军在夷地作战,吴军俘虏了叔子和析朱鉬,把死俘献给吴王。吴王说:"这是同一辆战车上的人,鲁国一定任用了能人。鲁国还不能觊觎呢。"第二天,住在庚宗,就在泗水边上驻扎。微虎想要夜袭吴王的住处,让他的私人部队七百人在帐幕外的庭院里,每人向上跳三次,最后挑选了三百人,有若也在里边。出发到达稷门之内,有人对季孙说:"这样做不足以危害吴国,反而让国内许多突出的人物送了命,不如停止。"季孙就下令停止这样做。吴王听说这情况,一晚上迁移了三次住处。

　　吴国人求和,鲁、吴两国将要订立盟约。子服景伯说:"楚国人包围宋国,宋国人交换儿子来吃,劈开尸骨烧饭,尚且没有订立城下之盟。我们还不到那样的地步,订有城下之盟,这是丢掉国家。吴国轻率而离本土很远,不能持久,快要回去了,请稍等一下。"不听,景伯背着盟书,去到莱门。鲁国就请求把子服景伯留在吴国,吴国人答应了,鲁国又要求用王子姑曹相抵押,结果是双方停止交换人质。吴国人订立了盟约然后回国。

8·3　齐悼公来鲁国的时候,季康子把他的妹妹嫁给悼公,悼公即位以后来迎接她。季鲂侯和她私通,这个女人向季康子讲出了私通的情况,季康子不敢把她送到齐国去。齐悼公发怒。夏季五月,齐国的鲍牧带兵进攻鲁国,占领了讙地和阐地。

8·4　有人在齐悼公那里诬陷胡姬说:"她是安孺子的同党。"六月,齐悼公杀了胡姬。

8·5　齐悼公派人到吴国请求发兵,将要用来攻打鲁国,鲁国送回了邾子。邾子还是无道,吴王派太宰子馀付伐他,把他囚禁在楼台里,用荆棘做成篱笆围起来。让大夫们事奉太子革执政。

8·6　秋季,和齐国讲和。九月,臧宾如去到齐国参加结盟。齐国的闾丘明前来参加结盟,而且迎接季姬回去,齐悼公对她很宠爱。

　　鲍牧又对公子们说:"要使你拥有四千匹马吗?"公子们告诉了齐悼公。齐悼公对鲍牧说:"有人说您的坏话,您姑且住在潞地观察一下。如果有这件事,您就把家产的一半带走出国,如果没有,就回到原来的地方去。"鲍牧出门,让他带着家产的三分之一出走。走到半路,只让他带着两辆车子走。到达潞地,就把他捆绑了回来,杀死了他。

8·7　冬季,十二月,齐国人把讙地和阐地归还给鲁国,这是由于季姬受到宠爱的缘故。

哀公九年

9·1　九年春季,齐悼公派公孟绰到吴国辞谢出兵。吴王说:"去年我听到君王的命令,现在又改变了,不知道该听从什么,我准备到贵国去接受君王的命令。"

9·2　郑国武子膡的宠臣许瑕求取封邑,没有地方可以封给他了。许瑕请求取之于外国,武子膡答应,所以包围了宋国的雍丘。宋国的皇瑗又包围郑军,每天挖沟修筑堡垒,连成一线。郑国军士都号啕大哭,武子膡前去救援,大败。二月十四日,宋军在雍丘全歼郑军,让有才能的人留下性命,带了郑张和郑罗回去。

9·3　夏季,楚国人进攻陈国,这是因为陈国投向吴国的缘故。

9·4　宋景公发兵攻打郑国。

9·5　秋季,吴国在邗地筑城,穿沟贯通长江、淮水。

9·6　晋国的赵鞅为救援郑国而占卜,得到水流向火的卦象,向史赵、史墨、史龟询问卦象的吉凶。史龟说:"这叫做阳气下沉,可以发兵,利于攻打姜氏,不利于攻打子商。攻打齐国就可以,攻打宋国就不吉利。"史墨说:"盈,是水泊名称。子,是水的方位。名称方位相当,不能触犯。炎帝是火师,姜姓是他的后代。水胜火,攻打姜姓就可以。"史赵说:"这卦叫做像河水涨满,不能游泳;郑国正有罪,不能救,救援郑国就不吉利,其他的不知道。"阳虎用《周易》占筮,得到《泰》卦䷊变成《需》卦䷄,说:"宋国正在吉利的时候,不能以他为敌。微子启,是帝乙的大儿子。宋国和郑国,是舅舅和外甥。福祉,是爵禄。如果帝乙的大儿子嫁女儿而又有吉利的爵禄,我们哪里能够吉利?"于是晋国就不去救援郑国。

9·7　冬季,吴王派人来鲁国通知出兵攻打齐国。

哀公十年

10·1　十年春季,邾隐公逃亡到鲁国来,他是齐国的外甥,因此就再逃亡到齐国。

10·2　哀公会合吴王、邾子、郯子攻打齐国南部边境,军队驻扎在鄎地。

10·3　齐国人杀死齐悼公,向联军发了讣告。吴王在军门外边号哭三天。徐承率领水军打算从海上进入齐国,齐国人把他打败了,吴军就退兵回国。

10·4　夏季,赵鞅领兵攻打齐国,大夫请求占卜。赵鞅说:"我为对齐国出兵占卜过,事情不能再卜,占卜也不一定再次吉利,起行!"因此占取了犁地和辕地,拆毁了高唐的外城,侵袭到赖地然后回去。

10·5 秋季，吴王派人到鲁国来，再次通知出兵。

10·6 冬季，楚国的子期进攻陈国，吴国的延州来季子救援陈国，对子期说："两国的国君不致力于德行，而用武力争夺诸侯，百姓有什么罪过呢？我请求撤退，以此使您得到好名声，请您致力于德行而安定百姓。"于是就撤兵回国。

哀公十一年

11·1 十一年春季，齐国因为鄎地这一战的缘故，国书、高无丕带兵进攻我国，到达清地。季孙对他的家臣之长冉求说："齐国驻扎在清地，必然是为了鲁国的缘故，怎么办？"冉求说："您三位中间一位留守，两位跟着国君在边境抵御。"季孙说："不行。"冉求说："那就在境内近郊抵御。"季孙告诉了叔孙、孟孙，这两人不同意。冉求说："如果不同意，那么国君就不要出去。您一人带领军队，背城作战，不参加战斗的就不能算是鲁国人。鲁国的卿大夫各家的总数比齐国的战车要多，即使您一家的战车也多于齐军，您担心什么？他们两位不想作战是很自然的，因为政权掌握到季氏手里。国政承担在您的肩上，齐国人攻打鲁国而不能作战，这是您的耻辱，这就完全不配和诸侯并列了。"季孙氏让冉求跟着他上朝，在党氏之沟等着。叔孙喊过冉求问他关于作战的意见，冉求回答说："君子有着深远的考虑，小人知道什么？"孟孙硬是问他，他回答说："小人是考虑了才干而说话，估计了力量才出力的。"叔孙说："这是说我成不了大丈夫啊。"退回去以后就检阅部队。孟孺子泄率领右军，颜羽为他驾御战车，邴泄作为车右。冉求率领左军，管周父为他驾御战车,樊迟作为车右。季孙说:"樊迟年纪太轻了。"冉求说:"因为他能够听从命令。"季氏的甲士七千人,冉求带着三百个武城人作为自己的亲兵,老的小的守在宫里,驻扎在南门外边。过了五天,右军才跟上来。公叔务人见到守城的人就掉眼泪说:"徭役烦、赋税多,上面不能谋划,战士不能拼命,用什么来治理百姓? 我已经这么说了,怎么敢不努力呢!"

鲁军和齐军在郊外作战。齐军从稷曲攻击鲁军,鲁军不敢过沟迎战。樊迟说:"不是不能,是不相信您,请您把号令申明三次,然后带头过沟。"冉求照他的话办,众人就跟着他过沟。鲁军攻入齐军。

鲁国右军奔逃,齐国追赶。陈瓘、陈庄徒步渡过泗水。孟之侧在全军之后最后回来,他抽出箭来打他的马,说:"我走在最后是马不肯往前走。"林不狃的伙伴说:"逃跑吗?"不狃说:"我不如谁?"伙伴说:"那么停下来抵抗吗?"不狃说:"停下来抵抗就好么?"从容缓步,被杀死。

鲁军砍下甲士的脑袋八十个,齐国人不能整顿军队。晚上,侦探报告说:"齐国人逃跑了。"冉有三次请求追击,季孙没有允许。

孟孺子对别人说:"我不如颜羽,但比邴泄高明。颜羽敏锐善战,我心虽不想作战,但口中不说逃走的话,邴泄却说'赶着马逃走'。"公为和他宠爱的小僮汪锜同坐一辆战车,一起战死,都加以殡殓。孔子说:"能够拿起干戈保卫国家,可以不作为夭折来对待。"冉有使用矛攻杀齐军,所以能攻破齐军。孔子说:"这是合于道义的。"

11·2　夏季,陈国的辕颇逃亡到郑国。当初,辕颇做司徒,对封邑内的土田征收赋税为哀公的女儿出嫁之用;还有剩馀的,就用来为自己铸造钟鼎。国内的人们驱逐他,所以出国。在路上口渴,他的部下辕咺奉上甜酒、小米干饭、腌肉干。辕颇高兴地说:"为什么这样丰盛?"辕咺回答说:"器物铸成就准备食物了。"辕颇说:"为什么不劝阻我?"辕咺回答说:"怕被你先赶走。"

11·3 为了在郊外作战的缘故,鲁哀公会合吴王进攻齐国。五月,攻下博地。二十五日,到达嬴地。中军跟随吴王,胥门巢率领上军,王子姑曹率领下军,展如率领右军。齐国的国书率领中军,高无丕率领上军,宗楼率领下军。陈僖子对他的弟弟陈书说:"你要是战死,我一定能够得志。"宗子阳和闾丘明也互相勉励。桑掩胥为国书驾御战车。公孙夏说:"这两个人必然战死。"将要开始战斗,公孙夏命令他的部下唱《虞殡》,陈子行命令他的部下准备好含玉。公孙挥命令他的部下说:"每人拿一根八尺的绳子,吴国人头发短。"东郭书说:"打了三次仗,一定得战死,在这里是第三次了。"东郭书派人拿琴做礼品去问候弦多,说:"我不会再见到您了。"陈书说:"这次去,我只能听进军的鼓声,听不到退军的金声了。"

五月二十七日,两军在艾陵作战。展如打败高无丕,国书打败胥门巢。吴王率领的部队救助胥门巢,大败齐军,俘虏了国书、公孙夏、闾丘明、陈书、东郭书,革车八百辆,甲士的脑袋三千个,用来献给哀公。

快要进入战斗,吴王喊叔孙说:"你担任什么职务?"叔孙说:"司马。"吴王把甲、剑、铍赐给他,说:"认真地承担你国君交给的任务,不要废弃命令。"叔孙不知该如何回答。子贡走在前面,说:"州仇敬受皮甲跟随着您。"叔孙叩头接受了赏赐。

哀公派太史固送回国书的头,放在新的筐里,下面垫上黑色和红色的丝绸,加上绸带,在上面放上一封信,说:"上天如果不了解你们的行为不正,怎么能让下国得胜?"

11·4 吴国将要攻打齐国,越王率领他的部下前去朝见,吴王和臣下都赠送食物财礼。吴国人都很高兴,惟独伍子胥感到忧惧,说:"这是在豢养吴国的骄气啊!"就劝谏说:"越国在我们这里,是心腹中的一个病,同处在一块土地上而对我们有所要求。他们的驯服,是为了要求达到他们的欲望,我们不如早点下手。在齐国如愿以偿,就好像得到了石头田一样,没法使用。我们不把越国变成池沼,吴国就会被灭掉了。好比让医生治病,而说'一定要留下病根',是从来没有的。《尚书》的《盘庚》篇告诫说,'如果有猖狂捣乱不顺从命令的,就统统铲除不留后患,不要让他们的种族延长下去',这就是商朝所以兴起的原因。现在您的做法相反,想要用这种办法来求得称霸的大业,不是太困难了吗?"吴王夫差不听,派伍子胥到齐国去。伍子胥把儿子托付给齐国的鲍氏,改姓王孙氏。伍子胥从齐国回来,吴王听说这件事,便派人把属镂宝剑赐给伍子胥让他自杀。伍子胥临死的时候说:"在我的坟墓上种植槚树,槚树可以成材。吴国大概就要灭亡了吧! 三年以后,吴国就要开始衰弱了。骄傲自满必然失败,这是自然的道理啊。"

11·5　秋季,季孙命令整顿防务,说:"小国战胜大国,这是祸患,齐国没有几天就会来到的。"

11·6　冬季,卫国的太叔疾逃亡到宋国。当初,太叔疾娶了宋国子朝的女儿,她的妹妹受到宠爱。子朝逃亡出国,孔文子让太叔疾休弃了他的妻子,而把女儿嫁给他。太叔疾派随从引诱他前妻的妹妹,把她安置在犁地而为她造了一所房子,好像有两个妻子一样。孔文子发怒,想要攻打太叔疾,孔子加以劝阻,孔文子就夺回了女儿。太叔疾又在外州和另外一个女人通奸,外州人夺走了他的车子献给国君。太叔疾为这两件事情感到羞耻,所以逃亡出国。卫国人立了遗做继承人,让他娶了孔姞。太叔疾做了向魋的家臣,把珍珠献给向魋,向魋赠给他城鉏。宋景公索取这珍珠,向魋不给,因此得罪了宋景公。等到桓氏逃亡出国,城鉏人攻打太叔疾,卫庄公又让他回卫国去,让他待在巢地,死在那里。棺材停放在郧地,安葬在少禘。

当初,晋悼公的儿子憖逃亡在卫国,让他的女儿为他驾车打猎。太叔懿子留他喝酒,就聘他的女儿做妻子,生了悼子。悼子即位,所以夏戊做了大夫。悼子逃亡,卫国削去夏戊的官爵和封邑。

孔文子将要攻打太叔的时候,去征求孔子的意见。孔子说:"祭祀的事情,那是我曾经学过的;打仗的事情,我没有听说过。"退下去,叫人套上车子就走,说:"鸟可以选择树木,树木哪里能选择鸟?"孔文子立刻阻止他,说:"圉哪里敢自己打算,为的是防止卫国的祸患。"孔子打算留下来,鲁国人用财礼来召请他,于是就回到鲁国。

11·7　季孙想要按田亩征税,派冉有征求孔子的意见。孔子说:"丘不懂得这个。"问了三次,最后说:"您是国家的元老,等着您的意见办事,为什么您不说话呢?"孔子不作正式答复,私下对冉有说:"君子推行政事,要根据礼来衡量:施舍要力求丰厚,事情要做得适当,赋敛要尽量微薄。如果这样,那么照我看来也就够了。如果不根据礼来衡量,而贪婪没有满足,那么虽然按田亩征税,还会不够的。而且季孙如果要办事合于法度,那么周公的典章就在那里。如果要随便办事,又何必征求意见呢?"季孙不听。

哀公十二年

12·1　十二年春季,周王朝历法的正月,采用按田亩征税的制度。

12·2　夏季,五月,鲁昭公夫人孟子死了。昭公在吴国娶妻,所以《春秋》不记载孟子的姓。死了没有发讣告,所以不称夫人。安葬以后没有回到祖庙号哭,所以不说葬小君。孔子参加吊唁,到了季氏那里。季氏不脱帽,孔子除掉丧服下拜。

12·3　哀公在橐皋会见吴国人,吴王派太宰嚭请求重温过去的盟约。哀公不愿意,派子贡回答说:"盟誓,是用来巩固信用的,所以用诚心来约束它,用玉帛来奉献它,用言语来完成它,用神明来保证它。寡君认为如果有了盟约,就不能更改了。如果还是可以更改,每天盟誓又有什么好处?现在您说'一定要重温过去的盟约',如果可以重温,它同样可以寒凉下去的。"于是就没有重温盟约。

12·4　吴国召集卫国参加诸侯会见。当初,卫国人杀了吴国的行人且姚因而害怕,就和行人子羽商量。子羽说:"吴国正在无道的时候,恐怕会羞辱我们国君。不如不做。"子木说:"吴国正在无道的时候,国家无道,必然加害于人。吴国即使无道,还足以祸害卫国。去吧!高大的树倒下,遇到的东西没有不受打击的;最好的狗发疯,没有不咬人的,而何况是大国呢?"

　　秋季,卫出公在郧地会见吴人。哀公和卫出公、宋国皇瑗结盟,而终于辞谢了和吴国结盟。吴国人围住了卫出公的馆舍。子服景伯对子贡说:"诸侯的会见,事情完了,盟主礼宾,所在地的主人馈送食物,以此互相辞别。现在吴国对卫国不执行礼节,反而围住他们国君的馆舍使他为难,您何不去见太宰?"子贡请求给了他五匹锦,就去了。谈到卫国的事情,太宰嚭说:"寡君愿意事奉卫国国君,但是他来晚了,寡君害怕,所以要把他留下。"子贡说:"卫君前来,一定和他的臣下们商量,那些人有的同意他来,有的不同意他来,因此才来晚了。那些同意的人,是您的朋友。那些不同意的人,是您的仇人。如果拘禁了卫国国君,这是毁了朋友而抬高了仇人,那些想毁坏您的人就得意了。而且会合诸侯却拘留了卫国国君,谁敢不怕?毁坏了朋友,抬高了仇人,而又让诸侯害怕,也许难于称霸吧!"太宰嚭高兴了,就释放了卫出公。卫出公回国,学着说夷人的话。子之当时还年幼,说:"国君必定不能免于祸难,恐怕会死在夷人那里吧!被他们拘禁还喜欢学他们的话,跟他们走是必然的了。"

12·5　冬季,十二月,蝗虫成灾。季孙向孔子询问这件事。孔子说:"丘听说,大火星下沉以后昆虫都蛰伏完毕。现在大火星还经过西方,这是司历官的过错。"

12·6　宋国和郑国之间有些空地,名叫弥作、顷丘、玉畅、嵒、戈、锡。子产和宋国人讲和,说"不要这些地方了"。等到宋国平公、元公的族人从萧地逃亡到郑国,郑国人为他们在嵒地、戈地、锡地筑了城。九月,宋国的向巢进攻郑国,占领了锡地,杀死了元公的孙子,并进而包围了嵒地。十二月,郑国的罕达救援嵒地。二十八日,包围了宋军。

哀公十三年

13·1　十三年春季,宋国的向魋救援他们的军队。郑国的武子賸派人通告全军说:"抓到向魋的有赏。"向魋就逃走回国。郑军就在嵒地全部歼灭宋军,俘虏了成讙、郜延,把六个城邑掳掠一空,然后两国都不加管辖。

13·2　夏季,哀公在黄池会见单平公、晋定公、吴王夫差。

13·3　六月十一日,越王攻打吴国,兵分两路,越国的畴无馀、讴阳从南边走,先到达吴国国都的郊区。吴国的太子友、王子地、王孙弥庸、寿於姚在泓水上观察越军。弥庸见到姑蔑的旗帜,说:"那是我父亲的旗帜。我不能见到仇人而不杀死他们。"太子友说:"如果作战不能取胜,将会亡国,请等一等。"王孙弥庸不同意,集合部下五千人出战,王子地帮助他。二十日,两军交战,弥庸俘虏了畴无馀,王子地俘虏了讴阳。越王勾践率军到达,王子地防守。二十一日,再次交战,越军大败吴军,俘虏了太子友、王孙弥庸、寿於姚。二十二日,越军进入吴国。吴国人向吴王报告战败。吴王深恐诸侯听到这个消息,亲自把七个报信的吴人杀死在帐幕里边。

13·4 秋季,七月初六日,吴国和晋国争执歃血的先后。吴国人说:"在周王室中,我们是老大。"晋国人说:"在姬姓之中,我们为首。"赵鞅对司马寅说:"天已晚了,大事没有成功,是我们两个臣下的罪过。竖起旗帜整顿队列,我们两人战斗到死,次序先后就可以定了。"司马寅说:"请姑且到吴营那里观察一下。"回来,说:"高贵的人的脸色没有灰暗无神的。现在吴王面色灰暗,是他的国家被敌人战胜了吗? 或许是太子死了吧? 而且夷人轻佻不沉着,不能长久忍耐,请稍等一等。"吴国人就让晋国人先歃血。

吴国人要带领哀公进见晋定公,子服景伯对使者说:"天子会合诸侯,那么诸侯之长就率领诸侯进见天子;诸侯之长会合诸侯,那么侯就率领子、男进见诸侯领袖。从天子以下,朝聘时所用的玉帛也不相同。所以敝邑进贡给吴国的,要比晋国丰厚,而没有不如的,因为把吴国作为诸侯的领袖。现在诸侯会见,而君王准备带领寡君进见晋君,那么晋国就成为诸侯的领袖了,敝邑将会改变进贡的数量:鲁国进贡按八百辆战车给贵国,如果变成子、男,那么将会按邾国战车的一半作为贡品,而按邾国战车的数来事奉晋国。而且执事以诸侯之长的身份召集诸侯,而以一般诸侯的身份结束,这有什么好处呢?"吴国人就没有那么做。不久又后悔了,准备囚禁景伯。景伯说:"何已经在鲁国立了继承人了,打算带两辆车子和六个人跟随去,早走晚走听你们的命令。"吴国人就囚禁了景伯,带回去。到达户牖,景伯对太宰说:"鲁国将要在十月的第一个辛日祭祀天帝和先王,最后一个辛日完毕。何世世代代都在祭祀中担任一定的职务,从鲁襄公以来没有改变过。如果我不参加,祝宗将会说'是吴国让他这样的',而且贵国认为鲁国不恭敬,而只逮捕了他们七个卑微的人,对鲁国有什么损害呢?"太宰嚭对吴王说:"对鲁国没有损害,而只能造成坏名声,不如放他回去。"于是就放回了景伯。

吴国的申叔仪到公孙有山氏那里讨粮食,说:"佩玉垂下来啊,我没有地方系住;甜酒一杯啊,我和贫苦的老头斜视着。"公孙有山氏回答说:"细粮已经没了,粗粮还有一些。如果你登上首山喊'下等货啊',就答应你。"

吴王夫差想要攻打宋国,准备杀死那里的男人而囚禁妇女,太宰嚭说:"我们虽然可以战胜,但不能在那里久留。"吴王这才回国。

13·5　冬季,吴国和越国讲和。

哀公十四年

14·1　十四年春季,在西部的大野打猎,叔孙氏的驾车人子鉏商猎获一只麒麟,认为不吉利,赏赐给管山林的人。孔子细看后,说"这是麒麟",然后收下它。

14·2　小邾国的射献上句绎逃亡到鲁国来,说:"派季路和我约定,可以不用盟誓了。"派子路去,子路推辞。季康子派冉有对子路说:"一千辆战车的国家,不相信盟誓,反而相信您的话,您有什么屈辱呢?"子路回答说:"鲁国如果和小邾国发生战事,我不敢询问原因曲直,战死在城下就行了。他不尽臣道,而使他的话得以实现,这是把他的不尽臣道当成正义了,我不能那么办。"

14·3　齐简公在鲁国的时候,阚止受到宠信。等到简公即位,就让阚止执政。陈成子惧怕他,在朝廷上屡次回头看他。御者鞅对齐简公说:"陈氏、阚氏不能并列,你还是选择一个。"齐简公不听。

　　阚止晚上朝见齐简公,陈逆杀人,阚止碰见,就把他逮捕,带进公宫。陈氏一族正好和睦团结,族人就让陈逆假装生病,并送去洗头的淘米水,备有酒肉。陈逆请看守的人吃喝,看守喝醉以后陈逆就杀了他,然后逃走。阚止和陈氏族人在陈氏宗主家里结盟。

　　当初,陈豹想要当阚止的家臣,让公孙推荐自己。不久陈豹有丧事,就停下来,丧事完了,公孙又对阚止谈起这件事说:"有一个叫陈豹的人,身高背驼,眼睛仰视,事奉君子一定能让人满意,想要当您的家臣。我怕他人品不好,所以没有立即告诉您。"阚止说:"这有什么害处?这都在于我。"就要陈豹做了家臣。过了些日子,阚止和他谈政事,很高兴,于是就宠信他。阚止对陈豹说:"我把陈氏全部驱逐而立你做继承人,怎么样?"陈豹回答说:"我在陈氏族中是远支,而且他们不服从的不过几个人,为什么要把他们全部驱逐呢?"就把话告诉了陈氏。子行对陈成子说:"他得到国君信任,不先下手,必然要加祸于您。"子行就在公宫里住下。

　　夏季,五月十三日,成子兄弟四人坐车到齐简公那里去。阚止正在帐幕里,出来迎接他们,成子兄弟就走进去,把阚止关在门外。侍者抵御他们,子行杀了侍者。齐简公和女人在檀台上喝酒,成子要让他迁到寝室里去。简公拿起戈,就要击打他们。太史子馀说:"不是要对国君不利,而是要除掉有害的人。"成子搬出去住在府库里,听说简公还在生气,就准备逃亡,说:"哪个地方没有国君?"子行抽出剑,说:"迟疑软弱,反害大事。您要走了,谁不能做陈氏的宗主?您走,我要是不杀您,有历代宗主为证!"陈成子就不出走了。

　　阚止回去,集合部下,攻打宫墙的小门和大门,都没有得胜就逃走了。陈氏追赶他,阚止在弇中迷了路,到了丰丘。丰丘人拘捕他,报告陈成子,把他杀死在外城城关。陈成子准备杀大陆子方,陈逆请求而赦免了。子方用简公的名义在路上得到一辆车,到达衃地,大家发现了就逼他向东去。出了雍门,陈豹给他车子,他不接受,说:"逆为我请求,豹给我车子,我和他们有私交。事奉子我而和他的仇人有私交,怎么能和鲁国、卫国人士相见?"子方就逃亡到卫国。二十一日,陈成子在舒州拘捕了齐简公。简公说:"我要早听了御鞅的话,不会到这一地步。"

14·4　宋国桓魋受宠而扩充势力,发展到损害宋景公。宋景公让夫人突然邀请桓魋参加享礼,准备乘机讨伐他。还没有来得及,桓魋先打宋景公的主意,请求用薵地交换薄地。宋景公说:"不行,薄地,是宋国殷商祖庙的所在地。"于是就把七个城邑并入薵地,而请求设享礼答谢宋景公,以太阳正中作为期限,私家的武装全都开去了。宋景公知道了,告诉皇野说:"我把桓魋养育大了,现在他要加祸于我,请马上救我。"皇野说:"臣下不服从,这是神明都厌恶的,何况人呢?岂敢不接受命令。但不得到左师的同意是不行的,请用您的名义召见他。"左师每次吃饭,要敲打乐钟。听到钟声,宋景公说:"那一位快要吃饭了。"吃完饭以后,又奏乐。宋景公说:"行了。"皇野坐一辆车子去了,说:"猎场的人来报告说:'逢泽有一只麇鹿。'国君说:'即使桓魋没有米,有了左师,我和他一起打猎,怎么样?'国君难于直接告诉您,野说:'我试着私下和他谈谈。'国君想要快一点,所以用一辆车子来接您。"左师和皇野同乘一辆车,到达,宋景公把原因告诉他,左师下拜,不能起立。皇野说:"君王和他盟誓。"宋景公说:"如果要使您遭到祸难,上有天,下有先君。"左师回答说:"魋不恭敬,这是宋国的祸患,岂敢不唯命是听。"皇野请求兵符,以命令他的部下攻打桓魋。他的父老兄长和旧臣说:"不行。"他的新臣说:"服从我们国君的命令。"皇野就进攻。子颀纵马奔告桓魋。桓魋想要往宫里攻打宋景公,子车劝阻他,说:"不能事奉国君,而又要攻打公室,百姓是不会亲附你的,只能找死。"桓魋就进入曹地叛变。六月,宋景公派左师巢攻打桓魋,左师想要得到

大夫做人质而回来,没有办到,也进入曹地,取得人质。桓魋说:
"不行,既不能事奉国君,又得罪了百姓,打算怎么办?"于是就释放
了人质,百姓就背叛了他们。桓魋逃亡到卫国。向巢逃亡到鲁国
来,宋景公派人留下他,说:"我跟您有盟誓了,不能断绝向氏的祭
祀。"向巢辞谢说:"我的罪过大,君王把桓氏全部灭亡也是可以的。
如果由于先臣的缘故,而让桓氏有继承人,这是君王的恩惠。像
我,那就不能再回来了。"

　司马牛把他的封邑和玉圭交还给宋景公,就到了齐国。桓魋
逃亡到卫国,公文氏攻打他,向他索取夏后氏的玉璜。桓魋给了公
文氏别的玉,就逃亡到齐国,陈成子让桓魋做次卿,司马牛又把封
邑交还齐国而去到吴国,吴国人讨厌他,他就回到宋国。晋国的赵
简子召唤他去,齐国的陈成子也召唤他去,在途中死在鲁国国都的
外城门外,阮氏把他葬在丘舆。

14·5　六月初五,齐国的陈恒在舒州杀了他们的国君壬。孔子斋
戒三天,三次请求攻打齐国。哀公说:"鲁国被齐国削弱已经很久
了,您攻打他们,打算怎么办?"孔子回答说:"陈恒杀了他们的国
君,百姓不亲附他的有一半。以鲁国的群众加上齐国不服从陈恒
的一半,是可以战胜的。"哀公说:"您告诉季孙。"孔子辞谢,退下去
告诉别人说:"我由于曾经列于大夫之末,所以不敢不说话。"

14·6　当初,孟孺子泄准备在成地养马,成地的宰臣公孙宿不接
受,说:"孟孙由于成地百姓贫困,不在这里养马。"孺子发怒,侵袭
成地,跟从的人们没能攻入,就回去了。成地的官员派人去,孺子
鞭打了来人。秋季,八月十三日,孟懿子死了。成地的人去奔丧,
孺子不接纳。成地的人脱去上衣、帽子而在大路上号哭,表示愿供
驱使,孺子不答应。成地的人害怕,不敢回成地。

哀公十五年

15·1　十五年春季,成地背叛孟氏而投靠齐国。孟武伯攻打成地,没有攻下,于是就在输地筑城。

15·2　夏季,楚国的子西、子期攻打吴国,到达桐汭,陈闵公派公孙贞子去吴国慰问,到达良地就死了,副使准备把灵柩运进城里。吴王派太宰嚭慰劳,而且辞谢说:“由于雨水不调和,恐怕大水泛滥而毁坏大夫的灵柩,增加寡君的忧虑,寡君谨此辞谢。”第一副使芋尹盖回答说:“寡君听说楚国无道,屡次攻打吴国,消灭你们百姓,寡君派盖备充使臣的行列,向贵君的下级官吏慰问。不幸,使臣正逢上天的忧戚,丧了性命,在良地去世。我们耗费时间积聚殡敛的财物,又怕耽误使命,每天变换住地,加紧赶路。现在您命令迎接使臣说‘不要让灵柩到城门上来’,这就把寡君的命令,丢弃在杂草丛中了。而且下臣听说:‘事奉死人像事奉活人一样,这是礼。’因此而有了在朝聘过程中使臣死去、奉着灵柩完成使命的礼仪,同时又有在进聘过程中,遇到受聘国家发生丧事的礼仪。如果不奉灵柩完成使命,这就像是遇到受聘国家发生丧事而回国一样了,恐怕不可以吧! 用礼仪来防止百姓,还恐怕有所逾越,现在您说‘死了就丢弃他’,这是丢掉礼仪,还怎么能当诸侯的盟主? 从前的人有话说:‘不要把死者看成污秽。’我奉着灵柩完成使命,如果我们寡君的命令能上达于贵君那里,即使坠入深渊,那么也是上天的意志,不是贵君和划船人的过错。”吴国人接纳了他们和灵柩。

15·3　秋季,齐国的陈瓛到楚国去,经过卫国,仲由拜见他,说:“上天或许是用陈氏作为斧子,把公室砍削以后又为别人所有,现

在不能知道,可能让陈氏最后享有,现在也不能知道。如果和鲁国
友好以等待时机,不也是可以的吗? 何必搞坏关系呢?"陈瓘说:
"对。我接受您的命令了,您派人去告诉我的弟弟。"

15·4　冬季,鲁国和齐国讲和。子服景伯到齐国去,子赣做副使,
会见公孙成,说:"人们都是别人的臣下,有人还有背叛别人的念
头,何况齐国人,虽然为您服役,能没有二心吗? 您,是周公的后
代,享受到巨大的利益,还想做不义的事情。利益不能得到,反而
失掉了祖国,何必这样?"公孙成说:"对啊! 我没有早听到您的
命令。"

　　陈成子在宾馆会见客人,说:"寡君派恒报告您说:'我愿意事
奉贵君就像事奉卫君一样。'"景伯向子赣作揖请他走上一步,让子
赣回答说:"这正是寡君的愿望。从前晋国人进攻卫国,齐国为了
卫国的缘故,进攻晋国的冠氏,丧失了五百辆战车。由于这样就给
了卫国土地,从济水以西和禚地、媚地、杏地以南,一共五百个村
子。吴国人把动乱加于敝邑,齐国乘敝邑的困难,占取了讙地和阐
地,寡君因此而寒心。如果能像卫君那样事奉贵君,那本来就是我
们所希望的。"陈成子感到愧恨,就把成地归还给鲁国。公孙宿带
了他的武器装备进入嬴地。

15·5　卫国的孔圉娶了太子蒯聩的姐姐,生了悝。孔氏的童仆浑
良夫个子高,并且长得漂亮,孔圉死后,就和孔姬私通。太子在戚
地,孔姬派浑良夫前去,太子对他说:"如果让我回国即位,给你大
夫的冠服、车子,赦免死罪三次。"浑良夫和太子盟誓,为他向孔姬
请求。

　　闰十二月,浑良夫和太子回到国都,住在孔氏家外面菜园子
里。天黑以后,两个人用头巾盖住脸,寺人罗为他们驾车,到了孔
氏家里。孔氏的家臣之长栾宁问他们,他们说是姻戚家的侍妾,就
进了门,到了孔姬那里。吃完饭,孔姬手拿着戈走在前面,太子和

五个人身披皮甲,用车装上公猪跟着,把孔悝逼到墙边,强迫他盟誓,于是就劫持他登上台去。栾宁正要喝酒,肉没有烤熟,听说有动乱,派人告诉子路,召唤获驾上坐车,在车上喝酒吃肉,事奉卫出公辄逃亡到鲁国来。

子路正要进入国都,碰上子羔正要出来,说:"城门已经关上了。"子路说:"我还是去一下。"子羔说:"来不及了,不要去遭受祸难!"子路说:"吃了他的俸禄,不应躲避祸难。"子羔就出去,子路进入。到达孔氏大门口,公孙敢在那里守门,说:"不要进去干什么了。"子路说:"这是公孙,在这里谋求利益而躲避祸难。我不是这样,以他的俸禄为利益,就一定要救援他的患难。"有使者从门里出来,子路就乘机进去,说:"太子哪里用得着孔悝作帮手?即使杀了他,一定有人接替他。"而且说:"太子没有勇气,如果放火烧台,烧到一半,必然会释放孔叔。"太子听到了,很害怕,让石乞、盂黡下台和子路搏斗,用戈击中子路,把帽带也斩断了。子路说:"君子死,帽子也不能除掉。"于是子路结好帽带子就死了。孔子听到卫国发生动乱,说:"柴能回来,可是由死去了。"

孔悝立了卫庄公。庄公认为原来的大臣都靠不住,想要全部去掉他们,就先对司徒瞒成说:"我在外边遭遇忧患很久了,请您也尝一尝。"瞒成回去告诉褚师比,想要和他攻打庄公,没能实现。

哀公十六年

16·1　十六年春季,瞒成、褚师比逃亡到宋国。

16·2　卫庄公派鄢武子向周室报告,说:"蒯聩得罪了君父、君母,逃窜到晋国。晋国由于王室的缘故,不抛弃兄弟,把蒯聩安置在黄河边上。上天开恩,得继承保有封地,派下臣肸谨向执事报告。"周敬王派单平公回答说:"肸把消息带来告诉我,回去对叔父说:我赞许你继承先世,恢复你的禄位。要恭敬啊!这样才能得到上天赐福。不恭敬上天就不能赐福,后悔哪里来得及?"

16·3 夏季,四月十一日,孔丘死了,哀公致悼辞说:"上天不善,不肯留下这一位国老,让他捍卫我一人居于君位,使我孤零零地忧愁成病。呜呼哀哉!尼父,我失去了律己的榜样。"

子赣说:"国君恐怕不能在鲁国善终吧!他老人家的话说:'礼仪丧失就要昏暗,名分丧失就有过错。'失去意志就是昏暗,失去身份是过错。活着不能任用,死了又致悼辞,这不合于礼仪;自称'一人',这不合于名分。国君把礼与名两样都丧失了。"

16·4 六月,卫庄公在平阳招待孔悝喝酒,重重酬谢他,对大夫都有所赠送。喝醉了送走他,半夜把他打发走。孔悝用车子装上伯姬动身离开平阳,到达西门,派副车回到西圃宗庙中去取神主盒子。子伯季子当初是孔氏的家臣,近来晋升为卫庄公的大夫,请求追赶孔悝,路上碰到载神主盒子的人,就杀了他而坐上他的车子。许公为回去迎接神主盒子,遇到子伯季子,许公为说:"和不仁的人争强,没有不胜的。"就一定要让子伯季子先射,射了三箭,箭都落到离许公为很远的地方。许公为射他,只一箭就把他射死了。有人坐着子伯季子的车子跟上去,在袋子里得到了神主盒子。孔悝逃亡到宋国。

16·5 楚国太子建遭到诬陷的时候,从城父逃亡到宋国,又去郑国躲避宋国华氏之乱。郑国人待他很好。又到晋国,和晋国人策划袭击郑国,为此就要求再回到郑国去。郑国人待他像以前一样。晋国人派间谍和太子建联系,事情完了准备回晋国,同时约定入袭郑国的日期。太子建在他的封邑里大肆暴虐,封邑的人告发他。郑国人来查问,发现了晋国间谍,于是就杀死了太子建。太子建的儿子名胜,在吴国,子西想找他来。叶公说:"我听说胜这个人狡诈而好作乱,不是一个祸害吧!"子西说:"我听说胜这个人诚实而勇敢,不做没有利的事情。把他安置在边境上,让他保卫边疆。"叶公说:"符合仁爱叫做诚信,遵循道义叫做勇敢。我听说胜这个人务求实践诺言,而又遍求不怕死的人,大概是有私心吧?不管什么话都要实践,这不是诚信;不管什么事情都不怕死,这不是勇敢。您一定会后悔的。"子西不听,把胜召回来,让他住在和吴国边境的地方,号为白公。胜请求进攻郑国,子西说:"楚国一切政事还没纳入正常轨道。不是这样,我是不会忘记的。"过了些时候,胜又请求,子西同意了。还没有出兵,晋国攻打郑国,楚国却救援郑国,并和郑国结盟。白公胜发怒,说:"郑国人在这里,仇人不在远处了。"

白公胜亲自磨剑,子期的儿子平见到,说:"您为什么亲自磨剑呢?"他说:"胜是以爽直著称的,不告诉您,哪里能算得上直爽呢?我要杀死你父亲。"平把这些话报告子西。子西说:"胜就像鸟蛋,我覆翼而使他长大。在楚国,只要我死了,令尹、司马,不归于胜还归于谁?"胜听了子西的话,说:"令尹真狂妄啊!他要得到好死,我就不是我。"子西还是没有觉察。胜对石乞说:"君王和两位卿士,一共用五百个人对付,就行了。"石乞说:"这五百个人是找不到的。"又说:"市场的南边有个叫熊宜僚的,如果找到他,可以抵五百个人。"石乞就跟着白公胜去见宜僚,和他谈话,很高兴。石乞就把要办的事告诉宜僚,宜僚拒绝。把剑架在宜僚脖子上,他一动不动。白公胜说:"这是不为利诱、不怕威胁、不泄漏别人的话去讨好的人,离开这里吧。"

吴国人进攻慎地,白公胜打败了他们。白公胜请求不解除军队武装奉献战利品,楚惠王同意了,白公胜就乘机发动叛乱。秋季,七月,在朝廷上杀了子西、子期,并且劫持楚惠王。子西用袖子遮着脸而死去。子期说:"过去我用勇力事奉君王,不能有始无终。"拔起一株樟树打死了敌人然后死去。石乞说："焚烧府库，杀死君王。不这样，事情不能成功。"白公胜说："不行，杀死君王不吉祥，烧掉府库没有积蓄，将要用什么来保有楚国？"石乞说："有了楚国而治理百姓，用恭敬来事奉神灵，就能得到吉祥，而且还有物资，怕什么？"白公胜不肯听从。

叶公住在蔡地，方城山外边的人都说："可以进兵国都了。"叶公说："我听说，用冒险而侥幸成功的，他的欲望不会满足，办事不公平，百姓必然不依附。"听到白公胜杀了齐国的管脩，然后才进入郢都。

白公胜想要让子闾做楚王，子闾不答应，就用武力劫持他。子闾说："您如果安定楚国，整顿王室，然后对启加以庇护，这是启的愿望，岂敢不听从？如果要专谋私利来颠覆王室，置国家于不顾，那么启宁死不从。"白公胜就杀了子闾，带着惠王到高府。石乞守门，圉公阳在宫墙上打开一个洞，背上惠王到了昭夫人的宫中。

叶公也在这时候来到，到达北门，有人遇到他，说："您为什么不戴上头盔？国内的人们盼望您好像盼望慈爱的父母，盗贼的箭如果射伤您，这就断绝了百姓的盼望。为什么不戴上头盔？"叶公就戴上头盔前进。又遇到一个人说："您为什么戴上头盔？国内的人们盼望您好像盼望丰收一样，天天盼望，如果见到您的面，就能安心了。百姓知道不至于再有生命危险，人人有奋战之心，还要把您的名字写在旗帜上在都城里巡行，但是您又把脸遮起来以断绝百姓的盼望，不也太过分了吗？"叶公就脱下头盔前进。遇到箴尹固率领他的部下，准备去帮助白公胜。叶公说："如果没有子西他们两位，楚国就不成为国家了，抛弃德行跟从盗贼，难道能够安全吗？"箴尹固就跟随叶公。叶公派他和国内的人们攻打白公胜。白公胜逃到山上自己吊死了，他的部下把尸体藏起来。叶公活捉石乞而追问白公胜的尸体。石乞回答说："我知道他尸体所藏的地方,但是白公让我别说。"叶公说:"不说就烹了你。"石乞说:"这件事成功就是卿,不成功就被烹,这本来是应有的结果,有什么妨碍?"于是就烹了石乞。王孙燕逃亡到頯黄氏。叶公身兼令尹、司马二职,国家安定以后,就让宁做令尹,宽做司马,自己在叶地退休养老。

16·6　卫庄公占卜他做的梦,他的宠臣向太叔僖子要酒,没有得到,就和卜人勾结,而告诉卫庄公:"您有大臣在西南角上,不去掉他,恐怕有危害。"于是就驱逐太叔遗。太叔遗逃亡到晋国。

16·7　卫庄公对浑良夫说:"我继承了先君而没有得到他的宝器,怎么办?"浑良夫让执烛的人出去,自己代他执烛然后说:"疾和逃亡在外的国君,都是您的儿子,召他来可以量才选择。如果没有才能就废掉他,宝器就可以得到了。"童仆密告太子。太子派五个人用车子装上公猪跟着自己,劫持卫庄公强迫和他盟誓,而且请求杀死浑良夫。卫庄公说:"和他的盟誓说过要赦免死罪三次。"太子说:"请在三次以后,再有罪就杀死他。"卫庄公说:"好啊!"

哀公十七年

17·1　十七年春季,卫庄公在藉圃建造了一座刻有虎兽纹的小木屋,造成了,要寻找一位有好名誉的人和他在里边吃第一顿饭。太子请求找浑良夫。浑良夫坐在两匹公马驾着的车子上,穿上紫色衣服和狐皮袍。来到以后,敞开皮袍,没有解下佩剑就吃饭。太子派人牵着他退下,举出三条罪状就杀死了他。

17·2　三月,越王发兵进攻吴国,吴王发兵在笠泽抵御,隔着一条河摆开阵势。越王将越军编成左右两支部队,让他们在夜里忽左忽右,击鼓呐喊前进。吴军分兵抵御。越王带领三军偷渡,对准吴国的中军击鼓进攻。吴军大乱,于是越军就打败了吴军。

17·3　晋国的赵鞅派人告诉卫国,说:"君王在晋国的时候,我是主人。现在请君王或者太子来一趟,以免除我的罪过。不这样,寡君恐怕会说这是我授意这样做的。"卫庄公以国内有祸难加以推辞,太子又派人在使者面前诽谤卫庄公。

　　夏季,六月,赵鞅包围卫国。齐国的国观、陈瓘救援卫国,俘虏了晋国单车挑战的人。陈瓘让被俘者穿上本来的服装然后接见他,说:"国子掌握齐国政权,命令我说'不要逃避晋军',我哪里敢废弃这个命令? 哪里又用得着劳驾您呢?"赵鞅说:"我为攻打卫国占卜过,没有为和齐国作战占卜。"于是就撤兵回国。

17·4　楚国白公的那次动乱,陈国人仗着自己有积蓄而侵袭楚国。楚国安定以后,准备夺取陈国的麦子。楚国向太师子穀和叶公诸梁询问统帅的人选,子穀说:"右领差车和左史老都辅佐过令尹、司马攻打陈国,大概是可以派遣的。"子高说:"这两个人都是被俘虏过的,百姓轻慢他们,怕不会听从命令。"子穀说:"观丁父,做过鄀国俘虏,武王让他做军帅,因此战胜州国、蓼国,使随国、唐国顺服,大大地开导了各部蛮人。彭仲爽,做过申国俘虏,文王让他做令尹,使申国、息国成为我国的两县,使陈国、蔡国前来朝见,开拓封疆到达汝水。只要他们能够胜任,做过俘虏有什么关系?"子高说:"上天的意志不容怀疑。令尹对陈国有遗恨,上天如果要灭亡陈国,一定会保佑令尹儿子去完成,您何不任命他呢? 我害怕右领和左史有俘虏的卑贱而没有他们的美德。"楚惠王占卜,公孙朝吉利,就派他带兵夺取陈国的麦子。陈国人抵抗,战败,公孙朝就包围了陈国。秋季,七月初八日,公孙朝领兵灭亡陈国。

　　楚惠王和叶公为让子良做令尹而占卜。沈尹朱说:"吉利。超

过了他的期望。"叶公说:"以王子的地位而辅助国王,超过这地位
将会做什么?"过了几天,改为子国占卜而让他做了令尹。

17·5　卫庄公在北宫做梦,梦见一个人登上昆吾之观,披头散发
脸朝着北面叫嚷说:"登上这昆吾之墟,有绵延不断生长的大瓜小
瓜。我是浑良夫,向上天呼诉无辜。"卫庄公亲自占筮,胥弥赦预测
说:"没有妨碍。"封给胥弥赦城邑,他不接受而逃亡到宋国。卫庄
公又占卜,繇辞说:"像一条浅色的红尾鱼,穿过急流而犹豫不安。
靠近大国,消灭它,将要灭亡。关门塞洞,就越过后墙。"

　　冬季,十月,晋国再次攻打卫国,进入外城。将要进入内城,赵
简子说:"停止!叔向说过:'依仗着动乱而灭亡别国的没有后
嗣。'"卫国人赶走了庄公而和晋国讲和。晋国人立了卫襄公的孙
子般师为君然后回国。

　　十一月,卫庄公从鄄地回国,般师出走。当初,卫庄公登城远望,
见到戎州。他问是怎么回事,有人告诉他是戎人的居邑。卫庄公说:
"我是姬姓,哪里有什么戎人?"就派人毁平了戎州。卫庄公使用匠
人,长久不让休息。他又想要驱逐国卿石圃,没有来得及而祸难发生
了。十二日,石圃联合匠人攻打卫庄公。卫庄公关上门请求饶命,石
圃不答应。卫庄公越过北墙掉下去,折断了大腿骨。戎州人攻打卫
庄公,太子疾、公子青越墙跟从卫庄公,戎州人杀死了他们。卫庄公
逃到戎州己氏那里。当初,卫庄公从城上看到己氏的妻子头发很漂
亮,派人让她剪下来,作为自己夫人吕姜的假发。这时庄公到了己氏
家里,把玉璧给己氏看,说:"救我的命,给你玉璧。"己氏说:"杀了你,
玉璧会哪里去?"就杀死了卫庄公并获得了他的玉璧。卫国人让公孙
般师回国并立他为君。十二月,齐国人进攻卫国,卫国人请求讲和。
齐国人立了公子起为卫君,拘捕了般师回去,让他住在潞地。

17·6　哀公在蒙地会见齐平公并且结盟,孟武伯相礼。齐平公叩
头,哀公弯腰作揖,齐国人发怒。孟武伯说:"不是天子,寡君没法

叩头。"孟武伯问高柴说:"诸侯结盟,谁执牛耳?"高柴说:"鄑衍那一次盟誓,执牛耳的是吴国公子姑曹,发阳那一次,是卫国石魋。"孟武伯说:"那么这次就是我了。"

17·7　宋国皇瑗的儿子麇有个朋友叫田丙,麇夺取了他哥哥鄮般的封邑给了田丙。鄮般含怒出走,告诉桓司马的家臣子仪克。子仪克去到宋国,告诉夫人说:"麇打算接纳桓氏。"宋景公询问子仲。当初,子仲打算把杞姒的儿子非我作为嫡子。麇说:"一定要立老大,这是好材料。"子仲发怒,不听从,所以回答说:"右师已经老了,不会作乱,对麇就不了解了。"宋景公抓了麇。皇瑗逃亡到晋国,宋景公又派人把他召唤回来。

哀公十八年

18·1　十八年春季,宋国杀了皇瑗。宋景公听说了他们的情况,恢复了皇氏的家族,派皇缓做了右师。

18·2　巴人进攻楚国,包围鄾地。当初,右司马子国占卜,观瞻说:"符合你的意愿。"所以就命令他做了右司马。等到巴军来到,将要占卜统帅的人选。楚惠王说:"宁已经符合意愿,还占卜什么?"派他领兵出行。请求任命副手,楚惠王说:"寝尹、工尹,都是为先君出过力的人。"三月,楚国的公孙宁、吴由于、蒍固在鄾地击败巴军,所以把析地作为子国的封邑。

　　君子说:"惠王了解人的意愿。《夏书》说:'占卜的官员只有能够审察判断人的意愿,然后才使用龟甲。'说的就是这个吧!《志》说,'圣人用不着占卜占筮',楚惠王大概就能这样。"

18·3　夏季,卫国的石圃赶走了他的国君起,起逃亡到齐国。卫出公辄从齐国重新回国,赶走了石圃,恢复了石魋和太叔遗原来的官职。

哀公十九年

19·1　十九年春季,越国人侵袭楚国,是为了迷惑吴国。夏季,楚国的公子庆、公孙宽追赶越军,到达冥地,没有追上,就撤兵回去了。

19·2　秋季,楚国的沈诸梁进攻东夷,三夷的男女和楚军在敖地结盟。

19·3　冬季,叔青到京师去,这是由于周敬王死了的缘故。

哀公二十年

20·1　二十年春季,齐国人来鲁国征召会见。夏季,在廪丘会见,为了郑国的缘故,策划攻打晋国。郑国人向诸侯辞谢。秋季,军队回国。

20·2　吴国的公子庆忌屡次劝谏吴王说:"如果不改变政令,一定亡国。"吴王不听。庆忌离开国都住在艾地,又乘机到楚国去。庆忌听说越国准备进攻吴国,冬季,请求回国和越国讲和,于是就回国了。想要除掉不忠的人来讨越国的喜欢。吴国人杀死了庆忌。

20·3　十一月,越国军队包围了吴国,赵孟的饮食比居丧时的饮食还要降等。楚隆说:"三年的丧礼,是表示亲情关系的极点,现在您又降等,恐怕另有缘故吧!"赵孟说:"黄池那一次盟会,先主和吴王有过盟誓,说:'同好共恶。'现在越国包围吴国,继承人想不废弃过去的誓言而帮助吴国,但又不是晋国的力量所能达到的,我因此只能用饮食降等来表示心意。"楚隆说:"如果让吴王知道,怎么样?"赵孟说:"行吗?"楚隆说:"请试一试。"于是就前去,先到越军那里,说:"吴国冒犯上国已经多次了,听说君王亲自讨伐,中原的人们莫不欢欣鼓舞,惟恐君王的意愿不能实现,请让我进去看看吴军的情况。"越王答应了。楚隆告诉吴王说:"寡君的老臣无恤派陪臣隆前来,谨敢为他前来道歉;黄池那一次结盟,君王的先臣志父得以参加盟会,盟誓说'同好共恶'。现在君王处在危难之中,无恤不敢害怕辛劳,但又不是晋国的力量所能达到的,谨派我向君王报告。"吴王下拜叩头说:"寡人没有才能,不能事奉越国,因而让大夫忧虑,谨拜谢您的命令。"给了楚隆一小盒珍珠,让他送给赵孟,说:"勾践要让我活着不好过,我是不得好死了。"又说:"快淹死的人必然强作欢笑,我还要问你,史黯为什么能成为君子?"楚隆回答说:"史黯这个人做官没有人讨厌他,不做官没有人诽谤他。"吴王说:"真是说得恰当啊!"

哀公二十一年

21·1 二十一年夏季,五月,越国人第一次来鲁国。

21·2 秋季,八月,鲁哀公和齐平公、邾隐公在顾地结盟。齐国人责备从前叩头而哀公不相应回礼那件事,因而唱歌说:"鲁人的罪过,几年还没有自己察觉,使我们发怒暴跳。正由于他们只拘泥儒家之书,造成了两国苦恼又忧愁。"

　　这一趟,哀公先到阳穀。齐国的闾丘息说:"劳驾君王亲自光临,来慰劳寡君的军队,臣下们将要用驿车向寡君报告。等到他们报告回来,君王未免太劳累了。由于仆人没有准备好宾馆,请在舟道暂设行馆。"哀公辞谢说:"岂敢烦劳贵国的仆人?"

哀公二十二年

22·1　二十二年夏季,四月,邾隐公从齐国逃亡到越国,说:"吴国无道,拘捕了父亲立了儿子。"越国人把他送回去,太子革逃亡到越国。

22·2　冬季,十一月二十七日,越国灭亡吴国,请求让吴王住在甬东。吴王辞谢说:"我老了,哪里还能事奉君王?"于是就上吊死了。越国人把他的尸体送了回去。

哀公二十三年

23·1　二十三年春季,宋国的景曹死了。季康子派冉有去吊唁,并且送葬,说:"敝邑有国家大事,使肥事务繁忙,因此不能帮着送葬,特派求前来跟随在舆人之后,说:'由于肥忝居远房外甥,有不丰厚的先人的马匹,派求奉献给夫人的家宰,也许能和夫人的马匹相称吧!'"

23·2　夏季,六月,晋国的荀瑶攻打齐国,高无㔻率军抵御。荀瑶观察齐军的虚实,马受惊,就索性驱马前进,说:"齐国人已经看到我的旗帜,如果不向前进,恐怕要说我害怕而回去了。"到达齐军的营垒以后才回去。将要作战,长武子请求占卜。荀瑶说:"国君报告了天子,在宗庙里已经用龟占卜过,卦像很吉利,我又占卜什么呢? 况且齐国人占领了我们的英丘,国君命令瑶,不是敢于炫耀武力,而是为了治理英丘。用正当的理由讨伐有罪者就足够了,何必占卜?"

二十六日,在犁丘作战,齐军大败,荀瑶亲自捉住了颜庚。

23·3　秋季,八月,叔青到越国去,这是第一次出使越国。越国的诸鞅前来鲁国聘问,这是回报叔青的访问。

哀公二十四年

24·1　二十四年夏季,四月,晋出公准备发兵进攻齐国,派人来鲁国请求出兵,说:"从前臧文仲带领楚军进攻齐国,占领了穀地;宣叔带领晋军进攻齐国,占领了汶阳。寡君想要向周公求福,也愿意向臧氏求得威灵。"臧石领兵和晋军会合,占领了廪丘。军吏下令作好战前准备,将要进军。莱章说:"晋国国君地位低下而政治暴虐,去年战胜敌人,现在又攻占都邑,上天赐给他们的已经很多了,又哪里能够前进? 这是在说大话。军队将要撤回去了。"晋军果真撤退回国。晋国人把活牛送给臧石,太史表示歉意说:"由于寡君出行在外,使用的牲口不合礼仪规定的标准,谨敢表示歉意。"

24·2　邾隐公还是无道,越国人把他拘捕带回去,而立了公子何为君。公子何也同样无道。

24·3　公子荆的母亲受到宠爱,哀公打算立她为夫人,派宗人衅夏献上立夫人的礼品。衅夏回答说:"没有这样的礼节。"哀公发怒说:"你做宗司,立夫人,这是国家的大礼,为什么没有?"衃夏回答说:"周公和武公在薛国娶妻,孝公、惠公在宋国娶妻,从桓公以下在齐国娶妻,这样的礼节是有的。如果把妾作为夫人,那就本来没有这样的礼节。"哀公最终还是立了她为夫人,而把荆立为太子,国内的人们开始讨厌哀公。

24·4　闰月,哀公到越国去,和太子适郢关系很友好,太子适郢要把女儿嫁给哀公而且多给他们土地。公孙有山派人告诉季孙。季孙恐惧,派人走太宰嚭的关系并且送上财礼,事情才得中止。

哀公二十五年

25·1　二十五年夏季,五月二十五日,卫出公逃亡到宋国。

卫出公在藉圃修造了灵台,和大夫们在那里喝酒,褚师声子穿着袜子登上席子,卫出公发怒。褚师辩解说:"我脚上生疮,和别人不一样。如果见到了,君王会作呕的,因此不敢脱去袜子。"卫出公更加生气。大夫们都为褚师辩解,卫出公不同意。褚师退出。卫出公把手叉在腰上,说:"一定要砍断你的脚!"褚师听了这话,就和司寇亥一起坐上车子说:"今天的事情能够落个逃亡就是幸运了。"

卫出公回国的时候,夺取了公孙弥牟的封邑,夺取了司寇亥的政权。卫出公又派侍者把公文懿子的车子推到池塘里。当初,卫国人灭了夏丁氏,把他的家财赐给彭封弥子。弥子请卫出公喝酒,进献夏戊的女儿,卫出公宠爱她,让她做了夫人。她的弟弟期,是太叔疾的从外孙,小时候养在卫出公的宫中,卫出公让他做司徒。夫人的宠爱衰减,期也就有了罪过。卫出公使用三种匠人久久不让休息。卫出公派优狡和拳弥盟誓,而又很亲近信任他。所以褚师比、公孙弥牟、公文要、司寇亥、司徒期利用三种匠人和拳弥来发动叛乱,都拿着锐利的武器,没有武器的人拿着斧子。派拳弥进入公宫,而从太子疾的宫里呐喊攻打卫出公。鄄子士请求抵御,拳弥拉着他的手,说:"您固然勇敢,可是打算把国君怎么办?您没有见到过先君的结局吗?君王到哪里不能满足愿望呢?而且君王曾经在外面待过,难道就一定不能回来吗?现在不能那么做,众怒难犯。叛乱平定才容易离间作乱的人。"于是卫出公就动身出走。准备到蒲地去,拳弥说:"晋国没有信用,不行。"准备到鄄地去,拳弥说:"齐国和晋国在争夺我们,不行。"准备到泠地去,拳弥说:"鲁国不足以亲附,请到城鉏去,可以联系越国。越国有能干的国君。"于是就去了城鉏。拳弥说:"卫国的盗贼是不是会来袭击您,还不能知道,请快点离开,从我开始。"于是就装上宝物回到了卫国。

卫出公把士兵加以分散部署,利用祝史挥作为内应侵袭卫国。卫国人以此为患。公文懿子知道了,进见公孙弥牟,请求驱逐祝史挥。公孙弥牟说:"挥没有罪过。"懿子说:"他专权好利而又行为不轨,要是见到国君进入,会在前面引路的。如果驱逐他,一定出南门而去国君那里。越国最近得到诸侯,一定会请求他们出兵的。"祝史挥正在朝廷上,下朝后,懿子就派官吏把他从家里遣送走了。祝史挥出了城,住了两晚,想要回城,没有被接纳。过了五天,就住在外里,于是就受到卫出公的宠信,派他到越国去请求出兵。

25·2 六月,哀公从越国回来,季康子、孟武伯到五梧迎接。郭重为哀公驾车,见到他们两位,回来对哀公说:"这两位的坏话多着呢,请君王当面一一追究。"哀公在五梧设宴,武伯祝酒,讨厌郭重,说:"你为什么那么肥胖?"季康子说:"请罚觞喝酒!由于鲁国紧挨着仇敌,臣下因此不能跟随君王,才得免于远行,可是他又认为奔波辛苦的重长得肥胖。"哀公说:"这个人吃自己的话吃多了,能不肥胖吗?"大家虽然喝酒但都不高兴,哀公和大夫从此就互相有了厌恶感。

哀公二十六年

26·1　二十六年夏季，五月，叔孙舒带兵会合越国的皋如、舌庸、宋国的乐茷送卫出公回国，公孙弥牟想要接纳。懿子说："国君执拗又暴虐，稍等一些时候，必定残害百姓，百姓就会跟您和睦了。"联军侵袭外州，大肆劫掠。卫军出去抵御，大败。卫出公发掘褚师定子的坟墓，把棺材放在平庄之上放火烧了。

公孙弥牟派王孙齐私下去见皋如，说："您是打算大举灭亡卫国呢，还是把国君送回来就算了呢？"皋如说："寡君的命令没有别的，只把卫君送回来就算了。"公孙弥牟召集大家征求意见，说："国君带着蛮夷来攻打我国家，国家差一点灭亡了，请接纳他。"大家说："不要接纳。"公孙弥牟说："如果我逃亡对大家有好处，请让我从北门出去。"大家说："不要出走。"公孙弥牟重重地贿赂越国人，大开城门接纳卫出公，城上守卫甚严，卫出公不敢进城。护送卫出公的联军退兵回去。卫国立了悼公，南氏辅助他。卫国把城鉏给越国人。卫出公说："这是期干的。"命令如果对夫人有怨的可以报复。司徒期到越国聘问，卫出公攻打他并且夺走了财礼。司徒期报告越王，越王命令取回来，司徒期带了一批人又把财礼取了回来。卫出公发怒，杀死了太子，太子是司徒期的外甥。卫出公也就死在越国。

26·2　宋景公没有儿子，要了公孙周的儿子得和启养在公宫里，还没有立继承人。当时皇缓做右师，皇非我做大司马，皇怀做司徒，灵不缓做左师，乐茷做司城，乐朱鉏做大司寇，六卿三族共同听取政事，通过大尹上达国君。大尹经常不向宋景公报告，而按照自己的意图假称君命以发号施令。国内的人们厌恶他。司城想要除掉大尹，左师说："随他去，让他恶贯满盈。权势重而没有基础，能够不失败吗？"

冬季，十月，宋景公在空泽游玩。初四日，死在连中。大尹出动空泽的甲士一千人，奉着宋景公的尸体从空桐进入国都，到了沃宫，派人召来六卿，说："听说下邑有战事，国君请六卿一起谋划。"六卿到达，用甲士劫持他们说："国君有重病，请诸位盟誓。"就在小寝院子里盟誓，说："不做对公室不利的事！"大尹立启为国君，奉着棺材停放在祖庙里。三天以后国内的人们才知道这件事。司城乐茷派人在国内宣布说："大尹蛊惑他的国君，专权好利，现在国君没有生病就死了。死了以后又藏匿遗体，没有别的好说，就是大尹的罪过。"

得梦见启头向北睡在卢门的外边，自己变作大乌鸦栖止在他的上面，嘴巴搁在南门上，尾巴搁在北门上。醒来以后说："我的梦很好，一定立为国君。"

大尹和别人策划说："我没有参加盟誓，恐怕会驱逐我吧！再跟他们盟誓吧！"让太祝制作盟书。六卿正在唐盂，准备和他盟誓。太祝襄把盟书的内容告诉皇非我。皇非我依靠乐茷、门尹得、左师谋划说："百姓亲附我们，把他赶走吧！"于是都回去把武装发给部下，让他们在国都内巡行，宣布说："大尹蛊惑他的国君，欺压虐待公室。亲附我们的人，就是救援国君的人。"大家说："亲附你们！"大尹也巡行，宣布说："戴氏、皇氏准备对公室不利，亲附我的，不要担心不发财。"大家说："你和国君没有什么两样！"戴氏、皇氏想要攻打启，乐得说："不行，他因为欺凌国君有罪，我们要是出兵攻打，罪就更大了。"让国内的人们把罪过加在大尹身上。大尹奉事启逃亡到楚国，于是就立得为国君。司城做了上卿，盟誓说："三族共同掌握国政,不要互相残害!"

26·3　卫出公从城钮派人用弓问候子赣,并且说:"我能回国吗?"子赣叩头受弓,回答说:"我不知道。"私下对使者说:"从前成公流亡到陈国,甯武子、孙庄子在宛濮结盟然后国君回国。献公流亡到齐国,子鲜、子展在夷仪结盟然后国君回国。现在国君再次流亡在外,内部没有听说有像献公时代的亲信,外部没有听说有像成公时代的大臣,那么赐就不懂得根据什么能回国。《诗》说:'最强莫过于得到人才,四方将会顺服。'如果得到这样的人,四方把他作为主人,取得国家又有什么困难呢?"

哀公二十七年

27·1　二十七年春季,越王派舌庸来鲁国聘问,并且商谈邾国土田的事,协议以骀上作为鲁、邾两国的边界。

　　二月,在平阳结盟,季康子等三位都跟随前去。季康子对结盟感到忧虑,谈到子赣,说:"如果他在这里,我不会到这地步的!"孟武伯说:"对。为什么不召他来?"季康子说:"本来是要召他的。"叔孙文子说:"过些时候请仍然记着他。"

27·2　夏季,四月二十五日,季康子死。哀公去吊丧,礼节降等。

27·3　晋国的知伯领兵进攻郑国,驻扎在桐丘。郑国的驷弘到齐国请求救援,齐军准备出发。陈成子集合为国战死者的儿子,通知他们三天内朝见国君。设置了一辆车两匹马,把册书放在五个口袋里。召见颜涿聚的儿子晋,说:"隙地那一役,你的父亲死在那里。由于国家多难,没有能抚恤你。现在国君命令把这个城邑给你,穿着朝服驾着车子去朝见,不要废弃你父亲的功劳。"于是就出兵救援郑国。到达留舒,离开縠地七里,縠地人竟没有发觉。到达濮地,天下雨军队不肯渡河。子思说:"大国的军队就在敝邑的屋檐底下,因此告急。现在军队不走,恐怕要来不及了。"陈成子披着雨衣拄着戈,站在山坡上,马不肯走出来的,就拉着它或者用鞭子抽打它。知伯听说,就收兵回去,说:"我占卜过进攻郑国,没有占卜和齐国作战。"派人对陈成子说:"大夫陈子,您这一族是从陈国分支出来的。陈国的断绝祭祀,是郑国的罪过,所以寡君派我来调查陈国被灭亡的实情,还要询问您是否为陈国忧虑。如果您对树干的倒置认为有利,那和我有什么关系?"陈成子发怒说:"经常欺压别人的人,都没有好结果,知伯难道能够长久吗?"

中行文子告诉陈成子说:"有一个从晋军中来告诉我的人说,晋军准备出动轻车一千辆,迫击齐军的营门,就可以全部歼灭齐军。"陈成子说:"寡君命令我说:'不要追赶少数的士卒,不要害怕大批的敌人。'敌军即使超过一千辆战车,岂敢避开他们呢? 我将要把您的话报告寡君。"中行文了说:"我到今天才知道自己为什么逃亡在外了。君子谋划一件事,对开始、发展、结果都要考虑到,然后向上报告。现在我对这三方面都不知道,就向上报告,不也是很难了吗?"

27·4　哀公担忧三桓的威胁,想要利用诸侯除掉他们;三桓也担忧哀公的狂妄,所以君臣之间嫌隙很多。哀公在陵阪游玩,在孟氏之衢碰上孟武伯,说:"请问您:我能得到善终吗?"孟武伯回答说:"我没法知道。"问了三次,始终辞谢不回答。哀公想要利用越国攻打鲁国而除掉三桓。秋季,八月初一日,哀公到了公孙有陉氏那里,由此又避居于邾国,后来就乘机去了越国。国内的人们拘捕了公孙有山氏。

27·5　悼公四年,晋国的知伯领兵包围郑国,还没有到达,郑国的驷弘说:"知伯刚愎而好胜,我们及早向他表示软弱无能,他就可以退走了。"于是就先守在南里以等候晋军。知伯攻进南里,又攻打桔秩之门。郑国人俘虏了酀魁垒,用卿的地位来引诱他投降,不答应,就把他的嘴塞住而杀死了他。晋军将要攻打城门,知伯对赵孟说:"攻进去!"赵孟说:"主人在这里。"知伯说:"你貌丑而缺乏勇气,为什么成了太子?"赵孟回答说:"因为我能够忍受耻辱,也许对赵氏宗族没有害处吧!"知伯不肯改悔,赵孟因此而憎恨知伯,知伯就想要灭亡赵襄子。知伯贪婪而刚愎自用,所以韩、魏反过来与赵氏合谋灭亡了他。